U0946454

图1　1988年2月，国务院农村发展研究中心副主任朱厚泽（左）、广东省委副书记郭荣昌（右）在广东省农村发展研究中心举行的珠三角发展趋势研讨会上

图2　1988年2月，中共中央纪律检查委员会原书记李昌（右）、广东省委副书记郭荣昌（左）、广东省顾问委员会副主任杜瑞芝（中）在广东省农村发展研究中心举行的珠三角发展趋势研讨会上

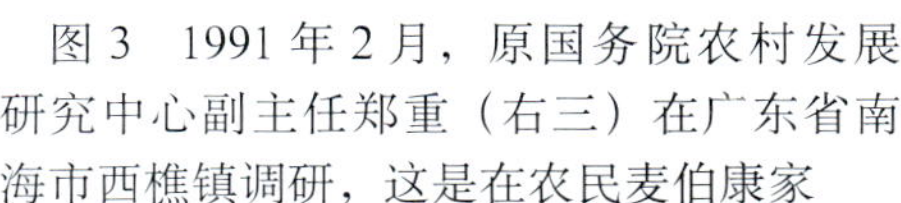

图3　1991年2月，原国务院农村发展研究中心副主任郑重（右三）在广东省南海市西樵镇调研，这是在农民麦伯康家

图4 1991年4月农业部农村经济研究中心副主任陈枫（右四）在大沥联窖调研

图5 1991年9月，农业部农村经济研究中心主任杜鹰（左一）在广东省南海农村调研

图6 1994年1月，原中央农村政策研究室主任杜润生（右二）、副主任刘堪（右一）、国务院发展研究中心原副主任王郁昭（左一）和广东省委常委、副省长欧广源（右三）出席广东省南海市以土地为中心的农村股份合作制论证会

图 7　1994 年，广东省委书记谢非（中）在南海市罗村镇下柏视察农村股份制

图 8　1994 年 4 月，国务委员陈俊生会见参加全国农村改革试验区第八次工作会议的全体会议代表并合影

图 9　1994 年 4 月 19 日，广东省农村发展研究中心副主任唐启洪（右四）、广东省农村改革试验区办公室主任刘季芸（右三）及南海、清远、汕尾、阳江、中山等试验区负责人参加在北京京西宾馆召开的全国农村改革试验区第八次工作会议

图 10　中农信公司引进世界银行专项贷款支持清远、汕尾试验区，于 1994 年 12 月 23 日举行专项贷款签字仪式

图 11　1994 年 12 月，广东省农村改革试验区办公室主任刘季芸考察清远扶贫试验区石灰岩地区移民小学

图 12　1995 年 12 月 14 日，在珠岛宾馆召开广东省农村改革试验区第二次工作会议，广东省政府副秘书长游宁丰（左一）和广东省农村发展研究中心主任谭国侃（左二）、副主任唐启洪（左三）等出席会议

图 13　1997 年 3 月，农业部农村改革试验区办公室的工作人员和广东等省份试验区的工作人员在一起

图 14　1998 年 7 月，参加农业部农村改革试验区培训班的广东各试验区负责人（从右到左）陈林友（中山）、刘季芸、洪学尔（汕尾）、丁敬隆（南海）、肖志辉（清远）

图 15　1999 年 1 月 7 日，中央财经领导小组办公室副主任段应碧（中）、国务院发展研究中心农村经济研究部部长陈锡文（右三）、农业部政策法规司司长杜鹰（右二）、农业部农村经济研究中心主任柯炳生（右一）等领导出席广东省中山试验区论证会

图 16　1999 年 1 月 8 日，中央财经领导小组办公室副主任段应碧（左二）、国务院发展研究中心农村经济研究部部长陈锡文（左三）等领导在中山试验区调研

图 17　1999 年 10 月 14 日，广东省农村发展研究中心老领导马恩成（左四）、谭国侃（左五）、唐启洪（右三），广东省政府发展研究中心副主任王利文（右一）等到南海市西岸参加农村改革试验区座谈会

图 18　2010 年 12 月，原广东省农村发展研究中心主任马恩成（右二）、副主任唐启洪（左一）在佛山市南海区里水镇万顷洋现代农业示范基地调研

图 19　2010 年 12 月，广东省政府发展研究中心副主任（正厅）黄日东（左一）、原广东省试验办主任刘季芸（右二）、广东省试验办主任田晓霞（右一）等在佛山市南海区里水镇调研

图 20-1　2010 年 12 月 15 ~ 16 日，广东省政府发展研究中心在佛山市南海区召开广东省农村改革试验区座谈会，全省各试验区参加，交流情况

图 20-2　广东省发展研究中心副主任（正厅）黄日东

图 20-3　佛山市南海区副区长刘根涛

图 20-4　原广东省农村发展研究中心主任马恩成

图 20-5　原广东省农村发展研究中心副主任唐启洪

图 20-6　原广东省农村发展研究中心试验区办公室主任刘季芸

图 20-7　佛山市南海区人大副主任、南海区委农村工作部部长何享业

图 20–8　广东省供销社副主任何启环（左）、省发展研究中心农村处处长冼频

图 20–9　佛山市南海区委农村工作部副部长庄少伟（右）、刘锦枌

图 20–10　汕尾市城区试验办副主任唐永驰（右）、原副主任梁楚略

图 20–11　清远市高新技术开发区副主任朱波（右）、开发区农林水局局长余双进

图 20–12　佛山市顺德区均安镇农办主任李顺林（右）和镇农办干部欧阳杰荣

图 20–13　阳江市海洋与渔业局副局长、试验办负责人陈国庆

图 20–14　中山市试验办原主任陈林友（右）和中山市原农办主任陈品嵩

图 20–15　高州市经贸局局长张冰臻（左）、经贸局办公室副主任邹汉龙

广东农村改革

试验区实践

马恩成　主　编
唐启洪　刘季芸　何享业　副主编

中国农业出版社

图书在版编目（CIP）数据

广东农村改革试验区实践 / 马恩成主编．—北京：中国农业出版社，2016.11

ISBN 978-7-109-21514-6

Ⅰ.①广…　Ⅱ.①马…　Ⅲ.①农村经济—经济体制改革—研究—广东省　Ⅳ.①F327.65

中国版本图书馆 CIP 数据核字（2016）第 052612 号

中国农业出版社出版

（北京市朝阳区麦子店街 18 号楼）

（邮政编码 100125）

责任编辑　贾　彬　徐　晖

文字编辑　耿增强　贾　彬

北京中科印刷有限公司印刷　　新华书店北京发行所发行

2016 年 11 月第 1 版　　2016 年 11 月北京第 1 次印刷

开本：889mm×1194mm　1/16　　印张：37.75　　插页：4

字数：906 千字

定价：200.00 元

广东农村改革试验区实践
编 写 委 员 会

谨以此书献给为农村改革试验区

付出辛勤劳动的人们

前　言

2016年4月，习近平总书记在安徽省凤阳县小岗村主持召开农村改革座谈会时指出："中国要强农业必须强，中国要美农村必须美，中国要富农民必须富。"回顾广东农村改革试验区的改革历程，正是沿着这个方向进行实践和探索的。总书记的指示，让我们倍感亲切，深受鼓舞。

1987年党中央和国务院为了把农村改革引向深入，在全国建立了30多个农村改革试验区，形成了内容涉及农村改革的主要领域和环节、布局又比较完整的试验体系。作为党中央、国务院推动农村深化改革工作的一项战略部署，这些试验区不仅率先将农村改革引向深层，而且在通过超前探索为全国改革决策提供实践依据方面，显示出特有的功效。我省南海、清远、汕尾列入国务院农村改革试验区系列；继而，从我省实际出发，增加了中山、顺德均安镇、肇庆鼎湖区、高州、阳江等地进入省的农村改革试验区，从不同领域、不同角度开展试验工作。

南海的试验是围绕农村土地制度进行的，是一个逐步深化的过程。从粮食规模经营试验起步，到农业（畜牧、水产、水果、蔬菜）规模经营试验，再到土地制度改革，终于找到了适合农村经济发展和实现城乡一体化的农村土地股份合作制。它是在农村土地集体所有制，也即是土地共有基础上，通过股份合作制，明确农民拥有土地的股权，较好地解决农村土地的权属问题，促进了农村经济和文明的同步发展，促进了农业现代化和农村城镇化的同步发展。杜润生是20世纪80年代中国农村改革政策制定的核心人物之一，他一直关注南海的土地制度建设。1994年1月他和王郁昭、朱厚泽、刘堪、张根生、杜鹰等领导亲临南海，出席了广东省农村发展研究中心和南海联合举办的"以土地为中心的股份合作制"论证会。杜润生肯定了南海的土地股份制，他说南海同志抓住机遇，引进股份合作，不仅平息了土地级差收入引起的矛盾，而且乘机推进规模经营，力求避免工业化过程中可能出现的农业衰落趋势。利用股份制改造土地集体所有制，农户退出承包经营权，取得股权和相应收益，使外出农民安心就业。留下的农民，搞好规模化经营，保持农业结构平稳地向现代化产业转变。"可以说是一种制度创新。"南海的经验使他看到了希望。杜鹰提出股权应做到"生不增、死不减"，让土地承包权真正成为农民个人产权，为今后股权流转创造条件。其他老领导也充分肯定了南海对土地制度进行的新探索，坚定了南海改革的信心。在杜润生、杜鹰等领导及专家们指导下，南海土地股份制改变了过去把违反计划生育政策、吸毒、赌博、打架斗殴和股份分红挂钩的乡规民约，并且实现了"固化股权，出资购股，合理流动"，建立了资产评估交易平台，为产权的流动提供交易场所。可以说，在试验过程中，南海的土地股份制改革从理论上、法律上、实践上都有了一个质的飞跃。南海的试验源于实践，源于群众，富有生命力，有超前性和可操作性，对我省及全国有很好的示范作用。

中央在1987年5号文件中指出，试验区允许成功，也允许失败。在南海粮食规模经营试验受到挫折后，广东省委意识到在劳动力转移较充分，经济较发达的珠江三角洲地区，在统购统销的粮食收购体制下，推行粮食规模经营是不可取的。因而改变了在珠江三角洲推行粮食规模经营的计划，避免了瞎指挥，节省了改革成本，是非常正确的。省委副书记郭荣昌说他看到试验区提供的调查、监测数据和调研报告后，心里踏实了。广东省委在粮食购销体制改革，外贸体制改革，土地制度改革容易下决心了。省委书记谢非在珠江三角洲地区农村股份合作制改革座谈会上肯定了南海的土地股份合作制，“既是家庭联产承包制的发展，又区别于过去那样的一种所有制，没有重复过去的错误的做法”，“是一种新的突破，一种新的飞跃”，“是农民的创造”。

中国共产党第十八届中央委员会第三次会议通过的“中共中央全面深化改革若干重大问题的决定”，提出“坚持农村土地集体所有权，依法维护农民土地承包经营权，发展壮大集体经济。赋予农民对承包土地占有、合作、收益、流转及承包权经营权抵押，担保等功能，允许农民以承包经营权入股发展农业产业化经营”。习近平总书记在安徽视察时强调：“完善农村基本经营制度，要顺应农民保留土地承包权、流转土地经营权的意愿，把农民土地承包经营权分为承包权和经营权，实现承包权和经营权分置并行。这是农村改革又一次重大制度创新。”这说明土地股份合作制已经进入中央、国务院深化农村改革的决策，意义深远。

汕尾城区进行渔业综合体制改革。建立了水产批发市场，改善水产品交易环境，制定市场管理条例，整顿了市场治安，有效保护渔民的利益。在该投资机制，发展渔业合作基金会，同时在近海滩涂养殖及远洋捕捞做了大量工作。

清远扶贫试验区是将阳山等天下最穷处，通过“异地扶贫”“智力扶贫”“石灰岩地区移民”，在国内走出一条扶贫新路，为全国扶贫事业作了示范，促进贫困地区和清远经济发展。万里、朱镕基、杨尚昆、田纪云、谢非等领导到实地考察，并予以高度肯定。国内兄弟省份纷纷到清远学习考察扶贫经验。美国、德国、日本、新加坡、科特迪瓦、马来西亚、柬埔寨、越南、菲律宾等国家的首脑、议员、大使、顾问及新闻记者等参观试验区，普遍认为以上作法对第三世界发展中国家发展经济具有榜样意义。

清远继续探索扶贫工作机制、思路、做法，成为全省扶贫开发规划到户、责任到人的“扶贫双到”工作的起源地，为我省破解城乡二元结构、统筹城乡和区域协调发展探索了全新的模式和路径。时任广东省委书记汪洋、省长朱小丹都充分肯定了清远的扶贫工作。国务院扶贫开发领导小组办公室领导认为，清远率先推出扶贫“双到”工作机制，在扶贫开发中积累了大量的先进经验，也为国家提出的精准扶贫提供了思路和方法。

在20世纪90年代，肇庆市鼎湖区率先进行了农业保险试验。他们突破当时的体制束缚，走出了国家保险公司与地方政府合作办农业保险的路子，建立了农业风险机制。农业部试验区很重视这个经验。1994年7月20日的《动态与建议》发了《鼎湖区发展农业合作保险　建立农业风险保障》一文报中央农村领导小组、中央办公厅、国务院办公厅。《人民日报》1995年也肯定了“合作出优势”的鼎湖农业合作保险经验。

顺德县均安镇在农村基层组织建设上走出了新路子。20世纪90年代初针对生产规模小、干部多的问题，进行了拆队并社的改革，精简干部，转变职能，让干部从管理型向服务型转变，并将干部的报酬在提供服务中增加，为农民提供“一把秤”服务，改变鱼贩子的压级压价等欺骗行为，并提供产前、中、后服务，如农药、饲料等，有效保障农用物资的供应。随着改革深入，建立了地区型股份合作经济社，全面清产核资，把集体资产80%量化给农民，20%为公共股，集体经济能力增强后，对农用基本建设、鱼塘、桑基进行整理，并在农业生产、流通、加工等环节建立了示范场（厂）、专业协会、农产品市场，有效地促进了农业的现代化和市场化水平。镇里设立了农业、社会、建设管理、集体资产管理四个办公室，居村两委干部工资及办公经费由市、镇两级财政支付，减轻了农民负担，稳定了干部报酬。均安试验区为我省探索农村基层组织建设路径上提供了有益的经验。

阳江市渔业经济体制综合改革试验区，把渔委会的行政职能和服务工作分开，更好地为渔民渔船服务；把集体经济组织改为股份制企业，提高渔业生产能力；成立一批船东服务公司，为渔民代办各种业务；发展渔业合作社，提高渔业生产经营水平，也增强了渔民抵抗市场风险的能力。农业部领导和时任广东省副省长李容根均高度评价阳江做法，《粤府信息》刊发了题为《阳江探索实践渔业经济体制综合改革，推动渔业经济全面发展》的文章，向全省推广阳江的做法和经验。

中山市外向型高科技试验区以科技实体为龙头，带动科技创新，克隆和引进培育农业、水产、畜牧等高科技品种，迅速推向国内外市场。政府在科技、流通、加工、中介组织等关键环节进行资金和政策扶持，起了“四两拨千斤”的作用。中央农村工作领导小组办公室主任段应碧在中山论证会上高度评价了中山在全国超前开展的这些试验。20世纪90年代后期，根据农业发展形势，中山把试验工作的重点转移到加强农产品安全体系建设上，把发展绿色食品和无公害农产品作为促进农业结构战略性调整、提高农产品竞争力、促进农业可持续发展的一项重要内容，政府增加投入，突出发展地方特色产品，树品牌，创名牌，取得显著成效。

高州农产品加工流通试验区在争取绿色通道、农产品销售和加工方面做了大量工作，扶持建设农产品批发市场；鼓励和引导发展农产品流通合作组织，使高州农产品流通畅顺，对农业增效、农民增收起到很大促进作用。

20多年来，我省各农村改革试验区从土地制度建设、扶贫机制、渔业体制改革、基层组织建设、农业合作保险、小城镇建设、农业科技和农产品安全体系建设、农产品流通等方面，为省委、省政府农村改革决策的科学化和民主化，提供了重要的参考，也为全省深化农村改革提供了宝贵经验。

现在我们将记录了1987年至2010年广东农村改革试验区艰难探索历程的宝贵资料整

理出版，书中详细记录了那一时期广东农村改革实践的历史，全面展示了那个年代广东大地出现的波澜壮阔的改革热潮，衷心希望广东在党中央领导下能继续发扬当年敢为天下先的勇气和创新精神，率先把农业、农村、农民问题解决好，为全国深化农村改革继续提供宝贵的经验；同时也是纪念我国农村改革试验区的老领导杜润生先生，祈愿他对中国农村的发展，对中国农民幸福生活的孜孜不倦的追求和求真务实的精神，以及他未完成的事业能够继续传承下去。

目　录

第二篇　其他农村改革试验项目

第三篇　广东农村改革试验区纪实

开　篇 >>>

广东农村改革试验区综述

广东农村改革试验区回顾

唐启洪

一

1987 年，中共中央 5 号文作出了建立农村改革试验区的决定后，4 月，中央农村政策研究室和国务院农村发展研究中心召开了农村改革试验区的第一次工作会议，参加这次会议的有江苏等 8 个省的农村工作部门负责人，我受广东省委的派遣，出席了这次会议。会上确定了我省南海县为农村改革的试验区，试验的题目为“土地规模经营和农副产品出口商品基地建设”（这两个题目在其后的试验进程中逐步融合起来）。5 月份，为了落实全国农村改革试验区交给我省的任务，省里决定：明确领导，由省委副书记郭荣昌亲自抓，参加领导的有省顾委副主任杜瑞芝、省农委副主任马恩成，还有佛山地委副书记陈邦贵、南海县委副书记徐敬清等，主管部门则指定为省农村发展研究中心，而我则是省农研中心分管试验区的副主任。开始，由于不了解试验区的长期性，同时为了精简机构，经领导敲定，这项工作不设领导小组，也不专门设置试验区办公室，只采取组织试验区工作组的形式，下去蹲点和组织当地党政部门开展试验。南海试验区工作组由省农研中心、中共佛山地委、南海县委抽人组成：省农研中心抽了我和何启环（科长）、佛山地委抽了吕建钧（地委副秘书长）、黄立阶（政研室副主任，后由劳洪喜科长代替）、张远航（农村部科长），南海抽了邓妹（县人大常委副主任）、黄浩新（县农委副主任）、李仲锵（县政研室科长）参加，我被任命为工作组组长，吕建钧、邓妹为工作组副组长（工作组一直坚持了几年，开始时是长期蹲点，后改为按需集中，直至 1991 年南海成立试验区办公室和 1993 年省里成立试验区办公室后，工作才纳入正常轨道）。工作组成立后，立即开展工作。按照计划，先进行第一个题目即土地规模经营试验，当时的考虑是，在土地规模经营中，粮食生产规模经营既是当前需要解决问题的重点，又是工作的难点，突破了才能真正破题，因此我们就从这个难点入手，寻求突破。1987 年 5 月，工作组分成几个小组，分别到不同类型的镇村调查，了解群众对耕地、种粮、农田流转的态度和粮食生产规模经营的现状，并从 17 个粮食专业户典型案例中，分析出拥有不同数量劳力和耕作机械的能取得最佳经济效益的经营规模，找出他们集中土地的方法和路子，同时经过与当地党政机构研究，制订出鼓励粮食生产规模经营的若干优惠措施。试验方案订出来后，经过佛山市、县、区、镇各级领导和经管人员专题讨论，才正式上报省委和中央审批备案，组织试点实施。实施中各试点反映，粮食生产规模经营的难度比预想的要大得多，主要是国家对粮食征购政策未放开之前，粮食征购任务重（南海平均每亩负担约 600 斤*）收益低，农民缺乏多耕的积极性；另一方面，当时农村劳力虽有一定数量转移，但很不稳定，多数是临时

* 斤为非法定计量单位，1 斤等于 0.5 千克。

务工，是“早午晚农民”“星期天农民”，粮田虽然管理不认真，但仍是生活的依靠，也缺少放弃经营土地的意图，因此，虽然经过一个冬春的努力，全县新增加的粮食专业大户仅有 9 户，经营面积 500 多亩*，试验工作遇到很大困难。但是，这也从另一方面向领导提供了如下信息：即在当时的情况下，大规模推行粮食生产规模经营的条件是不成熟的。正如省委副书记郭荣昌在评价试验区这一阶段工作时说：“通过你们的试验，使我们认识到在全省范围内搞粮食规模经营条件还不成熟，因此，在这个问题上，我们不搞一刀切”，从而“避免不必要的失误。”

虽然省委领导对我们工作是肯定的，但是，粮食生产规模经营的条件暂时不成熟，不能大规模进行，并不等于不要继续探索，从长远的战略方针考虑，农业仍要走现代化、规模化的路子，作为负有探索试验任务的试验区工作组，任务不仅没有完成，而且变得更紧迫、更艰巨。因此，我们在总结经验教训的基础上，试图改变策略，采取新的路子。我们分析了在土地规模经营中，凡是经营市场价格已放开、理顺的品种，如水果种植业、水产养殖业等，因为经济效益好，农户有扩大生产的意愿，有的地方，采取了改分散小规模承包为适度规模经营的投包办法，比较顺利地实现了规模经营。根据这些经验，我们又提出：先抓好比较容易实现适度规模经营的项目，如水果种植业和水产养殖业等，并以此带动和促进粮食生产规模经营，同时提倡投包的方法，县里为此作出了布置。经过努力，到 1989 年，在种下的 7 万多亩水果中，有近半数是适度规模经营的，在基塘地区的 4 个镇中，有四成的经济社和四成的水面实行了投包，形成规模经营的有 1 400 多户，面积 2 万多亩。试验取得了一定进展。但是在此期间，这方面的进展仍然带动不了粮食生产的规模经营，在粮食价格仍未放开理顺的情况下，粮食生产规模经营仍处于停滞不前的状态。

先易后难，带动促进的办法未收到理想的效果，促使我们再度回到直接推进粮食生产规模经营的考虑。南海的集体经济比较发达，支农补农的资金较多，有的地方实行了统一机耕、排灌等服务、减轻了粮农的负担，收到较好效果。我们又设想，是否可以通过社队对粮食生产的某些统一服务，取得规模效益，进而实现种粮全过程的规模经营。为此，县里又布置这件工作，根据经济条件，能开展多少个就开展多少个统一服务。这个做法取得了较好的进展，但也出现新问题，有的社队统的包的过多，反而使农户产生依赖思想，不愿花力气搞好承包田，只坐享其成，使土地流转阻力增加，形不成适度规模经营。而且开展几统一服务，要求集体补农资金较多，这在广大农村来说，也有很大的局限性，因此，这条路子也未能真正破解粮食生产规模经营的难题。

后来，我们通过学习，意识到解决这个问题，还得从土地制度建设这个基础来考虑，基础搞好了，其他方面问题也会得到解决。于是在 1989 年的下半年，我们又开展了一次以土地制度建设为主要内容的综合调查，分别到围田、丘陵、基塘地区了解情况，并就农村土地的权属、承包、流转、管理等方面制订试验方案，工作一直不断地进行。

机遇终于到来。1992 年，小平同志南巡，同年 4 月，国务院又批准广东实行粮食购销体制改革，把粮食价格放开。思想上的大解放，政策上的大调整，促使各地经济建设高潮迭起。罗村镇的下柏管理区，就是面对这个新形势，抓紧机遇，采取了合理配置资源，

* 亩为非法定计量单位，1 亩等于 1/15 公顷。

重新全面规划土地的措施，把全管区土地分为农用与非农用，农用又划分为粮食种植区、经济作物区；非农用地则分为经济开发区、商业区和住宅区，做到既严格保护农田，又充分发挥土地的潜力，促进经济发展。同时，为了使土地更顺当地集中，他们又引入股份机制，实行农户把土地承包权折算成价值，向经济社入股，收益按股分红，这样把土地承包经营权转换为土地收益权，既集中了土地又保护好农民的合法收益，避免了过去“归大堆”刮“共产风”的错误。下柏的做法，试验区把它称为“一制三区”，即土地股份制、农田保护区、经济开发区、群众商住区，并把它作为土地股份制，土地制度建设的试点来抓，把土地承包权入股作为明晰土地产权、搞活土地使用权的重要环节来抓。

1992 年 4 月，我趁着准备出席全国农村改革试验区工作会议的机会，专门就下柏“一制三区”的试验向省委副书记郭荣昌作了汇报和请示，郭书记很赞同下柏的做法，明确表示同意“一制三区”的提法，指示我们要很好地开展试验，于是我便放胆地在全国农村改革试验区工作会议上作了一个从分析新情况到介绍下柏试行土地股份制的汇报发言（这个发言后来整理成文章，发表在省级刊物《农村研究》1992 年第五期上，题目叫《全面规划土地、引入股份机制》）。同时又在 1992 年 6 月全国农村改革试验区办公室在山东平度召开的研讨会上，也作了类似的发言（整理成文字后，发表在《百万农民的伟大创举》一书上，题目为《学习新经验，研究新问题》——北京红旗出版社 1993 年出版）。土地承包权入股，之前是没有哪个地方有这方面的报道，正如时任全国农村改革试验区办公室主任杜鹰在南海的一次研讨会上讲话中指出的，“这次到南海来，发现在众多的合作制里，又增添了一个新品种，就是把股份合作制引入到土地制度建设中来，据我所知，在全国还是第一家。”

土地股份制在南海党政的统一布署下，在其后两年的试验中，有了更大的发展。全市农村有七成地方已实行土地股份制，有近五成的耕地实行区域规划使用，有 11 万多亩耕地从分包经营改为投包经营，原来进展缓慢的土地规模经营、商品基地建设和农业机械化，都有了很大进展。罗村的下柏，由 7 人承包 800 亩粮田，实现了机械化耕作的规模经营。平洲的夏西，通过土地股份制集中了 800 亩农田，租赁给罗村的蔬菜生产专业户，建立蔬菜出口生产基地，产品全部销往港澳，成为南海最大的蔬菜生产出口基地。在实现土地规模经营同时也促进了农副产品出口商品基地建设，原来南海试验区所承担的两个题目，自然地融汇起来。

农村土地股份制，不仅有效促进土地规模经营，而且对农村多方面工作，包括政治、经济、社会、精神文明等方面，都起到了很好的作用：通过土地承包权入股，确认了农民的承包权和收益权，农村的产权大大增强了清晰度；实行股份合作制，建立了股东代表大会、董事会、理事会、监事会，有力地推进了民主管理，增强了办事、理财的透明度，增强了农村的精神文明建设；土地承包权入股后，农村土地就有可能重新作出规划，优化资源组合，改善投资环境，促进经济发展，促进农村劳力转移，促进农村城镇化和现代化及社会公益事业建设；土地规划好了，就有可能保护好耕地、保护好农业、保护好环境。由此看来，这确实是一件基础性工作，搞好了，就为其他方面工作打下了基础。

1994 年 1 月，南海召开了农村土地股份合作制的研讨会，中顾委委员，原农村政策研究室、农村发展研究中心主任杜润生在会上说，南海试验区总算有所交代了。

1994 年 4 月，在全国农村改革试验区第八次工作会议上，农业部作出了关于表彰全国农村改革试验区优秀干部及颁发全国农村改革试验区贡献奖的决定，在获得贡献奖的 12 个人中，我是其中之一员。在受表彰的 54 名优秀干部中，广东省农村改革试验区办公室主任刘季芸、南海市试验区办公室副主任龙文标、汕尾市试验办颜槐榜上有名。

二

广东除了经国务院批准备案建立起来的南海试验区外，还有清远扶贫试验区、汕尾渔业改革试验区，都是经国务院备案的，进入全国农村改革试验区系列，但进入时间比第一批的南海试验区晚了一些。除此之外，省里根据实际情况，也自行确定一些题目和一些点，作为省的试验点。确定为省试验点的有肇庆鼎湖区、阳江市、中山市和顺德均安镇。虽然这些农村改革试验点没有列入全国系列，但全国农村改革试验区的某些活动，例如试验区办培训班可以参加，某些工作会议也可以列席，同样接受全国农村改革试验区办公室的领导。

清远扶贫试验区：这个试验区是全国农村改革试验区办公室自行确定建立的，试验的题目是扶贫开发。他们针对山区偏远，交通不便，不利于招商引资的情况，由贫困的乡镇联合起来，选择县内交通较好的地方建立扶贫开发区，进行招商引资，所得收入返还给贫困乡镇。由于扶贫口号响亮，加之交通较好，所以比较能吸引客商，工作开展比较顺利，很快便建成了一个颇具规模的经济开发区。1992 年，全国农村改革试验区办公室才确定清远试验区由我省统一管起来。

汕尾试验区：试验的题目是渔业综合改革。在全国第一批试验区建立起来后，农业部水产司设想渔业也搞个改革试验区，地点选在广东。1988 年，农业部水产司派了两名干部到广东，会同省水产局选定汕尾这个点，组成以水产部门为主的汕尾试验区领导小组，由他们向国务院报批备案，并由省水产局派干部下去蹲点，指导试验。省农研中心也参与领导工作。在试验期间，通过组织一批联合公司和合作基金会，促进了远洋渔业的开展，通过推广股份制，增加了近万亩的水产养殖，同时兴建了一个较大型的水产品批发市场，为搞活水产品流通探索路子。

鼎湖试验区：原是农口体制改革的点，经省委副书记郭荣昌同意，列为农村体制改革的试验区。由于鼎湖是 1988 年才组建的新的县级建制区，兴建之初，行政经费很少，农口为了搞活自己，服务农民，兴办了各种为农民服务的经济实体，如种苗场、饲料厂等，经济效益不错，服务功能也好，但一般都是政企不分，因此就有改革的问题，他们采取从明确分工到人员分流、逐步实现各司其职、政企分开，进展颇为顺利。1992 年，我们又发现他们在农口兴办经济实体中，为了分散风险，与市保险公司一起，试办农业合作保险。考虑到农业风险大，农业保险赔付率高，农业保险一般难于开展，所以我们又把鼎湖的农业保险列为试验项目，希望在这方面有所突破。

顺德均安试验区：这是镇一级的试验区，是 20 世纪 90 年代初，由省委副书记郭荣昌批准列入省的试验点。试验的内容主要是社会化服务体系建设和跨社区的专业性股份合作。均安镇原有 8 000 多亩围外海滩地、围内低洼地和山坑田，长期得不到改造开发，试验就抓住这个问题，采用市、镇、乡、社和农户之间多元化合股联营的形式，先后开发了

5 000 多亩，其中 2 000 多亩是以办股份合作养殖场的形式进行开发的。

阳江试验区：这是省批准的试验区，内容是探索发展渔业的路子。90 年代初，农业部水产司的同志到阳江，与当地领导谈及农村改革试验区的情况，鼓励他们参加渔业改革试验，当地领导也有这方面积极性，申请报告送到我们，在征询了省水产局的意见后，由我们向省政府报批，列入省的试验点。这个点建立的时间较晚，工作也有一定进展。

中山试验区：这是比较迟才确定的一个试验区，试验的题目是高科技农业。我们的设想是，先确定为省的试验区，再进一步争取纳入全国农村改革试验区系列，希望他们在与农业科研机构的合作、外引内联、组织依托等方面探索发展高科技农业路子。中山在这方面有一定基础，在引进良种，开展组培，兴办设施农业等方面已做了不少工作，争取在发展高科技农业做出更好的效果来。

三

经过多年努力，试验取得了一定成果，某些方面包括正面和反面的经验，已进入党政领导的决策层面，某些方面还超越我省范围，影响所及，扩展实施。

粮食生产规模经营的试验。虽然试验区在这方面遇到了困难，进展缓慢，但也反映了当时的实际情况，使领导能作出正确的选择，省委副书记郭荣昌就曾说："通过粮食规模经营的试验，摸清了情况、经验、问题等等，为省委决策提供了有力证据。省委发的《关于在经济较发达地区适时发展土地规模经营的意见》，如果没有试验区的反复试验，省委是不会发这个文件的。"

土地制度建设的试验。南海调查对明晰所有权、搞活使用权、加强管理权提出了若干意见后，省委十分重视，以此为基础，经过充分论证后，形成了一个《关于完善农村集体土地经营管理体制的意见》文件，以省委农村工作部文件正式颁发实施。

土地股份制试验，更引起省委、省政府的高度重视。1993 年 12 月，中共中央政治局委员、中共广东省委书记谢非，就对此问题到南海作了 3 天的调查，并向中央作了书面报告。1994 年 4 月、省委、省政府又在南海召开了珠江三角洲地区农村股份合作制改革座谈会，专题研究和部署这项改革，参加会议的是省的高层领导，包括省委、省人大常委、省政府、省政协负责同志、各地级市委书记、珠三角主管农村工作的副市长或农委主任、珠三角部分县委书记及省直有关单位主要负责同志。座谈会高度评价和肯定这一改革，认为"实行这项改革，是在保证土地集体所有的前提下改变土地分散经营的格局，从整体上对土地资源进行综合规划利用，促进土地的合理流转和劳动力的转移。通过向村民配置股权，把土地承包经营权转换为土地收益权，将实物形态转变为价值形态，进一步明确了农民在集体经济组织中的地位，明晰了产权关系和利益分配关系，保障村民承包经营的应有收益。"因此，它"是我省在建立社会主义市场经济体制过程中出现的新事物，是完善以家庭联产承包为主的责任制和统分结合双层经营体制的积极探索，对加快我省改革开放和现代化建设步伐具有积极作用"。会议本着因地制宜、多种形式、由低到高，逐步完善，保持党在农村的基本政策的连续性与有关法律法规的相互衔接的方针，作出了"珠江三角洲较发达地区可以推广，粤东、粤西两翼条件具备的地方可进行个别试点，山区一般不搞"的部署。会后还发出了座谈会纪要文件，加以落实。这样，土地股份制就从试验层面进入党政工作层面、决策层面上来。

由于土地股份制是一项重要的制度创新，试验的效果比较好，群众、干部乐意接受，过去也没有哪个地方进行过，因此，南海的试验备受各方关注。特别是中共中央政治局委员、中共广东省委书记谢非向中央书面报告后，各地来考察参观的很多。广东省农村发展研究中心就接待过十多批次。从后来的媒体报道，实行农村土地股份合作制的地方，已大量出现在长江三角洲和沿海发达地区，包括江苏、浙江、安徽、山东、河北、河南等省，连西部地区的四川、贵州也有这方面的报道。虽然各地的具体做法不尽相同，但是，承包权与经营权相分离，土地承包权入股，实行股份分红的原则是一致的，都同属农村土地股份合作制的范畴。随着经济的发展，农村劳力的转移，农村城镇化，现代化的实现，土地股份合作制必将有越来越多的地方为群众所接受。

（本文作者系广东农村发展研究中心原副主任）

2011 年 6 月 21 日

广东农村改革试验区探索

刘季芸

自中共中央1987年5号文确定建立中国农村改革试验区，已过了20多个年头，我有幸能加入中国农村改革试验区的队伍，成为探索具有中国特色社会主义道路的一员，甚感幸运、自豪和欣慰。

1987年，邓小平同志与匈牙利卡达尔谈话中说到，我们未来走的路是“既不能照搬西方资本主义国家的做法，也不能照搬其他社会主义国家的做法，更不能丢掉我们制度的优越性”，“我们干的是全新的事业”，他还说我们“要用两代人、三代人、甚至四代人来实现（现代化）这个目标。到那个时候，我们就可以真正用事实理直气壮地说社会主义比资本主义优越了”。历史见证了邓小平同志的高瞻远瞩。

2010年，中国GDP超越了日本，成为世界第二大经济体。西方主流经济学家预测，中国在未来10～20年时间内，经济规模可能超过美国。

中国的崛起，引起了世界的震撼。短短30多年，中国人实现了资本主义国家100年尚不能实现的发展。2010年，美国股神巴菲特在深圳考察时说：“中国人在10年内能做其他国家100年尚不能做到的事”。这难道是偶然吗？中国模式不值得探讨和研究吗？

中国的改革是从农村开始的，中国有8亿多农民，是最大的人口群体，只有当中国农民走上富裕、幸福之路时，中国才能做到真正的富强。研究中国模式，必须研究中国农村改革成功之路。1987年在全国建立农村改革试验区，正是改革开放进行了10年，中国进入了更深层的改革，有许多尚待解决的问题，想通过在全国不同区域进行试验，从实际出发探索过河的桥和路，实现农村的组织和制度创新，以推动生产力发展和社会的进步。

全国农村改革试验区在农村基层组织建设、农村土地制度、粮食规模经营、农业规模经营、农业和农村现代化、扶贫、林业、渔业、农村城市化、城乡一体化、小城镇发展、专业经济合作组织、农村金融和互助合作保险、乡镇企业制度等多个领域进行。同一个试验内容，在全国不同的区域进行试验，通过对各种矛盾的一般性和特殊性的思考、认识和破解，以期找出其规律性，为中央和各级政府制定政策提供依据和决策参考。试验区成立以来，无论是广东省或其他省市的试验区为中央提供的试验成果硕果累累。试验允许成功，也允许失败，为各级政府决策的科学化、民主化提供了试验依据。

1987年中共中央5号文下发后，中央批准广东南海市（当时的县级市）为全国农村改革试验区之一，中央要求试验的主题是粮食规模经营。随后，国务院相继批准了清远市扶贫试验区、汕尾渔业综合改革试验区。1992年经省委、省政府批准，成立省农村改革试验区办公室，放在省农研中心。随着我省农村改革的深化，我们在调研中发现，顺德市均安镇在农村基层组织改革和建设方面先走一步，中山市高科技外向型农业很有特色，肇庆市鼎湖区农业互助合作保险等地的做法和经验值得各地学习和借鉴，就把它们都纳入了省的试验区范围。杜润生同志考察过的阳江，经省政府批准，成为省级农村改革试验区。后来又增加了高州农副产品流通加工试验区。

一、南海通过农村土地股份合作制试验，推动了经济发达地区在家庭承包责任制后的农地制度创新

20 多年过去，现在看来，中央选择在南海市进行农村改革试验是正确的，有远见的。南海地处珠江三角洲腹地，是全国经济最发达的县级市之一，它毗邻港澳，受市场经济熏陶，思想较为开放，是民主革命先行者康有为的故乡，人们思想不保守，有改革创新的意识。南海面临的农业和农村问题，代表了我省、我国经济发达地区面临的问题，在南海试验具有超前性，对深化农村改革有指导作用。

南海的农村改革试验是在开放和改革的大环境中进行的，试验期间正值我国经济体制发生重大变革。我国的经济体制经历着从计划经济到有计划的商品经济过渡，随后又从有计划的商品经济向社会主义的市场经济转变。因此，试验区在不同阶段面临着不同的矛盾和问题，并针对各阶段出现的矛盾和问题进行试验，探索解决矛盾的方法和路子，以推进农村改革的进程。

试验初期，中央要求南海进行粮食规模经营试验。该试验是针对家庭承包责任制后，土地分散，小面积经营生产效益不高，加上粮食的统购统销政策，种粮比较效益低，农民种粮积极性不高的现状而进行的。

当时省的农村改革试验区工作是由省农村发展研究中心负责，省里组织了省级有关部门、佛山市农委、南海市委、市政府，派出了以省农研中心唐启洪副主任带队的工作组深入南海进行粮食规模经营的试验。工作队深入到村社向农户进行调研，制定试验方案，工作十分艰难。农研中心唐启洪副主任和何启环同志长期吃住在农委招待所，工作深入、作风艰苦朴素、工作认真负责。经过一年多的试验，由于粮食征购的任务和价格未放开，每亩负担公粮 50 千克，余粮 250 千克，共 300 千克，每 50 千克粮价比市价低 30 元，全市征购任务 27 亿斤。试验动员了省、市、县级当地基层组织的力量，有 9 个粮食专业户种了 500 多亩地。这说明在计划经济体制下，即使二、三产业较发达，农村劳动力已有 60%转移到非农产业的条件下，由于粮食任务重、比较效益低，农民没有种粮的积极性，大面积推行粮食规模经营的条件是不成熟的。当时广州市农委一位负责同志说："南海的粮食规模经营试验，是在错误时间、错误地点，作了一个错误的试验"。虽然南海粮食规模经营试验不成功，但是通过试验摸清了珠江三角洲经济发达地区搞粮食规模经营是不合适的。这个不成功的试验为省委提供了重要的决策参考。省委当时也有在珠江三角洲推行粮食规模经营的考虑，由于南海试验的结论，使省委、省政府在这一问题上采取谨慎态度，避免了历史上我党曾经犯过的瞎指挥错误。中央 1989 年 5 号文件中指出，试验允许成功，也允许失败。就试验而言失败也是成功，它减少了领导决策的成本，避免了领导在决策中的失误。

在粮食规模经营试验过程中，南海的同志发现，在市场放开的养殖业（畜牧、水产）和经济作物（蔬菜、花卉）以及水果种植业，由于市场的需求，农民有种养的积极性和扩大种养规模的需要，南海试验区及时把粮食规模经营试验引向了种植业和养殖业的规模经营。

在促进畜禽业的规模经营中，市里抓了种苗生产基地化，保证规模经营的种苗供应；生产专业化，以养殖专业户为主体，部分联合体和少数国营企业，形成专业化的规模经营，有的形成专业社和专业村；服务社会化，在畜禽生产过程中提供种苗、饲料、防病治病、技术指导，基本实现了专业分工和社会协作。

在水果业的规模经营中，采用多种形式的开发方式，集体、单位、个体、联合体等多种形式的联合开发。市里给予政策扶持，为集体和个体提供一定数量的贴息贷款。同时搞好水利、电力、道路等基础设施。技术培训，让农民掌握种养技术，兴办种苗基地，保证全市果苗的优化、防疫及供应。

在水产养殖上主要改分包为投包，使鱼塘养殖向专业能手转移，在一定程度上扩大规模经营。

通过农业的规模经营试验，提高了土地的产出率、劳动生产率、农业的科技水平和现代化程度，促进了农业出口商品基地建设和加工业的发展。

在1992年以后，国家实施沿海发展战略，在珠江三角洲等沿海地区发展“三来一补”企业，给珠江三角洲带来了发展农村工业的极好机会。加上广东省取消了粮食的订购任务，放开了粮食价格，农村土地有了更多发展选择的空间，农村土地股份制在南海应运而生了。

农村土地股份合作制，是南海罗村镇下柏管理区所创造的，管理区农民将承包权入股，将土地集中，分出农田保护区、工业开发区和商住区，将家庭承包责任制后分散零星的土地集中起来，统一规划和使用。农民享有承包权股，享受土地增值的收入分红，这是适应生产力高速发展的一种土地制度创新。南海试验区及时发现并总结这一经验，市委、市政府在全市推广，促进了全市的农业、工业、商业和社会的进一步发展。

土地股份合作制试验两年后，1994年1月，省农研中心和南海市政府在南海联合举办了“以土地为中心的股份合作制”论证会，目的是期望得到各级领导和专家对此试验的理论和实践指导。全国农村战线上的老领导和专家杜润生、王郁昭、张根生、朱厚泽、刘堪、杜鹰、卢迈、余国耀、王西玉等应邀到会。广东省政协主席郭荣昌、副省长欧广源、原省顾委杜瑞芝作了重要讲话。杜润生、杜鹰作了系统的讲话。

杜老在论证会上发言首先指出，进行股份制试验，直接目标主要是：完善公有制产权设置，界定利益归属。土地制度要明确集体所有权、稳定家庭承包权、搞活土地使用权。这是探索在社会主义国家建立新的产权体制，以适应社会主义市场经济运行需求。同时，他分析了南海进行土地股份合作制的动因，是在广东取消粮食任务后，农民有权自由选择农业生产项目，土地生产率上升，收入增加，资本流入激增，土地非农用途广，转化为工业资本，加之随着房地产业兴起，推动级差地租升级，为了维护农业的持续发展，生产要素配置方式必须更新，要做到在工商发展的同时，避免出现农业衰落的趋势，可以说是一种制度创新。

为了提高基层农村改革试验者的理论水平，杜老介绍了现代股份制的来源，它来源于资本主义国家的公司组织，包括无限责任公司和有限责任公司。二者都是资本主义发达阶段，为适生产社会化，所有权也走向社会化的经济形式。马克思把股份公司称为资本主义制度内部的自我扬弃。

杜老还介绍了公司制和合作社的性质特点和优缺点，提出在社会主义条件下，建立股份合作制，应尽可能地吸收公司制和合作制双方的优点，尽可能地避开二者的弱点。现代股份合作企业应该具有：

（1）开放性。投资投劳成员不限于本村公民和本单位职工，可以向市场融资，向社会吸收个人股、法人股、基金组织股、技术股；办成有社会公众参与的经济组织；进入产权市场，保持产权的流动性。对于一部分股权属于个人会不会有削弱公有制的疑问，杜老引用《马克思、恩格斯全集》上“这种财产不再是相互分离的生产者的私有财产，而是联合起来的生产者的财产，即直接的社会财产”来回答。

（2）两权分离。产权界定为所有权、使用权，相应的资本支配权与物业经营权也相互分离。可以利用股份制公开聘选经理，纠正政企不分的弊端，实现企业经营自主，改正少数人过度集权和任人唯亲的毛病。

（3）重建个人所有制。杜老引用马克思讲的“未来的共产主义社会，将在协作和对土地及靠劳动资料的共同占有基础上重建个人所有制”。股份合作制允许个人拥有私产，即占有股份（金）。

（4）平等精神。应保留发扬合作制平等精神和社员主体的价值观。董事会、监事会应有职工选举的合法代表，参与决策。经理的招聘，应通过集体评议。凡关系职工利益的事项，应通过社员大会议定，一人一票制和一股一票制并用。

在南海进行土地股份合作制的初期规定社区内股份不能转让、继承。同时附加了许多乡规民约，如违反计划生育、吸毒、赌博、打架、斗殴等刑事犯罪等给予不分配股金等处罚。杜老及与会的老领导如朱厚泽、王郁昭、张根生、刘堪等同志都认为不妥，应予纠正。股份不准抽回，但原则上应允许转让、继承。

杜老讲话代表了参与论证会的老领导的意见，进一步从理论上和实践上指导南海土地股份合作向纵深发展，意义非常深远。

农业部农村改革试验区主任杜鹰在发言中指出，我们过去搞的集体经济是否认个人产权的，而真正的合作制则是建立在承认个人产权基础上的。我们现在是倒过来运作，首先通过股份的办法，把过去那块没有界定清楚的财产界定清楚，然后把资产联合使用，所以农民叫它是股份合作制。它可能引出非常丰富的后续变化。希望股权做到“生不增、死不减”，为股权流动创造条件。当时从省、市领导到从事农村改革试验的同志对股权流动的必要性没有足够的认识，在省、市的文件里，规定股权不能转让、买卖、抵押、继承，而社区的封闭性也决定了股权不能流动。随着改革深入，加上杜老等领导的指导，南海市尝试了“固化股权，出资购股，合理流动”的做法，这样的股权体现了个人产权。

南海农村土地股份合作制的试验，受到当时省委书记谢非的高度重视，亲自到南海基层进行实地考察，随后欧广源副省长带队到南海、顺德、东莞进行调研。在 1994 年 4 月召开的《珠江三角洲地区农村股份合作制改革座谈会》上，谢非同志充分肯定土地股份制是新的突破，新的飞跃，很不简单，是农民的创造。它是经济发达的地方建立市场经济体制的需要，也是要求一、二、三产业协调发展、合理布局的需要，更是农村要搞现代化的需要。农村土地集体所有，通过股份制的形式体现产权明晰，我们称它为“经营权入股”。他提出实行农村土地股份合作制，一定要因地制宜，形式多样，由低到高，逐步完善。

欧广源副省长认为土地股份合作制将成为发达地区群众的一种理想选择。要加强对这一制度创新的领导。

目前，佛山市已普遍推行了农村土地股份合作制，其他地区也有不同程度的发展。

南海土地股份合作制的经验，在《中国农村土地使用权立法和制度安排国际研讨会》上也引起了专家学者的关注和兴趣。会上我提交了《土地资本化促进了农村现代化——南海土地股份合作制新进展》的论文，并在大会上作了经验介绍。苏州农业大学财经学院教授高永祥在会上说，南海土地股份合作制很适合苏州地区。美国波士顿大学法学院教授安·塞德曼说南海的经验很好，对我介绍的基层直选和农村社会福利等也很赞赏。但也有不同看法，美国（西雅图）华盛顿大学农村发展研究所顾问李平，提交了到南海进行调查的一份材料，认为土地股份制对农民的承包权是侵权行为，中国的农地不要动，要稳定。在会议闭幕式上，杜润生同志讲话，他明确指出，中国像南海这样经济发达的地区，土地是要动的，肯定了南海的土地股份合作制。还说南海的经验使他看到了希望。

20 多年过去了，南海农村土地合作股份制经过了时间考验，进一步同市场经济接轨，更加开放，更加完善，有力地推动了南海及珠江三角洲地区经济、社会的全面发展。

农村的土地股份合作，既不同于资本主义的土地私有制，也不同于传统社会主义的土地公有制，它是在土地集体所有制的基础上，明晰了个人产权，通过股份制的办法重建个人所有制。这正如小平同志所说的，我们要走出自己的路来，这条路就是具有中国特色的社会主义道路。它是中国共产党和人民在实践中逐步摸索出来的。

二、通过鼎湖区和南海区发展农业合作保险探索农业风险保障制度

肇庆市鼎湖区是广东省农村改革试验区，也是省现代农业示范基地，在省、市保险公司的指导下，从 1990 年开展农业互助合作保险试验，到 1994 年共承保了 132 个农业企业和个体种养户，共计 9.14 亿元（相当于全省农业的业务量），其中包括鸡（鸭）860 多万只、生猪 60 万头、林木 40 万亩，以及附属财产和鱼类、香蕉等险种，收取保费 1 402 万元，4 年平均每年以 61%的速度递增，先后向 132 家企业和个人处理赔案 286 宗，实现经济补偿 1 012 万元，积累农业风险责任准备金 159 万元，有效地保护林业和“三高”农业的发展。他们的做法和经验值得各地借鉴。

（一）突破现行体制的束缚，走国家保险公司与地方政府合作办农业保险的路子

农业保险过去是中国人民保险公司的业务工作，政府通常不参与。而鼎湖区政府有较强的风险意识，积极参与农业保险，正式成立了由区政府、市保险公司、农委、财政、税务、农业银行、各分管农业的领导组成的农业合作保险委员会，下设办公室。省保险公司及肇庆分公司赋予鼎湖区农业合作保险管理委员会一定的权限：一是可独立试办新险种和修改条款，报省公司审批；二是可独立处理大的赔案，对养殖业 3 万元、种植业 5 万元以上的每宗赔案，邀请省保险公司派人共同查勘定损审批。根据“单独建账、独立核算、自负盈亏、利益均沾、风险分担”的原则，实行农业合作保险的股份制，其中保险公司占大头，地方政府占小头。当出现风险时，国家保险公司占 80%，地方政府占 20%；当有收益时，地方政府占 30%，保险公司占 70%。

（二）建立新型的农业风险机制

农业保险过去只是向农业收取保费，考虑农业是弱质产业，风险大，经济效益小，但社会和生态效益大。因此，除了向农业收取保费外，通过农业相关的二、三产业收取保费。如森林保险，除在砍伐时对林农收取保费外，还向与森林相关联的产业，如林产品加工业（木材加工厂、松香厂等）、水库、电站等在林业上受益的单位收取保险费，为减轻农民负担，在生猪的流通环节上向经营者收取保费，当生产者出现灾情时，由农业合作保险办公室赔付。将农业的风险分散到相关的二、三产业，实际是一种利益的再分配，由社会分散了农业风险，保护了农业，保护了农业生产者。

（三）制定优惠政策，体现合作性质，调动投保人的积极性

农业合作保险管理委员会制定了以下优惠政策，在确定保额、保险费率后所收取的保费，保险期满如无发生赔款，农业合作委员会则按实收保费的50％基数赔付，补偿给投保人；如果累计赔付金额未达到保户所交保费50％，其差额部分也在保险期满时作基数赔付补偿给农户。这一政策深受广大保户的欢迎，体现了合作关系。

（四）防赔结合，协助保户做好防灾防损工作

合作保险机构与市、区有关技术部门建立了防灾、防损、防疫的技术协作关系，使投包户不但得到经济上保障，还得到技术上的指导。

（五）合作出优势

国家保险公司与地方政府联合办合作保险，既发挥了国家保险公司在业务上、资金上的优势，又发挥了地方政府在行政管理上的权威性和财政上的保证作用，合作办保险显示了很大的优势。鼎湖区政府要求向银行贷款的“三高”农业企业和个人一律要投保，对于资金缺乏的企业和个人，银行可贷给投保资金。

农业合作保险是合作性的自主经营的实体，在承保和赔付上灵活，切合实际，很受保户的欢迎。这一政策促进了“三高”农业发展，使“菜篮子”工作有了风险保障，对于银行也有了还贷的保证。

农业部农村改革试验区办公室重视这一经验。1994年7月20日的《动态与建议》发了《鼎湖区发展农业合作保险建立农业风险保障》一文并报中央农村工作领导小组、中央办公厅、国务院办公厅。

《人民日报》1995年1月8日经济版发表了我写的《建立农业风险保障制度——鼎湖区发展农业合作保险》一文，并写了“合作出优势”的按语，希望引起各级领导的重视。

在欧广源副省长的指示下，我们在佛山、中山、南海进行农业保险的调研，同时在南海也进行了农业合作保险的试验。南海市蒋顺威副书记带队到上海青浦考察后，南海成立了农业合作保险公司，建立了机构，落实了人员，工作在全市开展。

三、中山市通过改革试验建立农工技贸一体化的高科技外向型的现代农业

中山市地处珠江入海处，每年有大量的冲积土地增长，使得中山市在珠江三角洲各市中有发展农业的得天独厚的优势。我们在编箸《广东百科全书》过程中，发现中山市较早将植物的细胞克隆技术运用于农业新品种的引进、繁育和推广，引起了我们的兴趣和关注。省试验区办公室的同志随后到中山市调研，感到中山市高科技、外向型农业很有特

色，对珠江三角洲和全省农业有示范作用。在中山市原副市长苏松勤、经作局罗锡金、陈喜崇、农委李俭忠、陈林友等领导的支持和努力下，试验方案经可行性研究后，1994 年 7 月广东省人民政府批准中山市为高科技外向型农业开发试验区。

1992 年全国“三高”农业会议在广东召开，中山市是会议参观的现场之一。当时，中山“三高”农业发展形势很好。但在计划经济体制下形成的部门、行业、所有制和地域分治，各经济主体“权、责、利”不一致，使农业部门在指导生产、扩大规模、对外引进和出口等方面处境被动，挫伤了生产者的积极性。面对以上问题，中山市认为必须引入新的机制，进行改革创新才是正确的出路。

在成立改革试验区后，中山市逐步建立了农工技贸一体化的高科技外向型农业生产和经营体系。

首先培植龙头科技实体。水产业是中山农科中心水产试验场；蔬菜、花卉是中山农业生物技术研究开发中心；畜牧业是中山市水禽出口生产基地；粮食产业是中山农机研究所和水稻研究所。

科研实体以技术创新为主。水产方面突破了罗氏虾的人工孵化和反季节生产技术，使其均衡上市。同时科研人员有很大的自主权，由课题主持人组织团队，以技术入股享受利润分配，实行“职、责、权、利”四统一，让经营者在研究、生产、经营方面享有自主权，调动了科技人员的积极性，使企业充满活力。

在蔬菜、花卉等方面，中山农业生物技术开发中心先后引进以色列的樱桃番茄、台湾圣水番茄、美国金银甜玉米、意大利生菜、丹麦紫椰菜、台湾韭菜花、日本鱼翅瓜等 20 多个优质品种，经筛选后进行推广种植。他们还利用组培技术繁育出金冠脱毒马铃薯、台糖 16、20、22、33 号及金元宝、红掌、碧绿海、玛安等优质花卉种苗，在省内推广，更远销冀、鲁、黑、闽、桂、港澳台及美加等地。中心通过种苗供应、技术指导、资金联合等多种形式，带动市内专业大户与省内外种苗基地发展外向型创汇农业，经济效益良好。

中山水禽出口基地则实行两头在外，用以色列的优质鸡与本地鸡杂交，选育出优质石岐杂鸡。又引进英国樱桃谷鸭进行推广，出口优质鸡和鸡苗，并直销港澳，石岐杂鸡苗占香港市场的 70%。

粮食生产方面，市农机研究所和水稻所开发了工厂化育苗、机械化抛秧和电脑化栽培，减轻农民的劳动强度，提高了生产率。三项技术的应用田块增产 8%～11%，每公顷减少成本 936 元。同时为粮食生产农户提供耕耙、育秧、抛秧、收割、烘干等全方位的机械服务。与华农大农业生态室合作，应用计算机模拟模型（RSM）指导水稻栽培，使其获得高产稳产。

其次扶持个人流通队伍。针对农产品流通不畅的问题，建立流通专项基金、建立流通协会，建立中山市农业信息中心与农业部的中国农业信息网和视聆通公众网络联通。

中山市组织流通协会成员考察全国农产品市场，捕捉商机，开辟国内和国外的业务。使中山罗氏虾、桂花鱼、胡子鲶、生鱼、香蕉、花木、草皮等大批运销京、沪、浙、鄂、湘、闽、桂、港澳台及美加等地。当地媒体跟踪报道，鼓励更多农民参与流通。对开拓市场有功者人均给予 1.5 万～5 万元的奖励。扶持建立冷藏车队，政府给予保温运输车每台 5 万元的补贴。对开通农业信息网的流通专业户会员，每户补助 3 000 元。使中山市的农户通过信息中心可获得国内外各大市场农产品市场的供求价格行情，也可以在网上期货和现货交易。

再就是发挥商会及专业协会作用。中山农村出现一些专业协会，如沙朗镇的罗氏虾生产协会，三角镇的生鱼协会，古镇的花卉协会，南朗镇的水稻机械生产专业协会。它们在生产、流通、加工等环节指导和联合农民开展商品经营活动。

中山市积极引导和扶持，有效地促进了全市水产业、畜牧业和种植业的产业化进程。中山市政府清醒地认识到农业和农业产业化经营的主体是农民和企业家，政府不参与经营性的操作，而将有限的资金用于启动农业产业化的关键环节，对科技、流通、加工以及中介组织进行扶持和引导，通过这些环节的正常运作推进农业产业化的进程，起到了“四两拨千斤”的作用。《羊城晚报》1999 年 1 月 4 日刊登了我总结中山做法的文章——《运手四两拨千斤　推进农业产业化》。

1999 年 1 月 8～9 日，“中山市高科技外向型农业开发试验区论证研讨会”召开。中央财经领导小组办公室副主任段应碧、国务院发展研究中心农村部部长陈锡文、研究员卢迈、农业部政法司司长杜鹰、农业部农村改革试验办主任柯炳生、副主任陈枫、魏唯等同志和专家出席研讨会并参观了中山的现代农业基地和信息中心。会上段主任指出像中山这样的试验区在全国还没有，肯定了中山的探索有现实意义和普遍意义。

四、“异地扶贫”“智力扶贫”“石灰岩地区移民”是清远扶贫试验区的创新

清远市处于广东西北部，是当年韩愈描写的天下最穷处。有大量的喀斯特地形，当地农民只能在石头缝里种植玉米为生，连吃水都有困难。扶贫是清远的一大难题，市政府在市里划出 9.6 平方公里的土地作为工业开发区，引进外资和外来企业。工业区办的企业联系到贫困县，招收当地劳工；产值和税收返还贫困县。另外设技术工人培训学校，招收贫困县子弟入学，培养他们掌握一门技能，可转到珠江三角洲发达地区打工，挣钱养活农村的家庭。再就是将不具备生活和生产条件的石灰岩地区的农民转移到生活、生产条件好的地方居住，全市移民 10 万，在省、市的帮助下建了移民新村，水、电、路均通，住房条件有很大的改善，移民后，多数家庭脱贫，许多劳力转入二、三产业。

经过多年发展，清远扶贫试验区已成为拥有工业、农业、商业的综合开发区。

清远市为全国扶贫事业作出了典范，国家领导人万里、朱镕基、杨尚昆、田纪云等曾实地考察，并予以充分肯定。国内兄弟省份纷纷到清远学习考察该市扶贫经验。

美国、德国、日本、新加坡、科特迪瓦、马来西亚、欧共体的议员、大使、顾问及新闻记者，甚至柬埔寨总理洪森、菲律宾总统阿罗约都曾参观试验区，普遍认为以上作法对第三世界发展中国家有借鉴意义。海内外数十家新闻媒体专题报道了试验区创办的情况。

五、顺德县均安镇在农村基层组织建设上走出了新路子

均安镇是该市落后地区，农业占的比重较大，1990 年针对生产队规模小、干部多的问题，进行了拆队并社的改革，精简干部，转变职能，让干部从管理型向服务型转变。村里为农民提供“一把称”的服务，改变了鱼贩压级压价等欺骗行为，保护了农民的利益。另外在生产资料如农药、饲料等方面提供服务，有效地保障农用物资的供应。

随着改革深入，20 世纪 90 年代中期组建地区性股份合作经济社，全面清产核资，把集体资产 80%量化到农民，20%作为公共股。发放了股权证，农民成为股东，参加管理和分红。建立股份合作制后，管理人员从 377 人下降为 140 人，减轻了农民的负担。管理人员的报酬是固定工资＋浮动工资，浮动部分就是为社员提供服务的有偿报酬。土地发包单位从多个集中到一个，土地在更大范围内进行规划和使用。在土地承包形式上，从平均分包改为投包经营，投包款提高了 2～3 倍，促进土地向专业能手集中，扩大了土地规模经营，专业户平均投包面积达 20 余亩。经济社的经济能力增强后，加强了对农田基本建设，对鱼塘、路基进行整理。

在农业生产、流通、加工等各环节建立了有示范作用的场和厂、专业协会、农产品市场，有效地促进了当地农业的现代化和市场化的水平。

在均安镇农村改革中，除了镇党委和政府的正确领导外，镇农业经营办前主任陈绍权同志有很大的贡献。他出身农民，对基层农民和农村基层情况非常了解，他一方面深入实际，深入农民；一方面通过函授在广东高校进修农业经营管理的知识和理论，使得他在改革过程中不断有新的思路去解决现实中出现的种种问题，从而一步步地将农村基层改革推向深入。这样的农村基层干部是农民的贴心人，是农村基层组织改革的创新人物。

六、汕尾市城区在完善水产流通和渔业投资机制方面进行探索

汕尾城区的渔业综合体制改革，一开始就受到全国农村改革试验区办公室、农业部水产司、广东省水产局的重视。广东省水产局副局长黄琛和古竹生、钟景兴、廖树惠、钟小庆等直接参与了汕尾试验区的工作，给予指导、帮助和资金上的扶持。

在中央支持下，建立了水产品批发市场，改善了水产品交易环境，制定市场管理条例，整顿了市场的治安，有效地保护了渔民的利益。

在完善渔业投资机制方面，发展渔业合作基金会，并在此基础上探索建立渔业合作银行。为此，我和当时区委书记余立宪，区委副书记王世顶，到北京向杜润生和吴晓灵等领导汇报，后来因为国家大的政策不允许，没有继续进行下去。

汕尾城区前期作了大量工作，后来在滩涂养殖、鲍鱼养殖也有大的发展，并走向远洋捕捞。但由于城区渔业试验区办公室独立存在，一直未并入区水产局，后期工作很难开展。

七、农村改革试验区为建设具有中国特色的社会主义发挥了重要作用

（一）培养了一批从事农村改革的实际工作者和研究人员

就全国而言，杜润生等老一代领导培养了如王岐山、陈锡文、杜鹰等国家和部级领导，以及像卢迈、马力、温铁军、张冬科、陈枫、韩俊、魏唯、朱守银、宋洪远、柯炳生、关锐捷等农村问题的专家和领导。使他们在参与制定国家和农村发展大政方针中掌握了农民和农村的动态，不断地推进农村改革，保护农业、保护农民的根本利益。中央取消了历经数千年的农地赋税，推进农民子弟的义务教育，推行了农村医疗保险，农民从心里是感谢的，认为共产党的政策是正确的。

就广东而言，培养了一批从事农村改革的实际工作者。如被评为全国农村改革试验区特别贡献奖的唐启洪同志，被评为先进工作和优秀工作者的有：刘季芸、洪学尔、何享

业、卢建新、石芳飞、龙文标等。还有众多从事农村改革的同志，在实践理论上都有很大提高，分别走上厅、处领导岗位，如何享业、石芳飞、田晓霞、何启环、庄少伟、冼频、郑宏宣等同志，在自己的岗位很好地发挥作用。

广东省农村改革试验区办公室、广东省南海市农村改革试验区办公室被评为“全国农村改革试验区先进集体”。

以上这些同志对于从事农村改革是勤恳努力、不计报酬与得失。特别值得提的是唐启洪和何享业同志，唐启洪同志从1987年分管并主指农村改革试验区工作，承受着各种压力，始终兢兢业业地站在第一线，深入调研，为省委、省政府决策提供了许多宝贵意见，被郭荣昌副书记采纳，他努力争取成立省农村改革试验区办公室，对下级工作放手信任并努力培养，在他的领导下使试验区工作得到了不断发展。

何享业同志，20多年来一如既往地站在农村改革第一线，领导着南海农村改革试验区，使南海在建设具有中国特色社会主义道路的实践和理论上有重大突破和创新。他们是值得我们学习和敬重的人。

在全国农村改革试验区论文评选中，广东被评为优秀论文的有：

二等奖：

1. 经济发达地区农村土问题研究（广东省农研中心）

马恩成、唐启洪、刘季芸、田晓霞

2. 适应生产力发展的新变革——论农村土地股份合作制

广东省农村改革试验办　刘季芸

三等奖：

3. 改革土地制度，建立农村股份合作制

广东省南海试验办　何享业

4. 汕尾市城区海洋渔业经济体制改革

广东省汕尾城区渔业试验办　颜　槐

（二）通过试验区为建设具有中国特色社会主义进行了实践和理论探索

在试验区成立之初，杜老在第五次试验区工作会议上讲到三个问题，一是理论准备不够；二是所有制问题；三是把试验办成一个研究学校，一个研究院，培养一批人材。1987年正值改革开放10年，是从传统的计划经济向有计划的市场经济再向社会主义市场经济转变的阶段。传统的社会主义理论已经不适应社会的变革，而又不能照搬资本主义理论。因此，杜老提出要搞十年试验，在实践中提高理论认识。

在试验区这所大学和研究院里，我省进行了农地制度、农村基层组织制度、粮食规模经营、农业规模经营、农业现代化、小城镇、渔业体制综合改革、“异地扶贫”等一系列试验，并参加全国农村改革试验区组织的培训和出国考察学习。每年都有国家级专家讲课。如吴敬琏、董辅礽、林毅夫、周其仁、宋国青等国内著名经济学教授课，同时也进行了不同专题研究、现场考察和出国培训。这对各省市从事农村改革的人员在理论和实践上有了极大的提高。我曾参加全国农村改革试验区赴德国的小城镇考察，赴美国的现代农业科技考察，赴泰国的农业产业化、国王山地计划考察及泰国盘谷银行的运作等，开阔了视野，学习了人家的好经验，找到了我们与发达国家的差异，更好地指导我们试验区的工作。

在参加国内农村土地问题的研讨会上，西北地区的同志提出土地私有化，由于西北缺水，荒漠化严重，希望通过私有化解决西北的发展问题；而中原地区提出土地国有化，农民愿意向国家租赁土地，究其原因是中部地区集体侵害农民利益严重，所以农民要求国有化，以减轻集体对农民的侵害；东部沿海地区提出“两田制”和土地股份合作制。会议给我启示，中国这么大，经济社会发展差异大，必须在不同地区作试验，才能找出适合当地发展水平的可行的政策，千万不要一刀切。

在众多的研讨中，发现股份合作制是一个较大适应性的制度，无论在乡镇企业的发展，农村土地制度以及林业、渔业、保险都看到股份合作制的优势。但理论界也有认为股份制就是股份制，合作制就是合作制，股份合作制非驴非马。

在南海土地股份合作制的讨论中，杜鹰主任提出来这是一个倒过来的做法，过去我们搞的合作制是“一大而公”，否认农民的产权，现在搞土地股份合作制，是在承认土地集体所有的基础上，实现农民对土地的个人所有权，是在重建个人所有权。股份合作制是一个值得研究的深远课题，通过它可以理顺土地的产权，集体企业的产权，以及在经济发展中的各种关系和纠纷，看来它是一种适合于现有发展阶段，能兼顾公平和效益，在实践和理论上的突破。

（三）中央的政策决定着试验的成效

回顾试验区的历程，可充分体会到中央的政策决定着试验的成败。

在计划经济体制下，南海的粮食规模经营试验失改了。

但随着中央宏观调控政策的改革，市场经济体制的引入，才使得农业的规模经营、农业现代化和农村工业化、农村城镇化、农村土地制度的变革逐渐得以实现。

而中央政策正确与否必须从实践中来，从群众中来，除此必须借助国际的发展经验，把中国融入国际政治、经济、社会和生态的大系统中，看到我们的不足和差距，从体制和机制上不断创新，找到适合于中国发展的路子，才能实现中国的复兴，实现“中国梦”。

（本文作者系广东省农村改革试验区办公室原主任，研究员）

2012 年 11 月

广东农村改革试验区启示

马恩成

广东建立农村改革试验区已经8年了。从大家提供的进展情况和取得的经验来看，我认为农村改革试验区确实走在全省农村改革发展的前列，完全可以加快农业由小生产到大生产、由传统农业向现代农业转化的步伐。现在从两方面谈谈个人的体会和认识。

一、农村改革试验区走在全省农村改革的前列

从广东7个改革试验区来看，这几年改革有较大进展：一是改革向纵深发展，而且改革内容拓宽了，由单项改革到综合改革；二是改革与发展紧紧结合，在发展生产力方面取得了可喜的成果；三是总结的质量有所提高，内容较系统，从感性认识开始上升到理性高度。这些都是十分难能可贵的。

南海改革试验区搞得早，成果显著。到1995年已把土地股份合作制发展到占全市经济社的96%，可以说基本铺开了。在工作方法上，因地制宜、走群众路线，不搞一刀切，出现多种形式。原来我曾担心这样改革，农田能不能得到保护，粮食会不会滑坡。南海的实践消除了这种顾虑。全市54万亩搞了土地股份合作制，建立了42万亩农田保护区。其中15万亩通过招标已集中到耕田能手上。各股份合作组织共投资7亿元，新办了507家企业和其他店铺。预计今年农村经济总收入可达到300亿元，农民人均年收入可达4 500元，比上年均有较大增长。南海出现可喜成绩，原因固然是多方面的，但主要来自于经济体制改革。如果农业仍然停留在分散经营、副业化经营等小生产状态，就不会有此成果。南海的农村改革已进入深层次方面，已涉及调整土地的产权关系，而且是在全市范围的调整，已引起全省、全国的注意。

顺德市均安镇的改革也有很大进展。全镇18个管理区都成立了股份合作社，其中14个区是一区一社；还成立了63个股份合作农场；镇、区都建立了农业服务组织。全镇已有20%的土地实行了规模经营，31%的土地实行了集约经营，显著提高了经济效益。全镇优质鱼养殖面积已占58.6%。优质鱼产值已占农业总产值的70%。可以说大部分实现了“三高”农业。该镇还新建18个农贸市场，其中有的是用股份制搞起来的。全镇有30个会计辅导站，既搞财务管理，又搞集体内部的资金融通，为农民提供种苗、饲料、资金、技术、销售等服务。均安镇的经验是全面的。如果珠江三角洲农村都能做到这种地步，整个农业的生产水平就会大大提高，生产专业化、社会化的步伐会大大加快。该镇1995年农业总产值可达到5.4亿元，比上年增长35%。这不是一般的增长速度，而是真正的超常规、跳跃式的增长。

中山市新建的农村改革试验区，可以说是高层次的改革试验；一是在全市范围内建立四个一条龙的服务体系；一是以高新科技牵头，每条龙都有科技研究部门参与。他们的提

法是："以科学技术为龙头"，实行"一体化经营的生产体系"，方向是实现"四高"，即高科技含量、高商品率、高附加值、高创汇率。比一般意义上的"三高"农业还要高。中山这项改革虽然时间不长，但是按这样的路子办下去，所取得的成果也会是高档次的，完全符合专业化生产与社会化协作相结合的大生产的要求。其产生的影响将不再局限于珠江三角洲，对所有沿海发达地区都会有所启迪。

汕尾市渔业改革试验区也有进展。经过 3 年奋斗，投资 1 060 万元，兴建的水产品批发市场已开始运作了。在省内可算是较大规模的以水产品为中心的批发市场。广东的农贸市场发展快，居全国第一位，但规范化的批发市场滞后。汕尾市场在这方面走在前列。他们的渔业合作基金会已经努力运转起来了。1995 年运转资金已达 2 725 万元。这也是很不容易做到的。

肇庆市鼎湖区实行农业合作保险的试验也取得成绩。由于农业自然风险大，国家的保险公司已不敢问津。鼎湖区的农业合作保险在连续两年大灾的情况下，都做到了收支基本平衡。如果从社会效益看，成果就更大了。它为许多专业户和农业企业的生产起到了保护作用。这是新兴的第三产业，是小生产向大生产转化中非常重要的环节。生产规模越大，自然风险和市场风险就越大。我们不能坐待国家的保险业发达了，才来兼顾农业保险，而应当从现在起就着手办互助合作保险。这是一项有重要意义的试验。

清远市扶贫经济开发试验区也取得成果，现在已形成规模，并开始向山区返还利税了。1995 年返还了近 1 000 万元，安排了贫困山区的 3 000 多个劳动力，累计培训山区劳动力就业近 1 万人。贫困山区办企业的困难很大，清远试验区的规模大，积极性高，在全国经济紧缩时期面临的困难比较多。在这种情况下取得这样的成果不容易。现在地区之间经济发展很不平衡，在市场经济条件下，富裕地区与欠发达地区的差距在扩大，这已成为一个全国性的问题，因而清远的这一改革试验是很有意义的。

总之，各改革试验区都取得了经济效益和社会效益，对此不能低估。从全国看，近年来农村经济改革的进展不算大，这是由于容易改的都改了，剩下来的都是硬骨头，难突破。其中有旧体制遗留下来的问题，也有实行市场经济后新出现的问题。但是通过试验区进行的改革，不但坚持，还有很大进展。虽然面临诸多困难，但是大家在工作中做出了贡献。这就是我对我省农村改革试验区的评价。

二、关于农业由小生产到大生产，由传统农业向现代农业的转化

我国农村前一阶段的改革，或者如小平同志所提的"第一个飞跃"，主要内容是实行家庭联产承包制，并相应地调整了农业的生产结构，放开了农产品的统派购体制，在调动农民积极性，打破旧的计划经济体制，建立社会主义市场经济新体制方面，确实取得了很大成果。但是对多数地区来说，并未完全解决小生产与大市场的矛盾。早在 1983 年中央 1 号文件就指出，要"促进农业从自给半自给经济向着较大规模的商品生产转化，从传统农业向着现代农业转化"。当时由于家庭联产承包制释放出来的能量很大，"一包则灵"的呼声很高，如何具体促进这两个转化，并未引起更多的注意。十几年过去了，当前农业，特别是种植业除极少数发达地区外，仍然大量存在着分散经营、副业化经营、粗放经营的问题。一家一户承包，土地规模小、经营分散的状况并未根本改变。这是影响我国农业、

特别是种植业更快发展的一个重要原因。邓小平同志在分析我国国情时曾指出：人口多，耕地少的情况是很不容易改变的。全国人均耕地只有1.2亩。广东只有半亩多。这样少的土地资源，种植业只能是副业化经营，不可能成为主业。即使农产品价格再提高一、两倍，也富裕不起来，只能用辅助劳动力搞早晚农业。类似日本农民的“星期六农业”。日本为了调动农民的积极性，把水稻收购价格提高得比国际市场高六、七倍。我国没有那么大的财力那样做。农业的副业化经营必然带来粗放经营。个别地方甚至弃耕丢荒。实行家庭承包制前几年的大增产，从总体看，大量地仍属恢复性的生产。因为人民公社压抑了群众的积极性，农业生产力受到挫折。实行家庭承包加上提高收购价格、发展多种经营，确实使生产发展很快。但农业的进一步发展，需要新的措施。正如小平同志所说的“第一个飞跃”之后，还需要“第二个飞跃”。如依靠科技进步，提供社会化服务，发展集体经济，发展规模经营、集约经营等。这些措施都是农业从小生产向大生产、由传统农业向现代农业转化的要求。具体地说，就是要改变分散经营为规模经营、变副业化经营为专业化经营、变粗放经营为集约化经营，形成专业化生产与社会化服务相结合的一体化经营，也可以归结为农业的产业化经营。

党的十四届五中全会提出，到2010年要实现两个转变：一个是经济体制上从传统的计划经济体制向社会主义市场经济体制转变；一个是经济增长方式从粗放型向集约型转变。我的理解这后一个转变，主要是针对工业而言，但其精神也适合农业。我国工业企业的问题比较多。过去主要搞外延性的扩大再生产。各地方各部门争先上项目、铺摊子、争投入，搞贷款，追求数量上的增长，却忽视质量上的提高。造成中央所指出的“在建规模过大，投资结构不够合理，投资效益不高”以及“资源消耗高，资金周转慢，损失浪费严重”等问题。中央还指出，两个转变中以第一个转变为前提，即经济增长方式的转变要靠经济体制的转变，通过体制改革形成适应市场经济的新的企业经营机制和经济运行机制。通过改革调动人们的积极性，才能理顺企业的各种关系，堵塞各种漏洞，才有可能由粗放型转为集约型。

上述精神同样适用于农业。农业与工业不同，在经济增长上，不存在投资过多、建设规模过大的问题，但是农业生产同样存在着粗放型向集约型转变的问题。具体内容就是前面谈过的，要改变分散经营、副业化经营、粗放经营，实行规模化、专业化、集约化、一体化经营等。这是社会化大市场的要求，也是现代化农业的要求。我认为中央提的“两个转变”特别是经济增长方式的转变，在农业上主要体现为从小生产到大生产的转化、从传统农业向现代农业的转化。

农业的这两个转化，同样要以体制改革为前提。如南海改革试验区的土地规模经营试验，初期不知从何突破，后来摸索到引进股份制机制。实行土地股份合作制，用之改革传统的集体经济，加速了农业劳动力的转移，加速了耕地向耕田能手的集中，既促进了第二、三产业，也促进了农业经济的增长。又如农业搞专业化、规模化经营，特别需要社会化服务。生产越专业化、现代化，越需要社会化的配套服务。美国农业从播种、下肥、除虫，到收割、装运都是社会化的。我们现在虽然做不到这一点，但发展方向是一致的。中山市、均安镇的社会化、一体化的服务体系，就是适应了大生产的要求。没有这些服务，农民要生产资料，没有；要科学技术，没有；要销售渠道，没有；那么生产仍然是孤立的、分散的，专业化、现代化的大生产是不可能进行的。当然，这种大生产，不能搞过去人民公社制那样统一集中，但也不能放任自流。大量的改革实践证明，要引进股份制机制进行组合。对于股份制，马克思曾给以很高的评价，认为它是社会化大生产的产物。马克思曾指出；股份制可以使私人资本转变为社会资本、使私人企业转变为社会企业。认为股份企业“是由资本主义生产方式转化为联合的生产方式的过渡形式”（见《资本论》Ⅲ. 496～498 页）。当年马克思设想社会主义革命首先在最发达的资本主义国家取得成功，成功后向共产主义过渡的时间不长。但事实上却首先在不发达的国家取得革命的成功。成功后的过渡时期就很长。在过渡时期股份制将长期起积极作用，将成为小生产向社会化大生产转化的好形式。我省农村改革的实践已证明了，股份制机制能组合新的生产力，能为农民以及各方面所接受。均安镇改革试验区几乎每一个项目都有引进股份制机制、实行股份合作经济的内容。他们的材料没有写乡镇企业的改革，其实镇办企业也引进了股份制。因为顺德市全市的企业都进行了这方面的改革。通过改革，理顺了企业产权关系，堵塞了资产流失的漏洞，聚集了社会的分散资金，发展了新的生产力。当然，股份制不是唯一的经济组织形式，引进股份制也不能机械地搬套，要从我国农村的实际出发，形式要多种多样，层次也有高有低。从南海、顺德的实践来看，无论是种养业，还是乡镇企业大部分要与合作制结合，组成股份合作经济。

总之，农村改革试验区要率先加快由小生产到大生产的转化，由传统农业向现代农业的转化。试验区还要拓展改革的空间，即由单项改革向综合改革拓展，由农业向二、二产业（包括社会化服务体系、乡镇企业、市场建设、合作基金会、合作保险等）拓展，体制改革要与经济增长更紧密地结合等。这些就是前一阶段试验区改革的主要经验，当然还有其他方面的经验。相信只要上下统一认识，大家共同努力，广东农村改革试验区一定会继续走在农村改革的前面，取得更加丰硕的成果。

（本文作者系广东省农村发展研究中心原主任）

1996 年 1 月

南海农村改革试验与思考

何享业

南海地处珠江三角洲腹地，商品经济活跃，很早就在农村开展改革探索试验。1987年南海被国务院批准为第一批国家级农村改革试验区，开始了先行先试、大胆探索的历程。经过20多年的试验，经历了探索、完善和发展的三个阶段，南海取得了相当多的成绩，也总结了丰富的经验，收获是很大的。

一、敢为人先，走出适合南海农村改革新路

在试验初期，国家给的试验项目是粮食规模经营、农产品出口基地建设。回过头来看，这在当时主观上不实际、客观上做不到。主观上，第一，因为南海田少人多，种水稻围田地区人均半亩地，搞规模经营很难。第二，农村的政策还没有新的突破，出去务工的农民没有安稳的工作和发展机会，心理上对土地还是很依赖，既不想耕种，又不想遗弃。第三，南海靠近佛山、广州，从城市需求的角度，农民两眼盯着城市所需要的农产品，这个农产品不是粮食，而是蔬菜和其他农作物。这就造成两个试验项目难以开展，达不到预期的目标，靠补贴推行，没有生命力。客观上是政策问题，虽说允许试验区突破现行政策，让地方大胆探索，但当时的土地制度是人民公社延续下来的制度，不可能让土地在没有打破原来的土地制度前拿出来搞区划，推行连片经营。农民很现实，追求利益，什么好卖种什么，广州菜贵，他就去种菜了。因此，当时的主客观条件决定了南海要完成国家试验区下达的两个试验项目确实很难。但我们还是坚持试验，并且在艰难的试验中认真分析了种种问题的原因，提出南海要完成两项改革任务，就必须打破原来“一家一户经营零碎分散土地”的土地经营方式，建立一种适合南海实际的新型的土地制度。结合学习贯彻邓小平同志南巡讲话精神，干部群众对怎么更好发挥南海土地资源优势，想了很多办法。当时南海市委、市政府在听取多方意见的基础上，决定探索打破旧的土地制度、在更有效利用资源上大做文章，并组织罗村下柏村、里水沙涌村和平洲夏北村周表社三个点，推行土地股份合作制试验，收到了很好的效果，真正起到了改革的探路和示范作用，得到谢非书记的肯定。以土地为中心的农村股份合作制的路子就这样走出来了。

二、攻坚克难，在曲折中巩固和发展改革成果

从1987年到现在，在漫长的26年中，南海的试验艰难地进行着。

在土地股份制初期，碰到的第一个问题是认识问题。有人说是要走回人民公社的老路，也有人说是想收回农民土地，搞土地非农化。经过争论，明确了土地股份制是为农村集体经济组织注入市场经济的动力，是为农村集体经济组织过渡到完全的市场经济做准备。虽然刚开始运行的土地股份制模式并不完善，但得到了农民的认可。

碰到的第二个问题是土地股份制如何保护农民利益？这个问题解决好了，可以减少农民对土地依赖性。我们推行以股权的形式代替农民的承包权，农民对此可以接受。一些有经营头脑的农民因此愿意放下土地，转而经营第二、三产业。这些农民的“洗脚上田”对南海的第二、三产业发展起到了决定性推动作用，可以说，没有他们的“洗脚上田”，就没有南海今天的发展。

碰到的第三个问题是实行股份制后农村集体经济以什么方式发展？在多年的实践中，南海也找到一条路，即搞农田、工业、商住三区规划。区划搞出来后，土地如何利用？是一家一户去耕种，还是通过市场手段让部分人去搞规模经营？经过摸索，南海在搞土地股份制的同时，把土地的分包改为投包，让一些熟悉农业耕作技术的农民通过投包去多经营耕地，去发展商品农业。这样，就使一大批有第二、三产业门路的农民，放开手脚持股就地或到城镇经营第二、三产业。在工业开发用地上，也通过竞争手段，招商引资。通过规划，把分散的小工业园集中起来，吸引外商、内资落户工业园，形成强大的乡镇企业，奠定了南海现在较雄厚的工业基础。

碰到的第四个问题是如何管理好集体经济资产的问题。在靠近城市的地方，农村集体经济效益可喜。由于集体经济的发展，农村股份合作经济组织内部矛盾也随之产生，谁该分，谁不该分，集体经济组织成员如何确认，股民身份如何认定，都摆在集体经济组织面前。在 1998 年和 2002 年，南海两次对农村土地股份制进行改造完善，把集体资产管理提高到一个新的水平。原来有些股份社每年收入几千万，也有的股份联合社年收入超亿元，怎样管好这些资产，使之不受侵害？2004 年后南海提出“两确权”（即农村集体资产产权的确认和农村经济组织成员身份的确认），在省的相关管理办法尚未出台之前，南海已经考虑到农村土地股份制里的股权怎么管理的问题，确认什么人才拥有股权，集体经济组织成员有多少，这就为后来推行“两确权”打下了很好的基础。《广东省农村集体经济组织管理规定》出台后，为有效保护农村集体资产提供了依据。此后，南海又创建了“两平台”：一是农村集体资产交易平台，发包、投包要经过这个平台交易，规范交易行为，避免原来的暗箱操作；二是农村财务管理平台，规范集体资金使用和管理，减少矛盾，保证了集体经济资产安全。“两平台”确保了集体资产的“阳光交易”和集体财务的“阳光运行”，使农村股份合作制的改革成果得到不断巩固和发展。

三、回顾前瞻，南海农村改革路向之思

1. 对南海农村土地股份制作用的思考。南海农村土地股份制的作用：一是明确了每个人在集体经济当中的份额，虽然不够完整，但已经为农村走向市场迈出了可喜的一步；二是实现了农村土地的“所有权、承包权、使用权”三权分离，加快了土地的有偿流转；三是提供了重新整合农村资源的机会，留存了一定数量可供利用的土地，为后来的三旧改造留下了空间；四是推动了整个农村的人员、产业分化和组合；五是促进了集体经济逐步向市场经济过渡。

2. 对现行经营体制的思考。农村虽然经历了土地承包到户、农村集体经济组织和股份合作制的改革，但还是没走出人民公社这个圈圈：集体资产人人占有，集体利益平均分配、经济责任享盈不享亏。只要是集体经济组织成员，自然就是股份社的股民，就可以享

受集体资产利益分配，而不用承担任何风险。如果集体经济挣了钱，成员就想分光，如果集体资产减少或亏损了，成员则认为自己没有责任，把账全算到干部身上。农村的各种矛盾由此引发。人民公社体制不打破，农村集体资产就很难真正进入市场。怎么打破？必须实现两个突破：一是突破所有权制度。在现存的制度下产权没有明晰到人，个人不能处置自己的资产，集体经济死水一潭，只能变为“出租经济”。要打破这个所有权制，必须把所有权真正明晰到每个农民，让他们真正拥有资产的经营权、收益权和处置权，产权流动才有活力。二是突破现行的组织形式。现存模式是以集体经济为基础，把各种人捆在一起，组织内部的成员盯着的是资产，防着的是干部，想着的是分红，哪还有多少人去考虑发展？所以，突破原来的集体经济组织的组织形式，给农村“松绑”，探索建立新型的合作经济组织或新型的有风险责任的经济合作组织，是推动农村可利用资源直接参与市场竞争，全面发展农村经济增加农民收入的有效途径。以里水镇周村为例，2007 年有 2 600 多人自愿入股组建新型合作经济组织，新集体经济实行公司化管理，自负盈亏，分配认股份不认人，因此人人都想维护这个组织，不会侵害组织利益。从去年开始，这个新型组织年收入超过 700 万元。

3. 农村政策问题。国家每年出台一个 1 号文，召开一次农村工作会议，但对农村管理体制涉及较少。发达地区的改革，先行先试，必须有国家政策的保护和支持。国家需有一个按照各地不同地方实际，实行分类指导的保护和支持农村集体经济组织改革发展的法律，没有农村集体经济组织法，集体经济组织的社会地位就没有保障，集体资产就得不到保护，农民的利益就没有保障。有了农村集体经济组织的法律，才能让做农村工作的人心里踏实，不然阻力很大。改革肯定会触及一些人的利益，就会引起农村矛盾，工作就很难开展，而制定农村集体经济组织法，为农村工作提供相应的法律依据，为解决矛盾提供司法途径，将大大助力于农村改革工作的开展。

4. 经营管理队伍的问题。随着改革的不断深入，农村两种体制的矛盾日益暴露，从上到下没有一支编制内的过得硬的农村工作队伍，农村工作将难以开展。农村基层干部很辛苦，上面没有实实在在的指导，没有法律支持，有人上访还要承担责任，这一块工作不好做。这么多土地、这么多农民，时时处处考验着农村干部的视野和执行能力。为此，严格农村干部的选任机制，完善培训和激励制度，巩固、提高这支管理队伍，已经刻不容缓。

5. 对今后农村走向的一点思考。我国要坚持走市场经济路线，集体经济组织市场化的要求将更加突出，农村集体经济组织会不可避免地逐步转型，农村的资产会逐步明晰到完全的农民股份制，这是未来农村改革的新趋势。随着城镇化进程的推进和农业现代化水平的不断提高，集体资产产权不清和集体经济组织成员资格模糊已经严重影响和制约了农村集体经济的发展，妨碍着城市化和农业现代化建设，并引发农村的诸多社会矛盾，产生不稳定因素。因此，旧的农村集体资产存在形式将会被新的农村集体资产存在形式所取代，是必然的趋势。当然，这个转变和取代需要胆识、需要智慧、需要法律支持、需要时间。与此同时，社会公共服务要跟上集体经济组织转型的步伐，统一的社会保障要承担起原来农村集体经济组织的保障功能、福利功能，以此避免分红队伍越来越庞大，摊薄集体利益，引发矛盾，造成社会不稳定。

南海农村经济体量庞大，是地方经济发展中不可忽视的力量，但同时也逐渐成为基层矛盾产生的根源。南海农村改革至今历经 26 年，南海人孜孜不倦、勇于探索，取得了巨大的成绩。如今，南海农村改革进入“深水区”，进入攻坚时刻，不改革就不能巩固改革成果。南海还要继续奋力前行，以先行先试的勇气和攻坚克难的精神，为南海带来新的发展，为全社会提供可行的经验。

（本文作者系佛山市南海区人大副主任）

2014 年 4 月

广东农村改革试验区概览

一、南海农村改革试验区

南海县农村改革试验区成立于 1987 年 7 月，是全国第一批农村改革试验区之一。从 1987 年至 1992 年，南海的改革试验确定了两个主题：一是土地规模经营。试验大致经历了两个阶段：第一阶段是粮食生产规模经营，第二阶段是水产、畜牧、林果和其他经济作物规模经营的发展；二是农产品基地建设和出口商品基地建设。

从 1993 年开始，南海推开了以土地为中心的农村股份合作制的试验。这项试验把所有权、承包权与使用经营权三分离，实现使用承包权入股。为明确土地所有权、稳定土地承包权、搞活土地使用权、放开土地经营权、强化土地管理权打下基础；突破了家庭联产承包制的均分土地制度，使小规模经营可以逐步过渡到适度规模经营，使土地在更大区域内合理布局、规划和使用。

2002 年起，改变过去股权（股份）不能继承、买卖、抵押、转让、担保、赠予这种福利封闭性的处置权方式，通过实行农民股权“生不增，死不减”或“固化股权、出资购股、合理流动”以及在一定条件下允许买卖、转让、继承、抵押和退股取值等改革，促进农村股份组织建立现代企业制度，优化农村生产要素组合，加快了农村城市化进程。

2011 年以来，南海深化农村体制综合改革，启动农村集体产权制度改革，目的是“政经分离”，将村（居）自治组织和集体经济组织分离运作，建起农村集体资产管理交易平台、农村集体经济财务监管平台和农村集体经济组织成员股权（股份）管理交易平台，为集体经济走向市场化打下基础。

在过去的 28 年里，“南海试验区无论在提供经验、发现问题方面，还是在探索农村深化改革新路子方面，都起到了很大的作用。”

2013 年 9 月，南海区被省列为国务院农村综合改革示范试点，开始了新一轮的农村综合改革和集体产权制度改革，继续为广东省和全国提供经验和示范。

二、汕尾市城区渔业经济体制综合改革试验区

1989 年 5 月，广东省汕尾市城区渔业经济体制综合改革试验区经国务院批准设立。试验区成立后，开展的试验内容有：

第一阶段（1989 年 8 月至 1993 年 6 月）成立渔业联合公司。发动渔船在坚持独立核算、自负盈亏的生产体制前提下，自愿联合起来，合股投资兴办渔业后勤服务企业，实行渔船分散生产，公司集中后勤服务的经营体制。

第二阶段（1993 年 6 月至 1996 年 1 月）兴建水产品批发市场。解决水产品交易场地分散、日晒雨淋、欺行霸市、压秤压价、走漏税费等问题。成立渔业基金会。以短期小额有偿服务形式，融集渔民闲散资金，重点支持发展渔业生产和与渔业有关的配套项目设施

等。探索建立远洋渔业经营机制。组建“汕尾市城区远洋渔业公司”，兴办远洋渔业后勤配套服务项目，提高远洋渔业经营效益。

第三阶段（1996年1月至2010年）探索建立发展海水养殖业的新体制、新机制。利用沿海沙滩地、内陆低洼地发展海水养殖，形成了罗非鱼、虾类、蟹类、鲍类等养殖支柱产业。积极探索新的渔业产业经营方式，组建渔业专业合作社。试验区积极推广“公司＋基地＋养殖户”的模式，努力提高养殖生产组织化程度。

三、清远扶贫经济开发试验区

清远扶贫经济开发试验区于1992年11月由国务院批准列为全国农村改革试验区，是全国首家扶贫经济开发试验区。试验内容：

第一阶段（1991—1995年）建立扶贫工业开发区。组织贫困县（市）、乡镇到扶贫区内挂钩联办项目，实现的税利返还给投资的山区县（市）乡镇所有，走出了“异地发展，体外造血”，贫富合作，共同得益的扶贫新路子。“智力扶贫”建立扶贫试验区职业技术培训中心，从根本上提高山区劳动力的素质和劳动技能。组织实施石灰岩特困山区十万人大迁移，走农业异地开发路子。在市内、县内选择条件较好，连片的荒坡荒地兴建移民新村，以农业异地开发带动人口迁移，以人口迁移促进农业开发，配套解决迁移农民的土地、户口和生产、生活设施，从根本上解决特困地区群众的生产、生活出路问题。

第二阶段（1995—2010年）实施扶贫开发“规划到户、责任到人”。初步走出一条具有清远特色的扶贫开发新路子，也为广东省探索解决“扶谁的贫、谁来扶贫”“怎么扶”的难题和建立扶贫长效机制做出了贡献。清远扶贫经济开发区和清远生态工业园整合为清远高新技术产业开发区后，扶贫试验区成为现代化工业基地“三高”农业和农产品深加工基地，以及发展高新技术基地。

四、鼎湖农口体制改革试验区

1991年12月，鼎湖农口体制改革试验区成立。

第一阶段的试验主要是农口体制改革。主要内容有：一是机构改革。农口各局通过成立八大专业公司和31个场（厂），初步实行政企分开，为农口机构改革实行公务员制度创造了条件。二是转变职能。改革“农商分立、产销脱节”的旧体制，鼓励并支持农业部门介入加工流通领域，兴办加工流通实体，政府不参与对企业的管理，只是指导协调，企业的事由企业自己管。

第二阶段试验主要是农业合作保险。由区政府、市保险公司、区农业部门、各镇政府的领导组成鼎湖区农业合作保险委员会，按照“同舟共济、风险共担、积极探索、稳步发展”的方针，携手合办农业保险，发挥了保险公司在业务上、资金上的优势与区政府在行政上的权威性和财政上的支持保证作用。

五、均安镇农村体制改革试验区

1991年，顺德均安成为省的农村改革试验区。试验项目是社区性合作经济组织建设。开展的试验内容有：一是理顺经济社组织层次，采取多种形式设置经济合作社。二是改革土地均包制度，改低偿承包为合理有偿承包；改平均分包为定标公开投包。三是建立农业和财务会计两个服务站，对农户开展产前、产中、产后服务。四是精简机构，提高工作效能，减轻农民负担。五是建立干部激励机制，对现有管理人员，实行工作达标责任制。

2002年后，均安镇对农村行政架构、经济结构、管理方式和运行机制等方面实行了战略性的调整和改革，农村基层工作转向以管理和服务为主。

六、阳江渔业经济体制综合改革试验区

1993年6月，广东省政府批准建立阳江市渔业经济体制综合改革试验区。试验内容：一是推进渔（村）委会改革。阳江市渔（村）委会隶属于乡镇一级，原以行政职能为主，改革目的是加强对渔区渔民的服务职能。渔委会通过渔船的集中管理，专人为渔民办理渔船生产的各项业务，方便渔民生产。二是推动渔业股份制改革。鼓励有能力的渔业企业家成立股份制渔业龙头企业，更新木质渔船，调整作业结构，开辟海洋捕捞的新路，提高海捕经济效益。三是鼓励和指导渔民成立渔业专业合作社，提高渔业组织化程度。帮助渔民解决在生产经营中出现的问题，对水产养殖、种苗生产、水产品加工、海洋捕捞等合作社无偿进行各项生产技术指导。

七、中山高科技外向型农业开发试验区

1994年7月，省政府批准建立中山市高科技外向型农业开发试验区。试验区成立以来，主要工作：一是抓农产品出口。包括加工农产品、禽畜、三鸟、蔬菜、水果、花木、食品、饮料等几大类数百种产品，产品出口美国、日本、澳大利亚、欧盟、非洲等世界各地。二是以科研机构为龙头引进农业优良品种和先进技术。引进的名、优、稀、特、新品种达500多个，对优化品种结构，提高农产品质量，扩大出口外销，提高经济效益，起到十分积极的作用。三是抓外向型农业龙头企业与出口基地建设。四是普及网络技术，抓农产品流通组织和专业协会的工作，积极拓展国内外市场。五是抓农业标准化工作，建立中山农业名牌。大力发展绿色食品和无公害产品，提高农产品特别是出口产品的质量安全水平。

八、高州农产品加工流通试验区

2001年2月，高州经广东省政府批准成为省农产品加工流通试验区，办公室设在经贸局。试验内容：一是建立营销网络。围绕农产品，特别是水果的流通，组织国有、集体、联合体、个体和代购代销户、外运直销户、外来经销商组成庞大的购销队伍，解决水果卖难问题。二是鼓励发展水果多层次加工。培育农产品加工龙头企业，开展保健饮料及荔枝、龙眼等水果的深加工；鼓励水果加工企业与大专院校和科研单位合作，发展果汁、果酒、果脯、颗粒饮料等产品，帮助农民增产增收。

第一篇 >>>

南海农村改革试验区

第一章

起　步

国务院批复建立农村改革试验区

国务院办公厅转发国务院农村发展研究中心关于农村改革试验区请示的通知

各省、自治区、直辖市人民政府，国务院有关部门：

国务院农村发展研究中心《关于农村改革试验区的请示》，已经国务院领导同志同意，现转发给你们研究执行。

中华人民共和国国务院办公厅

1987年9月16日

关于农村改革试验区的请示

国务院：

遵照中央1987年5号文件关于有计划地建立农村改革试验区的精神，我们于4月初在京召开了试验区座谈会，对此项工作作了安排。同时，按中央办公厅字8号文件的规定，“明确各省的试验区和试验方案要与中央书记处农研室商定，由省委、省政府组织实施，并报国务院备案”。现准备工作已告一段落，情况简报如下。

中央关于建立农村改革试验区的决定，得到各省的普遍拥护和积极响应。根据全国试验区不宜太多的原则，只商定在安徽、黑龙江、河北、陕西、四川、贵州、广东、江苏、浙江、广西等十省（自治区）进行。目前，上列省（自治区）都已确定了试验项目和试验点。其中安徽、黑龙江、陕西、贵州、江苏、浙江已经提出了试验方案，并成立了有省委或省政府负责同志参加的农村改革试验区领导小组和工作班子。其余的正在调查研究和拟定方案。选点的情况是：安徽省的阜阳地区；黑龙江省的尚志县、苇河林业局、绥滨农场；河北省的玉田县；陕西省的礼泉县；四川省的广汉县；贵州省的湄潭县；广东省的南海县；江苏省的吴县、无锡县、常熟市；浙江省的温州地区；广西玉林市等，共两个地区，十个县（市），一个国营农场和一个林业局。

试验内容较广泛，已经商定的题目有：乡、村合作经济组织和土地承包制的完善化、制度化；土地规模经营和农业现代化建设；乡镇企业制度建设；创立各种农村经济联合体的试验和政策；农产品流通体制改革和供销社改革；农村金融体制改革；农产品基地建设和农业服务体系建设；国营林场和国营农场体制改革等。

上述试验选题，涉及农村改革的各个方面，一般都既注意了改革成果的巩固，也注意了对下步改革的探索，体现了制度建设、法规建设和组织建设的结合，以及改革和发展的结合。在拟定改革方案的过程中，各省都组织专门力量，进行深入系统地调查和反复论证。通过初步的调查和研究，大家感到对农村的问题、对改革的障碍和改革的目标，认识更深化了。这对提高农村改革的指导水平很有帮助，同志们表示决心把试验区办好。

因为改革试验具有探索性，就不可避免地会突破某些现行的具体制度和政策，有的还要求提供一些帮助。对此，已经请各省尽可能在自己的职权范围内加以解决，并望中央计划、财政、商业、外贸，银行、农林等有关部门给予支持和指导。同时强调，对突破现行政策、制度的试验，要严格限制在试验区范围内实行。对一些较敏感的试验项目，如土地调整、私人企业等问题，不要作公开的宣传报道，其他宣传也要严格把关，谨慎从事。

对试验区不宜给过多的物质支持，以保持其典型性。但是有些需要给一些条件的，也应予以考虑。如江苏省吴县、无锡县、常熟市的土地规模经营和农业现代化试验，目的是探索种植业实现商品化、现代化的具体道路，提高粮食生产集约经营水平，是很及时和很有意义的，但这项试验需要同时增加资金投入，省提出资金大部分由地方和集体筹集，同时请国家给予适当照顾。黑龙江省苇河林业局的体制改革试验，主要是限期恢复采育平衡，调整内部产业结构和就业结构，要求对该局按“小老穷”林业局待遇，压缩国家统配材指标。绥滨农场为改造低产田，希望农垦系统给一些投资照顾。陕西省礼泉县进行商品粮基地建设，希望列入国家优质商品粮基地县。对此，我们已建议有关省，同财政、计委、林业和农牧渔业部具体商定。

温州试验区涉及面较广，浙江省委根据中央领导同志的指示，已先期拟出方案报告中央、国务院，此次未再重新申报。

以上报告如无不妥，请国务院批转各地区和有关部门。

国务院农村发展研究中心

1987 年 7 月 7 日

广东省委拟定南海县为农村改革试验区

中共中央书记处农村政策研究室：

现将我省农村改革试验区的工作进展情况简报如下：

一、根据中央今年五号文和中办今年8号文精神，省委已定南海县作为我省农村改革试验区。试验题目：一是土地规模经营和相应的技术投入；二是农产品基地建设和出口商品基地建设，基地农工商联合中心企业建设。试验方案已草拟，待省委，省政府讨论后再正式上报。

二、试验区工作由省委，佛山市委，南海县委直接领导下进行。省、市、县各抽调了3名干部共9人《其中厅级干部1人、处级干部2人、科级干部5人、一般干部1人）组成试验区工作小组。具体负责试验过程的调查、设计、观察和分析工作。

三、对这两个试验题目，我们计划先进行土地规模经营的调查、设计，再进行农产品和出口商品基地建设的调查和设计。目前对第一个题目正在调查研究之中。

中共广东省委

1987年6月2日

南海县农村改革试验区试验工作方案

一、指导思想

根据中共中央（1987）5号文件和中共中央办公厅（1987）8号文件的精神，中共广东省委和省人民政府，拟定南海县为我省农村改革的试验区。试验的题目：一是土地规模经营和相应的技术投入；二是农产品基地建设和出口商品基地建设，基地农工商联合中心企业建设。

南海县地处珠江三角洲经济开放区，是我省商品经济比较发达的县之一。1986年，农村经济总收入达27.4亿元，其中二、三产业收入占了八成，近七成劳动力已转移到二、三产业。已涌现出近百个耕种大户和20多个有一定规模的出口商品基地，农村经济正在向商品化、专业化、系列化和创汇型的方向发展。

但是，随着农村商品经济的发展，也突出地暴露了扩大的市场需要与经营分散的矛盾，现代化生产与小规模经营的矛盾，妨碍着进一步提高生产力、提高劳动生产率、提高土地产出率。

虽然土地规模经营和农产品出口商品基地在南海已逐步出现，但数量还不多，而且这些新事物的出现，一时难以完善各种管理制度。因此，在南海县进行土地规模经营和农产品出口商品基地建设的试验，使之逐步发展和规范化，既有必要，又有可能，它对指导我省农村经济的发展也有着重要的意义。

由于这两个问题的解决牵涉到很多方面，并且受到现行体制、政策和国家财力的制约，难度很大，因此，既要解放思想，大胆探索，加强领导，又要从实际出发，尊重群众意愿，尊重科学；试验的点不宜太多，但解决问题的路子应宽广。既要总结肯定已有改革的成果和经验，又要围绕发展农村商品经济，对现行政策和体制与之不相适应的地方，由易到难地进行某些突破。对改革方案既要考虑生产者的利益，同时又要照顾到各方面合理的必要的利益，使试验能为各方面所接受并摸出一条路子来。

二、试验内容和目的

土地规模经营和农产品、出口商品基地建设这两个试验题目，虽然有其相互联系的地方，但试验的内容是各有侧重的：

（一）关于土地规模经营

试验内容主要是：（1）以土地为中心，以粮食为内容的不同地区、不同条件土地规模经营的最佳效益和适度的准则；（2）不同地区土地集中的条件、途径和形式；（3）以工补农的确认及补农的办法；（4）服务体系的建立和配套；（5）相应的技术投入；（6）鼓励土地集中的政策和措施。

（二）关于农产品基地建设和出口商品基地建设

试验内容主要是：（1）建立农产品基地和出口商品基地的准则（包括范畴、条件和各级建立基地的规范）。（2）中间经济组织的建立、及其连结方式的优化选择；贸工农的联合和互相促进。（3）基地内部经济运转的规则，各种生产要素的合理配置及管理制度。（4）农产品基地和出口商品基地外部关系的理顺，包括建设基地的相应政策和措施。

试验应着重解决政策问题，摸索解决问题的路子。试验的结果，应是促进农村商品的发展，对某些问题尽可能提出规范化的意见。有的不成熟的可继续观察、积累资料，为对这些问题的解决提供经验，并在此基础上把改革推进到更广阔和更深入的领域。

三、阶段和进程

因为这两个试验题目难度很大，若同时试验，势必分散精力，影响解决问题的深度。因此，计划先进行土地经营规模的调查、设计，再进行农产品和出口商品基地建设的调查和设计。不管哪个题目，都应从调查入手，总结经验，分析矛盾，找出难点，研究方案，进行试验。大体分以下几个阶段：

1. 调查阶段。包括搜集资料、深入解剖若干个点，弄清情况，总结经验，征求解决问题的各种意见及其依据。

2. 制订方案阶段。把调查到的各种解决问题的意见加以分析比较，提出试验的具体方案，通过论证后，报上级领导机关批准。

3. 试验阶段。将批准的试验方案交由地方在自愿参加原则下选择若干点进行试验。

4. 小结阶段。在试验进行了一段时间、有了一定结果的基础上，自下而上进行小结，提出进一步完善的意见和提出规范化、制度化的建议。

5. 长期观察和跟踪调查阶段。

工作进程的大体安排是：

6月，对土地规模经营进行调查。

7月，制订土地规模经营的试验方案。

8～9月，由地方进行土地规模经营的具体试验。同时，组织对农产品基地和出口商品基地建设、基地农工商联合中心企业的调查。

10～11月，制订商品基地建设的试验方案。

12月，由地方对基地建设进行试验。

1988年第一季度，对两个题目进行小结以后，转入长期的跟踪观察。

四、组织领导

南海试验区是在广东省、佛山市、南海县的党委和政府直接领导下进行的，并指定有关领导专门负责，有关试验的方案、内容、措施、办法都应经县、市、省委和政府的批准，一些牵涉到要突破某些现行政策和体制的重大问题还应报中央批准或备案。试验的进行应由地方党委和政府组织实施。

各有关部门也应大力支持和协助。

为了搞好这项工作，在省、市、县委和政府领导下，设立试验区工作小组，由省、市、县共抽出9位同志组成，具体负责试验过程中的调查、设计、观察和分析工作。

1987年6月4日

搞农村改革试验区要有探索有突破

杜瑞芝

农村改革试验区这项工作，涉及面广，政策性强，难度比较大。但既然是试验，那就既要争取成功，又要允许失败，在成功中总结经验，在挫败中吸取教训，借以指导全面工作。由于这项试验是政策性的试验，因此无论成败与否，结果都要两、三年后才能看出来。

一

这项试验有两个题目，一个是“以土地为中心，以粮食为主要内容的适度土地生产规模”，另一个是“农产品生产基地、出口商品基地建设，基地贸工农联合中心企业建设”。前一个题目，主要研究土地的生产率，研究如何提高土地生产的数量，同时还要注意产品质量、生态效益等方面的统一。广东能不能做到每亩产一吨粮食，或者一吨糖、一吨鱼?我们要进行研究分析，有条件的试验一下。要在现有的基础上提高土地的生产率，很重要一条是生产规模。按现在的耕作条件，在现有的耕地上，一个劳动力可以耕作10～20亩，而搞开发性生产则可以是它的10倍。台山县有个华侨从美国回来，以每亩150元的代价，向当地群众租赁了900亩坡地搞开发性生产，投资了190万元，现在仍在不断投资，最近他又多租了400亩，他把这些地改种柑橘，预计每亩投入500元，收入1 500元。他雇了92个工人，为了提高劳动生产率，他规定凡不吸烟的每月奖励工资100元（吸烟的没有）的办法，以增加工人的有效劳动时间。他还送了8个工人到华南农业大学学习（包括他的两个儿子），以提高素质，掌握技术，为今后进一步发展打下基础。他以每株树15元的价格买下附近的林木作防风林，把承包的烂地挖成鱼塘，主要是用于灌溉，形成有效的生态系统。他所做的，正是一套现代农业的做法，他实际上是在建立一个现代的农业企业。像这样的农场，就给我们带来了现代农业的经营样板。还有一位吴桂华，是恩平县的农民，本身有8个劳动力，承包土地384亩，他贷款3万元，自己也拿出一部分钱，以种柑开始，逐步积累资金，现在颇具规模，经营得不错，成了恩平县农民搞开发性生产的榜样。

适度的规模，是由合理的生产结构和劳动力素质、劳动工具以及社会服务的有效结合而产生的，要做到产出多、产品好、土地越来越肥、生态平衡。所以我们在调查过程中，要注意分析现有的大户，他们在生产经营过程中各项因素的组合，对农业生产——尤其是粮食生产——的经验效益，还有一个以工补农的问题。要使农业劳动者的收入达到或略超过当地劳动力的平均收入，才能使人们对从事农业生产感兴趣。这就要求各级有条件的要进行以工补农。补的办法要研究，要真正做到鼓励农民好好种田，提高产量。

现在土地集中有种现象，就是差的地容易集中，好的地难以集中。土地集中的焦点，就是那些分散在各家各户的好田，群众不大愿意拿出来，要拿出来，就得有补偿，有互利条件。对此要考虑一些政策，转包要不要给，转包要“利用”。集中的另一个难点是年限问题。短了接包者不肯投资，对提高地力增加产量作用不大；长了转包者不肯放，怕工业搞不下去回来没法维持生计。所以目前的集中可能多数地方会形成“两田制”，他把任务田让出来，留下口粮田自己耕。将来可以用保证供应口粮的办法，让他把口粮田也拿出来。

我想，既然是试验，我们能否分别几种类型搞几个试验点：一种是现有的一般粮田的集中；第二种是低产田的集中；第三种是耕田大户。每一种都搞它几个村。

二

关于第二个题目。广东的农产品生产基地不少，能做到“贸工农”的实际上就这么两种：一是以农产品加工为主，农工结合。这是一种以工养农的工农关系。以工厂为龙头，通过收购农产品加工增值，保护农产品的价格，鼓励农民的生产积极性。像肇庆的味精厂。现在的问题是有的以农产品为原料的大工厂，对原料生产不负责任，不搞返还，这个非改不可。二是商业部门（包括外贸和内贸），直接组织农副产品的出口和内销，这是农贸结合。这在少数地方都有。但有些贸工农不一定“贸”得出去，你搞了，他不收，说没有配额，或者不补亏，出不了。所以要以基地为中心的农工商互相结合，互相补偿。有的产品出不了口就内销。要考虑互相的利益关系，要真正做到贸工农，保护农民利益，提高他们的生产积极性，形成一个有大批量农产品为基础的与工业相结合的联盟。通过农副产品的深加工，组织流通，保护农产品的价格。也可以将工商业获得的利益合理地返还部分给农民，实行内部的经济调整，互相促进。

总之，这次搞农村改革试验区，调查研究思路要广，面要宽；试验的点不要多，但要有所探索，有所突破，启发干部解放思想，争取闯出一条路子来。要集中解决政策问题，采取什么样的政策，才能达到目的。因为我们是试验政策，所以效益不要言之过早，要长期观察，我省目前大抓开发性农业，但对现有耕地的精耕细作、挖掘潜力也不能放松。我们的试验，就是在现有耕地上做文章，要争取做出一篇增产增收、解决粮食生产问题的文章来。两个题目的试验，都是以承包责任制为基础的，我们在试验中要注意发挥合作经济组织和农民群众的积极性。

（本文作者系广东省顾委副主任，本文是其在省委党组讨论《南海农村改革试验区试验工作方案》会议上的讲话）

1987 年 6 月 4 日

粮食生产规模经营要讲条件

刘 堪

一

现在搞农业，有个方位感，对位置、前途、发展阶段如何搞，正在考虑。我们研究粮食问题，研究来研究去，还是适度规模是比较好的出路。提价、补贴不是好的办法，提多少？补多少？补到什么时候为止？今后要提高科学技术水平，没有一定规模不行。提高科学难，提高新技术也难，特别从自给半自给向商品生产转化，没有一定的规模，也形不成商品。自己消费，就不是商品。没有一定数量，市场观念，市场风险就树立不起来，也不能刺激投资。不仅土地要搞规模经营，其他也可以搞，如养猪，一个养两头，自己吃一头，出售一头，市场价格好就养三头，这样市场就被动，影响就大，商品就无法多起来。所以土地规模经营这个课题，早点下手，做足试验，非常值得。要把这个题目放在重要的战略位置上，但这点农民看不到的，他们无方位感，不考虑前途、发展战略，他们只从利益出发。现在农民对种粮不积极，就是对规模经营的要求。小规模经营，丰收了富不了，差了不成问题，因为粮食收入只占家庭收入的5%。苏南有65%劳力从事二、三产业，80%的收入来自工业。到了这个时候，如果不及时提出规模经营，就会贻误时机。一是粮食生产会下降，二是农民思想会起变化。因此需要解决规模经营。要集中搞一下这个问题，搞出个眉目来，再转上第二个题目。你们的情况，比苏南还复杂一点，但不要怕，复杂一点，摸出一条路子来更有意义。

搞试验区，主要是探索，其成果是制度化、法律化、规模化。制度化本身就要探索，探索也为了制订制度，两者是有密切关系的。你们这次研究规模经营，回头来看，就发现经营管理有些问题要理顺，所以两者是有联系的。

二

搞土地规模经营，要讲条件，就是：

1. 必须要有大量的劳力转移。能否实现土地规模经营就在于此。原来工农业的产值为3∶7，现在已倒过来，是7∶3，但劳力结构却没有改变，仍然80%劳力在农村，这几年我们才转移了7 000万劳力。劳力不转移出来，农村的“四化”、“小康”就无出路，所以，劳动力转移是决定性的。

2. 要有经济实力，集体要有力量。靠国家不行。集体有力量才可装备农业。

3. 经营者的素质和兴趣。一个劳动力搞上百亩，是搞不好的。规模一扩大，遇上天灾，就受不了。苏南提出要有风险保证，包括自然灾害和市场风险。

三

规模经营是生产力问题，比生产关系更重要，不是拼起来，像过去生产队那样，面积扩大了，但单位面积产量上不去。所以要明确规模经营要与生产力搭配，否则单位面积提不高。要有新的技术、新的手段，不能老一套。老一套，规模越大，产量越低。

规模经营其中一个复杂问题是农业机械化。农业机械化弄不好，设备利用率就低，加上维修费用的开支，那农业大户是承受不起的。因此，规模经营还要考虑农业机械的投资问题，折旧多少，提留多少的问题。

要通过规模经营解决生产水平的提高，积累的提高，不是简单的垒大户，垒大户过去搞过了，这是没有意义的。

规模经营有二个考核指标，一是单产要提高；二是务农的收入要相当务工的收入，并且要有自我的积累。

现在有的地方一方面希望劳动力转过来，但另一方面又搞农业上的补贴，保护农业生产；结果劳力转移慢，这是个矛盾。因此，农业怎样补才合理，很值得考虑，两头都要处理好。但起码要使劳动力有一个低水平的流动。

规模经营的规模多大为宜，以目前状况来看，怎样才算适度，要很好地研究。

此外，南海县搞规模经营的试点，其规模经营要注意与产业结构的关系，在规划时，可考虑一些种粮专业的搞点多种经营。这个也可以做个试验。光种粮食的大户，很费劲，但农业一年实际花在粮食生产上的时间不多，其余时间都闲着。因此，规模经营要考虑农户的劳动时间的搭配。

粮食规模经营如确实难度大，费劲的话，点不一定很多，可压缩一下，力量不足，可搞三两个不同规模的点。点不一定搞得太多，中央文件提可以搞试验，不是说非搞不可。总之，规模经营要解决自我发展，不能靠补，补不是个方向，钱要用在建农上。这个问题本身也是个研究的课题。

（本文作者系中央农研室副主任，本文是在听取广东试验区工作小组初步汇报后的讲话）

1987年8月6日

南海县农村经济发展现状

黄浩新　顾玉熙

一、经济发展概况

南海县地处珠江三角洲，现有农业用地总面积80.224 7万亩。农业户174 974户，农业人口647 200人，人均农业用地1.24亩，在农业用地中，水田面积486 454亩，旱田27 391亩，旱岗地118 575亩，鱼塘122 392亩。全县有16个建制镇，238个村民委员会和经联社，1530个经济社。按自然条件区分，全县可分三种类型地区：一类是平原地区，有5个镇，约占全县农业用地1/3；二是丘陵地区，有5.5个镇，占全县农用地1/3强；三是桑塘地区，有3.5个镇，占全县农业用地1/3弱。此外，还有一个以内河捕捞为主的渔业镇——凤鸣镇。

党的十一届三中全会以来，在改革、开放、搞活方针的指导下，南海县农村经济发展很快。1986年，全县农村经济总收入274 114万元，为1978年34 905万元的7.85倍，接近翻三番。按全县农业人口计算，人均创总收入4 235元，为1978年人均545元的7.77倍，人均纯收入1 134.5元，为1978年人均186.8元的6.07倍。全县15个农业镇中，工农业总收入超过亿元的14个镇（其中1个镇超3亿，6个镇超2亿）占93.3%；全县238个行政村，工农业总收入超千万的有70个村，占30%，全县原有生产队3 350个，工农业总收入超百万的有165个，占5%。农民存款额年年增加，1978年年底农村存款余额3 757万元，1986年年底农村存款余额91 449万元，为1978年的24.3倍，平均每户5 226.4元，每人1 413元。

1. 水稻生产。1978年，全县插植面积525 980亩，亩产1 175斤，总产61 769万斤，1986年，插植面积464 615亩。亩产1 508斤，总产71 241万斤，亩产和总产分别比1978年增长28.2%和15.3%。

2. 塘鱼。1978年，全县实养面积109 097亩，亩产405斤，总产439 673万斤，1986年，全县实养面积122 381亩，亩产717斤，总产8 774.75万斤。亩产和总产分别增长77.9%和99.5%。

3. 畜牧业。生猪，1978年上市量31.7万头，1986年94.9万头，增长2倍；三禽（鸡、鹅、鸭），1978年总饲养量205万只，1986年为1 532万只，增长7.5倍。畜牧业总收入从1978年的1 166万元，增至1986年的13 937万元，增长11.9倍。

4. 水果。1978年全县总面积10 343亩，总产量5万担*，1986年面积扩大为27 867亩，其中挂果面积18 875亩。总产量19.2万担，增长3.84倍。

在农业生产中，由于受价值规律的影响，面积和产量都不同程度地下降的有两项：一

---

* 担为非法定计量单位，1担等于50千克。

是蚕桑，1978 年全县有桑地 34 034 亩，亩桑产茧 324 斤，全年产茧量 110 269 担，1986 年，桑地面积缩减为 20 500 亩，亩桑产茧 117 斤，全年产茧量 2.4 万担，亩产和总产分别下降 64%和 79%。二是甘蔗，1978 年全县种植 47 745 亩，亩产 8 437 斤，总产 4 025 333担，1986 年，面积缩减为 27 300 亩，亩产 8 600 斤，总产 2 352 000 担，亩产增 2%，总产下降 41.6%。

二、经济结构变化

南海县农村经济的高速发展，已初步形成了多产业、多层次、多成分、多形式的开放型经济格局，经济结构发生了很大变化：

1. 产业结构的变化。第一产业与二、三产业之比，已从 1978 年的四、六开变化为二、八开。1978 年，农村经济总收入 34 915 万元，第一产业（农、林、牧、渔）14 421 万元，占 41.3%，二、三产业占 20 494 万元，占 58.7%。1986 年，农村经济总收入 274 114万元，第一产业 54 726 万元，占 20%；第二产业 173 933 万元，占 63.5%；第三产业 45 405 万元，占 16.5%；全县 235 个经联社中，第一产业和第二、三产业的比例，一、九开的约占 25%，二、八开的约占 50%，三、七或四、六开的约占 25%。

第一产业中，也改变了以粮为主的状况，形成了大农业生产中的粮、牧、渔、多种经营四大支柱。1978 年，第一产业总收入 14 421 万元，其中粮食收入 6 555 万元，占第一产业的 45.5%；多种经营收入 4 437 万元，占 30%；畜牧业收入 1 166 万元，占 8%；渔业收入 2 161 万元，占 15%；林业收入 109 万元，占 1.5%。1986 年，第一产业总收入 54 726万元，其中粮食总收入 14 032 万元，占第一产业的 25.6%，多种经营收入 14 513 万元，占 25.7%，渔业收入 11 818 万元，占 21.6%，畜牧业收入 13 937 万元，占 25.4%，林业收入 426 万元，占 1.7%。

2. 层次结构变化。1978 年前南海农村经济是三级所有，队为基础的高度集中型的管理体制，1978 年农村经济总收入 34 915 万元，其中公社级 6 443 万元，占 18.5%，大队级 11 693 万元，占 33.5%，队级 16 779 万元，占 48%。三中全会以来，贯彻党的改革、开放、搞活的政策，实行三大产业齐发展，五个层次一齐上的方针，各层次都蓬勃发展。1986 年，农村经济 274 114 万元中，镇级（相当于公社级）经济 80 755 万元，比 1978 年同期经济增长 12.5 倍，占农村经济总收入 29.5%，村级（相当于大队级）经济 68 464 万元，比 1978 年同期经济增长 6.88 倍，占农村经济总收入 24.97%；社级经济（相当于队级）9 851 万元（指集体的统营收入），比 1978 年同级经济减少 41.3%；占农村经济总收入的 3.6%。家庭经济却大大发展，1986 年总收入为 115 044 万元，占 41.93%。

3. 劳动力结构变化。产业结构的变化，带来劳动力结构的深刻变化，1978 年南海全县农村劳动力 356 411 人，转移到第二产业的 64 596 人，占 18.12%，转移到第三产业的 17 624 人，占 4.9%，留在第一产业的 274 191 人，仍占 77%。到了 1983 年，即南海县实行大包干责任制后的第一年，劳动力即开始大量流动。全县农村总劳动力 389 299 人中，转到第二产业的 124 927 人，占 32%，转到第三产业的 72 340 人，占 18.53%，留在第一产业的劳动力有 192 032 人，占 49.42%。1986 年，农村总劳动力 358 742 人（因自理口粮和其他原因转了一批劳动力，总劳力故比 1983 年少了），转移到第二产业的

130 889人，占 36.5%．转移到第三产业的 79 375 人，占 22.12%，留在第一产业的 148 469人，占 41.4%。值得注意的是，留在农业第一线的 14 万劳动力中，主要是未有稳定地转移，也有不少是间歇性地出外谋生的，在一些经济比较发达的村庄，有的留农的劳动力仅得一二成，有的家家户户主要劳动力都出外，务农劳动力成了“38607”部队，即妇女（38）老人（60）星期天农民（7）。

三、前进中的问题

南海县近年来农村经济高速发展，但也遇到了不少新问题，问题之一就是：在第二、三产业飞速发展的情况下，如何保证多产业协调发展的问题。从 1978—1986 年 9 年间，这个县二、三产业的增幅为 11.1 倍，而第一产业的增幅只有 3.79 倍，在第一产业中，畜牧、水产、水果、瓜菜等生产项目增幅是很大的，但甘蔗生产开始下降，桑茧生产则接近崩溃，粮食生产，则潜伏着减产的危机。

南海县的水稻生产，如果以 1986 年与 1987 年相比，单产和总产都是增产的。但是这个增产是很不稳固的：第一，全县水稻的增产，是靠原来经济不太发达，单产较低的丘陵地区大幅度增产取得的，原来经济比较发达的高产地区，水稻产量有徘徊甚至下降的趋势；第二，1985 年，曾是全县水稻单产、总产下降比较大的一年，亩产只有 1 398 斤，总产只有 64 856 万斤，1986 年单产、总产的回升，是整党以后从县委领导开始，端正业务指导思想，从各方面加强对农业的领导，靠行政措施和经济补贴的结果，农民对粮食生产内在的积极性未有真正解决；第三，粮食生产的危机，还表现在对土地的投入上，在一些地方，农田失修，排灌渠道淤塞，地力下降，技术倒退的情况存在。

粮食不稳有两个因素：一是价格因素，由于二、三产业的飞速发展以及农业内部结构的调整，从事工业、商业、经济作物生产与从事粮食生产之间收入差异较大，使很多农民宁愿将资金、劳力、精力、时间投放到二、三产业和经济作物去，不愿对粮食生产多投入，对粮食只作为自给生产和完成国家上调任务，勉强应付，这是客观经济规律的影响，是难免的；二是土地承包制度因素，南海县是 1983 年全县实行大包干责任制的，由于粮食任务重，农民不愿要田，因此，大部分地区只能按人头或口粮平均分田，从一开始就形成了平均占有的、分散的、小规模的土地承包制度，全县农户 17.4 万户，平均每户耕田 4.5 亩，这种分散性的、小规模的经营方式，在一些二、三产业发达，劳动力大量转移的地方，水稻生产在一部分家庭中，已处于副业地位，粮食生产本来经济价值已比不上其他产业，再加上分散经营、副业地位，农民种粮的内在积极性就更难发挥。因此，如何从当地实际情况出发，研究一系列政策和措施加速土地转让集中，积极地推进土地的适度规模经营，不失为解决粮食问题的一种有益试验。

（本文作者黄浩新时任南海县农委副主任，顾玉熙时任广东省农委科员）

1987 年 8 月 29 日

南海县土地集中状况的调查

吕建钧　张远航

为了解南海县农村土地集中、规模经营的状况和趋向，我们对南海县一些镇村作了调查，听取了有关部门的介绍，现将情况综合如下：

一、农村土地集中、规模经营的现状

（一）土地集中、规模经营的概况

南海县有耕地 802 247 亩，其中水稻 486 454 亩，旱田 27 391 亩，鱼塘 122 392 亩，旱岗地 118 575 亩。农业人口 64.7 万多人，其中农业劳动力 39.3 万人，是一个半水稻、半经济作物、农村商品经济比较发达的县份。

十一届三中全会以来，随着落实家庭联产承包责任制，取消除粮食以外的各种农副产品统派购任务，以及调整了农村产业结构，使南海县农村经济取得较大的发展，刺激了各种生产要素流动、组合，出现了土地向种田能手集中的趋向。1985 年年初，该县搞土地延包 15 年时，对土地作了较大的调整，又给土地的流动集中提供了一次机会。据调查，目前南海县土地相对集中情况如下表：

南海县土地集中情况

耕地类别	面积（万亩）	相对集中面积（万亩）	占比例（%）
总耕地	80.2	12.3	15.3
其中：水田	48.6	3.3	6.8
鱼塘	12.2	6	49.2
基地	9.1	1.5	16.5
旱岗地	11.8	1.5（果园）	12.7

已经集中的土地中，部分形成了规模经营，据 1987 年 7 月份南海县农委按照禾田 30 亩/户以上，鱼塘、岗地、水果、基地 10 亩/户以上、山林 50 亩/户以上的标准统计，全县有土地规模经营专业户 1 249 户，承包土地总面积 30 628 亩，占全县耕地总面积的 3.8%。

南海县土地规模经营有三个特点：(1) 价值高，没有国家统派购任务的耕地比较容易集中。如鱼塘，可以种果、种菜、种花卉等经济作物的旱岗地、部分塘基地，农民都积极承包。这类土地大都采取投标承包方式。目前禾田区的 3 万多亩鱼塘和桑塘区有 2 万多亩鱼塘（主要集中在南庄镇），以及 1.5 万亩果园，1.5 万亩基地，多是采取这种形式投包到户，实现了土地的相对集中。而承担国家任务较重的稻田却比较难集中（南海县平均每亩稻田负担任务粮 567 斤，其中公粮 95 斤）。到目前为止，全县相对集中的稻田只有 3.3

万亩，占稻田总面积的5.7%，而能形成规模经营的就更少，只有3 296亩，而且多是边远落后田。(2) 延包土地承包期以前和期间，南海县土地的流动、集中比延包后多和频繁。从土地经营专业户的变化情况可以看出这个问题。1987年7月和1988年的两次统计结果表明：经营土地的专业户所承包的土地面积变化不大。虽然这两年南海县农村二、三产业有较大发展，但种植业专业户却没有相应发展，土地集中和规模经营的程度没有相应地提高，这和土地延包15年不无关系。(3) 土地集中的速度低于农村劳动力转移的速度。1986年，南海县已有58.6%的劳力转营二、三产业，而同期，全县土地集中的比例不足16%，土地集中的速度远低于农村劳动力转移速度的情况表明，在南海县这样的人多地少，粮食任务重，已实行土地延包15年的土地，土地形成规模经营，不单受劳动力因素制约，还要受土地资源条件、粮食价格、农民的传统观念等多种因素制约。土地集中、实行规模经营，是一个十分复杂的系统工程。

（二）土地集中的形式

南海县土地集中的形式大体有四种。

1. 专业承包经营。主要表现为农民不要或只留少量自留地，把全部或绝大部分禾田集中由专业队（组）承包，由集体对承包者定产保价收购全部粮食，再由集体完成国家任务和以牌价（或议价）供应口粮给社员。这种形式，一般具有土地集中程度高，耕作机械化水平高，集体补贴高，粮食面积稳定的特点。因此只能在极少数二、三产业高度发达、劳动力大量转移、集体经济相当雄厚的村社，或者是仍实行集体统一经营分配的村社，才有条件实行。现在，全县只有西樵镇爱国村和九江镇大曲村的兰昌队实行这种形式。爱国村（当时是乡），于1984年把全村940亩禾田交由24位农民承包，其余劳力全部洗脚上田，农工分离，集体向承包者提供农业机械、生产资料补贴，每亩约补贴72.5元左右，同时以13.5元/担的价格向承包者定产收购稻谷，供应农民作口粮。

2. “两田制”。即分户自耕口粮田，专业户承包任务田。目前该县平洲镇的平东村有8个经济社实行这种形式。这8个经济社村镇工业发达，劳力多已转营二、三产业，农民种田只谋求口粮，经济收入主要靠非农经营。而且这8个社都有部分土地边远丢耕（同在南顺联围），已转营他业的农民，不愿多耕，不便远耕。于是，这便在户户分包口粮田（人均3～4分田）的基础上，把651亩边远田划作任务田，集中由9个专业户承包，集体向粮食专业户提供晒场、水泵等部分生产资料。补贴部分粮食任务差价。实践表明，“两田制”能够有效地减轻经济发达地区已转营他业的农民的土地负担，确保口粮，免除其后顾之忧，同时，还可促进粮食规模经营。因此，这是一种比较适合于工副业发达，集体经济较雄厚的村社的土地集中形式。

3. 集中边远瘦瘠田，低产落后田，让专业户承包。做法是由地区性合作组织，把农民不想承包或退包的边远低产田，调整连片，转由种田能手承包，形成规模经营，这是当前南海县各类地区，各种耕地土地集中，形成规模经营的主要形式。边远落后田，一方面因耕作条件差，产量低，是农户首先要求放弃的对象。另一方面，这些田一般承包条件低，增产潜力大，形成规模经营后较易取得经济效益，专业户也乐意承包。

4. 自由转让代耕。即农户之间自我对象，自行协商，自由转让代耕。这种形式也普遍存在于南海县各类地区、转让面积约3万亩。这类耕地的转出者一般都是港澳家属、农民个体企业主和一些田多劳力少，自己耕不来的农户。这部分农民自己耕不了，但又怕政策变，不愿退田，只是临时转交他人代耕。因此，这种转让形式，大都转让期短，土地分散，较难形成规模，是一种土地转移的初级形式。

南海县近年出现的以家庭经营为基础的粮食规模经营，是经济发达地区农业发展的趋向和客观要求。这些粮食专业户尽管为数不多，但大都不同程度地获得一定的经济效益和社会效益。据我们调查的17个粮食专业户结果表明，承包土地后，粮食保产的2户，减产的3户，增产的12户。这12户中，平均亩产增加254斤，平均每户总产增加16 740斤，平均每户总纯收入10 303元，劳均纯收入4 121元。另一方面，土地集中解放了一批农村劳动力，促使更多的农民转营它业。

（三）适度规模经营

据调查17个粮食专业户的经营情况来看，其经营方式，可划分为三种类型：

1. 机械化规模经营。这类农场目前的一般特征是，以自有或通过社会服务使用手扶拖拉机和小型联合收割机为主要标志，同时配备其他小型农机具。水稻耕作过程，除插秧、烘干两个环节，基本实现机械化。农场一般以自有劳动力经营为主，加上雇一定的季节帮工。如平洲镇平东村朱金成，全家5口人2个劳动力，拥有手拖及小型联合收割机备2台，配有小农机具一批，承耕禾田146亩。像这类机械化水稻家庭农场，全县有4户。

从实践看，这些以农业机械为主要耕作手段，依靠科学技术，自主经营的粮食适度规模经营，一般都能取得较高的劳动生产率、土地产出率和商品率，实现较好的社会效益和经济效益。

2. 半机械化规模经营。这类农场以使用手扶拖拉机为主要标志。水稻生产过程的犁、耙田，排灌环节实现机械化，农场以自有劳力加部分雇工经营。如平洲镇周润松，全家7人2.5劳力，承包禾田70亩，有打禾机、水泵各1台，依靠农机户提供犁耙服务，1986年请工200个。17户中，这类半机械化粮食专业户有9户。实践表明，这类农场只要规模适度，以自有劳力，自有资金，自有技术经营为主，也能取得较好的经营效益。

3. 以传统技术为主的规模经营。这类粮食专业户一般不拥有也不使用手拖和联合收割机等主要机械，主要依靠家庭劳力，加上少量雇工，以传统耕作技术为主从事水稻生产。如大沥镇的陈巨添，家有4人2劳力，承包禾田30亩，本户只有水泵1台，去年基本没请工，去年纯收入8 000元。调查表明，这类农场假如生产规模不太大，与家庭生产能力相适应，也能获得较好的经济效益。但是，由于这类农场仍以传统耕作方法和技术经营，难以取得较高的劳动生产率和规模效益。因此，它不应该成为粮食规模经营发展的方向。

在目前条件下，以家庭经营为基础的粮食专业户，其经营规模怎样才适度，我们对17户粮食专业户用综合评价、分析比较方法，得出初步结果是：机械化规模经营，以户耕100～150亩或劳平50～70亩禾田为宜；半机械化规模经营，以户耕50～60亩，或劳平30亩左右为宜；以手工耕作为主的规模经营，以户耕30亩或劳平15亩左右为宜。

（四）土地集中、规模经营中需要完善的问题

总的来讲，前段南海县土地集中、规模经营是随着农村商品经济的发展，而又在没有经验，缺乏引导的情况下出现的，因此，不可避免地存在一些有待完善的问题。

1. 禾田集中后，改种面积较大。据不完全统计，近年全县已相对集中的12 957亩禾田

中，仅改种水果和挖成鱼塘共 3 989 亩，另有相当部分还改种了蔬菜和花卉。究其原因，一是少部分低产田，原来就不适宜种水稻，故土地集中后就改种了其他作物。这种改种，属调整农业布局，是合理的。二是许多专业户承包土地后，认为种粮收入低而改种的。如 1984 年年底到 1985 年年初在实施土地延包 15 年时，稻谷带价每担仅 20 元左右，水稻亩纯收百来元，不少专业户为追求经济收益，自行把稻田改种作物。这种情况，既有价格因素在起作用，又有在具体工作上如何引导的问题。今后必须研究适当政策加以解决。

2. 粮食专业户雇工现象比较普遍。其原因有三：一是粮食专业户机械化程度还不高，机械不配套。如前所述，17 户中，拥有手拖和收割机的 4 户，只有手拖的 9 户，没有手拖和收割机等主要农机具的 4 户。另外，目前水稻生产过程中插秧和烘干两个主要环节尚未能实现机械化。因此，水稻生产的部分劳动量，主要靠请帮工完成。二是社会服务跟不上，各地还未建立与粮食专业户相适应的系统完备的农业生产服务体系。三是少数专业户承包规模过大。由于上述三个原因，使许多专业户在插秧、收割等大忙季节，都要雇工，有的甚至以雇工经营为主。据全县 14 个户营 50 亩以上的粮食专业户调查，1986 年雇工支出成本占总费用的 17.4%，完全依靠雇工的陈锐，雇工支出更高达 46.2%。

3. 缺乏必要的指导和扶持。全县 15 个水稻家庭农场，真正与当地政府和有关部门挂钩，定向扶持的只有朱金城、麦伯康二户。总的看来，目前对粮食专业户的支持还不多，即使有，也侧重资金、技术方面，仍缺乏系统的帮助和指导。如帮助他们了解党的政策，进行经营决策、成本核算、市场预测、产品销售等，特别是加强经营管理，减少雇工的问题等。由于得不到必要的指导和扶持，专业户生产过程中的技术、劳力、资金、管理等方面遇到问题时得不到及时的解决，这是导致土地集中后，出现盲目改种，社会服务跟不上，雇工经营多等问题的基本原因之一。

二、当前土地集中、实行规模经营的难点和需要解决的问题

粮食生产规模经营是一个经济发展的过程，它既受社会生产力发展的要求，又受各种因素的制约。据调查，该县实行规模经营，其有利条件与制约因素，除同省外一些地区有共同的一面外，还有其特殊的一面，有一定的难度。据一些干部、群众反映，比较主要的有如下问题。

1. 种粮征购任务重，收入低，如没有一定的经济补贴，农民不愿耕种更多的稻田。其原因：一是粮食征购任务重。南海县每年要上调国家公购粮 2.76 亿斤，其中公粮（农业税）4 600 万斤，全县平均每亩稻田要负担任务 567 斤（公粮 94.5 斤）；有的村社，亩负担任务高达 800 斤以上。平均亩负担公购粮占年亩产量的 36.4%强。因此，农户生产的粮食，除完成上交任务，留够口粮、种子外，剩余部分就不多了。二是粮食的牌议价之间差价大，任务内部分，农民由此而承受一定的负担。如目前稻谷合同定购阶，每担为 19.16 元，而议价，一般为 33 元左右，每担差价接近 11 元。这样，仅购粮部分差价，农民每亩要负担 66 元以上。三是近年化肥、农药、农用柴油、农机具都升了价，有的升幅很大，导致水稻生产成本上升，收入减少（每亩成本一般都占总收入的 50%以上）。四是种水稻比种其他作物的效益低。在南海县的几个主要种养生产项目中，水稻的亩纯收入是最低的。由于上述因素的影响，农民认为种粮只有社会效益，自己得到的却不多。因此，

对经济价值高的作物就积极承包种植，对种水稻一般都兴趣不大（部分以种水稻为主要经济收入的地方除外）。有的农民说："耕田为了交任务、留口粮，不能不耕，也不想多耕"。因此，有的经济社虽然有人愿意把责任田放出来，可以搞规模经营，但没有一定的优惠措施，也没有人承包。镇村干部普遍反映，在目前粮食征购任务重，粮价偏低的情况下，应考虑适当给粮食专业户一些差价补贴，以照顾他们的经济收益，鼓励其承包更多的稻田，发展规模经营。然而，这样做，人少田多的地方，一般集体经济经营收入有限，无力给予补贴，就算一些集体经济收入较好的村社，也难以向粮食专业户提供稳定的、长期的任务差价补贴。故此，组织农户转让土地和接包土地，粮食任务重是一个难点。

2. 部分农民担心政策变，不轻易放弃耕地。持这种想法的，大都是一些家里劳力已转营二、三产业，或者务工经商当了小老板的农户，有的村社干部也有同样看法，认为目前村、社二、三产业，都是一些小本生意，经营水平低，竞争能力弱，怕生产不稳定，收入也无保障。现在做工经商的都是"见一步行一步"。由于存在有思想顾虑，加上农民固有的传统观念和小农经济思想，在土地延包时又搞了一定 15 年，发了土地使用证，因而农民一般不轻易把土地放出来，相当部分农民仍把土地当作"烂棉袄"，当作一种社会保险。尽管有部分农户或有的经济社，种粮已成为副业，有的甚至感到是一种负担，粮食收入占经济总收入的比重很小，但他们可以不计成本，高价请工代耕，也不肯把田让出来。正是这些因素的影响，全县土地集中的速度大大慢于二、三产业发展和劳动力转移的速度。已出现大户承包经营的，也基本在一些边远田多的地方。

3. 农业内部的经营管理和分配制度未理顺，一定程度上影响了土地的相对集中。近几年，南海县为稳定和调动分户经营的积极性，在管理和分配上，采取了不少措施。如相当部分的经济社，由集体代付（补贴）了农田水利、水电、机耕、肥料、种子、农用薄膜等共同性生产费用。1986 年全县平均每亩补 36 元。在集体再分配上，一般又以承包面积、人口作为分配的依据。以上做法，有的是合理的，但有的也需要改进。如集体收入的再分配，以承包面积或人头均分，实质是平均主义，不符合按劳分配的原则。实践的结果，也未完全达到调动积极性，促进粮食生产的目的。据反映，这样的分配和补贴，搞得越多，服务得越好，农民得到的实惠越大，不一定就能耕好田。相反，有的农民依赖由土地而获得集体分配的利益，更不愿把土地转移出来，使土地凝固化。该县盐步镇，有五成以上的经济社都有再分配，1986 年再分配金额共达 800 万元，有个别社户平再分配超千元以上，由于"有田就有钱分"，又有集体统一服务，因此，一些村、社的部分土地虽然有条件相对集中，形成规模经营，但因农民不肯放田出来而无法实施。

从上述情况分析，土地从分散经营向适度规模经营的转变过程是艰巨的，它牵动千家万户，涉及一些政策和人们的传统观念，既有实际问题，也有认识上的问题。因此，必须既积极又慎重，既要做细致的思想工作，又要在政策上适当解决一些实际问题，做到区别情况，分类指导，搞好试点，在取得经验的基础上，有计划、有步骤地逐步推开。这样，群众比较容易接受，规模经营也将会顺利开展起来。

（本文作者吕建钧时任佛山市地委副秘书长，张远航时任佛山市农村部科长）

1987 年 8 月 31 日

平洲镇粮食生产规模经营

唐启洪

前段时期，我们到南海县的平洲镇调查了粮食生产的土地规模经营问题，重点了解了平东村，并到平南、平北、平胜、夏东、四村找有关人员进行座谈，现将情况汇报如下：

一

平洲镇是我省珠江三角洲经济开发区重点工业卫星镇之一，1986 年工农业总收入达 22 092 万元，其中二、三产业收入占 76.8%。人平均收入 1 193 元，有六成多的农业劳力已转移到二、三产业上来。随着农村商品经济的发展，劳力的大量转移，在实行家庭联产承包责任制基础上的农村土地，已出现向种田能手集中的趋势。

一是一些村（乡）社（生产队）在分户承包时或分户经营后，随着经济的发展，把群众部分不愿耕作的土地，集中起来，给大户承包，形成了少量有一定规模的粮食种植大户。据平东村原来 11 个生产队的统计，集中连片 10 亩以上包给大户的就有 10 个队，平南村 16 个队中也有 8 个队，共承包土地 962.5 亩，占两村稻田面积 4 186 亩的 23%，其中承包 40 亩以上的粮食种植大户，在本地的就有 8 户。在平洲镇来说，最大的一户是原来东乡东村二队的朱金成（现归镇居委管辖），承包达 145 亩。

二是有的农户，因于种种原因，把不愿耕种的土地转包给别人，使某些农户的种植面积有所增加。据平东村不完全的统计，私人承包的有 47.8 亩，占全村稻田面积的 3%；夏东村的冲口三队，自行转包的有 5 户，占该队总户数的 8%。平北、平南、平胜村各队自发转包土地都有一些。这些农户转包的原因，多数是劳力大量转移，从事二、三产业收入多，尤其是开设了小企业的人，甚至有贴钱让人代耕的；少数是有大量侨汇或外来收入，不愿种田的；也有的是分户承包后丧失劳力或劳力很弱、耕作有困难的。这些农户的转包土地，由于是自发的，因而一般带有以下几个特点，即一散（不连片）、少（数量不多）、三短（转包时间短，很多随时可收回来）、四改（转包后由于队里管不着，不少改种了高值作物），形不成较好的土地规模经营。

三是有的农户由于劳力转移或耕种的土地较多，耕作区域较近。虽然目前还未出现转包，但已产生了转包土地念头，只要某些条件具备，即可实现土地转包，如平胜村的西龙联队和生龙联队都表示了只要有人愿意承包，可以把二、三百亩边远田拿出来，因为这两个联队土地较多，人平 1.8 亩，一些生地离村也较远。夏东村的冲口三队，因于外出做工多、港属多，有 30%农户愿意把土地或部分土地转让出来。

调查中，大家反映了当前有几种情况，农户是不愿意放弃土地。

从土地状况来说，农户不愿意放弃的主要有三种田，即口粮田、耕作方便的近田和改种了高值作物的农田。对口粮田，一般都主张保持现行的分户经营，理由是：（1）虽然从事二、三产业收入较多，但不稳定，而且要口粮自理，保留了口粮田，就有了保险；(2)虽然劳力转移较多，但口粮田一般只有人平三几分田，耕种并不困难，少数人还把这种行为视为务工之余调节生活情趣的一种手段；(3)在口粮田上可以插植优质谷，保证了有好米吃，而且因为是自食的，比较注意喷洒农药的数量和时间，防止农药残留在农产品上。夏东和平西村，去年曾计划集中部分土地包括部分口粮田搞香蕉出口商品基地；农民反映强烈，说："集体没有收入就多办工厂，为什么连口粮田也收回"。导致基地办不成。对耕作方便的近田，农民认为即使稍多一些还可以耕得了，所以多数不愿转让。至于对改种了高值作物的，更因土地产出值高而更难放弃。

从经营的状况来看，凡是家中仍有专人从事农业生产且能应付得了的，一般也不愿放弃土地；夏东村和平胜村劳力转移数为60%，一般都有一个劳力务农兼顾家务，土地转让就较少，他们认为，放弃了土地，家中劳力干什么？而且这样集中，产量不一定能比得上分户经营高。

二

平东、平南村涌现出来的粮食种植大户，其个人经济效益和社会效益都是比较好的。

个人经济效益：属平东村的粮食种植大户有7户，从事种植粮食每劳力收入都在三、四千元以上，大大高于当地务工的一般劳力水平（当地男劳力每年收入约2 400元，女劳力1 800元）。各大户1986年经营粮食的收入见下表：

表1 平东村粮食种植大户收入

姓名	务农劳力	1986年承包面积（亩）	稻田收入（元）	费用（元）	纯收入（元）	劳均纯收（元）
朱金成	2	145	54 500	23 200	31 300	16 660
陈汝厘	2	112.5	32 960	17 600	15 600	7 800
周润松	2.5	70	23 519	12 600	10 919	4 368
周润权	2.5	58	20 275	9 860	10 415	4 166
周潮海	2.5	82	23 560	13 680	10 200	4 080
范泽棉	2	23	14 600	8 000	6 600	3 300
陈松波	2	40	16 000	11 000	7 000	3 500

社会效益：这7个粮食种植大户所承包的土地，其亩产和总产大都比承包前有所增加，商品率也大为提高，见下表：

表2 种植大户亩产、总产和商品率

项目 姓名	亩产比承包前±%	总产比承包前±%	1987年商品率	备注
朱金成	37.6	37.6	97.6%	
陈汝厘	15.4	15.4	95.7%	
周润松	25	25	94.3%	
周润权	25	25	93.3%	
周潮海	7.1	7.1	95%	
范泽棉	6.7	−9	80.7%	总产减少因为改种
陈松波	31	31	92%	

为什么这些粮食种植大户能取得较好的效益，其原因：

改变了把粮食生产作为副业的无足轻重的位置和与之相联系的马虎种植的态度。一般粮食种植大户，其粮食生产收入占家庭收入的大部分，因而家庭经营的主要精力一般都放在粮食生产上。种粮大户朱金成，承包 65 亩禾田后，夫妻扎寨田头，精心经营，连年夺得好收成。种粮大户陈汝厘，为了提高效率，先后投资 5 000 多元购置拖拉机、水泵、打禾机和农艇，还新盖猪舍一间，养猪积肥，提高地力。其他几个大户都是一心扎在粮田上，所以一般经营较好。

其次，由于土地连片且有一定规模，可以使用机械耕作，劳动生产率也有所提高。这 7 个大户中，共购置了小型联合收割机两台，手扶拖拉机 3 台和一批电动打禾机、水泵等机械。特别是用小型联合收割机，每天可割 10 亩左右，比人工收割快 10 倍以上，比雇工收割每亩也可节约十元，而且能赶上季节，效益更好。粮食大户朱金成之所以能承包 145 亩，就是因为土地连片，样样使用机械，拖拉机、抽水机、喷药机、打禾机样样齐全，所以收益最大。

第三，由于他们承包的都是边远田。集体经营时，到这些边远田劳动，每天干不了几个小时，还要吃大锅饭，联产承包后，分散到各家各户，耕作区域远也难于精耕细作，所以历来产量都较低，潜力却很大。集中由大户承包，这个状况就得到较好改变，也能较好地提高土地产出率。

第四，规模一般比较适当。这些大户都根据自己劳力和拥有机械的情况，以能够应付农事季节为前提，恰当地确定自己能耕种土地的数量。所以，效果较好。

三

我们所调查的几个村，虽然都属于经济比较发达的地区，但村与村、队与队之间情况也不尽相同，一些村之所以能出现粮食种植大户，一些村没有，究其原因，主要有以下几个因素：

1. 二、三产业发展和农村劳力转移的程度不同，这是否有人愿意让出或部分让出土地的最重要条件。因为二、三产业越发展，家庭收入中农业收入占的比重越来越下降，当家庭收入由主要依靠农业过渡到主要依靠二、三产业时，农户对经营土地的依靠程度也发生变化，一些人就有可能放弃经营土地，同时二、三产业越发展，就业门路越宽广，农业劳动力转移出去越多，当大部分劳力已转移到二、三产业时，也促进了一些农户少耕或不耕农田。从平洲来看，队和户都是如此。我们抽样调查了平东三队，平南的新屋队和西方队，他们劳力转移分别为 95%、92%和 81%。这三个队都把部分土地转移到大户承包。相反，平胜、夏东西村，劳力转移仅有 60%，就没有形成粮食种植大户。户也是这样，一些全家劳力已转移到二、三产业的，特别是当了小企业主的，就较多出现把土地转包出去，反之就很少。

2. 集体经济的发展和以工补农的程度，这是有没有人愿意集中承包的重要条件。平洲镇的公购粮任务平均为每亩负担 600 斤，若专业承包连社员的口粮也承担起来，每亩任务就达 1 200～1 300 斤。不仅任务重，而且合同定购价与市场价差距也越来越大，1985 年两者的差价每百斤为 4～5 元，现在达 13～14 元，即使按亩平负担公购粮 600 斤计算，差价款达上百元，等于一般每亩纯收入。加上风险大，如果没有以工补农弥补差价负担和使务农种粮的收益相当于或适当超过一般务工收入，就没有人愿意集中承包。而要实现以工补农，没有集体经济发展也是不可能的。平东村几个大户之所以敢于承包，重要的一条是有较优厚的以工补农，除了给予一定的生产工具（多数无偿提供打禾机、水泵给大户使用）和统一支付一定的费用（普遍是农田用电和水利费由集体开支）外，还有在价格上给予适求补贴。大户一般每亩上交任务 1 200 斤稻谷，除从粮管所收回牌价购粮款外，每 100 斤由集体补到 20 元，相当于当时市价的九成，从而保证了种粮大户的收益，巩固和发展了种粮大户。

3. 土地多少和位置远近，对能否实现土地向种田能手集中也是一个因素。平洲镇农村劳力转移的一个特点是就地转移多。即使到广州、佛山搞贩运也是早出晚归，他们耕种土地一般利用工余时间进行，叫“工余农业”“家庭副业”。这个状况，决定了他们耕种的土地一不能多，二不能远。如果不符合这两条，或者土地过多，或者过远，都会出现土地转包现象。反之就不可能出现。平东、平南、平北的情况就可以说明，这三个村，劳力转移的程度和特点基本相同，但平东、平南有的土地离村较远，平东还要过河耕作，所以土地转移较多，占耕地总面积 32%。平南也占 17%，但平北的耕地都在村的周围，耕作方便，而且人平只有五分七厘，比口粮田仅多一点，即使劳力转到二、三产业，也可利用工余进行耕作。所以土地转让就很零星。平胜村的生龙、西龙两个联队，人平 1.8 亩，离村稍远，现正酝酿把部分边远田转让出去。

除了上述三个方面客观条件之外，主观努力也是不可缺少的。主观努力，包括当客观出现有土地转让要求时，如何因势利导，做好转包与接包的组织工作，制定鼓励措施，及时帮助接包人解决扩大种植粮食带来的种种困难，提供各种社会化服务等。

四

需要研究的几个问题：

（一）关于土地向种田能手集中的形式和途径问题

从平洲来看，在实现联产承包责任制后，除了少数因外出务工经商或有其他原因而全部放弃经营土地外，一般规律是，先放边远田，再到任务田，最后才放口粮田。因此，可以考虑，在这种类型地区，实现土地集中的几种形式和途径是：

1. 集中承包边远田。无论是经济比较发达、劳力转移多的地方，或经济不那么发达，但人少田多的地方都可以实行。因为它既适应经济比较发达地区劳力大量转移后，农户对土地不愿不耕又不愿多耕和不方便耕远田的现实情况，同时也因人少田多，一般厌耕边远田的情况，容易取得群众的支持。而且边远田原来较低产，集中经营，容易得到增产增收的好效益，挖掘边远田的潜力，也是提高我省粮食产量的重要措施。有边远田的地方，都可考虑从此突破，实现土地向种田能手集中。

2. 实行“两田制”，即把稻田划分为口粮田和任务田。口粮田分户经营，不负担定购任务，任务田集中承包，全部或大部负担公购粮任务。这种形式一般适应于经济比较发达、劳力转移较多、土地也有一定数量的地方。平东、平南村就属于这种情况，他们也都主张实行“两田制”。平东的几个农户，把边远田与任务田统一起来，承包了边远田也就是承包了任务田。

3. 对某些农户自愿转让的土地，由集体定期进行调整，使之逐步连片集中承包给大户，形成规模经营。据了解，珠江三角洲的农转非、自理口粮进城、出国出港定居、务工经商致富和丧失劳力的农户，每年都有一定数量，他们的土地已经自发转移，问题是分散形不成规模。因此可以考虑，由地域性合作经济组织或行政村出面组织，把每年愿意转让的土地掌握起来，通过调整，使之连片，承包给大户，或物色邻近该田块的农户承包，以逐步扩大规模。但这方面需要做大量的思想工作和组织工作，提高基层干部的思想认识，才能很好地进行。

（二）关于土地的适度规模经营问题

适度必须做到经济效益、社会效益和生态效益的统一。由于承包者的素质、经营能力、拥有生产手段，社会化服务条件和经营方式各不相同，适度也不可能完全一致。从平洲几个粮食种植大户看，大体有以下几种情况：

第一种是以自有劳力为主，没有犁耙收割机械，雇请少量季节性帮工的，他们主张以劳平耕种 15～20 亩为宜，如平东村石潭队的范泽棉，4 人 2 劳，1985 年承包粮田 41.5 亩，按规定每亩上交集体任务 400 千克，每 50 千克定价 20 元，超产自行处理，生产队给予一头耕牛、一套犁耙，一台水泵供其使用，除本人劳动外，约雇工 80 个工日，当年亩产 600 千克，纯收入 6 100 元，劳平收入 3 050 元。

第二种是自有一定劳力，有手扶拖拉机及排灌、脱粒机械。他们主张劳平耕种三、四十亩为宜。如平东沙园队的陈汝厘，5 人 2 劳，1986 年承包粮田 98.4 亩，规定每亩上交集体 600 千克，每 50 千克定价 20 元，超产自行处理。集体提供打禾机 3 台、筛谷机 1 台、水泵 1 台，自购手扶拖拉机、电动打禾机各 1 台，农艇两只，除自已劳动外，插割中共雇 600 个工日，1986 年亩产 760 千克，纯收入 11 760 元。劳平收入 5 780 元。

第三种是自有一定劳力，有较多的耕作机械，即除了手扶拖拉机外还有小型联合收割机，农忙时还请一点帮工的。他们主张可以劳平耕种到六、七十亩。如原平东三队的朱金成，5 人 2 劳，1986 年承包稻田 145 亩，规定每亩上交 650 千克，每 50 千克 20 元，超产自行处理。也拥有手扶拖拉机、联合收割机、机动喷药机各两台，电动打禾机和水泵各 3 台，年雇帮工约 400 个工日，1986 年稻田纯收入为 3.13 万元，劳平收入 1.66 万元，经济效益居各大户之首。

（三）关于以工补农、补粮问题

平洲的情况表明，粮食生产能否实现土地规模经营和集体经济有无以工补农、补粮关系极大。在南海，以工补农是比较注意的，大体上有关农田基本建设、购置大型农机具有补助，也就是以工建农部分，一般由县、镇补助，有的村有集体经济也补一点；有关其他的补贴，如统一支付农用电费、犁耙田费用以及按田亩或人口的补贴（有的叫再分配），一般由原生产队或大队（现在的村）负责。前者补贴是必要的，后者的补贴方法，有的很值得研究。平南村的干部建议，把现行支付生产性的补贴办法改为对上交任务的补贴牌市价差额。他们算了该村西方队的现行补农开支，平均补 82 元，按平南每亩任务 383 千克计算，平均 50 千克可补 10.7 元，连同合同定购价每百斤 19.16 元，共 29.86 元，与现行地市价 32～34 元差距不大，这样做既可以刺激种粮积极性，又可以促进土地向种田能手集中，看来是有道理的。

（四）关于社会化服务和技术投入问题

平洲的粮食大户，多数依靠雇请季节性帮工，效益也不错，但随着二、三产业的发展，雇请劳力越来越困难，工资也越来越高，前两年雇工割禾，每亩仅七、八元，1986年高达二十四、五元，有时因请不到帮工而耽误季节。所以，现在许多种粮大户都在考虑使用机械问题。目前，平洲镇使用机械耕作已出现了三种形式：一种是农户自行购置，自己使用。这主要是种粮大户为了扩大耕种面积，提高效率，节省成本而采取的措施。朱金成、陈汝厘两户自己购置机械，效益不错，经营面积和收入都比其他大户高。他们购置的拖拉机除耕作外，平时的运肥料，收成时的运粮都用得上，有空时还代人耕作，但一般投资较多。朱金成3年内总投资为18 000元，而且县区还补贴了相当一部分。另一种是农户自行购置，专门从事代耕代割服务，效果不错。平南村长胜一队的郭金购了两台手扶手拉机，一台联合收割机，与生产队和农户签订了代耕代割合同，1986年仅这两项纯收入达12 000元，平均每劳收入4 000元，还未算运输收入。而更重要的是解放了邻近4个队的大部分农户的犁耙，收割困难。再一种是由集体购置机械，以优惠价格为农户耕作。如平北村的农机服务站，除两季提供机耕服务外，兼营加工产品，年纯收入10多万元，1986年全部更新手扶拖拉机20台，改为生产队出钱购置。村和农机站每台补贴1 400元，统一由农机服务站管理，代生产队培训拖拉机手，农事季节过后统一交站保养维修。生产队为农户耕作，每造每亩仅收机耕费4元，既解决了农户耕作困难，又减轻了负担，得到群众好评。种粮大户反映，如果由集体提供机耕服务，包括犁耙、插秧、收割，效益会更好。看来随着大户的出现，集体经济有能力的地方，应考虑多方面为大户提供产前、产中、产后服务，这对促进和巩固土地向种田能手集中是十分重要的。

（本文作者时任广东省农村发展研究中心副主任）

1987年3月

粮食生产需要搞适度规模经营

陈邦贵

在二、三产业比较发达，劳动力转移较多的地方，发展粮食生产的适度规模经营及与其相适应的农业机械化问题值得研究，对此，我谈一些看法。

一、为什么在二、三产业发达，农村劳动力大量转移的地方，粮食生产要向适度规模经营推进

这个问题，还是要从改革后农村的新形势谈起。

在中央和省委的正确领导下，我市农村经过 6 年的第一步改革，两年多的第二步改革，主要做了三件事：一是改革人民公社体制，实行了家庭联产承包责任制，把农民从"大锅饭""大排工"的束缚下解放出来，使农民获得了生产上、经营上的自主权，积极性空前提高，不仅农业大幅度增产，而且使农村劳动力大量富余，为发展二、三产业创造了条件，从而带动了整个农村经济的全面发展，这是我们农村第一步改革中最本质最成功之处；二是改革统派购制度，取消了除粮食订购任务外的各种农副产品交售任务，逐步放开全部农副产品价格；三是改革单一经济结构，调整了农业布局，调整了农村产业结构。从而使我市的农村经济，以前所未有的速度持续、稳定发展。1986 年的农村经济总收入是 93.36 亿元，比 1978 年的 13.97 亿元增长了 5.7 倍。

农村经济发生了三个历史性的转变：一是农村经济收入从农业为主转变为以二、三产业为主，1986 年二、三产业收入，占农村经济总收入的 72.7%。二是农村劳动力的投放以农业为主转变为以二、三产业为主，1986 年从事二、三产业的农村劳动力 75.7 万人，占农村总劳动力的 56.6%。三是种养业的收入从以粮食为主转变为以经济作物、果莱、禽畜、水产为主，1986 年经作、果菜、禽畜、水产和农副业收入占纯农业收入的 78.1%，粮食收入占 21.9%（占农村经济总收入不到 6%）。随着农村商品经济的发展，农民收入逐年提高，去年人均纯收入达 1 016 元，比 1978 年 216 元增加了 800 元。去年农村商品外贸出口实际收购价总值达 13.68 亿元（占全市外贸出口实际收购价总值 27.03 亿元的 50.6%）。其中农副产品及其加工品为 7.36 亿元，乡镇企业工业品 6.32 亿元。初步形成了"以外向型经济为导向，以集体经济为主体，三大产业协调发展，五个轮子同时推进"的多产业、多层次、多成分、多形式、开放型的经济新格局。

几年来农村的改革，取得了巨大的成就，但深刻的变革引发了更深刻的问题，比较突出的问题之一，是在二、三产业发达、劳动力转移多的地方，粮食生产缺乏内在动力，有些地方二、三产业发展很快，但粮食生产已经出现停滞并潜伏着萎缩的危险，主要问题是：

1. 兼业农民随着非农经营收入比重不断增加，影响了对粮食生产的积极性。我们在

贯彻家庭联产承包制中，普遍是按人口或人、劳均田承包的，在二、三产业发达，劳力大量转移的地方，粮食生产基本上还是靠兼业农民耕种，而从事粮食生产的收入与从事工业生产的收入是非常悬殊的。据市物价局 1986 年的典型调查材料反映，每亩水稻的纯收入只有 127 元，我市农村劳力劳均不足 2.5 亩耕地，如果种水稻收入只有 300 元左右，而从事二、三产业的劳力，每年收入普遍在 2 000 元以上。兼业农民随着非农业收入比重日益增加，水稻经营收入比重日益下降，就不可避免地影响他们对水稻生产的积极性，个别地方甚至出现萎缩、弃耕现象。但是，由于兼业农民对二、三产业仍缺乏“安全感”，尽管水稻生产收入不多，他们却把稻田作为社会保险，普遍存在着“进有生财之道，退有养生之本”的心理，因而出现了“户户不愿转让田，人人又不下功夫耕好田”的呆滞局面，给粮食生产的发展带来严重影响。

2. 均田承包形成土地过于分散的小生产格局，不利于发挥农业机械的作用，长此下去，将会妨碍农业现代化的进程。由于均田承包，一般每户只有四、五亩，加上肥瘦、远近搭配，造成土地零碎分散、田块小，品种、季节安排不一，极不便于农机作业，降低了现有农业机械的利用率和使用效益。南海县丹灶镇，有稻田 4.8 万亩，原有 500 台手扶机，已基本满足当地机耕的需求。但实行均田分包后，由于田块分散零碎，一个家庭的耕地，少则 8 块，多则十多块，致使拖拉机使用效率下降。虽然现在拖拉机已增到 1 300 台，但还要保留 2 000 头役牛，才能满足耕作需要。二、三产业发达的地区，劳力已经由余变缺，出现了大批雇请外来工办企业，而雇请一个外来工，一般也要投入固定资金一、二千元。在这种情况下，本应加快农业机械化的进程，向耕作全过程推进，以解脱出更多的劳动力和劳动时间来更好地发展二、三产业，使农村经济更加繁荣，当地农民更加富裕。但是，现在一年两造繁重体力劳动的插秧、割禾，仍然拖着大量的劳动力，未能用机械去取代。事实证明，均田承包的小生产格局，成不了农业现代化的载体，长此下去势必妨碍农业现代化的进程。

3. 以工补农的办法未理顺，助长了土地分散格局的凝固化。为了发展农业生产，特别是在对任务内粮食未能做到等价交换时而运用乡镇企业的收入给农民适当补贴，实行以工补农的政策，这是正确的、必要的。没有以工补农，就没有我市的农业生产在高产基础上持续发展的局面。尤其在 1985 年粮食生产曾一度下降的情况下，就是靠通过行政措施和以工补农，才使 1986 年和今年早造全市，粮食单产略高于历史最高水平。问题是补农的方法未理顺，有相当数量的资金用于按田亩补贴当年生产费用或分配，如南海县大沥镇沥中乡，承包户不丢荒土地，完成公粮和订购粮任务，平均每亩田则可领到 300 元的补贴，其中最高的一个生产队，每亩田补贴达 900 元。当然，这实际是包含了集体经济中二、三产业收入的再分配，但按承包田亩并用“以工补农”名义进行分配，就使得兼业农民更不愿意转让承包土地。由于这些集体经济雄厚的地方，把过多的资金用在按田亩补贴分配和搞无偿服务，统一支付生产费用上，以至造成补贴越多，分配越高，无偿服务越好，农民越感到承包土地，投入不大、费力不多而收入不少，这样就助长了均田承包、土地分散格局的凝固化。

上述三个问题，归结到一点，就是在二、三产业发达，劳力大量转移的地方，农村经济发展到了一个新的阶段的今天，为了适应变化了的情况，引导农民将土地向种田能手集中，发展适度规模经营，已经成为农村深入改革的一个重要内容。只有向专业生产、适度规模经营推进，才能提高粮食的劳动生产率，增加粮食生产者的收入。中央今年的5号文件要求“在京、津、沪郊区、苏南地区和珠江三角洲，可分别选择一、两个县，有计划地兴办具有适度规模的家庭农场或合作农场，也可以组织其他形式的专业承包，以便探索土地集约经营的经验”。根据中央5号文件的精神，结合我市实际情况，市委与各县商定在二、三产业发达，劳动力大量转移的地区，选择一个镇、14个村进行土地适度规模经营和农业机械化的试点，以探索社会主义农业现代化的路子，加快我市农业“两个转化”的步伐。这是市、县给我们试点镇、村的光荣而又艰巨的任务。

二、关于在二、三产业发达的地区，开展粮食规模经营的几个问题

要在二、三产业发达的地区推进粮食规模经营，我认为有下面几个带方向性、关键性的问题，需要我们研究和回答。

（一）关于农业的发展方向是走兼业化还是专业化道路的问题

在经济发达的地区，随着产业结构的变化，大批劳力转向二、三产业，多数农民成了兼业农民，改变了历史上农村就是搞农业、农民就是种田的格局，这是一个历史性的突破，是一个大进步，也是农村第一步改革的成果。由于农村商品经济发展有个漫长的过程，在一定的时期内，农民的兼业化是不可避免的。但是，兼业化的农业存在很多难以克服的弱点和缺陷，主要表现在：

第一，兼业农民局限在小块土地上进行生产，不可能有更高的劳动生产率、土地产出率和商品率，缺乏自我发展和自我改造的能力。从长远的发展方向来看，如让其自流，长此下去，只能是农业兼业化、自给半自给化，难以实现农业的专业化、商品化、现代化。

第二，农业兼业化的进一步发展，兼业农民随着非农业经营的收入比重日益上升，农业生产收入比重不断下降，必然影响务农尤其是种粮农户的生产积极性，他们只为“完成交粮任务，解决自已的口粮”而耕作，只求少花工，不求夺高产，他们不顾农田基本建设，不愿使用有机质肥，不搞精耕细作，对推广新技术缺乏兴趣，使粮食生产逐渐沦为其他产业的附庸，主要劳力转到二、三产业，青年人普遍不愿务农，这样下去，势必导致生产条件下降，技术下降，生产者素质下降。据南海县平洲镇在两个点抽样调查，平东村三社39户102个劳力中，只有8个劳力专门从事农业生产，占劳力总数的7%；新屋社33户71个劳动力中只有8人务农，占4.2%，这些务农劳力都是老人和中年妇女。农忙季节则由从事二、三产业为主的兼业劳力回来突击。

第三，兼业化生产与大市场的需求的矛盾必将越来越突出，兼业户由于生产规模小，不能形成批量生产，与大市场大流通不相适应。同时，在一般情况下，不能对农产品市场的波动作出“逆风向反应”，往往刺激信号一来，或一哄而上扩大生产，或灰心丧气一齐收缩。在农产品市场进一步开放之后，这种“顺风向反应”将会不可避免地加剧市场的震动，给整个国民经济的协调发展带来不利影响。

第四，农业机械化、现代化，是要以一定的经营规模为条件的，兼业农业的小规模经营土地分散的格局，成为农业现代化、尤其是发展农业机械化的制约因素。

因此，随着农村商品经济的发展，特别是在二、三产业发达、劳动力转移多的地区，

我们应该不失时机地积极引导农民发展农业规模经营。从我市已实行专业化规模经营的农户的实践证明，规模经营确实具有很多优越性：

第一，有利于提高经济效益。增加农民收入，调动农民务农种粮的积极性。据南海县1986年对平洲镇平东村4户种粮专业大户的调查，劳均耕30亩的周润权，每劳纯收入3 600元；劳均耕32亩的周潮海，每劳纯收入3 400元；劳均耕45亩的陈汝厘，每劳纯收入4 250元；劳均耕72.5亩的朱金城，每劳纯收入11 950元。4户劳均纯收入均超过当地一般务工劳力的收入水平，其中朱金城超二、三倍。这就重新唤起农民务农种粮的积极性。

第二，有利于提高土地产出率。专业化的适度规模经营，由于土地成为他们赖以谋生和致富的依托，避免了农业沦为家庭副业的次要地位。如上面所说的朱金城，全家5口人，2个劳动力，1983年开始承包65亩边远低产禾田，1986年扩大到145亩。全家安营扎寨在田头，精心经营，每年都购买猪屎，用手扶拖拉机拉去下田，改良土壤，培养地力，使土地生产率不断提高。1986年水稻平均亩产达到1 720斤，比承包前增加470斤，亩均收入363元，纯收入占164元，分别比当地一般农民高出100元和40元左右。

第三，有利于农业本身增强自我发展能力。采用先进科学技术，改变传统的耕作方法。如平洲镇的朱金城、西樵镇岭西村的麦伯康；中山市张家边的朱灿标、三水县乐平镇元潭村的陈其芬等颇有名气的粮食专业大户，现在都购有手扶拖拉机、联合收割机、电动喷雾器等农业机械，实行耕作和科学种田，劳动生产率都比较高。

第四，有利于大幅度提高农产品商品率，创造较高的社会效益。如平洲镇平东村的4户种粮大户，1986年粮食商品率的情况是，朱金城是95.9%，陈汝厘是94.4%，周潮海是94.1%，周润权是94%。

第五，有利于加快农村劳力的转移。促进社会专业分工，促进一、二、三产业的协调发展。

（二）关于发展粮食生产适度规模经营的条件和如何对待一定15年的问题

发展粮食生产适度规模经营一定要讲条件，主要具备四条：一是二、三产业特别是工业发达，务农劳力转移有出路。这是最基本的；二是集体经济力量比较雄厚，装备农业有资金；三是农田基本建设，农业机械有较好的基础；四是农业社会化服务体系比较健全。从上述四个条件来看，我们面上广大地区很多还未具备条件，但这次确定搞粮食生产规模经营试点的地方，条件是基本具备的。

现在遇到的问题是，有些同志觉得曾经搞了延长土地承包期一定15年，现在搞行不行？群众会不会说政策又变了？对这个问题，我认为在具备了条件的地方，早搞早主动，等到15年以后才搞就被动了。至于对延长土地承包期一定15年的政策问题，是要认真对待的，可以由土地所有权的发包单位与承包户协商，在自愿互利的原则下进行转让承包，可以全部转让，也可以部分转让，可以定期转让，也可以一次转让，可以有偿转让，也可以无偿转让，这样搞是否符合中央联产承包家庭经营的政策呢？我们重温中央近几年的几个1号文件，可以清楚地看到，中央指的联产承包家庭经营的基本政策是，坚持土地公有、家庭承包、双层经营。而家庭承包不一定是“家家包地、户户种田”。1982年的1号文件已经提到逐步发展专业分工和专业承包，逐步改变按人口平均包地，全部劳力“归田”的作法。1984 年的 1 号文件又提出“鼓励土地逐步向种田能手集中”。1986 年 1 号文件要求“在经济发达、集体企业已有相当基础的地方。要充分利用统一经营、统一分配的条件，加强农业的基本建设和技术改造；适当调整经营规模，促使农工商各业协调发展。”今年 5 号文件明确指出：“从长远看，过小的经营规模会影响农业进一步提高积累水平和技术水平。目前，在多数地方尚不具备扩大经营规模的条件，应大力组织机耕、灌溉、植保、种籽等共同服务，以实现一定规模效益”。由此可见，我们以家庭农场为主要形式，发展粮食生产的适度规模经营，并加强地区性合作经济组织的服务经营，这是对这一体制的完善和发展，不是否定家庭经营，更不是改变家庭联产承包这一根本性的体制。

（三）关于以工补农的问题

以工补农是促进农村三大产业协调发展的重大政策，今后还必须坚持。但补农的原则、方向、内容和办法，应该加以调整和完善，下面讲四点设想：

第一，以工补农必须坚持“三有利”的原则。一是有利于促进土地集中，发展适度的规模经营；二是有利于提高农民从事农业特别是粮食生产的积极性，增强后劲，提高生产力水平；三是有利于促进农业的专业化、社会化、商品化、现代化。

第二，在补贴方向上，大量的资金应首先用于补助旨在提高农业生产力的水平。如农田基本建设，购置农业机械设备，推广先进技术等。在目前订购粮食任务的价格未能体现等价交换原则的情况下，在有条件的地方，对任务粮给予适当的补贴还是必要的，但不可过多补贴。在补助方法上，应按任务粮的数量计算补贴，不要补口粮，更不要按田亩搞平均补贴。

第三，改无偿服务为有偿优惠服务。目前有些地方，对农业生产所用的电动排灌、机耕、收割、打禾的费用（包括电费、油料、工资等），全部由集体经济负担，无偿服务，这实质上是按田亩平均补贴的一种形式，应改为有偿优惠服务。

第四，要把集体经济利润的第二次分配和以工补农区别开来。集体经济的利润，是这个集体内农民的劳动成果的一部分，提取适当比例分配给有关群众是应该的。但过去有些地方采取按承包田亩分配的办法，这样就把第二次分配和以工补农混淆起来；使农民误认为这是承包土地应得的利益。这样就会助长土地分散格局的凝固化。因此，今后必须把第二次分配和以工补农划分开来，在计算分配方法上也不要按承包田亩来计算，而应该采用别的更加妥善的办法。

（四）关于发展粮食生产适度规模经营的形式和途径问题

目前，我市的农业生产规模经营大体上有三种形式：

第一种是家庭农场。我市家庭农场发展较早，目前全市经营 50 亩以上的家庭农场共 111 个，其中规模较大、机械化程度较高的，每户承包 70 亩以上的家庭农场有 24 个。

第二种形式是专业承包。搞专业承包的地方，一般都是二、三产业比较发达，劳力大量转移，集体经济雄厚，长期以来维持以大队或生产队为核算单位，统一分配，没有搞家庭联产承包的。如石湾区澜石镇塘头村就属这一类。

第三种形式是以厂带田，实行农工统一核算。主要是在集体企业发达，经济实力强，禾田面积少的地方。如石湾区澜石镇沙岗村。这种形式是不计成本地补贴农业的，如去年该村的水稻亩产 1 600 斤，每亩成本达 320 元，平均每担谷的成本 20 元。

我市的规模经营虽然存在三种形式，但大量的还是家庭农场。作为今后发展方向，根据我市的实际情况，应该以家庭承包为基础的适度规模的家庭农场或承包户联户合办的合作农场为主，这是因为，农业的劳动场所分散，生产周期长，受自然条件影响大，生产的对象是有生命的。因此它要求经营者利益直接能够做到在全部生产过程中，自始至终给予认真而仔细的关注，并根据自然条件的变化，能够随时主动采取相应的对策。

至于土地集中的途径，可视当地实际情况，采用较易为群众接受的做法：有的地方可以先从边远田着手，在土地较多或耕作地段较分散的地方，把边远田集中给专业户承包，群众较易接受；有的可以实行“两田制”，即各户自耕口粮田，专业户承包任务田。在二、三产业发达，集体经济实力雄厚的地方，可以采取除自留地外，土地都集中给专业户或联户承包，但要解决好退出承包地农民的平价口粮供应和就业的问题；还有农户之间由于户口迁移，劳力变化等原因，而愿意转让的土地，也要积极引导，转让给田块就近愿意承耕的农户，以逐渐扩大经营规模。

（五）关于提高农业机械化水平的问题

由于农事季节性强，插秧、收割、烘干等专用机械，每年使用时间短，投资比较大，利用率较低，从当前的经济条件和经营规模的实际情况出发，那些大、中型的专用农业机械，靠农户自己购买是难以办到的，不仅经济能力难以承受，而且经济效益和社会效益都不好。因此，我认为现阶段农机化发展的路子除了小型、多功能的农机提倡由种田专业户自购自用外，应以发展社会化服务为主，努力建设一个多层次、多形式、功能较齐全，使农民感到方便满意的农机服务网络，为农户提供服务。当然对于经营有一定规模，有条件办机械化家庭农场的，自置自用机械也应支持其发展，使其机械装备与土地经营规模相匹配。

（本文作者时任佛山市委副书记，本文为其在市土地规模经营试点工作会议上的讲话）

1987 年 8 月 17 日

创造条件发展农业规模经营

陈　佳

一、发展农业规模经营是建设现代化农业的战略措施

第一，建设现代化农业要走规模经营的路子。什么是现代农业？我个人理解，一是生产手段机械化，就是农业由手工耕作为主变为以机械耕作为主；二是先进的科学技术在农业普遍运用，包括良种、生物工程、计算机技术等都在农业上应用；三是农业生产实现专业化、商品化、社会化；四是农业管理现代化。照这样理解建设现代农业，首先要有生产力的高度发展，同时要有适于实现现代化的组织形式。农业实行家庭联产承包责任制，是适于农业生产经营特点的，对调动农民积极性，振兴中国农业，发挥了伟大的历史作用，是要长期稳定不变的。但是现在的小规模的家庭经营，是很难实现现代化的。必须通过扩大经营规模，使土地、劳力、资金、机械、技术等生产要素，做到合理组合，发展适度规模的家庭农场。与此同时，通过发展社会化服务，为规模经营提供产前、产中、产后的系列化服务。这样，适度规模的家庭农场，加上中间经济组织的社会化服务，就可以加快农业现代化的进程。

第二，农业要从自给、半自给性生产转变为大规模商品生产，必须实行规模经营，现在的小规模经营，每户农民除了自给，商品量是不大的。当然，我市商品经济比较发达，农业商品率已达到80%。但一个农民能够养活的非农人口，比起发达国家是相差太远了，因而在基本具备了条件的地方，逐步改变现在分散的小规模经营状况，实行规模经营，也是必然趋势。

第三，农村二、三产业发展，农民要进一步富裕起来，客观上要求实行农业规模经营。我市二、三产业近几年发展很快，二、三产业产值已占全市农村经济的七成多，农村劳动力已转移到二、三产业50%多，有的地方已占八、九成。如果不及时引导到发展规模经营，就有可能会出现两种情况：一种情况是由于大批劳力转移，农业由精耕细作变为粗耕粗种，生产力水平下降，生产停滞甚至萎缩。另一种情况是影响劳力进一步转移，阻碍二、三产业发展。这两种情况的出现，对农村经济的发展，对农民富裕都是不利的。只有通过发展农业规模经营，才能使农村一、二、三产业协调、持续、稳步发展。

第四，实行规模经营，是进一步提高农民发展农业生产积极性，使农业发展获得内在动力的重要途径。自从市场机制引入农村以后，由于从事二、三产业收入高，农业，尤其是粮、蔗，收入较低，小而全的小规模兼业经营农户，劳力、精力和资金，必然主要用在二、三产业或高值经济作物，使农业尤其粮蔗生产变成“工余农业”“星期天农业”。农业发展的内在动力逐渐丧失，这是一种潜在危险。这种潜在危险，目前在一些地方已经有所表现，出现苗头。如农业投入减少，包括劳力投入、物质投入（尤其是有机肥）、技术投入和资金投入，都有减少的趋势，有的地方粗耕粗管甚至半丢荒、丢荒。解决这个问题，

固然有个理顺价格的问题，但我们要看到，只要经营规模不扩大，劳动生产率低，产品效益少，就算所有粮食全部按现行市价计算，也是赶不上搞二、三产业收入的。出路在于扩大经营规模。

农业要向规模经营发展，现在有没有条件呢？对这个问题，我认为要进行具体分析，不能不讲条件，但要掌握基本条件，看待条件是否具备，不能绝对化。不具备条件的地方，脱离开生产力发展水平，勉强去搞，不但搞不好，而且会搞乱。需要具备什么条件呢？最基本的条件，是二、三产业比较发达，劳动力转移有出路。因为二、三产业发展了，大批劳力转移了，转移出去的劳动力不再把土地作为谋生的手段，甚至厌耕，就给种田能手扩大经营规模创造了条件，客观上就具备了搞规模经营的条件。从这个方面看，我市经济发达地区是具备一定条件的。

二、切实加强领导，努力办好试点

办好农业规模经营和机械化试点，是探索我市农业现代化路子的重要步骤。我们提出一个近期目标，到1990年，达到“四个转变”“五个提高”。“四个转变”是：分散的小规模经营向适度规模经营转变；手工耕作为主向机械耕作为主转变；生产结构向合理化转变；农业生产向专业化、社会化转变。“五个提高”是：提高“三率”，即劳动生产率、土地生产率、农产品商品率；提高三个效益，即经济效益、社会效益、生态效益；提高机械化程度；提高农田基本建设水平；提高农民的科学种田水平和经营管理水平。如何把这些试点办好，要认真抓好如下几个方面：

（一）武装干部，统一认识

一是分清土地规模经营与“归大堆”的界限。实行土地规模经营，并不是否定家庭联产承包责任制，不是把土地收回来，重走大排工、大锅饭的老路，而是在坚持家庭联产承包责任制的基础上，随着二、三产业发展，劳力转移，把土地逐步向种田能手集中，扩大家庭经营的规模，更好地发展农村商品生产，不存在否定家庭联产承包责任制的问题。

二是分清家庭联产承包与“人人分地，户户种田”的界限。家庭联产承包的政策是长期不变的，但不能把家庭联产承包和“人人分地，户户种田”等同起来。“人人分地，户户种田”是在农村劳动力转移很少的情况下，平均分包土地的一种承包形式，随着农村二、三产业发展，劳动力转移，分工分业，这种承包形式要向专业化规模经营方向发展，这不是改变家庭联产承包制，而是家庭联产承包责任制随着生产力提高而进一步完善发展。分清这两个界限，就可以根据当地的条件，理直气壮地促进土地集中，发展规模经营。

（二）调查研究，制订方案

试点方案一定要符合当地实际，根据具体情况。提出具体目标、措施和做法。

第一，要明确试点的范围。试点是以经联社为单位，但可以在经联社搞，也可以在一条自然村搞，也可以在少数经济社搞。

第二，认真研究土地集中的形式和程度。有的可以结合调整承包地，先把边远田、落后田集中起来给务农专业户承包经营。有的可以实行“两田制”，即分户自耕口粮田，务农专业户承包责任田，也可以实行全面的专业承包，把土地集中起来，分业分项专业承包。

第三，确定规模经营的形式和适度。规模经营的形式可以多样化，主要是由务农专业户承包。办家庭农场，或由联产承包，办合作农场，有的也可以采用专业队（组）承包等办法，一个社内也可以几种形式同时存在。不论哪种形式，都要注意适度，使各种生产要素合理组合，达到经济效益和社会效益的双重目标，是否适度，着重从几个方面考虑：（1）承包者的条件。在目前社会化服务还不发展的情况下，承包者的条件应以“三自为主”，即自有劳力为主，自有资金为主，自有技术为主。（2）经营者能获得高于当地劳力的社会平均收益或略高于务工劳力收入。（3）使用耕作机械的最佳效益。为了使家庭农场（合作农场）的经济效益、社会效益和生态效益都得到提高，根据农业生产的特点和珠江三角洲的特点，应该注意综合经营，循环生产。

第四，制订促进土地集中，鼓励多包土地的措施。主要是：（1）改革土地平均细分到户的承包办法，实行按能承包。纯农户、种田能手、拥有手扶拖拉机等主要生产资料的户应予优先承包。村、联社干部、乡镇企业职工、领有牌照的个体工商户、长期外出搞劳务的，可以保留承包权，转让经营权，使种田能手能多承包土地办家庭农场。实行“两田制”的，口粮田一般按“高产够吃”的原则分给。（2）改革集体收入再分配办法。集中收入再分配与承包土地挂钩，弊病很多，不利于土地转让和集中，应改革这种办法，再分配不要以承包土地为依据。（3）改革承包管理办法，建立达标承包制，对承包土地分等级规定投入、产量、地力等指标，执行奖罚。（4）根据当地条件，对转出土地的农民给予适当的社会保险，如优先吸收转出土地的农民进乡镇企业，帮助和扶持发展家庭工商业，有条件把全部耕地实行专业承包的地方，可以由集体按平价供应农民口粮或给予口粮差价补贴。（5）对经营粮食的家庭农场，有经济能力的经联社、经济社，可按其承担上交国家的粮食任务，给予适当补贴。提供及时、优先的服务以及其他扶助措施。对于确因自然灾害减产失败的，也应制订适当保险措施，使经营者安心务农。

第五，作出农机化、农田基本建设和社会化服务发展的规划，分期实施。根据农业现代化的要求。结合当地条件，制订好农机化、农田基本建设、社会化服务三个规划。

三、要稳定承包关系，同时积极创造条件发展规模经营

我们要积极创造的条件，着重抓好如下几个方面：

1. 继续大力发展乡镇企业。发展乡镇企业，是促进农村劳动力转移的主要途径，也是发展经联社、经济社集体经济的主要办法。乡镇企业发展了，劳动力转移有了出路，集体经济又有实力，发展土地规模经营就有了基本的条件。

2. 理顺以工补农和第二次分配办法。要下功夫理顺以工补农和第二次分配的办法，把以工补农款，主要用在农田基本建设和农业机械化；把集体收入再分配与土地脱钩，克服平均主义，使之真正起到促进规模经营，促进农业现代化发展的作用。

3. 努力提高农业生产全过程机械化水平。加快农业机械化步伐，建立起多层次、多形式、功能较齐全，使农民感到方便满意的农机服务体系，提倡多种形式搞机械化，如镇、村办农机服务站；镇、村建立农机合作组织；家庭农场购置农业机械；发展农机服务专业户等，形成多层次、多功能服务网络。

4. 建立和发展社会化服务体系。要国家、集体、个体一齐上，逐渐形成多层次、多

形式、多功能的服务网络，一是经联社、经济社要完善双层经营体制，搞好“宜统则统”方面的服务。二是发展中间经济组织，像张家边和北滘那样，镇的有关部门，采用横向联合办法，组成公司、协会、基地，首先和规模经营的家庭农场、专业户建立起联系，为其提供良种、饲料、技术、防疫、产品加工、销售等系列服务，把分散的家庭经营联结成系列化商品生产。

（本文作者时任佛山市委常委）

1987 年 8 月 20 日

规模经营是农村发展方向

郭荣昌

一

搞粮食生产规模经营的目的在于在二、三产业发达的地方，已经出现了对粮食生产不重视，甚至弃耕、丢荒的情况下，为了保证粮食生产，希望通过此来找出路。因为目前要放开粮价，还不可能，当然也不是一点希望也没有。在目前“双轨制”还存在的情况下，要保持发达地区的粮食生产，我们就考虑搞集约化生产，以此来提高单产，增加总产。

通过在珠江三角洲进行这项试验，我们认识到，搞规模经营的难度比较大，遇到的问题多，群众对此反映强烈，抵触也大，并不是很欢迎，与我们的想象有距离，这就摸清了情况。原来我们设想比较易推行，但实际上比较难。原来我们以为很简单，但实际上却很复杂。这个就是我们工作的成绩，围绕这样一个问题，我们调查了几个月，听取群众意见，然后通过试点来探索这一问题的可能性，这是少有的细致、慎重。我认为，目前搞规范化还不可能，主要是总结一些经验，把我们原来的方案，通过这一段时间的试验，进行修改、总结。原来我们说具备什么条件就可以搞，现在看来要修改了，原来说有什么优势，现在看来是有什么短处、不足，和原来的方案对照一下，实事求是地总结，即包括有关情况，需要什么前提，要解决什么问题，体会有哪些方面，怎么样引导和促进规模经营，把这个实践总结好，不仅能够指导南海县，而且对其他一些地方也可以提供参考。

二

下面我谈谈对规模经营的看法：从狭义说，是指粮食生产的，从广义说，是农林牧副渔，开发性的农业，都可以搞规模经营，它实质上代表一种生产力的发展，应当是适合我国的特点，以家庭承包为基础，搞现代化农业，搞现代化不能零零散散来搞，它是在联产承包制基础上搞粮食应当达到多少规模才算适度，搞水产，应有多少规模才适度。

现在看来，开发性农业，水产、水果、畜牧等，这些方面比较容易搞规模经营，群众也愿意，积极性高，声势大，效益也好。像养虾，今年投产 24 万亩，其中双造 8 万亩，产虾可以达 1.5 万吨，可以创汇 1 亿美元，明年再搞十几万亩，再加上单产提高，双造面积的增加，可以达到 3 万～4 万吨，创汇 2 亿美元以上，以后再提高单产，可以创汇 3 亿～4亿美元。这个算是规模经营吧，也应算是出口商品基地。山区农户搞小山庄，一户几十亩，既种果，又造林，种养结合，长短结合。像恩平县吴贵华，怀集的小山庄，广宁县的“小、短，多”，河源的小山庄，就是一户利用二、三十亩。搞种养结合，长短结合，集约化生产。一年可以收入几百元，第二年上千元，第三年几千元。这也算是规模经营。

因此，规模经营不仅是粮食要搞，农业的其他方面也要搞，规模经营连在一起就是商品基地了，再加上工、贸，就是农工商了，它的基础就是家庭承包，规模经营是有中国特点的农村发展的一个方向。

现在回过头来看粮食的规模经营，难度大，很多制约因素，特别是价格没有放开，谁来补这部分钱，按理应当是由财政来负担的，现在是由农民来负担。家家户户来负担，土地集中，负担也就集中到专业户身上，他当然不干，叫集体来负担，承受得了吗？特别是任务重的地方。因此，在“双轨制”下想找出路，就要搞试点，摸索经验然后逐步推开，不要操之过急，赶浪头，要在群众认为有效益、有要求才搞，没有要求、没有效益就放慢点搞。通过试点，搞示范，然后推开，进展应是渐进的，不能突进。而且要讲经济效益，不能拿钱来垒大户。

三

关于第二个试验题目，即农产品商品基地建设，出口商品基地建设，农工商联合中心企业建设，我领会这个题目的意思，就是搞商品基地建设，有些是内向型的，有些是外向型的，与工贸结合起来，就是贸工农。既然是基地，就应当有拳头产品，一个县大的拳头产品有哪几项，哪些是内向型的，哪些是外向型的，所谓拳头产品，产值至少有 5 000 万元以上，从生产、到加工、到流通，联系起来，可以向外，向国际市场．也可以北上，向国内市场。目前有些人说我们的产品北上，就是中国人赚中国人的钱。我不同意这个观点。我认为，广东产品，既要打出去。但又要占领国内市场，10 亿人的市场，我们自己不占领，难道让外国人来占领吗？为什么南北之间不可以进行物质、商品交流呢？当然，珠江三角洲首先要立足国外市场，但是也不能放弃国内市场，比如香蕉，有些人说为什么不打出去？我说我的香蕉质量很好，并不是打不出去，但是国内一元一斤，还抢着要，而出口收购才六角一斤，外贸还不收，主要是亏本，无法补亏。当然，从客观上说要为国家多创汇，但是必须要解决实际问题才行，否则，当然是要内销了，况且国内市场香蕉还供不应求，前几年还进口巴西、菲律宾的香蕉，花费外汇。因此广东的香蕉为什么不可以北上呢？广东缺粮、缺猪、缺饲料、缺煤。有南方的土特产，鱼、菜、果丰富，和北方互通有无，商品交换，各自发挥自己的优势，不是很好吗？

这三个建议是相互联系的。珠江三角洲要突出创汇农业，但是也不能放弃国内市场，两者是互相统一的。

我们目前已经有不少基地了。因此在工作方法上，要从调查研究入手，总结经验，在此基础上，摸索今后发展中还要解决什么问题，以求有突破性发展。

（本文作者时任广东省委副书记，本文为其在听取南海粮食规模经营试验汇报会上的讲话）

1987 年 10 月 20 日

加快发展创汇农业

陈邦贵

我们研究农副产品基地和出口商品基地建设，是在大气候、大环境非常好的形势下开展的。党的十三大后，中央领导同志要求我们广东省要加快改革，更加开放，把我省办成综合改革的试验区，在全国先行一步。商品基地建设和出口商品基地建设这个问题，我们不是现在才搞，而是搞了多年了，各级领导对这个问题比较重视，部门的认识也比较一致，并初步摸索了一些经验。所以，把已有的经验总结好，不仅对指导自已今后的发展起作用，对我省、对沿海地区也是会有作用的。

如何加快创汇农业的发展，跟上中央和省委的要求，使我们经济发展的速度尽快赶上“四小龙”，如何加快创汇农业的发展，有一些新的突破？原来搞创汇农业，涉及全国外贸体制的改革，涉及国际市场，难度很大，很难突破。而现在广东要成为全面改革、更加开放的试验区，给广东更大的自主权，加上以更多的土地搞创汇农业、更多的劳力搞”三来一补”，办乡镇企业，形势有了很大的变化。所以，我们研究这个课题，要为全省、起码是为佛山市自己加快创汇农业的建设探路，选突破口。我看，还是大有文章可做的。我觉得有三个问题要好好地研究：

第一，蚕桑生产问题，现在正处于崩溃边缘。本来中国第一间机械缫丝厂在南海县办起，历史上丝绸是我们出口创汇的拳头产品。现在，这条“丝绸之路”已快断了。能不能来个复兴，来个振兴呢？这个问题是否突出研究一下。我们要扩大其他出口产品的种植面积，一下子是较难的。但是，桑蚕假如有好的政策，很快就会有大的发展，1978 年全市种桑面积有 13 万多亩，产茧 41 万多担，降至去年只有 4.7 万亩，5 万～6 万担，今年只有 2.4 万亩，预计产茧只有 2 万多担。这个问题，我看重新恢复不是没有可能的，问题是能否探索一条这样的路子，如果丝绸公司搞不了，可否给我们自己搞自营出口，自己补亏，如果能这样做，我看很快就会恢复过来。1978 年全市平均亩桑产茧 317 斤。过去一般年景亩桑产茧也有 260～270 斤。现在我们的丝厂原料，除了少数是本地平价收购，大部分走从外省议价收购的，一样干得过。这是个传统的贸工农出口生产要素，是创汇农业的一个拳头产品，而且是非常好的良性循环生态模式，把它丢了，太可惜，现在我们也注意解决丝织品的质量，认真抓后处理这个环节，染整设备和技术也有较大的提高。如果能让我们自营出口，由外贸和工厂订立供货合同，工厂同农民订立购茧合同，我看，是可以搞成的。如果自营出口路走不通，看还有什么出路，如果在政策上解决好农、工、贸三者的利益关系，我看只要有几年时间，蚕桑生产是有希望恢复过来的。

第二，是研究如何利用外资办基地，办农副产品加工厂，办食品工业，解决深加工问题，解决远洋贸易问题。

鲜活商品难以远销。一般到港澳地区还可以，远一点就销不去了。但是，要真正使创汇农业有大的发展，一定要开拓远洋市场。我今年5月去美国，有个食品行业的老板对我们讲，他们分析，食品工业在美国已经搞不下去了。因为美国的电子工业兴起后，工价越来越贵，土地越来越贵。他们认为，今后20年，食品工业将转到中国，因此，现在美国已有几个大的食品公司，都到中国找地盘，办场设厂。他说20年以后在中国搞也会不划算了，食品工业可能转向非洲。所以，如何利用外资办基地，办农副产品加工厂、办食品工业，开拓远洋市场，这是一个大的课题。如果只局限于鲜活商品，动作就不会很大。

现在，我们在这方面已经有了开端。如南海县有松岗东站哈狄果菜场、里水果菜宝鲜公司，又如顺德县开发中心，桂洲镇的华南毛纺厂、中山市的中荣鸽场，也是外资、合资、合作办起来的，要总结这方面的经验，研究这方面的问题，不管是成功的还是碰到困难的都要总结研究，这样，才能摆脱单纯鲜活产品出口的局限。

第三，我们还要研究在港澳地区尚未占领市场的鲜活产品，能否给予进一步放开的问题。例如我们的花卉在香港市场还不成比例。但出口配额很少，可否放开让它出口，与外国产品竞争，即使价格低了，总比卖不出丢到鱼塘里好。能否让我们的产品多出口，通过市场较量，在竞争中提高发展，逐步占领市场，然后回过头来加强配额管理。

（本文作者时任佛山市委副书记，本文为其在南海试验区工作会议上的讲话）

1987年11月25日

建设农副产品出口商品基地

郭荣昌

今天主要是听听大家对试验区搞第二个课题试验（即农副产品商品基地、出口商品基地、基地农工商联合中心企业建设）的意见，同时研究一下怎样搞好这项试验。

一、进行第二项试验的意义

试验的意义越来越大，从以下三个方面可以看出它的迫切性：

一是按十三大的战略部署，经济分三步走。佛山市的南海、顺德、中山，都是发达地区，已经走完第二步，正向第三步迈进。这在全国来说是先走一步，要向世界中等发达国家和地区看齐，是进一步发展生产力、发展商品经济的需要。因此，总结这三个县（市）和佛山市的经验，进行这项试验，很有必要。

二是十三大的主题是进一步加快和深化改革，进一步发展商品经济。这就要进行经济体制改革，其中也包括外贸体制改革。从这个要求来说，我们试验第二个项目很有必要，符合十三大的精神。

三是在十三大期间，中央提出广东要在开放、改革中继续先走一步，并把广东作为综合改革的试验区。我领会这个“大试验区”的主要内容有两个：一个是搞市场经济，以市场调节为主，充分利用价值规律推动生产力发展和商品经济发展。另一个是外向型经济，不仅工业要发展外向型产品，而且农业也要搞创汇产品。因此我们搞南海这个“小试验区”也是适时的，也很有必要。我们搞第二项试验，有几个有利条件：一是有十三大的精神，有加快和深化改革的“大气候”。二是中央决定广东在开放、改革中先走一步，搞综合改革试验区，搞以市场调节为主，发展外向型。三是我省这几年来，特别是珠江三角洲，建立了不少农副产品商品基地、出口商品基地，佛山市已有180多个基地，1986年创汇3 716万美元。这方面已摸索积累了一些经验。四是搞这项试验，各级干部、群众都有兴趣，又有实惠，有干部、群众基础。五是全省各地都有不少经验可以借鉴、汲取。我省有几个拳头产品已形成了贸工农的系列，如养虾，今年已达到24万亩，可产虾1.5万吨，系列化体系建立了，从虾苗的培育、虾池（塘）的建设、饲料的生产供应、虾的收购、加工、速冻、运输、出口，已形成系列，贸工农的结合也比较好。这里面有很多经验是可以借鉴的。在水果方面，在汕头、湛江建立了两大基地。养鳗在汕头也搞了基地。各地还建立了一些瘦肉型猪、三鸟基地。总之，有很多好的经验可以借鉴。这就说明了进行这项试验，既很迫切、很需要，又有许多有利条件。特别是中央要求广东先走一步，全省要搞综合改革的试验区，因此，我们这个“小试验区”更要先走一步。为此，我们把这个课题研究好，为全省摸索、探讨一些好经验就更有意义了。

现在，回过头来看我们的第一项试验，研究粮食规模经营，花了5个月时间，组成9

人的工作组，搞了5个试点，搞了2 000亩，实际只增加了300亩，表面上看成绩不显著，但我认为，我们通过试验，认识到广东搞粮食规模经营，有什么有利条件，有什么不利因素，了解了"水有多深，路有多长"，应该在哪个环节上突破，并摸索了一些经验，还是很有意义的。现在，中央对这个问题很重视。10月下旬赵紫阳总理来广东，上午到，下午就来南海县平洲镇专门座谈粮食的规模经营问题，并作了很重要的指示。他认为，在经济发达地区，假如不搞粮食规模经营，不搞集约化、专业化、现代化，粮食是上不了新台阶的。他主张全国分三步走：第一步是联产承包，第二步是兼业经营，第三步搞专业化，搞规模经营。最近杜润生发表粮食规模经营的讲话，也贯彻了这个精神。我们通过试点，发现象我们这样的发达地区搞规模经营的难度很大，矛盾焦点主要是粮价没理顺，农民对粮食规模经营没有积极性，兼业的农民对粮食生产也没有积极性，摸清了这个情况，就好办了。现在中央预算要求广东在粮食价格放开问题上要先走一步，省里正在讨论、算账。所以回过头来说，搞试验区很有意义，虽说粮食规模经营试验没有搞出很大的、明显的推动，但是我们却摸索了不少的问题、经验，现在如果粮价一理顺，我们就知道怎么搞了，佛山市各个县、市就可以抓住这个机遇，加快推进粮食的规模经营，所以说我们搞试验区花了5个月，意义是很深远的，作用十分大，对全省的大试验也有帮助，有指导作用。

二、研究的重点和范围

中心应放在出口商品基地建设。重点和范围主要是这几方面：（1）基地的基本情况和成果。（2）基地的经营方式有哪几种？有什么特点和作用？哪一种经营方式最适合我们？有什么经验？（3）基地建设对推动农村的产业结构调整，农村的商品经济和农业现代化起什么作用？

这项试验和粮食规模经营的试验是有联系的，都是发展生产力，推动农业的商品化、社会化、现代化。

除此之外，我们还要把视野扩大些，包括纵的和横的方面，纵向方面，如蚕茧。本来就是一个贸工农体系，但现在丢掉了。这主要在于违背价值规律，只准官办，不准民办，这是人为造成的。蚕桑是否可复苏呢？佛山自营可不可以呢？林若同志在贸工农座谈会上很重视这个问题。我看这个问题可作个专题研究。横向方面，杜润生同志要我们总结农业创汇和乡镇企业创汇的经验，如果有力量的话，我们可以总结乡镇企业搞外向型经济的经验。佛山在这方面也是先走一步的，象顺德的裕华、桂洲风扇厂，很多国营企业都比不上。我们可以解剖、总结几个典型，认真总结一下这方面的经验。

三、政策问题

全国改革开放形成"大气候"，广东是综合改革试验区，政策进一步放宽，这对我们研究出口商品基地是很有利的。我们要看到有利形势，充满信心，抓住这个机遇，解决一些实际问题。比如说，大家提出资金、配额、许可证、外汇留成、用汇指标等问题，这些都是实际问题，但完全按你们提出的要求来解决，是不可能的。如外汇留成问题要求前5年全部留成，后五年八、二开等等，这样搞中央是不同意的，经验也推不开。我们要利用改革开放的“大气候”和有利条件在政策允许的情况下灵活变通，解决所遇到的困难，但要注意三点：

第一，必须保持廉价劳动力，生产优质高档产品，要有实际经济效益。这都是联系在一起的。没有廉价的劳动力，工资跟香港差不多，就没有什么优势。产品质量要优，档次要高，最后经济效益才好。要做到这样，就要靠科学技术进步，单靠“四大家鱼”出口是不成的。

第二，解决资金问题，不能只盯着国家贷款，要开拓多种渠道解决。一个是大胆利用外资，另一个是充分利用集体内部资金，发动集体经济靠群众集资。现在国家继续实行宏观控制信贷规模和投资规模，因此，靠大量的国家贷款办基地是有困难的。在利用外资方面，珠江三角洲是有经验的。内部资金融通，又通过股份制，以劳带资等多种形式集资，现在农民手里是有钱的，最好的办法是鼓励和引导他们把钱用来办企业，发展生产。只要选准项目，有利可图，不仅可以集中本地资金，而且还可以把外地资金吸引过来，解决资金紧缺问题。

第三，发展横向经济联合。目前要理顺配额、许可证等问题，在外贸体制未改革之前，还要跟外贸联合，科技部门联合，或与内地联合，总之，要搞横向联合。商品出口要跟外贸部门联合，技术要跟科技部门联合，资金要跟内地联合。

（本文作者时任广东省委副书记，本文为其在南海听取农副产品商品基地、出口商品基地、农工商联合中心企业建设汇报会上的讲话）

1987年11月26日

南海具备条件建设农副产品出口商品基地

马恩成

在十三大期间，中央领导提出广东要成为全面改革的试验区，在深化改革，加快开放中继续先走一步。最近又听说，全国沿海地区都要搞开放地带，要转移一大批劳力搞外向型乡镇企业，要改种一大批土地搞创汇农业，看来中央对这个战略部署决心越来越大，对沿海开放区要求越来越高，已经不是试点的问题，而是要集中连片地搞，其目的是加速实现“三化”，即商品化、社会化、现代化。同时，也是要求我们进入国际市场，参与国际分工，利用当前国际形势有利时机，发挥沿海地区的优势，争取在本世纪末赶上亚洲“四小龙”80年代初的水平，在国内带动整个农业的商品化、社会化、现代化，加快我国经济发展步伐。思想越来越明确，对广东要求越来越高。广东外向型经济走在全国前面，最早实行“特殊政策、灵活措施”，实行“三个更加”，即对外更加开放，对内更加搞活，对下更加放权。珠江三角洲和沿海地区又是走在全省的最前面，我们有义务和责任为全国提供一些搞外向型农业的经验和建议。

一、已有建设出口商品基地的经验

我省已经有了不少建设农副产品商品基地和出口商品基地的经验，但是不集中，没有规模化，还有若干问题没有理顺。如果把这些经验总结好，把问题理顺了，对全省经济发展将产生很大的促进作用，对全国的开放、改革也提供借鉴。

二、已经具备较好的条件

十一届三中全会以来，特别是1984年底中央主要负责同志提出贸工农生产方针以来，广东沿海开放地区积极行动起来，已经提供了各种各样办基地、办出口企业的经验，大家的认识逐步提高和趋向一致。如关于和外贸部门联合问题，过去多是各部门自己干，现在大家认识比较一致了。联合起来办出口商品基地的认识也比较一致了。搞商品经济不办基地怎么行呢？不搞基地就不可能提高品质、规模、质量，做到批量生产、均衡上市，就不能提高国际、国内市场的竞争能力。1986年在西樵山对这个问题的研讨会，提出和总结的几条经验，到现在还有指导意义，因此我们有了一个良好的基础。例如中山市的石岐水产出口公司办的基地和产供销系列化生产，就很有成效，产品打到美国、欧洲、加拿大、澳大利亚，这个经验就比较系统和完善。又如顺德北滘镇四大公司办基地，为广大专业户提供优势服务，生产出口创汇产品的经验。也很尖端，经济效益比较高，大家看了北滘的材料都评价比较高，认为很值得进一步总结、研究和借鉴。

我们这项改革试验，直接的目的是总结出口商品基地、贸工农基地的经验，而实质上是要回答发达地区、沿海开放地区农业的路子怎么走。我认为应提高到这样的高度来认识。

这包括整个农业商品化、社会化、现代化的路子怎么走，这样一个贸工农生产体系，本身就是“三化”的，只有这样的条件，才能标准高、起点高、质量高、效益高，才能打进国际市场，没有这几个高，就打不出去，连国内市场也很难站住脚，所以我们的思路要开阔些。

三、关于调查研究的方法

从这个试验改革课题的内容来看，包括很多方面，既涉及生产关系，也涉及生产力方面的问题，生产关系方面就是各有关部门上下左右的关系，它们怎么协作，怎样联合，怎样调动各方面的积极性，包括股份、分配、管理和服务，是紧密型、实体型，还是松散型、合同型的，生产方面，要研究生产力各因素是怎么样结合起来的，包括资金、外汇、技术、劳力、土地，包括内资、外资、本地技术和外来技术，国内外流通渠道等。怎么样才能使这些生产要素合理结合，合理流动；既发挥本地优势，又吸引外来的力量，这些都要认真考察。

要抓住典型。一般按产业、层次来划分。产业上，根据广东的优势，水果、水产、畜牧、花卉等。这些产业是怎样突破发展的，层次上，就是县、镇、村，象中山市石岐水产出口公司和基地，主体就是县一级的，是全民所有制，它上下联合、内外联合、左右联合，一端直接联合了2.5万亩专业户的鱼塘；北滘镇的公司和基地，主体是集体所有制的，它也是上下、左右联合的，一直联合到专业户，它比中山张家边的服务体系高级一些，主要是它自己有基地，有九大种苗基地和系列化的饲料工业基地，从添加剂浓缩饲料到配合饲料，配置了9种专业饲料，其服务手段是配套的；除此之外，还有行政村一级的，把几个不同种类的典型解剖分析透了，就可找出共同性的东西，总结出带规律性的经验。

（本文作者时任广东省农委副主任、农工部副部长）

1987年11月26日

里水蔬菜出口生产体系建设

邓　妹　郭　桂　何启环

发展创汇农业，使农业在国际竞争中发展，以迅速提高我省、我国农业的技术水平和农民的素质，加速农村现代化，加快经济发展，这是我国对外开放的一个重要战略部署，也是我们建设社会主义商品经济的一个崭新课题。南海县里水蔬菜出口生产体系的建设，经历许多曲折，有许多教训和经验，为我们如何进一步发展外向型经济提供了借鉴。

一、现状

南海县里水蔬菜出口生产体系是以出口远洋为主和出口港澳地区作为经营方针，以拥有进出口经营权的蔬菜加工企业宝鲜有限公司为龙头，以南海县农副产品出口基地发展公司的合作农场为依托，以千家万户生产为调节、补充，把蔬菜的科研、生产、收购、加工、出口连结起来的贸工农体系。

这个蔬菜出口生产体系的特点是规模较大。按照计划要求，这个保鲜厂年可加工原料菜2万吨以上，生产急冻、保鲜蔬菜1.68万吨以上，是目前我省蔬菜急冻、保鲜加工最大的企业。设备较先进，加工产品质量较好。宝鲜公司引进了美国产的连续式流床急冻装置一套，可以在短时间将蔬菜急冻至负18℃，使产品能储存较长时间；引进块根类、多汁类（西红柿）加工生产线各一条，真空预冷机一台，组合冷库一座，日本产的自动包装机一台和英国电机设备，经过加工的蔬菜卫生，可食率高、食用方便、新鲜。产、供、销、贸、工、农、技一条龙，汇聚成有较强竞争力的出口加工基地。这个体系中的宝鲜公司有基地公司的4个农场，计划面积5 000亩，并规定基地公司和4个农场所生产的蔬菜百分之百交由宝鲜公司，订立了严格的产销合同。宝鲜公司按保护价650元/吨（还可视市场状况上浮10%～25%），负责收购农场的蔬菜，而基地公司的4个农场要根据保鲜公司的品种、质量、数量、时间要求，每年提供2万吨原料菜。宝鲜公司出口香港地区的蔬菜以285美元/吨的价格由上述4个农场的合作方即港商包销，双方互惠互利，严格执行合同。此外，宝鲜公司还与里永镇及邻近乡镇的农民签订了1.5万亩蔬菜产、销合同。同时，公司建设50亩的科研高产基地，负责引进优良品种进行提纯复壮，并进行技术培训。

这个体系的形成是以宝鲜有限公司的基本建成及南海县农副产品出口基地发展公司的成立为标志的。宝鲜公司由1985年年底基本建成，到目前为止尚处于试产阶段；基地公司于1987年6月成立，已经发展了3个农场3 700亩，目前已有800亩蔬菜正式投产。

1. 进行蔬菜保鲜和深加工，提高了产品档次，不仅增加了产值，而且拓展了销售市场。里水种植常年及反季节的蔬菜，有丰富经验，有较好产品及品种，本应相当部分是能出口远销的，但过去缺乏加工设施，没有一级产品只能销售初级产品，卖价低，也只能就近销售。加工保鲜企业建成以后，大大改变了这种状况。自1985年11月至1987年11

月，保鲜公司加工出口蔬菜 1 990 吨，其中 1987 年 3～11 月出口了 1 018 吨，收汇 41 万美元，均价达 402.75 美元/吨，大大高于全省蔬菜平均出口价格，而且产品远销西欧、美国、日本等，出口远洋市场收汇占总收汇的 32.2%。由于产品质量优异，已逐步引起港澳和远洋市场消费者的兴趣。到目前为止，美国、日本、荷兰、德国及香港等地的客商纷纷要求订货，特别是西兰花、椰菜花、青刀豆、荷兰豆、红萝卜、马铃薯、马蹄等尤为抢手，有的甚至提出包销所有产品。1987 年 5 月，宝鲜公司与美国一商户签订了年出口 6 320吨急冻小包装蔬菜的合同。此外，产品也受到内地的欢迎，试产以后北运销售 600 吨，1987 年还与长春、北京、哈尔滨、大庆等市、地区订了销售台同。

2. 把千家万户的分散经营组织起来，逐步向现代化、专业化发展，提高了农民的种植生产、管理水平，也保证了生产者的利益。宝鲜有限公司与农户签订了 1.5 万亩的生产和收购合同。宝鲜公司负责提供种子和优惠价格的化肥给农户，同时提出技术要求，农户根据宝鲜公司的品种、品质、上市数量和时间要求交售蔬菜。这样做有几个好处：(1) 克服了农民盲目生产的局限性，通过有计划地组织千家万户生产，保证宝鲜公司的原料菜供应，形成了较大规模的商品生产；(2) 把农民组织起来，成为现代化工厂的原料生产者，按照国际市场的需要和变化来进行生产，推动农民提高生产技术水平和管理水平；(3) 农户是小的商品生产单位，对日益激烈的竞争和价格较大的波动适应力较差，宝鲜公司通过合同保证生产者产品的销路，起保护生产者利益的作用。

3. 创汇能力较强，将为国家建设、为发展农村经济作出较大贡献。宝鲜公司将成为南海农副产品出口创汇的骨干企业。试产以来，共收汇 47.2 万美元。如果完成与美国客商定的合同，年创汇可达 390 万美元。宝鲜公司 75%的股权为国内企业所有，今后创汇额的大部分将用于国家经济建设，对发展经济将起积极的作用。

二、发展过程

里水蔬菜出口生产体系从孕育、发展至现在初具雏型，经历了整整 3 年时间。

里水镇蔬菜生产品种多，而且数量大，全镇常年蔬菜种植面积达 6 000 亩以上，年复种面积达 3 万亩，总产量达 2 万吨以上，邻近的地区也有种菜的习惯，这一带历来是南海县蔬菜的主产地，反季节的瓜菜较多，但由于没有加工、保鲜设施，蔬菜易变坏，往往使菜农蒙受损失。在中央提出珠江三角洲要建立“贸工农”型农业生产结构以后，于 1984 年 10 月，由里水镇农工商联合公司（后改为经济实业总公司）、广东省外贸开发公司、香港超特有限公司共同投资，在里水镇建立一家冷冻加工蔬菜出口为主的中外合资企业——宝鲜有限公司。按照协议规定，厂房、场地由里水实业总公司投资建设，所有权归实业总公司，建成后租赁给宝鲜有限公司经营，按厂房每月一平方米租金 2.3 元，空旷场地 0.5 元收取租金；设备投资由上述三方合资者分别投资 40%、35%、25%。盈亏按投资比例分成。1985 年年底宝鲜公司（即保鲜厂）基本建成，从试产情况来看，该公司生产的产品符合出口的品质和卫生要求，而且赢得越来越多的客商和市场。

在试产期间，宝鲜公司根据市场需要，与很多农户签订了生产和收购合同，并且按照优惠价向农民供应种子和每亩 200 斤化肥，并每亩发放生产预备金 50 元，收购时才扣回。此外，还与外地农民建立产销联系。原以为这样对保证宝鲜公司所需原料菜起一定作用，但是由于收购产品的品种、品质、规格、卫生标准要求严格，经济发达地区农村劳力转移二、三产业人数猛增。本地和大中城市需求蔬菜量激增，价钱又可观，因此供、销、商业部门、个体户、保鲜公司三家竞相高价收购，从而产生了新的矛盾，造成了很多产品难以达到合同要求。同时，由于收获季节往往市场价格大大高于合同价格，很多农户为了取得更高收益而将产品卖给其他销售渠道，或只将低质产品售给宝鲜公司。如1987年与一个村的农户签订了153亩西兰花的收购合同，宝鲜公司向这些农户提供菜种，每亩供应优惠化肥200斤和预支50元货款，合同价一级0.9元/斤，二级0.8元/斤，而到收获时市场价格升至1元以上，农户纷纷把菜卖给个体商贩，宝鲜公司只收购了2吨。又如与农户订了400亩青刀豆的收购合同，但最后只收购了19吨。由于生产者分散经营，在这种情况下，为了收购蔬菜，宝鲜公司往往要动用大量的人员、运输工具，不仅造成成本上升，而且也影响着企业生产的顺利进行。这也是宝鲜有限公司自基本建成两年后仍难以正常投产的原因之一。

为了确保宝鲜公司的货源，里水镇政府召集了宝鲜公司三个股东及有关部门专门研究了这个问题，决定建立南海县农副产品出口基地发展公司，把生产和加工紧密联系起来。基地公司由镇政府领导，与宝鲜公司统一隶属于里水经济实业总公司，基地按宝鲜公司要求每年提供2万吨原料蔬菜的任务，确保加工出口所需的大部分货源。为了有效地做好宝鲜公司的配套供应，基地公司拟与4个港商合作经营蔬菜中心农场，面积5 000亩，双方合股经营，基地公司以每亩260元租用4个村的集体土地，合计160万元作为入股投资，4个港商投资760万港元。基地公司对农场实行“七定”：一定种植品种，每年农场要提供6 000吨保鲜菜和1.4万吨急冻菜；二定产品规格；三定交售时间；四定每次交售的数量；五定收购价格，保证每吨价格650元（并视市场情况再上浮10%～25%）；六定每亩产量为4吨；七定交售地点是宝鲜公司。农场如能按时、按质、按量完成交售计划，则宝鲜公司保证农场每亩菜地总收入2 600元，超收接股分成。目前，已有3个港商办起3个农场3 700亩，已投产800亩。基地公司的建成，将能有效地保证宝鲜公司加工所需的大部分原料菜供应。

至此，里水蔬菜出口生产体系初步形成。这个体系出口有较广阔的市场，加工厂有较强的能力，生产将有可靠的基地保证，可以做到按市场要求及时、均衡、批量地出口20个多个保鲜和急冻蔬菜品种。

从简单的回顾中我们看到，里水蔬菜出口生产体系是在外贸体制未根本改革的情况下，通过运用国家的开放政策，建设中外合资的自营进出口的加工企业，并吸取单纯依靠与农民订立简单的购销合同的教训，改变外贸出口的收购制的老办法，通过建立起与加工紧密结合的生产基地公司和科研基地之后，才使贸、工、农、技形成了一条龙的生产体系。

三、建议

蔬菜生产基地是宝鲜公司的基础，只有保证原料蔬菜的供应才能使整个体系成为有源之水、有本之水；理顺内部管理，提高企业人员素质，完善技术设备的配套，使宝鲜公司降低成本，提高效益，这是摆脱困难的根本出路，为此，我们建议：

1. 通过有关方面协调好宝鲜公司3个股东的矛盾，加强董事会的领导决策作用。宝鲜公司是合股企业，但目前3个股东组成的5人董事会矛盾多，大大削弱了领导作用。为了使企业董事会发挥较好的作用，建议有关方面出面协调三方矛盾，在不违背原合作协议的基础上，完善和充实合同的内容，进一步明确各方的责、权、利，消除误解，在此基础上，制订企业内部管理的各种规章制度和条件。

2. 大胆招聘有关的专门人才。同时逐步轮训企业现有的人员，以尽快提高宝鲜公司的管理水平和充实技术力量，提高干部职工素质。

3. 帮助解决宝鲜公司流动资金贷款，使企业有正常运转的“血液”。宝鲜公司自1987年以来，出口额逐月增加，且与美国商人签订了出口390万美元的合同，形势逐渐好转。但是目前银行中断贷款，造成流动资金短缺，大大制约着出口。我们认为，宝鲜公司虽然尚未能取得应有效益，但是前景是广阔的，只有解决流动资金贷款，才能从死亡线上拯救这个企业，使它有机会获得新生。

4. 帮助宝鲜公司解决外汇贷款；使企业在现在基础上引进必需的的配套设备，增强加工能力。按照现有设备状况，还需要引进一台真空预冷机、菜汁生产线等，大约需要120万美元。这样，将可大大提高机械化水平和蔬菜下脚料的利用率。建议佛山市和南海县外经贸尽力支持，解决一点外汇周转金，或以补偿贸易方式利用外资、商业贷款。

5. 适当增加输出配额。对宝鲜公司现在每天供港保鲜配额6吨的基础上可适当增加，恢复至1986年省经贸委批准的每天20吨的配额。目前宝鲜公司的急冻蔬菜主要试行远销欧美、日本等地，但精选小包装保鲜菜出口香港受欢迎，卖价达285美元/吨，比普通蔬菜售价要高。因此，适当增加输港配额，既可鼓励我省其他口岸提高出口蔬菜档款，又可作为帮助宝鲜公司摆脱困难的措施。

6. 妥善解决港商提出远销宝鲜公司供港蔬菜作为合作办农场的条件这个问题和外汇平衡问题。对前一个问题，既关系到里水蔬菜体系的存亡，又可能与形成多年合作关系的香港有关行会有矛盾，可以规定宝鲜公司与港商的最低成交价，以尽量减少冲突。后一个问题更为复杂，应由里水镇政府经济实业总公司为主，根据国家有关政策，在宝鲜公司与基地公司内部协商解决。

7. 通过提高企业的经济效益、出口效益，处理好同农民的利益关系。吸引农民参与合作，并且要从少到多，先发展一些守信用、能接受先进技术、有经营头脑的农民，做好示范，逐渐扩大。宝鲜公司作为里水蔬菜出口生产体系的加工厂和出口生产基地的中心企业，要认识到企业自身利益同农民利益息息相关的关系，只有这样才能有效地将分散经营1.5万亩蔬菜基地的千家万户吸引在自己周围。可以考虑成立里水蔬菜生产者协会，吸收农民参加，然后可以吸收蔬菜生产者向宝鲜公司入股，并按合作制原则，成立专业性的里水蔬菜生产出口合作社。一种新的生产出口经营体制的形成应与外贸体制改革同步进行，将来可以考虑随着外贸体制的根本改革，里水蔬菜出口生产体系的进一步发展，这个农民蔬菜生产专业合作社可以成为自营出口的民间经营组织，从而成为外贸体制根本改革的目标模式之一。

8. 舍得投资，真正采用先进的科学技术。南海县里水农副产品出口基地发展公司，在抓好蔬菜出口生产基地中的二级基地（4个农场5 000亩）、三级基地（1.5万亩）的同时，应着力抓好一级基地（50 亩）即科研示范场的建设。要使科研示范场有现代化的“味道”和样子，而不是老一套的传统生产方式。科研示范场要同有关的科研机构和部门建立广泛的联系与合作，搞好良种方法的试验、示范、推广，这样才能使里水蔬菜的出口生产，在实现基地化的同时，实现产品优质化，立于不败之地。

9. 南海县政府和有关部门从各方面进一步帮助里水。从而使里水蔬菜出口生产体系日趋完善，从而为南海县扩大蔬菜出口创汇作出更大贡献。

（本文作者邓妹时任南海县人大常委副主任，郭桂时任南海县外贸局副局长，何启环时任广东省农研中心科长）

1987 年 12 月

促进农业规模经营的情况和面临的问题

广东省南海试验区工作组

南海县1988年全面推行家庭联产承包责任制，从此形成了土地分户平均占有的、分散的小规模经营的格局。这几年，在农村经济高速发展和农村产业结构大幅度调整中，在市场机制的推动下，农业的规模经营开始不同程度地在各生产项目中出现，并呈现出集约经营的优越性和强大的生命力，同时，也揭示出土地从分散经营转为相对集中经营的迫切性以及推进这一转变面临的各种问题。

一、规模经营在农业的进展情况及其作用

南海县位于珠江三角洲腹地，现有农业用地80.2万亩，农业人口164.72万人，人均用地1.24亩。党的十一届三中全会以来，在改革开放搞活方针的指导下，农村经济发展很快，产业结构也有很大的调整。1987年，农村经济总收入35.71亿元，比1978年的3.49亿元增长9倍多。农业收入在整个农村经济收入中比重逐年下降，从1978年的41.3%，下降为17.8%；转移到二、三产业的劳动力从1978年的25.4%上升为58.4%。在纯农业收入中，也改变了“以粮为一”的情况，1987年纯农业总收入6.35亿元，其中畜牧业1.76亿元，占27.6%；经济作物1.59亿元，占25.1%，水稻生产1.59亿元，占25.1%，塘鱼生产1.37亿元；占21.6%。规模经营在农业各业中也有可喜的进展。

首先是禽畜饲养业。近年发展很快，1987年生猪饲养量68.4万头，上市量39.7万头，鸡1 000万羽，鹅450万羽，鸭170万羽，全年为社会提供商品肉53 590吨，每户平均提供315.5千克，出现了以群养为主，以规模经营为主体的商品生产。据县畜牧局统计，全县养猪百头以上的专业户521户，养三鸟千羽以上的专业户5 970户，养鸽百对以上的专业户121户，养水奶牛5头以上的专业户50户，年养生猪四、五百头，养三鸟10万羽，养鸽四、五千对的家庭农场也有一批。

其次是开发丘陵种水果。这两年共开发3.14万亩，涌现出种水果面积10亩以上的专业户219户，面积9 855亩，占开发总面积的31.4%，其中规模在100亩以上的果场34个。

第三是塘鱼生产。近年采取投标经营的方法涌现出经营鱼塘10亩以上的专业户2 012户，面积24 247亩，占全县鱼塘总面积12.9万亩的20%。

第四是稻田也集中了一些。现有经营水稻30亩以上的专业户48户，面积2 405亩，占总面积的0.5%，综合经营农场（以作物为主）的70户，面积1 566亩，占0.34%，改种花卉、蔬菜的59户，面积393亩，占0.08%。

综上所述，南海县规模经营的情况是非耕地经营快一些，耕地经营慢一些；饲养业快一些，种植业慢一些，放开的生产项目快一些，统死的生产项目慢一些。以耕地计算，全

县实现规模经营家庭农场的面积为 38 436 亩，占全县农业用地总面积的 4.8%，加上县、镇、村办的各种形式的大农场面积约 15 000 亩，合计 53 466 亩，占 6.7%。但不论快与慢，规模经营一经出现，即显示出集约经营的优越性和强大的生命力。

二、促进规模经营的客观条件和工作经验

南海县规模经营还在起步阶段，而且各生产项目之间极不平衡，为什么会出现非耕地经营快一些，耕地经营慢一些，饲养业快一些，种植业慢一些，放开的生产项目快一些，统得死的生产项目慢一些这一情况，这里既有客观原因，也有主观因素。

客观条件方面，规模经营是生产关系的重新调整，是生产力诸因素的重新组合。近几年为什么南海县的禽畜饲养业发展这么快？规模经营也在发展中应运而生？就是因为经营禽畜饲养业的经济效益好。据反映：目前农民养一头猪，可得毛利 30～50 元，养一羽鸡，可得毛利 1.2 元，养一羽鸭，可得毛利 1.5 元；为什么南海县塘鱼生产能够有 40%左右的鱼塘能从分包变为投包，而且有 20%已形成一定的规模经营呢？一般来说，在桑塘地区一亩鱼塘一年可得纯收入 800～900 元，高的达 1 300～1 400 元。因为有利可图，因此鱼塘一般都争着投包，开发丘陵能够将原来分散经营的山坡地收回来统一开发，集中专业承包，形成规模经营，也是这个道理。水田为什么改种蔬菜、水果、花卉比较容易形成规模经营，而种水稻则比较困难，同样是经济效益大小的问题。

当然，南海县这几年规模经营的出现，并不完全是客观地自然地形成的，还要靠主观的努力。主要经验有：

（一）积极引导，把握机遇，创造条件，稳步推进

南海县在 1985 年实行延长土地承包期时，就明确提出分类指导的方针，要求一些劳力有出路的经济发达地区，努力克服平均分地的倾向，使土地集中到能手经营。那时虽然由于各种原因，进展不大，但目前存在的大批鱼塘、粮食和经济作物专业大户，绝大部分都是在那个时候形成的。这以后，虽然土地一定 15 年分户承包下去了，但他们还是积极引导，把握机遇，创造条件，只要有可能，就一步步地引导推进。

1. 结合开发丘陵种水果，集中土地，形成规模经营。这两年运用统一规划、统一开发、统一专业承包，按地分红等办法，集中了山坡地 9 855 亩，占开发面积 3.14 万亩的 31.4%，形成了经营 10 亩以上的家庭水果园 219 个，其中 100 亩以上的 34 个。

2. 结合建设农产品商品基地，集中土地，形成规模经营。如平洲镇平西村为了恢复传统优质品种——丝线脚柚的生产，由村统一规划和经营，建设了一个连片 670 亩的柚园。占用农户的土地，每亩每年补偿 350 元；里水镇为了使保鲜厂生产、收购、加工、保鲜、出口配套成龙，保证蔬菜有计划地生产和供应，在邻近四条村中统一规划了 5 000 亩土地建立蔬菜商品基地，基地由港商投资经营，基地每年每亩付给租金 260 元给土地承包者。

3. 结合完善承包责任制，引导承包期满的经济社转分包为投包。如桂城镇叠南村深边二社，原来工农业都统一经营，去年工业开始搞集体承包，禾田也想平分到户，镇党委发现后，及时引导，改为两田制，除分口粮田外，留下 94 亩禾田，由三户农民承包。桑塘地区，也利用到期继续承包的机会，改分包为投包，从而涌现出一批规模经营者。

（二）不断建设和完善社会化服务体系，促进规模经营的发展和巩固

规模经营是专业性的商品生产者，专业化的程度越高，要求社会化服务的程度也越高。离开了社会化服务，规模经营很难出现，即使出现了也很难巩固。近年来，围绕这个问题，南海做了不少工作：

1. 建立一批有一定技术水平和批量的种苗、饲料基地。禽畜饲养业发展较快，规模经营面较宽，种苗和饲养基地从上而下，遍布全县，计有较大规模的种苗场 19 个，饲料厂 12 家，种苗推销点 122 个，饲料供应点 501 家，形成一个庞大的种苗饲料供应体系。开发丘陵果树上山发展这么快，也和全县有计划地建立了一批优质的种苗基地有关，全县统一计划安排的种苗场 24 个，共育种苗 340 万株，百分之百地解决种果用苗，并对连片 50 亩以上规模经营的果树专业户，实行赊销 3 年，到期还款的办法。

2. 充分发挥农口各局、场、站的作用，全面开展技术咨询服务。农业系统、畜牧系统、水产系统、园林系统、农机系统的场站，这几年都变成了各业专业户的技术顾问，从介绍信息、传授技术、防疫治病、提供优质种苗试验、推广先进农机具、现场解决生产难题等，都进行具体的指导。农机部门对全县有一定规模的水稻专业户实行定点试验推广先进农机具、补价供应专业户急需的手扶拖拉机与联合收割机，有的还免费上门维修农机具。

3. 建立各种专业协会，成为规模经营专业户广泛联系的桥梁，全县已成立的有：花卉生产者协会、水果生产者协会、水产生产者协会、奶牛生产者协会，最近还准备成立水稻生产者协会，其中水果生产协会参加的专业户有 700 多人，是全县较大的专业性协会，他们定期开展活动，交流经验，聘请华南农大、省农科院的专家当技术顾问，并不定期出会刊，很是活跃。

4. 与有一定规模的专业户签定订购销售合同，疏通销售渠道。因为规模经营是有一定批量的商品生产，容易与大的流通渠道相衔接，因而一些国营收购部门也乐于与他们挂钩，这样收购者可取得可靠的货源，生产者也可避免市场的风险。外贸部门目前与数百耕塘专业户和禽畜专业户签订了购销合同。大沥镇沥北村养鸭能手刘四，多年来与外贸挂钩养北京鸭和肥鹅，1985 年共养 10.7 万羽，其中收购出口 13 万羽，重 440 吨，本人年收入超 10 万元，为国家创汇 34.5 万美元。

（三）采取多种多样的形式，加快实现规模经营的步伐

南海县目前规模经营的形式是多种多样的，就所有制来看，主要有 7 种：

1. 以户经营的小农场，这是目前的主要形式，规模一般不大。

2. 合伙经营的小农场，多见于有一定规模的畜牧场。

3. 集体与农户联营，这是近年涌现较多的一种形式。

4. 国家农业部门与集体联营，这在近年搞开发性生产中有所出现。林业局在扶贫挂钩村也办了联营果场。

5. 与外商联营，如松岗镇与澳大利亚外商联营的哈狄果菜场。

6. 租地给外商经营，如里水镇为了建立保鲜厂的蔬菜基地，划出 5 000 亩地租给外商建立蔬菜基地。

7. 集体统一经营的大农场。

以上是从农业各业规模经营的实际情况来说的。至于水稻规模经营，也有几种集中土地的形式：

一是边远田集中由能手承包，形成规模经营。由于边远田农民一般厌耕，而且任务较轻，易说服农民转让，也易为承包者所接受，因此出现多一些，是目前的主要形式。

二是“两田制”，即分户自耕口粮田，专业户承包商品粮田，商品粮田承包者负担全部或大部分稻子的定购任务，这在一些劳动力已大部分转移到二、三产业，而又不愿意全部让出土地的地方出现一些。

三是专业组或专业户承包全部稻田。这在个别原来没有土地平均分包到户，二、三产业比较发达，一向由集体统一安排，由专业承包户经营，如西樵镇的爱国村就是一例。

至于户与户之间的自由转让，由于零碎分散，虽然可以集中一些土地，但很难形成规模经营。

（四）运用集体分配机制，实行有偿转让和适当补贴，逐步形成一套有利于促进土地流动和集中的制度

在土地分户承包、并已一定15年的情况下，农户实际上已拥有土地长期使用权，加上种种原因，农民虽已转营它业，但很多都不愿意转让土地，集体如要规划统一转让集中，不论水田、岗地还是鱼塘、基地，都要有偿。近年南海在分散经营的情况下能够集中一些土地，搞规模经营，都是集体用分配机制实行有偿转让的，形式主要有两种：

1. 承认承包者在承包期间的使用权。对转让集中的土地，由集体一次或逐年给予一定的实物或现金补偿，一直到承包期满为止。价值高低，要看土地的好坏，当地土地使用价值的高低以及经济发达的程度。边远田一般由集体补偿定购粮任务的差价即可；好的田有的每年每亩要补偿三、四百元。

2. 把统一集中开发和投包的土地按面积作为股份，按收益或股份逐年分红。这种情况在桑塘区较普遍，有的经济社，将所有的鱼塘基地全部划片开投。所得投金，除集体必要开支和积累外，按各户应分地面积的份额分配，一个劳动力一年可分三，四百元。这两年在开发丘陵坡种果树时，有的也采取这个办法。

鱼塘、经济作物因为价值高，靠本身的投金或经营收入即可补偿。禾田因为价值低，不但动员农户转让土地出来集中要有偿（目前搞的多数是边远田，只要调低各户的定购任务即可），动员专业户集中承包也要补贴。目前已形成规模经营的48户粮食专业户，大部分由集体使用分配机制不同程度地加以补贴，少的集体包支一切水电排灌费，无偿拨给一些生产工具，中的集体除负责上述一些费用外，每百斤定购任务还由集体补贴2～5元；高的除了集体按市价浮动补贴外，有的还要每亩给予一、二百元的投资，支持购置农机或搞农田基建。如是集体有财力而干部又下决心这样补的，粮食规模经营也发动搞了一些。

三、面临的问题和建议

南海县农业规模经营虽然取得一些进展，但根本性的问题还未解决，即占90%以上的还是分散经营和兼业经营，大面积的水稻、甘蔗、蚕桑生产如何实现规模经营，是农村深入改革面临的一个大难题。

（一）土地集中和逐步实现规模经营的迫切性

在南海这样经济比较发达的农村，土地的集中和逐步实现规模经营是否迫切？我们认为是迫切的，其理由在于；

首先，分散经营很难使农业、特别是粮食生产上新的阶梯，也很难使甘蔗和蚕桑生产扭转倒退的局面。由于南海农村劳动力已有六成转向二、三产业，在一些经济发达的地方，甚至转移了八，九成。在大部分农户家庭里，土地经营属于兼业性、副业性的生产，加上这几项作物经济效益低，土地又分得零碎分散，不便耕作，因而不少是“掠夺性生产，突击性耕作，附带性收入”。“一靠洋（化肥），二靠粗（粗放），三靠雇（请人）马虎应付。”出现了“家里钱越多，田里草越多”的现象，桑塘地区有的农户分得几分基地，分成几处种蔗种桑，有的只种不收，有的干脆丢荒。南海县近几年粮食生产还是过得去的，1987 年单产创历史最高水平，总产在多年来改种了 10%面积以后还获得超过 1978 年前的水平。但由于农民的内在积极性未解决，是“靠催，靠吓，靠喂”搞起来的，非常吃力，甘蔗生产则面积逐年下降，单产提不高，蚕桑生产更是面临覆灭。从现时来看，加快实现规模经营，是非常迫切的。

其次，分散经营容纳不了先进的生产力，不能适应农业实现四化的需要，与整个农村经济的发展协调不起来。南海县农村本来生产力有一定的水平，农业机电装置的拥有量不少，近年来一家一户的小规模经营不但不能促进生产力的进一步提高，有的机械还闲置甚至受到破坏。目前占农村经济八成以上的乡村工业正向技术密集型奋进，规模经营面比较广的禽畜饲养业也实现了几项大的技术革命，而大田生产还大部分处于传统作业的状态，从加快实现农业四化的要求来看，加快实现土地的规模经营，也是迫切任务之一。

第三，分散经营不可能有计划地大批量提供优质商品，与目前建设外向型农业，搞大范围流通很不协调。里水保鲜厂过去靠分散经营的农户提供产品的路子无法走得通，转而要建立 5 000 亩的商品基地就是一个证明。目前外贸收购的对象不少寄托于有一定规模的专业大户。

（二）土地集中的制约因素

任务是迫切的，但要实现这个转变却难题很多。经过几个月的实践和探索，使我们认识到：劳力转移是土地集中的先决条件，但不是决定因素，它还有很多制约因素。

第一是价值规律在这里起作用。如上所述，规模经营是土地、劳力、资金和技术等诸生产要素的流动和重新组合，形成比较优化的资源配置得使经营者能取，得尽可能高的经济效益。

因此，土地规模经营不能不受价值规律和利益比较原则的支配，南海大面积的土地种植水稻、甘蔗和蚕桑，而这些产品都是统得比较死的，加上南海的粮食任务比较重，每亩稻田平均负担公购粮任务 567 斤，一些原来高产的经济发达地区，有的亩负高达 800 斤以上。我们粗略算过，定购价与市价相比，每亩禾田要负担的差价是 98 元，加上种粮风险大，劳动条件差，成本高，生产资料不断提价，收入不保证。甘蔗生产虽多次提价，但仍是“有火烧的味道，垃圾的价钱”。种桑养蚕更是“工夫多，收入少”。上述三种作物，比之搞工业、搞商业、搞其他种养业效益低，农民当然愿意投资搞其他的规模经营，而不愿意搞粮食、甘蔗、蚕桑的规模经营，除非集体补贴，否则无人问津，这是土地难于集中和形成规模经营的第一个制约因素。

第二是农民对土地留恋心理和现行不合理的土地使用制度的制约。中国农民有传统的对土地的私有观念，联产承包到户时，我们又采取按人平均分田的办法，正好适应了农民私人占有土地的观念，加上延长土地承包期15年以上不变，更加深了“土地是自己的”的观念，签了合同，发了土地使用证，成了制度化，一时也难于改变，再加上农业劳动力转移的就地性和不稳定性，以及城郊型地区土地少，种高值作物也是“摇钱树”等因素，农民轻易不愿意让出土地。有的务工户，家里的禾田全部请人耕种，赔了本也在所不惜。我们试验的几个点，有的本来经过发动，村里愿意补钱，耕田能手愿意承包，就是农户不愿意放田，无法实现，这是土地难于集中的第二个制约因素。

第三是农业机械化的水平一时跟不上。南海农业机械虽有一些基础，但水稻的插植和烘干还未过关，还要大量人工插秧，这就出现一部分粮食专业户不得不大量雇工，以及水稻收成时往往沤坏谷子的问题，既影响产量也影响经济效益，这也是目前一些农户不愿多耕土地的一个问题。

制约因素还有很多，如有的地方集体经济力量不足和不稳定，难以长期支持补贴，干部思想不容易通，认为规模经营搞多补得多，负担重，不划算以及社会化的服务工作跟不上等等。但是，我们认为，最主要的还是农产品的价格体系不合理，没有全部放开，粮食、甘蔗、蚕桑还没有真正成为商品，未能进入价值规律的轨道运行以及现行的土地管理制度不够合理这对矛盾，一个是解决规模经营的积极性问题，一个是解决土地如何才能流动的问题，两者缺一不可。

（三）解决土地规模经营的策略

面对此情况，我们建议对土地规模经营的问题，可以采取小解决和大解决两个不同的方针和策略。

一是小解决。由于土地规模经营的制约因素很多，关系到很多宏观政策的大调整，地方一时难于实现，因此就应面对现实，既要积极提倡又不能操之过急，采取“明确方向，因地制宜，因势利导，创造条件，逐步推进”的方针。对规模经营不一定局限于粮食，应该着眼于发展外向型农业去考虑规模经营，立足于能够为社会、为出口提供大批量的优质商品。在粮食价格一时难于调整的情况下，只要能完成定购任务，不宜限制粮食专业户的改种比例。各级政府应该定出一些措施，鼓动和支持规模经营者，特别是粮食、甘蔗、蚕桑的规模经营者，并形成一套有利于土地流动的制度，从外部条件去任其转化。这个过程可能是比较长的，也很难解决目前粮食，甘蔗、蚕桑生产潜在的危机。

二是大解决。就是取消粮食、甘蔗任务，允许蚕桑自主经营出口，彻底开放市场，让这些产品真正成为商品，进入价值规律的轨道运行。与此同时，合理完善土地管理制度，改承包制为租赁制，把竞争机制引入土地，如果采取这种方针和政策，土地的规模经营可能会有大的突破。

1988年2月

明确南海农村改革试验区任务

郭荣昌

一、肯定成绩

南海试验区在省、市、县委直接领导下，一年来做了大量工作。围绕两个课题，研究珠江三角洲经济发达地区在发展中遇到的新问题，包括农业如何上新台阶，如何向外向型经济发展等问题进行试验，效果很好。不但引起佛山、南海的重视和探讨的兴趣，而且引起珠江三角洲以至全省的重视、探索、试验和推广。

粮食生产适应规模经营的直接效果，南海虽然只有 1 800 亩（其中新发展的 300 多亩），但对发展粮食生产“规模经营”存在什么问题应该怎样搞，群众是怎样想的，领导又是怎样想的，都调查得比较清楚，也很实际，调查材料还从珠江三角洲的客观实际出发，提出了规模经营哪些作物或地区可以先搞，哪些作物或地区难度较大等问题。分析很透彻，论据很充分，建议很具体，可印发各地参考。

南海试验区对“适度规模经营”问题的探索，横向纵向都有发展，横向方面的发展就是各地（包括高要、中山、江门等）都重视了，纵向方面的发展就是深化了我们对这个问题的认识。对农业适度规模经营，我们原来只考虑粮食方面，实际上，发展粮食生产规模经营难度最大，而其他作物生产，尤其是放开经营的经济作物，规模经营比较容易搞，群众也乐意搞，而且规模大、效益好，这就使我们更加重视农业各方面的规模经营，进一步促进了水产、畜牧、林果和其他经济作物规模经营的发展。

试验区内有关贸工农、创汇农业生产基地建设的课题，基本弄清了情况，总结了较完整的经验，提出了具体建议，总结的里水宝鲜公司、西樵水产品加工厂、狮山畜牧场等典型材料都不错，特别是恢复蚕桑生产的报告，经过几个月的调查，提出了恢复佛山、南海已断了丝绸之路的意见，成绩更大，影响很大。当林若同志来珠江三角洲有关市县检查工作的时候，大家的汇报，有具体数字，有充分的论据和资料，提出了具体意见，他回到省里就召集我们和农口、经贸委等有关部门研究，制订创汇农业的优惠措施，省委常委专门讨论了创汇农业问题，初步决定了几条：一是南海、顺德、中山等县市可以自行成立丝绸公司，自主经营、自营出口、自负盈亏、出口创汇。在承担当地原有基数任务的前提下，超基数部分“倒二八”分成，企业留成的外汇，可根据企业自身发展需要，经过有关部门审核，进口生产资料或加工设备，也可以到外汇调剂市场参予调剂活动，以补贴生产和出口亏损，省丝绸公司今后继续经营其他蚕茧产区的蚕茧出口，但归属农委领导以利于产供销一条龙。二是允许一些香蕉和某些优质水果主产区建立专项产品出口公司。面上有这些产品的市、县可以自找邻近市、县的出口公司出口或靠搭外贸部门出口；不同产品出口创汇额有的全留给企业，也有超基数“倒二八”分成。三是沿海渔民出海捕捞。过去不准

"现打现卖"，现在划清了"海上交易"与"走私"的政策界线，渔民捕捞的海产品可以海上销售，并允许购置自用的生产资料，实现自我积累，自我武装，自我发展。这些政策的调整都与我们试验区工作成果有关。因此试验区做了不少实际工作，是有效果的，起了很大的推动作用。不但推动南海、珠江三角洲，而且推动了全省，从这里，我们应该看到办试验区的重要性和必要性，一年来的工作没有白费。

二、明确任务

有人提出，既然全省都是开放、改革的综合试验区，我们南海试验区还有没有存在的必要？我们认为还有必要，南海试验区是全省农村改革试验的先行点，除原有的两个课题要继续组织试验、实施以外，今后有新的课题还要在这里进行调查研究，进行试验，要像已有的两个课题那样，通过实际调查，收集大量的第一手材料和大量数据，总结和解剖典型，进行综合分析，提出改革的建议和方案。继续搞好先行点很重要，很必要，希望大家要坚定信心，坚持办好。

除了南海这个点继续试验之外，经中央农研室领导同意，在面上可以搞些单项试验，什么地方群众有好的经验或者对哪些课题有兴趣，实践中有什么新的突破，就同它挂上，列入单项试验，这既有点，又有面上单项试验，互相交流、互相补充、互相促进，试验的效果，广度和深度都会更好。

三、加快步伐

组织实施，南海试验区原有的两个课题已摸了情况，总结了经验，提出了意见，工作有了相当好的基础，已经吸引了省市领导产生较大的兴趣，提出给创汇农业优惠措施，工作有了突破。现在需要的是进一步组织实施，分层次地加快步伐。如土地适度规模经营，粮食生产方面难度最大，但最近粮食提高收购价格，放松承包经营的改种数量限制，就要抓紧机遇继续实践试验；其他放开了价格的经济作物和水产、畜牧、林果业的规模经营步伐就可加快，像中山小榄镇北区村（桑塘区）以投标和有偿转让的办法实现规模经营就不错，又如创汇农业生产基地建设，包括松岗哈狄场、里水保鲜公司、狮山畜牧场、西樵水产品加工厂、恢复蚕桑生产等，虽然提出了一些新的政策措施，但仍然有不少困难，都需要进一步组织试验，在实践中再认识，发现问题进一步研究，提出新的意见，以加速试验工作的开展。

我们今天来主要是解决这三个问题，尤其是第二个问题，如果大家没有新的意见，就这样定下来，至于提出创汇农业基地年创汇 100 万元以上的要求批准有出口经营权和有业务人员多次往返港澳地区的问题，由于农业生产基地也是企业，参照工业企业创汇百万元以上可以经批准有出口经营权和派出人员的规定，我看省里是可以解决的，还有南海要求成立特种农产品进出口公司，作为试验区的试验，可以提出专项的书面报告，向省申请批准。

（本文作者时任广东省委副书记）

1988 年 5 月 9 日

认真搞好农村改革试验区

郭荣昌

南海试验区在省、市、县委直接领导下，一年来做了大量工作。围绕农业规模经营和农副产品出口商品基地建设两个课题，研究珠江三角洲经济发达地区在发展中遇到的新问题。包括农业如何上新台阶，如何向外向型经济发展等问题进行调查研究和试验，取得了良好的效果。引起了珠江三角洲以至全省的重视、探索、试验和推广。

粮食生产适度规模经营的直接效果，虽然南海实行粮食生产规模经营的农户和面积不多，但对发展粮食生产规模经营存在什么问题，应该怎样搞，群众是怎样想的，领导又是怎样想的，都调查得比较清楚，也很实际。调查材料还从珠江三角洲的客观实际出发，提出了规模经营，哪些作物或地区可以先搞，哪些作物或地区难度较大等问题，分析很透彻，论据很充分，建议很具体，对我省各地是有参考价值的。

南海试验区对适度规模经营问题的探索，横向纵向都有发展。横向方面的发展就是省内各地都重视了，纵向方面的发展就是深化了我们对这个问题的认识。对农业适度规模经营，我们原来只考虑粮食方面。实际上，发展粮食生产规模经营难度最大；而其他农作物生产，尤其是放开经营的经济作物，规模经营比较容易搞，群众也乐意搞，发展快、效益好，这就使我们更加重视了农业各方面的规模经营，进一步促进了水产、畜牧、林果和其他经济作物规模经营的发展。

试验区对于贸工农、创汇农业生产基地建设的课题，也基本弄清了情况，总结了较完整的经验．提出了具体的建议，总结的几个材料包括里水宝鲜公司、西樵水产品加工厂、狮山畜牧场等典型材料都不错，特别是恢复蚕桑生产的问题。经过几个月的调查，提出了恢复佛山、南海已断了丝绸之路的意见，成绩更大，影响很大。因此，当省委主要领导同志到珠江三角洲有关市县检查工作的时候，大家的汇报，有具体数字，有充分的论据和资料，提出了具体意见，为省委、省政府制订创汇农业的优惠措施，提供了依据和意见。经过省委、省政府的讨论，目前已发出关于蚕桑、香蕉、沙田柚等几个有关创汇农业的政策性文件。由此可见，试验区做了不少实际工作，是有效果的，起了很大的推动作用。不但推动南海、珠江三角洲，而且推动了全省，从这里，我们应该看到办试验区的重要性和必要性。

有人提出，既然全省都是开放、改革的综合试验区，南海试验区还有没有存在的必要？我认为有必要。南海试验区是全省农村改革试验的先行点，除原有的两个课题要继续组织试验、实施以外，今后有新的课题，还要在这里进行调查研究，进行试验，要像已有的两个课题那样，通过实际调查，收集大量的第一手材料和大量数据，总结和解剖典型，进行综合分析，提出改革的建议和方案，如蚕桑创汇平均每年每亩可达250美元，在创汇农业中是高水平的，像这样有调查，有数据的提出给予恢复蚕桑生产优惠政策的问题，就很有说服力，起到了引起大家重视，并作出相应决策的作用。从这个角度来看，继续搞好先行点很重要，很必要，我们要坚定信心，坚持办好。

南海试验区原有的两个课题已摸了情况，总结了经验，提出了意见，工作有了相当好的基础和有所突破。现在需要的是进一步组织实施，分层次加快步伐。如土地适度规模经营，粮食生产方面难度最大，但最近粮食提高收购价格，放松承包经营的品种数量限制，我们就要抓紧机遇，继续实践试验；其他放开了价格的经济作物和水产、畜牧、林果业的规模经营步伐更可加快。像中山小榄镇北区村（桑塘区）以投标和有偿转让的办法实现规模经营就不错；又如创汇农业生产基地建设，包括里水宝鲜公司，狮山畜牧场、西樵水产品加工厂、恢复蚕桑生产等。虽然提出了一些新的政策措施，但仍然有不少困难，还需要进一步组织试验。在实践中再认识，发现问题，进一步研究，提出新的意见，以加速试验工作的发展。

除了南海这个点继续搞之外，面上什么地方群众有好的经验，或者对哪些课题有兴趣，实践中有什么新的突破，也可同它挂上钩，列入单项试验，这既有点，又有面上单项试验，互相交流、互相补充、互相促进，试验的效果，广度和深度都会更好。

（本文作者时任广东省委副书记）

1988 年 7 月

【第二章】

发　展

办好试验区指导农村深化改革

郭荣昌

南海试验区负责试验的两个项目，一个是粮食规模经营，一个是农副产品出口基地建设。1987 年以来，在中央农研室试验区办公室指导下，省市县共同努力下，摸清了不少情况，总结了不少经验，初步取得了一些成效。我认为中央对搞试验区的决策是正确的。农村改革还有很多方面需要继续探索。继续办好试验区，很有必要，对指导农村深化改革具有重要的战略意义。对此，我讲几点意见：

一、试验区工作很有意义

试验区工作是很有意义的，无论成功或失败、成绩大或成绩小、进度快或进度慢，都有它的实际意义。试验区贯彻了党的十一届三中全会的实事求是、一切从实际出发的马克思主义思想路线。我们一切工作都有个从实践到认识，再实践、再认识，以此循环往复的过程，试验区对农业生产经营中一些重要项目的试验、示范，就可以避免不必要的失误，保证农村改革的顺利进行。通过试验，群众欢迎的，我们就积极搞；条件不够成熟的，群众暂时接受不了的，我们就可以慢些搞；群众不乐意的，对发展生产力不利的，我们就坚决不搞。这就发扬了我党的优良传统，走从群众中来，到群众中去的群众路线。用什么来衡量试验区的工作呢？我认为应该看是不是真正贯彻实事求是，从实际出发的马克思主义思想路线。比如，对开发性农业、畜牧业、水产业的规模经营，由于产品价格放开，条件具备，群众积极性很高，我们就正确引导，积极支持，使其发展势头更好。又如，对粮食规模经营问题，通过你们的试验，使我们认识到，在全省范围内搞粮食规模经营，条件还不成熟，困难较大。因此，在这个问题上我们不搞一刀切。

二、试验区工作有试验性、示范性和代表性

因此，试验区要改革内部的机制，达到提高效益的目的，不要单纯依靠“吃小灶”和特殊优惠政策。比如不要靠优惠贷款、优惠物质支持来搞试验区。这样搞的经验推广不开，失去试验区的意义。没有特殊优惠政策搞出来的经验才带有示范性、代表性。当然，不排除调整某些政策和必要的物质支持，如果今天南海经验，明天全省推不开，那就没有

多大意义了，那是失败的。

三、试验区工作目的明确

搞试验区的目的，是为领导决策提供可靠依据，给群众指明前进方向，推动农村深化改革。如粮食规模经营，通过试验，给我们许多启发，比如大面积粮食规模经营不能搞，但边远田可以搞；人少田多的地方可以搞；有些二、三产业比较发达地区，农民愿意让出土地的，可以搞；基塘地区、桑塘地区可以分户搞投标。价格放开的水产业、畜牧业、水果业等规模经营，也是通过试验探索、总结、推动基层搞起来的。另外，通过粮食规模经营的试验，摸清了情况、经验、问题等，为省委决策提供了有力依据，省委发了《关于在经济较发达地区适时发展土地规模经营的意见》，如果没有试验区的反复试验，省委是不会发这个文件的。

试验区工作不仅考虑近期利益、本身利益，更重要的是要看到社会效益和长远利益。有些东西虽然近期没有什么效益，但很有启发意义；有些课题可能墙内开花墙外香；有些项目对本身效益不大，但对社会效益大，有的经验目前推不开，但从长远来看是很有指导意义的。

四、试验区工作不可能立竿见影

试验区工作具有艰巨性、长期性。因此，负责搞试验区工作的同志要有长远打算，要有长期艰苦奋战，克服困难的思想准备。还要扎扎实实地开展工作，不要搞表面文章、形式主义，不要追求速度，也不要只看写多少篇文章，而要从实际情况出发，有针对性地开展调查研究。我们试验的两个课题，碰到不少困难，比如受到资金、政策、体制和其他方面制约，进展速度不快，特别是粮食规模经营效果仍不大明显。但从广东农村改革、农业发展前景来讲，这两个题目是很有前途的。比如粮食规模经营尽管目前受到困扰很多，政策制约性很大，但从农业发展问题上看，根本问题就是粮食问题，粮食要上新台阶，不搞规模经营，不搞现代化生产，不搞机械化生产是不行的。从全国来看，家庭联产承包责任制还需进一步巩固、完善。这是无可非议的。要进一步把粮食生产搞上去，提高单产，增加总产，必须通过搞规模经营、集约化、机械化生产，才能提高劳动生产率，提高土地产出率，降低生产成本，提高效益。看来目前靠价格来调整粮食生产遇到困难很大。

当前，创汇农业也受到很多制约。从广东地理环境来说，它是一个很有前途的项目，必须走“贸工农”的道路，但现在受到粮食制约，宏观制约。1987 年我省出口总额 55.6 亿美元，其中农副产品及其加工品出口达 17 亿多美元，占出口总额的 1/3。从目前来说，建立农副产品出口基地这个课题困难很多，正逐步探索经验，如果打开局面，是很有前途、很有指导意义的。现在我们这方面的经验星星点点，怎样巩固它、完善它、发展它，需要进一步探索。我们要看到“星星之火，可以燎原”。任何事情都有一个从量变到质变的发展过程，同样，试验区工作需要循序渐进地开展。因此，不应该只有短期作战的行为，而要树立长期探索的思想。

试验区工作方法是调查研究，总结经验，推广典型，部门协作。要尊重群众首创精神，通过总结群众实践出来的经验，再推广到群众实践中去。

（本文作者时任广东省委副书记，本文为其在南海试验区工作汇报会上的讲话）

1988 年 11 月 20 日

南海县水果开发生产的情况调查

唐启洪　劳洪喜

一、农村水果产业的崛起

在省的山区工作会议提出十年绿化广东和大搞造林种果的号召下，1986 年，南海县委、县政府针对本县有 15 万亩丘陵山岗地尚待开发的实际情况，作出了《关于开发改造丘陵，发展水果生产的决定》，短短两年多，各种果树由原来的 11 500 亩上升到 76 934 亩，比原来增长了 5.68 倍。种果的面积相当于耕地总面积的 12.3%，相当于经济作物面积的 78%，比糖蔗面积还多两倍。

从年份看，1986 年增加了 16 400 亩，一年超过了从新中国成立到 1986 年的 35 年的总和，比原有面积 11 500 亩翻了一番多。1987 年又种果 21 000 亩，比 1986 年种植面积增长 128%。到 1988 年 10 月止，又种下 28 034 亩，比 1987 年种植面积又增长 133%。这两年，平均以年增长两万多亩的速度发展，预计到 1990 年，全县水果面积可达 10 万亩。

水果产量，1986 年为 21.9 万担，1987 年达到 45.3 万担，增长 l06.8%，其产值约占经济作物产值的 1/5。随着挂果面积的增加，水果盛产期的到来，水果产量将有很大的增长。预计几年后，可占经济作物产值的 1/2 以上，五、六年后，产值可达到 1 亿元，这就是说，南海农业的四大支柱，即粮食（年产值约 1.5 亿元）、经作（年产值约 1.5 亿元），畜牧（年产值约 1.7 亿元）、水产（年产值约 1.3 亿元）中，水果成了经济作物这个支柱的主要构成部分，以至于与其他支柱接近平起平坐的地位。

在某些镇村，水果的收入占的比重更大。例如，罗村镇，目前已种下水果 5 589.5 亩，1988 年可投产 810 亩，产果 100 多万斤，产值约 80 万元。1990 年全部投产，预计产果 1 000 万斤以上，产值约 1 000 万元，可占农业产值的 1/3 左右。丹灶镇的梅庄村，1986 年水果收入 45.5 万元，占全村收入的 37.3%，人平水果收入 456 元，占当年人平收入 812 元的 55.6%；1987 年人平水果收入更达 500 元，占当年人平收入的 52%。

从以上种果发展的速度、面积和在农业产值中现在和将来所占的比重来看，可以说，在南海，水果业的发展，是继乡镇企业和畜牧业崛起之后的又一新的崛起。这一新的崛起，由于它：

1. 不占或绝大部分不占用农田。在新开发的 6.5 万亩水果中，利用荒山种植的 5.5 万亩，占新增果树面积的 84%，旱地和水田改种的各为 5 000 亩，各占新增面积的 8%，这就是说，在调整产业结构，调整生产布局中，与粮食种植面积的矛盾不大。

2. 不像禽畜业那样需要饲料与粮食。南海每年仅饲料一项即需粮 6.3 亿斤，受全国粮食局面牵制很大，而种果只需要土肥水，受粮食的制约不大。

3. 生长期、收获期都较长。水果是比较长期生长的作物，一旦种植成功，收获期可长达十多二十年以至四、五十年，除少数品种有大小年之外，一般波动性不大。

与其他作物的矛盾不大、受粮食制约不大、波动性不大，但潜力却很大，后劲很大，生命力很强。目前，已出现一些外出从事二、三产业的群众，自动回来办果场的事例。例如，罗村镇自边村的白福力，原有一台5吨东风牌汽车，是个运输专业户，年收入一、二万元。1986年，他卖了汽车回来投包荒山180亩，办起同心果场，1988年开始挂果，产柑橙约10万斤、产值8万多元，等于其总投入17万元的1/2。他还与有关单位和农户，分别联办了3个果场，连同自办的面积共450亩，再过两三年，年收入可达几十万元。有人问他为什么回来，他说，在外边跑车，生意难捞，艰苦又危险，年收入只有万把元，不如办果场踏实。又如下柏村的颜汝平，是建筑包工头，1987年，他回村以每年3万元的代价接包了一个面积50亩的果场，委托妻弟代管，自己仍在外边搞建筑，实行“进可以攻，退可以守”。他估计基建压缩，建筑行业不稳定，还是办个果场好。按保守的估计，这个果场一两年后，年产果可达20万斤，除成本外，年可盈利10万元。正如一些群众说：“办好一个果场，等于办好一间企业，办企业利润有30%已是了不起的事，而种果的纯收入（未扣除劳力成本）可高达70%。”可见，群众对这一新崛起的产业是有远见的。

二、半数左右实行了规模经营

南海县在开发丘陵、种植水果过程中，突出的一个特点是广泛实行了规模经营。据县农委的材料，水果实行规模经营的面积，全县已达3万多亩，约占总面积的一半。其中，连片千亩以上的果园有13片，连片150亩以上的果园有43片。50亩以上的果园有69个，15亩以上的有91个，10亩以上的有243个。

一些水果发展较快的丘陵镇，规模经营的比例更高，罗村镇水果规模经营面积就达到97%，10亩以下的小果园面积仅占3%（见表1）。

表1 罗村镇水果规模经营情况

层次	场数（个）	面积（亩）	占比例（%）	备 注
100亩以上	12	1 960	35	其中专业户6个，村办场3个，联办场3个
50～100亩	17	1 363	24.4	其中专业户14个，村办场2个，联办场1个
30～50亩	9	420	7.6	都是专业户
10～30亩	67	1 678	30	都是专业户
10亩以下	18	168.5	3	都是专业户
合计	123	5 589.5	100	其中专业户114个，村办场5个，联办场4个

（一）规模经营形式

这些规模经营的果场，其土地集中方式、承包方式以及经营形式，主要有下列几种：

1. 单位投资，联合开发，雇工经营。一般是单位与镇、村联办，也有单位与专业户联办果场的。全县计有10个，面积2 38C亩。这些果场所在地，多数是这些单位的扶贫点，建场的目的是扶持这些村、社脱贫。例如，县农委在大沥镇横岗村兴办的180亩果场，县水电局在罗村镇塘头村兴办的联发果场，县农业局在罗村镇招大村兴办的160亩果场，县财办在丹灶镇李边村办的60亩果场，县畜牧局在官窑镇南浦村办的400亩果场，都是他们的扶贫点。也有的是为专业户的开发性生产提供服务而兴办的，主要是果苗场。

这些果场联营的办法，一般由单位出资金、出种苗、搞设施，解决技术问题；镇村出土地，或向经济社租赁，而种植管理都是靠雇工。利益分配，则地方占大头，单位占小头，或只收回投资。由于得到国家单位的扶持，资金、设备比较足，信息也较灵。如县水电局与塘头村联办的联发果场就全面实现了管灌。其他的一般都解决了抽水灌溉，因此，这些场成功率比较高，起到了示范作用和扶持作用。到目前为止，没有一个是失败的。

2. 集体开发，专业承包，分级经营。也就是镇村社集体办果场，由集体投资、开发种植，总的仍由集体经营，但承包给专人管理。集体按每亩每年给承包者一定的生产生活费用，承包者按每亩每年上缴一定数量的水果，超产全部归承包者。规模较大的场，还分片包给几个包工头，再由包工头雇工管理。包工头也是一级经营者。这些果场土地集中的方法，除少数山岗地没有分到户可以直接集中外，多数由村社动员农户把山岗地重新集中起来，统一开发，在有收益时，再按农户拿出土地的数量进行分配，实际上带有股份制的性质。这种经营形式的优点是：有利于统一规划、调整布局、连片开发、形成规模经营；有利于调动各方的积极性，发挥各方的优势。原包户拿出了土地有所收益，集体也有收益，还可发挥集体力量进行投入和组织；对于缺乏资金的能手来说，通过承包，既不用自己投资，又能发挥所长，收入相当好。因此，凡是这样搞的都比较成功。有的集体果场还引进外地劳力，特别是潮汕果农，把他们的种果技术、劳力优势与本地的资金、资源、地理优势结合起来，效果也较好。据 1987 年统计，全县就有 17 个集体果场（共约 3 700 亩）通过这种办法兴办起来，引进潮汕等地劳力 700 多人。

镇、村、社办果场，也有的是集体开发，集体经营；集体与专业户联营开发的，但管理上都实行承包制，否则是管理不好的。

3. 集体规划、私人投包（或租赁），**开发经营。**这就是办家庭果场或联合体。一般由集体作好规划、公开投包或物色对象、协商有偿承包。集体不用出资金，投包者除享受县镇有关开发的优惠待遇外，全部由农户投资和开发。这种形式比较普遍，比较适用于荒山荒地较多，集体又无力开发的穷村穷社。通过投包，不仅促进了开发，还可增加集体收入；同时也可把农民手中闲散资金发掘出来，用于开发；而且由私人兴办，权责利结合一起，积极性更高。例如，由卢秀英两婶姆投包建立起来的罗村镇下柏村狮岗果场，面积 34.5 亩，总投资 5.6 万元，她们起早摸黑，一天干活十二、三个小时，把果园管得很好。为了自我鼓励，她们在果园的住处贴上对联“兄弟协力山成玉，婶姆同心土变金”，横批是“春色满园”。1988 年开始挂果，可收 5 000 多斤，1989 年全面挂果，收入可达几万元，进入盛果期每年可收入十多万元。有人出资几十万元想购买这个果园，她们也不让出。

4. 中外合资经营的果场。在南海只有一家，即由松岗镇与中国出口商品基地建设总公司广东分公司同澳大利亚詹姆斯哈迪工业有限公司合作建立起来的东岗哈迪热带果菜开发公司，投资 300 万元，开发坡地 460 亩，引进澳大利亚的滴灌、地膜等全套现代化设备和 10 个优良水果品种。这是农业现代化的试验。由于开支大、成本高、亏损严重，目前仍在实践观察之中。

（二）规模经营必要性

在水果开发生产中，实行规模经营之所以必要，主要是：连片开发，便于管理。比如引水上山岗，架一条低压线，安装一台抽水机，建设一个贮水池，需要连片灌溉才合算，这就要求要有一定规模。同时，没有一定的规模，收入就少，就不能成为主业，经营就不会认真，而水果生产技术性强，管理要很细致，弄不好，苗木成了小老头，就不挂果，除虫不及时也会减产。实践证明，把水果生产作为副业是不会管得好的。罗村镇白沙桥树第六队，1986 年，统一规划了 30 亩地种果，花了 3 600 元买苗，2 000 元挖穴，种植后按土地原承包户分管，每户一小块，结果你管他不理，你除虫他不除，导致失败。大沥镇兴贤村有一片柑园也是统一种植，分户管理经营的，管得也很差，路人看了都说："这些果树快要开追悼会了"。

（三）规模经营可能性

水果开发生产，实行规模经营也有可能：

首先，水果价格放开，种果收益好，这就为规模经营创造了重要条件。一亩水果年产三、五十担，收入几千元，比之种粮、种蔗、种花生甚至养鱼的经济收益都高，而且收获期长，农民对此有积极性。只要有资金、劳力，又有土地可承包，一般是愿意实行适度规模经营的，这就是为什么水果规模经营比较多的原因。

其次，丘陵山岗、土地资源较多，也为水果生产规模经营提供了条件。荒山坡没有分到户的，固然易予连片规模承包，即使已分到户，也比较易于集中，因为这些地区山岗地多，原来产值就很低，有的还处于丢荒半丢荒的状态，人们不大吝惜，不象集中菜地、稻田那样阻力大。

最后，种水果，劳力也较易于安排。一个劳力管理水果好几亩，工作可以分开来干，一般不致于忙不开交；而一个劳力管五、六亩稻田，忙闲不均，农闲无事可干，农忙又干不了，弄不好误了季节，减产减收。所以，从这个角度来看，水果规摸经营也比水稻规模经营容易一些。

正如县农委总结所述：三年来的实践证明，集约经营是水果生产成功之道。这话是很有道理的。

三、几项关键性的措施

开发丘陵，种植水果，过去曾搞过多次，但都是几起几落，没有成功。这次吸收了教训，在作出开发丘陵发展水果的决定后，除了加强领导，亲自办点之外，狠抓了几项关键性的措施，也是促进水果开发生产规模经营的措施，因而获得了成功。

（一）资金上扶持，给予优惠

县里经过调查研究和核算，开发丘陵种果 8 万亩，需要投入 1 500 万元，为此作出了决定，这 1 500 万元由三级负担，县、镇和村自筹各占 1/3，按开发进度，分几年支付。从目前来看，这项措施兑现比较好，1986 年投入 317.56 万元，1987 年投入 693.15 万元，1988 年到 10 月为止，投入 345.46 万元，3 年合计共投入 1 356.17 万元。以三级划分，县一级投入为 424 万元，镇一级为 403.81 万元，村自筹为 528.36 万元。余下 100 多万元在 1989 年和 1990 年继续开发中予以兑现。

扶持和优惠的办法，各镇村都根据自己的实际和需要鼓励的项目，制定出一些规定。例如，大沥镇规定：凡丘陵种果，每亩补助 40 元。罗村镇为了鼓励种果规模经营，规定凡开发丘陵种果10亩以上才能享受贴息贷款，其中集体办的可以享受每亩贴息贷款400元，私人办的每亩200元，3年后归还，从而有效地促进水果规模经营。

（二）搞好生产设施

主要是水利、电力和道路设施。在丘陵种水果，虽然山岗不太高，但缺水也不行。这次认真抓了这条，凡是种果的都配套解决水利设施，包括电力设施，使之能提水灌溉。除了从资金补贴外，还从物质上扶持。县里规定，每开发丘陵种果1亩，供应牌价水泥200千克。现统计自县委作出开发丘陵决定后，全县为种果而配套安装的水泵共230台，敷设水管332 009米，修筑三面不见土的水渠23 790米，架设低压线167 820米，高压线64 750米，安装变压器62台，修路119 450米，建桥梁8座。这些，都保证了水果开发的成功，也保证了规模经营的成功。

（三）解决技术问题

原来水果种不起来，重要原因之一是不懂技术，为此，县镇着重抓了技术服务，配备懂水果专业的干部来抓，培训有关人员，聘请专家、学者讲技术课，印发水果技术资料，出版《南海水果》小报，及时到现场分析水果生长好坏原因，具体布置有关技术措施，解答有关疑难问题等。几年来，全县举办培训班32期，参加培训达2 180人，其中县镇干部34人，村干部50人，专业户或农民2 096人，使一大批干部和农民初步掌握了一定的技术和知识。

为了交流种果经验，团结更多的水果生产者，县成立了水果生产者协会，9个水果较多的镇成立了分会。县水果协会选出县委书记担任名誉会长，聘请华南农大、省果树研究所一批学者、专家当顾问，在生产关键时期，通过召开会议、交流情况，提醒注意有关技术问题，很受果农欢迎。

（四）保证种苗供应

种果无苗不行，劣种更不行。因此，开发丘陵种果，从一开始即抓了种苗基地建设，不但保证了苗木供应，而且保证了优化和防疫。县政府先后投资60万元，和镇、场、户联办了29个良种繁育基地，镇一级也办了良种繁育场5个，1987年共育出各种果苗260万株。

除了繁育推广本地良种外，还积极引进国内外良种如巨峰葡萄、粤西一号、紫花三号芒果、鸡心黄皮、椪柑、红江橙等27个品种，从而保证了水果开发生产中，优质品种占九成左右，并使品种不断向优化方向发展。

兴办种苗基地的另一个作用是平抑种苗市场价格。前段芒果苗每株售价达7～9元，果农负担很重，县农委为了改变这个现状，与大沥镇一起兴办了一个芒果苗场，计划繁殖后每株售价4元左右。现已整地种下几万苗木。

四、向基地化、企业化、体系化的方向迈进

在水果开发生产实行规模经营过程中，南海已逐渐形成基地化、企业化、体系化的格局，并向着这个方向继续发展和提高，使规模经营达到一个新的水平。

（一）基地化

现有的具有一定规模的各种果场，实际上是大大小小的水果商品基地。果场大的有上

千亩，年产果 300 万～500 万斤。小的虽只有十来亩，但产果也有三、五万斤。而这些都上市场成为商品，有的水果场还成为某一品种的专项商品基地，如县园林局在大沥填黄祖岗办的连片 100 亩的良种枇杷园，是全省最大的枇杷基地之一，大沥镇颜丰村连片千亩的油甘子果园规模也相当大，还有平洲镇平西村 700 亩丝线柚场、狮山林场良种芒果场等一批基地。

（二）企业化

从以商品生产为目的，具有一定的资金和生产资料，自主经营、自负盘亏、独立核算的经济实体来看，南海的具有一定规模的果场，已出现农业企业的雏形。连果农自己也意识到"办好一个果场，等于办好一个企业"。如和顺镇建星村在县农委和物资局支持下兴办的千亩果场，投资 160 万元，架设高低压线 11.5 公里，配备大小变压器 8 个，建高压水泵 9 个，铺水管 1 500 米，并相应建了一些仓库、宿舍，购置了一些劳动工具，然后分成 7 个片给 7 个果农承包管理，协议 1～3 年每亩每年由果场发给生产生活费 500 元，第4～10年每亩每年 471 元。承包者第三年每亩上交水果 1 000 斤，第 4 年 1 800 斤，第 5～10 年每年 2 950 斤，超产全部归承包者，10 年期满后，每亩要保存挂果的柑橙 75 株。果农承包后，再以 6 亩果株配备一个劳力的标准自行雇工管理。果场则按承包面积应付的生产生活费分月支付。果场还有 3 人专门管理、检查督促，健全账目。虽然这个场规模达到千亩，但管理井井有条，7 个片等于 7 个车间，7 个承包管理者等于 7 个车间主任。虽然现在还不能说已是一个农业企业，但已逐步向企业化管理方向发展。南海凡是规模较大的果场，大体都象建星这样的管理办法。有一定规模的果场，大都建立了账目，有的还由会计站代管。

企业化管理是这次水果开发生产与历次开发种果的一个显著不同之点，电是关系经营成败的重要因素之一。大排工、大锅饭、没有责任制，肯定是要失败的。当然，建星那样的管理也不能说是很健全，很科学的，那些承包管理者对雇工的指挥，还是排工、监工、带工，责任制不健全，仍需进一步完善。一些只有一、二十亩的家庭果场，靠自己积极劳动，生产虽然不错，但要进一步提高水平，还得走企业化的道路，加强计划性、搞好经济核算，以进一步提高经济效益。

（三）体系化

果场在 1988 年大多数虽还未挂果，但从生产体系来说，基本上已建立起来，这就是有生产的指挥体系，苗木及生产资料的供应体系，技术的服务体系，以及场内的生产管理体系，正是有了这些体系，所以生产搞得比较好，进展比较顺利，到处是一片兴旺景象。但是，随着更多果园投产，果树盛果期的到来，果农们已开始优虑市场、流通、加工等问题，而这些目前还是一个薄弱环节。在商品经济社会中，光有生产体系的建立是不够的，还要建立产供销、贸工农的体系，即产供销的一条龙，贸工农技的一体化。要把产前、产中、产后各个环节有机联系起来，特别要解决好加工和流通问题，使产品真正变成商品，实现经济效益，从而更好地巩固和发展水果生产，提高规模经营的水平。县里已意识到这个问题，正着手建立水果批发市场和一些水果加工厂，看来这是很必要的。

（本文作者唐启洪时任广东省农研中心副主任，劳洪喜时任佛山市政研室科长）

1988 年 11 月 18 日

南海县畜牧业规模经营的经验

黄浩新　张远航

10 年改革，南海县畜牧业从原来落后的家庭副业性生产，崛起成为农业中的支柱产业；从自给、半自给的传统生产，变为具有一定程度的商品化、专业化和社会化的大生产。研究其现状和成因，对指导农业实现规模经营具有积极的现实意义。

一、状况

党的十一届三中全会以来，南海县畜牧业发展迅猛。1978—1987 年，畜牧业总产值（按 1980 年不变价）年平均增长率 33.6%，远高于农业以及内部各业的平均增长水平。1978 年，全县畜牧业总收入为 1 166 万元，占当年农业总收入的 8%。1987 年，在农业总收入的 63 525 万元中，畜牧业占 27.6%，经济作物占 25.1%，粮食占 25%，塘鱼占 21.7%，林业占 0.6%。1988 年，预计畜牧业总收入可占农业总收入的 28%左右。在不太长的时间里，畜牧业已经从无足轻重的地位，腾跃为农业内部各业之首。

南海县畜牧业以养猪、养禽（鸡、鸭、鹅、鸽等）为主，不仅发展速度快，而且生产水平高，已基本实现商品化、专业化、社会化大生产，规模经营程度较高，表现在三个方面：一是种苗生产实现了基地化。全县现有镇以上的国营、集体或联办的种猪场、种禽场共 19 个，年产鸡 1 500 万只以上（外销占 1/3），猪苗 1.6 万头，鹅、鸭苗 200 万～300 万只。此外，还有一批种苗专业户作为补充。二是畜牧业生产基本实现了专业化，形成了以养禽养猪专业户为主体，加上部分畜牧业生产联合体和少数国营、集体畜牧场的专业生产体系，规模经营的相当多。据县畜牧局统计，1987 年全县年养猪 100 头以上的专业户（大部分同时还耕塘养鱼）有 521 户。养三鸟 1 000 只以上的有 5 970 户。养鸽 100 对以上的有 121 户，养水奶牛 5 头以上的有 32 户。1987 年，专业生产所提供的商品量，在养禽业中占 80%以上，在商品猪中占 63%以上。有的地方还形成专业社（经济社）、专业村，据统计，全县的养鸡村（社）、养鸭村（社）、养猪村（社）不下五、六十个。例如罗村镇木院村的 500 多户农民中，有 150 个养鸭专业户，50 个养鸡专业户，1987 年全村产肉鸭 80 万只，肉鸡 20 万只，1988 年将产肉鸭 100 万只，肉鸡 60 万只。三是饲养服务社会化。现在，禽畜业生产的种苗、饲料供应，饲养技术指导和防疫治病，以及产品流通上市，基本上实现了专业分工和社会协作。绝大多数的专业户不必再为生产的各个环节而奔波操劳，南庄镇养猪专业户罗仲添，承包集体 15 亩鱼塘，同时在鱼塘边养猪，1987 年上市肉猪 280 头，塘鱼亩产近 1 吨，全靠他夫妇二人经营，不必雇工。因为在鱼、猪的种苗、饲料、防疫、销售产品各个生产环节，都有完善的社会服务。需要种苗和饲料时，只需打个电话，或预先定购，有关部门便会按时送货上门，产品上市时则有众多的商贩上门收购。在南海县，有不少畜牧专业户像罗仲添那样，靠社会化服务而进行规模经营的。

南海县实现畜牧业生产专业化、社会化后，对畜牧业本身以至农业、农村经济的发展都产生了积极作用。1987 年，全县生猪上市量 39.68 万头，总肉量 59.1 万担；上市肉鸡 1 000 万只、肉鹅 400 万只，肉鸭 280 万只（三鸟总养量比 1978 年增长 26 倍）。1988 年，预计生猪上市量为 40.2 万头，三鸟商品量为 1 800 万只。南海县已成为珠江三角洲地区比较大的禽畜商品生产基地。畜牧业的发展，还促进了农业生产的良性发展。现在作物区和一些鱼塘较多的围田区，养猪业也十分发达，初步形成了鱼猪结合，循环生产的生态农业格局。在小塘、罗村等丘陵区，那些原来水质瘦瘠，几乎无人问津的山塘、水库，现在，投包养鸭者众，投包款成倍、数倍地增加，不仅畜牧业迅速发展，鱼塘产量也大幅度提高。许多种果专业户则同时大养其鸡，形成果鸡结合的良性结构。此外，规模经营还造就了一大批有头脑，懂经营的农业生产者、经营者；推动了畜牧业的技术进步；直接或间接带动起一些为禽畜业服务的行业，如饲料行业，流通行业，创造了不少新的就业机会；增加了农民收入，1987 年，全县禽畜业纯收入为 5 334 万元，1988 年预计可达 6 070 万元。

二、形式

南海畜牧业规模经营，大致采取三种形式：

1. 专业户。以家庭自有资金、劳力为主，有时也雇请少量季节帮工从事饲养，在种苗、饲料、产品销售等方面，主要依托产前、产中、产后的社会化服务，达到比较大的生产规模和比较多的商品量，这是南海县畜牧业专业户的一般特征。目前，无论是养猪，还是养禽、养鸽、养其他珍禽，都采用专业户生产形式，他们是当前畜牧业生产领域的主要力量。在 1988 年全县生猪上市量 40.2 万头中，由专业户提供的占 24.2 万头，三鸟上市量 1 800 万只中，专业户占 1 200 万只。由专业户提供的畜产品商品值，占全县畜产品总值的六成以上。有些专业户的生产规模相当大，象大沥镇北村养鸭能手刘四，1987 年饲养填鸭和肥鹅 13.7 万只，其中与外贸部门挂钩，定向出口 13 万只，肉重 440 吨，为国家创汇 34 万美元。专业户之所以能够成为畜牧业生产的主体，主要是这种经营方式目前具有较大的优点，它利益直接，经营者责任心强，能充分利用家庭劳动力和劳动时间，因而管理成本低，尤其是在社会工价日益上涨的今天，可以避免因雇工经营而引起的种种问题。因此，只要在经营条件具备（特别是社会化服务条件）的情况下，无疑是一种高效益，低成本的经营方式，很有发展前途。

2. 联合体。即两户以上农民，为了共同的目的，经过协商，共同出资金、技术或劳力联营办畜牧场。在南海县，这种规模经营的方式也为数相当，而且饲养的规模比较大，如和顺镇农民袁汝庄和王中显二人，1982 年联合承包了原县干校办畜牧场，请工 8 人，1987 年上市肉鸡 8 万只，肉鸭 6 万只，还养了狼狗，有种狗 39 只，小狗 30 只，年盈利 10 万元。据了解，农民联办畜牧场，可以较好地利用各自的优势，在较短的时间内形成较大的生产规模，对把握市场机遇有利。但是，这种联合体必须注意搞好内部经营管理，实行企业化经营，特别要搞好各联营者之间的职责分工和财务管理。

3. 现代化大、中型畜牧场。即由国家或集体投资兴办的，采用先进技术、设备和管理方式，生产规模较大的畜牧场。目前，全县共有这类畜牧场 15 个，累计总投资 2 200

万元以上。

南海县这类畜牧场有二个显著特点：一是合股联营的比较多，有国营与国营、国营与集体和集体与个体之间上下纵横的联营。通过联营不仅有效地利用了对方的资金、技术，而且迅速形成现代化大规模生产。例如南海县种鸡场，是由县政府和省食品公司联办的，双方共同投资1 000多万元，1988年该场产鸡苗900多万只。二是种苗基地多。上述畜牧场中，有14个为种禽种畜场，而且都是大型场。年产鸡苗都在100万只以上，如南海县种鸡场、大岗种鸡场、九江种鸡场等。这个特点，体现了南海县政府及其主管部门发展禽畜业的战略意图，即国家和集体主要通过有计划、有步骤地兴办一批大、中型现代化的种苗基地、饲料基地、加工基地，然后运用社会化服务手段，组织和带动广大农户，形成专业化、社会化的畜牧业大生产。

三、成因和经验

这些年，南海县在推动禽畜业迅猛发展，实现规模经营方面，主要做了三方面工作：

（一）坚持改革开放，把市场机制引入农村经济，运用价值规律，调动广大农民从事禽畜业生产的积极性

过去，南海县一直强调发展畜牧业，可始终成不了气候，自从十一届三中全会，农村推行一系列改革、开放、搞活政策以来，从多方面调动了农民养猪养禽的热情，推动了畜牧业规模经营的发展。

农村落实家庭联产承包制后，农民有了自主权。同时，由于人多地少，农村剩余劳动力的矛盾也日渐突出。为了谋求更多的收入，充分利用剩余劳动力，许多有条件的农民便养猪、养鸡，使畜牧业得到发展。例如，平洲镇东二居委会（原东村二队），1983年时有109户，365人，177劳力。这一年，该队以“两田制”方式推行了大包干，把228亩禾田中的65亩划为任务田，由种田能手朱金城一户承包，其余农户只耕口粮田，因而节余了相当数量的劳动力。这时，生产队除了办好队办企业，吸纳劳动力外，还着手发动群众饲养禽畜，由队为养鸡、养猪户提供种苗、饲料、防疫和销售服务，帮助农民利用剩余时间，和那些进不了工厂的劳力从事畜牧生产。结果，全队87.2%的农户都批量养鸡养猪，当年上市肉猪697头，小猪1 907头，肉鸡51 437只，鸭鹅6 429只，成为当时全县为数不多的禽畜专业村之一。这一年，全队达到人平均纯收入1 700元（为全镇的二倍）以上的专业户有40户。

国家改革农产品统派购制度，取消生猪、家禽的派购任务，开放价格，开放市场，解决了长期以来畜产品价格严重背离价值的问题。由于养禽、养猪利润可观，极大地调动了广大农民的生产积极性。南庄镇是个作物区，在1978年以前，各级领导费尽九牛二虎之力，采取下达硬任务，提供优惠补贴等措施，都未能唤起农民的养猜热情，因为每担毛猪价格才70多元。可是，自从取消生猪任务后，毛猪价格水平提高了许多，养一头猪可获纯利30～50元，多养多得。而且养猪养鱼结合，循环生产，更能降低成本提高经济效益。于是，全镇农民养猪积极性空前高涨，不少农民形成规模经营。全镇生猪上市量突破了长期徘徊在2万头的局面。1988年，预计生猪的饲养量达到14万头，上市量9万头，其中由专业户提供的约占50%。另外，由于畜牧业有利可图，比较效益好，因此，近年有一

些原来从事二、三产业的专业户，转而把资金投放在畜牧业方面，形成规模经营。如和顺镇小布村张发添，原是个建筑包工头，1985 年“弃工务农”，自筹资金 40 万元，和村联办了一个综合性的畜牧场。这个场除饲养禽畜外，还经营果树 45 亩，鱼塘 50 亩。去年上市肉猪 132 头，肉鸡 10 万只，肉鸭 1 300 只。还养了种鸡 3 000 只，孵化鸡苗出售，共盈利 10 万元。最近，该场还引进了樱桃谷种鸭 2 000 只，并扩建鱼塘 50 亩，把生产规摸进一步扩大。

在土地承包过程中出现的种植业规模经营专业户，有的为了合理地安排生产，取得更好的经济效益，也同时兼营畜牧业，经营规模不小。典型的如和顺镇鲁岗村吴伯津，1985 年投包了村里一块乱岗地，投资 32 万元办果园，种柑橙 25 亩，为了以短养长，他又承包了附近的 20 亩鱼塘，并在果园内建了 2 300 平方米的鸡舍，实行种果、养鸡、养鱼综合经营，循环生产。1987 年上市肉鸡 12 万只，1988 年约 10 万只，二年共获利 14 万元，不但解决了果园的生产费用，而且把大量的鸡粪用作果肥，使这块柑橙园成为全县生长最好的果园之一。现在，像吴伯津这样，采取农牧结合，循环生产的畜牧业规模经营户，在南海县还有不少。

除此以外，近些年国家逐步放开全国性的粮食市场，允许多层次、多渠道经营，对南海畜牧业发展也起到重要的作用，解决了每年数亿斤的饲料供应问题。

（二）建立和完善社会化服务体系，为畜牧业专业户提供良好的经济环境，推动畜牧业规模经营水平的不断提高

规模经营必须以社会化服务为依托，才能不断提高专业生产水平。在这方面，南海县获得了成功的经验。以服务推动畜牧生产，是南海县畜牧业发展初期的主要做法。1980 年，县政府率先与省食品公司联办狮山种鸡场和九江饲料厂，又与国家畜牧总局联办华海牧公司大岗种鸡场，引进美国 AA 鸡、上海浦东鸡和全价颗粒混合饲料。在县政府的带动下，一些部门和镇也积极兴办了一批种禽（畜）场、饲料厂。到 1984 年，全县已经建立起相当数量和规模的种苗基地、饲料企业。在此期间，有关部门通过提供优惠、配套的生产服务，发动起一批有经济头脑的畜牧、养禽专业户，并通过他们带动大批农户。到 1985 年，全县掀起了养鸡高潮。例如，全县闻名的养禽专业村——木院村，便是这样起步的。该村历史上并没有养鸡养鸭的传统，自从 1981 年县和省在附近办了南海种鸡场后，种鸡场把鸡苗分配到镇食品站，食品站首先发动了木院村少数农户饲养，给他们提供鸡苗、饲料、技术和肉鸡销售服务，这些养鸡户饲养成功，赚了不少钱，其他农户也跟着养。1985 年全村产肉鸡 70 万只。

畜牧业的崛起又推动了服务体系的进一步完善。随着全县养禽、养猪业发展，许多镇、村、联合体、个体办的种苗场，饲料厂饲料购销网点，药物供应网点以及各种技术服务咨询组织如雨后春笋应运而生。据统计，目前全县国营和集体办的种苗场 19 个，混合饲料厂 15 间，注册的饲料供应网点 501 个，除县内种苗场外，1987 年还向外组织鸡苗 500 万只，购进鸭苗 250 多万只，猪苗 30 多万头。在产品流通方面，一个多渠道的销售网络已经形成，1987 年全县上市的禽畜商品肉共 53 591 吨，全靠 4 条渠道解决：一是外贸部门收购出口，1987 年畜产品出口收购值 1 270 万元人民币，创汇 273.8 万美元；二是集市贸易，如大沥镇的农产品市场，每天成交三鸟 1 万多只；三是与茶楼、酒店和宾馆挂钩，定向销售；四是靠运销专业户上门收购。

（三）改革传统饲养方式，推广先进技术和优良品种，提高劳动生产率，为畜牧业规模经营提供条件

在有关部门的指导和努力下，近年南海县畜牧生产实现了三大改革，在养禽业方面，改变了传统的放地放街散养为集中群养，采用专门的棚舍，育雏保温，防疫防病等一套新的饲养技术、方式；在饲料方面，取消了传统的单一粗料饲养，广泛使用混合饲料、全价颗粒饲料；在品种方面，引进了良种瘦肉型猪、AA 鸡，改良了三黄鸡，肉鸭品种则改为北京鸭、樱桃谷鸭、狄高鸭等一系列新品种。这三项重要改革，使畜牧生产趋向科学化、集约化，大大减少了饲养过程的活劳动投入，缩短了禽畜的生长周期，从而提高了劳动生产率，促进了规模经营。

许多专业户都认为，假如没有饲养技术的革新，就不可能出现如此大规模的畜牧生产，因为传统的饲养技术和方法，无法适应规模经营。例如养鸡，过去随地放养，半年也长不到 3 斤重，难以形成商品生产，更谈不上规模经营。现在采用良种鸡种围栏群养，投放全价饲料，40～60 天便可上市。而且，只要条件具备，一个劳动力每批可养 1 500～2 000 只，形成规模生产。又例如养猪，传统方式要柴草煮食、花工花本，猪长得慢，养七八个月才 150 斤左右，1 个壮劳力专业养猪，一年最多只能养 20 来头，而新法养猪既科学又简单，4～5 个月可养到 200 多斤；一个人年养 300 头猪不成问题，像南庄镇的几百个养猪专业户，普遍耕塘十多亩，一年还可上市 100～200 多头肉猪，绝大多数依靠户主夫妇为主，加上家庭劳动力帮忙，不必雇工。因此，能够在单位经济效益不太高的情况下，通过规模经营，获得可观的规模效益。

四、面临的问题

南海县畜牧业，作为一种商品化、专业化程度相当高的社会化大生产，必然受市场波动和国家政策的影响。最近几个月来，由于粮食供应市场的变化，以及国家某些政策的调整，使南海县畜牧业及其规模经营的发展遇到两大问题。

1. 粮食供应紧张，引起饲料价格上涨，导致畜牧业成本增加，饲养量下降。南海县虽是一个规模较大的畜牧产品生产基地，但粮食并不富足，尤其不种植饲料所需的玉米、小麦等作物，所以畜牧、水产所用饲料，一直靠从外省购进。按 1988 年的畜牧业和水产业生产规模，全县需调进饲料粮 6.3 亿斤，数量相当大。1988 年，全国粮食市场供求紧张，导致粮价上涨，又引起饲料价格上升。据反映，几种主要饲料 1988 年 10 月和 1987 年同期比较；黄粉由每担 26 元升至每担 52 元；肉猪高精饲料由每包 65 元升至 110 元；鸭饲料由每包 31 元升至 50 元。饲料售价上升导致养禽、养猪成本增加，据调查，1988 年 9 月以后，养猪已无利可图，养鸡、养鸭利润甚微。因此，全县肉猪、肉鸭、肉鸡存栏量已有下降。南庄镇是南海县肉猪主产区，最近由于养猪利润明显下降，农民上报镇兽医站的猪苗订购数量已比上一期减少 30%，猪苗价格也从每担 400 元降至 300 元。

2. 粮食不允许省以下单位自行到外地采购，并且只准粮食部门经营。这样定会削弱南海县畜牧生产服务体系，影响规模经营。南海县一年鱼、畜牧饲料用粮的需求量约 6.3 亿斤，其中畜牧用粮约 5 亿斤。目前是依靠多渠道、多层次经营来解决，如果单靠粮食部门经营，肯定消化不了。例如，南庄镇 1988 年鱼、猪共耗饲料 1.5 亿斤，现在，全镇共有大小饲料店、供应点近百个，从业人员四、五百人，如果全由粮站的几十人经营，是无法应付的。

上述两个问题，已经直接影响了南海县畜牧业的发展，解决不好的话，1989 年的畜牧业生产和规模经营，都可能出现滑坡。

（本文作者黄浩新时任南海县农委副主任，张远航为佛山市农村部科长）

1988 年 12 月

南海县大沥镇农村土地制度建设

唐启洪

大沥位于广州和佛山之间，是广东省农村经济比较发达的乡镇之一。现有人口9万多人，其中农村人口7万多人，分19个经济联合社，169个经济合作社，共有耕地面积5.457万亩。1988年农村人均纯收入1 504元。

大沥从1983年实行家庭联产承包责任制以来，和珠江三角洲其他地方一样，走出了一条土地两权分离、双层经营、共同发展的路子。具体地说，就是实行土地集体所有，农户分包或投包经营，同时，大力发展集体经济，并运用强大的集体经济力量，开展对农业、农户的多项目的统一服务，真正把家庭经营的积极性与集体的优越性结合起来，促进农村经济（包括集体经济和农户家庭经济）的迅速发展。

农村经济，由1982年的8 412万元，增加到1988年的4.69亿元，增长4.5倍。

集体经济，由1982年的7 661万元，增加到1988年的3.18亿元，增长3.15倍。

农户家庭经济，由1982年的751万元，增加到1988年的1.5亿元，增长19倍。

几种主要农产品发展也是好的。

事实证明，农村现行的土地经营管理体制是成功的，有后劲、有发展前途。当前的问题是如何使之进一步完善，更好更健康地发展，而不是要改变这种体制。

在坚持双层经营的前提下，当前农村土地制度建设，大体有以下几个问题，需要认真研究和加以完善。

一、土地权属问题

实行联产承包责任制初期，由于人民公社、生产大队、生产队都撤销了，土地由哪里发包搞不清楚。1986年年底，大沥各村成立了经济合作社，情况有所好转，但土地权属仍不十分清楚。有的认为，农村土地是国家的，理由是“建厂房、民房，都要国家批”，“国家要征用哪里土地就征用哪里的土地”。有的认为，土地是管理区、经联社的，理由是“播种插田，样样都由管理区、经联社指挥。”有的认为，土地是经济社的，理由是“种什么东西要由社确定。”还有的认为是生产队的，因为征地要经过生产队同意，补偿款也归生产队所有。

土地权属不清，是妨碍当前搞好土地管理和土地建设的关键，许多问题由此而产生。首先是侵权行为，仅1983年至1985年，全镇发生侵权占用土地达76亩。其次，导致人们不爱惜耕地，大沥非农用地几千亩，与此有一定关系。第三，特别严重的是谁去建设土地成了问题。经济社认为，建好农田给农户耕种，得益是农户的，不愿干；农户则认为，土地是公家的，要他搞农田建设不干，出现所有者与使用者互相推诿、双方权责利不清的现象。第四，无法提高土地的利用水平和管理水平，也不利于双层经营的巩固、完善和壮大。

明确农村土地权属，具体应落实到哪里？大沥有两种不同的认识和主张：

一种认为，农村土地应归经济联合社所有。理由是①从建设好土地的角度出发，目前对土地投入比较多的还是经联社。大沥镇1988年对农业的投入共398万元，其中管理区、经联社一级投入205.84万元，占51.7%，是投入的大头。论经济实力，经联社也比经济社强。1988年，大沥19个管理区、经联社中，纯收入超过100万元以上的有8个，超过50万元以上的有10个，只有一个经联社收入为49万元，而经济社年收入5万元以上的仅有21个，占13%，收入在1万元至5万元之间的，有98个，占58%，还有50个社收入在1万元以下，占29%。②从管理好土地角度出发，经联社一级的管理机构比较健全，干部比较强，职能作用发挥较好。历史上这一级的规模比较稳定，统一管理、规划、使用土地，可能会更有利于发挥土地的潜力。③并不违背《土地管理法》的精神。

另一种主张土地归属经济社。他们认为：①经济社是一个经济实体，管理机构基本健全，具有法人地位。②规模比较适当，全镇平均，每社为115户，土地323亩，一般是一个村建立一个经济社，比较好管理。经联社虽然干部比较强，但大沥平均每个经联社管辖1 029户，土地2 871亩，难于管好。③和现行的实际归属比较接近。大沥原有生产队234个，建经济社时合并为169个社，其中一队一社的有142个社，占总社数的84%，几队建一社的仅有27个社。这就是说，如果土地归属经济社，绝大多数不用变动。④如果把土地归属经济社，会不会影响经联社对土地的投入？由于经联社既是独立的又是经济社的联合组织，即使把土地归属经济社，也不会削弱经联社对土地建设的义务。⑤更重要的是，《土地管理法》已明文规定“由村农业生产合作社等农业集体经济组织或者村民委员会经营、管理。”目前村民委员会和经济社都建在自然村，土地归属经济社完全合法。

上述两种主张，都有一定道理，但镇和经济社以及农户多数主张后一种意见。当然，原则上归属经济社，也不排除个别地方，历史上已实行大队核算；现在仍由经联社发包土地，或经济社很不健全；群众又愿意把土地归属经联社的，也可个别问题个别解决。还有镇一级集体所有的土地，也应按《土地管理法》予以承认。

归属单位确定后，大家认为，还要解决一系列问题。首先，要办理合法手续，按《土地管理法》规定，颁发土地证，使之得到法律的保护；同时，要妥善处理好两队以上建一个经济社的土地权属转移中的有关矛盾问题。其次，在两权分离的情况下，要明确所有者和使用者的权利和义务。

二、土地经营问题

当前大沥的土地经营，概括起来是：以家庭经营、分散经营为主，同时适当搞了一些规模经营；以分包为主，同时对某些土地或作物，实行了投包经营；以个人劳动为主，同时辅以集体的统一服务。这是符合当前生产力发展水平、经济发展水平、群众的思想水平的，不宜太大变动。需要进一步研究和完善的问题有：

（一）如何逐步实现土地规模经营的问题

目前，大沥的土地规模经营，比较多的是水果种植业，共有 2 151 亩，占现存水果面积的 21.9%；其次是鱼塘，有渔业专业户 80 户；最少是水稻，仅有 4 户，面积 277.2 亩，占水稻总面积的 0.63%。

从现有情况看，最有条件而又比较迫切实行规模经营的是开发丘陵，种植水果。因为水果的价格已放开，种水果的经济效益好，而且丘陵地多数处于待开发和半开发之中，只要给予原包户适当的利益，土地比较容易集中。经验证明，开发丘陵、种植水果，只有实行规模经营，才能提高成功率。大沥统计，共种植水果 9 800 亩，属分户分散经营的有 7 680亩，其中有 2 400 亩已基本死光，有 3 300 亩长的很差。镇和管理区总结这个情况时，一致认为，开发丘陵、种植水果，非搞规模经营不可，有的管理区已准备采取措施，鼓励专业户或能人集中承包分户经营的管理很差的果树；同时，镇也考虑今后开发种果，除规模经营外，其余的不予贷款优惠。在大沥，水稻规模经营最困难，1987 年曾进行了几个月的发动，群众就是不接受，其原因一是粮食任务重，经济效益差，农民不愿多种；二是稻田的一些主要工种不能使用机械，风险也较大。现在大沥种粮食，基本上是为了完成任务，分散还好承担一些，集中起来，负担就重，因此现在只能在少数边远田、任务较轻的地方搞一些，形不成气候。

看来只能因势利导，分类指导，先在种植水果、开发性生产和鱼塘等较有条件的土地和品种实行规模经营，同时，努力创造条件，逐步摸索粮食生产实行规模经营的路子。

（二）如何把竞争机制引入土地经营，提高经济效益的问题

把竞争机制引入土地经营的有效办法是投包。目前在大沥，投包比较多的是鱼塘，2 554亩基本实现了投包；其次是水果，2 151 亩，占 21.9%。投包的还有一部分菜地。

土地投包的效果是明显的，一是农户比较用心管理，有利于生产的发展。鱼塘由 1982 年亩产 277.5 千克增长到 1988 年的 367 千克。水果投包的 2 151 亩，全部排上管理好的行列。蔬菜地投包，管理更细致，亩纯收入一般二三千元，高的四五千元。二是集体经济有收益，有利于建设。凤池管理区的凤东经济社，有 32 亩菜地投包，得款万多元，加上其他收入，使经济社有力量把机耕、排灌以至农田水利建设全部包起来。

土地投包，最重要的条件是，所种植的产品必须是价格理顺、经营效益较好的，所以，目前只能在鱼塘、丘陵、山岗、蔬菜、花卉等方面进行。

三、土地流动问题

联产承包后，土地虽然有所流动，但总的来看，流动还比较慢。全镇 1988 年 7 月统计，转耕面积为 1 589 亩，占原分包面积 5 万多亩的 3.1%，而且转移的土地大多零星分散，形不成规模。

从大沥来看，目前制约土地流动的因素很多：首先，是劳力转移的不充分和不稳定。虽然大沥经济比较发达，转移到第二、第三产业的劳力占总劳力的 60%，其中从事工业的约为 2/3，其余 1/3 是从事运输、贩卖、小商业。从事工业的不少是小五金、小冶炼、小化工等，相当不稳定，所以一般都不轻易放弃土地，有的虽然当了老板发了财，但担心政策变，也不愿放弃土地。其次，以工补农多。相当多的社，补农加上再分配，高的每亩

达六七百元，少的也有一二百元。凤东经济社，年补农每亩272元，再分配180元，合计452元，群众计算，即使雇工耕种，每亩也可盈余百把贰佰元，所以他们说："没有必要把耕地转让给他人。"第三，人多耕地少，全镇人均耕地只有六分二厘，基本上是口粮田。因为田少，只要早午晚照顾一下，即可解决问题，所以也不愿转让。以上是转出土地的主要制约因素。由于土地流动包含转出和转入两个方面，所以，对另一方面也必须研究。在转入方面，由于公购粮任务重（亩平310千克），牌市价差距大，种粮效益低，如果要接包户承担公购粮任务一般不愿意。现在有的自发转包，多数也是以原包户承担公购粮任务为条件的，否则要适当给予补贴才行。这个制约因素也很大。转出和转入，这两个方面结合起来，构成了大沥农民对土地的矛盾态度，即不愿不耕，也不愿多耕，要他让出土地时要补偿，要他多种一些粮田时要补贴。在土地流动问题上，出现"两头受制，难以动弹"的局面。

在其他地方，解决了有偿转让的政策，就能较好地促进土地的流动。但在大沥这样发达的地区，光有有偿转让这条政策还不行，农户要求要有补偿政策，以弥补公购粮任务重的负担。但补不是方向，哪一级都难以承受，因此，在这类型地区，如何促进土地流动，还有待进一步深入探讨。

以上主要是讲粮田问题，关于丘陵山岗，搞开发性生产和鱼塘，其产品价格已理顺的，土地的流动比较好办。现行的有效办法是，有的由经济社、经联社统一集中起来，投包给专业户或联合体办果场或养殖场，再把所得分回给原包户；有的由开发公司向农户租赁，加以开发改造和经营；有的实行合股联营，允许土地入股等。这些做法，只要转出、转入双方都有利益，流动的阻力不会很大。当前主要是如何进一步总结提高，因地制宜，逐步推广的问题。

四、土地投入问题

大沥近年来镇村社三级对土地都保持一定的投入水平。从1985年到1988年，镇一级投入农田水利建设资金，各年分别为7万、19万、50万、57万元；经联社一级分别为5万、21万、25万、123万元；经济社一级分别为19万、28万、30万、60万元，都是逐年上升的，所以水利的有效灌溉面积和旱涝保收面积能维持联产承包前水平。农田电网建设还有所发展。现在突出的问题是农户对土地的投入，主要是地力建设的投入比较差，施用有机肥明显减少。凤东社访问的47户农民中，承认近年种田没有或很少下农家肥的有45户，占96%；在112份问卷答案中，也有104份承认现在种田基本不用农家肥，占93%。由于有机肥下得少，造成地力下降。据联滘和凤池两个点1984年12月和1987年12月的测定比较，有机质分别下降2.4%和4.7%，含氮分别下降22.6%和12%。

（一）农民对土地少投入的原因

是什么原因造成农民对土地的少投入？是承包期短，群众没有稳定感吗？家访中没有一个提出这个问题。那么，农民又是怎么想的？综合各户的讲法，大致有以下几种：

1. 种粮收益低。有的说，即使有农家肥也要下到菜地上，因为种粮每亩收入才百把元，而种菜收益是四五千元。

2. 种田种够吃和够交公粮算了，发财还是靠做工做生意。做生意忙到死，哪有时间去管理田地。

3. 下农家肥太辛苦了，挑担粪，又重又臭，谁去干。尤其是年轻人，宁愿出10元钱也不愿担粪水，所以越来越少人下农家肥。

4. 农户本身的农家肥比以前减少。现在养猪养鸡多数集中于专业户，一般农户养的很少或没有养，燃料由烧稻秆改为烧煤，少数还用上煤气。

5. 施用化肥简单方便。同样可增产，多花点钱无所谓。

关于农田水利建设的投入，则普遍存在依赖集体的思想，“要怎么搞就怎么搞，反正钱是由社统一支付的。”

（二）对症下药增加土地投入

上述这些，反映了农户对土地投入的新情况、新变化。在农村商品经济发展过程中，农民的价值观念越来越强，投入与否，投入多少，很大程度上决定于经济效益的大小。同时，随着商品经济的发展，种田在农户家庭的位置，不少已从主业转变为副业，耕作的方式和方法发生了变化，人们的观念发生了变化。因此，对农村土地投入的问题，必须对症下药，才能取得好的效果。我们和基层干部座谈时，他们主张：

1. 必须千方百计提高种田的经济效益。这是调动农民种田的积极性，增加投入，搞好土地建设的核心问题。在双轨制暂不改变的条件下，目前主要从搞好科学种田，增加生产，多出售议价粮和增加优惠的生产资料供应以及在有条件的地方推广规模经营上作文章。

2. 改补农为建农、奖农，促进土地建设。补与奖，都是集体拿出一定的财力来支农，但效果大不一样。奖励，体现了引导的方向，也更能调动农民的积极性，凤池经联社按农事季节提出要求，凡按时按质完成任务的都有奖励，从而较好地促进了生产。群众反映，这个经验也可以推广到农田建设上，把地力投入作为奖励的一个内容，以推动土地建设。

3. 大力推广冬种绿肥成蔬菜。针对农户下农家肥辛苦和农户自有的农家肥不多的情况，应把种绿肥作为农民增加土地投入，搞地力建设的一个重点来抓。要求在晚造收割后，都种上一造绿肥或蔬菜，并持之以恒，形成制度，若干年后，地力可能会有一个良好的变化。大沥镇委对此十分赞成。

4. 明确土地所有者和经营者双方对土地建设的权利和义务。双方都要有所投入，但可以适当分工。一般来说，所有者、集体经济组织应着重在农田基本建设上，特别是一家一户力所不及的农田水利上多下功夫。既要投入，又要善于组织群众实施，合理使用农户的积累工和按受益面积合理分摊负担。使用者、经营者则应着重在提高地力方面增加投入，同时对所使用土地的水利设施也应予以保护和维修。经营鱼塘的则应订出承包期满后的移交标准，以监督使用者对鱼塘的建设。

五、土地管理问题

联产承包责任制实行初期，由于体制的变动和管理的不完善，一时建房子的，盖厂房的，改挖鱼塘的，大量占用了农田。据大沥镇政府统计，从1982年以来，全镇共征用农田3 600.11亩，另临时建鹅场123.6亩。按用途分，国家建高速公路征用1 138.17亩，城镇征用1 009.33亩，村社企业征用699亩，地方公路征用225.8亩，农民建房征用305

亩，学校征用121.63亩，镇村建道路征用70.6亩。除非农征地外，还改挖鱼塘1 010.8亩，改种花卉827亩，改种水果611亩，改种蔬菜3 600亩。上述非农征地和改种合计，共8 772.51亩，为1982年原有耕地面积的15%。

由于粮田面积减少，而人口却不断增加，1982年到1988年，净增4 674人，人均粮田面积也由原来的0.78亩下降为0.62亩，农户留够口粮交够公购粮外，多数没有粮食出售，有的连公购粮也交代金。每年收代会6 500吨，约占征购任务的45%，并且从1982年开始，年年需要到外地购粮，数量也由每年1 500多吨增加到1.5万多吨，比征购任务1.35万吨还多，虽然相当部分用于饲料，但也可见粮食生产矛盾的尖锐。

耕地的大量迅速减少，引起了党政领导的重视，1985年先是对乱占耕地进行了清查，清出乱占乱用耕地76亩，其中补办征地手续的50亩，罚款处理的26亩。接着健全了管理机构，镇成立了国土办，现有干部5人，另外管理区一级设国土员。同时，严格了审批手续，征地需填表逐级上报，逐级实地察看，然后按审批权限审批。因此，近年来征地已有所下降，1988年征地66亩，是1982年以来最少的一年。

但是，要管理好现有耕地，目前仍是一个十分严峻的问题。

首先，必须进一步解决好认识问题。现在一些单位征用土地，往往存在要多一些、好一些的思想，征多一些，方便日后事业发展，也可避免征地补偿费的上涨。征好一些，是要求征用的土地交通方便，一方面可节省交通投资，另方面也易于招来客商，但这些土地多是良田。这个矛盾十分突出。因此，从上到下，都必须高度认识土地资源的有限性，人口发展与国土之间的尖锐矛盾，自觉地把发展经济与保护国土统一起来，建设厂房，尽可能选择在待开发的土地上。

其次，要逐步建立起基本农田保护区。基层干部反映，对征用土地，有的很难顶得住。大沥是广州至佛山的交通要道，沿公路两旁的土地，不少单位都想征用。最近桂江公路一通，前来要征地的不少，有出高价的，有托人情的，使下边有难以招架之感。因此，大家认为通过一定的法律程序，建立基本农田保护区很有必要。办法是，根据本镇、本管区、本经济社的实际情况，经过统筹规划，群众讨论，上级审查，人代会批准，确定本镇、本管理区、本社的基本农田数量和地段分布。这些基本农田保护区一经确定后，除国家建设铁路等非征不可外，其余的不得征用这些土地。

第三，要管好用好农地征用费，把其相当部分用于土地建设。据沥中管理区反映，前段的征地款，基本上都分给农户，都变成了消费基金，不利于生产建设。应明确规定，征地款应有相当数量用于垦复土地，或投入搞开发性生产和用于农田基本建设。此项工作，应明确由镇经管办或会计站监督实施。

（本文作者时任广东省农村发展研究中心副主任）

1991年3月

土地规模经营和出口商品基地试验

广东省南海试验区工作组

一

遵照中共中央（87）5号文件关于建立农村改革试验区的精神，经中共中央、广东省委研究和中央农研室同意，国务院备案，在南海建立农村改革试验区。试验有两个题目，一是土地规模经营，二是农副产品出口商品基地建设。在中央农研室和中共广东省委的直接领导下，试验区工作组从1987年5月正式组建并开始工作，到1988年12月止，经历了一年零八个月。其中土地规模经营的调查研究也进行了两个多月，订出方案后实践办点进行了两个多月，农副产品出口商品基地建设的调查研究也进行了两个多月，1988年5月以后，试验区工作组的活动形式改变，省市方面固定领导，专人联系，具体工作则主要由南海县委承担。目前试验工作仍在深入进行和继续观察之中。

回顾南海试验一年多来的工作，正如中共广东省委副书记郭荣昌同志指出的“摸清了不少情况，总结了不少经验，发现和回答了一些问题，成绩应该充分肯定”。具体来说，主要有以下几点：

1. 比较深入和客观地反映了农村的实际情况。一年多来，试验区反映的关于实行粮食生产规模经营的有利条件和制约因素；关于适应沿海战略，积极发展禽畜、水产、林果等业的商品生产和规模经营的情况；关于农副产品出口商品基地建设情况以及规模经营与商品基地建设的内在联系等，都比较符合客观实际，并得到省委领导的肯定。之所以能做到这样，主要是试验区要进行的农村政策试验，必须进行认真的调查研究，掌握大量的情况，才能制订出正确的试验方案；同时，试验方案订出后，又回到实践中去检验，因此，试验工作实际上是一个不断实践，认识、再实践、再认识的过程。实践不断深入，情况不断掌握，认识不断提高，反映的情况也更符合实际。此外，试验区还对试验对象建立了一整套监测指标，使反映上来的情况，既有定性分析，更有定量分析，也增加了反映情况的深度。

2. 对两个试验题目都初步探索了如何走的路子。由于考虑到农村正处在大变革时期，新情况层出不穷，问题相当复杂。有的问题还处于萌芽状态，人们的认识不一致，有些还处于争论之中，而且各地情况不同，即使一个县的差异也不少。因此，我们没有急于订条例、搞规范化和制度化，而是着重在实践中探索。在规模经营方面，实践表明，南海县即使劳动力向二、三产业转移比较多，但在粮价未理顺的情况下，大面积进行粮食生产规模经营，条件不很具备，但对禽畜、水果、水产等价格已放开的品种，群众却乐意实行规模经营。因此，我们及时把粮食生产规模经常扩展到包括种植业和养殖业在内的农业规模经营，实行条件具备的行业（例如禽畜、水产、水果）和地方（例如边远田）先搞，并为粮食生产实行规模经营创造条件，以起到互相促进的目的。看来这条路子是符合广东发展经济实行外向型的战略方针，也是符合群众的意愿的。这个思路已为省委领导所肯定，正在工作中逐步实施。在农副产品出口商品基地建设方面，我们建议的关于搞活外贸出口的若干政策措施，包括进一步建设好农副产品商品基地，推进与外贸部门联营，以及成立地方性出口公司等，也得到省委领导的重视。

3. 坚持实事求是的思想路线，为办好试验区作了一些有益的尝试。办试验区是一件新事物，没有经验，因此，我们从搞好调查研究，解剖典型入手，在群众创造经验的基础上，顺应其意愿，因势利导，促其发展，既不拨苗助长，又不放任自流，这就避免了主观臆断，强迫命令，得出的结论更有群众基础和现实意义。我们还实行省、市、县三级联办试验区，而以地方党政为主的方针。开始时组织了一个人数不多的工作组，后来改为固定领导，专人联系，根据需要，加强研究活动的办法。日常工作由县去管，并且结合部门业务，把改革试验工作分到各主管业务部门承担，这样也解决了改革试验的长期性与机构人员的临时性的矛盾，把领导与群众、理论与实践，超前改革与日常业务结合起来，既总揽全局、又不包办代替，看来这样尝试易被大家所接受，并能坚持下去。

二

两个题目的试验，经过一年多时间的实践、观察和监测，它一方面反映出，原来经过多方面深入调查研究所提出的试验方案和设想，有很多方面是基本符合客观实际的，有成效的，值得推广的；另一方面也反映出，原来设计的方案和思路，有些还未能准确地反映客观实际，有些还不够完善，有些想法还要加以调整和补充。

（一）土地规模经营问题

1. 关于粮食生产规模经营的试验。这是开始试验的第一个题目，是根据 1987 年 9 月在大量调查研究做出的《南海县粮食生产规模经营试验方案》进行试验的。当时按照这个方案，由市、县领导出面，多次召开会议活动，组织了工作队在 5 个行政村进行试验。面上各镇也按这个方案进行发动和探索。到目前为止，全县经营粮田 30 亩以上的专业户共 48 户，粮田共 2 405 亩，仅占全县粮田 45 万亩的 0.53%。其中属于巩固提高的 39 户，1 866亩，新增加的 9 户，539 亩，与此同时，我们又选择了 17 个有代表性的粮食专业户进行追踪监测。经过一年多的试验、观察和监测，得出的基本结论是：我们原来制订的试验方案基本上符合客观实际。第一，我们在分析南海农村二、三产业发展越来越快，兼业农业越来越多，粮食生产潜在的萎缩危机越来越大的基础上，提出有计划、有步骤地改变分散的小规模的经营状况，逐步实行适度规模经营，是促进粮食生产上新台阶的重要步骤。目前，尽管南海实行粮食规模经营的还不多，但从 17 户的监测数据说明，有一定规模的粮食专业户，比之分散经营户的土地产出率、商品率、投入产出率都高，说明发展粮食规模经营，是一种发展趋势；第二，我们在提出土地集中的几个途径中，根据南海的特殊条件，边远落后田的集中是一个途径。现在看来，也是比较现实的，因为南海的农民对土地既不愿多耕，也不愿不耕，而且土地负担的粮食任务很重。边远田耕作难，任务轻，农民比较愿意放，只要适当扶持，专业户也比较愿意耕，比较容易搞成。目前 48 户粮食生产规模经营者，很大部分属于这一类就是证明；第三，我们在方案中提出的采取各种政策和措施，促进农民转让土地和鼓励农民适度规模的承包，运用经营机制，从外部促进土地的流动和规模经营的逐步形成的方针，现在看来，尽管有的政策措施还不够有力和完善，但总的设想和方式是对的；第四，我们在分析了南海推行粮食规模经营的各方面制约因素的基础上，正视客观条件，提出“明确方向，分别情况，因地制宜，因势利导，创造条件，积极试验”，既不放任自流，也不急躁冒进的方针，现在看来，还是比较符合实际的。从实践来看，工作难度比我们设想的还要大。在南海这类商品经济比较发达，农民商品意识比较浓的地区，在粮食价格未能理顺的条件下，对粮食的规模经营要求过急，会是欲速不达。监测的情况说明，由于粮食定购价和市价的差距越来越大，粮食生产的经济效益与其他产品和行业的经济效益差距越来越大，农用生产资料价格又越来越高，办起来的粮食规模经营户，也因价格变化而面临很多问题：有的因为集体的补贴跟不上价格的变化，承包户感到吃亏，不合算，要求集体增加补贴，这就出现集体的补贴一年比一年高的情况；有的集体有钱，及时调整了的好一些（如平洲镇平东村的朱金城），有的集体没有那么多的钱补贴，或者农民不愿增加自己的负担多补贴规模经营者，这些地方规模经营户的积极性就差一些（如平洲平东的周潮海）；还有的规模经营者承包了较大面积的稻田以后，因为种瓜菜效益较高，在允许改种10%的瓜菜面积上下工本，而对大面积的禾田粗放经营（如桂城镇叠北澳边二社黄庆桐等）。这些情况，说明在价格未理顺情况下，单纯靠临时的高补贴去推动规模经营解决不了多少问题。也使我们对推行粮食规模经营不能不采取更为现实的态度。

2. 关于全面推进种植业和养殖业规模经营的试验。这是今年四、五月间根据省委领导的指示全面调查和分析了南海县农业规模经营的现状以后采取的进一步试验。当时写成了《南海县促进农业规模经营的情况和面临的问题》的调查报告。按照这个报告反映的情况和提出的指导思想，从粮食生产的规模经营扩展到全面推进整个种植业和养殖业的规模经营，从大半年的实践看，顺应经济规律，先从已经放开的生产项目入手，逐步扩大整个农业的规模经营，这条路子，不但符合群众愿望，而且也符合沿海地区参与国际大循环的战略，发展较快。

禽畜饲料业。这是南海近年发展商品生产崛起的一个产业。1987年，全县生猪饲养量68.4万头，上市量38.7万头，群鸡1 000万只，群鸭450万只，群鹅170万只，全县为社会提供的商品肉53 509吨。按本县农户计算，每户向社会提供商品肉315.3千克。今年，饲养量又有新的发展。在发展禽畜饲养业中，县里在资金、种苗、技术、社会服务等方面对适度规模的专业户加以扶持和帮助，因而绝大部分商品都是有一定规模的专业户养的。全县初步统计，有禽畜市场调节，耕塘的经济效益高，农民争包鱼塘，这就为转换承包机制提供了机遇。这两年他们在一部分承包期已满或者群众同意的经济合作社改分包为投包，使愿意多耕的农户能够多耕，愿意不耕的农户可以不耕。农户为什么愿意放弃塘，也是运用经济机制的结果。他们正确处理好投金的分配，除留一部分积累外，按本经济社农户人口各应占的份额分配投金，这就为土地从分散经营逐步集中经营扫除了障碍。为分散的凝固的土地制度注入了新的流动的生机。到目前为止，这4个镇的基塘已有41%的面积开始了投包，涌现适度规模的鱼塘专业户1 453户，面积20 824亩，占4个镇基塘面积的23.5%。

3. 关于“群体规模”试验。今年10月份，南海县委召开了农业经济分析会。在肯定农村改革成就的同时，充分揭示了农业后劲严重不足，粮食生产面临潜在危机的问题。县委认为，力争明后两年农业特别是粮食大丰收是当务之急。既然粮食的价格一时难于理顺，适度规模难于很快推广，粮食生产分散兼业经营的现状难于一时改变。要闯出一条路，既有利于促进当前粮食大丰收，又有利于长远过渡到规模经营的新路子。会议期间，总结和参观了大沥镇联滘村发挥双层经营，统分结合，加强统一服务，发挥“群体经营”效益的经验。这个村在全县不少原来的高产村产量徘徊不前，甚至略有下降的情况下，连续4年亩产超双千，不但比面上农户普遍产量高，比17户粮食规模专业户产量也高（详见《统分结合，双层经营，粮食生产不断发展》一文），全县决定进一步开展“群体规模”试验。发挥我县村社集体经济比较雄厚，双层经营有一定基础的长处，由村社合作经济组织统一开始机耕、排灌、植保、育种和产前、产后的综合服务。既发挥了集体统一经营的优越性，又发挥农户分散经营的积极性。随着统一服务的项目越来越多，农田操作的决定性环节都由集体掌握。这样由量变到质变，将来水到渠成的发展成为另一种形式的适度规模经营。这一试验也许更加符合我国农村的实际状况和生产力水平。

到目前为止，南海既有粮食生产适度规模的试验，又有多种经营适度规模的试验，再加上一个“群体规模”的试验。我们认为，这一题目的试验，内容更丰富，思路更顺当了！

（二）农副产品出口基地建设问题

这是去年12月到今年2月进行调查研究制订试验方案，开始进行试验的题目。当时形成了3个主要文件：一是《发展创汇农业，加速农业现代化》的综合报告；二是《关于办好农副产品出口基地若干政策问题的调查报告》；三是《佛山市蚕桑生产情况调查》。我们当时之所以不搞试验方案而搞调查报告，是由于目前出口基地建设，大量牵涉到外贸体制的改革和外贸政策的理顺。下边没有权，只能向上建议，因此就以调查报告的形式出现。

这些调查，对当时省委领导研究出口基地建设和外贸体制改革是有所帮助的。如推进与外贸部门的联营，批准一些有条件的地方成立地方性的出口公司，也曾经根据试验区的建议酝酿过蚕桑生产的出口权下放，由蚕桑产区成立公司，独立核算，自负盈亏，自主经营丝类产品的出口问题。后来因为中央有关业务部门下达通知，仍然强调归口统营，未能实行。

农副产品出口基地建设问题，在外贸体制和政策一时未理顺的情况下，一年来，我们主要抓了三件工作：

1. 积极加强农副产品出口基地的建设。南海县有十大农副产品出口基地：一是优质米；二是蚕桑；三是马蹄；四是优质水果；五是优质蔬菜；六是家禽；七是乳鸽珍禽；八是瘦肉型猪；九是四大家鱼；十是河鲜什鱼。基地面积34万亩，占全县农田总面积的40%左右。从1985年到1987年，基地建设投资折合人民币6 352万元。固定资产5 604万元，已形成15宗出口农副产品及其加工品。1987年出口收汇1 898万美元，占全县当年农副产品出口总值的70%以上。开展试验以来，主要从两个方面加强建设：一是结合推选规模经营，进一步把原来比较分散的生产基地逐步建设成为定向生产、专业性、区域性的商品基地。目前，水果生产已形成了连片千亩以上的果园13片，连片150亩以上的果园43片，50亩以上的69个，15亩以上的93个，10亩以上的243个。禽畜业、水产业、蚕桑业等不同的区域，已成为规模不等的大批量的商品基地；二是以县、镇一批有一定技术力量的种苗基地为龙头，围绕不断优化产品进行引进和改良品种，逐步提高基地产品的质量，争取多增值，多出口，多创汇。今年第三季度止，全县出口鲜活农副产品创汇1 800万美元，比去年同期增长17.8%，其原因虽然是多方面的，但产品的优化，质量的提高是其中之一。

2. 规划配套和筹建一批基地中心企业，进行生产、加工、销售一条龙，贸工农一体化的试验。这些项目计有，里水镇宝鲜有限公司配套急冻蔬菜生产线一条，在狮山畜牧场扩大貂出口基地，在丹灶镇建立狄高鸭种鸭基地，在官窑镇马蹄基地建立清水马蹄厂一间，在鱼塘地区建立水产冷冻基地为产品外销配套，并建立罐头厂一间，在水产场建立桂花鱼出口基地等。这些中心企业，除官窑镇的清水马蹄厂还在规划外，已全面进入建设阶段，有的已开始投产。目前的问题是资金不足，进退维艰，最近通知我们的世界银行调整贷款的数额只有人民币200万元，与我们的要求相差很远。

3. 选择了西樵水产加工厂（县食出自办企业）、狮山畜牧场的养猪场（县食出与畜牧场联营）和里水宝鲜有限公司（属中外合资企业）作长期观察点。食出自办的水产加工厂，效益较好，今年创汇估计达250万美元，比去年207万美元，增长12%。与食出联营的狮山畜牧场猪场，效益也很好。说明凡是外贸本身办的出口基地或者联营基地，沟通了出口渠道，效益就好。里水的宝鲜有限公司，虽与外商联营，但与外商的关系，外贸的关系很多复杂问题不好解决，加上蔬菜基地提供给宝鲜公司的菜源不保证，最近又碰上粮食紧缩，不但原来准备进一步改种的计划难于实行，已改种菜地的农民也想拿回土地种粮食，面临不少困难。

三

最近，试验区工作组在总结前一段工作的基础上，召开了一次会议，认真研究确定了今后试验区的工作。

（一）加强领导，改进试验区工作组的工作方法

考虑到试验区工作长期性、超前性、探索性、实践性的特点，大家认为，前一段我们把省、市、县三级组织固定的工作组进行试验，改为以县为主，固定领导，专人联系，根据需要，加强研究活动的工作方法是可取的。今后应沿着这个方向加以完善和改进。第一，试验区日常的具体工作，由县委指定专人去管，沟通上下联系，定期进行追踪监测；第二，省、市继续加强领导，指定原来省市工作组的同志专门联系，每个问题试验一个阶段，全体工作组成员集中总结、研究，再确定下一段的深入试验；第三，把试验项目与政府业务部门的工作结合起来，土地规模经营的试验交给县农委经管科；农副产品出口基地按照10个出口系列分别交给农业局、水产局、畜牧局、园林局、县财办、狮山畜牧场和县供销社等单位，由试验区工作组的基地办分别给予指导和联系。这样做，就解决了试验的长期性和机构临时性的矛盾，又把试验的超前性、摸索性和实践性结合起来，使试验工作更加扎实。

（二）两个题目进一步试验的要点

1. 土地规模经营的试验。继续抓好上述粮食生产规模经营，全面农业生产的规模经

营和大面积农田的“群体规模”试验，在具体工作上着重抓好：①支持和帮助现有的粮食生产规模经营专业户，并在有条件的地方，逐步扩大粮食生产的规模经营。除了继续进行长期性的监测以外，计划明年召开一次粮食规模经营专业户的座谈会，交流经验，解决实际问题，并具体加以扶助，务求这批粮食规模经营户能够巩固下来，显示其优越性，起示范作用。②认真抓好系列化服务，大力推广大沥镇联滘村的经验，加快农业机械建设，多从生产力方面为推进规模经营创造条件。③要研究一套促进土地流动的政策和措施，包括有偿承包、有偿转让以及改革经济社再分配制度等问题，搞活原来承包者的使用权，用经济机制促进土地的合理流动。

2. 农副产品出口基地的建设。在健全领导小组和基地办的基础上，抓好：①各有关业务部门，围绕建设基地，搞活出口的目标，进行全面规划。要求既有长远的规划，也有短期的规划，认真组织分段实施。②基地办加强调查研究，在新的基础上，进一步研究推进创汇农业的具体政策与措施。③原来规划的基地中心企业，除个别不是在建的项目暂时停下来以外，要克服一切困难，特别是资金的困难，迅速投入生产与经营，早日发挥经济效益。

1988 年 12 月 10 日

引入竞争机制　完善土地管理制度

黄浩新　何享业

广东省南海县有 16 个建制镇，其中有 4 个属基塘区，有鱼塘面积 88 787 亩，基地面积 27 616 亩，水稻田面积 58 681 亩。这 4 个镇，在南海县属经济发展较快的地区。1987 年，4 个镇的农村经济总收入为 122 870 万元，人均 6 146 元，比全县当年的人均 5 391 元高 14%；二、三产业总收入 102 072 万元，占农村经济总收入的 83.1%，比当年全县的年均水平高出 13.4%；农民人均纯收入 1 337.7 元，比全县当年人均纯收入 1 281 元也高出 4.23%。在大农业收入中，塘鱼收入占很大的比重，经济效益也较高。1987 年大农业总收入 20 798 万元中，塘鱼收入为 9 962 万元，占 47.90%，每亩鱼塘创收入 11 122 元。

这几个镇的经济发展之所以比全县快一些，除了乡镇工业和全县一样保持一定的速度外，农副产品，特别是塘鱼产品开放较早，也是重要的原因。广东省自从 1985 年取消塘鱼定购任务，产品全部进入市场调节以后，不但刺激了塘鱼产量成倍提高，而且推动了土地承包制度的变革。产品的商品化，使竞争机制引入了土地，不少经济社逐步把原来的基塘按人口平均分配，户户均包的分包制改为公开投标经营的租赁制。这几年，分包改为投包的经济社不断增加，1987 年以来，在省、市委的大力提倡和试验区工作组的推动下，不断发展，凡是分包经营期满的，绝大部分都改为投包，有少数承包期未满，干群有要求的，也提前改变，到目前为止，这 4 个镇属于基塘生产为主的 368 个经济社，已改为投包的就有 256 个，占 40.1%；投包的基塘面积 48 687 亩，占基塘总面积的 41%。改得较快的南庄镇，已有八成以上的经济社采取了投包的形式。我们估计，随着投标经营的好处逐步为干部群众所掌握，一、两年内，基塘地区的土地承包机制将实现大的转变，全面实现投标经营的租赁制，那时土地将摆脱凝固状态开始流动，适度规模经营和农业的专业化、社会化、商品化开始会有大的进展。

一、基塘分包长期存在的矛盾和问题

基塘地区是 1979 年开始逐步推行联产承包制的，初时，绝大部分经济社都是分包的。长期以来，这种以人平分土地的管理办法，越来越不适应农村商品生产的发展，反映出来的矛盾和问题越来越尖锐，主要表现在：

1. 由于耕地按人平均分包，农民不能根据自己的经营能力随心所欲去选择耕地。愿耕者分，不愿耕者也分，愿多耕者不能多耕，愿少耕者不能少耕，想耕远塘抽签抽到近塘，想耕小塘的抽签抽到大塘，农民不能充分发挥自己特长和利用自有资金去经营耕地或二、三产业，限制了农村劳动力的逐步转移，阻碍了农业适度规模的逐步形成。

2. 由于按人平均分包，耕地要人人等额占有，基塘也要平均搭配。好塘要带劣基，远基要带近塘，使基塘分散零碎，难于解决基塘连片集中问题，不利于改善耕作环境，更不利于基塘间的综合利用。

3. 由于耕地按人平均分包，不利于农民间的团结。但鱼塘的口数往往少于农民的户数，而且鱼塘的面积大小不一，因此就决定了大户的耕大塘，小户的耕小塘，或者小户的联户耕大塘，这就使耕作者经常发生利益上的冲突。

4. 耕地按人平均分包有平分耕地的味道，造成了土地的凝固化。农民将分到的耕地视为自己的财富，即使自己不想耕也不愿意随便放弃，承包期越长，这种思想越牢固，从而阻碍了耕地的流动。

5. 由于耕地按人平均分包，造成兼业经营。少量的耕地远远满足不了劳动力的需求，他们必然要通过兼营它业去谋求出路，而兼业经营不可能在耕地上取得高效益。沙头镇北村 1986 年经营基塘无盈利或亏本的 140 户农民，全部都是兼业生产者。

6. 由于分包，执筹到户，耕地之间没有比较，没有竞争，因而耕地的真正价值不能正确反映出来。集体只按日常的必要开支“以支定收”，承包者对集体的上缴甚少，不少集体经济得个空壳，有的甚至年年亏损，历年的积累也用光，应办的事情没有钱去办，更难于搞农田基本建设。

上述矛盾的存在，使基塘地区的生产资源得不到合理利用，农民对耕地投入的积极性发挥不起来，耕地逐渐凝固化，集体经济实力逐渐被削弱。这是基塘地区干部群众之所以逐步将分包改为投包的动因。

二、分包转投包的做法与经验

从分包转为投包，触动到广大农民的经济利益，在这个过程中，农民的利益关系主要表现为：一是农民对集体的耕地是否都有等额使用权？二是有等额使用耕地权的农民在放弃其使用权以后，能不能得到合理补偿？三是投包经营过程中的农民具体利益问题如何解决？处理好这三方面的关系，是耕地能够顺利从分包转向投包的关键。在实践中，基塘地区的农民运用经济机制，采取经济手段加以调节，并收到好效果。

（一）承认农民的耕地使用权，确定合理的分配方式，作好放弃耕地经营权农民的经济补偿

耕地是农村经济合作组织集体所有，凡是合作组织的成员，都有权等额使用。因此，耕地实行投包经营，首先就是要承认农民有等额使用耕地的权利。分包经营时，农民占有耕地的使用数量与实际经营的数量是一致的，将之改为投包，农民可以通过竞争取得超额的耕地经营权，使其占有使用数量与实际经营的数量不相一致，也就是说要处理好有耕地使用权的农民放弃或失去其经营权后的补偿问题。

耕地的投金实际是一种地租收入，集体可以通过组织投金的分配来调节使用权与经营权分离的矛盾，所以，确定地租收入的分配形式，是投包经营必须首先要解决的问题。投金的分配，既包含了地租的返还，又包含了对转让经营权的补偿，也包含了对经营耕地者的奖励。开始推行投包经营时的投金分配形式主要有三种，一是按人口和投金各半分配；二是按人口和上调任务各半分配；三是按人口或口粮分配。前两种形式偏重于对经营耕地者的奖励，体现不出有什么是对放弃经营权农民的补偿，不利于推进投包经营，故而已逐渐改变了。第三种形式的分配较为合理，只要是经济社内农民，不论是经营耕地的，或是

放弃经营权的，都享有均等分配集体投金的权利，经营权放弃者所取得的投金分配，既是地租返还金，又是放弃经营权的补偿金，经营耕地者取得的投金分配，既是地租返还金，又是经营耕地的奖励金，这是目前农民最易接受的一种地租分配形式。南庄镇罗南三经济社农民罗铭深，一家4口，两个劳动力，1987年放弃耕地经营而转营它业，也照样分到投金928元，所以他愿意继续放弃耕地经营权。

（二）用商品经济观点来处理投包经营中出现的农民间的具体利益问题

耕地实行投包经营，必然牵涉千家万户的利益关系，在商品经济条件下，对于这些问题，不能再以行政方法去解决，而只能运用各种经济机制和经济手段去解决。

1. 用从“有限投包”到“无限投包”的方法，解决耕与不耕，耕多耕少的矛盾。农民中的情况比较复杂，开始推行投包经营对，思想问题很多，有的想多投包耕地，但又怕劳动力不足；有的怕竞争不过人而无地耕；有的多投包耕地又怕资金不足；但投包少了又怕无工做；也有的怕失去了耕地难以收回。为稳定农民的思想，为尊重每个农户都有投包耕地的权利，开始时大多数经济社都是搞“有限投包”，就是在制定投包方案之前，让各户农民自报是否投包耕地，在自报的基础上，集体把所有的耕地，按照土地的环境，以塘带基划分份数（一般划分的份数要比自报投包的户数要多一些），然后公开投标，开始时每户只许投一份，让所有报名的农户都有机会投包到耕地，余下的才允许无限量投包。这种办法虽然稳定了农民，但农民取得耕地的机会均等，竞争不很激烈。发展到近两年，在一些二、三产业发展较快，劳动力转移较多的经济社开始逐步转为“无限投包”，也就是集体只规定以塘带基，不分份数，实行自由竞争，无限量地任由农民投包耕地。农民可以通过经济竞争去选择自己的耕地，从而促进了土地的流动，加快了耕地连片集中的进程。沙头镇北村耕作10亩以上鱼塘的20户农民，就是“无限投包”后涌现出来的。

2. 用经济办法解决投包期内的中途退包问题。农民在投包耕地过程中，情况会发生很多变化，有的投包了鱼塘中途取得机会想转营它业；有的原来从事二、三产业没有投塘，后来因生意不景气又想回社耕塘；有的家庭劳动力发生变化；有的碰上天灾人祸。为了使部分农民在投包期内发生的变化得到调整，集体给予投包期内经营权流动的机会。一是允许农民在投包期内自找对象转让经营权，但要报经济社和村合同管理小组备案；二是农民在投包中途不想再耕下去，但又找不到转让对象的，允许向集体提出退包，集体扣罚原投包人的当年上缴总额的10%～20%作违约金，然后再将退出的耕地公开标投。这样，既创造了耕地流动的机会，又创造了给一些农民多包耕地的机会，从而促进了一些适度规模经营的发展。

3. 确定合理的投包年限。在经营过程中，农民逐渐感觉到，鱼塘投包年限不宜过长，其理由：一是从桑塘地区的生产周期看，最长的作物笋竹只有6年，承包期太长反而对作物轮作不利；二是农用生产资料价格变化大，过长的承包期会使农民造成过重的心理压力；三是有耕者与无耕者，多耕者与少耕者都考虑到承包期内可能出现的劳力、资金和职业变化，都希望在适当年后又有一个自由选择的机会。所以，大多数村、社顺应广大农民意愿，选择5～7年的投包期。

除此之外，基塘地区农民还有很多办法来处理投包经营中的一些具体问题。如以投实物数量，定期作价，拆款上缴办法来解决物价变化的矛盾；用订底标开投办法来防止压价投包；用投暗标的办法来避免意气投包等。所有行之有效的方法，都是农民在不断解决矛盾过程中创造并总结出来的，其成功的一点，就是能够运用经济机制，采用经济手段来解决转换土地管理形式过程中的农民利益关系问题。

三、转换承包形式带来的效果

耕地从分包到投包，实质就是将竞争机制引入到土地管理上来，在农村中，这种管理形式与分包经营相比，越来越显示出它的优越性，较能克服目前土地管理中的分散，凝固，难于流动，产权不明等毛病，有利于土地逐步流动和集中，形成适度规模经营并向着专业化、社会化的方向发展，具体表现如下：

1. 能够体现土地公有的性质，体现耕地本身的价值。土地分包，虽然说土地是集体的，农户只是承包，但因土地是均分的，很容易做成土地分给自己的错觉，土地公有的性质是很模糊的。投包经营，它实质是一种租赁制的形式，农民通过投标竞争，并向集体交足地租方有土地的经营权，“土地是公家的，自己是租耕的”，性质很明显。

土地分包，过去往往是只按经济社的必要开支“以支定收”，农民认为这只是一种集体费用的分摊，这难以体现土地的价值。投包通过竞争，农民出多少钱耕一口塘，是有客观标准的，你想出低一些，别人按照市场的行情，感到有利可图，出高一些，你就投不到。耕地本身的价值就从竞争中正确反映出来。

2. 能够妥善调节耕地好坏远近，以及有耕无耕，多耕少耕的矛盾。耕地的条件环境很复杂，特别是鱼塘，它的分布及耕作条件极不平衡，有好劣远近之分，它不可能同耕地那样可以互相割补搭配，同时，鱼塘与农户之间存在数量上的差别，使分包经营时矛盾很突出，有的还直接动摇了既定的承包期。实行投包经营，农民通过平等的经济竞争，要想多耕塘，耕好塘及耕近塘的就必须多交投金，集体通过组织投金的再分配，使耕劣塘、少耕或无耕塘的农民得到一定的经济补偿，这就解决了耕多耕少，耕好耕劣和有耕无耕的矛盾，也就使耕地的使用权与经营权相分离的问题得到妥善解决，从而加速了耕地的流动，促进了劳动力的转移，促成了农村的分工分业。

3. 促进了农业生产结构的合理组合，提高了经营效益。由于投包经营农民要上缴一定数额的租金才能耕塘，因而更重视提高耕地的经营效益。同时，投包经营可以通过竞争取得超额的耕地经营，而且各级政府强调基塘连片投包避免了零碎分散现象，耕塘的农民可以充分发挥自己的特长，通过增加投入和优化生产组合来提高经营效益。沙头镇北村统计过一个数字，凡是1978年的塘鱼平均亩产是400斤，生产成本占塘鱼收入的16%，而1987年的塘鱼平均亩产为1 200斤，生产成本占塘鱼收入的46%，1987年比1978年时的投入与产出约高3倍。整个基塘地区出现了高投入高产出的好势头，在此推动下，农民为了获取更佳的经营效益，开始逐步改变过去单一养鱼的生产结构，实行了综合利用良性循环的鱼猪结合的生产格局，投包到鱼塘的农民纷纷在塘基上建猪舍，大养其猪，南庄镇1987年的生猪饲养量达137 000头，比1980年的58 000头增长了130.2%，平均每亩塘约养猪5.7头。生产结构的改变，使基塘地区的经济有了新的发展，1987年的工农业总收入21 057万元，比1985年的15 582万元增长了35.1%，单鱼猪两项收入就有15 234万元，比1985年的10 589万元增长了43%。

4. 促进了适度规模经营的形成。投包经营本身不是搞规模经营。但它为逐步实现规模经营创造了耕地流动集中的条件，是在分散经营情况下逐步推进规模经营而群众又易于接受的好形式。南庄镇鱼塘投包面较广，它所形成规模的耕塘大户就较多，目前经营鱼塘10亩以上的有726户，接近整个基塘地区经营10亩以上鱼塘的1 453户的50%。

5. 促进了社会服务。投包经营创造了劳动力和耕地流动的机会。一方面使农村中大部分的青壮劳动力转营二、三产业，另一方面，使形成规模的耕塘大户不断增加，以户为单位的农户出现暂时性的劳动力和技术上的不协调。以种苗饲料供应，劳动技术为主的一系列社会性服务就在这时应运而生，解决了耕塘农户劳动力不足和技术、门路不足的困难。南庄镇投包多，规模经营户多，社会服务也比较普遍，目前已形成了一个庞大的社会服务网络，做到鱼猪饲料及治病防疫级级有（镇、村、个体），供应服务至塘头。拉鱼队更是村村皆具，该镇的村尾社的拉鱼队还有运输和销售服务。种苗供应除集体部分还有10多户农民开办鱼苗场。总之，只要农户有要求，服务就做到有求必应。

6. 促进了先进工具和先进技术在农业上的应用。投包经营促使农民更加注意提高经营效益，为提高单位面积的收入，因而十分注意使用先进的养鱼工具和管养技术：目前增氧机的使用十分普遍，南庄一个镇就拥有2 000多台。曾一度消失的三级轮养方法又在一些耕塘大户中复用。九江镇农民郭志远，采用两头重，中间空的施料方法，防止了大量死鲩的出现。

（本文作者黄浩新时任南海县农委副主任，何享业时任南海县农村改革试验办公室主任）

1989年1月

农村土地污染问题要引起重视

唐启洪

一

近年来，大沥镇的农村经济有了迅速的发展，其社会总产值从1982年的8 412万元增加到1988年的4.69亿元，增长四倍，但农村土地的污染问题也越来越突出，据镇环保办的材料称，全镇5.4万多亩耕地中，受污染的面积达1万多亩，约占总耕地面积的1/5。鱼塘污染也严重，紧靠大沥镇城区的沥中管理区，90亩鱼塘中，就有70亩受到污染。

工业废水的毒素是突出的，生活污水近年来由于洗涤剂的普遍化和高档化对农作物为害也十分严重。废气的污染也不少，原县氮肥厂正常生产时，废气污染周围农田严重，近年来氮肥厂转产复合肥，废气污染得到改善，但冶炼铸造和砖窑的废气排出仍不少。粉尘的污染相当严重，按国家规定的标准，每平方公里每月降落的灰尘为8吨，而大沥在1986年的监测即达13吨，1988年更高达17吨，比规定超过一倍以上。

1. 已有少量的土地不能从事耕作或养殖。沥中管理区有两块稻田，一块靠近医院，医疗废水流注其中；赤脚下田，常致奇痒，农民不敢耕作，因而丢荒。另一块靠近职工宿舍，玻璃瓦渣甚多，且阳光受阻，也荒废了几年。座落在居民区或附近的鱼塘，更受污染之害，有的已不能养殖，仅凤池和沥中两个管理区，就有5口鱼塘，面积约11亩，因污染严重不能继续使用而改建厂房或楼舍。

2. 严重影响农作物的产量。据镇农办同志反映，围绕大沥镇周围稻田的产量比其他地方的产量约低100斤。镇农科站有6亩试验田，土质不错，耕作的技术力量也可以，就是搞不了高产，原因是水源受到污染，灌溉用水中含人粪尿高达2%，由于氮素过多，无法控制，该退赤时不能退赤；导致“好禾无好谷”，因农田受污染而来信告状索赔的事件常有发生。沥东管理区农民用水淋死蔬菜，还有的用水灌死秧田。最近水头管理区江夏村的农民来信要求解决水污染问题。

3. 农田的污染，农作物的污染，最终将影响人体健康。联滘管理区近年来发展再生塑料行业，办起这类企业30多间，分散到全村各地，他们搜集了大量的废旧塑料，其中不少是垃圾堆里捡回来的，这些塑料垃圾在水洗提炼过程中，造成严重的环境污染，使人们的健康大受影响。这个管理区1987年选送了15名青年参军体检，表面看个个体格都不错，但一化验血液，竟没有一人合格。

二

造成农田的污染是多方面的，有客观上的原因，也有主观上的原因：

1. 农村经济的发展，农村工业的发展，出现了大量的污染源。据统计，全镇有污染的企业共有500多间，其中冶炼铸造278间，塑料100间，磨光51间，喷漆15间，着色

18 间，电镀 13 间，化工厂 26 间，砖厂 15 间，饮食 92 间。这些有污染的有毒有害的脏的企业，相当一部份是大、中城市扩散出来的，农村人不懂也不注意防止和治理，于是农村污染日趋严重。禽畜业的发展，由于粪便处理不好，也污染了部分土地。有的禽畜粪便流到邻田，造成作物倒伏失收，全镇计有鹅场面积 123 亩，按邻田 1∶4 计算，受污染的有三、四百亩。

2. 城镇的发展，生活污水大量增加。大沥农田受这方面污染面积最大。大沥城区 20 世纪 80 年代初期仅有居民 8 000 多人，现在已发展到 1.4 万多人，算上流动人口共两万多人，每天流出的废水达 1 500 多吨。大沥因靠近佛山市，有 7 个管理区的农田灌溉用水来自佛山市汾江河，该河在佛山有 20 多间大厂和十多万人的生活污水排放其中，水质变黑发臭，河鱼绝迹，对作物极其不利，但至今仍未得到有效的改善和治理，并且日趋恶化。

3. 治理污染的措施包括技术和资金不适应形势要求。治理废水废气，需要一定的技术和设备，需要一笔投资。比如大沥计划建一个废水处理站，就需要投资百万元以上，按现有的财力，一时难以解决。至于佛山市汾江河水污染的整治，更是耗资上千万元的大工程，需要市、县统一规划整治。

4. 认识上也不够，特别是对污染土地的严重情况及其后果认识不深。对如何正确处理经济发展与防止污染的关系；讲究目前利益与注意长远环境建设的关系：个人行为与公共利益的关系，还缺乏全面的认识。在群众中，只顾个人的目前的利益比较多，在基层干部中，则考虑发展经济比较多，有的虽然感到有污染问题，但也受制于当前的财力和物力以及技术力量，处于有心无力的状态。

三

对于目前农村土地日益受到严重污染的问题如何解决，在这方面，大沥镇的党政领导已采取了一些措施，做了一定的工作，并且取得了一定的成效。首先，设置了环境保护机构——环境保护办公室，专管环境保护的有 3 人：其次，对重点污染行业和污染严重的重点村社进行了一些治理，例如冶炼行业的改烧煤为烧焦炭，砖厂烟囱的高空排放，磨光行业的实行水喷射，分散在住宅区的污染企业实行集中搬迁到指定的地方等。第三，加强了检查监督。

以上这些虽然取得了一定效果，使生态环境得到了一些改善，但是，土地污染问题仍未得到彻底的治理，还处于边治理，边污染的状态，特别是一些范围大的污染，更是讲治理的多、落实行动少。因此，必须提高各级领导的认识，把防治农村污染问题提到政府议事日程上来，加强领导，加强检查督促，对一些较大的污染治理工程，要纳入地方财政计划，增加投入，逐步治理。还要动员与教育群众，充分认识防治污染的重大意义，防止与治理污染。要进一步完善和严格执行有关规定，对有严重污染的乡镇企业，必须在兴办的同时，就要采取防止污染措施，已兴办而未解决的要限期治理，认真整顿。对近年来发展起来的禽畜专业户，要责成妥善处理好禽畜粪便，要把这些由宝变废的东西，再由废变宝，用之于改良土壤增加生产。此外还要管好用好污染罚款，不能移作他用，不能以罚代治，所罚款项，一定要用于治理。

（本文作者时任广东省农研中心副主任）

1989 年 7 月 26 日

南海县和顺镇农村土地问题

张远航　丁锦和　杨志平

和顺镇现有总耕地 51 356 亩，其中禾田 42 512 亩，鱼塘 2 898 亩，经济作物 5 946 亩。农村总人口 53 637 人，有劳力 17 999 人。1988 年，全镇社会总产值 16 603 万元，农村人均纯收入 1 276 元，在南海县内属一个经济水平一般的产粮区。

一、日趋严重的问题

和顺镇从 1983 年起全面推行家庭联产承包责任制，1985 年，又按中央精神，把土地承包期延至 15 年，逐步形成了目前土地集体所有，农户承包，两权分离，统分结合格局，有力地促进了农村经济、农业生产蓬勃发展。7 年多来，和顺镇社会总产值翻了两番多，大批农民洗脚上田，转营二、三产业，农业生产也有所发展，农业布局和农村经济结构趋向合理，农民收入水平明显提高（表 1）。

表 1　和顺镇经济结构和收入情况

年份	社会总产值（万元）	其中			农村人均年纯收入（元）
		农业（万元）	二产业（万元）	三产业（万元）	
1982	3 701	2 182	1 086	433	619
1988	16 603	4 486	9 118	3 001	1 276

事实证明，目前这种家庭承包责任制及其形成的土地承包经营格局，总体来说与现阶段生产力水平相适应，深受农民欢迎，仍具有旺盛的生命力。

但是，由于旧体制的巨大惯性和不断产生的新的制约因素，也由于我们工作中的不足和联产承包制的不完善，当前农村土地经营、管理乃至权属方面，都存在着某些日益严重、急待解决的问题。主要反映在 5 个方面：

（一）农民缺乏种粮积极性，粮食生产连年徘徊，地力下降日趋严重

毫无疑问，粮食在国民经济中的地位很重要。但调查表明，广大农民对粮食生产的态度与政府的愿望大相迳庭，积极性并不高。承包制实行初期那种高产热情早难寻觅了，多数农民种粮满足于“种足口粮，交够任务”。多数靠短期投入，重化肥，轻农家肥；重用地，轻养地，耕作日益粗放。据 111 户问卷调查，有 110 户回答，现在种粮以化肥为主，其中多数很少或基本不施农家肥。农户一般把家庭主要劳力、资金投放在非农产业，或经济收入比较高的蔬菜、水果、养鱼等种养项目上。种田劳动力素质明显下降。多是老人、家庭主妇种田，被称为“六〇、三八”部队，其结果，使和顺镇粮食生产和交售粮食困难逐年增加。1983 年以来，全镇粮田减少 6 000 多亩，被改挖成鱼塘，或改种作物。有近 3 万亩禾田土壤板结，地力下降，成为阻碍单产提高的一个因素。7 年来，尽管化肥、农药

施用量，机械化程度有所提高，并推广采用了如除草剂、少耕法等新的耕作技术，但水稻亩产一直徘徊在 1 300～1 380 斤之间。全镇水稻总产量在大包干后逐年减少，1988 年比 1983 年减少 9.4%。完成国家征购任务能力每况愈下。1984 年开始出现以钱顶粮，全镇去年交现金达 650 万斤，加上其他原因欠粮 56 万斤，实际任务缺口占总任务的 25.8%（表 2）。

表 2　和顺镇水稻生产和以钱顶粮情况

年份	1982	1983	1984	1985	1986	1987	1988
水稻亩产（斤）	1 250	1 300	1 324	1 308	1 354	1 380	1 356
水稻总产（万斤）	5 804	6 175	6 071	5 787	5 829	5 772	5 593
以钱顶粮额数（万斤）	0	0	232	596	758	498	650

（二）承包土地零碎分散，还规定在 15 年承包期内不调整土地，既影响耕作，又导致“有人无田耕，有田无人耕”，因此而拖欠国家粮食任务数额逐年增加

1983 年分包土地时，几乎所有生产队都采取好坏远近肥瘦平均搭配分包土地。全镇 293 个生产队中户均 4 块地以下的只有 5 个队，多数队平均 5～6 块地，还有 4 个管理区的几十个队，户均土地 8 块或 8 块以上，形成承包土地零碎分散。这种平均分包土地方式，对生产很不利，耕作不便，费工费时，效率下降，成本增加，还妨碍了某些新技术的推广和某些统一农时季节措施的落实。不少农户，尤其是承包 6 块地以上的农户要求改变这种状况。在问卷中，有 30%的农户认为现行土地耕作不便，43%认为目前承包田需要调整，其中 38%认为很迫切需要调整。在调整方式上，有 41%的农户认为有必要重新分田大调整，有 59%的认为应大部不动小调整。

15 年承包期内相对静止的土地占有格局，还构成对各级集体经济的一大负担。分包时，全镇只有 30 个生产队对 60 岁以上的老人给予一定照顾，即只分口粮田，少分或不分任务田。其余队均按当时在册人口人均一份土地，并规定 15 年承包期内不予调整，称“生不补（地），死不收，各安天命”。这样，相当部分年老体弱，家中无劳、少劳的农户和一些全女户均分得土地。7 年多来，随着农村人口、劳力和市场、经济环境的变化，这种土地占有方式日益暴露出严重漏洞。现在，全镇有 6 000 多新生人口、婚嫁人口没有土地；有近 3 000 多名农转非、嫁出及死亡人口（其中死亡 1 089 人）依然承包着土地，负担任务；有数千农户涉及人口变动。除已调整土地外，目前还有 2 000～2 500 亩禾田的任务粮不落实，急待调整。1985 年，全镇因无力耕种而拖欠国家任务粮十多万斤，去年增至 56 万斤（含其他原因欠粮），要由镇、管理区两级集体顶负，成为一大负担（表 3）。

表 3　和顺镇欠粮情况

年份	1985	1986	1987	1988
欠粮户（户）	72	125	136	230
欠粮额（万千克）	10.20	20.24	21.92	56.34

为了解决上述问题，近年一些管理区和经济社，先后对因人口变动而无人耕种的土地进行了调整，但碰到重重困难。许多新增人口不愿要田，而大部分农户又不肯承接这类调

整的土地。经济社只好采取“集体收回，重新开投，农户交钱（承包款），集体交粮（负责完成任务）”的办法进行调整，但结果不尽人意。1986 年以前调整的几百亩田，1987 年起因牌、议价粮差陡升，使集体所收承包款难以抵顶任务粮差价。例如汤村经济社，1984 年将 28.8 亩低洼田发包给 16 位农民，包期 10 年，每年承包总金额 800 元，由经济社负责完成 17 827 斤粮食任务（其中公粮 2 287 斤）。1986 年以前，社代其完成粮食任务后，还略有结余。后因粮价上升，集体连年收不抵支，去年经济社要代其支付的任务粮差款 8 594元。据了解近两年投包调整的几百亩禾田，所投金额一般只及任务粮差价额的一半左右，这种办法，越调，集体负担越大。而且绝大部分调整了的禾田都被改种其他作物，未能达到调整土地增产粮食的目的。因此，镇村干部，都希望今冬明春，县委、县府能统一部署，加强领导，完善承包制，进行土地的适当调整，尽决解决“有人无田耕，有田无人耕”和国家任务缺口等问题。

（三）农田水利设施老化，损坏严重，农业灌溉和抗灾能力明显下降

家庭联产承包责任制以来，水利等农田基础设施基本靠吃过去的老本，年久失修，设施老化，损坏相当严重，已逐渐威胁到农业生产。据镇水利所反映，目前除镇级直接管理的大、中型水利设施，近年不断维修，状况比较正常外，属各管理区以下管理使用的水利排灌设施，农业基础项目情况严重。70 多座灌溉站全都带病运转，其中有 59 座的机房、设备破损严重，不少已四壁透风，必须在近两年内全部更换，150 公里的田间渠道，普遍从正常情况的 1 米深，游浅至半米深；60 多公里能河涌、支涌，1/3 严重淤塞，其余一般淤塞，100 公里以上的田间道路（机耕路），近一半已不能骑自行车了；220 座田间大、小桥梁，10%严重损坏、20%一般损坏。整个水利排灌设施的效能比大包干前一年下降约 40%。多条河涌淤塞，难以行船，排流量只及原来的一半。排灌渠系统达不到速排速灌要求，排灌效益只有原来的 40%。水利系统效益下降还使农户灌溉成本增加，抗灾能力明显下降。去年，全镇因设备损毁而无法灌溉，旱死禾苗 1 000 多亩。今年早造，因 3 号台风受涝禾田 8 000 亩，其中 500～700 多亩因不能及时排涝而失收。

（四）土地流动困难，规模经营进程迟缓，并滞后于经济发展水平，农业资源难以优化配置

同 1982 年相比，去年全镇社会总产值增长 3.48 倍，其中二、三产业产值增长 6.98 倍，农村人均收入增长 1.06 倍。从经济结构来看，非农产业和农业产值之比，已由当年的 41∶59，转变为去年的 73∶27。从就业结构看，转营非农领域的劳动力，已占农村总劳动力的 51%强。如今，全镇 8 335 农户中，有 4 200 户只有 1 个主要劳动力务农，873 户只剩附带劳动力务农，有 180 户已经完全弃农。可见，土地流转相当迟缓。目前，镇只有数千亩实行投标经营鱼塘和果园，土地相对集中，禾田转包的不到 800 亩，而其中又多是短期代耕，形成规模经营很少。尤其值得注意的是，一方面，土地规模经营缓慢，与其经济发展水平不协调，另一方面，户均土地经营规模由于这些年人口增加，农户分化，而呈不断缩小的趋向。1983 年全镇户均承包土地 6.55 亩，1988 年缩减至 6.16 亩（同期城建、工业等非农占地不足 50 亩）。

现阶段农业这种兼业经营状况虽有不少益处，但对农业发展、土地利用产生日渐明显的负作用。首先，这种“家家承包地，户户小而全”的经营方式，增加了生产成本。据文教管理区反映，大包干后表面上农业机械数量增加许多，农户普遍购置水泵、电动脱粒机，但由于户种面积太少，农机实际使用率下降，导致生产成本上升。其二，在亦工亦农的农户家庭收入结构中，由于工农产品剪刀差和其他因素的作用，农业收入，特别是对粮食收入所占比重越来越小，导致农民对农业，特别是对粮食生产的积极性有所下降。这是造成本文所提第一个问题的重要原因之一，对粮食生产发展极为不利。其三，兼业经营助长了小农观念，农户由于利益关系，一般既不愿多耕田，也不愿少耕，致使土地、劳力、资金诸生产要素呈凝固、半凝固状态，难以优化组合、合理利用。去年，白岗管理区塘溪村一农民购置了一台联合收割机，原打算承包百亩左右禾田，形成规模经营，后鉴于无人放田而无法实现。

（五）土地所有权模糊，大部分经济社，未能全面有效地发挥土地所有者的管理职能

土地权属模糊，主要表现为农村土地究竟归属哪一级集体不明确。和顺镇在1984年改变了人民公社体制，1986年撤消了原253个生产队，重新设置了80个经济合作让，其中“多队一社”（由两个以上生产队合并建立一个经济社）68个。但迄今为止，多数这类经济社只是名义上的土地所有者，实际行使土地发包权、管理权、处分权的，仍然是社以下各自为政的生产组（原生产队）。以文教管理区为例，当时23个生产队，合并成6个经济社。但同一社内，各队经济不打乱，继续保存经济核算单位。现在所有经济社的印章仍放在管理区代管理。1986年以后发包的数亩耕地，所签订的承包合同、转包合同，都是由生产组（原生产队）内的社员、干部决定处理好后，再拿到管理区盖章履行手续的。土地所有权权属不清的另一种表现是在部分农民头脑中，土地集体所有的观念日趋淡薄，土地私有的观念日渐浓厚。这次问卷调查中，有32%的农户认为，土地实际上是自己的。导致这种模糊观念的因素有三：一是分户经营后，有关土地的生产经营，产品处置，收益支配，除交公购粮外，基本是自己处理，自负盈亏，自主经营。二是很多负担提留按面积分摊，集体收入也按土地分配。三是土地无偿承包（主指禾田），合作组织又由于种种原因，没能正常地承担土地管理、建设和服务的权利和义务，因而没能树立和维护土地所有者的形象。

土地权属模糊，对土地管理、使用和建设不利。在和顺，相当一部分经济社，由于土地所有权和管理权、处分权相分离，因而权利义务不统一，使经济社很难有效地发挥土地所有者的职能作用。本来，以村本位的经济社为单位进行土地的统一协调管理，水利设施的建设和利用是比较有利的。实际上，不少经济社内部各生产组的承包期限（有的15年，有的无限长）、耕地块数、上调和分配、优惠以及其他规定很不一致（如各队对老人分田规定不一样），很难实施统一管理。另外，部分农民以为承包后土地归己，可以任意处置，擅自改变土地形态，把禾田改挖成鱼塘。或者未经发包方同意，甚至不打招呼、不办手续，自行转包土地给他人。

二、原因浅探

和顺镇当前土地管理、经营存在的问题，主要原因如下：

（一）联产承包制不完善，双层经营不健全

首先是因为家庭联产承包制不完善。认为承包制是以调整农民与土地关系为重要内容

的。不完善的主要表现是实行承包责任制时，受平均主义思想影响，没能做到土地相对连片集中。1988 年延包，为调整土地，解决前一承包阶段分田过散问题提供了机会。当时，各级主管部门也十分强调趁延包调整土地，使其相对连片。但各生产队只把承包期顺延到 15 年，并未触动土地。

二是没有建立起与土地承包有关的制度。如承包期内调整土地制度、义务工制度和土地有偿承包制度，以致出现有人无田耕，有田无人耕现象，一些有条件兴办的小型水利设施维修项目，如清渠、修路等，未能组织农民去办好；土地集体所有的观念逐渐淡薄。

三是双层经营不健全。经联社、经济社未能正常地发挥合作组织统营服务职能作用，目前全镇 80 个经济社中，只有 78 个社开展统一排灌服务，2 个经济社开展统一机耕服务，其余统营服务未能开展。

（二）任务重、粮价低，粮食生产比较利益低下

全镇计征面积 50 902 亩，粮食总任务 2 792 万斤，（其中公粮 357.4 万斤），亩均 548.5 斤。承包经营 7 年来，全镇有近 6 000 亩耕地改种作物或改挖鱼塘，因此，负担任务更重。干部农民反映，粮食任务重是当前土地出现种种问题的最直接、最主要和最根本的原因。

1. 挫伤了农民的种粮积极性，导致粮田粗放经营。近年，全镇水稻平均亩产1 350斤左右，扣除口粮、种子和少量饲料粮外，大部分交售国家。而任务粮价格过低，严重背离其价值。以今年 7 月份粮站收购价格为例，定购粮每担 25 元，议价粮每担 72 元。农民每交售一担粮，就少收入 47 元（去年牌价与议价粮差高达 60～70 元/担）。种粮食的比较效益，明显低于种经济作物和养鱼，与务工经商相比，更是既辛苦又没钱赚。加之地块零碎分散小规模经营，在一定程度上增加了生产成本，加剧了种粮收入低这个矛盾。种粮不仅辛苦，还要承担自然风险，收入又大大低于其他经营项目，所以许多农户就缺乏生产积极性，自然把家庭主要劳力、资金投放到经济作物，或者非农领域上，以致出现粮食生产粗放经营，地力下降，面积缩减，产量徘徊等问题。对这个问题，还可以从另一角度加以论证。现时农民对放开经营、实行市场调节并有利可图的种养项目（养鱼、种菜、种果），积极性高，舍得投入。全镇有八成的耕塘户在塘边建猪（禽）舍，或沿塘基砌砖墙种剑花，循环生产，保护塘基，许多农民对收入相当高的蔬菜地精耕细作，厚施有机肥，地力普遍提高；全镇 2 000 多亩水果经营也可以。唯有禾田，土壤板结、地力下降。问卷调查结果表明，71%的农民回答（对禾田）不施农家肥是因为耕田没钱赚，只有 6%的农民回答不施农家肥是因为承包期过短，或因为土地是集体所有。

2. 严重妨碍了土地的正常、合理流动，无法达到优化配置。

干部、农民都说，在和顺，种田并不能致富，而是一个负担。种的越多，负担越大，因而也就很少有人愿意多承包田。因此，土地难于合理流动，土地规模经营滞后于经济发展水平。例如文教管理区，责任制后出现 20 个种养专业户、联合体，都是经营鱼塘或种果，仅有 1 个粮食专业户经过两年经营，也于 1986 年改塘养鱼了。20 个专业户、联合体所承包的 578 亩土地（其中广州郊区的禾田 110 亩），除 70 亩滩涂外，原来都是禾田，其中有 206 亩是专业户承包禾田后，自己投资改挖塘的。

3. 任务过重，还妨碍了土地的正常调整。为什么农民强烈要求绝对平均地搭配分包土地？为什么大多数生产队规定15年承包期内不得调整土地？为什么近年新增加人口中（包括新生、嫁入）多数不愿要土地？为什么多数农户不肯承接调整的土地？这些问题都与粮食任务密切相关。如前所述，在和顺这类地区，耕田是个负担。既是负担，必定要人人均摊，因而造成土地承包零碎分散。调整土地实质上是调整负担，必然会遭到其他农民的反对，这是一件令基层干部最头痛的工作之一。所以，尽管大包干7年来，农村人口、劳力发生了较大变化，相当部分人没田耕，相当部分禾田没人耕或耕不好，但只要农民、集体还能够承受，就没人愿意触动这种绝对平均、相对静止的土地承包格局。

4. 任务过重，也使农村土地集体所有权属模糊。调查表明，由于禾田任务过重，每亩粮食收入，扣除生产成本和农户所得，其余都让国家拿走了，这是导致土地权属模糊不清的原固之一，因为经济社作为土地所有者，其权益没有具体的经济体现。难怪基层干部讲，“虽有规定土地是集体的，但无实质性”。“名义上土地集体所有，实际上是国家所有”。因为集体除了发包土地外，在土地的生产经营、收入分配方面几乎完全不沾边，作为土地所有者的经济社形同虚设。另外，目前对土地的权、责、利不协调，不统一的局面，还直接影响合作经济组织对土地的管理和建设。一方面，它淡化了农村基层干部和农民的土地集体所有的观念，不利于调动他们管好用好土地的积极性；另一方面，由于经济社得不到理应获得的土地收入，也没有财力进行土地建设。据匡算，按照今年的牌、议价差，每担47元计，全镇2 434.6万斤定购粮，一年交给国家的“暗税”1 144.3万元，这笔钱如能拨出一部分归经济社，就能很好解决土地的中、长期投资问题，改变农田水利设施老化、损毁的现状。

（三）集体经济薄弱

与南海县多数镇相比，和顺镇农村集体经济比较落后。1983年以来，除了镇一级经济发展略有起色之外，管理区以下各层次的集体经济发展举步维艰。以1988年为例，全镇14个管理区，经济总收入为2 517万元，利润总额218万元，其中农业承包收入2万元。去年，年利润收入在30万元以上的只有1个管理区，10万～20万元的有3个管理区，10万元以下的有6个管理区。有鹤丰等5个管理区还是县的扶贫点（南海县府1986年规定，凡集体年利润收入少于5万元的管理区为贫困点，由县有关部门定点扶贫）。1986年设置的80个经济合作社，去年，48个社有承包收入，32个社为“空壳”社。集体纯收入总额40万元，其中工业占15万元。48个社中，年收入1万元以上的8个社，以下的40个社。原有的253个生产队，在设置经济社后，其核算单位大都保留，目前基本都有点承包收入，但多是村边果树，“太公”塘等。去年承包收入总额57万元。万元以上的只有7个队，大多数队年收入在一至数千元之间。

现阶段，由于国家对农业的投资有限，而分户经营之后，农村又尚未形成一套能调动广大农民积极性、主动地培养地力以及农田水利设施进行投资的机制。农田基建工作，目前主要由农村各级合作经济组织承担。在和顺，各级集体经济力量如此单薄，还要应付诸如教育费，治安费、部分水利费等各种各样的开支，因此，也就难以正常履行合作组织的职能作用，对土地建设、维修，更新和改造农田水利设施等项工作更是心有余而力不足。

农业生产统一服务在南海县的围田区早巳相当普遍，可是，在和顺80个经济社中，除基本实行统一排灌外，只有2个社实现统一机耕。主要是由于经济方面的原因，无法开展其他项目的统营服务。至于土地建设、设施建设这类层次更高、投资更多的统营项目，更加难有所为。1987 年起，全镇每年投入农田基建约 100 万元，基本上由镇和镇以上部门出钱。这部份投资主要用在镇级所管理的堤围、排灌站等大、中型项目上，也只能满足资金需求量的 60%左右。至于经济社和生产队因收入数额太少，只能用作干部工资、农业补贴和代付某些负担费。目前有六成左右的管理区，大包干后每年以工补农（或以经补粮）2 万～5 万元，但多用于年度性农业生产补贴，如补良种、补尼龙薄膜、补灭鼠等。用于农田基本建设方面甚少。今年全镇管理区一级排灌站急需维修、更新、基建资金 84 万元，但到 7 月份才落实了 3 万～5 万元，大多数管理区很难拿出这笔资金。有的管理区不仅无钱用于水利设施的维修更新，甚至无力支付正常的水电费。1983 年以来，镇水利所每年实收到的水电费、管理费不及实际开支的一半，金利、小布、冯冲 3 个管理区已数年没有交水费了。

（四）土地同时承担着发展经济和社会保险的双重功能，障碍了土地的正常合理流动、优化组合

近年来，和顺经济虽有较大发展，特别是非农产业发展的步伐更快。但总体来看，乡镇企业技术比较简陋、管理水平低。管理区以下各层次的企业更是数量少，素质差，竞争能力弱，只能“餐揾餐食”。治理整顿以来，乡镇企业碰到相当大的困难，许多企业处于不稳定状态。更助长了广大农民要求保留土地的心理，一方面，亦工亦农，有钱有粮。农户中一般老人、妇女在家务农，精壮劳力出外做工，农忙回来帮助一下，人人有活干，收入甚可观；另一方面，一旦非农业领域就业困难时，还可回乡守着那份田。所以，有了土地“进可攻，退可守”，不肯放弃，近年富起来的那些工商业专业户，宁可以优惠条件，倒补贴找人短期代耕，也不放田。

由于当前农村生产力水平决定着农村土地必须同时承担经济功能和福利功能，兼业经营既可以充分利用农民家庭的劳力、资金、技术等资源，使农户获得一部分可观的经济收入，又可以向农民提供一种最基本、最有效的社会保险，免除其后顾之忧。所以，在和顺，土地集中、规模经营始终难与经济水平协调、同步发展。

但是兼业农业有其积极的一面，也有消极的一面。而且，随着生产力发展，其消极作用日渐明显。因此，正确的态度应当是容许其存在的同时，将兼业农业逐步引导向规模农业的方向发展。调查表明，这是完全可能的。在问卷中，有 60%的农户回答，在某种情况下，愿将目前的责任田转让给他人；有 30%的农户回答，在有偿转让的情况下，愿将土地部分或全部退出。所以，一方面，通过大力发展乡镇企业，促使劳动力更多、更稳定地转营非农产业；另一方面，在明确土地的所有权、占有权和经营权的前提下，实行土地的有偿使用、有偿转让，把土地的社会福利功能显现为货币形态。这样，便能促使有条件的农民逐步放弃土地。

三、出路和对策

鉴于和顺镇土地方面存在的问题，以及所产生的复杂原因，我们认为，解决问题的出路在于：明确所有权，搞活使用权，加强管理权，目的是更好地开发利用和珍惜保护有限的土地资源，进一步提高土地的利用率、产出率和劳动生产率。要实现这个目标，必须从宏观和微观两个方面深化改革。

在宏观上，首先，要逐步改革和调整现行粮食定购政策，从以行政为主的管理方式，逐步过渡到以经济手段为主，指导和管理粮食生产。粮食定购制度的改革，必须尊重和运用价值规律，改变粮食价格与价值扭曲现象。当然，这是一个相当长的过程。眼前，我们认为比较可行的方案是，逐步调高合同定购粮食价格，缩小定购价和市场价的差距，让农民种粮有利可图，才能逐步扭转农民不愿种粮，粗放经营，地力下降的被动局面。除此以外，还必须增加国家对农业的投资，特别是增加对农田水利等基础设施的投资，尽快改变当前设施严重老化、效益下降的状况。大包干后，我们还没能将农民调动和组织起来，进行土地建设，以致多年来，农田基础设施主要靠吃“老本”。现在，“老本”快“吃光”了，水利设施“危机四伏”。这个问题不仅和顺镇，许多地方也普遍存在。我们认为，在和顺这类经济水平一般，而田赋又过重的产粮区，解决这个问题，既要依靠农村合作组织和农民，更要依靠国家增加投资。建议在农业发展基金中，设立和增加专项农田水利基本建设项目，专门用于产粮区农业基础设施的维修、更新和改造、建设，确保农业发展有足够的后劲。在宏观改革的同时，应当发挥县镇各层次的主动作用，积极解决和顺这类地区土地方面存在的种种问题。

（一）加强立法，制定适合本地实际，加强农村土地经营管理的法规、条例，明确所有权，搞活使用权，加强管理权

鉴于目前国家和省的有关法律、法规（如土地法），对农村土地的某些问题确定比较模糊，法律界定弹性太大，因此，县人大有必要根据现有法律法规的基本精神，针对南海县农村土地各种问题，订立一些具体贯彻、实施的地方性法规、条例。我们认为，这类法规或条例至少应包括以下内容：

1. 明确农村土地所有权，归经济合作社所有。《土地法》第六条规定：“农村和城市郊区的土地，除法律规定属于国家所有的外，属于集体所有。由村农业生产合作社等农业集体经济组织或者村民委员会经营、管理”。这个法律条文，对土地究竟归哪一级合作组织，没有具体规定。根据和顺镇、南海县实际，应具体规定属于自然村一级的经济合作社为宜。这样，有利于以村本位开展土地的管理、建设和利用。

2. 实行义务工制度。鉴于地力下降，设施老化情况日趋严重，作为土地的经营者，有义务承担一部分土地建设的工作。所以，必须根据责任制后分户经营的情况，实行义务工制度，做为农业积累，主要用于农田水利基本建设。应规定户口在农村的劳动力，每人每年必须提供15天左右的义务工，由合作组织统筹安排，用于土地中、长期建设，农业基础设施建设。无法出工的，要按当地当时平均劳动日值向集体交纳代金。对不出工，又不交代金的，应给予适当的经济、行政制裁。

3. 建立土地有偿使用制度。为更有利于明确土地集体所有，更好地发挥合作组织管理、建设土地的功能，应该实行土地有偿使用制度。具体包括二项内容：一是建立有偿承包制度。规定农民凡承包集体土地从事种植、经营，都应向发包方交纳一定数额的承包款。二是实行土地有偿转让制度。应确认土地承包权、占有权和经营权可以分离、转让。允许农民在一定条件下（譬如在承包期内）可以保留土地的承包权，而有偿转让土地的经营使用权。创造条件使更多的农民退出土地，推进农业规模经营。

4. 建立耕地保护制度。对乱占滥用耕地，随意改变土地形态，掠夺性、破坏性经营土地的，给予必要的惩罚。对于自觉进行土地建设，培养地力，提高土地肥力的，给予适当补偿。

（二）进行土地调整，完善联产承包制

和顺反映的“有人无田耕，有田无人耕”，国家任务缺口年年增大，部分耕地过于零碎分散等问题，在全县有一定的代表性，有的还相当迫切需要解决。基层干部和我们的调查，都认为今冬明春，有必要全县统一部署，加强领导，在禾田区进行一次土地调整，进一步完善农业生产责任制。

这次土地调整，要从有利于调动农民的生产积极性，提高经济效益，有利于作物合理布局和耕作，有利于培养地力，有利于土地向种田能手集中出发。调整的重点，是解决责任制 7 年来，土地承包与人口、劳力变化不相适应的情况，达到“田有人耕，粮有人交”。农户承包土地，一般每户 3～4 块地为宜。同时要建立健全有关制度。今后要定期进行土地调整，每隔 3～5 年进行一次，使土地承包不断适应变化了的情况。此外，还要处理好“统”与“分”的关系，完善统一经营服务，发挥集体优势，为农户办好单家独户办不到、办不好或办不起来以及办起来不合算的事情。

（三）发展乡镇企业，壮大集体经济

10 年来，乡镇企业的崛起对推动农村经济起了决定性的作用，已经成为农村的主体产业。不仅加速了传统经济结构的改造，为广大农民提供了众多的就业门路，提高农村社会劳动生产成本和农民收入，而且壮大了镇、管理区、村、社各级集体经济力量，推动了农村各项改革和精神文明建设。可以说，没有乡镇企业的振兴，就没有集体经济的壮大，包括土地管理、建设等在内的许多事情也就不能办好，所以，必须继续大力扶持乡镇企业发展。

一些地处较偏僻，经济比较落后的村、社，可以通过开发性生产发展集体经济。由集体收回部分农民不想耕或耕不好的边远田、旱岗地、荒坡荒山，然后统一规划开发，实行投标经营，或直接投包给专业户开发经营，获得的承包款作为集体收入。

（四）加强培训，提高基层干部的素质

现有农村基层干部，特别是村委会、经济社一级干部，素质较差、水平较低，工作效率较低，直接影响党和政府的各项方针政策的贯彻落实，也影响对土地的管理。造成这种状况的因素很多，很复杂，其中缺乏培训，对党的方针政策和国家的有关法律法规，对本职工作不了解、不清楚是比较严重的一条。因此，在综合治理的同时，有必要加强对农村基层干部的培训。建议以镇为单位，规划在 1～2 年内，全面轮训一次经济社长、村委会主任和管理区脱产干部，对他们进行有关方针政策、法律法规、任务职能等方面的教育，提高他们的工作水平。

（本文作者张远航时任佛山农委科长，丁锦和时任南海县政研室主任，杨志平时任广东省农委经管科科员）

1989 年 8 月 20 日

承包机制与地力保护

黄浩新　吴荣赞

最近，我们小组到了我县典型的基塘地区九江镇，就土地的利用和管理的问题，进行了专题调查。分别选择了代表经济比较发达的南乡管理区金星经济社和代表经济发展较慢的敦根管理区进行具体剖析，在此基础上，召开了长期从事农村工作的镇干部以及管理区办事处抓农业的干部等各方面的座谈会，反复听取意见，共同探讨问题。调查的大量情况表明：基塘地区近年来经济发展很快，但地力保护却很差，基塘的良好生态环境开始受到一定程度的破坏。这种情况的产生，原因很多，但土地经营承包的机制不完善是非常重要的原因。

一、问题

九江镇有农户 15 500 多户，农业人口 52 000 多人，农业劳动力 35 000 多个。全镇有鱼塘 34 595 亩，基地面积 25 122 亩，稻田 10 039 亩，是一个典型的“四基六水”的基塘结构地区。在体制改革的推动下，九江镇的农村经济发展很快。1988 年农村经济总收入已达 4.51 亿元，为联产承包前 1982 年 9 197 万元的 4.9 倍。经济结构也发生了很大变化，1982 年第一产业和第二产业的比率为 43.3∶56.7，1988 年在农村经济高度发展中，农业生产本身的发展却极不协调。一方面，塘鱼生产年年增产，1988 年亩产 404 千克，比 1982 年的 261.5 千克，增长 54.5%；另一方面，基地生产却每况愈下，1982 年，全镇桑地 11 602 亩，1988 年据上报只剩下 5 945 亩（实则没有这么多)，1989 年只剩下 2 157 亩，减少 81.4%，产量也从 1982 年的 1 158.6 吨下降至 1988 年的 98 吨，下降 91.5%。甘蔗面积 1982 年为 7 777 亩，1988 年各方采取措施，才恢复为 5 021 亩，减少 35.4%。基地生产凋零，除了少数改种了水果、稻、蔬菜以外，大量种植象草，全镇估计象草面积达一万亩左右，每亩塘鱼平均种象草四成以上。有的实为变相丢荒。在这种“重塘不重基”，鱼塘超负荷使用，基地马虎应付经营的情况下，不但原来桑基鱼塘良好的生产体系受到破环，而且基塘的生态环境和地力，也开始受到不同程度的破坏，而且有恶性循环，问题越来越严重的趋势。

问题之一是鱼塘淤积越来越深，塘底越来越浅。因为农户养鱼高投入，饲料投入多，鱼塘残存的“宿隔泥”就多。而近年来基地已绝少上泥，淤泥“有入无出”加上基面年年崩塌，积泥天天增加，因此鱼塘淤积每年平均超过 10 厘米。敦根管理区调查，344 口鱼塘，目前泥深 30 厘米以下的仅有 17 口，占 2%，80%～90%平均淤积已达到 50 厘米，严重的已积淤 70～80 厘米。南乡金星社 121 口鱼塘，淤积 30～50 厘米的 45 口，占 38%，淤积 50～30 厘米的 66 口，占 54.5%，淤积 80 厘米以上的 9 口，占 7.5%，大家推算，全镇 9 500 口鱼塘，估计淤积 49 厘米以上的占 70%，淤积 80 厘米以上的占 10%～15%；

一些地方反映，由于鱼塘淤积多，很多已不能干塘捉鱼，只有深水刮鱼，少数淤积多加上污染大的鱼塘，已不能养四大家鱼，只能养埃及塘虱了。

问题之二是塘坎年年崩塌。因为塘浅，农民养鱼密度大（过去每亩放养鱼种 1 200 尾，现在一般放养 2 500 尾），水面就越灌越满。长年水拍超基，一般每年崩入 20～30 厘米，严重的 40～50 厘米。南乡金星社调查，几年来塘坎崩入 50 厘米以上的占 80%，敦根管理区也占 48%。由于塘坎年年崩塌，基地年年缩窄，可耕面积减少，单基路面一年比一年崩烂难行。全镇估计，目前不是主路的单基（因为主路的单基集体还经常修理）也有 40%～50%只有 50～60 厘米阔，有的无法行人，有的勉强用泥包堵着，否则塘塘相通了！

问题之三是基面日渐瘦瘠，地力严重下降。过去基面一年上几次泥花，一两次大泥，土质松软肥沃，种什么作物都早生快长。这几年，全镇 24 000 多亩基地，上泥的不到 20%。敦根管理区调查，全区基地 584 亩，过去是 20%种蔗，80%种桑，现在桑不种了，甘蔗很少，大部分种了蔬菜和象草，承包近 10 年，只有 68 亩上过泥，占 18%，有 316 亩一次泥也未上过，占 82%。南乡管理区金星经济社的基地近年基本改种了大蕉。1985 年亩产 3 569 斤，以后逐年递减，1986 年 3 301 斤，1987 年 3 000 斤，1988 年 2 974 斤。有的长年种象草的基地，泥硬如铁，土质已严重破坏！

淤积塘浅，坎崩路烂，基塌地瘦是一种恶性循环，任其发展下去，前人艰苦劳动创造出来的“四基六水”的良好生产格局将会毁坏，干部群众对此非常焦虑。在调查和座谈中对这个问题反映强烈，是各级党委和政府重视这个问题的时候了！

二、原因

造成基塘地区生产环境恶化，地力下降的原因是多方面的，在调查中有的认为：是我们没有按价值规律办事带来的惩罚，是桑、塘连作生产结构受到破坏的结果；有的认为：是农村发展了工业，大部分壮年劳力都转到二、三产业去，变成了老人农业的客观反映。这些看法有一定的道理，反映了一些客观的东西。但是，进一步从主观上去检查，也是我们在建立联产承包时经验不足，制度不完善，缺乏一种机制去加强地力保护的结果，如果这种机制处理得当，情况可能会好一些。基塘地区的承包机制有哪些不完善呢？根据调查，主要有如下 4 个方面；

（一）土地的权属不清

虽然土地管理法明确规定：“集体所有的土地依照法律属于村民集体所有，由村农业生产合作社等农业集体经济组织或村民委员会经营、管理”。但实际上，土地的权属仍混乱不清，并且直接影响了土地的建设和保护。

首先是这个集体指的是谁？照理应该是原来发包的生产队，但近年农村体制多变，公社体制已改革，生产队已取消，不属一级所有，代之而起的应该是近年新成立的经济社，如果原来是一个自然村一个生产队，现在改为一个经济社，就没有矛盾；如果原来一条自然村分为几个生产队，规模很小，现在以自然村建一个经济社，问题就比较复杂。一个是实际上的所有者——原生产队，一个是法律上指定的所有者——经济社。前者规模小，干部弱，要管也管不了；后者规模适中，干部较强一些，要管暂时也管不着。

其次是土地的所有权和经营权分开以后，权利义务也不清。出现了所有者无权，经营者无责的状况。

土地所有者行使土地所有权的权力，目前来自上下两方面的干扰和抑制。一是来自上边各级政府权力的干扰，要拿就拿，要变就变，一些集体干部根本不敢相信土地真正是集体的，也不会将土地作为自己的财产去爱护。我们在金星社找了一些社干部座谈，问他们："你们是集体土地所有者的代表，目前鱼塘天天崩烂，为什么你们不重视维修?"他们回答说："一雷天下响，哪里都是基崩塘烂，将来国家一定想办法，我们有什么权力和财力?"二是来自农户的抑制。土地所有权的经济体现是地租，这个镇的农户为什么普遍赞成分包，反对投包。分包就是平均地权，不用交地租，只按集体统一交纳的土地税和共同性的生产费用，"以支定收"，投包则通过农民之间的竞争，真正体现出租耕土地的价值——投金。所以普遍分包的结果，集体既无权又无利，所有权体现不出来。以敦根管理区为例，这个管理区共有 913 亩鱼塘，384 亩基地，去年 6 个生产队都是分包，农户的承包款共 9.33 万元，每亩平均 72 元（一般投包每亩租金 700～800 元，分包的承包款仅为正常租金的 10%多一点），而集体要负担的土地税 3.12 万元，水利堤围、排灌费 4.38 万元，其他支出 2.13 万元，共 9.63 万元，还要超支，历年的积累一年年垫支也用光了，更谈不上拿资金去搞农田建设和有计划维修基塘了。

土地的经营者对土地的维护也无责。基塘地区农民对土地的态度与产粮区不同，因为塘鱼价格已放开，土地的价值高，农户之间的转让一般每亩每年要收回地租 500～600 元不等。于是土地在农民心目中变成了这样的怪物。从土地的份额来说，则认为自己是土地所有的一份子，有权分享一切，不能平均分给我一份地（我不耕也可以转让——出租）也要分给我等份的钱。从具体对土地的经营来说：则认为土地是公家的，不是自己的。对土地的投入，重当前，轻长远，重生产投入，轻基建投入。一切投入，以承包期内获取最大限度的经济效益为度。塘崩了，基烂了，农民也修葺一下，但只要能勉强耕下去就算了，谁也不作大的投资！南乡管理区金星社有一个数字很说明问题；这个社鱼塘的生产性投入，平均每亩 600 多元，而基建性的投资，分塘 6 年，只用了 189 600 元，亩平 48.5 元，年亩平 8 元。敦根管理区普查：几年来农民没有一户的鱼塘用石砌基，筑红砖的只有 60 米（期满可以拿走），筑石塘水泥板的有 748 米，用塑料袋载泥筑的 175 米，总投资不过 6 805 元，亩平 7.5 元，微不足道！

（二）土地的经营方式不适应

由于九江镇的农户普遍有一种平均地权，平均占有土地地租份额的意识。因此，全镇原来 347 个生产队，开始时基本上是平均平鱼塘底产，户户有一份塘能经营方式，这几年镇的领导加强这方面的工作，陆续有一些社队改为投包，但进展很慢，到目前为止只有 70 个社，仅占 21.9%。由于普遍采用分包的经营方式，不论够塘分的社还是不够塘分的社，人人一份，分耕、轮耕、联耕、转耕各种情况都有，这种分散的经营方式，开始时问题还不大，随着经济的发展，它的矛盾就越来越突出：

首先，分包使鱼塘生产在大部分农户家庭经营中成了副业生产，附带收入。南乡管理区排队：全区 2 562 个劳动力，已转移到二、三产业的劳动力有 1 744 人，占 83%。留在农业的大部分都是附带劳动力。金星社以户排队，全社 158 户，全家务农或主要劳动力务农的只有32户，占20.2%，只有一个劳动力务农的43户，占27.2%，全家已外出，只有一个附带劳动力在家管家务兼务农的23户，占14.5%，无人在家务农60户，占38%。敦根管理区好一些，全家务农的占28.7%，主要劳动力务农的占31.4%，只有附带劳动力或基本全家外出的占41.9%。在九江镇，大部分农户是以外出谋生为主，家里耕口鱼塘，早、午、晚放点饲料，看看水色，或者靠老人照顾一下，变成了早晚农业，老人农业。这种经营方式，进一步提高产量已成问题，更谈不上上泥改土，修葺塘基等基本建设。

其次，分散经营，一户一口塘，要想砌塘拍坎整基也不可能。农民反映，现在一户只得一口塘，不但没有办法几级轮养，年底干塘也没有地方养鱼格，要立即清塘，马上灌水、马上放鱼，没有一点间歇的机会，不但腾不出时间来“挞坎培基”，鱼塘一年365天都灌满水，塘基有什么办法不崩！南乡金星社有一个社干部去年曾经下决心带头收复塘基、干塘后马上挞坎，过几天才放水，哪料时间太短，挞了的塘坎不久也塌了，他们说：“不解决户户耕一口塘的格局，要有计划地整治基塘也难!”

（三）土地的管理制度不严

过去，我们对两权分离缺乏全面的认识，只看到它能够充分调动经营积极性的一面，看不到它容易诱发短期行为和掠夺性经营的一面，忽视制定一些必要的管理制度去扬长避短，加以调节和抑制，使土地所有者——集体建设土地的功能得不到发挥；土地经营者——农户的短期行为和掠夺性经营得不到限制，土地受破坏的问题就越来越严重。

土地是一种生产资料，它在使用过程中也是有磨损的，也应该和其他生产资料一样得到补偿。即土地所有者应通过有偿承包或地租的形式掌握一定的资金，以其中的一部分用于土地的补偿——维修或建设，只有这样，作为生产资料的土地才能维持“寿命”。我们过去对这点不明确，没有一些严格的制度。搞分包的集体没有钱，甚至将家底都吃光；搞投包的虽有钱，也全部分光，没有多少财力去投入土地建设，比之旧社会“太公”投塘后也指定一笔款作修复基塘之用也不如，不能不说是一种失策！

在所有权和经营权分离的情况下，在发包土地时，我们没有针对农民容易出现短期行为和掠夺性经营的问题，对经营土地者明确规定严格的土地使用和管理责任，包括不能大量种象草，不能丢荒，不能损坏原来的基塘结构，每年要上多少次泥，保护地力等，经营者损坏了土地，没有约束和处罚，没有规矩，也不能不说又是一种失策！

（四）有包而不管的偏向

从领导工作上去检查，这几年不少同志认为：土地包下去后农民会种养，不用管也管不着了，因此，对承包过程中出现的矛盾和问题，不重视及时解决，有的地方明明在农民内部利益关系上出现了很不合理的问题，有的地方土地大量丢荒或变相丢荒，有的地方基塘损坏情况比较严重，有的地方县政府规定的农业发展基金不落实，要分就分等等，领导也感到无能为力，认为无法管也管不了！这也是使承包机制问题多，不能及时得到完善，土地保护问题越来越多的一个原因。

三、出路

上述矛盾和问题，九江镇的基层干部是看到的，心情也焦急，对于只有转换承包机制，才能逐步解决基塘地区土地管理存在的问题，大多数同志也是统一的。南乡、上东、下东几个管理区的干部认为，改分包为投包，改分户耕塘为专业承包耕塘，改基塘分离为以塘带基，改土地承包没有土地维护责任为有维护标准和责任，集体拥有资金要有计划地建设土地；经营者也有责任维护好土地，问题才能逐步解决！

影响他们下决心的是土地延长了承包期而目前又普遍未满期的问题。1984 年延长土地承包期一定 15 年时，这个镇很多基层干部思想不通，是县镇两级下去做了很多工作才干的，不少管理区的支部书记和当时的生产队长签了字保证 15 年不变，下边才愿意延长，目前全镇 341 个生产组中，1989 年到期的只有 11 个，1990 年到期的只有 32 个，1991 年到期的 160 个，1992 年以后到 1999 年到期的 141 个。面对这种情况：他们考虑，如果不管承包期满不满，今年马上动手，全面改为投包，这牵涉到严肃的政策问题，不好下决心，但是，如果一律都等到承包期满才转变，问题越积越多，基塘越来越受到破坏，也不是办法。最近，他们参加了全县基塘工作会议，经过多方面的研究，准备采取如下 4 条措施：

1. 对今明两年到期的 43 个生产组，加强领导，办好转变承包机制和有计划修复基塘的点，为今后全面转换机制摸索经验，做出样板。

2. 适当缩短承包期，经过思想发动，通过一定的会议形式，全镇将 1991 年以后期满的生产组一律改为 1991 年期满。使改变承包机制有个缓冲期，干群也有个思想准备。

3. 凡是目前已采用分包形式的，取销塘鱼任务后的任务差额归农户所得而未作调整的，为了使集体有一定的财力，以后有计划地开始修复基塘，决定按原来定的鱼塘底产为基数，按市价 80%～90%计算上调，一直坚持到 1991 年转为投包为止。

4. 认真抓好农业基金和鱼塘修复基金的提留和使用，不论哪个社（组）都要把全部基塘排队，做出分期整治的规划，按照本社（组）财力状况，逐年修一批，有计划地进行收复工作。

（本文作者黄浩新时任南海县农委副主任，吴荣赞时任南海县农委科员）

1989 年 9 月 10 日

农地权属、流动、经营要注意的问题

郭荣昌

一、对南海土地问题调查的看法

最近，南海试验区围绕着土地制度建设问题分别组织人员到围田地区的大沥镇、丘陵地区和顺镇、基塘地区的九江镇进行深入细致的调查研究。大家反映的调查情况，有分析、有观点，有的还提出了解决问题的意见。我省的土地制度建设确实存在不少问题。例如，土地的权属问题就没有进一步明确，由于权属不清，引起了一些纠纷，影响了社会的安定。又如土地的使用问题也没有很好地研究和解决，现有的土地如何进一步发挥它的潜力，如果管理不好还会受到破坏。再如，土地的建设也存在不少问题，现在已到了非抓不可的时候。如何完善双层经营的体制？这里面有很多带有很强的政策性问题。通过这次调查，提高了我们对完善家庭联产承包责任制重要性的认识，使我们进一步认识到“明确土地的所有权，搞活土地的使用权，加强土地的管理权”十分重要。这三个方面的工作搞好了，我们不但能保护好国土，保护好现有的耕地，而且可以进一步挖掘土地的潜力，提高土地的产出率，推动农业生产的发展。这次调查是很有现实意义的，对县、市、省今冬明春以至明后年的农村工作，尤其是对如何加强土地的管理、使用问题具有指导意义，将促进各地土地制度的建设。调查材料还揭露了当前土地管理中很多要害问题，这些问题过去有的也看到了，有的也抓了，但是没有认识得那么深刻，抓得也不够落实。如果我们通过这次调查能引起各级领导对这一问题的重视，并有计划、有步骤地逐步把这些问题在全省范围内加以解决，加以落实，南海试验区就起到了试验、示范、推动的作用。

二、解决土地制度建设，必须注意的几个问题

在处理和解决土地制度建设问题时，必须遵循党的十一届三中全会以来的路线、方针、政策，坚持党在十三大提出的基本路线和十三届四中全会精神，遵循江泽民同志的国庆讲话精神，具体来说，要注意以下 5 个问题。

第一，要保持农村政策的稳定性、连续性。

要保持农村政策的稳定性、连续性，最主要的是对农村以家庭联产承包责任制为基础的双层经营始终不能动摇。对家庭联产承包责任制问题，至今有些人的认识还没有统一，前段有的人认为，家庭承包制的潜力已经挖尽，不能进一步调动农民的积极性，主张实行“土地私有制”，对此，我们历来是不同意的，是抵制的、批判的。最近又有人认为家庭联产承包责任制不符合社会主义方向，脱离了社会主义公有制的轨道。这也是一种偏见。这两种倾向对家庭联产承包责任制产生动摇。如果不消除这两种倾向的影响，就谈不上保持农村政策的稳定性、连续性。我们在强调保持农村政策的稳定性、连续性的同时，还要进一步完善、发展家庭联产承包责任制，建立和健全产前、产中、产后社会化服务体系，积

极稳妥地推进适度规模经营。

第二，要有利于农业生产的发展。

我们判断土地制度建设搞得好不好，是否正确，主要的标准是看它是推动了生产力的发展，还是阻碍、破坏生产力的发展。土地的管理、使用、承包、转让怎么搞，都要根据当地生产力的发展水平和群众的觉悟程度来考虑，有关土地制度的措施、方案，如果不利于农业生产的发展，就必须慎重，不能重蹈过去那种蛮干的覆辙。

第三，要实事求是，从实际出发，自愿互利，走群众路线。

土地制度建设，要从实际出发，实事求是，自愿互利，走群众路线，不要搞攀比，不要刮风，不要一刀切，土地承包期原来说一定 15 年，这在当地对稳定民心、消除怕变的思想起了重要作用，现在看来，从上到下规定一个统一的土地承包期 15 年不变的政策，不完全适应农村经济和农业生产力发展变化的新情况，不利于发展生产，这就要从实际出发，妥善处理。对此，省委曾批转省委政策研究室的报告，认为土地承包的年限不宜从上到下一刀切，从实践的结果来说，从上到下规定一个承包期限是不切合实际的。应由土地所有的集体单位根据农村经济结构的变化和农业生产发展的要求以及群众的意愿，确定缩短或延长所属土地的承包年限。过去按土地承包期一定 15 年硬性贯彻下去，现在要改变是有一定困难的，我们要将情况向群众讲清楚，如果把已出现的矛盾拖下去不解决，对农业生产很不利，会产生更多的问题，只要干部群众认识提高了，要求调整了，这样就好办了。

关于规模经营问题，放开价格的经济作物，如水果、蔬菜、塘鱼、畜牧业等，搞规模经营、集约经营比较好办，我省各地都搞得较好，但粮食生产搞规模经营就十分困难，粮食生产的规模经营，现在受到很多制约，不要硬来，还是先在边远田、田多人少的地方进行试验。

第四，坚持依法办事，保护国土，保护耕地。

目前已有《土地管理法》《环境保护法》，现在存在的一个突出问题是有法不依，有很多法规没有落实。凡是中央有了法的，我们要坚决依法办理。另一个问题是无法可依，对有些中央还没有立法的重大问题，我们要积极反映意见，有些属省内的问题，比如农村经济合作社，上面没有立法，我们省应搞个法规或条例，不然没有人承认。什么经济合作社，经济联合社，工商局不承认，外经委不承认，公章盖上去也无效。总之，今后中央有规定的就按中央规定的去办，上面无规定的，可以暂时搞些村规民约，总的是要依法办事，不要个人说了算，也不要朝令夕改。

第五，加强领导，典型带动，逐步推进。

分包改投包，基塘连包问题，这方面中山小榄有经验。南海本身也有经验，这些都需要加强，典型带动，逐步推广，通过试点，摸索经验，农村干部群众接受了，就可以推广。如果干部群众还没有接受就硬性推广，效果是不好的。

三、对几个具体问题的意见

1. 土地权属问题。这主要是原来生产队的土地权属怎样解决？大沥镇调查占 84%的经济合作社是一队一村建一社的，这个经济社作为发包单位是没有问题的，还有 16%的经济社是两个队以上建一个经济社的，这种情况怎么办？要妥善处理好，明确土地有权属，同意你们提出的三点意见，即一要办理合法手续，按《土地管理法》规定，颁发土地证；二是实行有偿承包，使土地所有能在经济上有所体现；三是明确所有者和使用者双方的权利和义务。

2. 土地经营问题。土地承包的年限，按省委批转政策研究室的文件精神，可把承包年限的权下放给土地发放单位，由他们自己确定，可以突破承包期15年这个规定，哪种类型土地适宜15年，哪种类型土地适宜10年，由发包单位决定，有些承包合同如经济作物、塘鱼的价格发生了变化，或者原来就订得很不合理、有失公平，在群众充分讨论的基础上，也是可以修改的，这并不违反合同法。就目前情况看，对土地的承包，适宜大稳定、小调整。承包制进行了七八年，产生了很多矛盾，不适当解决不行，对开发性生产，经营水果、鱼塘、畜牧业以及其他经济作物的，开始就要搞投包，有条件的还要搞适度规模经营。

3. 土地流动问题。现在土地有流动，面积不大，难度却很大，勉强去搞，勉强集中，勉强流动也不行，还是从实际出发，不要急于求成，不要用行政命令的办法，要创造条件，等待机遇，积极引导，要有措施和办法去促进土地合理流动。

4. 保护土地，提高地力。大沥调查提出的5条措施，我同意，并补充一点意见：要提高地力，就要搞达标承包，提高地力要有标准，达到或超过标准的要给予奖励，达不到标准或地力下降的要处罚，要鼓励农民多施土杂肥。澄海县实行的多施农家肥、土杂肥就多供应化肥的经验很好，值得各地学习。现在有的地方不施农家肥，粪便横流污染环境，要采取措施把这些横流的粪便下到田里去，以增加土地的有机质。

会议提出的建立基本农田保护区的意见很好，以镇或管理区、经济社为单位，划定基本农田保护区，经群众讨论，上级审查，人代会批准实施，把大片农田保护起来，除了军事征地或国家修路征地外，其余一律不准动用。

最后讲两个请大家引起注意的问题。

一是镇、管理区、经济社办的企业，在使用劳动力方面，特别是一些骨干企业、比较稳定的企业，应该使用本地的劳力，这对转移农村劳力，促进土地流动有好处。

二是经济发达地区的以工补农和集体再分配问题应研究改进。一亩补一百几十元，农户拿去雇工耕种都可以赚钱，农民种田还有什么积极性？要把以工补农改为以工建农、奖农，不要把钱补在水费、电费、肥料、农药、种子等方面，这些东西农民可以承担得起，一般正常的生产性投入由农民自己解决，集体应该把资金集中到兴修水利、大的农田基本建设，改造低产田，推进农村的机械化、电器化以及科学技术的研究、推广，扩大乡镇企业生产这些方面来，使投放真正提高生产力，经济发达的地方也不要分那么多钱，要考虑扩大再生产，这也有利于抑制消费。

（本文作者时任广东省委副书记，本文为其在南海试验区土地制度建设座谈会上的讲话）

1989年10月6日

总结经验　搞好土地制度建设

杜瑞芝

一

南海试验区农村土地制度建设问题的调查材料。我都看了，很好。这次调查，就农村土地制度建设提出了8个方面的问题，提得比较全面，如土地污染问题，还是第一次有人这么提。通过这些材料，我们首先了解到目前农村土地制度建设包括的内涵；其次，可以了解到南海县三种类型地区在农村土地制度建设若干问题上的统一性和差异性，从而，对农村土地制度建设问题的认识上有个基础和轮廓，为今后进一步研究，有了一个良好的开端。所以，我觉得这次调查搞得好！

这次调查，原是为解决耕地，尤其是粮食耕地规模经营问题而提出的，是一个极其重要的问题。在这一方面，调查报告提出了符合实际的看法和建议。我看，土地规模经营问题确实要慎重。目前，粮食规模经营难度确实很大，许多条件还不充分，时机也不成熟，硬搞规模，不但不会成功，还会有危险，应当把土地制度建设摆在重要地位抓起来，求得解决。

1984年以来，农村出现了新的情况，就是农村经济是全面地发展了，这是必须首先肯定的。但农业却出现徘徊，特别是粮食生产。我省这两年粮食的形势好了一些，一是保住了面积；二是党政各级、各部门积极抓粮食生产，投入了很大的力量。还有就是气候条件好一点。但是，我看还没有根本解决问题。只要稍为放松，可能就会掉下来。粮食问题的症结在哪里？过去总是把问题归结到价格上，即一个是工农产品不等价交换，主要是农用化肥等；一个是农业内部比价不合理。当然，价格问题确实是一个大问题，不按价值规律办事，农业尤其是粮食生产是搞不上去的。但我看，并非是唯一的问题，在当前情况下也是无法解决的。有人提出适度规模经营问题，认为在发达地区是有条件解决的。我们也搞了试点。现在看来进展十分缓慢，主要是条件还不具备，时机也不成熟。硬逼着上去是行不通的。

今年省委农村工作会议提出，农村深化改革的主要内容是稳定和完善联产承包责任制，搞好基层组织建设，建立健全社会化服务体系，推进农业科技。农村工作这样搞，就搞对头了。南海试验区经过这次调查，又提出解决问题的试行方案，在试验区先行一步，很好，很及时。

二

从农村经济的发展路子看，许多问题需要继续探索。有一点是肯定的，就是必须考虑吃饭问题。中国确实存在一个吃饭问题。并不是温饱问题解决了，就不存在吃饭问题了。吃饭问题始终是中国的一个长期的问题。经济富裕了以后，收入多了，也还有一个吃饭问题，即有了钱不等于就有丰富的粮食供给。道理很简单。我国是一个大国，人口很多，而且天天在增多；耕地很少，而且天天在减少。这是个大问题。必须要有足够的面积种植粮食，稳定一定的粮食播种面积，这是稳定粮食生产的必要前提。广东过去有些人主张粮食全部自给，这是不可能的，也有另一些人有种幻想，就是认为广东可以不种粮食或生产很少粮食，改种优质高值的经济作物出口创汇，然后拿外汇进口粮食。我对此表示怀疑。这条路至少在相当一段时期内是行不通的。在目前国家这么困难的时期，创了汇首先得交给国家，不能拿来买粮食。珠江三角洲是一个经济作物区，同时也是产粮区，它又是一个粮食消费量很大的地区，特别是饲料粮的消费。不种、少种粮食，怎么行得通？我看，还得种粮食，还得稳定一定的粮食播种面积。这里就涉及如何强化土地管理，管住滥征滥用土地的问题。

自从实行联产承包责任制以来，农村经济发展很快。但这几年中农民存在一种急功近利的短期行为，产生了负效应，农业的基础设施受到损害，地力下降，水利设施老化、失修，可以说付出了长远利益的代价，去换取眼前利益。针对这种情况，中央提出，在整治过程中，必须强化农业的基础地位。首先是个农田基本建设问题，还有一个地力保护问题。现在珠江三角洲农民种田，大都以化肥为主，很少下农家肥，绿肥也不种了，地力下降很大。我到浙江，看到他们绿肥种得很好，经了解，他们是采取“双核算”的办法，即把乡镇企业工人的奖金与绿肥的种植面积挂起钩来。因为浙江农村农民家家户户都有人在乡镇企业当工人。加上农业服务体系的建立，这样，效果很好。我们的绿肥为什么种不起来呢？这是个关系到地力保护和建设的大问题。

三

这次南海试验区农村土地制度建设的调查搞得很好，农村土地制度建设也已经有了一个试验的总体方案，但还有一个落实的问题。我赞成郭书记刚才讲的，要发动群众，走群众路线。通过揭露存在的问题，使群众认识到，不搞土地制度建设不得了。使群众明白厉害关系，使我们的正确政策变成群众的自觉性实践。

这次调查，提出了农村土地制度建设的三个方面：明确所有权，搞活使用权，强化管理权。我看提得好。现在，农村土地的权属问题，确实是谁都没搞清楚，谁都说不清楚。过去农村是“三级所有，队为基础”的所有制，现在是村本位合作经济的集体所有。土地的所有权，一是表现在经济利益上，叫地租，这是所有权的表现形态；二是必须要有明确的法律界定，目前的土地管理法弹性很大。我看，集体土地所有权是一个不完整的所有权，土地的使用经营权可以转让，但所有权不能够转化为私有的，集体和集体之间以至于和全民所有制之间是可以流通的；也不能够说这块地方的土地是我这个“集体”的，开个社员代表大会，通过了，就可以想干什么就干什么。比如说家家户户盖房子，任意侵占耕地，依土地管理法，即使社员代表大会通过，也是非法的。因此，还须有一个明确的法律来管理土地。土地的所有权转移、利用形态的改变、用途的更改等，要有法律界定。土地的所有权明确问题是个突破口，也是一个关键。与此相联的其他各方面问题，必须很好地调查研究，搞出个方案来，经过实践，总结经验，把土地制度建设工作搞好。

（本文作者时任广东省顾委副主任，本文为其在南海试验区农村土地制度建设座谈会上的讲话）

1989 年 10 月 6 日

对南海县土地制度建设的思考

徐敬清

省、市、县三级联合调查组，从7月上旬至8月上旬，用了近一月的时间，对我县土地问题进行了一次较为综合性的调查。调查的内容是实行家庭联产承包责任制以来在土地利用问题上产生的各种矛盾，研究土地制度建设的对策。就是在“三级所有，队为基础”的人民公社体制取消以后，实行家庭联产承包责任制的新形势下如何加强土地管理，探讨当前完善土地承包制需要解决些什么问题，探索长远的农村土地制度建设的新路子。

根据我县的实际，这次调查选择了有代表性的三类不同的地区：围田地区（近郊型）、大沥镇，丘陵地区（粮产区）和顺镇、基塘地区（经济作物区）九江镇，从调查的情况和大量数字表明，自从打破了高度集中统一的人民公社体制，实行家庭联产承包责任制后，使农业出现了转机，使我县的农村经济有了很大的发展，农民生活有了很大的提高，但同时也逐步暴露出很多问题，迫切需要进一步加以完善。

一、克服困难，稳妥推进

加强土地建设是一项系统工程，涉及面广，政策性强，工作量大。推进土地制度建设既有思想认识问题，有来自小生产、小农经济习惯势力的阻力，又有很多实际问题，因此，既要研究一般措施办法，解决一些实际问题，又要从法律制度上作一些规定。土地制度建设实际上既是眼前需要解决的实际问题，又是一项长期的任务，因此在指导思想上既要认真，积极推进，又要慎重，不能操之过急，应有计划有步骤稳妥地进行，通过试点，摸索经验，逐步推进。

二、实施步骤和措施

1. 加强基层班子建设，提高农村干部队伍管理水平。完善土地制度，大量工作在基层，因此，健全镇、管理区、村社三级管理组织，强化组织职能，提高工作效率，调动基层干部的积极性和能动性十分重要。前段时间我们花了3个月的时间抓了基层“两改三建设”的工作，为今后土地制度建设打下了良好的基础，除了要狠抓落实外，计划以县和镇分别培训基层干部，提高其政治素质、工作能力、工作效率，把土地制度建设列入干部岗位责任制。

2. 制定有关加强土地制度建设，推进土地规模经营的若干规定和意见。为了使土地建设制度化，我们将制定《南海县农村土地制度建设总体试验方案》和若干分方案，内容有6个方面：

（1）完善土地产权制度。制定土地所有者和土地经营者的权、责、利，纠正所有者无权，经营者无责，对土地实行掠夺性生产的行为。

（2）建立农业发展基金，增加土地投入，搞好土地建设。

（3）制定有利于搞活土地承包经营的规定。

（4）加强土地的保护与管理。

（5）促进土地流转和适当集中。

（6）加快农业机械化进程规划，促进适度规模经营。

上述有关的试验方案，先由县统一制定草案，在几个镇选择几个点试行再修改补充，然后以正式文件下发各镇，由各镇、管理区、村、社根据县的试验方案制定实施细则或乡规民约加以充实。

三、加强领导，精心指导

农村的第一步改革取得了可喜的成绩，但由于经验不足、在土地制度建设问题上暴露出不少矛盾，确实到了非抓不可的地步，这些矛盾不解决，将严重阻碍生产力的发展，约束农村经济的发展。为此，各级必须统一认识，加强领导，精心指导，提高干部群众对农业基础重要性的认识，使广大基层干部帮助农民克服无政府主义、极端民主化、平均主义思想，树立以深化改革、发展农业为荣，丢荒弃耕为耻的风尚，使我县土地制度建设日臻完善。

（本文作者时任中共南海县委副书记）

1989 年 10 月 6 日

从实际出发解决农村改革试验中的问题

郭荣昌

刚才同志们谈了试验区今年工作的指导思想、下一步的安排以及几个值得注意的问题，我基本同意，可按照这个路子继续搞下去。马恩成同志谈了山东的经验，结合广东的情况搞两个一体化（即城乡一体化、贸工农一体化）试验的问题，作为充实、深化我们试验区工作的内容，很有意义。欧广源同志谈了佛山发展农业的4个问题，很有参考价值，这都要结合起来研究。通过研究，充实我们试验区的工作内容，把我们试验区的工作在前一段的基础上再提高一步。我现在讲三个问题。

一、工作成效

前段时间我们试验区做了不少工作，取得了一定的成绩。当然，这不在于我们有什么新的口号、新的花样，而在于我们能实实在在结合广东、佛山、南海的实际，实事求是来研究农村深化改革中所遇到的问题，而且，通过调查研究，总结出一些成功的经验，或者研究解决一些遇到的问题，这对我们全省农村的深化改革起到了指导作用。比如说，前段对粮食规模经营的试验，我们经过调查研究和一些点的实践后，认为我们广东，或者说珠江三角洲这么一个商品经济比较发达的地方，现在更大面积地搞粮食生产规模经营是不可能的，所以我们因地制宜，从实际出发，只作了一些试验，而没有大规模地推行，也就是说，这给我们提供了一些决策的依据，避免了盲目性，增强了自觉性，避免了一些失误，这是一个方面。另一方面是农村土地制度建设的试验。家庭联产承包之后，搞好双层经营一个很突出的问题是土地制度建设问题。我们在试验中，逐步摸索了一套在农村双层经营的体制下，以家庭联产承包为基础，加强土地制度建设的经验，这不单在南海，而且我们取得了全省对这个问题的共识，形成了省委的一个文件（即省委批转省委农村部《关于完善农村集体土地经营管理体制的意见》）来指导全省这方面的工作。第三方面是在贸工农一体化方面也是我们的一个试验内容，尽管我们前段在建设农村外向型商品生产基地方面遇到了困难，但我们也探索了一些规律和经验，或者是说找到了一些问题。现在有些地方，有些项目已经开始有了突破。里水宝鲜公司和蔬菜基地逐步走上了正轨，起码企业能够站得住，经营本身不会亏损，有了社会效益，为蔬菜的生产、加工提供了销路，农民得到了利益。现在的蔬菜不是没有销路，而是货源不足。假如我们把品种搞好，按季节调整好，把货源组织好，不单在里水镇，而且可以带动其他的一些地方，比如三水、增城，甚至带动其他一些山区县，形成龙头。顺德县北滘镇搞分割鸡加工出口创汇，这也是个大龙头。虽然有些项目的试验还不够完整，但已经有了新的开端，探索了一条路子。对南海试验区的工作应该肯定，我们的主要经验是什么呢？就是实事求是，从实际出发，密切联系我们本地的实际，进行研究、试验我们当前农村在深化改革中、在农业生产发展以及商品经济发展方面所需要解决的问题，我们不是悬空的、不是脱离实际的、不是空谈的，也不是先由上面定题目，我们再去做文章，这个经验很宝贵。我们今后在指导思想上还要坚持这样做，不管别人如何评价我们的工作，我们是实实在在脚踏实地做工作，不求名不求利。

二、当前试验区工作的内容

我同意刚才同志们提出的几个方面，但主要还是我们原来定的两个题目，要落实、深化、补充和丰富。一是土地制度建设问题，我们只是通过调查总结出来的一套意见，虽然某些方面也进行了一些试验，但大多数还没有真正落到实处，没有落实到每一个管理区、每一个经济社。所以现在是如何把土地制度建设一条一条地真正落实到基层的问题。如有偿承包、达标承包、积累机制等，这里面有大量的工作要做。二是贸工农一体化问题。可以把城乡一体化、社会化服务、流通、加工、农业机械化等问题纳入进去。贸工农一体化必须有龙头产品和龙头单位，一个县也好，一个镇也好，这样就可以把工业带动起来，把农业、加工业、服务行业、商业、内外贸也带动起来。搞农副产品出口基地，首先贸易要通，要有销路，以销定产。内外贸也好，如果没有销路，生产出一大批产品谁帮你卖？所以首先要有销路才能决定龙头，决定基地。首先是贸，然后是工、农，人家要求什么规模就怎么加工，用什么产品来加工，建设生产什么产品的基地，还要把科技兴农结合起来。山东寿光县经验，是连县级领导层一体化开发一个产业，由县里一个有威望的领导挂帅，几个产业就由几个领导挂帅，有虚有实，虚就是成立没有编制的领导小组，实的是领导小组有组织人事权、物资分配权、奖惩分配权、奖惩权等。由有物、有资金、有点的单位参加。比如养猪，就是食品、商业、畜牧、银行等部门串起来。把领导一体化的问题作为一个试验，应该说县一级是有条件的，把几套班子比较强的常委、主任、县长，挑选几个头头，这个项目归你管的，有关这个项目的部门也统统归你协调管理，产供销衔接起来，人财物组织起来，形成一个系列，由他协调指挥，克服每个部门各自为战的局限性，有利于发展有计划的商品经济。寿光县领导层体制改革方面的经验，结合你们的实际，请你们研究一下，领导层体制改革怎么搞，乡镇配套怎么搞。要克服只顾部门利益不顾全大局的倾向，要把有关部门组织起来，变被动为主动。我建议你们南海县，借鉴山东寿光县这一经验，就如何搞好县领导体制改革，实行领导一体化的问题进行试验。

三、明确领导，加强领导

市里现在已经明确由市委常委欧广源同志负责抓这项工作，县里也要明确领导，省里还是由我和马恩成、唐启洪同志负责联系。中央已有机构，县里也有机构有人去具体做这个工作。我们大家几级要加强联系，把上面谈到的几个问题解决好，齐心协力把试验区的工作做好。

（本文作者时任广东省委副书记）

1990年10月22日

实现传统农业向现代农业的转变

欧广源

佛山的南海农村改革试验区应是围绕提高传统农业，发展现代化农业的需要进行改革试验，尤其从“八五”期间、90年代，整个佛山的农业研究的趋向就是如何提高传统农业和发展现代化的农业。佛山的农业按照中央原来部署，分两步走。第一步就是自给的生产要向商品化的农业转变；第二步是传统农业要向现代化的农业转变。作为佛山，我认为第一个转变已基本实现了，全市的农业商品化已达到85%以上，下一步应该以传统的农业向现代化的农业转变。所以，我认为南海试验区所研究的也应是向现代化业转变的课题。佛山下一步发展农业的指导思想和工作重点是：

一是科技的适用技术如何普及，以及农业新品种的引进和开发。例如，顺德的陈村镇，这几年狠抓了优质鱼的引进，加洲鲈鱼、桂花鱼、淡水石斑鱼，今年又搞了一个青竹鱼，2 000亩的优质鱼等于1万亩普通鱼塘的总收入，明年计划再搞2 000亩。水稻也好，甘蔗、鱼塘、畜牧业也好，都存在一个培育引进、开发新品种的问题，有了新品种就有较大的突破。听马恩成主任讲，山东的小麦、玉米引进了新品种。原来亩产700～800斤，现在达到1 000多斤，使整个农业有了突破性的进展。我们各级要重视对农民进行适用技术的培训，我认为农民是愿意接受的。

二是下一步农业要抓社会化服务。因为我们搞的是商品性农业，现在农民对种植感到问题不大，尤其担心产品的销售，如刚才邓文初同志讲的，少的对候，价格高也能卖得出去，多的对候价格低也卖不出去，物贱伤农，所以下一步要考虑如何抓好社会化服务，尤其是农副产品的流通，要做好这方面的文章，要通过国营、供销社的主渠道和个体二道贩子。“没有主渠道就不稳，没有多渠道就不活”。除了发挥多层次、多形式、多渠道搞活农副产品的流通外，还要抓好农副产品的加工。农副产品的加工是一个方向，它的社会效益大，但企业效益较低。因此起步阶段需要各级给予优惠政策来扶持，当然，我同意刚才邓文初同志的讲话，如果一个企业长期靠输血是不能长久的，但在起步阶段要帮一帮，南海的里水比较重视农副产品的加工。顺德也很重视这项工作，现在是搞鸡分割，下一步是搞烤鳗鱼，销往日本，每年分割500万只鸡，整个养鸡业都带动起来了，明年底希望就达到1 000万只，单是养鸡的产值就达到0.8亿～1亿元，他们去年农业增幅40%多，这与他们农副产品加工流通的龙头带动作用分不开。社会化服务重点是在流通，现在农民担心的不是种不了，而是怕卖不出去，这是主要矛盾。

三是抓好农业机械化。南海里水宏岗经济社搞了三机服务（拖拉机、收割机、插秧机），顺德搞了一个鱼塘清淤机代替了几百年来靠用人工挖泥的笨重劳动，如果水稻的三机和鱼塘的清淤机进一步完善、普及、提高，那么整个农业的劳动生产率将获得很大提高，而且大大地减少农民的繁重劳动，为农业的规模经营打下基础。但是机械化程度的提高是需要各级给予一定的补贴的。例如以工补农、“劫肥济瘦”，或以其他多种经营部分承包款来补贴。将来在全市开一个推广插秧机、收割机、抽泥机的现场会，这几个机械我们自己是能够生产的，我们机械化水平比较高，完全可以消化，如果我们能先一步研究、提高、生产出来，在珠江三角洲以致整个广东也有广阔的市场。插秧机、收割机现在广东基本上没有生产，主要是从浙江等省买回来的。下一步是出口问题，顺德的增氧机就出口泰国，现在是立足于佛山、珠江三角洲市场，将来搞得好的话可以扩大到长江以南，还可以拓展国外市场。顺德农机厂主要产品是增氧机，300 多元一台，农民很高兴，一年生产几万台。当然，这个我们要进行论证，进行市场调查，但我认为是一个方向。

四是整个大农业生产中的基础设施建设要作为一个重点来抓。现在堤围的工程很重视，问题是如何配套，围内的鱼塘、稻田和农田基本建设应放在一个突出的位置来抓。过去鱼塘承包给了农户，农户只注重经营，不注重基本建设，出现基崩塘浅。去年年底，顺德县委、县政府提出用 3 年的时间来解决这个问题，南海这方面也做了大量的工作。今后的堤围要求作到能够抗洪水，能够灌水，能够排水。整个佛山的大农业从宏观上确切地说重点是抓这 4 个方面。

（本文作者时任佛山市委常委，本文为其在南海试验区工作会议上的讲话）

1990 年 10 月 22 日

因地制宜搞好农村改革试验

邓文初

一

国家和省把农村改革试验任务交给我们，就是想通过试验区的实践来探索我国农村经济体制改革以及适应生产力发展的新路子，通过试验区项目试验，一步一步推动农村经济体制改革，我想其意义在这里。所以指导思想要有利于推动农村改革的深入发展，摸索、解决农村现行管理体制和生产力发展中碰到的矛盾。生产力是向前发展的，体制在生产力发展过程中的某一社会阶段或某一个时期也许会适应，但当生产力继续向前发展，就不一定适应了，现在进行的农村改革不是急风暴雨式的，要抓住当前农村经济发展中的主要矛盾逐步进行改革。

试验区的工作：第一是要围绕县的中心工作开展试验，不能脱离实际；第二是要有利于农村集体经济的巩固和发展；第三要切合群众的愿望；第四是要建立追踪监测制度，因为一个地区的试验，偶然的成功不等于普遍的规律，但偶然的成功，也可能代表它的前景，只是当时环境的制约，所以做好追踪监测；第五要及时研究试验项目的发展趋势和前景。

二

原定的三个试验项目主持人要继续负起责任，多想办法，发挥部门的职能作用，要建立试验区队伍，试验队伍要明确任务，现在我们的干部基本上是兼职的，都是有一定的村实际工作经验的，更有利于我们搞农村改革试验，直接参与当前的社会实践，试验项目要推动和促进部门开展这方面的工作。今年主要还是抓好原定的几个试验项目：

一是土地制度建设。这个项目大有文章可做，现在就有条件，逐步推开，要认真总结一些区、社分包改投包，无偿承包改有偿承包的经验和做法，这两项工作要做细，这些经验很有指导意义。分包改投包，基塘地区已经普遍实行，禾田地区无偿分包改有偿承包，各镇的试点工作已开始，不少经管办的同志深入区、社进行宣传发动，使农村干部和农民明确这项改革的目的和意义。

二是基地建设。经过几年的努力办起来的53个基地，有的已有好的效益，有的受到国内外市场的影响遇到困难，基地办的同志要做好指导和协调工作，千方百计让基地健康发展。

三是认真做好农业机械化试验。现在要研究试验如何通过推广农业机械化来促进土地规模经营，要促进土地规模经营，就要分析它的内部条件和外部条件，不是什么地方都可以实施的，联滘前几年就不行，当时它没有经济实力，推广农机化，促进土地规模经营，要有一定的条件，第二、三产业兴起，经济发展到一定程度，机械化以后，农村劳力有出路；五统一服务的开展；要有一个强的领导班子，就可以试搞，不然的话，乱搞是要失败的。

四是抓适应管理区，经济社企业发展的管理机制的试验。我觉得这个项目很有指导性，现在讲农村工作，人们的精力着重放在抓工业生产，走工业致富，企业成为各级集体经济的支柱。如果企业经济没有效益，一切都谈不上。这是矛盾，我们南海农业的发展是由工业经济带出来的，现在管理区粮食产量高的，工业经济发展都较快，以后以工补农，至于怎样补，像唐主任刚才讲的，不要补农，而是要奖农，这个办法要逐步实施，如果区、社企业不发展，农村的经济发展就会受到严重的影响，试验区就没法试验，也就推动不了其他工作。搞好了这几项工作，双层经营就更加完善。

三

区、社企业的管理为什么要提出试验呢，本来国家有上等级、创省优、部优等，已经有了规范，但这些规范在区、社小工业的管理人员中还未引起重视，所以要寻求一种适应当前区、社企业发展的体制，不然集体经济就要垮。现在农民素质低，管理知识薄弱，往往越是基层的区、社办的小企业、管理越容易混乱，这几年治理整顿，一些区、社企业经营艰难，因素很多，更主要的是在管理问题上。所以要摸索一个适应区、社企业的管理机制。

我的启发是从盐步镇对区、社企业管理的一个系列材料中得来的。我很欣赏它。它有几种办法：第一是厂长承包、集体经营；第二种是集体股份所有，个体承包经营；第三种正在尝试，就是厂级干部股份抵押风险承包。我看这个行得通，盐步纸类制品厂正在试行，可以试验，但一定要考虑目前区、社的经济状况，通过办点试验来进行研究管理机制，渗透管理意识。所以提出这个想法，很有试验价值。乡镇局领导要多考虑这件事，并负责搞这个项目，不必苛求有高深理论论述清楚，按我们现有的水平，能考虑的因素都考虑一下，将这个试验项目搞好。

这 4 个试验项目，我想在 7 月份之前拿出它们的初步材料，经验也好、论文也好，或者调查报告也可以，我的想法是借着今年搞社会主义思想教育这项工作推动我们试验区试验项目的成功。

（本文作者时任南海县委副书记，本文为其在南海农村改革试验区工作会议上的讲话）

1991 年 3 月 14 日

搞好南海农村改革试验区

郭荣昌

一

南海农村改革试验区是经过省委、省政府同意，呈报国务院批准建立的，是全国农村改革试验区之一。从 1987 年 5 月开始到现在，进行了 4 年的改革试验。试验主要是围绕着两个问题进行：一是土地制度建设；二是农副产品商品基地建设。经过试验，反映了不少情况，提出了一些问题，摸索了一些经验，为制定全省性政策提供了依据。去年，广东省委在南海试验区进行土地制度建设试验的基础上，形成了一个文件，即省委批转省委农村部《关于完善农村集体土地经营管理体制的意见》的通知。

农副产品商品基地建设也形成一定的规模，取得了一定的成绩。现在看来，这 4 年，南海试验区无论在提供经验、发现问题方面，还是在探索农村深化改革新路子方面，都起到了很大的作用。这应充分肯定。这几年，我们对搞好南海试验区的指导思想始终坚持了几条：

第一，坚持从实际出发、实事求是的思想路线。凡是符合我省农村实际情况的，农民欢迎的，干部欢迎的，有实际效益的，我们就试验；不符合广东实际情况的。农民不欢迎，干部不欢迎，对生产没有实际效益的，我们就不试验。

第二，坚持要有利于发展生产的原则。农村体制改革的目的是促进生产力的发展，满足城乡需要。符合这种精神的，我们就进行改革，不符合的，我们绝不追求形式；我们始终坚持干实事、办实事。

第三，坚持从群众中来，到群众中去的群众路线。南海试验区从开始到现在，都坚持从群众中来，到群众中去的群众路线。把广大干部群众在实践中创造出来的试验，集中起来，加以分析、提高上升到理性认识，然后再推广到群众中去。这样做的效果，表面上看来，步子虽然慢了一点，声势小了一点，但实际效果是明显的。我们的试验不仅没有走弯路，而且不断在深化，不断在前进。我们没有破坏生产，没有脱离群众，没有伤害群众的利益，相反，南海试验区为全省农村深化改革在重大问题上提供了经验，摸索出带有突破性的改革路子。

二

今后我们仍要坚持以上三条指导思想，并且对当前南海试验区的几个问题，还要进一步研究试验。

（一）搞好土地制度建设

土地经营管理，虽然省委发了文件，试验区也创造出一套经验，但仍存在一些问题，主要是对省委颁发的文件精神贯彻落实得不够。搞好土地制度建设，不仅是挖掘土地潜力、提高土地经济效益问题，而且还牵涉到政治方面的问题，也就是说，是否坚持社会主义道路的问题。现在的家庭联产承包制为什么说是社会主义性质的呢？因为家庭承包，其土地是集体所有，是集体发包给家庭承包的，不是分田单干，不是土地私有制。所以，土地制度建设好了，就体现了双层经营，体现了有中国特色的社会主义性质。

从政治上来说，这条很重要。从经济上说也很重要，比如鱼塘的经营管理，从过去的分包改投包，这个潜力很大。集体可以收到一笔投包款，壮大集体经济，进一步投入农田基本建设。1988 年我们在中山市小榄会议提出投包鱼塘、壮大集体经济问题。这不但促使渔业生产的良性循环，而且使集体有更大的积累，改造鱼塘，发展生产。同时还解决分配不公、收入不均的问题。经济作物地区已经是这样做了。在禾田地区，现在要搞有偿承包金额包得太高也不行，因为粮食上交国家的任务较重，粮食价格又低，经济效益低。即使是这样，也不能始终停留在无偿承包阶段。

要根据各地经济发展情况或粮食生产不同的情况，逐步变无偿为有偿承包，承包款有些可收低一点，一亩一年收几元或十几元。梅州搞有偿承包，一亩一年收 4～5 元。农民人平 3～4 分田，5 分田才收 2 元，农户是可以接受的。但集体收到这些承包款，就体现了所有权，而且集体可以把这一笔钱用于发展集体经济，在支持农田基本建设，办好社会福利事业等方面发挥作用。至于发达地区如何办，也要根据经济发展的水平、粮食生产的水平、群众的意愿，定出适当的有偿承包。

总之，有偿承包包括两层意思，一是从政治上明确集体是发包者，农民是承包者，土地是集体所有，不是私有制，不是分田单干，要树立这个观念。二是经济上明确投包款要用来发展壮大集体经济，作为农业发展基金，投入农田基本建设，办社会的集体的福利事业。刚才唐启洪同志说，要在土地上大做文章，要做好这篇文章，我认为穷区、富区都要做，政治上、经济上都有很重大的意义。

（二）如何通过机械化推动粮食生产的规模经营，达到粮食专业化生产

刚才大家讲了，发达地区、有经济基础的、劳动力转移多的、生产水平比较高的地方，如珠江三角洲、经济发达的地方，就可以考虑把机械化和规模经营结合起来。这是在更高的层次里搞粮食专业化生产的问题。大沥联滘在这条新路子上迈出了可喜的一步，但不要操之过急，要循序渐进。

走粮食机械化规模经营的路子是需要一定条件的：一是要有一定的经济基础，要有以工补农的资金，要有购买农业机械的财力；二是二、三产业发达，劳动力比较稳定地转移；三是要培养素质高的农民专业队伍。成熟一个搞一个，成熟一片搞一片，成熟一个管理区搞一个管理区。

在实施中不要单一化，还可以与专业户相结合，不一定都是集体搞专业承包，专业户来搞规模经营也可以。例如，我这个管理区，用同样的政策，让两三个专业户来承包也可以。把机械化和规模经营联合起来考虑，使粮食生产向更高层次发展，不是简单的再生产，不是简单的归大堆，而是进一步实现专业化、集约化、商品化的生产。这条路子，我听起来很感兴趣，希望你们再探索一下，继续试验下去。

（三）农副产品商品基地建设问题

基地建设问题，实际上主要是市场问题，而市场问题又与流通紧密联系起来。基地建设好不好，成功或失败，都联系到市场问题，联系到流通问题。基地是商品化生产。商品化生产有没有市场，有没有销路，销出去以后会不会亏本，都影响到基地建设能不能巩固发展的问题。在这方面还要多想一些办法。

刚才南海的同志反映，1990 年南海农副产品生产基地效益还是不错的，53 个基地，总产值是 1.43 亿元，比 1989 年增加 2 756 万元，增长 23.7%，利润 2 150.9 万元，比 1989 年增加 349 万元，增长 19.4%，创汇 664.47 万美元，比 1989 年增加 58.07 万美元，增长 9.6%。总的看来，效益是不错的。但遇到的问题是畜牧业问题，刚才马恩成同志讲的很重要，1987 年家禽已达 2 000 多万只，现在还是 2 300 多万只，徘徊了几年，从生产能力看，可以发展到 0.4 亿～0.5 亿只不成问题，但为什么发展不去，主要是未解决销路问题，这方面可参考顺德北滘的做法。顺德北滘办农业、畜牧业的路子是，先解决市场问题，然后办工厂，办工厂以后再办贸工农基地，效果比较好。

所以，基地建设问题，无论是出口也好，内销也好，都要解决市场问题、流通问题。有了市场，搞好流通，基地就能搞活，农副业就会发展，希望在这方面，你们再进一步探索研究。当然这里还涉及很多政策问题，这方面省里正在研究，中央也在研究，希望你们多提一些意见，在内贸、外贸流通方面有什么政策问题，有什么问题要求解决的都提出来。

最近，省委下很大决心，把农业社会化服务和农副产品的流通两个问题，作为今年农村深化改革的主要问题来抓。现在正组织一批力量进行调查研究。我省各地农村在实践中创造了很多经验，例如，在市场流通方面，东莞市麻涌的做法就很好。东莞香蕉的专业市场、批发市场，不只是销售本县的，还把中山、顺德、江门、湛江的香蕉收购起来，收外地的香蕉比自己产的多了一倍多，达到 150 多万担，形成了批发市场，远销北方各地。像南海西樵的布匹市场一样，不只限于自己生产的布匹流通，而且吸引全国的布匹都在那里流通，价格又适宜，质量又好，品种也多。我们要吸收外地的一些好经验。希望大家继续努力，进一步搞好南海农村改革试验区。

（本文作者时任广东省委副书记，本文为其在南海试验区工作会议上的讲话）

1991 年 4 月 11 日

实事求是　调整试验项目成效好

南海农村改革试验区办公室

今年4月21～23日，全国农村改革试验区办公室副主任陈枫、处长张冬科来我县检查试验区工作开展情况。陈枫、张冬科等同志先后到西樵镇爱国管理区、大沥镇联滘管理区、平洲镇粮食规模经营专业户，以及狮山农场等地考察，主管试验区工作的县委副书记邓文初就我县试验区开展的试验项目和设想做了详细的汇报。陈枫副主任对我县试验区工作给予了较高的评价。

一、肯定南海试验区工作

首先，陈枫同志认为南海试验区在省、市、县委的领导下，能够坚持实事求是，走群众路线，坚持改革与发展相结合的方针，按照南海的实际来调整自己的试验项目，取得很大的成绩，给人耳目一新的感觉。这些成果对广东及发达地区很有启发作用。如南海县对全国试验区办公室确定的粮食规模经营的试验项目业已发展到38户（30亩以上），总面积达2 416亩，去年粮食平均亩产达到1 668斤，取得了一定的成绩，在粮食生产过程中各个环节的规模经营也有进一步的发展。大沥镇联滘管理区实行的“五统一”服务，坚持统分结合、双层经营，切实为农民排忧解难，让人民群众从实践中切切实实体会到改革政策好，社会主义好，共产党好。

其次，陈枫同志认为南海农村的基层干部素质比较高，头脑灵活，有活力，有经济头脑，有开拓精神。如狮山农场的莫场长及其他领导能关心国家大事，认真学习和正确理解国家“八五”计划的基本精神，熟悉业务，管理水平也比较高。当她看到芒果场的千亩芒果苗壮成长时，高兴地说：“像这样的芒果场接受世界银行贷款就放心了”。

在平洲镇，陈枫等同志向镇长陈少骈、副书记张远航、副镇长莫洁茹详细了解平洲镇经济发展情况，并访问了我县粮食专业大户朱金成，他们对去年朱金成一家在各方面的支持下经营的200多亩禾田取得较好的经济效益感到很受启发，对他们一家准备购买较大型联合收割机，把规模经营面积扩大到300亩，办一个较大的农场的规划表示赞同，希望各方面给予适当的支持，以促进粮食规模经营的发展。

二、对南海试验区提出希望

在检查工作期间，陈枫同志对南海试验区提出了几点希望：

1. 南海试验区已经走出了改革的第一步。这一步比较突出，针对性比较强，工作比较扎实，省、市、县委重视，在当地农村工作中起到推动作用。现在需要进一步提高，要拿出更丰硕的成果，为珠江三角洲和经济发达地区提供更多的经验。农业部党组确定在今年6月中旬召开全国第七次试验区工作会议，会议期间将播放《来自南海农村改革试验区的报道》系列电视，让大家都知道南海县农村改革的成果。

2. 坚持办好南海试验区。今年 3 月 8 日，农业部党组专门召开会议，讨论试验区工作问题。会议决定坚持办好试验区的方向和做法不会改变，并加强国家农村改革试验区办公室的力量，增加编制，建立综合、调研、培训、监测部门，促进试验区工作向纵的和横的方向发展。南海试验区办公室今后要多与全国试验区办公室联系，今后要加强相互之间的联系。同时还要注意学习其他试验区的好经验，以充实提高自己。如广西玉林试验区的经验，我们要结合本地实际，有的放矢地推广应用。

3. 南海县今后要多办一些培训班。要请有真才实学的专家学者来讲学，进一步提高基层干部的理论水平。专家学者们学识渊博，见多识广，能够起到画龙点睛的作用，对丰富试验区工作很有好处。

4. 要坚持走群众路线的工作方法。注意搞好民意测验，防止在工作中出现盲目性。

1991 年 4 月 27 日

试验区要担负起引领农村改革的重任

杜　鹰

这次我来南海试验区是第一次，在短短的两天内，到了西樵镇爱国管理区，狮山农场的芒果基地和大沥镇联滘管理区走马观花地看了一下。虽然时间短，行动仓促，所看的不是全部试验内容，但也发现了一些值得我们认真去思考的问题。根据这些情况，我也谈谈自己的一些看法，看能否给你们提供参考。

一、全国农村改革试验区工作

我国农村改革试验区创办于1987年，之后各试验区相继做了大量的工作，制定了内容不同的试验项目。至1989年后，试验区的工作一度处于被动状态。现在机构变动带来的问题正在解决，试验区工作将逐步走上正轨。1991年8月7日，国务委员陈俊生同志主持听取了我们试验区办公室的汇报，农业部陈耀邦、杨钟同志参加了汇报会。会议提到中央1987年5号文件，允许试验区突破某些现行政策和体制，但现在出现了一些需要协调的新情况。会议作出两项决定：（1）涉及其他部门的关系问题时，如果能由农业部协调解决的，就由农业部自已协调解决。农业部解决不了的，就报国务院，由陈俊生同志牵头协调解决。（2）对1987年以来，我国先后建立的21个农村改革试验区的工作，会议作了充分的肯定，认为这4年的工作，目标是明确的，方向是正确的，成效是大的。在下一段工作中，我们不能动摇，要认真总结前叚时期的工作，坚定不移地把改革试验干下去。对改革试验不能讲空话，而要用成效证明试验的必要，继续寻求和探索中国农村改革的路子。

创办试验区已4年了，在这段时间里我们有许多经验和做法需要好好地总结，以便于发现问题，使日后开展工作有一个基本的依据。南海试验区4年来的工作成绩，应该是很大的，要很好地总结。如果不总结出来，怎么能让更多的人去了解和关心试验区的工作呢?

二、对南海试验项目的看法

第一，什么叫土地的规模经营? 以往人们的头脑中可能存在着这样的想法，土地规模经营就是把一大片的土地集中经营。但实际上，规模效益与土地经营规模的关系是非常复杂的，并不一定规模越大，效益越好。而且规模效益的取得，还取决于经营单位的外部条件，如产前产后服务搞得好，同样的土地经营规模，效益就会提高。所以土地规模经营试验要拓宽思路，特别是要避免一些倾向。比如有些地方搞两田制，并没有把提高土地效率作为工作的着眼点和追求的目标，而主要是为了解决分散经营后农户的计划跟国家计划不一致的问题。像这样的问题不解决，就会直接地影响到试验项目的进行。

我们可以通过试验区的试验，去解释什么是土地的规模经营。

第二，什么是“适度”规模经营？“适度”就是讲的条件；怎么样才是适度呢？人们提出这样的问题，显然这在不同类型地区会给出一组不同的参数，试验区就要认真回答人们提出而又不能解决的问题。实现土地规模经营的核心问题是：一方面我国人多地少，这就决定了必须要提高土地产出率；另一方面土地又是农户的福利，土地又承担了福利保障的功能，所以一般情况下，农户不轻易愿意放弃土地。试验区的同志就要下去调查农民在什么条件下，才可能放弃土地的使用权。放弃土地后，劳动力的转移、口粮供应、福利等一系列问题的解决，都要以尊重农户的意愿作前提。比如南海县大沥联滘管理区，收入比较高了，大多数劳动力都去搞乡镇企业或其他工副业经营去了，集体给农户供给口粮，农民可以享受医疗福利，社会福利。这种情况下，把土地交给少数人管理，群众是接受的。但是现在大多数地区的农民还不愿意退出承包的耕地，因为近年来农村产业的分化和商品经济虽有发展，但还没有达到这样的程度，土地仍承担着社会保障功能。农户愿意把土地转让是有条件的。要随着经济的发展逐步弱化土地的福利功能，也就是说，要通过非农产业的发展和农村福利制度的建设，把现在的土地保障转化为将来的非农就业保险、货币形态的保险，那样农民就觉得让出土地后自己有所依靠，也就安心了。

第三，实行土地规模经营的具体途径是什么？什么样的形式才是适当的？我看具体形式和途径一定是多样化的，但是不管哪种形式，评判的依据不外乎两条，第一要提高土地产出率，第二要提高劳动生产率，才是对头的。像联滘的做法，公司内部分工合作，一定要以提高土地产出率和劳动生产率为基础，不然的话，就会像以前小段包工那样，质量控制的监督费用很高，试验就不会成功。从南海的情况看，土地使用权的流转，可能要更多地利用市场机制。所以土地规模经营试验与土地制度建设是分不开的，像土地所有权主体的确定，土地承包使用费的提取和合理使用，土地流转的管理程序等，现在还没有明确统一的法律规定，需要通过我们试验区的工作，为中央、地方制定法规提供依据。

第四，关于基地建设和机械化建设。我到狮山农场的芒果生产基地看了，那里现在搞得不错。至于以后的发展，主要的问题可能是市场的开拓，产品的流通问题，还需要各个部门的相互协调，不然会造成产品的积压，直接影响经济效益。还有就是西樵镇爱国管理区的机械化建设。听他们说了一些情况，我建议你们到苏南地区参观一下那里的机械化建设，学习别人的经验，然后根据本地区的特点，确定自已的发展方向。

三、希望南海为深化改革创造经验

南海县试验区要好好总结这 4 年来的工作，向县委、县政府以及省、中央的有关单位汇报，从而提高人们对试验区工作的认识。同时，搞好试验总结，也可以对其他地区起到示范作用。如果南海的试验在珠江三角洲有作用，就是一个了不起的贡献。现在中国不搞改革就没有出路，搞改革就是寻求出路。坐着等待，不如找出一条出路来，那就是要改革。

农村改革难，城市改革更难。我看 8 亿农民的改革可带动城市走出那个怪圈，城市改革的希望在农村，农村的改革希望在试验区，所以试验区的工作有着它的重要意义。广东的改革在全国的改革中是先行了一步，而且改革的意识也很强。现在广东只有南海和汕尾两个农村改革试验区，广东的改革要做出成绩来，试验区就承担着重大的责任。试验区的同志要用行动来体现试验区工作的重要。

这样重要的工作，需要有一个工作能力极强、研究能力极强的队伍去承担。省和县都要加强领导，建立领导小组，有关领导参加协调各方面的关系，让试验区工作得以顺利开展起来。大部分试验区都是地方的第一、二把手来当领导小组的组长。在下一阶段，南海试验区要加强组织建设，作为一个试验区办公室，人员起码要有七、八个干部编制，没有人就干不了活。在全国试验区中，南海试验区比较特殊，人员少，没有独立编制。要搞好试验项目，必须把人员纳入编制，财政上纳入预算，强化队伍建设。还可以请教一些专家学者，吸取外地经验。希望南海试验区为第二步深化改革创造经验，作出贡献。

（本文作者时任国家农村改革试验区办公室主任，本文为其在南海试验区检查工作时的谈话）

1991 年 9 月 26 日

南海县粮食生产规模经营的实践

唐启洪

一

农村实行家庭联产承包责任制不久，中央即在 1984 年的 1 号文及其后的多次指示，文件中提出农业的适度规模经营问题，指出“从长远看，过小的经营规模会影响农业进一步提高积累水平和技术水平”，要求城市郊区、经济比较发达的地区可以先搞。但是，怎样才能实现特别是怎样才能实现粮食生产的适度规模经营问题，始终没有得到很好的解决。南海县是广东比较发达的县份之一，1987 年中央和省委都批准南海可以对这个问题进行一些试验。当时根据农村联产承包后一些专业户出现的情况，曾计划重点扶持具有适度规模的粮食生产专业大户（家庭农场），并投入不少人力、物力、财力，但是这个努力却没有收到预期效果。1987 年，全县经营水稻 30 亩以上的粮食生产专业户 48 户，面积 2 405亩，仅占粮食生产总面积的 0.5%，到 1990 年年底，上述的专业户下降为 38 户，面积仍维持 2 416 亩，可见广大农民群众对这种形式的接受程度。

在粮食生产专业户发展停滞不前的同时，南海广大农村却随着商品经济的发展，在实践中走出了一条从实现规模效益到实现规模经营的路子，其典型代表是大沥镇联滘经济联合社正在进行的粮食生产规模经营的试验，他们的做法和特点是：在实行家庭联产承包责任制的基础上，由集体经济组织对粮食生产开展“几统一”的社会化服务，从某些生产环节实行机械化到全过程实现机械化，从某些生产环节实现规模效益到全过程实现规模经营。这个办法，正在不少地方为群众所实践。

联滘联合社实现粮食生产规模经营经历了产生和发展的过程。1983 年，他们和南海各地一样，全面实行了家庭联产承包责任制，一方面群众的积极性很高，但另一方面又遇到某些农户由于长期吃大锅饭而缺乏耕作技术的矛盾，而且由集体经营一旦分开为家庭经营，生产资料特别是耕牛不足，在耕作上遇到很大困难。在此情况下，集体经济组织为解决农民生产上的困难着想，开展了一些统一的服务，先是统一机耕，由集体安排服务态度较好的私人拖拉机 12 台实行统一调度安排，统一收费标准和供应材料，划分地段，连片作业，有效地解决农户缺乏机械和不懂犁耙田的困难。在田间管理中，又实行了统一排灌，在 1 200 多亩稻田中，设 22 个管水员，分片包干，工资、奖金、电费均由经联社支付。植保方面，由于需要统一行动，效果才好，也实行专人负责测报病虫害，统一购买农药，组织统一喷施。1986 年，为了创粮食高产，还实行统一品种和生产布局，使用什么品种，由联社统一规定，统一组织回来，专人浸种催芽，然后在规定时间内在田头发放给农户撒播。为了保持地力，每年又统一安排种植绿肥数量、地段，统一组织绿肥种子回来。这些统一服务，取得了可喜的成效，粮食生产连年获得增产，受到广大群众欢迎，基层干部觉得好领导，上级也满意。1988 年通过总结，统称“五统一”服务（即统一生产布局和品种，统一机耕，统一排灌，统一植保，统一关键性生产措施）。

这几个统一服务，虽然在整体上、在某项生产上，还不能说是实现了规模经营，但从某个生产环节上说，它又是在这方面实现了规模效益的，因为在这个生产环节上，它用少数人包干完成过去多数人分散的任务，劳动生产率大大提高，比如犁耙田，在分散经营时，全联社 650 户，按每户一人搞犁耙田计算，需要 650 人，平均每人仅犁耙田两亩，现在由 12 个拖拉机手包起来，人平负责达到 100 亩。排灌也是这祥，分散进行要 600 多人，人平才管两亩，统一起来由 10 个田管员负责，人平管理达到 120 亩。可见，从某个方面（例如负责田亩面积）、某种意义上（例如提高劳动生产率）来说，这个环节是达到规模化的。

在若干个生产环节上实现规模效益能否发展为生产全过程，达到某项生产实现规模经营？南海分析了联滘的情况，认为上述的“五统一”服务，在整个水稻生产过程中，大多数工种已统了起来，余下由农户分散进行的工种，只有插秧和收获（包括晒干）两项，如果这两项也实行统一服务，那么农户就可以不用干农活，全部由集体组织少数人去进行，实现水稻的专业化生产和规模经营。而要这两项农活都实行统一服务，关键又在于这两个工种要实行机械化，否则劳动效率提不高，拖延农时，造成生产损失。因此，1989 年决定主攻水稻生产全盘机械化，并定出试验方案，先后添置了一台播种机，两台插秧机，两台联合收割机，两台谷物烘干机（每台每小时可烘干谷物 1～1.5 吨），1990 年开始了烘干服务，每烘干谷物 50 千克收费一元（包烘干后统一运送到粮管所交纳公购粮服务），当年共承担烘干稻谷 300 吨，很受群众欢迎。

经过几年努力，联滘实行水稻生产全过程的规模经营条件大体具备，这就是二、三产业已有较大发展，农业劳力已转移九成左右，集体经济有雄厚的力量（年纯收 200 万元以上），水稻使用的农业机械已从播、插、管、割、烘各个环节上配套成龙，而且有一支素质较高的队伍。因此，1991 年上半年全过程统一服务 35 亩，下半年扩大到 300 亩，均取得较好效果，晚造亩产比当地平均增长 15%。目前，联滘已成立农业发展公司，做好明年扩大到 1 000 亩的准备工作，凡是把田集中到联社统一服务的，其公购粮由联社负担，并实行每人每年供应口粮 500 斤，还计划由保险公司进行保险，力争试验取得成功。

在联滘实行水稻生产规模经营的同时，全县面上普遍开展了几统一服务，据有关部门统计，全县实行统一品种布局的面积达 98%，统一机耕的达 64%，统一排灌的达 96.3%，统一植保的达 98%，统一关键性生产措施的达 86%。如果按经济社来计算，则禾田地区开展几统一的有 1 200 个社，基塘地区几统一服务的有 200 个社，两者合计共占全县经济社总数的 95%。联滘式的实行粮食生产规模经营的路子和做法，正在全县由点到面，由某个生产环节到全过程的逐步发展和延伸之中。

二

联滘的做法，从初步实践来看，其好处有以下几个方面：

1. 由于它从实现粮食生产的规模效益到实现规模经营，循序渐进，路子较顺，容易为群众所接受。在家庭联产承包的条件下．要把土地集中起来，困难较大，一方面，承包户不容易让出土地使用权，这里有劳力未充分转移，怕政策变，怕生活没有保障等多种因素。另一方面，即使农户愿意让出土地，在经济发达地区，粮食生产比较效益低的情况下，也难于找到愿意多耕土地的农户。而在粮食生产的某些环节上先实行统一服务，取得规模效益，对生产有利，对群众有利，当统一服务从个别生产环节发展到全过程，农户对土地付出的劳动逐步减少到最低程度，加上集体采取的某些保障福利措施，例如供应口粮等，土地就自然集中起来、形成规模经营。

2. 由于它实行机械化与集约化的统一，能真正达到提高劳动生产率、土地产出率和农产品商品率的目的，实现改革与发展相结合。联滘统一服务的一个显著特点，是以机械化为基础的服务，是使用机械来提供统一服务的。因此，劳动生产率成若干倍的提高，据联滘自己的估计，现行的几统一服务中，统一浸种可以提高劳动效率 3 倍，统一机耕可以提高劳动效率 9 倍，统一排灌可以提高劳动效率 24 倍，统一植保可以提高劳动效率 2 倍，统一烘干可以提高劳动效率 8 倍。不仅提高了劳动生产率，而且通过统一服务，保证了一些先进技术措施的落实，例如使用良种、掌握好季节、搞好植保等，也有效地促进生产的发展，提高土地产出率。联滘从 1986 年开始，平均年亩产已达到一吨谷以上，并且连续 5 年增产。1986—1990 年，水稻年平均亩产，各年分别为 1 016 千克、1 025.5 千克、1 025.75千克、1 031 千克和 1 033 千克。在南海，这个经联社是水稻高产的姣姣者。至于粮食商品率，在实现规模经营后，除公粮部分外，其余都进入商品行列，商品率可提高到 90%以上，因此，这条把机械化与集约化紧密结合的路子，也是高效率、高效益的路子。

3. 有利于建立自我发展、良性循环的粮食生产经营机制。粮食生产由于比较效益低下，农民的种粮积极性一般不太高，但如能实现规模经营，其经济收益也是可观的。如何从分散的小规模经营到适度规模经营，由于农户力量有限，开始时如果不大力扶持、不适当进行以工补农，是不可能实现自立和自我发展的。这方面联滘开始时也进行了较多的补贴，到 1990 年止，共计支出以工补农费用 109 万元，其中购置农机具、架设农田电网等固定资产投入占 4 成，其余为各种服务补贴，这就为实现某些生产环节的规模效益和促进规模经营打下物质基础和良好的环境，而当他们实现粮食生产全过程的统一服务，专业承包，规模经营之后，就过渡到依靠自身力量，求得发展。今年初，他们算了一笔账，全部稻田 1 200 多亩由 35 人专业耕作，成本开支是，每亩每年 420 元（机耕 45 元，插秧 50 元，排灌 28 元，种子 15 元，收割 60 元，烘干 35 元，农药 32 元，肥料 130 元，机械折旧 25 元，其他 5 元——均含专业人员工资在内），总成本为 50.4 万元，收入方面，按每亩年产吨谷计，总产 1 200 吨，除公粮 80 吨没有收入外，其余分别交纳定购粮和以优惠价供应农户，共收入 75 万元，对比盈余 24.6 万元，这个计划，现正在实施之中，干部和群众对此较有信心。他们认为，这样做，既不是过去大锅饭、平均主义，低效率、低效益的重复，也不是搞归大堆，而是在商品经济发展过程中，在劳力大量转移的情况下，在提高管理水平、生产水平和劳动效率的基础上，向商品化、机械化、集约化、现代化更高层次发展的问题，其发展前景是光明的。

三

联滘之所以采取这种方式发展粮食生产规模经营，绝不是偶然的和凭空想出来的：

首先，它是随着生产力的发展而逐步形成的。改革开放以来，联滘的生产力有了长足的发展，建成了工业开发区，办起了近百间企业，年产值达几千万元，利润二、三百万元。工业发展了，吸纳了农村八九成的劳力，因而促进了农业机械的使用，同时工业发展，也相应地武装了农业。近年来，先后架设了低压线 7 千米，变压器 4 台，水泵站 22 座，近百个石板开关，购置了播种机、拖拉机、大型收割机、谷物烘干机等，这些农业机械的使用，既要求耕作连片和实现规模化，同时也为规模经营提供条件，再加上近年来倡导科技兴农，使用良种和新的栽培技术，也要求管理上与之相适应，在这种情况下，运用农业机械进行几统一服务就应运而生。它既适应了生产力的发展水平，同时又有力地促进生产力的往前发展。联滘工农业发展的现实，完全证明了这一点。

其次，它是发达地区经济发展自然形成的。发达地区发展到一定程度，从事二、三产业收入多了，在一个农户内农业收入相对地下降为次要地位。有的农户经营粮食生产变成副业，有的耕地甚至出现丢荒半丢荒状态，但发达地区又不敢让粮食搞的太差，因为搞差了，上级会批评，而且还可能在某些方面受到制约。为了保证粮食生产的发展，包括完成增产指标和公购粮任务。他们很自然地运用手中的财力、物力去开展多种统一的优惠服务，以引导和促进农户搞好粮食生产。一般来说，越是发达地区，统一服务也越多，甚至连一些共同的生产费用也统一支付，统一服务项目多了，时间长了，不但形成习惯，而且有所发展，于是就走出了像联滘这样实行粮食生产规模经营的路子来。

第三，在双层经营的条件下，也是加强统一经营功能的一个必然结果。农村双层经营中集体统一经营这个层次，在农业方面，除了少数地方经营少量的农林场之外，大量的是兴办一家一户办不了或办不好的事情，包括进行农田基本建设，购置大中型农机具等，为农户提供服务。随着农村劳力不断转移到二、三产业，家庭从事农业劳力和技术力量相对减弱的情况下，家庭经营这个层次更依赖集体发挥统的作用，因此，随着集体经济组织力量的壮大，开展几统一服务的面也不断扩大，服务项目不断增加。双层经营的作用也越来越受到群众欢迎，他们往前延伸，也是很自然的，联滘仅仅是其中的一个搞得较早、较好又较全面的代表。

（本文作者时任广东省农研中心副主任）

1991 年 12 月 16 日

南海试验区粮食规模经营专业户三年监测情况

南海农村改革试验区办公室

南海县从1987年5月建立农村改革试验区以来，为了探索粮食生产规模经营的路子，在进行试验的基础上重点对17个粮食生产规模经营专业户进行了几年的监测，现将情况汇报如下：

一、三年监测工作的基本做法

1987年年底在全县经营禾田30亩以上的48户粮食专业户中，重点选择有代表性的17户作为追踪监测对象，并在1988年年初开始进行追踪监测观察，通过采用连续的定点追踪监测、观察，年终总结分析的办法，对17户粮食规模经营户全年的生产、经营状况进行总结、分析，将人口、劳力、耕地、机械等各项指标和粮食生产、经营收益等各项经济数据进行汇总、对比，并写出每年度追踪监测分析的报告，及时将年度的监测情况上报中央试验区办公室，及向县委报告。根据3年以来的监测，作初步的综合评价。

二、专项性的评析、估价

（一）对经营收益情况变化的评价

1. 粮食生产方面。以1988年为基数，粮食总产、亩产都是不断增加，呈直线上升的态势。结果是粮食总产1990年1 619 330千克，分别比1989年和1988年增长了8.6%和11.1%；亩产1990年是834千克，分别比1989年和1988年增长了4%和14.4%。而每个劳动力生产粮食则是曲线上升的状况，结果是1990年每劳生产粮食23 814千克，分别比1989年和1988年增长了11.8%和9.4%。

变化的原因是：第一，粮食专业户能专心经营。这几年，绝大部分的专业户都是专心来经营好粮食生产的，把家庭的主要劳动力用在耕好稻田上，把粮食生产作为家庭经济收入的主要来源。有很多的专业户是夫妻双双耕稻田，联户安营又扎寨（到田头）的。第二，实行科学种田。科学技术在粮食生产上的巨大作用，已为粮食专业户所认识。实践上越来越得到专业户的重视。首先，大面积插植优良的水稻品种，如1990年，在实插面积1 941.7亩中，插植杂优、双季、特青、青绿等水稻优良品种的有1 845亩以上，占禾田面积的95%。其次，各专业户都针对自己所承包的大部分是边远低洼田、土壤比较瘦瘠的实际，普遍注意科学运用氮磷钾肥，在施用时进行合理搭配。再次，在田间管理的其他环节上，如除虫、除草等，也实行科学的措施、办法。几年来，药物除草面积均达禾田面积的93%以上。此外，专业户还普遍采用尼龙薄膜育秧，大面积的种植紫云英等，以争取季节，提高地力，想方设法地提高粮食的亩产。至于劳均创粮食总产呈曲线上升主要是1989年17户总体劳动力数增加3人，尽管是总产、亩产增加，但是按劳动力人均计算仍比 1988 年略减。

2. 经济收入方面。以 1988 年为基数，17 户的经济总收入、总收入按劳平均数、经济纯收入、纯收入按劳、按人平均稻谷纯收入、稻谷纯收入按亩平均等都是呈直线上升的状况，而多种经营纯收入则曲线下降状态。结果是：经济总收入，1990 年是 1 070 433 元，分别比 1989 年和 1988 年增长 7.4%和 21.3%；经济总收入按劳平均 1990 年是 15 742 元，分别比 1989 年和 1988 年增长 10.6%和 19.5%；经济纯收入 1990 年是 543 483 元，分别比 1989 年和 1988 年增长 18.4%和 31.5%；纯收入按劳平均，1990 年是 7 992 元，分别比 1989 年和 1988 年增长 21.9%和 29.6%；稻谷纯收入和亩均纯收，1990 年分别是 410 960元和 211.65 元，分别比 1989 年和 1988 年增长 27.7%、50.3%和 22.3%、54.8%；多种经营纯收入 1990 年是 76 920 元，分别比 1989 年和 1988 年下降 23.9%和 18.4%。

这 17 户专业户能保持自身的经济效益逐年提高的原因主要是：第一，他们始终把经济效益放在首位，经济效益的高低，是规模经营专业户生命力的强弱所在；各专业户始终都注意将经济效益作为自己经营、建设的目标。第二，专业户把适度经营规模作为获得最佳经济效益的途径。从 17 户总体去考察，这些年户平耕地分别是 1988 年 125.7 亩，1989 年 117.4 亩，1990 年 122.1 亩，而户平拥有手扶拖拉机分别是 1988 年 1.7 台，1989 年 2 台，1990 年 2.2 台；收割机几年平均是 1.1 台左右，这样的户平耕地与户平拥有机械基本能相配套，实现适度规模经营。如朱金城一户，全家 2 个劳力，1990 年共承包耕地 223.5 亩，其中禾田 216.5 亩，配套的机械有手扶拖拉机 6 台，收割机 3 台，插秧机 2 台，经营面积能与机械基本相配套，较大限度地发挥了机械的效能。1990 年创劳平禾田经营纯收入 31 343 元的佳绩。第三，粮食的专业化生产，这几年 17 户承耕的禾田的面积占其总承包面积都保持在 93.20%以上，改种的只是 6.8%以下，有利于专业户集中劳力、资金等搞好粮食的专业化生产，使专业户在技术、劳力等因素上高度重视起来，这是搞好粮食规模经营的内在因素。

（二）投入变化情况的评价

1. 劳动力的投入。几年监测结果表明，凡是以自身劳动力为主投入生产、经营的，劳动生产率就高，经济效益就好，反过来，凡是以大量雇工为主的劳动生产率就低，经济效益就差。如黄庆桐一户，1990 年亩均禾田成本 523.7 元中，请工工资支出占 182.1 元，高于 17 户平均数 67.5%，禾田亩均成本也比 17 户平均数高 107.9%，而禾田亩均纯收入只有 17 户平均数 211.65 元的 79.8%。

2. 物化劳动的投入。这主要是生产资料的投入，几年的监测表明：适度的投入增长增收，反之，过小或过大的投入，都会导致减产和减收。17 户整体上 1988、1989、1990 年三年的禾田物化费用分别是：138.6 元，152.9 元（此年生产资料价格升幅比常年大）和 174.1 元，比例较正常地增加；而禾田亩均纯收入 1988 年 136.72 元，1989 年 173.09 元，1990 年 211.65 元，比例也是较正常地增加。局部的观察，各专业户之间的比较也是这样的规律。

3. 机械的投入。机械的投入使用不仅是实行规模经营的前提条件，而且是取得效益的前提条件，也是巩固规模经营的重要因素。监测结果表明，使用机械的专业户劳动生产率就高，经济效益就好；反之，不使用的，劳动生产率就低、效益也就差。17 户整体计算，3 年来，机械配置逐年增加（但仍未达总体规模的适度配置），劳动生产率和经济效率也随之逐年增加。

（三）对现行的经营形式的评价

我们现在监测的 17 户中，主要有两种形式，一种是专业户的个体经营，另一种是爱国管理区的专业队经营。实践表明：粮食规模经营专业户的巩固与否，与其经济收益的高低关系极大，因此，我们评价专业户的生命力强弱，应从它的收益高低上着眼。从监测来看，以上两种专业户的收益情况：

1. 专业户形式的。有高的，也有低的，并且与机械配置的关系是：机械配置适度、机械利用率高，效益好，反之，利用率低、效益差。

2. 专业承包的。收益处于 17 户之中的中间状态，比较平稳地增长，而它的机械配置容易趋于合理、利用率好。

（四）对各项补贴变化的评价

17 户总计平均，3 年来的各项补贴亩均分别是 1988 年 21.4 元，1989 年 18.09 元，1990 年 26.8 元。监测结果表明，补贴适度，专业户巩固，积极性较高，效益较好；补贴减少，专业户思想动摇，积极性差，效益较差。

（五）对专业户整体变化的评价

3 年来，我们监测的专业户总体规模上也发生了变化。在 1989 年有其中一户的耕地面积减至 8.5 亩，已失去了监测的实际意义。因此，我们把他剔除，再从和顺镇选择一户新成为规模经营专业户的从 1990 年补上去监测，我们之所以选择此户，主要他基本能代表丘陵地区的特点，有其地区的示范性，是我们今后指导面上工作，推广其基本经验的需要，再加上补上这户替代无监测意义的那户，使我们的监测工作具有扎实的纵向可比性，使我们的年度性追踪监测的工作建立在较科学、合理的历史基础上。

而 17 户专业户的禾田面积变化情况是：以 1987 年底确定对象时为基础，到每年底追踪汇总数字为标准，达不到禾田 30 亩的，1988 年有一户，1989 年和 1990 年各有 3 户，他们都是改种了经济作物。总面积和禾田面积的变化都是曲线下降，总耕地面积从 1988 年的 2 137.4 亩，降至 1989 年的 1 995.09 亩，1990 年又回升到 2 075 亩；禾田面积从 1988 年的 1 999.3 亩，降至 1989 年的 1 859.19 亩，1990 年回升到 1 941.7 亩，造成这些变化主要是 17 户中有几户调整耕地数量，如调幅较大的有：1989 年初，陈汝厘将其承包的 85.5 亩禾田退回集体。在 1990 年，陈汝厘又承包 22 亩禾田；朱金城多承包邻近经济社 74.5 亩禾田，这些变化的原因，主要都是专业户本身根据自己的劳力、机械以及种粮效益等情况自觉地校正适度规模。

三、综合性的评析、估价

我们对 17 户专业户作纵向分析评价后，又从横向进行比较评价，其结果是：

（一）粮食生产的重要指标与全县的社会平均水平对比

将粮食生产的 3 个重要指标与我县的社会平均水平对比，我们发现：

1. 粮食亩产。1990 年 17 户专业户是 834 千克，全县平均水平 790 千克，17 户高出

44 千克，高出 5.6%；1989 年 17 户是 802.3 千克，全县平均 784.4 千克，17 户高出 17.9 千克，高出 2.3%；1988 年 17 户是 729.3 千克，全县平均 750 千克，17 户低 20.7 千克，低 2.8%。

2. 禾田亩均纯收入。1990 年 17 户是 211.65 元，全县典型调查平均是 127.92 元，17 户比县平均高 83.73 元，高 65%；1989 年 17 户是 173.09 元，全县典型调查平均是 193.82 元。17 户低县平均数 20.73 元，低 10.7%；1988 年 17 户是 136.72 元。全县典型调查平均是 107.6 元，17 户比县平均高 29.12 元，高 27.1%。

3. 禾田亩均成本。1990 年 17 户是 300.02 元，全县典型调查是 315.48 元，17 户比县平均低 15.46 元，低 4.9%；1989 年 17 户是 308.6 元，全县典型调查是 297.14 元。17 户比县平均高 11.46 元，高 3.9%。1988 年 17 户是 257 元，全县典型调查是 217.1 元，17 户比县平均高 39.9 元，高 18.4%。

通过对比，我们发现：17 户专业户不仅自己的粮食亩产连年增加，而且比全县的平均亩产也明显增加，这是 17 个专业户在较为边远低洼田上创出的突出成绩，也是他们在粮食生产上的一个具有决定意义的历史进步。

同时，禾田生产的亩均纯收入，1990 年，1988 年两年都比全县的平均水平高（1989 年主要是 17 户雇工费用支出大，故纯收入较低），这是专业化生产、专心经营的结果，而且这个单位平均数的高出，是规模算术数的坚实基础数的保证（即全户整体数）。

此外，适度投入，是确保产量的基础，特别是刚开始的 1988、1989 两年，专业户比较多的投入改造瘦瘠、低洼边远的低产田、与社会上个别农户对粮食生产不愿投入、视为副业形成鲜明对照，再加上专业户的雇工开支，一般比其他的农民大。因此，我们看出禾田亩均成本 1988、1989 两年比社会平均数大，就是这个原因。

（二）从专业户内部经营要素的变化，看出规模适度的重要性

适度经营规模是获得最佳经济效益的重要途径，17 户专业户几年来的劳力、机械、面积等要素的总量平均是基本适度的，因此，17 户整体的效益在逐年提高，我们从内部分析也说明这个问题。17 户中，以自我劳力为主，配套适当机械，适当请工的，经济效益就高；反之，以雇工为主，大量雇工劳动，机械配置不当的，效益就低。以朱金城、麦伯康两户为例，这两户的共同特点是以自我劳力为主，机械耕作水平较高，各自的经济效益较好，1990 年两户的劳动力 5 个，共承包耕地 308.3 亩，其中禾田 291.5 亩，占耕地面积的 94.6%（比试验方案允许改种 10%的指标低 5.4 个百分点），配套的机械有：手扶拖拉机 7 台，平均 44 亩耕地配 1 台；收割机 4 台，平均 77.1 亩配 1 台，插秧机 3 台，平均 102.8 亩配 1 台。由于他们两户在经营这么多的面积时能与机械相配套，较大限度地发挥了机械的使用能力。因此，1990 年，他们这两户专业户的劳平粮食产量达 48 750 千克，商品达 95.7%，禾田经营劳平纯收入达 17 939 元，分别比 17 户的平均数高 1.05 倍，4 个百分点，1.97 倍，这三项指标均位居 17 户之首。

而冼培、周潮海两户，1990 年劳动力 8 人，共承包耕地 170 亩，其中禾田 150 亩，占耕地面积的 88.2%（超过试验方案允许数 1.8 个百分点），配套的机械只有：手扶拖拉机 2 台，每 85 亩耕地只有 1 台，而收割机、插秧机根本无配置。为此，全年农事活动靠大量雇工完成，两户 1990 年雇工开支达 22 300 元，占两户禾田总成本的 55.3%，比 17

户平均数高出 19.1 个百分点。如果以南海县的社会请工价平均 15 元一工日计，他们两户全年请工达 1 487 个工日，又以每劳动力年劳动 360 个工日计，两户请工相当于 4.13 个常年劳动力，相当于两户劳力的 52%，这是以雇工为主的典型例子，结果这两户 1990 年的经营效益是：劳平粮食产量只有 13 125 千克，禾田经营劳平纯收入只有 2 900 元，分别比 17 户的平均数低 10 689 千克，3 144 元，分别低 45%和 52%，均是 17 户中的最低数。

从 17 户内部的典型和 17 户整体的几年实践结果证明：原《南海县粮食生产规模经营试验方案》中提出的：机械化程度较高的以户平耕 130～140 亩，或劳平耕 60～70 亩为宜；机械化程度一般的以户平耕 50～60 亩，或劳平耕 30 亩左右为宜；以传统手工操作和自有劳力为主，或农忙时请一点季节工的，以户平耕 30 亩，或劳平 15 亩左右为宜，是基本符合实际的，科学的；同时，对于第一种情况，随着机械量的增加还可以适当地扩大经营面积，以取得较大的规模效益。

（三）从 17 户粮食专业户的内部变化状况，看到推进粮食适度规模经营的艰巨性，完善、巩固、提高粮食规模经营的重要性

几年的监测、观察情况表明，目前，在政策、生产、经营上仍存在着不少制约和妨碍粮食规模经营专业户进一步巩固和发展的问题，这些问题主要是：第一，粮食价格政策未有彻底理顺，粮食价格长期偏低；第二，在生产资料供应实行“双轨制”的政策之下，计划内生产资料供应量不足，计划外农用生产资料价格越来越高，这二个方面，就客观上造成了粮食生产的经营效益与其他农产品和其他行业的经济效益差距越来越大。由于粮食价格偏低实质上是商品的不等价交换，再加上生产资料的购进以市场调节为主要支配，这一对产品销售计划为主、生产资料购进则市场为主的矛盾运动，成为了制约粮食生产实行适度规模经营的重要因素之一，也是妨碍和影响广大农民种粮积极性的因素之一。

根据 17 户的监测数据，从 1990 年禾田和其他多种经营的亩均纯收入水平来分析，禾田经营的亩均纯收入水平是最低的。17 户的整体计算，亩均纯收入由低至高的经营项目依次是：禾田 212 元、甘蔗 227 元、鱼塘 403 元、蔬菜 1 971 元。鱼塘比禾田亩均纯收入高 90.1%，蔬菜高 8.3 倍。这里仅从自身的经营效益水平作比较，差距就有这么大，事实上，在南海的农村中经营甘蔗、鱼塘、蔬菜等项目的亩均纯收入普遍高于 17 户的平均水平。

因此，要推进依靠经济效益的提高为生命力的粮食规模经营，的确是一艰难的渐进过程，我们认为：规模效益是粮食规模经营的内在动力；而社会经济环境的良好与宽松则是粮食规模经营的外部动力，只有内在和外部动力的共同作用，才能逐步地推进粮食规模经营，任何重视一方而忽视一方的动力作用，是不客观、不实际而且是不可行的。

1991 年 12 月 6 日

南海试验区在探索中前进

南海农村改革试验区办公室

南海试验区作为中央农村改革试验区之一，4年来在粮食规模经营、农村土地制度建设、农产品商品基地建设方面进行试验研究。通过试验，初步探索出经济发达地区实现粮食规模经营的路子；在进一步明确土地所有权的基础上，对农村土地的管理和使用制度进行建设和创新；通过农产品商品基地建设试验促进了南海农业向现代农业、商品农业转化。中共广东省委农村工作部在南海试验区试验基础上，制定了《关于完善农村集体土地经营管理体制的意见》，下发全省作为农村土地制度建设的指导性文件。南海试验区为全省农村深化改革的重大问题提供了经验，探索了带有突破性的改革的路子。

一、4年的工作成效

在中央、省、市、县各级领导的关心和指导下，在南海试验区全体工作人员的共同努力下，取得了以下可喜的成果：

（一）逐步探索出适合经济发达地区粮食规模经营的路子

南海县地处珠江三角洲腹地，经济发展迅速，劳动力大量向二、三产业转移；但是，实行家庭联产承包后，农户分散经营小量禾田，粮食价格又低，农民种粮积极性不高，有的地方出现丢耕弃耕，粗耕粗作，粮食生产的进一步提高受到影响。为了寻求出路，我们进行了粮食规模经营试验。4年来，进行了3个方面的探索：

1. 从推行粮食专业户承包经营入手，探索专业承包经营的效益和适度规模的标准。 试验初期，省、市、县组织联合工作组，经过4个月的调查，形成了《南海县粮食生产规模经营试验方案》，方案提出了土地集中的途径和适度规模的标准。方案形成后，由市、县领导出面，多次开会发动，组织试验区工作队在5个管理区进行试验。经过艰苦努力，创办了9户农民的粮食规模试点，面积达539亩；同时将原有的39个经营规模在30亩以上的粮食专业户纳入规模经营的试验观察点。全县粮食规模经营就在这48个点（户）共2 400亩的粮田上开展了试验。

根据1988—1990年对有代表性的17户追踪监测分析，粮食专业承包效果是好的。(1) 土地产出率不断提高。1990年17户的粮食总产161.933万千克，分别比1989年和1988年增长8.6%和11.1%，单位面积产量1990年是834千克，分别比1989、1988年增长4%和14.4%。(2) 劳动生产率不断提高。1990年每个劳动力生产2.381 4万千克，分别比1989、1988年增长11.88%和9.4%。(3) 粮食商品率高这90%～100%。(4) 经济收入增加。总收入107.043 3万元，分别比1989、1988年增长7.4%和21.3%，劳平收入1990年达1.574 2万元，分别比1989、1988年增长10.6%和19.5%；经济纯收入1990年为54.348 3万元，分别比1989年和1988年增长18.4%和31.5%，劳平纯收入

1990 年为 7 992 元，分别比 1989、1988 年增长 21.9%和 29.6%；稻谷亩均纯收入 1990 年为 211.65 元，分别比 1989 年和 1988 年增长 22.2%和 54.8%。通过分析对比，发现粮食专业户不仅粮食连年增产，与全县平均水平比较，亩均产量除 1988 年低 2.8%以外，1989、1990 年分别高出 17.9 千克、44 千克，高出 2.3%和 5.6%；亩均纯收入，除 1989 年由于雇工支出大，低于全县水平 10.7%。1990 年、1988 年高出县平均水平 65.5%、27.1%；单位面积成本 1988、1989 年高于全县水平，1990 年低于全县平均成本 4.9%。由于专业化经营，农户专心致志搞粮食生产，不断增加对粮食生产的投入，不断提高科学种植和机械化的水平，实践证明实行粮食专业承包的方向是正确的。

在试验中，经调查研究我们以亩产、总产增减、劳均商品量、商品率、百斤谷生产费用、劳均收入、亩总收、家庭副业收入等 8 项经济指标进行综合评价，提出专业承包的适度规模的标准是：（1）以拥有或通过社会化服务能够使用手扶拖拉机和联合收割机为主要标志，有较高机械化水平，有一定的劳力加上请一点季节工的，以户平耕种 130～140 亩，或劳平耕种 60～70 亩为宜；（2）以拥有或使用手扶拖拉机为主要标志，有部分机械，自有一定劳力加上请一点季节工的，以户平耕种 30～50 亩，或劳平耕种 30 亩左右为宜；（3）以传统手工操作和自有劳动力为主，或农忙时请一点季节工的，以户平耕种 30 亩或劳平耕种 15 亩为宜。经过 3 年跟踪分析，证明以上结论是正确的。

2. 发挥社区集体经济组织服务功能，开展粮食生产的“五统一”服务，通过区域化连片种植，取得粮食生产的规模效益。面对千家万户分散经营，如何提高科学种田和农机化水平，不断提高粮食产量。大沥镇联滘经济联社为农户提供机耕、排灌、植保、良种、关键性生产措施方面的服务，使 5 年粮食亩产超一吨，这一产量不仅高于普通农户，也高于 17 户粮食专业户的水平。通过总结联滘经济联社的经验，1989 年在全县进行推广。到目前为止，全县有 1 256 个经济社（占 96.4%）在 43.7 万亩（占 95.7%）的粮田实现了统一排灌服务；在 1 110 个（占 92.6%）经济社的 42.7 万亩（占 93.5%）粮田实现了统一植保服务；在 1 082 个经济社（占 91.2%）的 39.3 万亩（占 86%）粮田实现了统一关键生产措施服务；在 758 个占总数 63.2%的经济社，24.4 万亩占总数 53.5%的粮田实现了统一品种布局服务；有 696 个（占 58%）经济社 25.2 万亩（占 55%）的粮田实现了统一机耕服务。由于开展“五统一”服务，使千家万户的科学种田水平和机械化水平得到提高，从而使全县粮食单产从 1988 年的 750 千克，1989 年提高到了 84 千克，1990 年提高到 790 千克。由于统一品种和布局，使千家万户的粮田集中成片种植，便于灌溉、机耕、除病虫害、收割等统一生产措施，从而减轻农户的劳动强度，降低成本，提高了产量。家庭经营取得大范围的规模效益，当前受到农户的普遍欢迎，也成为集体经济能够承受的一种形式。

3. 进行粮食生产企业化经营试验。社区经济组织对粮食生产开展“五统一”服务，是在千家万户家庭经营的基础上进行的。如何使土地进一步集中，进行集约化、专业化、企业化经营，使兼业农户逐步放弃土地，稳定地转入二、三产业，进一步提高土地产出率、劳动生产率和商品率。我们在联滘管理区对粮食生产企业化经营进行探索。联滘管理区有 2 460 人，1 316 个劳动力，1 200 亩耕地。该管理区有以下有利条件：（1）二、三产业较发达，全区有工业企业 82 间，容纳劳力 980 人，劳动力有 88.7%已转移到二、三产业；（2）近年集体收入有较大增长，从1988年的88万元增加到1991年的160万元；（3）开展“五统一”服务时间较长，制度较完善，建立了一支稳定的服务队伍；（4）农业机械配套。拥有手扶拖拉机、插秧机、播种机、植保机、收割机、烘干机等农业机械，粮食生产全过程的机械基本配套。试验总的目标是实现1 200亩土地从千家万户耕作改变为农业公司企业化经营。试验分三步走：第一步先在300亩土地上，用12人进行专业队经营；第二步实行两田制，在1 000亩土地上进行推广专业队经营，留下200亩作为给农户自己耕种的口粮田，专业队在完成国家的公购粮任务后其余部分进入市场，在1992年完成；第三步集中1 300亩农田由农业公司进行企业化经营，对本区农户每年提供250千克田粮，计划于1993年完成。在实现试验目标时，要解决好经济联社、农业公司、农户三者的关系。经联社对大型农机具的配套提供条件，如增购中型的收割机、插秧机、烘干机等使生产全过程的机械化配套。管理区成立农业发展总公司，下属3个专业组，专业组与农业发展总公司签订合同，实行三包一奖，包产量每亩1 000千克，成本每亩420元；包工资，保证从事粮食生产的农民每月工资600元（高于转入二、三产业平均工资150～200元）。凡超产实行奖励，减产受罚，以收购价计算奖罚数额。从粮食企业化经营的第一步试验效果来看，它具有较强的生命力，其土地产出率、劳动生产率、商品率及经济效益均优于17户粮食专业户和“五统一”服务的双层经营形式。今年300亩粮田由专业组承包，晚稻平均亩产525千克，比全管理区的平均产量高71千克，亩成本205元，比全区亩成本下降50元；亩纯收入265元，比全区亩均纯收入高36元，取得利润7.95万元；粮食亩产比17户粮食专业户高出60千克，亩均纯收入高出53.35元，商品率达100%。

在社区经济组织提供“五统一”服务的基础上，转而进行粮食企业化经营是实现南海粮食规模经营的新路子，在经济发达地区具有普遍适应性。从南海经济发展水平分析，预计今年约有59%的经济联社可支配使用的纯利润收入超过100万元，实现农业机械化有经济基础。全县农业机械化程度较高，有手扶拖拉机6 850台，插秧机27台，机动植保机84台，收割机96台，烘干机4台。必须将小块经营的田块集中经营才能充分发挥农机具的作用。全县有23.66万农村剩余劳动力，除3.46万转移二、三产业不稳定外，其余21.44万就业稳定，这为农民放弃土地提供了可能。企业化经营促进以工补农转向，把原来补在农业生产的资料转为补到购置现代化工具和使用先进科学技术，从而有力地推动农业现代化和粮食规模的进程。

（二）在进一步明确土地所有权的基础上，对土地使用和管理进行制度建设和创新

在实行家庭联产承包责任制以后，由于土地权属不清，土地无偿使用，出现了耕地粗放经营、丢荒弃耕、农田基础设施失修、地力下降、土地经营规模进一步细化、耕地非农化和滥占耕地等问题。以上问题不解决，将使稀缺的土地资源受到破坏，农业生产水平下降。为此，南海试验区经省委负责人同意选择了农村最基本的经济制度即土地制度进行试验研究。在调查研究基础上，制定了《南海试验区土地制度建设总体方案》，试验的指导思想是：明确土地所有权、搞活土地使用权、强化土地管理权。目标是：通过完善土地制度明确土地的产权主体，进一步稳定和发展联产承包制、加强土地管理。优化资源配置，更好地开发利用有限的土地资源，不断提高土地利用率、产出率和劳动生产率，探索出一种能自我发展的经营管理机制。在总体方案基础上制定了4个具体实施方案：《关于进一步明确农村土地权属的试验方案》《关于完善农用土地经营制度的试验方案》《关于加强农用土地建设的试验方案》《关于加强农村土地管理的试验方案》。根据南海试验区提出的建议，南海县委召开县农村工作会议，部署以加强土地制度建设为主要内容的完善家庭联产承包责任制工作。下发了两个意见：《批转农村部关于进一步完善基塘地区联产承包制的工作意见的通知》和《批转农村部关于进一步完善禾田地区联产承包制的工作意见》。1990 年 4 月，县委又组织 300 位管理区干部进行培训，学习 5 个土地制度的试验方案。在广泛征求意见的基础上，提出从推行土地有偿承包入手，进行土地制度建设的综合试验。要求各镇在年底搞出一个土地制度试点，1990 年在全县各镇全面铺开试验。通过试验取得较好的效果。

1. 建立起土地有偿承包制度，从经济关系上体现了土地所有者的主体地位。在土地所有权和使用权两权分离的条件下，土地无偿承包不能体现土地所有者的主体地位。通过有偿承包，由经营者收取一定的地租，是实现土地所有权的经济形式。有偿承包试验首先从经济效益较高的基塘地区开展，将过去基塘平均分包改为投包。通过实践，由于引入了竞争机制，投包比分包更有利于经营者的进取精神，有利于规模经营和推广先进科学技术，发挥土地使用的潜力。目前全县 13.9 万亩鱼塘，已实行投包经营的有 10.2 万亩，占鱼塘面积的 73.4%，由于粮食价格未放开，禾田经济收入较差，禾田地区有偿承包尚处于试点阶段，有 15 个点、面积 2.5 万亩，占全县粮田面积的 5.6%。试点效果较好，由于实行有偿承包，进一步明确了所有权、增加了集体经济组织的经济收入，使生产管理措施“五统一”服务、土地保养、国家任务等得到进一步落实，进一步完善了合作经济组织内部的经济分配制度。禾田有偿承包制度准备在今冬明春在平洲、桂城、大沥三镇全面推广。

2. 建立土地适时调整和流转制度。针对土地承包期过长，出现的矛盾和问题得不到解决的情况，根据作物生长特点和经营的周期，调整承包期。承包期原则上由发包单位与承包者协商确定，根据多年实践，稻田 5～7 年，鱼塘 3～5 年，水果 10～15 年；蔬菜、花卉 2～4 年，林业 20～30 年为宜。目前承包期 15 年的，只要群众要求，经协商可延长和缩短。同时。明确农户在承包期内享有土地的使用权、收益权和部分处分权，在有偿使用基础上可有偿转让。允许土地转出、转入户，通过协商，获得适当的经济利益。土地的流转和集中可通过投标承包、租赁、合伙、联营、股份以及专业承包等形式。

3. 建立了土地达标管理制度，强化了集体的土地管理权。现行的家庭联产承包，没有明确的产量要求，不利于促进农户更好地经营土地，因而必须把达标引入家庭承包的内容。作为承包者的义务。在土地承包合同中，明确规定承包者要按集体规定的指标经营耕地，实行达标者奖，不达标者罚。经营者必须达到的指标有：（1）产量、产值指标；（2）地力保护指标，规定按比例科学施肥和种植绿肥的比例；（3）良种指标，按规定种植良种；（4）完成国家和集体任务指标；（5）农业基础设施的建设和保养指标。把以工补农、集体收入再分配同达标承包结合起来，改补农为建农、奖农。

4. 建立农业发展基金制度，形成对土地建设的积累和投入的机制。1989 年县政府制定了筹集农业发展基金制度。一是规定农村集体收入中，按一定的比例提取出来，作为建设土地、发展农业的专项基金；二是集体向土地承包者收取的土地有偿使用费；三是征用土地部分补偿费；四是集体经营的二、三产业和其他收入用于支农的部分资金。这几方面，最有保证的是收取土地有偿承包费。在试验中，4个基塘镇（西樵、南庄、九江、沙头）今年共筹集农业发展基金1 504.5万元，其中用于土地建设1 087.7万元。共整治鱼塘6 012亩，初步改善了基塘地区的“基崩、塘浅、路难行”的问题。

（三）通过农产品商品基地建设试验，促进南海农业向现代农业和商品农业转化

为了发展外向型农业，促进农业向现代农业和商品农业转化，试验区进行农副产品商品基地建设试验。近年来全县投入1.3亿元人民币、500万美元，建立了7大类53个项目的基地，其中水产类2个、畜牧类4个、土特产类9个、蔬菜6个、水果类21个、种苗类9个、加工贮藏类9个。其中外向型项目达41个。已具备生产出口产品的有39个项目。基地出口大宗商品有优质急冻、保鲜蔬菜、优质水果、白鸭、AA鸡、优质鲜活鱼类和水产加工品以及传统特产荸荠、竹笋等十多大类。预计今年基地生产产值1.6亿元，利润3 500万元，出口创汇800万美元。占全县农产品出口创汇总额的37%。基地连续4年在产值、利润、出口创汇方面连续增长。出现了创汇100万美元以上的企业3家，出口创汇50万美元企业5家，产品已销往美国、东南亚、西欧市场，获得外商客户的信赖。基地之所以取得显著成效，主要是抓了以下关键性环节：

1. 抓好优质种苗繁育基地，促进种养业良种化。根据国内外市场的需求，在基地建设中认真抓好名、优、稀、特新品种的繁育和推广。近年来，先后引进了近百个新品种，改良了一批传统的特新品种。在畜牧业方面办起英国樱桃谷鸭、澳大利亚狄高鸭、美国快大鸭等种苗基地5个，年生产能力为800万羽；办起AA鸡、杂交鸡苗基地，年产1 700万羽；办起瘦肉型猪苗基地，年产10万头以上。水产方面，办起了优质水产品种苗基地，年产鱼花100亿尾。供应美国加洲鲈鱼、罗氏沼虾、台湾白鲳、叉尾鮰、云斑拿、桂花鱼等名贵鱼类数千亿尾，商品供应邻近各省市，部分出口港澳。在水果方面办了28个种苗繁育点，自繁自育芒果、红江橙、椪柑、柚子等良种种苗近千万株。由于良种繁育基地的建设，促进了南海种养业的良种化。畜牧业良种化达100%，鱼类良种化达80%，种苗基地的示范辐射作用推动千家万户农民适应商品农业的需要进行生产，近年发展7万多亩优质水果，连片种植形成规模，形成千亩芒果场、千亩优质柑橙、千亩优质香蕉等基地，形成养鸭村、养鸡村、养鸽村，形成山头种树、山腰种果、山坑养鱼、养鸡的立体农业，有力地促进了农业商品基地的建设。

2. 建立农副产品加工基地，以适应国内外市场的需求。为了开拓国内外市场，县里用了500万美元，引进了20多台套的农副产品加工机械，办了9个农副产品加工项目；这些项目开拓了农产品的加工增值、出口创汇的途径。里水宝鲜公司出口急冻小包装蔬菜十多个品种，打入了美国超级市场，销往新加坡、日本、加拿大、西欧，被誉为信得过商品。西樵水产品加工厂，从3个品种的冻鱼发展到8个系列的鱼球、鱼条、鱼酱、鱼肉午餐等，深得西欧市场欢迎。过去担心销路的鲮鱼，现一间水产加工厂用量占全县1/4，年创汇在100万美元以上。

3. 建立集生产、加工、销售为一体的农产品商品生产体系。通过基地建设，兴办了一批技术先进，能带动当地农业生产发展的基地骨干项目，以此为龙头形成生产、科研加工、销售为一体的农产品商品生产体系。如里水宝鲜加工厂，由于加工蔬菜出口，带动了附近2万亩连片蔬菜基地，并辐射到5～6个县及西北江沿海滩涂，7 000亩竹笋基地。通过加工将蔬菜生产基地与美国、德国等海外市场联系起来。为了减少风险，提高对市场的应变能力，基地企业要向综合性生产发展，使农业商品基地逐步发展为综合集团公司。

二、体会

4年来的实践，对如何办好试验区有如下体会：

1. 坚持从实际出发、实事求是的思想路线。试验初期，我们进行了粮食规模经营的试验，经过调查研究和实践；发现即使经济较发达的珠江三角洲地区，要大面积搞粮食生产规模经营的条件仍不成熟，因而只作了一些试验，并逐步在一些条件成熟的地方推行，避免了盲目和失误，为省委决策提供了依据。

2. 坚持从群众中来，到群众中去的群众路线。南海试验区在试验中，坚持把广大干部群众在实践中创造出来的经验，加以分析、提高，上升到理论，然后再推广到群众中去。如粮食规模经营、社区经济组织开展的“五统一”服务、土地有偿承包、达标承包等好的经验，都是群众创造出来的，领导及时发现总结，因势利导，再回到群众中去，没有脱离和伤害群众。试验效果明显，促进了生产力的发展。

3. 坚持将试验区工作与县委的农村总体工作部署相结合，使试验成果能够在实际中得到推广应用。试验初期抓粮食规模经营试验，由于条件不成熟，又脱离县委的工作重点，工作艰难，因而效果不显著。后来改为进行土地制度建设试验，正好与县委促进农业上新台阶的部署吻合，得到县委的高度重视，以县委名义发了两个文件，在全县进行发动，使试验工作顺利进行。所取得的成果能在全县进行推广应用，从而使全县加强土地制度建设工作，促进农业生产的发展。

4. 抓好农村合作经济组织的建设。无论是进行粮食规模经营、土地制度建设或商品基地建设，都必须抓好农村合作经济组织建设。只有抓好基层合作经济组织建设，才能发挥集体经济的职能作用，更好地发展集体经济，为以上试验提供组织和经济保障。集体经济发展了，才能提供“五统一”服务，才能为粮食专业化生产提供农业机械设备，使生产全过程实现机械化。

5. 发挥部门和基层的作用。南海试验区没有设庞大的工作班子，试验区工作是与部门工作和基层工作结合在一起的。办公室9位同志，除2位集中办公以外，其余7位干部分布在市、县、镇的农口部门。办公室工作原则是：集中办公与分散执行指导相结合，部门主持操作与基层组织实施相结合。粮食规模经营和土地制度建设是农村部经管科操作，商品基地建设由县基地办公室操作。为了便于组织试验和观察，将18个镇的农村经营办公室主任纳入试验区的联系人，形成多层次的试验网络，保证试验的实施落到实处。

6. 各级领导的关心和支持，保证试验顺利进行。试验区开办4年以来，原中央农研中心副主任刘堪、国务院农村改革试验区办公室主任杜鹰、副主任陈枫等领导同志先后到南海试验区检查指导工作。他们充分肯定了试验办的工作，还为如何进一步办好试验区提出宝贵意见。省委副书记郭荣昌同志、省农研中心主任马恩成、副主任唐启洪直接领导试验区工作。省顾委副主任杜瑞芝同志也很关心试验区工作。市委、市政府的领导陈邦贵、欧广源、陈佳等同志，县委、县政府的主要领导李景滔、周日芳、林浩坤以及直接领导试验区工作的原副书记徐敬清、副书记邓文初，对试验区的重要工作部署都亲自到场，听取意见，出谋划策，使试验区工作能在省委、市委、县委领导下开展工作，从而取得满意的成效。南海试验区在探索中进行试验，并将在探索中进一步前进。

1991 年 12 月 7 日

[第三章]

创　　新

全面规划土地　引入股份机制

唐启洪

一

小平同志南巡后，经过中央批准，广东实行了粮食购销体制的改革，即粮食收购除公粮外，实行指导性计划和指导价格，城乡粮食销售价格放开。

南海各镇村在改革开放胆子要大一点、思想要解放一点的精神鼓舞下，都在考虑如何加快本镇、村的经济建设，力争更好地把握机遇，把经济发展更快一些，改革更深入一些。为此：

1. 有条件的镇村，除了继续搞好原有的乡镇企业外，纷纷筹备新上二、三产业的项目。特别是高投入、高科技的外引内联项目。他们舍得花钱引进先进设备，花钱聘请人才。罗村镇的下柏管理区，今年 3 月投资 4 500 万元兴建从意大利引进设备的玻化砖厂，预计今年 10 月可以投产；还与外商合资兴建柏鸿装饰瓷厂，这两间厂投产后，年产值可超过 1 亿元。上半年还投资 1 千万元和用重金聘请了 3 个高级工程师回来兴建了金刚石厂，已进设备 20 台，计划 6 月可以部分投产，年产值达 2 000 万元。

2. 适应粮食商品化的新情况，调整农产品结构，向优质、高产、高效益的方向发展。除了县计划把适宜养殖的土地改挖鱼塘，扩大水产养殖之外，农户也根据市场价格和经济效益，改种蔬菜、花卉等高值作物，即使仍然种植水稻也大都改种优质谷，以适应市场需要。

3. 土地的流转也加快了。原来南海由于公购粮任务约占亩产量的 40%，种粮比较效益低，粮田转让往往要由原承包户给接包户补贴，造成了土地难于流动。现在购粮任务和价格都放开了，经营土地有利可图，转包由倒补贴变成了有偿，一般每亩收取有偿转让四、五百元，高的达千元。这些转让，基本上是私人之间进行的，转让后大都改种蔬菜、花卉，也有的搭棚养家禽。这些转让尤以靠近广州、佛山市的镇村社为多，个别村私人转让土地使用权的达四、五成。

经济的发展，产业结构的调整，土地的流转，都牵涉到土地问题，都对土地的占有与使用以及管理提出新问题，集中起来主要是两大问题：一是发展经济与耕地保护的矛盾。经济越发展，征用土地就越多，路通财通，但路通到哪里，哪里的耕地就成片地改变其使用途径，土地的非农化越来越难以控制。二是土地的所有者与使用者出现新的摩擦。由于经济的发展，产业结构的调整，土地征用的补偿费用和经济效益直线上升，人们对土地的观念也发生重大的变化，原来不大重视土地的所有权和承包权，但现在却十分关切，所有者强调了所有权，以便运用土地发展集体经济：使用者则强调其承包权，对征用和转让索取高价，企图获取全部土地增值的利益。罗村下柏有 30 亩柑橘园，原订承包 15 年，每亩承包费 100 元，已过去 8 年，现承包者因转营建筑包工，柑橘园长期失管荒芜，管理区计划以每亩 5 000 元把它征用，承包者却要每亩补偿 4 万元、总额达 120 万元，协商了几个月仍未解决，影响了经济发展的进程。有的私人之间转让，由于用途不一，也冲击了原来辛辛苦苦建立起来的土地连片耕作和科学管理。

因此，围绕土地问题向人们提出了一系列新的问题：如何做到既要发展经济，又要保护好耕地；既要尊重所有者的权力，又要维护承包者的利益；既要坚持家庭联产承包的政策不变，又要完善土地的管理使用制度，包括适应新的情况完善承包机制和承包方式，还有土地增值后利益的合理分配问题，正确处理国家、集体、个人三者关系问题等，这些都牵涉到重大理论、重大政策问题、亟须人们及时认真地研究探讨，以便采取正确的对策措施，引导经济更快更健康地发展。

二

针对上述新的情况，南海试验区选择了罗村镇下柏管理区、盐步镇东秀管理区的璧华经济合作社、河西管理区的岳利沙合作社作点，试行如下一些改革措施：

1. 对土地实行全面规划，包括农业用地和非农用地，村庄、道路、公益设施和工商业区，都纳入合理安排的规划之中。而在农业用地中，虽然各点称谓上大同小异，但一般都划分为 3 个部分，即种植粮食的、种植经济作物的和搞经济开发的。罗村镇下柏管理区称之为 3 个区域，其中粮食种植区，主要是保证国家公粮和农民口粮，由集体组织公司进行企业化经营；经济作物区主要是种植蔬菜、花卉等，实行公开投标，公平竞争，价高者得；经济开发区由管理区组织农业开发公司进行企业经营，既种粮食，又适当把一些低畦田或边远田改挖成鱼塘，并作为“八五”期间发展二、三产业之用。盐步镇河西管理区的岳利沙经济社，有耕地 608 亩，计划种植粮食 460 亩（其中口粮田 400 亩，粮食投包田 60 亩），种经济作物 80 亩，搞经济开发的 88 亩（其中即将被国家建公路征用 17 亩，其余在未开发之前仍然种植粮食和实行专业投包）。为了做好规划，这些点都计划由镇政府、管理区以及农业部门、国土部门一起共同研究制订，罗村的下柏还成立了领导小组，目前工作正在开展之中。

2. 引入股份机制，妥善处理所有者与使用者的利益矛盾。这就是在家庭联产承包的基础上，吸收股份制的因素和形式，使之适应当前经济中出现的新情况。罗村下柏的做法是，经济社以其所有的土地，折算成金额（如水田折算每亩 250 元，鱼塘 400 元）向经济联合社的农业发展股份公司入股；农户则以土地使用权向经济社入股，每人算一股，对联产承包时没有分包土地的符合计划生育的新生人口及嫁入的妇女则算半股。年终由股份公司按各经济社入股的数额分配到经济社，再由经济社按章程把应分配的金额分到农户。

3. 实行粮食企业化规模经营。下柏管理区由于农户已把土地使用权入股，所以就有可能在农业股份公司领导下，在原来实行统一服务的基础上，组织一个 24 人的耕作队，把全管区稻田的种植任务承担起来，实行全过程使用农业机械，全面提高劳动生产率。耕作队内部实行固定工资加超额提成奖励，农户则除参加股份分红外还可享受按优惠价格提供的一定数量粮食。

以上做法，第一，都不牵涉土地的所有制问题，土地仍然是集体所有的；第二，都不改变原来的家庭联产承包责任制，承认其承包权并通过分配在经济上有所体现。

他们之所以能够这样做，一是二、三产业比较发达、劳力转移比较多。这几个点的二、三产业，本地劳动力还不够用，如下柏仅有劳力 800 人，而需要的却是 3 500 人。在大部劳力稳定转移后，就很自然出现土地流转，他们只不过因势利导，运用适当的方法，使之有效地转移和集中。二是集体经济力量比较雄厚，下柏每年的利润达二三百万元，璧华经济社也有几十万元，除土地承包收入外，还有大量工企业收入，这两者的可分配部分合起来，每股分到的红利是不少的，这就较能吸引群众。三是集体经济组织比较健全，双层经营比较健全，领导比较有力。

三

引入股份制和对土地进行全面规划，虽然目前正在顺利地组织进行，但初步看来，较有效地解决以下几个问题：

1. 适应经济建设大发展。需要大量土地和劳力大量转移，以及粮食价格放开、农业产业结构迅速调整的新形势，有效地解决工农之间、城乡之间、农业内部之间在土地上的种种矛盾，做到保护耕地、合理用地，正确处理粮经关系，同时又促进经济发展和提高经济效益。

2. 完善农村承包机制、壮大集体经济。实行部分粮田（例如口粮田）农户分包，大片稻田和经济作物地投标承包，都是家庭联产承包责任制的表现形式，只不过由于劳力的变动，有的农户少耕一些、只耕口粮田，有的能手多耕一些。同时，通过投包，在平等竞争中有效地实现土地的价格，增加集体收入，使农村承包机制更具积累的功能和激励的功能。

3. 较妥善地照顾所有者和使用者的权益。对土地是否直接经营使用，归根到底是经济利益问题（包括福利问题），如果不直接经营，其利益不少于甚至还大于原来的利益，他就必然会作出不直接经营的选择，特别是一些劳力大部转移，耕作上存在一定困难，原来就想不耕或少耕一点田的农户。而股份制的引入，正是给予原承包户经济利益上的照顾和福利上的保障，所以能更好地促进土地的流转。对于所有者来说，通过这个办法，也使不改变家庭联产承包责任制的情况下，能够获得对土地更大的主动权，使全面规划、合理利用土地，更好地发展经济成为可能。

4. 正确解决了经济社内的再分配问题，有的经济社每年收入不少，并有不少的再分配，多的达人平上千元。过去按田亩分，造成一些人宁愿丢荒、粗耕也不愿把土地转让，因为保留了土地就保留了再分配，对生产要素的优化组合不利。这个再分配的办法，不少地方早就想改革，现在引进了股份制，以股份形式进行再分配，土地的使用权也将得到进一步的搞活。

5. 促进了土地的规模经营。除粮食实行企业化经营外，对蔬菜园、鱼塘等土地，一些种田能手就可以通过经济手段，多投包一些农田或鱼塘进行专业经营，并逐步形成商品基地。这些都为将来的区域化、商品化、现代化打下基础。

6. 通过全面规划，有步骤地实施，也有利于将来的城乡一体化。

（本文作者时任广东省农研中心副主任）

1993 年 5 月

农村深化改革与股份合作制

马恩成

一、股份合作制是农村深化改革的主要内容

如果把农村改革分为两个阶段，我认为第一阶段的主要内容是把承包机制引入集体经济，实行了家庭联产承包制；第二阶段改革的主要内容，是在第一阶段改革的基础上，进一步把股份制机制引入集体经济，出现了多种形式的股份合作制。

珠江三角洲实行家庭联产承包制比欠发达地区晚两年。当时主要考虑如何稳住乡镇企业和粮食生产，不致出现滑坡。现在看来，关键是稳住乡镇企业。因为发展乡镇企业，基层才有可能实行以工补农，以工建农，稳住粮食等大田作物继续增产。正由于此，珠江三角洲实行家庭联产承包制以来，乡镇企业一直以较高的速度发展。发展乡镇企业，集体经济增加了实力，就能更好地体现统分结合、双层经营的优越性。南海全市农村集体固定资产总值已达 32 亿元。从 1991 年起，利用这些固定资产每年为集体取得 100 亿元的收入，每年提留集体积累超过 3 亿元，提取农业发展基金超过 1 亿元，为发展农村经济、增加农民收入、扩大基础设施、改善投资环境等方面，起了十分重要的作用。实践证明，农村的集体经济不是可有可无，而是不可或缺，不可忽视。发展了集体经济，可以在很大程度上弥补家庭承包经营的不足，可以发挥统分结合、双层经营的互补作用，也可以显示中国特色的社会主义农业发展道路的优越性。但是，对于农村集体经济也应一分为二，既要充分肯定其积极作用，又要看到其存在的不足。前面曾指出，农村实行家庭承包制以来取得了多方面的成果，但随着城乡改革的深入、社会主义市场经济的发展，越来越显示了新的问题和矛盾，主要表现是：

1. 实行家庭联产承包制时，由于人人承包，而且是平均分包，造成耕地的零星分散，经济效益低，出现粗耕粗种。经济发达地区的许多农民把主要精力放在第二、三产业，把农业当成副业。家庭联产承包制的实行，很快解决了农民的温饱问题，但进一步发展商品经济、市场经济，就要解决与社会化大市场不协调，不适应的矛盾。解决这个矛盾就涉及农业劳动力、土地的流动问题，涉及集体土地的产权问题。

2. 农村集体企业的体制，虽然比国有企业的体制灵活一些、自主权多一些，但是其产权仍然是不明晰的，名义上集体经济是集体范围内的人人所有，其实是虚置的，社员体会不到。结果就出现了集体资产遭火灾，社员袖手旁观的情况，因为社员认为这是集体的，没有自己的份额。除此而外，还存在政企不分、集体干部任意处置、甚至多吃多占、营私舞弊等侵占集体财产的行为。产权虚置不能调动集体成员的积极性，也不能显示集体经济的优越性。这就需要经过深化改革，进一步解决集体经济的产权关系问题。

总之，农村第一阶段的改革，只是解决了集体土地所有权与经营权的分离，没有解决集体土地的产权、更未解决集体企业的产权问题。珠江三角洲和沿海开放地区，由于农村

商品经济发展比较快，集体经济积累比较多，产权关系的矛盾也比较尖锐。如地处特区的原宝安县许多自然村，一年集体纯收入达100万元左右。由于产权不明晰，分配不合理，曾发生社员集体上访事件。又如广州市郊天河区，征用土地多，土地补偿款多，但因集体财产权属不明晰，失去土地的农民不愿向外转移。越来越多的矛盾迫使这些地区的农民和基层干部比较早地选择了股份制的形式解决问题。

经过几年的实践，可以看出把股份制机制引进集体经济，有许多好处；(1) 可使集体产权明晰。通过对集体经济的清产核资、评估作价折股，把其中一部分或大部分量化到社员。社员确实感觉到集体财产有了自己的一份，就大大增强了对集体的关切度；集体也增强了对社员的凝聚力。(2) 使分配更加合理。过去只是按劳分配，现在又增加了按股分红，使投入的各种生产要素都能参与分配，就调动了各方面参与的积极性。(3) 可以集聚资金。既可以吸引当地的闲散资金，又可吸引外地、外国的资金，有利于扩大生产规模，形成新的生产力。(4) 改善企业的经营机制，有利于解决集体经济政企不分、行政干预过多的弊端，加上建立股东的民主管理和民主监督机制，使企业更好地自主经营、自负盈亏，并按照权力制衡的原则运行，提高经营效率和市场竞争能力。

农村深化改革，在实行家庭承包制的基础上，进一步把股份制机制引入集体经济，实行各种形式的股份合作制，核心是明晰产权，界定利益，转换经营机制。通过改革，使传统的集体经济恢复合作经济的本来面目，并增添新的内涵。即在集体经济的第一、二、三产业中，明晰每个成员应有的份额（这种份额初级社时仍存在，高级社时就被取消了），也就是马克思所说的，“在生产资料共同占有的基础上，重新建立个人所有制”。这种经过改革建立的新体制，是社会主义公有制的一种新的实现形式，它可以更充分地调动农民群众的积极性，又能与社会化的市场经济相衔接，能加快各种资源的优化配置。可以说，这是农民群众又一次重大的制度创新，将引起农村改革与发展的新飞跃。

二、南海市对农村股份合作制的新突破

南海市从1993年以来积极进行了农村股份合作制的试验，到去年底已铺开164个点。其基本特点是：以解决土地问题为中心，以原来的社区合作经济组织为基础，从各地实际情况出发，将原来所有的土地、财产和资金等，以股份的形式量化为社员共同占有，并以此作为分红的依据（在合作组织内还吸收新的资金入股）。通过引进股份制的机制，达到明晰集体产权、转换机制、稳定承包、合理分配、促进农村经济发展的目的。南海市实行的股份合作制，与广东其他先行地区相比，有自己新的特点和新的突破，值得认真研究并给以足够的评价。我认为突出的有以下两点：

（一）开始突破农业小生产与大市场的矛盾

社会主义市场经济是建立在社会化大生产基础上的。前面曾指出，农业一家一户平均分包的小生产与社会化大市场的要求不适应，需要在家庭联产承包制的基础上，搞适度的规模经营和集约经营。这也是南海建立农村改革试验区时的主要试验课题。南海属珠江三角洲发达地区，应该说比较具备解决这一问题的条件，但几年来未能取得突破。该市已有2/3的农业剩余劳动力转移到第二、三产业，这些农民虽然已披上“新棉袄”，但仍不愿放弃“旧棉袄”，原因是不愿意放弃承包土地的权益。起初农民把土地看成是社会保险，

保留一块耕地，不仅进可攻、退可守，而且还可以定期享受集体的第二次分配。随着集体土地不断地开发增值，农民更加珍视土地而不愿轻易放弃。

过去搞土地规模经营，采取行政措施，以及有偿转让承包的权宜措施，不能从根本上解决问题。只有从明晰产权关系入手，采取股份形式，把承包土地折价作股，量化到社员，才能解决问题。这样做，不仅从价值形态上承认了农民对土地的承包权益，而且把集体土地模糊的产权明晰化，成为社员共同占有的一份（当然这种占有，农民只能按股分红，不能抽资退股，不能分散集体的资产）；这样做，有利于农民让出土地的经营使用权，稳定地把劳动力转向第二、三产业；这样做还有利于集体统一规划、合理使用土地，除部分用于发展二、三产业外，大部分重新发包或标包给留下的耕田能手或由耕田能手组成的专业队。

可见，引入股份制机制，并不排除承包机制，而是使二者结合起来。这样就可以更好地促进土地的规模经营和集约经营，优化土地资源的配置，提高土地经营的效益，为农业的专业化、社会化、现代化开辟了广阔的前景。

（二）由集体土地的折股量化，带动集体资产的折股量化

这又是一个重要的突破。过去珠江三角洲的一些县、镇干部，对农村实行股份合作制比较冷漠。主要不是条件不具备，而是存在一些思想障碍。一种认识是，珠江三角洲乡镇企业发展比较快，经营机制比较活，经济效益比较好，不需要再搞什么股份制，认为弄不好会形成新的“折腾”，还有姓“社”姓“资”的风险。一种是认为引进股份制机制，不一定有多大好处。因为又要成立董事会，又要搞民主管理、民主监督，这样办起事来会增添很多“麻烦”，不如由干部拍板定案“效率快”，另外还认为企业实行股份分红，会造成利润流失，不如向银行贷款合算等。上述认识，大多来自农村基层领导骨干，他们思想不通，当然就很难实行。

但是近两年情况发生了很大变化。主要是邓小平同志南方谈活、党的十四大提出建立社会主义市场经济体制以后，改革开放的步伐加快，实行股份制、明晰产权的呼声越来越高，人们的思想得到新的解放；其次是随着开发征地热、土地价格的提高，引发了越来越多的矛盾与纠纷。如农民因集体土地开发的利益、分配不合理，或集体财务收支不透明，而上访请愿的事件日益增多；农民因土地增值越发不愿离开土地，一方面增加了分散的耕地与优化农业生产布局矛盾，另一方面增加了农村调整产业结构，发展第二、三产业等矛盾。南海市委、市政府因势利导，以土地承包使用权折股量化为突破口，向整个集体资产的折股量化扩展。土地的股份化受到农民的欢迎，对基层干部的权益触动却比较少。通过对土地的折股量化，干部还看到将股份制机制引入集体经济，可以解决农村许多老大难的问题，是农民容易接受的调整各种利益的好形式，也是调动多方面积极性，优化组合生产要素的好形式，从而增强了实行股份合作制的动力与压力。南海市从土地突破到全面扩展的这条路子，走得比较顺，取得了很好的成果。正如他们自己总结的：实行股份合作制，能更好地反映农民的愿望，更好地与市场经济的要求相衔接，通过明晰农村产权制度，调整经营机制和分配关系，为今后农村的全面发展，造就了一个良好的经济环境与社会环境。

把集体土地股份化与集体企业资产的股份化结合在一起，会不会打乱企业的经营、妨

碍企业的运行？我认为这二者的结合，主要是分配环节的结合。实行股份化以前，村一级集体企业的以工补农，以工建农，大多是通过第二次分配的形式，按照承包土地或人头分给社员的。实行股份化以后，并不打乱企业的独立经营，自负盈亏。企业仍按照自己的机制运行，只是在分配上经过各项扣除后，把一部分利润以股份的形式向社员分红。企业的股份分红与土地的股份分红结合在一起，可以增加分红的数额，更能显示集体经济的优越性。另外，集体土地是集体经济越来越重要的财富，把土地这一块资产和集体企业的资产，用价值形式统一计算，也可准确地显示集体的经济实力，增加外引内联的吸引力，对发展股份合作经济大有好处。至于今后随着集体经济的发展，有些企业成为向社会开放的股份有限公司以后，如何处理与集体土地的关系，有待实践的回答。

南海市在试行农村股份合作制中，注意了从实际出发，坚持因地制宜，在不违背国家法律、政策的前提下，让农民有更多的选择，不强求一律。如在股值确定、股权设置、集体股与个人股的关系、个人股的继承、转让等方面，这些牵涉到农业与工业、社员与社员、社员与集体，小集体与大集体等多方面的利益，必须注意尊重群众的意见，由群众和基层充分讨论确定。有些做法，虽然理论上说得通，但具体条件不具备，也不能强求一步到位，允许由粗到细，循序渐进，逐步提高和完善。这种指导思想，农民和基层干部比较满意。当然，从总体上看，南海市和其他市、县一样，都处于试验探索阶段，许多做法都不够成熟、不规范。引入股份制机制改造集体经济，可以解决若干问题，但不能解决农村的全部问题。如土地股份化以后，解决了土地所有权，承包权，使用权的分离，土地的处置权大部归了集体，许多地方的发包权、处置权由原来经济社的小集体，升格为经济联社的大集体（行政上是管理区）。这个大集体目前在很大程度上仍然是政企不分的，对土地的处置会不会完全合理？如何保护好有限的农田发展三高农业？由于短期利益的驱使，是否有可能把过多的农田（特别是粮田）变为非农田？看来对农业特别是对农田的保护，只靠股份形式、只靠市场机制不行，还要采取行政调控，各级加强土地规划，严格实行农田保护区制度。此外还应坚持集体经济内的以工补农、以工建农，提高农业自身的劳动生产率和经济效益等综合措施，才有可能解决问题。在农村股份合作制的实践中，还会遇到许多问题。我认为，只要各级加强领导，充分听取农民的意见，保护农民的利益，真正发挥农民作为股东在民主管理、民主监督机制方面的作用，不断提高基层干部的素质，许多问题在改革实践中是可以得到解决的。

（本文作者时任广东省农村发展研究中心原主任，高级农经师）

1994 年 5 月

南海农村土地制度建设的路向

邓威楹

南海市作为全国农村改革的试验区，近6年来，在完善农村土地制度建设上进行了一系列的大胆探索和实践，先后出现了土地有偿承包、投标承包、股份合作等形式。目前，推行以土地为中心的股份合作制的改革很有特色，在利用股份合作制完善土地制度建设上走出了一条发展农村经济的新路子，为佛山乃至全国完善农村土地制度建设，促进农业和农村经济的发展，提供了改革经验。通过南海的试验和佛山各市，县、区近年来的试点探索，以及借鉴外地的经验，我们认定推行以土地为中心的股份合作制是深化农村改革，完善和发展农村土地制度建设，加速发展农业和农村经济的路向。

一、推行以土地为中心的股份合作制的理论意义

南海市在土地使用上引入股份合作机制，完善和发展了现行的土地制度，它带来土地在组织、管理、流转、经营上的市场化、企业化，是对农村土地制度建设的新突破。其理论意义至少有以下三个方面：

1. 承认了土地价值，促进了土地使用和流转的市场化。在土地的组织、使用、管理上引入股份合作机制，使土地的所有权、经营权，土地利益的分配权有了具体的价值体现。为土地的合理流动和价值发挥创造了前提条件。实行土地（指使用权，下同）股份合作制，所有权仍然属于集体经济组织，股份合作组织拥有土地的使用权，土地收益在集体、农民之间按一定的比例进行分配，使“三权”（所有权、承包权、经营权或称使用权）分离，土地价值体现在集体、农民对土地所有权、经营权，利益分配权的不同拥有权上。同时，由于引入了股份合作机制，土地的流转实质表现为土地使用权的转移，这个过程是不同主体在市场交换中完成的，也就是说，土地使用权实现了市场化。

2. 有利于打破土地的凝固性和封闭性。实行土地股份合作制，采取土地使用权入股，有利于打破原来地域界限；实现土地功能的合理分区，从而打破了村域土地功能的凝固性、组织的行政地区封闭性，有利于实现土地资源的优化组合。如下柏管理区，以土地股份制形式，集中土地，统一规划布局，建立工业开发区、商住区、农业保护区，克服了现行承包制在土地使用上集中度差的弊端。

3. 有利于实现土地经营企业化。现行的家庭联产承包责任制的一个很大缺陷就是经营分散，力量单薄，难以实行土地的规模经营和有效管理，难以兴建农田基础设施，因而难以提高土地生产率和经济效益。推行土地股份合作制，形成了土地使用和流转的市场机制，有利于按照市场经济要求，实行土地生产经营企业化。如南海市形成了一批有一定规模、进行企业化生产的农场、农业商品基地，开展规模经营和基础设施建设，提高了土地使用的综合效益和抗御灾害的能力。

二、推行以土地为中心的股份合作制的现实意义

随着农村经济的迅速发展，社会主义市场经济体制的逐步建立，以家庭联产承包责任制为主要形式的土地经营方式逐步暴露出不适应农业走向市场的要求。因此，迫切要求家庭联产承包责任制进一步完善和发展，以土地为中心的股份合作制正是在这一要求下应运而生的，它有利于解决当前农业生产存在的四大矛盾。

一是小生产与大市场的矛盾。取消粮食定购任务，放开粮食价格后，农民有了更大的生产自主权，土地的收益也相对提高了，同时，拥有土地（使用权）在一定程度上可以给农民心理上带来安全感和稳定感。因此，大部分农民即使转移到二、三产业，离开了农业生产，也不愿意轻易放弃土地，在像佛山这类二、三产业发展较快的地区，“兼业农民”大量存在，“星期日农民”“早晚农业”的现象相当普遍，不利于农业生产专业化和规模经营的发展。显然，原来这种分散经营的小生产与大市场的需求已很不相适应。

二是农业发展滞后与二、三产业发展较快的矛盾。改革开放十几年来，农村、农业得到很大的发展，但很大程度上是靠吃“政策饭”。如今二、三产业迅猛发展，相对来说，农业是一个弱质产业。但农业又是经济发展的基础产业。随着市场经济的发展，由于农业生产比较效益低，农业的市场竞争力相对较弱，且有自然灾害和市场波动的双重风险，普遍出现发展农业积极性远远低于发展二、三产业的情况，土地、资金等生产要素不断流向二、三产业，使农业的发展明显滞后于二、三产业，农民与职工的收入差距又明显拉大了，这就产生了“安天下产业”与二，三产业不协调的矛盾。若长此下去，将会导致农业的萎缩，矛盾增大。

三是土地价格与价值相背离的矛盾。为了促进经济的全面发展，征用一部分耕地发展非农产业是必要的。征地补偿费的实质是对土地使用权转移的价值补偿，应该体现出土地的真正价值。然而，目前很多地方土地转让价格偏低，土地市场尚未完善，未能真正体现出土地的价值，致使农业减少的土地得不到应有的价值补偿。

四是稳定粮食生产与粮田减少过多、过快的矛盾。一方面，二、三产业的迅速发展，占用大量耕地。其中相当部分是粮田。另一方面，农业生产结构的调整，削减粮食种植面积，发展经济效益较高的养殖业和经济作物，也是粮田减少过多、过快的一个重要原因。佛山市改革开放以来，由于改种蔬菜、水果和开发鱼塘，粮食面积减少较多，现只剩120多万亩的种植面积。粮食生产社会效益大，但经济效益低，尽管各级反复强调要稳定粮食生产，但由于利益机制的驱动，稳定粮食面积的措施却难以落实，许多地方有继续调减的趋势。

从一定程度上来说，上述这些矛盾产生的一个主要原因在于缺乏有效的土地流转机制和强有力的管理机制。以土地为中心的股份合作制就是形成这种机制的有效途径，是当前较为先进、合理、科学的土地组织、经营和管理制度。南海试验区的实践表明，推行以土地为中心的股份合作制是化解上述矛盾的得力措施，从理论和实践来看，它是适合我国国情的土地制度建设的根本方向。

三、加快完善农村土地制度建设的几点浅见

（一）把握改革的方向，确定把以土地为中心的股份合作制作为土地制度建设的重点

农村的改革始终是围绕着土地这个中心问题进行的。而现行的土地承包方式暴露的诸多弊端表明，土地制度的创新已势在必行。南海的实践证明，实行以土地为中心的股份合作制，可以较好地解决现行土地承包方式遗留下来的问题。我认为，土地制度建设是当前农村改革的中心环节，而推行以土地为中心的股份合作制又是完善土地制度建设的重要举措。因此，应将之作为土地制度建设的重点，因地制宜，多形式、多元化积极推进。

（二）多种形式发展以土地为中心的股份合作制

推行以土地为中心的股份合作制的目的之一，是要发展规模农业，提高农业生产率和农业经济效益。因此，以土地股份合作制为纽带，实现集体与集体、集体与国有企事业单位、集体与农户、农户与农户之间等多种形式的联合，可以吸引多种生产要素投入到农业生产，发展适度规模经营和“三高”农业，提高农业经营水平、管理水平和经济效益。推行土地股份合作制，要根据各地的实际，灵活选择适应当地社会经济条件的形式。在经济欠发达的地区，一些困难的集体经济组织，由于缺乏资金、技术和门路，光靠自身力量难以走上致富之路。但往往土地是他们的最大资源优势，对这些地方，应允许他们利用自已的土地作价折股，与外单位的资金、技术等生产要素实现优势组合，兴办经济开发区，发展工商业，这是扶持困难地区发展集体经济的现实选择和重要途径之一。

（三）完善政策法规，保证土地制度建设向高层次推进

土地制度建设特别是以土地为中心的股份合作制是一项涉及政策法规和方方面面的利益、难度较大的改革，没有现成经验可以参照，必须边探索边总结推广。南海的实践在佛山市具有一定的代表性，我们要认真总结加以推广。

1. 把建立农业保护区作为稳定农业生产的一项长远对策，从政策和法规上加强对农业这一弱质产业的保护。土地股份合作制有助于在区域范围内，实现土地较大规模的集中连片，并进行合理的功能分区。要在认真做好社会经济和农业发展总体规划的基础上，划定农业保护区，建议国家制定约束力强的农业生产保护政策的法规，以保证耕地特别是粮田面积的相对稳定。

2. 按照股份制的要求，完善土地股份制。当前，土地股份制的组织形式及其经济活动，存在着地区封闭、内部管理不够规范等问题。要按照现代企业制度的要求，建立和健全一整套符合市场经济运行规律的、规范的、合理的、科学的生产和组织制度。

3. 制定一系列优惠政策和激励措施，增加农业投入。农业投资的特点是风险大、回收期长。因此，农业不易吸收资金，甚至还会出现一定程度的资金外流，在市场经济中处于不利的竞争地位。各级政府必须强化农业基础意识，采取得力措施，激励各层次增加农业投入和发展农业生产的积极性，制定优惠政策，对农业投入适当倾斜。

4. 完善农村社会保障体系，保证土地建设健康发展。实行土地股份合作制，一部分农村劳动力要离开土地，从农业生产中转移出来；同时农村合作经济组织内部利益关系将

会有比较大的变化和调整，为了促进农村经济发展和社会稳定，必须加快建立和完善农村社会保障体系，如合理、公平的股权分配制度，股份制组织内部成员活动及就业保障制度，医疗、退休保障制度等。

（本文作者时任佛山市委副书记）

1993年7月

注入农村集体经济的新活力

唐启洪

南海试验区在试验土地制度建设过程中，随着形势的发展，于1992年初引入股份机制，先是在罗村镇的下柏管理区搞了土地使用权入股试验，接着于1993年初又在平洲镇夏北管理区和里水镇沙涌管理区等14个点扩大进行试验，同时把土地使用权入股发展为农村集体经济组织全面引入股份机制，即把土地、企业、固定资产与流动资金，全部折成股份，实行股份合作制的试验。这些点的试验虽然时间不长，但都发生了新的良好的变化，受到了当地党政和有关部门、基层组织以及广大农民群众的赞许、欢迎和支持，被誉为“农村第二步改革”（第一步是承包制，第二步是股份制）。

一

南海试验区农村股份合作经济的试验有三种情况：一是农村土地使用权入股的股份制，二是乡镇企业和某一开发项目实行的股份制，三是集土地和乡镇企业股份制于一身的农村股份合作经济。虽然这三者的范围有差异，第一种只限于土地，第二种只限于乡镇企业或某个项目，第三种则包括了土地和企业，但三者的基本做法有许多是共同的：

1. 进行资产评估，实行资产货币化，生产资料、房屋、企业、土地，都以货币形式反映。土地折成货币有三种做法：一种是罗村下柏的做法，按不同用途的土地的年纯收入计算。第二种是里水沙涌的做法，按国家对不同土地的征用值计算。第三种是平洲镇夏北和官窑镇汀圃管理区的做法，在不超过国家征地值的情况下，以群众共同接受的数目为准。汀圃每亩就只算1万元。三种做法都是根据自己的实际情况而定的。但第二种做法适应性更广，因为集土地和乡镇企业股份制于一身的农村股份合作经济，在资产评估中，土地的折价与企业资产的折价有个平衡合理问题，不按土地价值折价，就难以与企业资产折价平衡。至于第一种做法，由于他们主要是土地使用权入股，不按土地价值计算也无所谓，只要利益分配上合理，矛盾就不大，这就是为什么他们的做法也能为群众所接受的道理。

2. 折成股份，量化到各个占有主体。试验也有两种做法：一种是分成集体积累股和社员分配股；另一种是不留集体股，全部量化到人，只在章程上规定提留一定比例的公积金和公益金。而在量化到人中，平洲的做法是分成土地股与基础股，土地股是按各个生产组土地的数量折价入股，不同的生产组，占有土地不同，因而股份量化到人的数量也有不同，实际上是承认了“队为基础”的占有历史。里水的做法是分成基本股、承包权股和劳动贡献股三种，基本股以一定时限在本社的农业人口计算，承包权股以不同年龄的人口计算，劳动贡献股则根据承包期数计算。除此之外，几个地方都对娶入嫁出，出生死亡人员的股份作出了规定。

3. 实行民主管理制度。凡是实行股份合作的单位，都普遍实行代表大会制，定期召开股东大会或股东代表大会，选举成立董事会，规定董事会是股份合作经济组织的决策和管理机构，董事长是这个经济组织的法人代表。同时成立监事会或民主理财小组，以加强对股份合作经济的监督特别是财务收支的监督。

4. 在土地使用权入股的基础上合理进行土地规划。实行几个统一，即规划、布局、开发、使用、管理的统一。区域的规划一般分为三个区，即农业保护区、工业开发区和群众商住区或称文化区，按农村城市化、城乡一体化的要求和经济发展的需要，逐步实现对农村土地合理布局和开发利用。

二

南海实行股份合作经济试验，解决了新形势下出现的几个主要矛盾，给农村集体经济组织注入新的活力，是农村深化改革的一个重大发展和突破。

1. 既明晰了产权，又不动摇集体所有制。农村集体经济发展到今天，产权不明晰已越来越制约着人们积极性的发挥。作为集体所有经济组织的成员既难于对集体进行监督，又在利益上缺乏明确的联系，所以普遍不关心集体，不仅这样，在某些地方征用土地获得大量征地款的情况下，矛盾尤其突出，往往由于账目不清，分配不公而引起群众上访、请愿甚至闹事。平洲镇夏北管理区的洲表村，就因此而发生集体上访。实行股份制，全面清产核资，把资产折成货币，货币转化为股份，股份量化到单位或人，使股份合作经济组织的成员，人人明确这个经济实体的家底，明确自己在这个组织中拥有的分配份额，这就从所有制中最重要的一个权能——收益分配上落实到人，增加产权的清晰度。同时通过股份量化到单位或人，也界定了这个集体的范围。与明晰产权的同时，还结合解决经营管理和分配问题，通过董事会、监事会实行民主决策和监督，使经营和分配更具科学性。实践表明，这样做的结果，有效地密切了集体与个人的关系，也有效地解决了许多矛盾，里水的群众反映“过去是模糊的集体财产，现在家底明了，自己占的份额也明了”，平洲的周表村原来因怀疑征地款被贪占和认为分配不公而上访请愿，通过搞股份制，得到较完满的解决，平洲、里水等地原来生产组之间因收益不平衡而无法使经济合作社活动统一起来，通过折股，既承认差别，又统一起来活动，使经济社真正形成了经济实体。上了年纪的人尤其高兴，认为“这样做真正解决了后顾之忧”。

2. 既解决了小规模经营的问题，又稳定家庭联产承包责任制的政策。实行家庭联产承包以来，农民由于生产自主权的回归和责权利的统一，在提高积极性的基础上解决了温饱问题，这个制度目前仍有生命力。但是，随着经济的发展，原来以平均分包为特征的小规模经营越来越与大市场的需要、与农民的致富要求发生矛盾，也不适应农业现代化和二、三产业发展、农村劳力大量转移的现实情况。而要解决小规模经营，却又一不能刮共产风，二不能改变家庭联产承包的政策。引入股份机制，实行把土地使用权入股，变使用权为收益分配，可以有效地解决上述问题。由于土地使用权入了股，股份合作经济组织就有可能把土地适当集中，进行企业化经营或分成适当数量的份额，集中连片给专业户承包，形成适度规模经营，并推动了农业机械使用和农田基本建设。南海目前实行企业化经营是个别少数，大多数是土地入股后，又继续运用承包制，把土地投包给专业大户经营，而原来的承包户，虽然不直接使用土地，但通过股份占有，取得适当的收益，而且这些收益，一般比原来多（如果加上原来务农的劳力转移到二、三产业的收入，利益就更多），特别是有乡镇企业以工补农的地方，这就在经济收益这个最重要的环节上承认和体现了他的承包权，长期稳定了家庭联产承包责任制。罗村镇下柏管理区这样实行的结果，800 亩水稻田和 380 亩鱼塘全面实现了规模经营。稻田集中由农业公司组织 28 人专业种植，鱼塘则由 8 个专业户投包，而农户的收益也有所增加，1993 年上半年通过股份分红人均达 400 元，比自己种一亩稻田一年收益还要多，预计全年人均收入可达到 3 000 多元，比去年增长 20%以上，土地做到了流转与稳定（承包权稳定不变）、公平与效益（取得规模效益）的统一。

3. 既发展了经济，又保护了耕地。随着商品经济、市场经济的发展，二、三产业的发展，出现了一、二、三产业用地的尖锐矛盾。去年以来，广东各地就发生了开发区热、圈地热的问题，一年内耕地锐减 110 多万亩，为上年耕地的 3%，尤其是发达地区，占用的多数是良田好地，矛盾更为突出。实行股份合作经济，就可以在较大的范围内进行规划，合理调整布局，充分开发利用非耕地，发展二、三产业，同时对农用地也加强了管理。罗村下柏管理区实行股份合作制把全区土地划分为农田保护区，工业开发区，群众商住区，新办了工厂企业 24 间，总投资达 2 亿多元，预计今年工农业总产值可达 1.2 亿元，利润超千万，将分别比去年增长一倍多。同时，也稳住了耕地 1 250 亩，为原有耕地 1 600亩的 80%。

实践证明，引入股份机制，实行股份合作制，是经济发达地区进行土地制度改革的一条成功路子。它与经济不发达地区情况有很大不同，它有较完善的社区性合作经济组织基础，村有经济合作社，管理区有联合社，还有一定的甚至有较雄厚的集体经济力量，并在多年经济活动中，涌现了一批比较有经营管理能力的人才，它应该而且完全可以运用这些优势，去更好地促进土地向优化生产要素组合发展，向区域化、规模化、企业化、现代化发展。土地由他们去组织流转，比起由农户分散的少量的自行流转更有效率、更顺当、更易形成规模。同时，这样做也不妨碍参与市场经济活动。一个具有民事权利能力和民事行为能力的经济法人，同样可以参与市场各种活动，包括参加生产要素市场的各种活动。

三

南海试验区在农村集体经济组织中引入股份机制的探索给人们不少有益的启示：

1. 现行的农村土地制度存在着所有权、承包权（或称占有份额承包权）和使用经营权，并且这“三权”是可以分离的，分离对现实生活中有重大意义。家庭联产承包，使农村土地出现了所有者与承包者，同时也出现了所有权与承包经营权。允许土地转包特别是有偿转包，使承包经营者又分化成为承包者与使用经营者，同时也出现了承包权与使用经营权，加上所有权，就演变成“三者”和“三权”分离。承认“三权”存在和允许“三权”分离的重大意义在于适应市场经济，进一步把土地这个重要的生产要素搞活，它有效地克服了家庭联产承包所带来的土地凝滞状态，为土地的流转和小规模经营向适度规模经营过渡，优化生产要素组合，合理利用土地，提高经济效益和实行股份合作制打下了思想基础和政策基础。

2. 农村的土地股份制与集体所有的乡镇企业股份制可以而且应该联系起来、统一起

来，成为农村的股份合作经济组织，更好地协调农村工业与农业的关系，促进工农业的协调发展。农村土地和集体所有的乡镇企业一样，都是集体所有的经济，占有主体是统一的，但也都存在产权不明晰的问题，在利益上相互关系也不明确。如果只搞乡镇企业的股份制而不搞农村土地的股份制，则乡镇企业的发展缺乏广阔的土地作后盾，但是，如果只搞土地使用权的股份制而不与乡镇企业的股份制联系起来，则土地使用权的股份收益分配不可能提高。其实，两者是相互促进的，有了土地使用权的股份制，就可以腾出一定数量土地发展乡镇企业；而乡镇企业的发展，也可以更好地反哺农业，所以将两者的股份制联系起来，是农村经济发展的趋势。当然，这样做也是需要条件的：农村的二、三产业必须有一定程度的发展，农村劳力要有相当部分转移，农村集体经济有一定力量，农业机械化要有一定基础，并且实行的结果，农民收入要有一定的增加。如果这些条件不具备，勉强去做，效果就不一定好。有的在某方面条件较成熟，也不排除先实行某方面的股份制。总之，趋势可能是朝着农村股份合作的方向发展，但步骤、形式、方法，由于各地情况不同，也应允许有所差异。

（本文作者时任广东省农研中心副主任）

1993年7月

突破旧的土地管理制度　解决新问题

谢智明　周　芬

沙涌管理区位于里水镇的最南端，广佛高速公路横穿而过，距广州 6 公里，佛山 10 公里。辖 5 个自然村，总人口 3 917 人，其中农业人口 3 583 人；共有耕地 1 386 亩，其中禾田 1 249 亩，全区社级集体企业 50 家，仓库 3.5 万多平方米。1992 年全区社级集体总收入 1 163 万元，纯利 193 万元，分别比 1991 年增长 73%和 70%。

一、分析新矛盾，摸索新路子

近年来，随着农村经济不断发展和城乡一体化步伐的加快，不少农民"洗脚上田"，逐步向二、三产业转移，原来的农村管理体制已不适应当前形势发展的需要，具体表现如下：

1. 以土地为主体的产权归属问题。近年来，由于国家建设需要，我区高速公路沿线土地被国家和有关单位征用，区村按政策得到了一笔征地补偿款。本来按规定以征地补偿款的 70%用于增加集体积累，扩大再生产是件好事，但是由于区村二级未能妥善处理好土地增值并转化为集体资产这一产权的归属问题，加上农民看到失去赖以生存的土地，担心今后生活出路问题，因而围绕征地问题不时发生纠纷，甚至多次上访、闹事。管理区干部要花费大量的时间和精力来处理土地问题，影响了正常工作。

2. 集体经济壮大之后出现的再分配问题。我区各经济社，工业原来就有一定的基础。近年来有了征地款之后，各个社都不同程度增加了 100 万～300 万元的集体资产，因而都有再分配。下沙、湖洲、下亨 3 个村委会，从 1993 年起，基本上每人每月就有 100 元分配。但由此却引发出一些新的矛盾和问题：村里年龄较大、劳动贡献时间长的对刚出生、刚娶入的分同样多的钱有意见；以前不要土地但有户籍的渔民，对自己有户籍但无钱分有意见；外嫁女对自己有劳动贡献，有户籍而没有钱分有意见……区村干部为处理再分配的问题大伤脑筋。

作为南海市和里水镇的试点，为解决当前农村中的突出矛盾，探索农村股份合作制的可行性。我们通过认真的学习领会上级有关指示，感到我们管理区适宜通过建立村股份合作制，解决当前各种问题。

二、结合我区实际，实施农村股份合作制

沙涌管理区搞股份合作制的目的是"明晰产权、稳定承包、解决矛盾、合理分配、促进发展、改善经营"，简单地说就是要解决以土地为主体的产权归属问题和壮大集体经济后出现的再分配问题。

1. 领导重视，认真部署。上级领导对在沙涌搞农村股份合作制十分重视，市、镇两

级派了工作人员进驻，连同管理区共组成一个12人的工作组。市、镇的主要领导亲自主持工作会议，并带队到深圳宝安、广州天河等地参观学习，编写资料，上辅导课，使工作组人人懂政策，个个知步骤，工作起来得心应手。

2. 广泛宣传，深入人心。农村股份合作制是农村的第三次改革，它牵动方方面面关系，涉及千家万户的利益，因而要在农村实施股份合作制，难度是较大的。一是改革开放十多年来土地都是由农民掌握使用权，农民一下子不想失去自己拥有的土地，一旦土地被征用，思想上转不过弯来；二是近年来乡村组织名称变换频繁，从生产队到村民小组，再到村委会，社教时又搞理顺“一社多队”的问题，现时又要搞股份制，群众在思想上未能认识清楚，因此需要做大量的、深入细致的宣传发动工作。我们工作组全体同志深入基层，挨家逐户，利用多种教育办法，将这次工作的原因、目的，明晰到每个村民心里。

3. 掌握情况，制订方案。掌握情况是基础，制订方案是关键。如果情况掌握得不透彻，制订出来的方案村民也无法接受。我们通过深入的调查了解，发展当前主要的矛盾是土地的产权归属问题和再分配时出现的平均主义、分配不公问题引起的。我们就抓住这个主要矛盾，在干部群众各个层次中展开讨论，征询意见，三上三下，在得到绝大多数群众同意的前提下，制定出以三种股权构成的基本方案：（1）基本股，凡在1993年12月31日前有户口在农村的农业人口，每人3股。（2）承包权股，占3股，其中16岁以上的3股，16岁以下的2股。（3）劳动贡献股占4股，分两部分计算。第一部分：从1982年开始，以分承包责任田的期数为依据计算股份，分满三期的给1.5股，分二期的1股，一期的0.5股。第二部分，以劳龄计算，按年度，年龄划分，共25股，分五级，每级相隔七年，16岁开始至23岁为一级0.5股，45岁以上给足2.5股。三种股权满股者为10股。

4. 抓住重点，解决问题。我们抓住土地产权归属和分配不公为重点制订出方案后，把两个文明建设与经济利益联系起来，纳入股份章程中。如长期未得到解决的外嫁女问题，有户籍而无土地的渔民问题，计划生育问题，治安管理问题等的具体处理办法，连同以往行之有效的村规民约，都用章程的形式予以明确。这就使群众违反或遵守集体规定与其经济利益直接挂钩，从而达到以经济为手段处理集体与个人，个人与个人之间的矛盾。这样做，使群众除了关心整个村的经济发展之外，还从个人直接利益上去衡量自己的行为，形成遵纪守法、关心集体、团结协作的好风气。

我们在制订方案时，除了抓住解决土地产权归属问题为主之外，还考虑解决今后土地的规模经营问题。因为如果土地的经营使用权不重新收回集体的话，这对今后发展集体经济需要征用土地和搞土地适度规模经营都有阻力，因而这次订方案时设一个承包股权，从股权上承认农民对土地的承包关系，实现土地所有权、承包权、经营权的三权分离，把土地集中到股份经济社统一布局，公开竞争，从过去的分包改为投包。

5. 清产核资、评价折股。在制订好方案和章程的同时，各经济社在工作组的指导下做好清产核资、评价折股的工作。集体资产是将土地、厂房、仓库、设备和流动资金等财产以净值计算，列册登记，然后按比例分成，集体积累股占51%，社员分配股占49%，依照章程制订具体的分配办法计算到各家各户、贴墙公布，供村民监督核实。在清产核资期间，还一并解决了社教时留下的“一社多队”问题。

清产核资、评价折股之后就召开股东大会，选举股东代表，再由股东代表选举董事会、监事会，然后再召开股东大会，正式成立股份合作经济社。

三、群众很欢迎，干部好管理

这次我们管理区作为市、镇搞农村股份合作制的试点，虽然在实施过程中遇到不少困难，但经过大家的努力，最终能够圆满完成。农村股份合作制实施以后，由于明确了每个农民的责权利，所以很受群众欢迎。

1. 在农村推行股份合作制是真正解决现阶段农村各种矛盾最有效的方法。沙涌搞了股份合作制之后，干部群众拍手叫好，认为这个新的管理形式能够从尊重历史事实出发，明确土地产权归属，不搞大拉平，较好地解决后顾之忧，使农民满意，自觉接受。同时干部可以从烦琐的民事中脱身出来，集中精力搞好经济建设和其他工作。同时，在农村推行股份合作制也是今后如何做好农村思想政治工作的新起点。这项工作是真正考虑到群众的实际利益，是以真正解决农民的实际问题为出发点，这样，必然受到农民的欢迎。

2. 在农村推行股份合作制要做到上下支持、互相配合。我们深深体会到，沙涌这次搞股份制，是我们为解决现阶段农村中的突出问题，同时考虑到集体今后的发展问题而去搞，我们是出于自愿的，上级并没有硬性要求我们。在推行过程中，上级领导非常关心和重视，派来工作队帮助开展工作。但我们没有完全依赖上级而是全力以赴，积极主动，一丝不苟地去做。股份制对于我们来说不但新鲜，而且政策性强，要求严，标准高，单靠我们的力量无法完成这项工作。所以，在工作队的支持协助下，我们很快地根据自己实际情况制订了一套较完善的方案。

3. 在农村搞股份合作制是形势发展需要。我们地处珠江三角洲，以华南大都市广州为依托。随着今后经济的发展，城乡必然逐步实现一体化，要早日达到这一目的，就要尽快使农村的经济发展同市场经济接轨。农村股份合作制，是适合新形势发展的农村管理体制，它能有效地解决现时农村中的各种矛盾，促进农村经济的发展，实现农村的第二次飞跃。

（本文作者分别系南海试验区办公室副主任，里水镇党委办主任）

1993年2月

南海农村土地制度建设的试验、探索和创新

刘季芸　何享业　龙文标　吴荣赞

南海作为全国农村改革试验区已进入第六个年头。6年来在中央、省委及地方党委、政府的领导下，进行了粮食规模经营、农业规模经营、土地制度建设、农业商品基地建设等方面的试验。通过试验，初步探索出经济发达地区实现粮食规模经营的路子；在进一步明确土地所有权的基础上，对农村土地制度有所创新；通过农产品商品基地建设促进了南海农业向现代农业和商品农业转化。中共广东省委农村工作部在南海试验区试验的基础上，制定了《关于完善农村集体土地管理体制的意见》。南海试验区在粮食生产企业化规模经营、农业规模经营、商品基地建设、土地有偿承包、投标承包、土地股份制等重大问题上为全省农村深化改革提供了经验，探索了带有突破性的改革的路子，现将南海试验区的农村改革试验总结如下。

一、试验的环境与背景

南海市是广东省，也是我国经济最发达的县份之一。有95万人口，地处珠江三角洲腹地，毗邻港澳，与佛山、广州相连接，交通方便，通信发达，投资环境优越。经改革开放十多年来的发展，南海市已成为经济实力较强的市。1991年成为全国综合实力百强县（市）的第四位。1992年全市国内生产总值77.55亿元，国民收入66.60亿元，社会总产值193.69亿元，工农业总产值158.40亿元，财政收入6.03亿元，出口创汇5.65亿美元，农民人均纯收入达2 482元，城镇职工人均收入5 671元。在进行试验期间，南海农村经济取得长足的发展，充分显示了农村改革试验对南海农业和农村经济的推动作用。1987年南海农村工农业总产值32.6亿元，其中工业产值28.6亿元，农业产值4亿元，农业出口创汇1 301万美元，农村人均纯收入1 281元；1992年全市农村工农业总产值118亿元，其中工业产值105亿元，农业产值13.2亿元，农业出口创汇4 284万美元，农村人均纯收入2 482元，分别比1987年增长261%，266%，228%，229%，93%。全市有半数以上管理区集体可支配的资金达100万元。南海市乡镇工业发达，农村工业化和城市化进程迅速，已有60%的农村劳动力转入二、三产业。南海是我省主要粮产区，有70万亩耕地，具有发展塘鱼、花卉、蔬菜、水果的农业优势，过去由于粮食任务重，维持45万亩粮食面积，农业上的优势尚未得到充分发挥。南海试验区探讨的问题，代表了我省经济发达地区和我国经济发达地区面临的一些农业问题和农村问题，具有超前性，对深化农村改革具有指导作用。

南海的试验是在开放和改革的大环境中进行的，试验期间正值我国经济体制发生重大变革时期。我国经济体制经历着从计划经济到有计划的商品经济过渡，又从有计划的商品经济到社会主义的市场经济转变。因此，试验区在不同的阶段面临着不同的矛盾和问题，

并针对各阶段出现的矛盾和问题进行试验，探索解决矛盾的办法和路子，以推进农村改革的进程。试验期间面临的主要矛盾有：（1）实行家庭联产承包制后带来的土地平均、分散、零碎经营与商品经济发展要求的社会化大生产不相适应；（2）在计划经济体制下，粮食任务重，比较效益低，农民不愿耕种与国家要求的计划和任务相矛盾。在1992年上半年粮食计划和任务未放开前，南海平均每亩负担公粮50千克，余粮250千克，共300千克，每50千克比市价低30元，全市征购任务2.7亿斤。种粮效益每亩比经营鱼塘、花卉、蔬菜低几倍、几十倍；（3）现行的土地制度对实现土地价值和提高土地利用的经济效益不相适应。

针对以上矛盾和问题，南海试验区前一阶段进行了粮食规模、农业规模和农产品商品基地试验；后一阶段进行了土地制度建设试验。通过试验，在粮食规模经营和农村土地制度建设上有了突破和创新。

二、探索出在发达地区实现粮食规模经营的路子

试验初期，原中共中央农研室、广东省委与南海试验区，针对粮食任务重，比较效益低，土地分散，小面积经营，生产效益不高，农民种粮积极性低的现状，在南海进行粮食规模经营试验。希望在计划经济体制下走出一条通过扩大粮食经营规模，提高劳动生产率，提高种粮经济效益，达到不提高粮食生产成本，而提高农民种粮积极性的路子来。为此，在粮食规模经营上进行了以下探索：

（一）从推行粮食专业户承包经营入手，探索专业承包经营的效益和适度规模的标准

试验初期，省、市、县组织联合工作组，经过4个月的调查，形成了《南海县粮食生产规模经营试验方案》，方案提出了土地集中的途径和适度规模的标准。方案形成后，由市、县领导出面，多次开会发动，组织试验区工作队在5个管理区进行试验。经过艰苦努力，创办了9户农民的粮食规模试点，面积达5 390亩。同时将原有的39个经营规模在30亩以上的粮食专业户纳入规模经营的试验观察点。全县粮食规模经营就在这48个点（户）共2 405亩的粮田上开展了试验。

根据1988—1991年对有代表性17户追踪监测分析，粮食专业承包效果是好的（1992年由于土地被征用，有3户只得中断监测，1992年数据只有14户的监测数据）。（1）土地产出率不断提高。增幅达4%～14.4%。（2）劳动生产率不断提高。劳平生产粮食逐年提高，增幅达9.4%～11.8%，1991年达2.38万千克。（3）经济收入增加。经5年监测，劳平收入增幅达21.9%～179%。1992年劳平收入达16 622.23元。稻谷亩平均收入逐年增长，增幅达22.2%～54.8%。

同全县平均水平比较，粮食亩产除1988年低于全县平均水平外，其他年份高于全县平均水平；亩均纯收入除1989年由于雇工支出大，低于全县平均水平外，其余年份高于全县平均水平；单位面积成本，从1990年起低于全县水平。由于专业化经营，农户专心致志搞粮食生产，不断增加对粮食生产的投入，不断提高科学种植和机械化水平。实践证明，实行粮食专业承包的方向是正确的。目前，专业户承包仍然是粮食生产规模经营的一种方式。

在试验中，经调查研究，我们以亩产、总产、劳动商品量、商品率、百斤谷生产费

用、劳均收入、亩总收、家庭副业收入等八项经济指标进行综合评价，提出专业承包适度规模的标准是：(1) 以拥有或通过社会化服务使用手扶拖拉机和联合收割机为主要标志，有较高机械化水平，有一定的劳力加上请一点季节工的，以户平耕种 130～140 亩，或劳平耕种 60～70 亩为宜；(2) 以拥有或使用手扶拖拉机为主要标志，有部分机械，自有一定劳力加上请一点季节工的，以户平耕种 50～60 亩，或者劳平耕种 30 亩左右为宜；(3) 以传统手工操作和自有劳动力为主，或农忙请一点季节工的，以户平耕种 30 亩或劳平 15 亩为宜。经过 5 年跟踪分析，符合以上因素的其效益都比较好，证明以上结论是正确的。

粮食规模试验的初期，由于在计划经济体制下，粮食计划和价格未放开，用了数月时间，动员了省、市、县以及当地基层组织的力量，然而仅推开了 9 户粮食专业户，500 多亩地。这说明在计划经济体制下，即使二、三产业较发达，农村劳动力 60%转移到非农产业的条件下，由于粮食任务重，比较效益低下，在农民没有种粮的内在冲动的情况下，大面积推行粮食规模经营，条件是不成熟的。这个结论给省领导在指导全省规模经营方面的决策起了重要的参考作用。

(二) 进行粮食生产企业化、规模化经营试验

如何使土地进一步集中，进行集约化、专业化、规模化、企业化经营，使兼业农户逐步放弃土地，稳定地转入二、三产业，进一步提高土地产出率、劳动生产率和商品率，我们又摸索了另一条实行粮食生产规模经营的路子，这就是在大沥镇联滘管理区进行的从取得粮食生产的规模效益到实现粮食生产规模经营，实行粮食生产企业化、规模化经营的试验。

联滘管理区有 2 400 人，1 316 个劳动力，1 200 亩耕地，该管区有以下有利条件：(1) 二、三产业较发达，有 83.7%的劳力已转入二、三产业；(2) 近年集体经济收入有较大增长，从 1988 年的 88 万元增加到 1992 年的 200 万元；(3) 集体经济组织的服务功能发挥得较好。5 年来，对分散经营粮食生产的农户提供机耕、排灌、植保、良种等关键性生产措施服务，使粮食生产形成区域化连片种植，建立了一支稳定的服务队伍；(4) 农业机械配套。拥有拖拉机、插秧机、播种机、植保机、收割机、烘干机等农业机械，粮食生产全过程的机械基本配套，试验的总目标是实现 1 200 亩土地从千家万户耕作改变为农业公司企业经营。

试验分三步走：第一步先对分户经营的农田实行机耕、排灌、植保、良种等关键性措施的几统一服务，用少数人使用机械去承担各户的分散劳动，提高了劳动的效率和效益。第二步在几统一服务的基础上向农民反承包，实行规模经营，先是 1991 年以每亩 800 斤稻谷从农民手上集中 300 亩土地，用 12 人进行专业化经营；接着在 1992 年扩大到 900 亩；第三步是引入股份机制，通过农户把土地使用权入股；集中全部土地，由农业公司实行企业化经营。

在实现试验目标时，要解决好经济联社、农业公司、农户三者的关系。经联社用以工补农的办法对大型农机具的配套提供条件，如增购大中型的收割机、插秧机、烘干机等使生产全过程的机械化配套。1992 年管理区成立农业发展总公司，公司是具有企业法人资格的管理区经联社属下的一个独立的经济实体，实行自主经营、独立核算、自负盈亏、定额奖励，行政上归区办事处和经联社领导。农业发展公司共有18人，设经理1人，副经理2人，内设机械队和农艺队。机械队由12人组成，负责农业机械的操作、使用、维修、作业；农艺队由6人组成，负责水稻高产试验、攻关以及禾田的生产作业。在报酬上实行基本工资加奖励工资的办法，除经理外，每人每月400元基本工资。奖励工资与产量挂钩，超产部分60%奖给公司的人员，减产按比例扣罚。农业发展公司有明确的任务：一是完成管理区承担的国家公粮任务，1992年是6.9万千克：二是保证供应老人和未成年人的口粮，10～15岁及60岁以上的农民是每人每年250千克，10岁以下供应150～200千克；三是生产要达到管理区规定的亩产指标。1992年要求每亩产量850千克（常规品种）；四是维修好农田水利设施和农业机械设备。

（三）粮食生产企业化经营的优越性

粮食生产企业化经营经过了2年三季试验，显示了以下优越性：

1. 提高了土地产出率和劳动生产率。1991年晚稻专业队经营的300亩禾田，平均亩产晚稻525千克，比全管理区平均产量高71千克，比17户粮食专业户平均亩产高出60千克，亩均收入高53.35元。亩成本205元，比全区平均成本下降50元；纯收入每亩比全区平均高36元，纯利润7.95万元。1992年900亩由农业发展公司18人经营，平均年亩产1 019千克，亩均纯收入418.6元，人均生产粮食4.517 6万千克，人均创纯收入9 020.2元；按国家收购价供应全区每人250千克粮。以人均消费粮食400千克计，一个劳动力可供养113人，占全区2%的人口养活了98%的人口，还有剩余粮食进入市场交易。企业化经营改变了分散、小片经营土地，劳动生产率、土地产出率低下的状况，这一生产组织形式适应了商品经济发展要求的社会化大生产的需要。

2. 提高了农业机械和农田基本设施的利用效率。由于统一经营，使生产每一环节的效率大大提高。统一浸种可以提高劳动效率3倍，统一机耕可提高效率9倍，统一排灌可提高效率20倍，统一植保可以提高效率2倍，统一烘干可以提高效率8倍、在家庭分散经营时，全社650户，按每户一人搞犁耙田计算，每人犁2亩需650人。现在由12个拖拉机手包起来，人平负责100亩，效率提高数十倍。管理区拥有的机械在1 000亩土地上可发挥更好的效能，相较粮食专业户经营100～200亩地，机械发挥的效能大几倍。

3. 较好地解决农民兼业问题，为农民放弃土地创造了条件。在推动企业化经营以前，尽管有90%劳动力转入二、三产业，但他们还不得不耕作小片土地，以完成国家的粮食任务。实行企业化经营后，转入二、三产业的农民不必务农，其口粮由农业公司提供，粮食任务由公司负责，这为兼业农户放弃土地提供了条件，他们可安心经营二、三产业。

4. 解决粮食专业户后继无人的问题。目前，经营粮食专业户的大多数是中老年人，其儿孙辈对于务农没有兴趣，不愿继承父业，多数已转入二、三产业就业，因此粮食生产专业户存在后继无人的问题。通过粮食企业化经营，可以较好地解决这一问题。

粮食企业化经营在经济发达地区是具有现实性、可能性与普遍适应性的。从南海经济发展水平分析，目前已有50%以上的经济联社可支配使用的纯利润超过100万元，实现农业机械化有了经济基础。全县农业机械化程度较高，有手扶拖拉机6 850台，插秧机27台，机动植保机84台，收割机96台，烘干机4台。农村转移的剩余劳动力23.66万人，除了3.46万人转移二、三产业不稳定外，其余已稳定就业，这为农民放弃土地创造了条件。社区经济组织服务功能发挥较好。已有96.4%的经济社的粮田实现统一排灌服务；92.6%经济社实现了统一植保服务；92%的经济社实现了统一关键生产措施服务；58%的经济社实现统一机耕服务；53.5%粮田实现统一品种布局服务，这为实现农业企业化提供了物质、技术的基础。

农业企业化经营促进以工补农转向，把原来补在农业生产资料的资金转为补到购置现代工具和使用先进科学技术上，从而增强了农业自身发展的后劲，促进了粮食规模经营和农业现代化的进程。

三、进行农业规模经营和建立农产品商品基地试验

南海粮食规模经营试验，说明即使在农村劳动力向二、三产业大量转移，粮食的计划和价格未放开的情况下，大面积进行粮食规模经营，条件是不具备的，但在价格和任务已放开的畜禽、水果、水产等行业，群众都乐于实行规模经营。因此，在1992年我省粮食任务未放开前，我们将农业规模经营的重点转移到有条件的行业和地方（边远田）先搞，着重在畜禽业、水产养殖业、水果业推进规模经营。

（一）畜禽业规模经营

在促进畜禽业规模经营中主要抓了以下三条：

1. 种苗生产基地化。全市建立了镇以上的国营、集体或联办的种猪场、种禽场19个，年产鸡苗1 500万只，猪苗1.6万头，鸭苗2万～300万只，还有一些种苗专业户作补充，保证了规模经营种苗的供应。

2. 畜禽业生产基本上实现了专业化。形成以畜禽养殖专业户为主体加上部分联合体和少数国营、集体畜牧场的专业生产体系和规模经营。有的农村还形成专业社、专业村。

3. 饲养服务社会化。畜禽业生产的种苗、饲料供应、饲料技术指导和防疫治病，以及产品流通上市，基本实现了专业分工和社会协作。专业户不必再为生产的各个环节奔波、操劳。

（二）水果业规模经营

在水果业推进规模经营中，主要实行以下几种集中土地方式和承包经营方式：

1. 单位投资，联合开发，雇工经营。联营的办法，一般由单位出资，出种苗，搞设施，解决技术问题；镇村出土地，或向经济社租赁，在种植上的管理都是靠雇工。利益分配则地方占大头，单位占小头或只收回投资，这类场成功率高，体现了国家对开发性生产的扶持作用和示范作用

2. 集体开发、专业承包、分级经营。镇村社集体办果场，由集体投资，开发种植，由集体经营，但承包给专人管理，集体每年给承包者一定的生产费用，承包者每年每亩上缴一定数量的水果，超产部分全部归承包者。这些果场土地集中的方法，除少数山岗没有到户可以直接集中外，多数由村社把山岗重新集中起来，统一开发。在有收益时，再按农民拿出土地的数量进行分配。

3. 集体规划、私人投包（或租赁）**、开发经营。**这类是办家庭果场或联合体，一般由集体做好规划，公开投包或物色对象，协商有偿承包。集体不用出资金，投包者除享受县镇有关开发的优惠待遇外，全部由农户投资和开发。

开发丘陵山岗，发展水果生产的规模经营。南海市制定一些优惠政策：一是在资金上扶持。市里为开发丘陵种果8万亩，需投入1 500万元，由市、镇和村自筹各占1/3。各镇村都制定了一些扶持和优惠的办法。如大沥镇规定：凡丘陵种果，每亩补助40元；罗村镇为了鼓励水果规模经营，规定凡开发丘陵种果10亩以上才能享受贴息贷款，其中集体办的可以享受每亩贴息贷款400元，私人办的每亩200元，三年后归还，从而有效地促进水果规模经营。二是搞好生产设施。如水利、电力和道路设施。市里规定，每开发丘陵种果一亩，供应优惠价水泥200千克。三是解决技术问题。进行人员培训，使农民掌握种果技术。四是保证种苗供应。兴办种苗基地，保证全市水果苗的供应、优化和防疫。

（三）水产养殖业规模经营

南海水产养殖业主要是塘鱼养殖。为了推进养殖业的规模经营，首先，是改变耕地、基塘按人平均分包的状况。淡水养鱼的镇将分包转为投包，使基塘向种田能手集中，具体的做法是：

1. 承认农民的耕地承包权，确定合理投包款的分配方式，给放弃经营鱼塘农民以经济补偿。不论经营耕地的，或放弃承包权的，都享有平均分配集体投金的权利，承包放弃者所取得的投包金分配，既是地租返还金，又是放弃承包权的补偿金，农民易于接受。

2. 用商品经济观点处理投包经营中出现的农民间的具体利益问题。基塘少、要求承包经营的人多的则采用“有限投包”，随着劳力转移，要求经营鱼塘的人少了就采用“无限投包”的办法，也有的允许每户投一份，让所有报名农户部有机会投包到耕地，余下的才允许无限量投包。同时允许农民在投包期内自找对象转让经营权，但要报经济社和村合同管理小组备案。

3. 合理确定投包年限，适应市场变化情况和群众的意愿。定出鱼塘的投包年限，一般为3～5年，期满后。通过投包经营，使耕地更好地流动集中，形成了规模经营。仅南庄镇经营鱼塘10亩以上的有726户。

经过努力，南海市农业规模经营取得了显著成效。到1992年全市经营鱼塘20亩以上专业户923户，面积达2.28万亩，为全市鱼塘面积的18%；年饲养三鸟1 000只以上的专业户1.19万户，年饲养量是1 613.7万只，占全市总数的54%。

（四）建立农产品商品基地试验

在大力推进农业规模经营的基础上，全市又注重开展了农业规模经营与农副产品基地建设结合的试验。开展这方面试验的目标主要是：一是结合推行规模经营，进一步把原来比较分散的生产基地逐步建设成为定向生产，专业性、区域性的商品基地。二是以县镇一批有一定技术力量的种苗基地为龙头，引进和改良品种，逐步提高基地产品的质量，争取增值和多出口创汇。三是规划配套和筹建一批基地的中心企业，进行生产、加工、销售一条龙，贸工农一体化的试验。

1. 建立了全市种养业有一定规模的良种基地。在畜牧业方面办起英国樱桃谷鸭、澳大利亚狄高鸭、美国快大鸭等种苗基地5个，年生产能力为800万羽；办起AA鸡、杂交鸡苗基地，年产1 700万羽；办起瘦肉型猪苗基地，年产10万头以上。水产方面，办起了优质水产品种苗基地，供应美国加洲鲈鱼、罗氏沼虾、台湾白鲳、叉尾鮰、石斑鱼、桂花鱼等名贵鱼苗，年产鱼苗100亿尾，供应各邻近省市，部分出口港澳。在水果方面，办了28个种苗繁育点，繁育芒果、红江橙、椪柑、柑子等良种种苗近千万株。由于良种基地建设，不但促进了南海种养业的良种化，而且也促进了南海种养业的规模经营。

2. 建立了一批农副产品加工基地。市里用500万美元，引进20多台（套）农副产品加工机械，办了9个农副产品加工基地。里水宝鲜公司出口急冻小包装蔬菜十多个品种，打入美国超级市场，销往新加坡、日本、加拿大、西欧，被誉为信得过商品。西樵水产品加工厂，从3个品种的冻鱼，发展到8个系列，包括鱼球、鱼条、鱼酱、鱼肉午餐等，深得西欧市场欢迎。

3. 逐步形成集生产、加工、销售为一体的农产品商品生产体系。由于兴办了一批技术先进，能带动当地农业生产发展的骨干项目，以此为龙头形成生产、科研、加工、销售为一体的农产品商品生产体系。如里水宝鲜加工厂，由于加工蔬菜类出口，带动了附近2万亩连片蔬菜基地，并辐射到5～6个县，并且通过加工将蔬菜基地与国外市场联系起来。

通过基地建设，基地农副产品连续4年在产值、利润、出口创汇方面连续增长。已形成年创汇200万美元以上企业2家，创汇50万美元4家，基地年产值达2.12亿元，利润2 254万元，出口创汇754万美元，占全市食品出口中农产品出口创汇总额的41%。

四、土地制度建设上的突破和创新

我国现行的土地制度是公有制，有国有制和集体所有制两种形式。对我国土地制度改革有多种观点：有的主张国有制，国有制下的“永佃制”；有的主张私有制。我们进行土地制度试验的思路是改革和完善现有的集体所有的土地制度。因为中国人多地少，土地资源十分短缺，无论实行“永佃制”或“私有制”，农民惜土心理会加重，随着经济的发展，人口增长，土地价值会不断升高，不利于土地的合理流动和集中。试验从改革和完善现有集体所有制入手是现实可行的。

不论土地规模经营还是农业的规模经营都与土地制度建设有关，有些问题，如果不从土地制度去完善，规模经营也难以实行。因此，从1989年开始，南海试验区突出地抓土地制度建设的试验，针对当前土地制度上存在的土地所有权主体不明确，土地承包经营制度不完善，对土地的建设和投入缺乏促进机制，土地管理不力等问题，在调查研究基础上，制定了《南海试验区土地制度建设总体方案》《关于进一步明确农村土地权属的试验方案》《关于加强农用土地建设的试验方案》《关于加强农村土地管理的试验方案》等具体实施方案。试验的指导思想是：明确土地所有权，搞活土地使用权，强化土地管理权，促进农业的现代化和农村经济的发展。由市委将土地制度试验列入党委工作日程，下发了两个意见：《批转农村部关于进一步完善基塘地区联产承包制度工作意见的通知》和《批转农村部关于进一步完善禾田地区联产承包制的工作意见》。

在明晰农村土地所有权方面，除了明文规定“农村土地除了经过合法手续，已明确属于镇集体或经联社集体所有的部分土地外，其余都属于设置在自然村一级的经济合作社所有”，经济社是土地发包单位。根据马克思关于地租的占有是土地所有权得以实现的经济形式的论断，为了从经济上体现经济合作社是集体土地产权的主体，南海着重建立土地有偿承包制度。由鱼塘、蔬菜地、花卉地实行有偿承包逐步过渡到禾田也实行有偿承包。根据经济效益的不同，鱼塘、菜地等经济效益较好、一般亩收承包费几百元，禾田仅收二、三十元，虽然这并不能真正反映土地的价值，只能看作是集体收取一定的土地管理费，但比无偿分包却进了一大步，在经济上初步体现所有者的权属。目前，有偿承包使用土地的已有 1 228 个经济社，占总社数的 86.4%，土地面积达 53.2 万亩，占总耕地面积的 86.5%，试验取得较大的进展。

在搞活土地使用权方面，除了允许农户之间，按照规定可以转让或有偿转让之外，更多的是引入竞争机制，实行投标承包。投标承包是在有偿承包基础上发展起来的，由于塘鱼、蔬菜，水果价格放开较早，经济效益高，农民有经营的积极性。投标承包首先从鱼塘和经济作物地开始。投标承包的原则是公平竞争，价高者得。投包使能人承包土地，提高土地的使用价值和土地的产出率，较充分地体现了土地利用效率的原则。同时，投包显示了土地的级差地租，对于不同的地块，不同的使用价值，投包者出不同的价格进行投标，如鱼塘和经济作物地投包的价格较高，而禾田则较便宜，这显示了土地的级差地租。此外，投包也增加了集体经济组织的收入。在有偿承包时，鱼塘一般只收二三百元，菜地只收几十元。在投标中，互相竞争、出价逐步提高，一般鱼塘提到五六百元，菜地甚至达到上千元，使土地所有者——集体经济组织获得较多的收入，从而可以用于改善农业的生产条件，增加对土地的投入，有利增强地力。投包承包的收入，除用于对农业和土地的投入以外，还用于拥有土地承包权的农民的第二次分配，使转让出土地的农民在经济上得到一定的补偿，这样就有利于从事二、三产业而取得较稳定收入的农民转出土地，从而促进土地的流转和集中。目前全市 12 万亩基塘已基本实现投包经营，禾田地区也有少部分实行投包经营。

明晰产权，搞活使用权，强化管理权的有效办法是引入股份机制，使土地维持集体所有、家庭联产承包制度不变的前提下实现所有者、承包者、经营者各得其所，充分发挥土地的潜能，推进农村经济的发展。南海试验区进行土地股份制试验是在下述的背景下开始的。由于农村乡镇企业的崛起，农村劳动力大量向二、三产业转移，有的已达本地农村劳力的 80%～90%。剩下老人和妇女经营小片土地，农民已有放弃土地经营的要求。同时，农村经济的高速发展，需要用更多的土地兴建公路、厂房、商店和住宅，农村的土地需要在更大范围内得到合理的配置和组合，原来以经济社为所有单位也显示出局限性和封闭性，集体经济组织也有了使土地在更大范围内进行优化组合的要求。如何适应生产力的发展，实现土地规模经营和农业现代化，使土地资源在更大范围内优化组合呢？我们既不能采取过去随意改变土地的所有权属和“一平二调”刮共产风的作法，也还不能用高价从经济社那儿把土地买下来。既要促进土地的流转、集中，又不能改变双层经营的家庭联产承包制以及土地归经济社所有的产权制度。于是就探索试验土地使用权入股的办法。

试验在罗村镇下柏管理区进行。该管区有 1 698 人口，1 250 亩耕地，有工厂 35 间，农村经济总收入 5 241 万元，其中工业产值 4 779 万元，农业产值 462 万元，农村劳动力转移到二、三产业达 75.5%，管理区一级集体可支配使用的资金达 209 多万元。具体做法是：

1. 在经济联合社成立农业发展股份公司。

2. 将经济社的土地货币化，向经联社的农业发展股份公司入股。水田每亩折价 250 元，鱼塘 400 元，旱坡几十元。折价的标准是按土地不同用途所能取得的平均利润计算

1 200元为一股。这是入股的股金，是分配的一个标准尺度。经济社内部则由农户以土地使用权向经济社入股，每人算一股，对联产承包时没有分得土地的符合计划生育的新增人口及嫁入的妇女算半股。年终由股份公司按各经济社入股的数额分配到经济社，再由经济社按章程把应分配的金额分到农户。农户的股份规定不能继承，不能转让，不能抵押，实际上是再分配的尺度。在进行分配时，不仅有经营土地的收入，也有集体经济的二、三产业的收入。

3. 对土地实行全面规划。由于土地使用权入股，经济联合社就有可能对本区内的土地进行合理规划。全区规划为三个区域：农业保护区，工业开发区和群众商住区。农业保护区，主要是保证国家公粮和农民口粮，由农业企业经营；工业开发区主要用于发展二、三产业和改善农民居住条件。在未发展以前由农业开发公司经营粮食，并将低洼田和边远田改为鱼塘。

土地使用权股份制的试行，有以下优越性：

（1）使土地在经济联合社的范围内实现了土地的集中和流转，土地在较大范围内得到合理规划，使农村工业化和城乡一体化的进程能同步进行。

（2）促进农业规模经营和农业现代化。由于土地使用权入股，使土地从小片经营到大面积集中经营，由农业企业或专业户对经济作物地投标承包，从而避免弃耕丢荒，改变了农业劳动生产率低下的状况。

（3）促进农村产权制度的变革。下柏管理区在实行土地使用权入股的同时，也将集体财产股份化，而股份又量化到经济社集体和个人，因而使农村产权制度得到进一步明晰。

目前，南海试验的土地股份制又有新的发展，已由一个点发展到14个点，在做法上，也由单纯的土地使用权入股到土地和企业，集体经济全面实行股份制，在土地折股方面也比下柏的更为完善，试验正在继续发展之中。

五、几点结论

6年来，试验的总目标是在家庭联产承包责任制的基础上实行集约经营、规模经营，促进传统农业向现代农业转化，产品农业向商品农业转化，不断完善农村的土地制度。经过试验，得出以下几点结论。

1. 扩大经营规模，追求规模经济，是现阶段我国经济发达地区实现农业现化、商品化的必然要求。试验表明，规模经营是随着商品经济发展，农村劳力转移之后，群众的一种内在要求，虽然在计划经济体制下，粮食生产规模经营要大面积推行条件不具备，但群众仍在一些方面（如水产养殖、禽畜业）和一些地方（如边远田开发生产）率先实行规模经营，并且大部分长期坚持下来，某些还有所发展，可见规模经营的效益对群众仍有吸引力。

规模经营的方式，从实践结果看，应该是多种形式的，目前的形式主要有三种：一是集体几统一服务取得规模效益；二是专业户承包经营；三是企业化经营。几统一服务严格来说还不是规模经营，只能说是在生产某个环节上取得规模效益，但它毕竟为实现规模经营创造了条件；专业户承包经营比分散千家万户的小面积经营来说，其劳动生产率、商品率、经济效益、土地产出率有着明显的优越性；但比较企业化经营来看，其规模小于企业大面积经营，从而劳动生产率、经济效益就粮食生产而言又小于企业化经营。从对农业机械、水利设施综合利用效率来看，企业化经营优于专业户承包经营。不管哪种形式，南海都仍然存在，可见都是为群众所接受的。

无论哪种形式，实现规模经营都是需要条件的。从南海看，一是农村劳动力大部分转入二、三产业，这是最主要的。二是农村乡镇企业发达，工业已积累资金，能以“以工补农”“以工建农”的形式反哺农业。主要是为农业的基础设施、农业机械化提供资金、技术和物资装备。三是农业机械化有一定程度发展，能够使用机械以提高劳动效率；水稻生产要实现全过程机械化。四是社会化服务体系的建立。能提供产前、产中、产后服务，使经营者集中精力管好生产，而不必花精力在其他环节上。

2. 收取地租是体现土地权属和提高土地使用价值的有力手段。土地制度试验首要任务是明晰土地产权。而我国农村土地产权经过多次变革，人们对产权的认识是模糊的。加上在实行家庭联产承包制后，土地实行平均分包，无偿承包，在现实中产权主体是虚置的，从而使土地的投入、建设成为问题。南海试验区将土地平均分包、无偿承包改为有偿承包，又从有偿承包发展为投标承包，从而使土地所有者——经济社收取土地承包款，实际上就是收取一定的地租，从经济上体现了经济社是土地所有者。从有偿承包发展到投标承包，不同的地块，不同的使用价值，收取不同的承包款，从而显示了土地的级差地租；从无偿分包到投标承包，实现了公平到效率的飞跃。人人平均分包一定土地，只是一种福利性质，但是效率不高，而投标承包则要兼顾公平，更要注意效率。投标承包通常是在优质、高值、高效农业中发展，投标者是生产能手，懂技术会经营，使土地使用价值比分包时成数倍甚至数十倍地增长，因此他不在乎付出较高昂的标金。由于投标承包使土地的使用率有极大的提高，对于公平与福利问题，主要通过投包租金再分配体现。收取的土地投包款实际上是地租收入，土地所有者可以通过投包金的分配来调节承包权与经营权分离的矛盾。地租收入的分配，既包含对土地所有者的地租的返还，又包含了对转让承包权的补偿，也包含了对经营耕地者的奖励。当前，在经济社内的农民，不论是经营耕地的，或是放弃承包权的，都享有均等分配集体投金的权利。处理好地租的分配，有利于转入二、三产业农民放弃承包权，而有生产能力的农民获得更大规模的土地使用，这将促进土地流转、集中和有效使用。

3. 土地使用权股份制是适应生产力发展的土地制度创新。实行土地使用权股份制是土地产权制度的一个完善和创新。在土地集体所有的前提下，把土地收益和分配股份化，从经济利益上量化到人，这就从实质上完善了产权中集体与个人的关系。由于土地的股份不能抽走，不能继承，并继续提取一部分收益给集体，这就保持了集体所有性质不变。同时，由于利益与个人联系起来，也就大大改善了产权虚置的状态，也大大调动起这个集体内各个成员的积极性，加强了人们对集体的监督与民主决策。

土地使用权股份制的实行也是对家庭联产承包制度的完善与发展。家庭联产承包责任制是适应当前农村生产力水平的，中央明确这个政策长期不变，但是由于经济发展，农村工业化和城市化的发展，以家庭分包的小规模经营越来越不适应经济发展和市场的需要，需要对农村土地进行合理规划和使用，打破原来在土地流转上的凝固性和封闭性并提高土地的使用价值。因此，在不改变原土地所有制的前提下，将土地货币化，再用所折的货币入股，每个农户可以保持一定的股份，而土地却可以在经济联社或更大范围内流动，集中和合理规划使用，使土地资源在更大范围内实现优化组合，提高土地的使用价值；做到既不改变家庭联产承包责任制，又能解决土地流转和集中。

六、继续深化试验的几个方面

南海试验区虽然取得了不小进展，但是，改革的形势要求试验继续深化。比如：市场经济体系的建立，对农村作为主要的生产资料的土地如何适应，如何发育土地市场；股份合作制的发展，也要求人们对土地股份制的完善和提高；城乡一体化的提出，要求更好地探索实现农业现代化之路。因此，南海试验区拟就下列三个方面继续进行试验：

1. 发育农村土地市场问题。目前，土地市场，仅仅停留在口头上，要真正建立却遇到很多问题。集体所有的土地不能进入一级市场，集体所有之间的土地也不能转让。因此，拟就建立农村的土地市场进行调查研究，探索建立农村土地市场的现实性、可行性和发展途径以及阶段性，从土地使用权转让到入股到公开拍卖，并参考国际上设立农村土地交易所、土地信用社、土地银行等办法，探索在中国如何运用，为建立和发育土地市场进行试验。

2. 从土地股份制向农村全面实行股份制推进。土地使用权股份制试行有利于明晰产权和使土地在更大范围内流动、集中，使土地资源得到更为合理的利用，是提高土地使用价值，处理好所有者、承包者、使用者三者的关系和利益的好形式。因此，下一步继续抓好下柏管理区土地股份制的试点，使它进一步完善，同时，鉴于仅仅土地使用权入股仍有一定的局限性，必须研究土地使用权的股份制与乡镇企业股份制相关的问题，把两者联结起来，统一起来，即社区性合作经济组织全面实行股份合作制。目前已在里水镇沙涌管理区，平洲镇夏北管理区周表村建立了股份经济合作社，为今后进一步在农村全面推行股份制进行试验。

3. 把农业规模经营和农产品商品基地建设联系起来，为实现农业现代化探索路子。一方面进一步推进粮食规模经营，农业规模经营，推进商品基地建设，另一方面探索进一步发展和完善种养、加工、销售一条龙，农工商一体化，促进工业反哺农业，为实现农业现代化提供资金和技术条件，应用先进技术、改良品种、提高效率，提高经济效益而探索路子。

（本文作者刘季芸时任广东省农村改革试验区办公室主任、副研究员，何享业时任南海县农村改革试验办公室主任、农委副主任，龙文标时任南海县农村改革试验办公室副主任，吴荣赞时任南海县农委经管科科员）

1993年9月7日

土地股份合作制是深化农村改革的重要基石

何享业

自1987年经国务院批准南海建立农村改革试验区以来，至今已经历了6年多。在这期间，我们根据国家试验区交付的土地规模经营和农副产品出口商品基地建设两大试验题目，结合南海农村经济发展的实际，针对在试验过程中碰到的各种问题，从1989年开始，进行了农村土地制度建设试验。这一探索，不但较好地解决了农村土地的利用、土地的集中和土地的保养等难题，有力地促进了土地规模经营和农副产品出口商品基地建设，同时也进一步完善了全市农村各项土地制度，从而使农村的土地管理实现了制度化和规范化，为全省进一步加强和完善农村集体土地管理提供了决策依据。

一、农村开展以土地为中心的股份合作制前的回顾

到目前，我们的土地制度建设试验大致经历了三个阶段：

第一阶段是在取消塘鱼、甘蔗统派购任务地区，实施转换土地承包机制，改鱼塘的分包经营为投包经营。1989年下半年，试验区认真总结了南庄镇在1984年取消塘鱼派购任务之后，逐步将鱼塘的分包经营改为投包经营的做法和经验，建议推行基塘的分包改投包。当时的县委在1989年9月4～5日，在南庄镇召开现场会，全面部署这项工作，要求通过转换承包机制，解决好基塘经营的零碎分散和生产环境的日渐恶化问题，以及调整好集体内部的利益关系。到1990年，用了一年多的时间，全市有129 065亩基塘实现了分包改投包，占当时全市基塘总面积的80.1%。通过转换承包机制，比较好地解决了以下几个问题：一是在经济关系上明确和维护了土地的集体所有权，使耕地的真正价值逐步体现出来。农民通过投标竞争，并向集体交足地租方能取得土地的经营权。这样，“土地是集体的，自己是租耕的”性质很明显。同封农民是在价值规律和市场导向下去参与投标竞争和组织生产的。因此，转换承包机制之后，每亩鱼塘每年向集体交付的承包金（地租）一般达到700～800元，部分条件好的鱼塘还超过1 500元。二是在经济利益上调整了集体内部的分配关系，增加了对土地的投入，有效地改善了生产环境。罗村镇罗寨管理区的750亩鱼塘实行了投包经营后，管理区对鱼塘承包款明确规定用于集体行政开支，整治鱼塘环境（这项规定不低于鱼塘承包金总额的25%）和村民再分配。但各经济社还是宁愿压缩村民再分配，而把大量资金投放到整治鱼塘中去。其中寨边、罗南两个经济社把70%的鱼塘承包款用于基塘建设。三是促使了基塘的流转，解决了鱼塘承包的零碎分散问题，推进了水产养殖的规模经营。西樵镇民乐管理区在转换承包机制前，按人平均分包鱼塘，户均只有1.7亩。改分包为投包后，只有43%的农户投包了鱼塘，户均承包鱼塘3.9亩，使土地达到一定程度的连片集中。在承包鱼塘的594户中，有178户农民承耕鱼塘面积在10亩以上，初步实现规模经营。

第二阶段是在粮食统派购任务尚未放开的地区实施土地有偿、达标承包，建立土地积累机制。因为粮食统派购任务未放开，平均每年每亩耕地承担公购粮 600 斤。由于这一沉重的经济负担压在农民身上，面对日益恶化的农业生产环境，以致土地的低效利用，要使其象基塘地区那样，通过分包改投包来解决问题是不可能的。因此，我们是考虑通过强化土地管理权的办法来解决问题。1990 年下半年，我们在禾田地区率先推行土地的有偿承包和达标承包，收到了很好的效果。在落实了土地有偿、达标承包的地方，普遍实现了土地承包的 4 个改：一是改无偿承包为有偿承包。大沥镇凤池管理区农民承包集体禾田每年每亩要向经济社交纳 30 元承包费，以此解决了对土地的投入整治生产环境及设施的必要费用。二是改方案式的承包为合同化的达标承包。原来农民承包耕地以方案代合同，农民各自所承担的责任不明确。推行达标承包后，土地发包单位与各承包户签订承包合同，直接明确双方的责、权关系。平洲镇的承包合同以种好地、养好地、管好地为目的，制定出 7 方面共 14 项条款，具体明确了承包者和发包方在合同期内必须按合同规定享受的权利和承担的义务。三是改单向承包为双向承包。新签订的承包合同不仅对承包户如何种好地和养好地有了规定，而且对发包方如何管好地，搞好生产服务作了具体规定。如平洲镇在承包合同第 12 条规定："甲方（发包方）要运用集体经济的财力和优势，力所能及地向乙方提供必要的农业生产服务。甲方收取土地有偿承包款，义务工代金都必须用于本社的地力培养和农田基建方面"。四是改"补农"为"奖农"。一些集体经济好的地方，在推行达标承包时，将原来由集体向农民提供的无偿服务，无偿供应生产资料的以工补农资金改为"奖农"资金。平洲镇林岳管理区墨盘经济社在每年的集体纯收入中提取 20%作为土地达标承包奖励金，使农民执行的各项达标措施同集体的经济奖励挂起钩。在具体做法上，实行"两分开"和"两落实"：即将集体再分配同农民上交土地有偿承包款分开，将集体提供的各种生产服务与农民必要承担保养土地责任分开；坚决落实市政府的农业发展基金制度，落实多年没有执行的农民积累工制度。由于推行了土地有偿达标承包，使农村社区合作经济组织对集体的土地管理职能明显加强，有效地改善了生产环境，逐步改变了过去粗耕粗种，以致丢荒弃耕的生产状态，推动了农业生产发展。针对这个问题，市委作出决定，要求结合开展农村社会主义思想教育，全面建立起农村土地有偿、达标承包制度。到 1992 年，全市实现有偿、达标承包的土地面积达 30 万亩，占全市禾田面积的 66.7%；收缴土地有偿承包金 1 041 万元，收取农民积累工代金 1 182 万元，筹集农业发展基金 1 426 万元。并通过运用这些资金投资修建堤围窦闸，改造内河水利工程，整治农田排灌设施和进行基塘建设，修筑桥梁道路等，为全市农业不断登上新台阶造就了一个良好的生产环境，同时也推进了粮食规模经营。大沥镇联滘管理区结合推行土地的有偿达标承包，利用自身的集体经济优势和生产机械优势，以及当地劳动力大量转移至二、三产业的实际情况，组织起全市第一个粮食生产规模经营企业，被省市有关领导誉为珠江三角洲农业发展的新模式。在全国农村改革试验区第七次工作会议上专门作了介绍发言。

第三阶段是开展股份合作制的试验。从 1993 年开始，我们根据中共十四大提出的逐步建立社会主义市场经济体制的总目标和总要求，针对南海实际，首先在罗村镇下柏管理区组织开展以土地为中心的农村股份合作制的试验，综合性地解决了农村在新的发展时期出现的各种新问题，收到了很好的效果，引起了市委、市政府的高度重视。

二、推行以土地为中心的农村股份合作制

随着农村经济的迅速发展，社会主义市场经济体制的逐步建立，原来以人民公社为基础的那一套农村体制已明显不相适应，逐渐暴露出很多新的矛盾和问题，严重阻碍了农村经济的发展。而这些新的矛盾和问题，大都集中反映在因农村土地问题而引致的一系列矛盾上。因此，从 1993 年开始，我们围绕土地问题，展开了以土地为中心的农村股份合作制试验，比较有效地解决了农村的新问题，为市委、市政府部署进一步深化农村改革的决策提供了依据。

（一）下决心通过深化农村改革解决农村新问题

在新旧体制的转换过程中，特别是在 1992 年 4 月我省调整粮食政策，放开粮食任务之后，大多数农村按市场经济规律调整产业结构和农业生产结构，再加上我市市区新的发展规划和扩建，以及各镇城乡一体化的逐步推进，使得全市农村土地的用途和布局发生了重大的变化。据不完全统计，从 1982 年至 1993 年，全市农地面积减少了 13 万亩，这 13 万亩农地主要用于城区建设和发展二、三产业。在农业用地内部，禾田面积减少了 25 万亩，除用于城区建设和发展二、三产业用地的 13 万亩之外，还有 12 万亩是调整了农业生产结构，其中用于开发鱼塘的占 7 万亩，用于改种经济作物的占 5 万亩。在这个调整过程中，土地也逐渐按经济规律进行流转，使土地的真正价值逐步体现出来，与此同时，农民的土地观念也发生了巨大的变化，从土地有任务负担时的“破棉袄观”转变为现在的“财富观”，认为拥有土地就拥有财富。随着农村土地用途布局、农民的土地观念和意识的变化，引致在农村土地上出现三大问题：

1. 土地的使用与利用问题。由于农民土地观念的转变，使农村以分散经营为主的土地格局更加趋于凝固化。首先，在土地的整体布局使用上，一部分农民认为承包期内土地是自己的，拒不服从集体为发展二、三产业而对土地进行必要的调整，一些处于最基层的农村集体组织则认为自己是农村土地的所有者，也处处为大局的基础设施建设设置种种障碍，造成了农民与集体、小局与大局之间的矛盾。其次，在具体的土地利用上，由于农村二、三产业的发展，加上工农产品的比价不合理，长期造成农业生产利益低，使不少农民不是真心经营利用好土地，粗耕粗种现象比较普遍，丢荒弃耕土地在个别地方也非常突出，在农民中形成一个既不愿放弃耕地，又不想利用好耕地的矛盾。

2. 土地的流转和开发过程中的经济利益分配问题。它主要反映在两个方面：首先是土地开发升值后的利益分配不公。在土地未完全进入市场流转前，土地征用的价格受行政干预较大，但房地产业在土地关系未理顺时已提前进入了市场，按市场规律进行运作，由于两者不相协调，房地产业在初始阶段的经济收益往往比房地产的投入高出 5～10 倍，而这部分升值之后的利益，作为土地的所有者（村社组织）未能合理分享。因此，农民认为征地越多他们的利益被侵占就越大。其次是以承包土地面积为计算尺度的集体利益分配不均。在粮食任务未放开之前，集体以农民承包的耕地面积分配经济利益，作为集体对农民承担国家粮食任务的一种补偿，但在我省放开粮食任务之后，继续按承包面积计算再分配，就出现承包土地越多，拥有的财富就越多，分得集体的利益就更多的现象，造成集体内部的利益分配矛盾。因此，农村中要求通过调整分配关系或调整土地来取得相对合理的

集体内部利益的分配的矛盾就更加突出。

3. 减少以致完全失去土地的农民的生活出路问题。由于城市建设和基础设施建设，也由于农村产业结构的调整，一大批土地转化为非农用途，以致农民失去了原来所依赖的谋生手段，特别是年龄在45岁以上，过去基本以农为生的农民，就更感到将来的生活失去依靠，对征用土地思想有抵触。

由于上述三大问题的存在，也形成了农村新的不稳定因素，1992—1993年就有40宗农民为土地问题到省、市、镇上访的。这样，不但制约着我市农村经济的发展和城市建设的进程，也严重制约着农业规模经营的发展。针对上述问题，我们于1992年的3～4月间，在罗村镇下柏管理区开始研究开展以土地为中心的农村股份合作制试验，并制订实施的方案和章程，从1993年1月1日起实行。之后，到1993年年初，我们根据省、市委的指示精神，又增办了里水镇沙涌管理区和平洲区夏北管理处洲表经济社两个试验点。同时在12个不同类型的镇、区也组织他们按照各自的实际办起14个试点。这一批由试验区、市农委创办的试验点和由各镇自办的试点，经过近半年的探索实践，收到了很好的效果，为全市农村深化改革作好了理论和经验的储备。市委高度重视这项工作，今年8月，市委分别召开了市委常委及市五套班子领导会议，和各镇，区委书记及主管农村的镇领导等各项会议，详细听取了试验点的工作情况汇报。市委书记林浩坤，副书记邓文初、蒋顺威等领导还直接深入到农村基层进行调查研究，经过反复论证，在市镇领导层中达成一个共识：要通过推行以土地为中心的农村股份合作制，来解决南海农村发展中所遇到的问题，以此来推动全市农村改革的进一步深化，为我市农村经济再腾飞创造一个良好的社会环境。为更好地领导和推动这项工作，市、镇、区均成立了领导小组和办公室，同时在市、镇、管理区三级组成了近1 500人的工作队（其中市直机关干部98人，镇干部380人，管理区干部近1 000人），分赴到农村，帮助基层组织开展这一农村改革。到目前止，首批开展的164个点，工作已基本结束，并收到预期的效果。

（二）根据南海实际建立农村股份合作制

按照全国农村改革试验区第七次会议提出的，试验要突出研究解决农村的实际问题，推动农村经济发展这一要求，我们对以土地为中心的农村股份合作制的试验和推广，始终是以解决南海农村实际问题为出发点的。

因此，在市委、市政府的《意见》中明确规定：农村股份合作制是在农村社区合作经济组织基础上建立起来的，将原属集体所有的土地、财产和资金等以股份的形式量化为组织内部农民共同占有的，或在合作经济组织内部集中各种闲散资金形成股份的，以股份制方式组织运行的一种农村新体制。要求通过建立农村股份合作制，以明确的股份合作代替模糊的集体所有，以股东（代表）大会及董事会管理制代替领导干部行政管理制。达到明晰产权，稳定承包，调整关系，改善管理，解决矛盾，合理分配、促进发展的目的。

按照市委、市政府要求，我们无论在试验阶段或在推广阶段，都自始至终围绕四大要点开展工作。这四大要点是：

1. 坚持以解决土地问题为中心。因为土地是当前农村各种矛盾的聚焦点，所以各地在推行股份合作制时，首先就下决心将土地折股量化。目前全市土地折股的方法主要有三种：（1）以政府规定的征地价折股；（2）以经营土地的效益折股；（3）因素综合折股。通过对土地的折股量化，为土地的流动、转让、出让、组合，以至开发利用等创造条件，将农村的各种矛盾分解开来。

2. 坚持以原有的社区合作经济组织为基础。按照国家和政府的有关法律规定，农村合作经济组织是农村一级法人，是农村土地集体所有的代表，推行农村股份合作制并不是要拆散这个集体去另起炉灶，而是要巩固这个集体，维护这个集体的法律地位。

3. 要真正体现集体资产的共同占有关系。在推行农村股份合作制过程中，通过对集体的全部资产进行评价，并按其价值计折成股，配置到农民，并向农民发股权证，具体明确集体的资产总体价值是由每个农民的股值所组成，一方面使农民明确本人在集体当中的经济地位，从而更加激发起农民关心集体，支持集体发展的积极性；另一方面又要使农民明确，他们所持的股权是集体配置的，并不等于是农民自己的私有财产，让农民自觉执行股权不能转让、买卖、继承和向集体退股取值的股份制管理的规定，坚持走有中国特色的社会主义道路。

4. 坚持从实际出发。由于全市各地的经济发展水平不同，农民的思想观念、认识水平的层次不同，所以，在推行农村股份合作制时，十分强调因地制宜，在与国家的政策、法律不相抵触的前提下，让农民有多种选择的权利。如在股权的配置上，允许分集体股权和个人股权共设，也允许在明确集体提留的前提下，不设集体股权，而将全部股权配置给农民。在管理形式上，要求充分尊重广大农民的意愿，实行股东代表大会下的董事会或经理负责制。由于坚持了因地制宜和给农民以更多选择的机会，使全市的农村股份合作制真正能按当地实际，实行多种多样的形式。目前全市采用的股份制形式主要有合作经济股份制、土地股份制、联合股份制和合作组织企业股份制四种。

（三）以土地为中心的股份合作制在我市农村具有强大的生命力

我们推行以土地为中心的农村股份合作制虽然时间不很长，但反映的效果很好，农村基层干部反映这是一项真正解决农村问题，促进农村两个文明建设的具有重要意义的基础性工作。不少农民认为搞了股份合作制，才能真正解决好集体和农民之间的利益关系，使集体有发展，农民有出路。一些年纪大的农民认为，这次派驻的工作队是一支很好的工作队，这次推行的股份合作制实际是农村的第三次土改等。大量的事实表明，我市推行的以土地为中心的农村股份合作制，使农村促成“一个实现”，推动“两个转化”，加速“三个过渡”，解决“四个难题”，使整个农村充满生机。

“一个实现”是：促成农村土地实现了其所有权、承包权和使用权三者的分离。通过给农民配置承包权股，农民的承包关系和方式从原来的实物形态改为价值形态，从而使农村能够真正按市场经济规律去打破原来一家一户承包土地的凝固格局，重新组织土地的规划和使用。罗村镇下柏管理区通过给农民配置承包权股，并确定其股份分配之后，将全区2 650亩土地的使用权集中起来，重新规划使用，建立起农田保护区、工业开发区和群众商住区，促使农村土地使用更能适应群众生活和现代农村建设的要求。

“两个转化”是：（1）推动了传统农业向规模化、商品化和现代农业的转化。以一家一户承包经营土地，由于人均承包土地少（全市人均1983年是0.8亩，现在是0.6亩），土地的经营处于半商品性生产的阶段。同时由于经营规模小，也不可能使用现代农机具。通过推行股份合作制，使农村土地和劳动力按市场经济要求重新组合，有力推动了商品农业和现代农业的发展。丹灶镇沙滘管理区通过推行股份合作制，将近 2 000 亩的土地重新集中划片开投，投得耕地的农民按市场需求调整经营结构，大面积改种蔬菜和发展水产养殖，形成一个新的菜鱼种养基地，连片种植蔬菜 5 亩以上的有 20 多户，今年冬瓜收成超万元的就有 5 户。罗村镇下柏管理区通过推行股份合作制，根据当地农民和外来工的口粮需求状况，集中 800 亩土地种粮，并配置各种机械，由 36 人经营，真正实现了粮食生产从播种、机耕、插植、植保、收割到烘干全过程机械化；不但保证了当地的口粮供应，更为南海粮食规模经营走出一条新路。(2) 推动土地征用的补偿资金向发展二、三产业资金转化。随着农村产业结构的调整，以及市区建设和基础设施建设需要征用大量的土地，通过推行股份合作制，能够将大批的征地补偿资金转化为发展二、三产业资金，使其更有力地促进整个农村经济的发展。丹灶镇石联管理区以股份的形式将三个经济社的 200 多万元征地补偿款集中起来，投入改造日用塑料厂和加快美新装饰有限公司的建设投产。这两个项目，不但可使集体经济每年增加产值 4 000 万元，增收利润 200 万元，同时也提高了农民的收入水平。该管理区的石东经济社投股 200 万元，预计每年可分红利超 20 万元，平均每个农民可增收 200 元。

“三个过渡”是：(1) 加速了农村管理体制从行政领导制过渡到股东（代表）大会制。凡是建立了股份合作制的地方，其章程都明确规定，股东代表大会是股份组织的最高权力机构，负责决定其组织的人事配置、经营决策和利益分配问题。在此基础上，实行股东代表大会下的董事会负责制，并通过建立监事会，监督董事会按股东代表大会作出的决议和订出的制度去开展经营和组织管理。(2) 加促农村土地从按人均分包经营过渡到按能力竞投经营使用。里水镇沙涌管理区二、三产业较发达，农村劳力已大量转移，由于土地按人均分包，很多土地粗耕粗种，有的甚至弃耕丢荒。在推行股份合作制过程中，他们决定将大部分土地实行投包使用，通过引入市场竞争机制，使一批有经营二、三产业能力的农民放弃耕地，专心经营好二、三产业，使一批有经营农业生产技术专长的农民多使用耕地，并通过扩大经营规模取得较好的经济收入。(3) 加速农民谋生手段逐步从土地过渡到二、三产业。官窑镇汀圃管理区地处边远，经济落后，农民长期以农为生。今年 5 月，他们结合推行农村股份合作制，将原属 4 个经济社 1 034 亩长期半丢荒的土地，以土地入股的形式，建立了二、三产业开发区，通过投资改善社会环境，引来了一批企业。到目前，企业投资总额超过了 65 007 万元，招收员工超过 1 200 人，初步改变了这个地区的单一农业经济结构、农民长期以农为生的落后面貌。

解决“四个难题”是：(1) 理顺了组织关系。自 1986 年设置和完善社区性合作组织以来，一批由原多个生产队设置而成的经济社，由于各队之间经济差别较大，使建起来的经济社长期不能成为实体。平洲区夏北管理处洲表经济社在推行股份合作制过程中，通过对土地进行全面评价评估，承认 6 个队之间的利益差别，妥善地解决了这一难题。(2) 调整了利益分配关系。一方面，运用股份制解决土地升值之后的利益分配问题。盐步区东秀管理处与广州市相邻，土地升值较快，农民不轻易放弃土地。他们在集中 700 亩土地搞开发区时，通过采用以土地入股，并实行按入股土地由开发公司支付补偿款每亩 2 万元，支付保险分红金每年每亩 1 500 元，然后再从土地开发利润中提取 50%进行土地的股份分红。这样，即使土地升值 10 倍、20 倍，农民的所得利益也随着土地升值而增加。因此，使这个开发区的土地集中工作开展得非常顺利。另一方面，运用股份制，解决了农村集体内部利益分配不均问题。里水镇沙涌管理区运用 3 权 10 股制，即每个农民的股额由基本股、承包权股和劳动贡献股所构成，并根据每个农民的户口关系、承包关系和劳动贡献的大小，以 10 股为满股具体计算到每个人，以后集体的经济利益就按每个农民所分得的股权去计算分配，使集体的利益分配逐步趋于合理。(3) 解决了集体经济发展中的资金不足问题。丹灶镇石联管理区在 1993 年下半年国家进行宏观调控，资金非常困难的条件下，通过推行股份制，在合作经济组织内部集中了 400 万元的闲散资金，保证了两间企业生产的正常运转。(4) 进一步加强了农村精神文明建设。各地在制订股份制章程时，都十分注意运用经济手段来处理计划生育、义务兵役、社会治安等农村精神文明建设难题，将违反计划生育，不履行义务兵役，违法犯罪的经济处罚写进股份章程，做到有章可循，使集体的利益分配同农民遵守国家政策、法律联系起来，使遵纪守法成为农民的自觉行动。

三、建立以土地为中心的农村股份合作制，是南海农村深化改革的基本方向

实践证明，以土地为中心的农村股份合作制在南海农村具有很强的生命力。它的意义在于：一是运用市场经济规律改革旧的农村体制，解决农村在新旧体制转换中出现的各种新矛盾和新问题，并且通过调整农村产权制度，调整农村的经营体制，调整农村的分配关系，为今后农村进一步发展创造一个良好的经济环境和社会环境。二是在广大农村干部群众思想上还未能完全适应市场经济的情况下，通过建立农村股份合作制，为将来农村进入完全的市场经济做好过渡和准备。因此，我们认为，推行股份合作制是南海农村深化改革的基本方向。

1. 农村建立股份合作制，既符合中央政策，又适合于南海的实际。第一，通过建立股份合作制，给农民配置承包权股，以价值形态承认农民的承包权利，以后不管土地用途发生什么变化，但农民的承包权不会变。这就保证了家庭联产承包制长期不变这一党的政策在农村的落实。第二，建立农村股份合作制符合中央提出“对各种类型的股份合作制，要积极引导，使其不断完善，促进农村经济发展”的要求。第三，南海属于经济发达地区，生产的商品化已成为农村的普遍要求。因此，推行以土地为中心的农村股份合作制，正符合党的十四届三中全会提出的“少数经济比较发达的地方，本着群众自愿原则，可以采取转包、入股等多种形式发展适度规模经营，提高农业劳动生产率和土地生产率”。第四，目前，南海已进入到一个新的发展时期，生产商品化、经营效益化、企业集团化、乡村城市化已成为农村的主要发展潮流。推行股份合作制，解决好土地问题，处理好各种关系，正是适应了农村的这一发展。

2. 建立农村股份合作社的目的在于通过调整不适应生产力发展的生产关系，以进一步发展农村生产力。我们这次推行股份合作制的目的很明确，就是要按照市场经济的要求，对农村的产权制度、经营制度、组织制度、管理制度和分配制度进行全面的调整，通过调整，达到明晰产权，稳定承包，调整关系，改善管理，解决矛盾，合理分配，促进农村全面发展的目的，这实际是一次农村生产关系的大调整。

3. 推行农村股份合作制，是农村经济体制的一个重大改革，通过改革，使农村合作经济尽早从组织上、经营上和管理上与市场经济接轨。虽然在党的十一届三中全会之后，农村逐步改革了人民公社体制，建立起统分结合、双层经营的合作经济体制，但是，作为农村的集体经济，即各层次的合作经济组织，在其经营和管理上，仍然受以计划经济为主导的人民公社体制的影响。推行农村股份合作制，就是引入市场机制来改造农村的合作制，在产权制度上，用明确的农民共同占有制代替原来模糊的集体所有制。在组织形式上，以股东代表大会制代替原来的领导干部家长制。在经营运作上，用市场调节生产代替原来的以计划指令生产。在组织管理上，以章程、合同、群众监督等制度规范股民的行为代替原来以指令的权力约束农民的行为。在利益分配上，用按股分红代替原来的平均分配。使经改造后的农村合作经济组织更能反映股民意志，更加与市场经济的要求相衔接。

4. 建立股份合作制是对农村旧体制的扬弃。旧体制在农村推行30多年，虽然有很多的做法违背了客观规律，但是在当时的社会历史条件下，人民公社依靠集体的力量，即使付出的代价很大，但也为今天的农村集体打下了一定的经济基础。目前全市农村集体拥有的固定资产总值达到32亿元，就是从这30多年积累下来的。从1991年起，农村利用这些固定资产每年为集体取得超过100亿元的收入，提留集体积累超过3亿元，提取农业发展基金超过1亿元。再利用这些积累和基金投入扩大再生产，修建水利基础工程，改善农业生产环境，投资精神文明建设，扶持贫困地区，对保障人民生命财产安全，推动农村两个文明建设起到极其重要的作用。推行股份合作制，正是通过明确集体产权，将这一集体优势保留下来，并通过推行股份合作制改革与市场经济不相适应的生产方式和管理制度，使这一农村集体优势在市场经济条件下得到进一步的发挥。

下阶段的试验，准备从以下三方面努力：第一是继续扩大试验范围。在总结好第一批工作经验的基础上，组织好第二、第三批的工作开展，力争再用一年半时间，将这项改革在全市农村全面铺开。第二是巩固现有的试验成果：在股份合作制已经建立起来的地方，研究股份管理问题，特别是研究好承包制引入股份制，再将承包制运用于股份制问题。第三是开展从土地产权入手，组织深层探索，研究土地的市场化流转及其对土地市场的调控和规范问题。

（本文作者时任南海试验办主任）

1994年1月5日

实行“一制三区”建设新农村

罗村镇下柏管理区党支部

罗村镇下柏管理区是南海市“一制三区”的先行点。1991年年底开始，我们逐步实行了土地经营权股份制，把整个管理区的土地统一集中起来，然后根据全市总体规划，按照本区实际，把整个管理区划分为农业保护区、工业开发区和群众商住区。经过两年多来实践证明，这样做有利于城乡一体化建设，推动了农村农业的集约经营、机械化生产，农村的专业化分工和农村的科技进步；促进了农村生产力的发展。

一、实行新规划

我区地处罗村镇西北部，位于佛山市规划的佛西工业开发区边缘，面积4.3平方公里。辖4个自然村，5个经济合作社，共有农业人口1 748人，其中劳动力820人，有九成左右的劳动力已转移到二、三产业。全区原有水田1 600多亩，旱岗地2 000多亩，是个半围田，半丘陵地区。

实行家庭联产承包责任制以来，我区各项事业发展很快，农民生活水平迅速提高。但由于土地属原来10个生产队及4个自然村所有，无法进行统一规划和合理利用，制约了经济的进一步发展。一是道路不畅顺。下柏到镇政府只有2.3公里，要转16个弯，且道路狭窄。管理区想修一条水泥公路到镇，但征地要牵涉到各个生产队，难以协商解决。二是乡镇企业要发展，但扩建厂房的土地很难落实。一些效益较好的企业由于不能扩大发展，只好把工厂搬到外地。三是农户承包的土地分散零碎，无法进行规模经营和机械化生产，加上种田的比较效益低，大多数人不愿耕田，出现了丢荒弃耕的现象。针对这种情况，我们在上级及有关主管部门的领导下，从实际出发，充分发动群众，大胆引入股份合作机制，发动农户把土地使用权集中到经济社，经济社再将土地分成水田、鱼塘、旱地、岗地等4种类型，按照管理区的价格标准，连同经济社的企业、仓库及其他财产一起折价，向管理区企业集团的农业发展股份有限公司入股。入股后，管理区规定本区农业人口年满16周岁以上的占有一个土地经营权股份，16周岁以下的为半股。公司保证按国家当年粮食收购价格的80%，平均每人每月优惠供应25千克稻谷，每年给予每股400元以上的现金分红，以解决农民的后顾之忧，确保农民的合理收入。

以股份合作制的形式把全区土地集中起来之后，我们对全区土地进行了统一规划、管理、使用和开发，具体划分为三大区域：

一是农业保护区。我们选择地力好，肥沃、排灌条件好的800亩良田种植水稻，200亩种植蔬菜，还有360亩鱼塘，250亩水果、笋竹等经济作物，面积共1 610亩，实行企业化规模经营，配套了拖拉机、谷物烘干机和温室育秧等农业机械设备。

二是工业开发区。占地面积共2 300亩，其中新规划的1 200亩（90%是山岗旱坡地），由经济实业总公司统一规划，统一开发，招揽各厂家买地租地，办实业开商店。

三是群众商住区。总面积为750亩，其中新区占地200亩左右。规划兴建学校、幼儿园、医院、商场、银行以及农民住宅等。

二、实施新管理

为了落实“一制”，搞好“三区”，我们改革了原来管理区一级的基层组织架构，成立了“南海市下柏企业集团”，建立了“一室二司”（行政办公室、农业发展股份有限公司、经济实业总公司）管理体制。在管理区党总支部的领导下，把全区的物质文明和精神文明建设抓起来。

行政办公室主要负责全区范围内的精神文明建设工作，包括开展计划生育、征兵，文化、教育、宣传及文明村（户）活动等项工作，同时还负责管理好青年、民兵活动中心。对办公室实行下指标定任务，完成任务满分，超分奖励。

经济实业总公司统一管理全区的二、三产业，包括区办企业、个体、联合体工商企业，并为个体、联合体企业办理牌照、担保贷款等。总公司对各类企业实行分级承包，定额上缴，完成任务的满分，超额奖励。

农业发展股份有限公司由禾田、果菜稻和工商企业等三个组组成，主要负责组织禾田及经济作物地的承包，组织农业生产资料和农副产品的购销，领导好粮食种植专业队伍，管理好村社企业，并对经营项目实行专业定额承包。

我区农民把土地经营权转让出来后，土地向管理区集中，这就为粮食规模经营创造了极为有利的条件。管理区抓住这一时机，投入140万元，为公司购置了6台手扶拖拉机、6台联合收割机、2台谷物烘干机以及其他一批农机配套设备；给予51万元生产成本，整治了禾田、鱼塘及作物地的排灌系统。在生产条件得到较大改善的情况下，公司与企业集团承包了800亩禾田、360亩鱼塘、200亩蔬菜以及250亩果园和笋地，转包了800亩土地。由于农田作业实现了机械化，提高了劳动生产率和土地产出率。1993年公司完成了44万千克稻谷的承包指标（其中包括62 912千克的公粮任务），总收入达1 948 333元，除去生产成本，上缴国家各项税收，提留一定的集体积累外，总分配金额为1 032 160元，实际平均每股分红为600元，比前年分红值提高了50%。

农业发展股份有限公司以独立核算，自负盈亏，按股分红为原则进行经营，平时，公司除组织股民对各个承包项目进行专业化生产外，还组织股民学习公司章程，明确自己的权利和义务，对那些违反计划生育，违反兵役管理，违法乱纪的股民，公司可按《章程》规定，取消其土地经营权股份分红，用经济手段规范股民的社会公德行为。

三、获得新效益

我区在实行“一制三区”之后，建设步伐大大加快了。我们按照“纵横贯通、城乡一体”的新目标，重点投资了12 002万元，建了一条长1公里，宽40米的下柏大道，并装上路灯。新建成国家三级标准水泥公路6公里。修建机耕路4条，加上原来投资400万元建成的宽6.5米，总长7公里的环村道路，基本实现了道路网络化。

与此同时，我们投资390万元建了一个每小时可供水1 200吨的自来水厂，解决了全区工业、民用自来水供给问题。这样，我们在这个偏僻的丘陵小村造就出一个新的投资环境，促进了二、三产业的发展。

首先，引来不少客商办企业、开商店。1993 年以来，我们与厂商合办了 5 间企业，正在洽谈的有 3 间企业。建起店铺 47 间，面积共 1 500 平方米。目前，全区共有工厂 49 间，其中年产值超千万元的企业十多间，总投入 2.3 亿元。外资企业 9 间，合计投入 1 200万美元。1993 年，全区农村经济总收入 11 142 万元，其中企业收入 10 088 万元，利润 868 万元。最近，我们与佛山化陶厂联办的环球陶瓷厂，面积 2 万平方米，投资 7 500万元，采用世界一流的意大利 2 500 吨压机全套进口设备，生产与花岗岩媲美的 90 厘米×60厘米的抛光瓷砖，目前已开始产生效益。

其次，稳定了农业这个基础。由于划定了农业保护区，并实行平整、连片的规模经营，资金的大量投放和农业科技的广泛应用，使农业的综合生产能力有了新的提高。现在，农业机械化改变了农民世代面对黄土背朝天，插秧、除草、割禾“三弯腰”的状况，禾田组 7 个人就承包了 800 亩禾田，代替了过去 800 多个劳动力。去年早稻第一次实行了抛秧，在天气恶劣环境下，仍然得到较好的收成。全年收获稻谷 526 100 千克，平均亩产 657.6 千克，农业总收入 480 万元。

再次，改善了农民的生活环境，增加了农民的收入。实施“一制三区”以来，村政建设的步伐加快了，农民的居住环境改善了，修公路，建花园，办商店，盖学校、影剧院、幼儿园，逐步把下柏建成花园式的村庄。昔日道路烂、购物难、读书难、幼儿入托难已成为历史。生产的发展，带来了农民收入的提高，去年全区农民人均收入 3 625 元，比前年增长了 21.7%。

我们实施的新体制才曙光初现，就像磁铁一样吸引着人们，外来工来了 4 000 人，相当于本地人的两倍多；原来“农转非”的，纷纷要求“非转农”，目前已批准回迁入户的有 75 人。与此同时，由于有专门机构管好精神文明，加上整个社会大环境的改善，使人的社会公德水平得到提高，犯罪率大大降低，违反计划生育的现象消失了，参军踊跃了，文明礼貌蔚然成风。

（本文作者系南海农村改革试验区办公室副主任谢智明、南海农委科长李源生、南海农委经管科科员吴荣赞）

1994 年 2 月

【第四章】

深　化

土地股份合作制是农村改革的新飞跃

谢　非

土地股份制的问题，是一个非常重要，又非常严肃的问题，为什么这样讲呢？因为农村的问题，农民的问题，长期以来是一个土地的问题。过去，我们反封建，打倒地主，剥夺他的土地，就是解决一个"耕者有其田"的问题。耕田的农民没有田，处于被剥削地位，不劳动的地主却占有土地，剥削农民。为了改变这种生产关系，由农民占有土地，所以我们进行了土改。土地问题一解决，整个农村生产力获得大发展。农民的问题、农村的问题，当初是非常好的，那是有史以来最好的时期。但是我们从1953年搞互助组，1954年开始搞初级合作社，1956、1957年就高级化了，到了1958年就公社化了。这段历史就是认为农民搞私有制不行，土地要搞公有制，农村经济要搞公有制，要走"共同富裕"的道路，应该讲主观愿望是好的，十一届三中全会实际上已对这段历史作了结论。今天我们谈到土地问题，就必然要涉及这个问题，我们回过头来看，我们应当吸取的教训，主要是没有考虑到生产力的水平。现在我们党的文件里对高级社好象没有一个明确的结论，有讲过快的。对公社化，党的文件的结论是否定的，公社化的搞法是错误的。这个结论，对我们党是个深刻的教训。公社基本是"一平二调"，刮"共产风"。今后我们永远都不能刮"共产风"，生产力水平高了也不能刮"共产风"。因此，十一届三中全会以后，否定了公社化制度，大胆在全国推行了家庭联产承包责任制。这样一种变化，这样一种生产关系的改变，是从我们农村生产力水平出发的，是符合我们农村生产力水平的，这就纠正了过去"一大二公""大拉平"，吃"大锅饭"的一些"左"的做法，这是符合我们农村生产力水平的。

一

这次会议提出要搞土地股份制这样一个非常重要、又非常严肃的问题。

首先，我们怎么来看现在广东一部分地区搞土地股份合作制这个问题？我认为，根据南海的做法和其他一些地区的做法，我们应该这样来看：土地股份合作制是家庭联产承包责任制的一种发展。这不是重复过去"归大堆""一大二公"、刮"共产风"那样一种性质的做法。不是重复那种做法，这是一个最大的界线。为什么说和过去不同，是家庭联产承包责任制的一种发展？因为这种做法是把集体的土地，通过股份制的形式来实行农民集体所有，这就叫做明晰产权。又通过投包的办法，来保持农民对土地的经营权。农民完全有权来经营土地，你不能剥夺他的经营权。通过投包这样一种办法来进行经营，它打破了每家每户分散经营的局限，这样投包，必然是一种规模性的。这样，既实行了规模经营、统一布局，又区别于过去那种“大排工”“大窝工”。南海介绍的土地股份合作制，找到了农村土地规模经营的途径，找到了进一步解放生产力的途径，找到了一、二、三产业在农村统一布局、协调发展的途径。它从根本上区别于过去初级社、高级社，以及后来的公社化，根本区别于那个时候的机制。因此，我们对这样一种土地股份制，应该看成是一种解决农村土地问题的新的突破，新的飞跃。这个问题，我们都是过来人，知道这是很不容易解决的问题。现在这种股份制，既是家庭联产承包制的发展，又区别于过去那样一种所有制，没有重复过去错误的做法，所以，我说这种土地股份制是一种新的突破，一种新的飞跃。这很不简单，是农民的创造。

其次，现在我们试行土地股份制的地方，其条件，同以前相比，发生了很大的变化。不光是同合作化、公社化时候的生产力水平不同，而且，同十多年前推行家庭联产承包制那个时候也不同。经过十多年改革开放，现在搞土地股份制的地方，生产力有了很大的发展。比方南海，1993 年农民全市平均收入达 3 133 元。正因为这个发生了变化，因此，土地入股，它不是剥夺农民的财产，不是“共”农民的“产”，而是给农民进一步增收提供了保证。这是个根本性的问题，所以以前搞“共产”，“共”农民的“产”来搞“共产主义”，这是破坏生产力的。现在，因为我们生产力水平发展了，比较富了，农民加入土地股份制，感到只有好处，没有坏处。因为我们不是“共”他的“产”，不是“刮”他的“财”，而是加入后，给他好处。这就是生产力发展的一种必然结果，而不是人为的、勉强的，硬是要把大家凑合在一块。我们搞公社化就那样搞，还要一块吃饭，现在回想起来真可笑，家庭都不要，锅头都砸了，排队去领那个“钵仔饭”，一人一钵，这好象就是共产主义了。这完全是一种空想，脱离了现实，还天天在吹，“怎么好”，“怎么好”，结果早就没有粮了，吃完了，生产力遭到破坏。现在我们这种情况变了，这个条件起了变化，不一样了。

再有，就是搞股份制的这些地方，市场经济比较发达。由于市场经济比较发达，市场经济发展要求农村的生产水平、管理水平以及经营体制、经营机制要相适应，这是个新情况。所以，现在搞土地股份制，它实际上是在经济发达的地方建立市场经济体制的一种需要，也是要求使一、二、三产业协调发展、合理布局的一种需要，更是农村要搞现代化的一种需要。现在搞土地股份制的地方实际上近于富裕的水平，而不是一般的小康水平。我们全省定了一个指标，农村“小康”是农民人平纯收入 1 900 元（按 1990 年不变价来计算），当然还有别的指标。那么“富裕”呢？就是人平 4 000 元（按 1990 年不变价计算）。从我们现在搞的这样一种土地股份制经营机制来分析，应该讲，是发展的一种必然，而不是勉强的、人为的，违反生产力客观条件的。

二

对土地股份制，应该怎么提法？是我们这个会议的又一个重要问题，南海在这方面提供了经验。首先讲提法，因为提法涉及理论问题，又涉及实际问题。一个是叫做“土地经营权入股”，一个是叫做“土地股份制”。我认为这两个提法都可以，而且它是从不同的意义上、不同的角度上来讲的。为什么叫“土地经营权入股”？我个人看法，常委也基本上认可了的，主要是为了和家庭联产承包责任制相衔接，因为本来是一家一户经营的，现在你又“归大堆”了，实行土地经营权入股。但这个又不是很准确、很规范的提法。为什么？因为农民不仅有土地的经营权，而且也有土地的所有权，因为土地是集体所有。集体所有，当然有农民的一份。我前面讲了，通过股份制这个形式来体现产权明晰。因为股份落实到农民的头上，所以不是几个干部所有，体现了农民“公有”。我不赞成简单叫“土地入股”，因为这样讲，理论上又站不住了，你称“土地入股”，意思就是说土地原来是私有的，现在搞股份制了，这个时候你才来入股，才变成公有的，或者变成集体股份制所有的。所以我认为简单叫“土地入股”不好。我们用经营权入股，这个没有错，而且它有一个好处，理论上，实际上都可以讲清楚，大家赞不赞成？这样讲，是不是比较好？

土地股份合作制究竟怎样搞？总的提法是：实行农村土地股份合作制，一定要因地制宜，形式多样，由低到高，逐步完善。现在的几种形式，可以把它肯定下来，第一种是开发性的农业，是单向的股份合作制。应该讲，全省不管是平原还是山区，都可以搞，而且恐怕主要是在山区，因为它的土地面积多。平原因为它有水面，所以养殖业在平原也不少。第二种是两田制，就是每家每户都要保留他的口粮田，此外，把剩下的田拿出来搞土地股份合作制，拿出来投标，适当的规模经营。第三种是全部土地实行股份合作制，口粮田也没有了，全部拿来搞股份制。第四种就是土地和乡镇企业，或者说是一、二、三产业合在一块通通折成股份，搞股份合作制。

关于股份的分配问题。股份的分红与劳动分配，在股份合作制里面，如果说是第四种形式的话，在整个分配中，股份分红所占的份额是比较少的，但是这部分又是非常重要的，因为这一部分落实到人头，尽管它少，份额不是占主要的，但是每一个农民，每一个股民又是非常关注的，为什么呢？因为这个股份，可以联系到其他的股份，联系到其他分红，联系到其他方面，这是一。第二，土地的问题实际上是安定、稳定农民的问题。土地到农民头上到底还剩下多少，他还有没有份？也涉及他的权利，农民是看得很重的，所以不要以为土地分红不是重要的。分红主要还是按劳分配，实现土地股份制之后，就按照各人的所长来发挥：或者投包土地，或者投包鱼塘，或者投包别的，或者在工厂企业里当工人。这种分配在搞土地股份制的地方是主要的，按劳分配还包括外来工在内。劳动所得，我们调查过的，大概占九成左右，或者八成以上。这有什么好处呢？就是说，搞了股份合作制以后，你不劳动还是不行的，这种体制正是充分调动起农民的劳动生产积极性的，有利于真正做到“人尽其才，各尽所能”，这是按劳分配为主的分配。

关于股份继承和转让的问题。土地股份制明晰了产权，就是说，明晰到每家每户，每一个人，当然包括集体了。不做到这一点，农民就会感到他丧失了土地，丧失了他赖以生存的东西。土地产权又有别于其他股份制的产权。这个区别就在于它不能转让，不能继承，至少目前是这样。以后？以后再说，但经营权的转让是可以的。我不承包，我给别人承包，这是可以的。那么，不转让不继承，具体到死了的人，他的股份就不能保留。按计划生育新出生的，他应该得到股份。这就体现了集体范围内土地的“集体所有”和“人人有份”这样一种精神。这个要说一说，看清不清楚？道理能不能自圆其说？

还有一种情况就是说土地已经征用完了，没有土地了，该怎么办？实际上，在我们广东的做法已经回答了这个问题。这些地方也是按照原来土地的情况，用股份制的形式落实到每户每人。但是它有一个很大的不同，它已经没有土地了，所以原来的农民，他的职业、他的工种已经变了，股份制还是以计算原来的土地为基础，来确定股份。但是，它已经不是搞农了，他完全没有了土地，怎么搞农呢？那么就有一个问题，如转行搞二、三产业的话，风险是很大的，搞不好，是要破产的。农民一旦碰到二、三产业整个破产了，就变成无所依靠。所以又提出另外一个问题，在这样的地方，一定要按照农民的特点，搞一些最基本的、保险的东西。因为没有土地了，基本股这部分要给他保留，要用一种有效的形式来给他保障，一定要研究这个问题。我们工厂已经做到保险制了，就是工人失业、老了、病了、丧失劳动能力了，通过保险来供养他，保证他生活有出路。没有土地的农民你得有一个办法来保证他，所以一开始，政策就要明确。刚才梁广大同志也讲了珠海的办法。土地失掉了，工厂垮台了，也不怕，要使他感到生活有保证、有依靠。这是处理农民问题的一种特殊政策。这又再提出一个问题，我们不要轻易地使农民丧失土地，动不动就整块、整块把它搞掉，使农民一大批地丧失土地，不要这样搞。过去还不是搞二、三产业，搞“水库移民”，到现在我们这个包袱还没有卸下来。这“水库移民”的问题，就是因为搞了他的土地，我们又没有很好地来使他找到新的生活出路，即使有一些出路又不稳定。现在有一些渔民老是闹事，和这个有关系。在这里，我想讲的，就是这个问题，股份制要因地制宜、多种形式，由低到高、逐步完善。

还有一个，搞土地股份制，必须坚持条件，明确要求。开头我讲，搞这个东西是很重要又是很严肃的问题，是不能开玩笑的，所以必须坚持条件，明确要求。像南海这样搞，基本上是可以的。我是这样看，不知大家怎么看，因为讨论时有一些不同看法。特别是现在试点的时侯，我们控制严一点没有坏处，现在我们担心的不是搞不起来，而是“刮风”。所以，我们控制要严。为什么要控制呢？就是怕“刮风”，也怕给下面施加压力。同志们在发言中讲这是“深化改革”，这是“新的突破”，这是什么……名词很多。人家一听，你搞了，我没有深化，我没有突破。那就无形中感到一种压力，相比之下，好象我比你差了很远。我不讲不就完了，搞就是了嘛。你回忆一下，合作化那股风是怎么刮起来的？由于受“左”的东西影响，两年工夫，合作化整个都搞起来了，公社化才一年工夫，高级社就是1955年开始，1956、1957年一下子就搞完了。所以，我们说，不公开宣传，不提时间要求。但是我们提条件要求，要有条件。为什么要有条件呢？因为这个事情不是你主观意愿想搞，就搞得了的。它是一种生产力发展的要求。离开生产力的条件，你去搞，肯定出问题，这个结论可以下。山区的同志提到的，有的地方劳动力走光了，怎样把土地拿来搞股份制？我说这种情况不在此列。与南海不同，南海是完全有计划、有步骤整个推进的。你那种是特殊的情况，劳力走光了，土地留在那个地方，没有人干。现在我搞股份制、搞投标，这个很好，这有什么问题呢？与其让它丢荒，不如我搞承包，搞投标、搞股份，这个很好嘛！我讲的是原则、政策。原则、政策和个别总还有一点不同。所以，《纪要》说的几个条件还是要坚持的。

我担心的倒是一下子搞起来，违背了农民的意愿。现在南海，中山这些地方搞，也不是那么简单的，有的农民开始签了字，第二天想清楚，他又不干了，又把名字抹掉了。他里边有很多算盘的，可能他那个生产队的土地特别值钱，他一算账，我这个股份和你搞到一块，我吃亏了，所以他就不干了，他又退出来。如果勉强搞起来，就会出现1957年退社高潮一样，年纪大一点的同志应该记得。那时候，我是亲自去做工作的。那个退社的镜头确实是生动，拉犁，拉耙，牵牛，搬农具，干部在那里把住关，干部在那里与农民对峙……，这些都是大家记忆犹新的事情。对于农民，你勉强他肯定是不行的，当时还提出，入社自由、退社自由，实际上退社就不自由了，是要批判的，是搞资本主义，要挨整的。所以这个条件必须要坚持，起码现在就要严格把这个关。

我们提出，这个工作在三角洲可以推行，但三角洲也要逐步，不要一下子把它搞起来，也不要刮风，把工作做深、做细，逐步推行，东西两翼有条件的，可以搞一些试点，山区原则上不搞。所谓“原则上不搞”就是开发性的农业可以搞，土地丢荒、土地丢得差不多的可以搞，但是不要像南海这样一种搞法。我认为这样一种要求有好处。这样来掌握有好处。将来我们设想，三角洲经过若干年之后，成功了，有比较完善的经验了，再考虑全省的情况。就全省目前而言，我们还不具备这个条件，只是在三角洲中经济发达的地方才具备这个条件。

三

搞土地股份制一定要达到三条起码的要求：

第一，要以稳定、提高农业为前提，促进二、三产业和乡镇企业的发展，促进农村商品经济的发展。这一条非常重要，我们搞农村土地股份制，如果不是以稳定、提高农业为前提，而是为了用地，出发点和目的一开始就是为了这个，不是用地的话我就不搞股份制，那是不行的，所以一切的设想和措施都应该是围绕如何稳定和提高农业、保护农业。现在南海也好、中山也好，一切经验证明，只要思想明确，搞了土地股份制之后，农业确实不仅能稳定，而且还能提高发展，丢荒田没有了，规模效益出来了，搞机械化方便了，经济效益提高了，农业又重新被人家喜欢，愿意干了。所以这条搞好了，它一定会稳定、提高、发展农业。而这个也是我们重要的目的。不是要实现农业现代化吗？现代化就是要通过这个形式搞规模经营、集约经营，搞了以后能够地尽其力、连片种粮、连片种菜、连片养鱼，发挥规模效益，也容易推广先进技术、农业机械化，也容易在农业问题上按照我们的市场需要来进行组织生产。所以这个前提一定要坚持。光这个行不行呢？也不行，通过这个还要促进二、三产业的发展，促进乡镇企业的发展，因为这样搞了以后，肯定会为促进二、三产业和发展乡镇企业提供有利条件，一个是土地可以统一规划，不象原来那样乱搞乱占，第二个是劳动力转移，劳动力安排好了，把每家每户用在几分地的劳动力抽出来搞二、三产业和乡镇企业，土地有专人投包，结果也会促进二、三产业和乡镇企业。这里，我顺便讲一下劳力问题，现在从外省来的劳动力很多，全省约750万人，这反映了广东生产发展的需要，不然你就不可能容纳这750万，但是另一方面看到一个问题，我们本省的劳动力一旦解放出来，一旦本省的劳动力进行了合理的安排、合理的流动，潜力还是很大的。并不是说这750万外省人是因为我们本省劳动力已经没有潜力了，用尽了而不得不用外省劳力的750万，不是这种情况，外省的劳动力肯定要大批地来广东，广东的经济才能发展，生产才能维持下去，这是没有问题的，但是来多少，这就看本省劳动力解放的程度、组织合理流动的情况而定。现在有很多因素，使本省劳动力不能组织起来，不能合理地流动。比方，有一种看法，认为本省劳动力素质很低，不好用，只能请外省的来，这个问题我认为要具体分析，有很多工作并不是都要求很高的。上次我们去海丰，海丰的书记跟我们讲，这些工作都是我们当地人不愿意干的，这是一个观点。还有一个观点是有些工作我们干不了，如马赛克厂要一个洞一个洞去检，这个不需要什么素质，文盲都可以干，现在也是外省人在那里干，还有包装工序的也很简单，我们的劳动力也不愿干，所以是观念的问题。其实我们的劳动力是可以干的。第三种观点是本省劳动力太懒了、不安心。这种情况我认为是有的，但是恐怕这还是个组织管理问题，不能埋怨说本省劳动力太懒了，但也可能广东青年没有像外省青年那样老实、纯朴，一进门就老老实实地干，这可能有些不一样，这都是组织管理的问题，当然有很多企业是外商在那里主事的，不要你当地的劳动力，他就要外省的，这又是一种情况。还有另外一种情况，是外省很认真来对待，组织啦，订合同啦，专门负责啦，而我们本省没有人负责劳务输出，订合同的，都没有人搞。作为厂方就很难的，找谁去？所以我认为，劳动力解放以后，应该很好地组织劳务的输出和劳务的安排，广东要把这个问题摆到日程上来。我所到之处，给我的印象，本省的劳动力还没有非常的重视起来，组织和安排起来，这涉及土地的劳动力转移，涉及70％这个问题，我们自己没有很好转移。

第二，搞土地股份制一定要以调动农民生产积极性为本，这是搞土地股份制的根本性目的，通过优化劳力结构达到人尽其才。如果说，我们搞了土地股份制以后，农民没有积极性，怎样能人尽其才呢？有的一天坐在那里没事干，只等股份分红，有的就更消极了，没有像原来家庭联产承包制那样关心土地，一天到晚就在那里又是施肥，又是管理，现在变得懒洋洋的，如果是变成这样一种结果，我们就失败了，这就涉及土地股份制后，劳动力如何安排和使用，怎么做到人尽其才，做好了就可以达到这个目的，这是个很根本的问题，涉及分配问题。

第三，搞土地股份制一定要保证农民收益有较大增加，比家庭联产承包责任制的时候收益更多。这个要有两个条件：一是一定是集体经济比较雄厚，没有这个，现有的几块土地合在一块恐怕很难比原来收益更多，因为要有二、三产业来支农、补农，这种情况才比较保险，这是一个条件。二是要规模经营，地尽其力，经济效益、经营水平提高了，这样经济收益就确实增加了，农民分配当然也会增加。

所以，这三条要求和前面所讲的几个条件，我认为作为我们搞土地股份制的一个部署，是必须明确的，希望大家掌握好。

四

为了搞好这项工作，除了上面所讲的以外，还有一条很重要的就是，要加强对这项工作的领导，加强具体的指导，要把农村股份合作制问题真正作为农村深化改革的一件大事来对待、来抓。我们说，农村改革的重点是搞股份制，企业改革的重点是转换机制，搞现代化企业，也包括搞股份制，现在看来，农村的股份制，除了土地这个问题是非常慎重，按标准、按要求来掌握之外，其他股份制可以放手搞，没有风险，只有土地这个有风险，但是要经常注意发展情况，加强领导，具体指导，要把这件事和加强农村的基层建设，组织建设结合起来，我们不是派了很多工作队下去了吗，其中一个任务是把农村基层组织建设搞好。把建立农村整个市场经济体制的这样一个大的题目联系起来，包括社会化的服务体系，同发展“三高”农业联系起来，同稳定农村、处理好农村的各种矛盾联系起来，农村的改革要和这些内容联系起来，这样，我们通过深化改革来带动、促进农村各种问题的解决，它不是唯一的法宝，但起码是一个很重要的方法。

现在农村不是问题不少、矛盾很多吗？我们通过深化改革，搞股份合作制来解决这些问题，至于这个股份制搞了以后对农民的制约方面，我在插话时讲到，它会起一种制约作用，完全可以通过一种适当方法，如乡规民约或者其他条款来把它形成一种当地的规章制度，但是就不要过分强调，好像搞股份制之后，所有的农民就别调皮，反正你的鼻子给我抓住了，你要乱来，我就怎样对你，不要形成这样，如果这样，它就变成一种制裁农民的手段，这样搞起来了，矛盾也非常尖锐。但采用经济手段、行政手段、法律手段来规范农民的行为这是必要的，但是不要把它作为我们很重要的出发点，不然，农民首先是反感，农民认为你们原来是这样来对付我，原先我是自由的，现在把土地搞进去，什么都听你的，就象以前生产队长管我们，动不动就扣工分，这样被基层干部滥用以后就不行了。如果搞得好了，农村就会慢慢形成一种真正是群众当家作主，民主监督，可以防止腐败，防止基层干部以权谋私，防止官僚主义，防止命令主义，密切干群关系。在这里，南海有经验，也有《纪要》，另外我也写了封信，很多问题都讲了，同志们也讲了很多很好的意见，所以我想，对这些问题再强调一下，需要进一步明确。

我讲的这些意见对不对？我认为基本上是对的，我有这个自信。但是不是绝对的对，我也没把握，我认为这个问题大家仍可以研究，可以探索，有什么不妥的地方也可以提出来。

（本文作者时任广东省委书记，本文为其在珠江三角洲地区农村股份合作制改革座谈会上的讲话）

1994年4月

土地股份合作制是农村生产关系的重大变革

欧广源

省委、省政府决定召开农村土地股份合作制改革座谈会，是经过认真研究、慎重考虑的。先前，谢非同志曾到南海、中山两地，就这个问题进行了专题调查研究。森林同志和常委的许多同志先后到过两地的一些试点进行考察。省委还组织有政策研究室、农委、体改委、农研中心等单位组成的调查组，到珠江三角洲几个发达市、镇进行全面调查。就推行土地股份合作制和召开这次座谈会的问题，省委常委讨论过两次。省委常委认为，根据珠江三角洲的实际情况，推行土地股份合作制，是农村改革的一次突破，是农村经济实现新飞跃的一个重大举措，也是这个地区推进农业现代化、农村工业化、城乡一体化进程的客观需要。有必要召开这次座谈会，请大家来共同商讨。下面，我先做一个发言。

一、推行土地股份合作制是经济发展的客观需要

在珠江三角洲，在土地股份合作制问题上，南海市率先进入。目前，全市以经济社为单位，已完成或正在搞的约占六成左右。顺德市也全面进行这项改革，中山市处于总结试点经验的阶段。事实说明，在这些地方出现土地股份合作经济，不是人为的、随意性的选择。它产生的背景，充分说明有着发展的客观必然性。

首先，过小的生产经营单位，已经不适应现代化建设的要求。现行农村的经营体制，是以经济社（生产队）为独立的生产经营单位，土地的所有权和处分权没有分离而统一在经济社中，这种经营体制，越来越明显地制约着土地的流转，妨碍了土地资源的合理配置，影响了农村生产力的发展。在珠江三角洲，农业用地锐减，粮、糖、油等主要农产品的产量逐年减少就是一个例证。农业的不稳定，反过来，影响到二、三产业的发展。

其次，家庭联产平均分包制，制约着农业向集约经营、规模经营发展。分包制把承包土地凝固化，形成了分散经营的格局，导致土地流不动，结构调不动，劳力转不动，规模经营难以实现，对农业生产的商品化、专业化、社会化造成困难。

再次，家庭联产平均分包制，妨碍了农业综合生产能力的提高。分包制把千家万户束缚在窄小而零星的地块上，保留了小生产方式，妨碍了先进技术装备的引入、科技成果的应用和农田基础设施的建设。尤其在珠江三角洲二、三产业迅猛发展的情况下，已经普遍存在兼业农户、“星期天农户”，出现了对土地厌耕、弃耕，甚至丢荒的问题。

还有，土地所有权、处分权集中在经济社，在现代化农村的规划实施上，现实存在着“村自为战”的现象；出现了村政建设杂、乱、散、小的状况。

此外，由于经济迅速发展，拉动土地级差地租，土地价值剧增，在土地收益权问题上，出现了集体与集体之间，集体与农民之间，在分配利益上的矛盾，成为社会不安定的潜在因素。

上述情况说明，目前珠江三角洲农村出现的问题，矛盾的焦点在土地，本质上是生产力的进一步发展，要求冲破不相适应的土地经营制度、管理制度。具体来说，就是通过改革，把土地的所有权、处分权和土地的经营（承包）权收益权，从相统一改为相分离，达到解放生产力的目的。为达到这个目的，几年来，各地都做过探索和实践，也取得了一定的成效，例如实行“两田制”（口粮田和投包田），或实行承包权有偿转让等。但是，能实现新的突破的，还是实行土地股份合作制。土地股份合作制，通过农户土地经营权入股，把承包权转换为土地收益权，从实物形态转换为价值形态，保障农民承包土地的权益，享受转移承包土地后的经济补偿；通过经济社（生产队）土地所有权的入股，把所有权同处分权分离开来，所有权不变，处分权在股份合作经济组织，有利于集中土地，在更大规模、更高起点上配置土地资源，实现生产要素的优化组合。我们可这样认为，土地股份合作制的建立，既坚持了目前合作制的基础，又解决了在土地问题上现实存在的种种矛盾，对于建立农村市场经济体制、农村经济运行新机制，促进生产力的发展，实现经济新飞跃具有深刻的、现实的意义。正因如此，它成为发达地区群众的一种理想的选择。

二、推行土地股份合作制是农村生产关系的一次变革

土地股份合作制，不仅是通过土地入股集中土地。它首先是农村生产关系的一次变革。以土地经营权入股为特征的土地股份合作制，引入了股份制的部分机制，对原有合作经济组织进行改造，使之成为兼有合作制和股份制优势的经济实体，具有产权明晰、管理民主、分配合理、经营自主的明显特点，这些机制的转换，体现了农村生产关系的变革。第一，在土地产权制度上，实现了所有权与处分权、承包权与收益权的分离，解决土地流动，结构调整，劳力转移等一系列问题，将有力地推动生产力的发展。第二，在组织管理上，实行股东代表大会制度，选举产生董事会、监事会，实行董事会下的社长（经理）负责制，用民主管理的办法代替行政管理办法。第三，在收益分配上，土地经营权的入股，使股民有了土地收益权的保障，实现了以按劳分配为主，辅以股权分红的分配形式，既坚持按劳分配，又有利于共同富裕。第四，土地股份合作制，保障了经济组织的独立经营权，为逐步实行政企分设打下了基础。总之，推行土地股份合作制，不是简单的集中土地的手段，它的真实意义在于，通过土地经营权入股，变革生产关系，使各方面的制度能更好适应珠江三角洲地区经济发展的需要。

生产关系上的这种变革，同坚持党在农村的基本政策是一致的。首先，土地股份合作制，是对家庭联产承包责任制的发展和提高。家庭联产承包责任制在珠江三角洲，历史地起到了解放生产力的巨大作用，这个地区能有今天的发展规模和速度，与农村的第一步改革密切相关。根据发展的经济形势，推行土地股份合作制，家庭联产承包责任制并没有改变，只是在具体形式上，改平均分包为公开投包，用价值形态保障而不是剥夺农民承包土地的权益，只会促进生产力的发展，而不是相反。其次，土地股份合作制同集体资产的“归大堆”有根本的区别。因为，入股的资产包括土地在内，按有关规定进行评估、折价，确认入股者占有的股本份额，确认股值，并实行按股分红，做到公开合理，承认差别，同过去无偿平调资产，刮“共产风”完全不同。从大量的调查可以看出，推行土地股份合作制，在理论上立得住，在实践上行得通，发展的思路是明晰的，前景是好的。问题的关

键，是要充分认识一次生产关系的变革，往往牵动千家万户的利益，因此在具体工作中，要严格掌握政策，注意改进领导方法和工作作风，避免人为的失误。

三、推行土地股份合作制的基本做法

土地股份合作制是新生事物，目前尚处在探索、试验阶段。毫无疑问，我们要尊重群众的创造精神，允许多种多样的实现形式存在。同时，也要积极引导，把分散的、个别的实践经验加以总结、提高，把群众自发的行为变为群众自觉的行动。

南海等地试行土地股份合作制，主要形式有：一是以集体经济组织的资产与土地一起折价入股，参与股份合作组织的利润分红。这是南海、中山普遍的做法。二是仅以土地折价入股，参与入股土地产出的利润分红，如顺德的做法。这两种属于社区性土地股份合作，即在一个管理区或自然村的范围内，以原有合作经济组织为基础，成立股份合作社（公司），社区内的村民都拥有股权。

关于风险问题。在某些城郊，由于建设的需要，土地征用完了，没有土地可折股了。征地补偿款已用股份制形式分解落实到人。由于农民没有土地可以经营了，只能搞第二、第三产业，这就有风险，搞不好要破产。一破产，农民就无所依靠了。所以，这些地方要认真考虑这个问题，根据农村的特点，搞一些基本的保险。工人失业、伤残病老，能按照劳动保险的有关政策获得基本生活保证。对没有土地的农民，也应有类似的办法来解决这个问题。要特别注意的是，今后我们要严格控制征用土地，不要轻易地使农民完全丧失土地。不然，后遗症很大。如水库移民问题，多少年我们都没能很好地解决，出现上访闹事。有的地方几经反复，到现在移民的生活才有着落。因此，我们要吸取教训，妥善处理这个问题。

关于条件的规定。这是一个严肃的问题。搞土地股份合作制必须具备条件，有明确规定。根据什么样的条件呢？总的还是要坚持《纪要》初稿中提出的那几条。特别现在刚开始搞，控制应更严一点。我不担心搞不起来，我担心的是“刮风”。所以，对这件事不要大张旗鼓地宣传，报纸、电台、电视不要随意报道。推行土地股份合作制，是一项艰巨而复杂的工作，因此，要采取积极、谨慎、稳妥、逐步推行的方针。相应的政策措施，也要同党在农村的基本政策保持一致。

1. 必须讲究条件。基本条件是，当地二、三产业比较发达，占经济比重一般在七成以上；从农业转移出来的劳力较多，达到七成以上，并且已经有较稳定的收入来源；当地农民多数愿意放弃承包土地；管理区（经济联社）集体经济实力较强，足以保证实行土地股份合作制后股民收入有所增加；干部素质好，有较高的经营管理水平，较强的市场经济意识和民主管理意识。根据这些要求，目前全省主要在珠江三角洲地区具备条件的镇、村推行。

2. 必须进行试点。试点单位的确定，要符合上述条件，同时考虑具有普遍的指导意义。试点要当地群众自愿接受，试点的经验要群众认同。可以镇为单位选择 1～2 个管理区进行试点，领导要挂帅，市（县、区）要派出有经验的干部帮助、指导。

3. 必须坚持党的政策。在资产评估、土地作价、产权组合、股权配置、债权债务处理、收益分配等一系列经济利益问题上，要坚持自愿互利、公平合理、承认差别的原则，不搞“归大堆”，不刮“共产风”。

4. 必须从实际出发，尊重群众的选择。允许多种多样的实现形式，不论采取哪一种形式，都要尊重群众的意愿，不搞形式主义，不搞“一刀切”，也不要限时间。在群众还不愿意接受的地方，允许观望、等待，不具备条件的地方不要搞。

5. 必须以稳定、发展农业为前提。股份合作组织在土地规划配置上，首先要保证农田保护区的需要，特别是稳定粮食面积。列入规划的工业区、商住区，在没有开发之前，不能弃耕、丢荒。在收益分配上，股份合作组织要在二、三产业利润中抽出资金支持发展农业。

6. 必须加强领导。珠江三角洲地区市、县（区）党政机关，要把推行土地股份合作制作为深化改革，实现经济新飞跃的大事，摆上议事日程。主要领导同志亲自办点，调查研究，总结经验，积极做好引导工作，并为铺开做好准备。镇一级第一把手要参与试点工作，取得发言权和指导权。土地股份合作制的实行，涉及上层建筑的某些部门，例如工商、税务部门，要积极进行调查研究，提出相关的支持政策和措施。

（本文作者时任广东省委常委、广东省副省长，本文为其在珠江三角洲地区农村股份合作制改革座谈会上的讲话）

1994 年 4 月

珠江三角洲地区农村股份合作制改革座谈会纪要

1994年4月18～19日，省委、省政府在南海市召开了珠江三角洲地区农村股份合作制改革座谈会，讨论当前珠江三角洲地区部分农村出现的以土地经营权入股的股份合作制改革问题。省委、省人大常委会、省政府、省政协负责同志，各地级市市委书记，广州、深圳、珠海、东莞、中山、江门、佛山、肇庆市主管农村工作的副市长或农委主任，珠江三角洲地区部分县（市、区）委书记及省直有关单位的主要负责同志参加了座谈会。省委书记谢非同志主持会议并作了重要讲话。南海市及3个管理区介绍了经验。与会同志就实行这项改革的重要意义、指导思想、实行条件、基本要求和工作部署以及改革中需要注意掌握的政策等问题进行认真讨论，形成共识。

一、实行土地股份合作制是深化农村改革的积极探索

会议认为，实行土地股份合作制改革，是我省在建立社会主义市场经济体制中出现的新事物，是完善以家庭联产承包为主的责任制和统分结合双层经营体制的积极探索，对加快我省改革开放和现代化建设步伐具有积极作用。这项改革首先在珠江三角洲地区取得突破，是适应当地生产力发展水平的必然结果。这里农村经济结构在调整中进一步优化，农业综合生产能力有了很大提高，二、三产业尤其是乡镇企业已成为农村经济的主要支柱；农业劳动力大批转移；农村小城镇的建设加快了城乡一体化进程；农民生活实现了小康，有的已比较富裕。在这种情况下，为突破传统的农业生产经营模式、土地经营管理体制和土地平均分包到户经营的局限，土地股份合作制应运而生。

这项改革的主要特点是，以农村社区合作经济组织为基本单位，将原来属于集体的土地、资金和固定资产，以股份形式，量化配置为集体股和村民个人般，以股份制的经营方式组织运作与管理。

实行这项改革，是在保证集体对土地具有所有权的情况下，改变土地分散经营的格局，从整体上对土地资源进行综合规划利用，促进土地的合理流动和劳动力的转移；通过向村民配置股权，把土地承包经营权转换为土地收益权，将实物形态转变为价值形态，进一步明确了农民在集体经济组织中的地位，明晰了产权关系和利益分配关系，保障村民承包经营土地的应有收益。南海、中山等市县的实践表明，这项改革有利于按市场经济的要求优化组合农业生产要素，合理配置土地资源和劳动力资源，适当组织规模化、集约化、机械化生产，提高农村经济的综合效益；有利于促进农村一、二、三产业的相互支持、协调发展；有利于城乡统一规划和建设，加快城乡一体化进程，有利于加强对农村土地使用的监督，解决农村由土地利益问题引发的各种矛盾，调动各方面的积极性；有利于提高基层干部的素质，增强农村党政基层组织的凝聚力和战斗力。

二、具体形式和基本原则

目前，珠江三角洲地区实行的土地股份合作制，从经营形式看主要有四类。一是在开发农业中，以生产项目为主，吸收土地经营权入股，参与项目产出的利润分红，如淡水养殖、林果种养等股份合作；二是实行“两田制”，即每户留足口粮田，其余投包田则实行经营权入股，由股份合作经济组织公开发包，由中标者承包经营；三是仅以土地经营权入股，参与入股土地的收益分红；四是以集体经济组织的资产与农民承包的土地共同折价入股，如土地全部为国家征用，则以补偿款入股，参与股份合作经济组织的利润分红。第三、四种形式属社区性股份合作经济，即在一个管理区或自然村范围内，以原有合作经济组织为基础，以资产或土地折价入股，社区内的村民都是股民。这两种形式目前占大多数，是较为完善的形式。从分配形式看，有一级核算一级分红和两级核算两级分红两种形式。前者是核算单位直接向股民分红，后者一般是由在管理区范围内组织起来的股份合作经济组织向自然村（经济社）分红，自然村（经济社）再向股民分红。

会议认为，我省的土地股份合作制尚处于试验阶段，应允许多种形式并存，而不论采取哪一种形式，都必须按照有利于调动农民积极性，有利于稳定、提高和发展农业，有利于提高经济效益和增加农民、集体收入，促进共同富裕的要求，充分体现股份合作经济所具有的产权明晰、管理民主、分配合理、利益公平等特征，按市场经济要求运作。为此，必须遵循以下几条基本原则。一是实行土地股份合作制的经济组织，一般建立在现行的管理区一级，即以经济联社为基础，少数保留一村（自然村）多队（生产队）建制的地方，也可以自然村的经济社为基础。二是对入股各方的资产（包括生产性固定资产、流动资金、已征用和预征了土地的征地补偿费等）或土地要进行评估，计价折股，确认股本，明确各方股权。评估资产和土地需履行一定手续并经有关部门认可，固定资产与土地计价折股要相对公平合理，要体现同股同价。三是设置股权，分集体股与村民股，两者的比例应根据扩大再生产的需要和增加股权所有者的收入来确定。四是配置村民股的股权要体现每股的股值，具体的配置办法，根据当地的实际情况和群众的意愿确定。五是明确土地集体所有的性质，承包经营者不得将土地用作抵押资产。以土地配置的村民股股权，只是参加分红的依据，不能转让、买卖、抵押、继承。六是改革管理体制，组建股份合作经济组织，依照国家法律规章及党在农村的现行政策订立章程，明确股东的权利和义务，建立股东代表大会制度；选举产生董事会，实行董事会领导下的社长（经理）负责制，建立监事会，监督董事会按章运作。七是确定收益分配比例，要兼顾国家、集体、个人的利益，按规定比例从股份合作组织的税后利润中提取发展基金、经营风险基金、公益金和红利。八是在基本城市化了的农村，如深圳、珠海等市农村，二、三产业产值大大超过第一产业的产值，这里的股份合作制则应从当地实际情况出发，试行其他形式。

三、从实际出发稳步推行改革

会议对改革的艰巨性、复杂性作了充分的估计，认为这项改革涉及各个方面的经济利益，牵动千家万户，同时，对上层建筑的某些领域也将产生影响。实行这项改革，总的指导方针是因地制宜，多种形式，由低到高，逐步完善，保持党在农村的基本政策的连续性，与有关法律规章相互衔接。

在实际工作中，要注意把握以下几点：

1. 具备条件的地方才能进行这项改革。基本条件是：当地二、三产业特别是乡镇企业比较发达，在整个农村经济中的比重一般占七成左右；从农业转移的劳动力较多，达到七成左右，收入有较稳定的来源；当地农民有扩大生产经营规模的迫切愿望，管理区一级（经济联社）集体经济实力较强，可以保证在实行土地股份合作制后，村民的收入比土地入股前有所增加；干部素质好，有较高的经营管理水平，较强的市场经济意识，较好的民主管理作风。纯农业地区如"三高"农业发展水平较高，种养项目的投包收入能够保障村民享受股东分红的，也可进行试点。全省总的部署是：珠江三角洲较发达地区可以推广，粤东、粤西两翼条件具备的地方可进行个别试点，山区一般不搞。

2. 坚持从实际出发、群众自愿、因地制宜的原则，允许多种多样的形式。这项改革必须为群众自愿接受，其做法必须为群众认可。搞不搞这项改革，改革采取哪一种形式，都要尊重群众的意愿和选择，不搞行政命令，不能一哄而起，不搞"一刀切"，也不要限时间，在群众还不愿意接受的地方，允许等待观望。新闻单位目前尚不宜对土地股份合作制作大量宣传，如要报道应请有关部门审核。

3. 注意政策，做过细的工作。在进行资产评估、土地使用权作价、产权组合、股权配置、债权债务处理、确定收益分配比例等时，必须坚持自愿互利、公平合理、承认差别和有利于安定团结、促进当地经济发展的原则，不搞"归大堆"、不刮"共产风"。

4. 必须以稳定和发展农业为前提。股份合作经济组织在对土地进行规划配置时，必须首先划定基本农田保护区，稳定粮食种植面积。禁止圈地不用、占地不耕。对经上级部门批准列入规划的工业区、商住区，应尽量利用山坡地。不得轻易占用农田，在尚未开发之前，不得弃耕、丢荒；对征而不用的土地要及时收回。土地管理和规划部门要严格执行省政府的规定，监督土地使用情况，切实保证农业用地。股份合作经济组织要注意从二、三产业的经济收入中划出一部分，用于扶持农业生产。

5. 改革土地分包制，推行投包制。股份合作经济组织集中的农业用地，应实行公开招标，由价高者承包经营。有的地方可采取"两田制"的办法，即在留足口粮田以后，将其余农田招标投标，以促进规模经营，发展高质、高产、高效农业。

6. 注意政策的连续性，妥善解决原承包合同者的利益问题。在实行土地股份合作制后，对未到期的投包项目和其他合同项目，应按原合同的规定执行，不得损害原承包者和其他投资者应得的经济利益。

7. 加强管理和监督。实行土地股份合作制后，股份合作经济组织要依照有关法律规章和股份合作经济组织章程，建立和健全管理机构和制度，加强对土地经营情况的民主管理和监督。不要过分强调实行股份合作制对农民的约束作用，不得滥用权力，将土地入股变为管卡农民的手段。加强对土地承包金的管理，土地经营的收入和使用情况要定期向股权所有者公开，接受群众的监督，真正实现由农民当家作主。

8. 注意解决干部群众的生活困难问题。要严格控制征用土地，不要使农民群众轻易失去土地，而影响今后的生活出路。实行土地股份合作制后，对富余的原村（经济社）的干部，股份合作经济组织要根据各人的特点和能力，分别安排力所能及的工作，合理解决报酬。对丧失工作能力的干部和老弱病残人口，要结合建立农村社会保障体系，采取措施解决他们的生活困难问题，确保他们的经济收入水平不致下降。

9. 农村所有的股份合作经济组织及其股东代表大会、董事会，只行使经济经营管理职能，不能取代农村现有党政基层组织。

四、加强对土地股份合作制改革的领导

会议强调，实行土地股份合作制是一项非常艰巨复杂的工作，各级党委和政府必须高度重视，切实加强对此项工作的领导。进行这项改革试点的地方，市、县主要领导要亲自过问试点情况，搞好调查研究，认真总结群众的实践经验，做好指导工作。要把改革与加强农村基层组织建设结合起来，与建立农村市场体系包括社会化服务体系、发展“三高”农业结合起来，与妥善处理农村各种矛盾、稳定农村结合起来。进行试点的乡镇或管理区，乡镇第一把手要参与试点工作，所在市、县要派出得力干部进行指导，帮助有关乡镇和管理区及时解决试点中出现的各种问题，结合改革进一步加强农村基层组织建设和精神文明建设。农村基层组织要积极发挥作用，带领农民搞好当地的改革。体改、工商、税务、金融、国土、劳动等部门要热情支持这项改革，通过调查研究，提出有关配套的具体政策措施。其他不搞这项改革的地方，市、县领导要对当地情况开展调查研究，根据当前农村和农业生产方面存在的问题，继续完善以家庭联产承包为主的责任制和统分结合双层经营体制，探索农村深化改革、实现经济新飞跃的路子。

1994 年 4 月 22 日

把股份制引入农业生产领域的重要意义

杜润生

这次会议的题目是“以土地为中心的股份合作制”，这项工作南海带了个头。中央的农村改革试验区，早就选中了这个地方，试验农业规模经营问题。当时布置了4个地方进行试验，一个是北京顺义、一个是广东南海、一个是山东平度、还有江苏无锡。4个地方、4种办法，各有千秋。我们说过，试验希望成功，允许失败，失败也是成功。因为探了探路，证明行不通，节省了改革成本。南海去年有了新的结果，搞股份合作的规模经营，取得经验，初步启示此路可通。但涉及土地经营方式大转换，和农民权益保护这类大问题，必须进一步试验做好各项完善工作，两年后再总结，获取进一步的成就。下面讲几个问题。

1. 要明确努力目标，防止行动盲目性，提高自觉性；要认清实现目标的条件，防止理想主义，脱离实际。进行股份制试验，直接目标主要是：完善公有制经济的产权设置，界定利益归属。比如土地制度，要明确集体所有权，稳定家庭承包权，搞活土地使用权。农民有了使用权，不能没有法定的收益权和处置权。在产权制度改革中，这要通过与当事人的多边协商谈判，按互相可以接受的结果，做出具体制度安排，不经当事人参与，是搞不好的。资产权益归属不明确，就难以确定经济责任并形成法律约束，发生争议，当事人、政府和司法部门都无依据进行处理。股份制不能简单地当作集资手段，而是探索在社会主义国家建立新的产权体制，以适应社会主义市场经济运行需求。

股份经济不是今天才有的。我国民间合股生意，新中国成立后后供销社、初级社都采用了股份制。但原有的做法不能适应现代经济要求。现在搞股份制，必须是现代经济条件下的股份制。这种股份制企业是面向市场的，它本身也就是产权市场的主体构件。通过产权市场，优化资源配置，这是个重要目标。搞股份合作制要着眼于突破传统小农经济结构对市场流通的限制因素，避免给市场流通制造新的障碍。

要按条件办事，这是多年积累下来的一条重要经验，不讲这一条，好事会走向反面，变成灾难。搞土地入股的股份合作制，并不是到处可行的。南海是否具备条件，要具体分析，做到心中有数。

2. 南海把股份制引入农业，启动于1992年。这一年土地作为生产要素显示出它的多功能特性。广东先行一步取消了购粮任务，农民有权自由选择生产项目，土地生产率上升，收益增加；珠江三角洲经济建设进一步展开，资本流入数量激增，南海有区位优势，土地随非农用途扩大，转化为工业资本，房地产市场兴起，推动级差地租升级；在这种变动中，土地的稀缺性提高，唤起农民地产收益高预期，同时，也引起级差收益分配的矛盾。而在以前的十余年中，农村劳动力大部分已转到农外就业，这些人务农兴趣降低，可是土地资产意识反而提高。为维护农业的持续发展，生产要素配置与利用方式必须更新。

这些都成为推行股份合作制的动因。南海同志抓住机遇，引进股份合作，不仅平息了土地级差收入引起的矛盾，而且乘机推进规模经营，力求避免工业化过程中可能出现的农业衰落趋势。利用股份制改造土地集体所有制，农户退出承包权，取得股权和相应收益，使外出农民安心就业。留下的农民，搞好规模化经营，保持农业结构平稳地向现代化产业转变。可以说是一种制度创新。值得重视的一点是股份制可以当作一种诱导方式，利用来解决人地紧张关系，农民没有土地是痛苦的。但争得的土地，还会留恋不舍，妨碍他们在工业化时期改变身份。土地股份制只要真正还权于民，坚持自愿原则，允许自由选择，摒弃强制行为，就可顺理成章，做到务工务农相辅相成，各得其宜。

3. 现代股份制来源于资本主义国家的公司组织。公司包括有限责任公司和股份有限责任公司。二者都是资本主义发达阶段，为适应生产的社会化，所有权也走向社会化的经济形式。合作社能出现是小生产者为对抗资本剥削，保持自己的竞争地位，组织起来抵制以大吃小的威胁。马克思主义把股份公司视为资本主义制度的内部自我扬弃。合作社在空想社会主义者那里，把它当作理想的王国，马克思主义则当作无产阶级在小生产者众多的国家，夺取政权后，组织小生产者进入社会主义的过渡形式。

在我国经济体制改革进入深化时期，利用股份制把公有企业改造成为适合社会主义市场经济的现代型企业，这是一种创新性探索。在农村，乡镇企业，明晰产权，实现政企分离，完善企业机制，探索集体经济社会所有形式。个体手工业、家庭工业、家庭副业、进入市场，按股份组成某种联合体，这方面搞股份制最近一年来已取得共认和实践经验。

4. 南海经验特色是把股份制引进农业生产领域。这在经济比较发达地区有实践意义。这些地区劳动力大量外移，必须及时改善生产要素配置比例。投入较少的劳力，经营较多的耕地，节约劳力，增加资本设备。针对农民恋地不恋农思想，针对接近工业区的村庄，有关利益主体之间分配地租争议，社区组织出头搞股份合作式农业企业，并能在处理集体财产，兼顾离农与务农两方利益，兼顾集体与个人利益，找到合理的界线。这比过去为了实现集体化时无代价归大堆的办法，是一个进步。

5. 股份合作制有它的运用范围，不可能形成农村唯一的经济体制形式。决不能动摇中央关于公有制为主的多种经济成分并存发展的基本政策，尤其不可影响稳定家庭承包制的决策。也不应据此否定租赁制、承包制、联营、合伙等公有民营形式。南海重视个体私营经济闻名全国，这一优点和特点应继续发扬。不说别的道理，只就充分就业这一条说，这些经济形式的作用，实非清一色公有制可以替代，它们可以少量资本推动大量就业。而就业结构变化，乃是农村走向现代化的前提，必须引起我们的重视。搞股份制是公有经济为了增强本身活力，更好地发挥其主导作用，而不是借此机会排挤、取代其他各种具有活力的经济成分。社会主义初级阶段，经济发展多样化、多元化是一个必然趋势。就农村说，正处在结构转型时期，经济水平地区差异极大，全国统一市场尚未发育成熟，社会生产关系当然不会整齐化一，单一化，图式化。只有尊重群众自愿选择，才能符合客观规律。某一地区有了创新性经验，向其他地方推广时，不强求统一，也不强求同步进入规范化。历史的教训必须吸取。

6. 公司（包括有限责任公司和股份有限公司）**和合作社，是不同类型的组织。**公司以赢利为宗旨，合作社是非赢利的服务组织。公司的主体是持股人，持股人是股东，不一定是职工，持股人可以是法人，也可以是自然人。合作社主体是社员，社员参加劳动，又投入资本，具有双重身份。决策程序方面，合作社是一人一票，公司是一股一票。公司股金不能抽回，但可以转让。合作社可以抽回，但不能转让。公司因其是资金的联合，对社会是开放的，其中上市公司，股东本身也是流动的。最大资本投入户可以占据控制地位，但其他股东感到吃亏都可以以售出股票以示退出，表示自己的权利。合作社是小业主劳动联合组织，社员成分是有限制的，为防止少数人垄断，办事程序讲求平等和民主，因此而带来封闭性。我们是社会主义国家，剥削阶级基本上消失了。但不能说阶级差别完全根除，在社会主义初级阶段还存在私有经济，还有外国资本家进入。正由于这一点，在国家立法上还要区别对待。建立股份合作制，具体制度选择上理应有所取舍。

公司与合作社各有长处和弱点，将二者混合而成一种新的体制，形成具有杂交优势的类型，过去是没有经验的。1985 年的中央 1 号文件提倡过股份式合作。此后各地办了一批公司加农户的服务组织，支持农民进入市场。温州个体经济集资办公司，也挂股份合作牌子。农业部 1990 年 2 月发过《农民股份合作企业暂行规定》，浙江、山东、广东先后使用这个称号进行了试验，现在又有更多地方推广，但大多是应用于乡镇企业。

由于我国 20 世纪 60 年代农村全盘集体化，典型意义上的合作制已不复存在。现在人们说的产权制度改造，实质上引进股份制，恢复合作制某些成分，并保留集体所有制成分。大多数情况下改造的结果是，以股份公司体制为主恢复某些合作体制因素，或合作社形式为主，吸收某些公司因素，两者在不同程度上还保留集体所有制因素。

7. 在社会主义条件下，建立股份合作制，应尽可能多吸收公司制和合作制双方的优点，尽可能避开二者的弱点，而不是相反。以下几点应尽可能体现于股份合作企业：

（1）开放性。投资投劳成员不限于本村公民和本单位职工，可向市场融资、向社会吸收个人股法人股、基金组织股、技术股，办成有社会公众参与的经济组织。面向市场进入产权市场，保持产权的流动性。利用证券及其他形式实行柜台交易，或股市交易。积极参与竞争，靠市场评价企业效益，效益好的可扩大股东，效益不好的被股民抛弃。扩大股份，可以把分散于社会的金融资产聚集起来，为我所用，同时可将经营风险分散于股东公众。

一部分股权属于个人会不会削弱公有制？这个问题可以这样理解："这种财产不再是各相互分离的生产者的私有财产，而是联合起来的生产者的财产，即直接的社会财产"（《马克思、恩格斯全集》25 卷 436 页）。这没有什么可怕之处。

（2）两权分离。产权界定为所有权，使用权，相应地，资本支配权与物业经营权也相互分离。马克思说过："在股份公司内，职能已经同资本所有权相分离，"又说"管理劳动作为一种职能，起来同自有资本或借入资本的占有权相分离。在我们这里，可利用股份制纠正政企不分弊端，实现企业经营自主。经理人员的聘任，可以通过公开性聘选程序，人才取之于竞争性市场，改正少数人过度集权，用人唯亲等毛病。

（3）重建个人所有制。马克思讲过："未来的共产主义社会，将在协作和对土地及靠劳动本身资料的共同占有基础上重建个人所有制。"马克思这句话，截至现在，还没有人做出明确肯定的解释。但可以看出，这里所指个人所有不是指消费资料，因为历来讲所有制不是指生活消费品所有权。资本主义社会工人阶级都拥有消费品，但马克思还是称之为无产阶级。个人占有股金就是占有金融资产。但同一资产又是被共同占有和使用的。因而是一种有别于旧社会的个人私产制。

我们今天谈公有企业自负盈亏，归根到底企业经营的最终后果，是靠个人来承担的。要实现利益同享，风险共担，必要前提是使个人经济利益明晰化和独立化。这种独立性，是对个人的激励力量，也是对社会公仆的制约力量。过去的集体农庄由于社会发展阶段的各种限制因素，还无法摆脱以下弊端，就是社员个人对集体存在某种依附关系。股份合作制允许个人拥有私产，这在一定程度上可以视之为社员经济上独立的物质保障，并减轻了依附性。

（4）平等精神。搞股份合作制，应保留发扬合作制平等精神和社员主体价值观。资本是有价格的，应当保障股东收益权，这是市场原则。资本是劳动创造的，应服务于劳动，而不可异化为统治劳动的工具，这是共产党人的社会观。应该说，企业是股东的，同时也是社员或职工的。董事会、监事会应有职工公举的合法代表，参与决策。经理人员的招聘，应通过集体评议。凡关系职工利益的事项，应通过社员大会议定。一人一票制和一股一票制并用。

8. 组织以经营土地入股为主的股份合作制，必须重视土地资源的特殊性。农民是土地使用价值的创造者，耕者有其田，是我党土改的纲领。为取得生活资料，农民曾长期为占有土地进行了斗争。国家工业化过程，土地资本化，产生级差地租。按家庭承包制涵义，土地所有权归集体，土地使用权归农民。土地被农民使用才能有收益。农民让出使用权要求得到对应补偿物，是合理的合情的。土地不能带走。股份只是给他一种以货币收入体现的收益权。允许转让，并不影响土地照常共同占有、共同利用。总之土地问题，过去是，现在是，将来都是大问题。

由家庭分散经营又回到集体经营，这是继家庭承包制后，又一次的大变动。有的同志提出，“这是把土地从农民手中又收到社区”应当谨慎从事。这个意见不能不听。没有条件变动，就不要变动。如果搞股份制，设置土地股权，必须照顾农民原有实际收益，而且股权必须是完整的。把股份分配作为行政手段，去控制农民计划生育和刑事犯罪等社会行为，是否适宜，须慎重考虑。

农业生产不同于工业，受自然制约，投入与产出的时间分隔，把占有权与经营权统一于家庭，适合大部地区生产力发展水平，现阶段有利于发展生产。变动它必须根据客观条件提供的可行性，不具备条件就做出变动决策是危险的。还须了解：家庭经济不等于小农经济，小农经济是一定会分化、转化的。小生产变大生产，自给自足变商品化，家庭式多种经营变为社会性分工分业。但不能因此断定说家庭经营不会产生规模经营。宏观政策和就业结构发生变化，有利于土地集中时，家庭型现代集约化农场也会作为一种经营形式出现。

9. 对一些具体政策的建议。产权设置问题。原有企业存量资产，经过评估，弄清来源后，按以下原则处理：

（1）乡镇村投入资金及其增值量，形成的存量资产，分为等量股份，大部分应量化到村民个人名下。此项股份，不准抽回，原则上允许转让，继承。如群众多数有异议，可规定某项条件限制。另一部分作为乡镇村社区公股。乡镇区设控股公司，村级设福利基金组织，管理股金收益和用途。企业发展基金按需要从利润中扣留。

（2）不设企业股，企业法人不能成为本企业股东。

股权收益分配问题：

（1）原则上公司按股分红不保股息。合作社可保息，不分红。只在居民尚缺风险意识情况下，可实行保息，条件是在分红超过股金值20%时，停止付息。

（2）按劳分配与按资分配，二者比重，不宜作硬性规定。

劳动报酬是计入成本的，劳动报酬只限于企业职工范围。分红是分配利润所得，受益对象是所有持股者，二者是不可比的。

（3）利润中可设公积金，公益金，体现共同富裕政策。

（4）职工奖金用于调节劳动报酬。数量要适度，以免丧失招股的吸引力。目前，我们更大的问题是缺资金，这一点也应作为决策权重因素。

股份合作社，按管理区范围设置，如何安排工商与农业间收益分配关系；公民都是社员，政权与企业组织规模是重合的，能不能有效地实现政企分离，这些问题都要认真试验研究。原则上，应保持社区内业已形成的经济多样化，在多元发展中，在市场选择的作用下，逐步演化，形成完善的经济结构。

（本文作者系中顾委委员，本文为其在南海市土地股份制研讨会上的讲话）

1994年1月

土地股份合作制是个新突破

张根生

近两年来，全国有些地方在农业、林业、畜牧、水产业等方面试行股份合作制。全国较有代表性的有两种形式。

一种是浙江省武义县，该县为山区，虽然分了自留山和责任山，但长期以来造林治山进展不快，分析原因有政策问题，也有缺乏资金和技术问题。1991年开始把股份制引入农林生产，或叫“股份合作制是在家庭承包制基础上的深化改革”。农民以自留山、承包责任山入股，也可以土地承包权入股，以劳力（折股）、资金、技术参股。乡、村集体经济既负责统一规划、连片开发、组织领导，也和农民一同参股。主要是进行开发性农林生产，种植桑、茶、果、林等经济林果和收入较高的经济作物，发展养殖业，把分散的生产要素（土地、劳力、资金、技术）组合成新的生产力，形式多种多样，农民欢迎。已在全县推行，有5万多农民成为股东，投入400万个工，开发经济作物和林果17万多亩，三年大见成效。这是一种形式的农业股份合作制。

一种是广东省南海、顺德市经济发达地区，在这方面有新的探索、创新，实行了土地使用权入股的农业股份合作制，而且有了较快发展，中山等市也有个别试点。这里的情况是因为乡镇工业迅速发展，已经成为农村经济主体，大部分劳动力转向了二、三产业。相对来说弱化了农业经营，耕地逐渐减少，从事农业的多是老人妇女劳力，承包地块细小，不利于机械化及发展高质、高产、高效农业和开发性农业。本需要扩大经营规模，而大多数农民又不愿放弃承包土地。还有一个很大特点是珠江三角洲开放区，二、三产业仍在蓬勃发展。农村工业需要扩大发展，但土地又受限制，农业、工业争地矛盾日趋尖锐。土地市场的出现，土地价格急速上升，因而发生了分配不公的矛盾，而且突出起来，经常发生纠纷。为了解决这些矛盾，进一步协调发展工农业生产，市、镇、村干部经过反复研究，探索出土地股份合作制的路子，也可以称为土地承包使用经营权入股的股份合作制。这是总结近年来有些农户自愿合伙经营农林牧水产业的做法，加以提高而实行的。

在形式上有：集体和农民入股联合经营；集体与集体入股经营；集体与外商入股联合经营；农户入股联合经营。都是以农林收渔业为主，由有较高农业技术的农民、干部组成农业股份公司专门经营，不少是采取投标承包形式，由专业队、组、户承包经营，负责生产、销售、农田建设、科技推广，有的还包括农产品加工。

在政策上，集体经营的土地、房屋、生产资料和农产品加工企业折价入股，使财产货币化；农民土地承包经营权可以折价入股与分红，这也可以说是一定意义上的所有权（也是对农民原有土地所有权无偿入社的一种补偿），有些农民还入一部分现金股。集体财产折算入股时有的拿一部分作为集体公股，其余作为农民劳动积累股分给农民，也有的不留公股全部分给农民，这部分股大多是按人头（老年股、少年股、劳动力股）分股。一般本村农民、职工均可分股，包括转入乡镇企业工作的只要过去有土地承包权的都有份，但不吸取外村人入股，折算给村民的股份不准买卖转让和提取，有的还不许继承（仍有一定的平均主义）。今后应该进一步改革开放，如允许有偿转让，主要劳力在乡镇企业工作，可不再分股，户口已转到城镇的应该收回股份。多数定有章程，发给股份权证。也有的村乡镇企业股份制和农业股份合作制结合起来，统一分配。或采用以工补农形式，使务农农民有较高收入。

初步实践可看出有以下效果和应注意的问题。

（1）有利于农业生产的稳定和发展，扩大资金筹集渠道，有利于生产要素的优化组合；有利于农田水利建设和实现机械化，实行自主经营，也是规模经营的一种形式，又不是走回原来公社化的老路，农民愿意接受。（2）有利于建设新的土地制度。这是土地制度的大改革，生产关系的深化改革，一定会进一步解放生产力。实行土地入股的股份合作制，可以促使土地使用权转让市场化。有利于发展农业企业化经营，按照市场要求，发展专业化商品生产，提高土地使用的效益和土地价格。同时有利于土地的统一规划（一般的划分为：农田保护区，村民居住区，工业开发区，商住区），分片开发。给农村工业发展创造了条件，使农业、工业协调发展，乡镇工业肯定会得到更大发展。值得注意的主要是要划定基本农田保护区，任何人不得占用，以保证农业能够稳定发展，使从事农业，工业劳动的农民在收入上得到合理分配。要严格防止以过低价格随意占用农田，损害农业的现象，要普遍建立农田保护制度和乡镇企业占用土地有偿制度，同时积极开发新的土地资源。（3）有利于建立严格的民主管理制度。股东会选出董事会，董事会是决策机构，董事长或总经理是法人，实行民主管理和监督，清产核资，建立新的财务账目，有利于股份合作制企业管理。（4）有利于发展市场经济。可以说股份制是促进生产要素市场化的重要形式，是土地、劳力、技术、资金等的流动和新的组合，所以说股份制和竞争机制是市场体制的基础条件。农村股份合作制和股份制企业（公司、合作社、经济社）成为在市场体制下新的合作经济组织形式，可能更适合我国农村情况，为农民所接受。

检验农业股份合作制是否成功的标准，应该看是否有利于农村生产力的发展和有利于农业生产的发展，是否有利于整个农村经济的发展和增加农民的收入。现在试点刚刚二、三年，许多问题还是试行，也看不准，还谈不到规范化。我国农村情况差别很大，应该允许多样化（包括折股办法、分股方式、组织形式等），只要有利于农村经济发展，就可以研究试验。在政策上也要不断进行探讨，如对集体分配给社员的股权可否有偿转让和继承；村民个人所有股份允许继承转让，但可否有偿出卖；还有人口变化是否调整股权以及内部分配关系等问题，各地都可以研究试行，不断完善改进。

（本文作者系全国人大常委财经委员会原副主任）

1994年1月5日

农村土地股份制试验与农村产权制度改革

杜　鹰

这次有机会到南海来，而且是参加这样一个有意义的会议，主要是来学习的。土地制度建设和农村股份合作制都是我们当前深化农村改革面临的难点问题和热点问题。南海试验区在这样一些重大问题上，在改革试验中取得了一些进展，或者说取得了突破性的进展，确实令人鼓舞。这是南海市的干部群众，省里的各级领导和省农研中心的同志共同努力的结果，付出了很多的心血。3天的会议上，很多专家学者都发表了很多高见，特别是今天上午杜润生同志作了非常精彩的、有指导意义的报告，刚才杜瑞芝主任也作了精彩的报告，受到很大启发。我占用大家一点时间，谈一些个人不成熟的看法，讲三个问题。

一个问题是讲讲股份合作制。什么叫股份合作制，以及股份合作制和深化农村产权制度改革的关系。最近几年，我们全国农村股份合作制取得了长足的进展，全国各地现在都在搞股份合作制。从全国来看股份合作类型非常多，譬如像乡镇企业的股份合作制。比较有代表性的是山东周村试验区、浙江温洲试验区，还有安徽阜阳试验区，他们都是主要搞乡镇企业的股份合作制。还有社区型的股份合作制，比较有代表性的，有深圳市的横岗，还有广州市的天河区。还有林业、渔业、开发性农业生产上的股份合作，像福建、山东、湖南这样一些地方。

这次到南海来发现在众多的合作制里，又增添了一个新的品种。就是把股份合作制引入到土地制度建设中来，据我所知，在全国还是第一家。那么要提一个问题，就是为什么在最近这些年，股份合作制在我们农村深化改革过程中有很大的发展，道理在什么地方？我个人认为不是一个偶然现象，它可能预示着一个共同性的趋势。可以这么说，股份合作制的实行和推广，实际是继家庭联产承包制之后，我们农村深化改革，特别是在产权制度的改革上的又一个重大举措。继家庭联产承包后，相当一段时间，我们认为通过包产到户，农村的产权问题似乎已经解决了，后来看，可能问题没有这么简单。我们农村的第一步改革，主要是打掉过去僵死的人民公社制度，创造了家庭经营这么一个新的体制。第二步改革，当时预想主要任务是为这样一些新经营主体进入市场铺平道路。所以我们把改革的注意力放在价格改革、流通体制改革、农村的产业结构调整等这些方面。随着农村的产品市场和要素市场的发育，我们回过头看，发现我们的微观体制构造或者说微观的产权制度的安排，还存在大量的问题没有解决，并没有因为实行包产到户，这个问题就解决了。而且从某种意义上来讲，由包产到户这个改革所引发出来的新的变化，新的问题，比包产到户已经解决的问题更加复杂，那就是如何来构造一个适应市场经济体制的微观基础的问题。我们知道，市场经济的建设不是一个简单的把产品价格放开。一个有效的市场的运作，无论是从我们自已的经验看，还是从国际经验看，都必须要有一个自己的微观基础。这个微观基础是什么呢？主要是三个东西：第一是明确的产权制度；第二它需要有一个发达的市场中介组织，也就是杜老今天上午讲的不仅你的产权要清楚，而且你的产权要能进入市场交换，这样才能有产权的重新组合，才能有资源的优化配置；第三要保证市场的有序性，还需有一个基础，就是完备的商业法规。如果缺了这三个东西，那么我们讲市场经济就是一句空话，至少不是一个现代市场经济。

所以，随着农村改革的深化，我们发现确实在农村的产权制度方面还有很多问题没有解决。譬如我们这次研讨会讨论的土地制度问题，土地到底算谁的？讲不清楚。我们集体所有制的土地的主体到底是谁，我们集体土地所有权、使用权、收益权和处置权、在实行家庭联产承包，两权分离之后，这些权属在集体与农户之间是一个怎样的关系，怎样的配置？也说不清楚。我们集体的乡镇企业，乡村两级集体企业到底是谁的，也是说不清楚的。你说它是这个社区的全体农民所有，还是企业的职工所有，还是这个企业的厂长经理所有？说不清楚。所以由于土地的产权和集体经济的产权、集体乡镇企业的产权没有界定清楚，就引发了大量的问题和利益上的矛盾，这个问题随着农村经济发展和改革的深化，就逐步摆在我们面前，就提出了一个需要作出新的制度安排的要求。问题在于我们如何来满足这个需求，来提供一种制度上的供给。

我们农民作了这样一个创造，发明了这个股份合作制，譬如山东周村试验区，在全国比较早搞乡镇企业股份合作制。它的动因是什么呢？就是群众不满意。为什么不满意呢？他说土地已经承包给我了，收益也归我，但咱们村里的企业收入归谁？他要搞清楚。大家知道，企业资产的实物形态和土地不一样。土地可以丈量一下分到农户，这个企业资产在实物形态上是不能分的。那么就逼出来搞投份合作制这么个办法，这东西不径而走，在许多地方都实行这个办法，通过股份合作制把乡镇企业特别是集体所有制的乡镇企业产权界定清楚。通过清产核资把股权量化到个人，然后建立股东大会，董事会，聘请厂长经理，这样产权关系就搞清楚了。广州天河区和深圳的横岗，他们为什么把股份合作制引入到社区经济上来？也是为了解决利益分配上的矛盾，譬如天河区，是由于广州市城市建设逐渐向东移，大量征占它的土地，征地款拿到村里，如何分配，就出问题了。因为随着土地被占用，有一部分人由于农转非，转成城市户口，就要离开这个村，那么他就说我们在这个村干了 10 年、20 年、甚至 30 年，征地款的收入，或用征地款盖了酒店、盖了工厂，增值的收入，如果没有我的份，我就不走。怎么公平合理地解决这个问题呢？逼迫他们想办法，结果也是搞了股份合作制。

南海实行土地股份制动因很多，我觉得其中基本的道理，和山东周村、广州天河有类似之处，就是通过这种股份方式把过去从人民公社长期以来说不请楚的集体资产给它界定清楚，至少是朝界定清楚的方向迈出了重要的一步。

我们为什么非常强调产权制度的建设呢？杜老上午也特别强调这一点。因为产权制度是所有经济制度里的一个最核心的经济制度。它表达了怎么一个意思呢？可以这么说，产权就是排它性地占有、使用、收益和处置财产的权利。比如，我现在的投资，未来的收益明确归我，是别人不可以侵犯的，产权制度就是这样一种机制。正是因为有这么一个机制，所以一个社会或社会上的各种主体才会有积累的行为。大家细想，如果要是产权界定不清楚，我今天的投资，未来收益不知道归谁，那么我宁愿采取短期行为，多消费，少积累或不积累。而一个社会如果没有积累机制，就没有办法进步。所以市场经济要有一个明确的产权制度作为基础。因为市场的交换、产品的交换，归根到底是产权的交换，而产权不清晰，这个市场充斥各种侵权的行为，尔虞我诈的行为，甚至政府工作人员贪污腐化的行为，就会大量发生。这从政治经济学来讲，叫做交易费用膨胀，一直膨胀到大家都觉得交换不划算，那么市场不会存在了。所以，要搞市场经济，就要界定产权。回过头来看人民公社留给我们的集体资产，在承包到户以后，并没有把产权都界定清楚，正是在这种背景下，出现了股份合作制，这是适应农村经济发展的要求，适应建立社会主义市场经济的要求，是农民的又一个伟大创造。

接下来一个问题是，对股份合作制如何理解？理论界对这个问题有很多讨论，有些理论家不太理解，他们认为股份制就是股份制，合作制就是合作制，为什么出来一个股份合作制？最早的发明权是1985年1号文件，写了提倡“股份式合作”，后来就变成股份合作制了。从理论上讲，股份制就是股份制，合作制就是合作制，两者至少有6点不同：

1. 组织目标的不同。股份制这种组织形式的产生，主要解决分散资产的社会性使用问题，而合作制主要是为参与联合劳动的人提供廉价的内部服务。

2. 组织形式不一样。在股份制情况下，股东与经营者是可以分离的，而在合作制情况下，股东与经营者是不分离的。

3. 产权结构上的区别。股份制是强调按股权来界定权利和产权收益；而合作制不一样，它有一份不可分割的共同积累作为公共财产。

4. 分配方式不一样。股份制的股东主要是按股分红，拿股息；而合作制强调合作成员按劳分配，并根据每个社员利用该合作社共同设施的情况向社员返还利润，而对股份分红，股息有严格限制，不能高。

5. 决策方式有差别。股份制是一股一票，合作制是一人一票。

6. 运作方式不一样。股份制是不允许退股的，但允许转让和继承；而合作制是进退自由，但不能转让。

以上是股份制与合作制理论上的区别。但是，也不要迷信这个东西。从上世纪，罗虚代尔创造合作制的“三原则”以后，现在世界上的合作制也是五花八门，股份制诞生300年，也是什么形式都有。譬如，著名的西班牙蒙德拉贡的工人合作制，基本上也是股份公司形式。所以，一种社会组织形式，类似生物学、生态学上的物种，各式各样，无奇不有，没有什么一定怎样才行，怎样就不行。事实上，古今中外，世界上的经济形式一直是在日新月异地发展着的。所以，我认为，选择什么样的方式，主要还是看群众能不能接受。

进一步讲股份制与合作制也有共同点。共同点在于都是在承认个人产权的基础上，社会性地占用资产、使用资产，就是资产的社会化。这是股份制和合作制共同具有的一个特点。为了说明这一点，还要讲一下合作制和我们过去说的集体经济的区别。无论是从西方各国合作制的实践看，还是从恩格斯、列宁关于合作制的经典论述看，合作制与斯大林的集体模式以及我们建国后搞的集体经济完全是两个概念。两者的根本区别点在于，我们过去搞的集体经济是否认个人产权的，而真正的合作制则是建立在承认个人产权基础上的。在这一点上，股份制和合作制是一致的。就是说在西方，股份制也好，合作制也好，它的发生、发展都是一个自然过程，都是在承认个人产权基础上联合的不同形式，但是在我们这个地方，经过了三、四十年传统集体经济之后，我们要发展真正的股份制、合作制，首先碰到一个问题，就是先要把过去“归大堆”、权属不清的这块资产界定清楚，然后才能有真正的股份制或真正的合作制。所以这个股份合作制，我个人理解，它是一个倒过来运作的股份制或者是倒过来运作的合作制。首先，通过股份的办法，把过去那块没有界定清楚的财产把它界定清楚，然后再把资产联合使用，所以农民叫它是股份合作制是有一定道理的。

我想展望将来的农村改革，股份合作制的发展，很可能引出非常丰富的后续变化。股份合作制到底是不是一个独立的企业形态，独立的经济组织形式，还是一个中间的过渡环节，通过这个环节，有的走向真正的股份制即股份公司，有的走向真正的合作制？这要看你是在什么样的条件下，适应怎样的经济环境，它需要什么样的经济形式。我基本上赞成杜老和杜瑞芝同志的意见，可能我们现在乡镇企业上的股份合作制，将来更多的是向股份制方向上靠。但这不是否定合作制，因为合作制可能在农业领域里在一段时间内还管用，但是在非农业领域里，可能更多的派上用场的是股份公司，即责任有限公司或股份有限公司。所以，对股份合作制也用不着从字面上去推敲它规范与不规范，在理论上讲得通与讲不通，我是把它看成通向今后农村现代产权制度、现代经济组织的一个台阶，有这个台阶就够了。因为任何一种制度安排，从没有一步到位的，关键是看你第一步走对了没有，如果你迈出的第一步对你迈出的第二步不构成障碍，就可以了。然后你的选择空间就越来越大。

我讲的意思，是说我们的改革虽然搞了 15 年，但回过头看，距离建立一个现代的产权制度，现代的经济组织，现代的市场体制，差得很远。特别是在产权制度上还遗存了大量问题，需要我们解决。这个问题怎样解决，现实的选择就是搞股份合作制，然后在此基础上派生其他的形式。

第二个问题，讲讲土地制度建设和对南海的试验怎样看。从全国来看，自实行家庭联产承包制后，在土地制度建设方面还存在一些需要通过进一步深化改革解决的问题。问题主要有两个。一个是土地产权方面的问题，另一个是土地经营方面的问题。从产权方面来看，问题不少。无论是集体的所有权，还是农户的经营权，两者都残缺不全，都不完整，土地的所有权、使用权、收益权和处置权都不完整。就连我们土地集体所有制产权主体是谁也讲不清楚，《土地管理法》上说是集体所有，《村民自治条例》说是村民共同所有搞不大清楚。

土地承包制也不稳定。承包期短，一般都是三、五年，而且还要根据人口变化重新调整一次。那么我一户的土地，分了四、五块，每隔三、五年调整一次，这样我就根本不知道哪块土地将来还是我的。所以从文件上讲，土地承包制长期不变，实际上下面天天在变。而变的结果，使农民树立不起来对土地长期投入的信心。最近有一个美国教授来参加国内的一个会议，他在我们一些省作调查，结果表明，农民对土地的短期投入还是可以的，但长期投入不行，像打机井、水渠的修整、植树，他们就不愿意。再者是在收益权方面，我们集体的所有权更不完整。收益受到怎样的侵蚀呢？主要就是国家的暗税。一个是控制你土地的种植面积，另一个你种出来的东西必须卖给我，而且是以低价来买，这个低价和市价的差价，就是国家向农民征收的一种暗税，或者叫隐蔽税，这个地租进入国库了。还有一个叫行政转移税或叫行政转移开支，就是除了“三提五结款”以外的各种各样的摊派，大多数属于行政开支转移下来的，这又是一种暗税。这两个暗税加在一起，使得我们集体所有权如何体现？除了应该向国家交纳土地税外，大部分地租收入主要应该归所有者，结果大部分拿走了。所以集体的产权，包括农户对土地的使用权、收益权都是受到侵蚀的，都是不完整的。最近一年多来，更严重的问题是土地在改变用途以后的增值收益的分配。也就是耕地转为非耕地以后，由于没有一个土地买卖市场，也由于宏观调控不力，使大量地租流失，既没有进国家的口袋，农民也没有拿到，所以农民上访告状。地租哪里去了？都是中间那些炒地皮的人拿走了。这个问题已经到了相当尖锐的程度，到了不解决不成的程度。最近几年农民情绪坏，或者说不太满意。从内地看农民最不满意的就是乱摊派，从沿海发达地区特别是珠江三角州地区看，农民最不满意的就是低价征地，这也是土地所有权被侵犯的鲜明事例。再有土地的处置权。能否允许土地流转或有偿流转，过去不明确，现在道理上是允许了，但是在实际运作中受到限制。现在农户之间的土地转包每年大概只占土地总面积的1%～2%。其中，不发达地区没有转包的需要和供给；而发达地区有这种需求和供给，却又不让你转。诸如此类的问题，都表明我们农村土地制度问题并没有完全解决。

第二是经营上的问题。主要是地块细碎。每户拥有的土地规模狭小，不利于农业现代化生产技术的推广和提高土地的规模效益。

土地制度上存在的这些问题，需要通过进一步深化改革来解决。土地制度改革从全国来看，基本的思路就是明确集体对土地的所有权、稳定农民的承包权、搞活土地的使用权，在此基础上，建立土地的流转市场，通过土地的集中，在有条件的地方，逐步推进土地的规模经营。具体来说有几点：

第一点，延长土地承包制。最近中央农村工作会议已决定再延长土地承包期30年。

第二点，逐步推行“生不增、死不减”的做法。就是“增人不增地，减人不减地”，切断人口的变动和土地再分配的联系。这样做的好处：一是实际上稳定农户对土地的占有；二是可以控制过高的生育率。从长远来看，把这两大基本国策，即土地政策和人口政策结合起来是必要的。

第三点，颁发土地使用权证书，然后让土地使用权证书进入土地的流转市场。今后要相应建立土地的抵押银行，开办抵押业务。因为农民要获得长期投资，只有拿最可靠的东西去抵押才能取得长期贷款，而对农民来说，唯一的就是土地的承包权和使用权。用承包权和使用权的抵押来换取长期开发贷款，这样土地也可以流动起来。

第四点，要真正建立土地市场流转的机制，还有一个宏观政策方面的改革配套问题，一是要彻底打掉统购统销。二是要搞“费改税”的改革，就是把杂七杂八的向农民的摊派好好梳理一下，该取消的取消，然后建立统一的土地税。三是规范土地一级市场，改“私私相授”为公开拍卖，解决集体、农民和国家的利益矛盾。此外，还有如何加强地政的管理，如何推进土地规模经营等问题。

总之，土地制度建设是农村所有改革中难度最大，问题最复杂的一项改革，在短期内很难求得明显的效果。南海的试验，要用两年的时间完成变化，那只是新的制度框架的建立，要真正达到你们提出的那几个目标，短期内是不可能的。因为第一，中国国情是人多地少，决定了人地关系相当紧张，从理论上讲，推行规模经营有助于提高土地的产出率，是一个方向，但真正要实现规模经营，至少要50年，才能有明显的变化。现在我们农村留在土地上的人大概是3亿，平均每个劳动力负担的耕地4～5亩，台湾省是一个农业劳动力负担8～10亩，50年内，我们都达不到每个劳动力平均负担8～10亩这一规模。我们有些专家算过，大体要到2030年以后，土地上的劳动力才能净减少，那时中国大概是15亿人，60%城市化水平，也就是9亿人进了城，农村还留下6个亿，其中有3亿是劳动力。和现在劳动力的数量一样多。也就是说，从现在开始一直到2030年之前，我们农业上的劳动力很难净减少，可能比重会下降，但净减少是2030年以后的事。所以，推进土地的规模经营可能是一个非常长期的事情。这样，我们在土地制度的安排上，和美国一个农户12千公顷土地，欧洲是几百公顷或几十公顷土地相比，就应该有所不同。但这是对全国而言，对一些发达地区还是要不失时机地推进土地规模经营，譬如，像南海这样的地方。

第二个复杂的问题是土地既是生产资料，同时又是农民生存的保障手段的属性，这种属性引出了效率和公平之间的矛盾。在进行土地制度建设，推进规模经营的时候，要非常小心地处理这个关系。

第三是我们农村的土地建设，从某种意义来讲，光靠我们农村自己去解决，还解决不了，因为土地上的很多问题，实际上涉及整个国家体制的方方面面，而这些体制又服从一个传统的国民经济发展战略，如果这个传统发展战略不调整，过去的体制和机制没有改变，我们的土地制度建设可能要做许多事倍功半的事。

所以说，土地制度建设非常重要，但是个相当长期的工作。联系下来看，南海在土地制度建设方面，我觉得其面临的问题和全国相比有共性问题，也有个性问题，也就是特殊性问题。这种特殊性问题主要是两个，也正是因为有这么两个问题，才诱发了南海这次把股份合作制上升到土地制度建设层面的改革。

一个问题是在南海这样一个经济比较发达的地方，土地对农民来讲，它作为保障手段的意义正在衰退，而作为财产增值手段的意义在不断强化。土地对承包农户来说，在不同阶段它的含义是不一样的。大概是3个阶段。在最早一个阶段，土地对承包农户来讲，它是生存保障手段；在解决温饱后，它是生产发展的一个手段；再往后，非农收入占了很大比重了，土地对农民来讲已变成财产的保值和增值的手段。在第一、第三个阶段上，农户是最不愿意放弃土地的。比如中国台湾省和日本的经验就说明了这个问题。那么比较可能采取一些推进土地规模经营办法的，是在第二个阶段。我个人的看法，南海这个地方大体上是处在第二到第三阶段之间。过去，这个地方的土地，对农民来讲，有一个“破棉袄”之说，就是他既不愿放弃，也不愿好好耕种，但由于发达地区的就业门路较多，农外就业的机会较多，农外的收入来源也比较多，土地对这个地方的农民来说，它的功能比内地其他地方来讲是不可同日而语的，特别在1992年后情况又有很大变化。变化主要有两个：

一是1992年4月，广东全省取消粮食统派购，放开粮价。放开粮价，意味着地价上升，使这里土地的开始升值，当然因为没有土地的买卖市场，土地的价格不可能完全升值；紧接着又发生了第二件事情，就是去年小平同志南巡讲话以后，形成了一个建设的高潮。大量资本引入广东，到处办开发区，这个地方的耕地大量被征用，这征用的过程，实际上是把地价抬起来，而且使地价开始升值。在这两个新情况出现以后，农民可能更会把土地看成是增值的手段。这是一方面，另一方面，珠江三角洲地区土地的极端稀缺和昂贵，又要求对土地的使用进行整体的规划，进行合理开发和推进土地规模经营，这两者之间发生了矛盾。怎么解决这一矛盾，我觉得是诱发南海搞这次试验的动因之一。

第二个变化，在土地被征用，转成非农用地以后，巨大的土地增值收益的分配又引发了另一场矛盾。这个矛盾分两个层次，一个层次是国家和集体之间的。现在很多的征地是用偏低的价格从集体那里强行征地，表现为一种对集体所有权的侵犯和剥夺。第二个层次是在集体内部土地征用款的使用和分配的矛盾。有的农户土地被征用了，土地征用款拨给他，其他农户会说，土地是集体的，为什么把钱给你不给我？人与人之间，户与户之间，队与队之间就产生矛盾。还包括在此过程中一些干部的非法行为。

正是在这两个矛盾激化的情况下，南海要找到一个出路，这一出路必须同时满足两个条件，一个是要解决土地使用权如何适当集中，推进规模经营；二是保障农民对土地已取得的权益，不能侵犯。要同时满足这两个条件，可能比较好的办法，就是实行土地的股份合作制。所以我觉得南海这种试验不是理论家的设计，也不是盲目照搬其他地方或者全国的土地制度改革和建设的思路，他们是根据当地的具体情况采取了这样的办法，来解决他们自己面临的非常棘手的问题。而且从效果来看，农民基本上是满意的，是能够接受的，也就是说较好地解决了这一矛盾。南海的做法我觉得实质是三权分离，就是土地的所有权、使用权和承包权，特别是使用权和承包权的分离，通过这个分离，把土地在整体上进行规划和利用，而土地的承包权，通过把股份落到人头，保障农民已取得的对土地的承包权，当然形态上变化了，从实物形态转成价值形态。通过这一办法较好地解决了南海在这方面面临的问题。

南海的做法到底怎么评价？我觉得和我们在北京设想的全国土地制度建设的思路有共同之处，也有差异。就是在这次研讨会上也提出了一些不同看法，我觉得这些问题都是可以进一步研究的。这里我就几个问题谈一下我个人的看法：

一是南海的这种土地股份合作制的做法是否否定了家庭联产承包制？有人说没有否定，而且没有变化。我不承认没有变化，应该说是有变化的，至少在形式上是有变化的。我觉得回答这个问题，关键是看农民自家庭联产承包制以后，重新获得的财产权利和民主权利是否保留下来了，还是被剥夺了。很显然，承包权是保留下来了。问题是农户过去对土地的使用权和处置权怎么体现？如果不能体现，那么我认为可能就和家庭联产承包制的基本原则和机制有差别了。如果有体现，就可以说没有否定家庭联产承包制。怎么体现呢？我想要在股东大会、董事会、监事会，在股份合作经济社赋予农民的权力是一定要确保这个东西，就是集体对土地怎么使用、处置，要体现农民的意愿，要有农民说话的地方。如果农民说话不算数了，是村干部说话算数，那我认为这里就有问题了。

二是南海土地股份合作制的做法，是不是有利于土地的流转，还是阻碍土地的流转。也就是是否有利于建立一个土地的产权市场。我觉得从股份合作制的设计上看，可以不仅不妨碍土地的流转，而且可以促进土地的流转，关键是看下步怎么做。譬如说，土地使用权拿到集体以后，是采取专业队承包的方式呢？还是允许农户或种田能手也来承包呢？是不是可以在新的基础上再引进承包机制呢？是不是在引进承包机制的同时是一种竞争性的承包呢？而且要更开放，是不是不仅本社区的人可以承包，社区以外的人也承包呢？在这些方面，都是可以做文章的。其次，我想我们过去的考虑是要建立农户之间的土地流转市场，这个东西还是要搞。同时，我受南海经验的启发，可能将来不排除这样一种前景，即同时也要建立集体之间的土地流转市场，或者叫集体之间的土地买卖市场。有没有可能通过股份合作制，把集体的产权界定清楚，然后赋予集体土地的买卖、抵押、转让的权利？我觉得应该是可以的，而且从法律上讲也应该是可以的，从实际操作上讲也有可行性。这样，我们南海的土地股份合作制与建立土地的产权市场就不相悖了，而且可以一致起来。

三是南海实行土地股份合作以后，集体产权是更清晰了，还是更模糊了。这也是衡量土地制度建设是成功，还是失败的标准。我们土地制度建设总是要向土地产权更加明晰的方向去努力，而不能让它更加模糊。在农户仍然具有土地承包权和使用权的情况下，我们要界定农户对土地的承包、使用、处置、收益等各项权利；而在股份合作制的情况下，主要是界定农户在土地上的股权，另外在集体那个层面上，也要把集体的所有权界定清楚。在这方面，股份合作制提供了机遇，关键也是看今后如何做了，结合专家学者提出的各种问题，我觉得如何认识南海的土地股份合作制，主要是这三个问题，现在作出完全的回答为时过早，关键是看下一步我们怎样进一步改进和完善。现在南海的试验还是刚刚起步，已迈出重要的一步，在许多方面显得比较粗糙，但我认为这是很有价值的，有了这重要的一步以后，就可以在此基础上吸取方方面面的意见，然后把现在的这个改革试验搞得更加完善。

第三个问题，谈一点对下一步南海这方面改革试验的几点想法和建议。

首先，希望南海的同志虚心吸收在这次会议上，包括其他场合，各方面专家、学者和实际工作者提出的各种意见，改进和完善我们现在的做法。这里有几个问题：

1. 股权的继承、转让问题。如果股权不能继承，会出现一个怎样的前景呢？譬如，现在下柏实行土地股份合作以后，工资收入占 2/3，而股权收益占 1/3，这个比例很高，将来如果土地不断增值，这个收益比例还会发生很大的变化。所以如果土地股权不允许继承，很可能会助长现在某些人的即期消费倾向，就会影响股份经济社的决策，轻积累而重消费。

2. 股权的转让问题。转让问题就是杜老上午讲的，它主要是一个你以后如何利用股份合作的筹资功能的问题。如果股权不能转让，可能外地的资金就不愿来，因为不能转让的股权风险太大。

3. 集体股设置问题。有些管理区写着集体股非要占股权的 51%，我看没这个必要，因为这 51%的股权到底归谁行使它的权利，还是不清楚。如果你是为了集体积累和公共事业的资金来源，那可以采取设立公积金的办法，不一定非要留一个集体股。

4. 能否试验一下“增人不增股，减人不减股”。其他没有搞股份制的地方，提倡土地承包，“增人不增地，减人不减地”。现在全国大约有 1/3 地方已经实行或准备实行这个办法。南海作为改革试验区，能不能在搞了土地股份合作制后，找一两个村试试“增人不增股、减人不减股”的办法。

5. 现在南海的股份合作，是土地、乡镇企业和集体其他资产三位一体的股份合作。“三位一体”的道理可能光是土地股权收益不够，非要有非土地的股份合作来提高股本的价值含量。但把它们放在一起也会产生很大的问题。因为土地和农业上的股份合作，毕竟与非农业，特别是加工业的股份合作不一样，运作方式不一样，投入产出率也不一样，而今后的发展方向，我认为土地的股份合作很可能偏重于向合作制发展；而非土地非农业的股份合作，可能向比较经典的股份制发展。所以，这两个东西，是否能分开，上面设立一个控股公司，底下分别核算，各定各的股权。以后可能土地的股权不一定进入二级市场或一级市场。但非土地非农业的企业如果条件成熟就可以进入。

6. 土地使用权回到集体以后，怎么使用好这个权利，我觉得非常重要。就是说不要以为一个股份合作制，就可以把所有经济发展问题都解决了。还要有一个比较好的经营管理制度和培养这方面的干部。这里边有一个问题就是到底是专业队承包好，还是面向所有农户，包括社区以外的农户招标发包好。我想我们的股份合作制还是要注意利用家庭这种几千年农业生产的组织资源。而专业队承包，我有点担心会不会象过去人民公社小段包工或定额管理，带来高管理成本，低效率的问题。所以股份合作社的管理问题也可以再研究。

7. 不要搞所有制升级。现在，有些股份合作社是以管理区为单位的，大多数以过去生产队为单位。以管理区为单位的，不能平调原来小队的财产，有一个清产核资如何搞得公平的问题。只要对股权设置合理，这问题大体能解决。

8. 股权的给予不给予，最好不要与太多的因素挂起钩来，譬如，计划生育、小偷小摸这些因素。一个制度就只解决一个问题，不要企望一个制度把所有问题都解决了，那样可能会导致权力的滥用。

9. 一定要注重股份合作经济社建立以后，它的组织制度建设。从组织制度来讲，一定要明确股东大会、董事会、监事会各自的权利义务，必须是对等的，什么样的决策应该在什么样的范围来投票决定。每个股份合作经济社应该有自已的章程，而这个章程，不能光是写在纸上，贴在墙上，挂在嘴边上，而是要落到实处。所以，希望南海试验区同志在这方面下点功夫，这里特别要强调，就是农民在放弃土地的使用权，获得土地的股权以后，它的财产权力、民主权力不能侵犯。

其次，南海的试验已经有一定基础，建议能否在此基础上，再搞一些新的配套改革，大概有 5 个方面：

1. 改国家征地为土地买卖。现在按法律规定，农地转非农地，就是进入一级市场，是国家垄断的，但是这种垄断按过去的那种低价征地办法，严重侵犯了农民的利益，被征用的土地转手倒卖以后，增值收益全被不知道什么人瓜分掉了，这问题非解决不可。那么怎样解决？有些同志提出这样的设计：应该允许集体土地进入一级市场，而进入方式就是以集体土地入股的方式。譬如，办开发区，集体以土地入股，来分享将来增值的收益，但这样做可能也有问题，以后那么多地方都是搞土地入股，问题也比较大，也不是根本解决问题的办法。我觉得根本的解决办法，就是：第一条，明确土地被征用的用途，到底是公共设施、城市建设用地，还是商业性开发区用地，这个用途要把它分清楚，因为任何一个国家都有土地的终止使用权。像美国，它要用地，也可以征农民的地，但它有一条就是，我出一个价，农民可以还价，你认为我这个价格不公道，可以告到法院去。不能把城市建设用地、公共设施用地和商业性开发区、工业用地混合起来，统一用一个低价格征，这是非常不合理的。将来公共设施、道路的用地，国家仍然可以征，但价格要合理、公道。而商业用地，开发区占地，应该是买卖不许私私相授，公开拍卖，集体卖地，可以讨价还价。

2. “费改税”试验。既然我们已经搞了土地制度方面的建设，那么其中一个很重要的问题，就是要把土地税建立起来。不能像过去那样，明税、正税低，而暗税、隐蔽税重，一些杂七杂八的费用，随意性地向农民摊派。这项改革的基本思路就是正税除费。名正言顺地把土地税提高，然后把其他杂七杂八的费用统统打掉。利用土地税，还有土地增值税的办法，来调整土地的合理使用。

3. 发育村民自治组织。现在农村的很多矛盾，都是因为农民没有讲话的地方，应该赋予农民谈判的权利、讲话的权利。怎么做？就要搞村民自治。这里有两个不同的思路，有的认为解决农村基层政治方面的矛盾，仍然采用过去人民公社的那种行政性高压手段；而另一种思路是，应该努力培养农民的法律意识、民主意识、参政意识，然后让他们自己来解决自己内部的各种矛盾和纠纷。我赞成第二条思路。不要认为我们现在农民就没有民主意识、法律意识，就不能参政议政，现在农民的概念与过去50几年前已经不一样，应该赋予农民这种权利。而具体怎么做，就是好好去落实人大常委会已经颁布的《村民自治法》，实行村干部直选，实行村务公开，实行民主监督。像南海这样的地方应该搞起来。经济上去了，如果社会生活、民主生活没有发育起来，肯定是一个很大的缺陷。

4. 农村社会福利保障制度方面的建设。因为在市场经济的发育过程中，人群要分化，有些先富，有些后富，而对特殊困难的人群要有援助的措施。这包括五保户、残疾人、军属烈属等。也包括卫生、医疗、保健等精神文明方面的工作。

5. 金融体制的配套改革。将来我们股份合作制运作起来，有土地的产权市场，有劳动力的市场，也要有资金的市场。在这方面，中央已经决定从今年开始，系统地改革金融体制。具体到农村金融体制改革，将来会构成一个三元金融体系：就是政策性金融、商业性金融、合作性金融三位一体的农村金融体系。在政策性银行建立以后，就网开一面，允许地方办商业性银行，办股份制的合作银行，我不知道这里农民合作基金会发展怎样，大体上在发达地区，资本500万以上，就可以开办基层商业银行。同时，把社区内部的合作资金搞好。这样对整个地方的经济发展也好，对完善我们以土地为中心的股份合作制也好，都非常有帮助。

最后，希望南海的同志随时总结经验，搞好改革试验的监测工作。因为总有一天要把你们经验总结出来，在有条件的地方，在面临相同问题的地方，人家要学习、借鉴，甚至推广你们的做法。你要对他讲，我们的做法在什么样的条件下能解决什么问题，不能光讲道理，还要拿出一套数据来说明你的成效。譬如，实行土地股份合作制后，土地生产率、劳动生产率、投入产出效益有没有变化；劳动力的转移是否加快了；还有土地使用用途的情况等。应该把监测指标、监测体系建立起来，然后，注意随时总结经验。

现在从全国来看，深化改革的时机非常好，中央今年有一个一揽子的改革计划，在6个方面有大动作推进改革。我们农村的改革也要跟上，试验区要带好头，继续承担为全国改革探路的任务。我们对南海试验区寄以厚望。南海试验区搞了6年，做了大量的工作，取得了很好的经验，特别是这次改革动作相当大，有很多经验如果好好总结，是非常有价值的。我们准备4月份开第八次试验区工作会议，研究怎样适应新的形势，适应全国建立社会主义市场经济体制这一改革总目标的要求，调整我们全国26个农村改革试验区的试验内容和项目的布局，希望到时候南海能拿出一些初步的经验来，能在新的形势下，构造南海深化农村改革更加完整的方案。南海试验区应该说改革试验已取得了突破性的进展，希望南海的同志继续努力，在省委省政府、市委市政府的领导下，把南海的试验区办得更加富有成效，有声有色。

（本文作者时任农业部农村改革试验区办公室主任，本文为其在南海农村股份合作制论证会上的讲话）

1994年1月

对南海土地股份合作制的认识和评价

王西玉

参加这次讨论会对我来讲是一次很好的学习机会。对南海土地股份制的认识和评价，我讲三点看法。

1. 南海土地股份经营的本质是把公有制具体化，在平均承包的基础上，把集体所有权具体化为人均收益权，并由此引起了权属关系和利益分配上的一系列变化。原有土地家庭经营，说到底就是把土地的使用权交给了农民，并依据这种使用权获得土地收益，这是农民经营土地热情高涨，土地产出率提高的根本原因。当然，这种收益以自己直接经营土地为前提。但是，由于种种原因，土地使用权流动受到限制，农民转让或放弃使用权就意味着减少甚至失去这部分收益。而土地折股，实行股份制经营，则使农民在不直接经营土地的情况下也能保证土地收益，这是在土地权属关系上进一步调整改革的结果。从产权关系上看：

一是土地权利进行了又一次分离。家庭联产承包不仅确立了农户的经营主体地位，而且使土地的所有权和使用权两权分离，即实现了农民同主要生产资料——土地的直接结合，保证了土地的有效利用和生产的发展。这适应了当时经营单一、农民以种地为唯一谋生手段的情况，随着产业结构的调整，越来越多的农民转入二、三产业，经营土地已经成为一部分人的累赘，但是他们既不愿意经营土地，又不愿意放弃土地的收益，这样便出现了使用权和收益权的分离，即放弃土地的直接经营，而凭借使用权获取收益。第二次分离为要素优化组合创造了条件，有利于土地进入市场，实现土地资源的社会化利用。

二是把土地实物形态的平均分配变为货币形态的平均分配，其方式是使用权折股，把使用权转换为股权，通过股权再把农户土地利益的份额货币化、数量化，使农民在放弃土地经营以后，土地收益能得到明确的可靠的保证。同时又不改变已有土地平均分配的格局，保持土地使用制度的连续性和稳定性。

三是承认农民对土地的实际占有：使用权折股，农户凭借股权参与土地分红，意味着农民不直接经营而取得土地收益。这种收益实际上包含一部分绝对地租，或者说农户（指原承包户）同土地所有者——集体一起分享绝对地租。这是土地实行股份制经营后，最具实质性的变化，在目前的经济社会条件下，它为土地的流动、进入市场创造了条件。但从长远看，也为土地的结构调整和宏观管理带来了困难，这是需要很好研究的。

2. 土地股份制经营，是现实条件下各种矛盾综合作用、协调的结果。土地作为最基本的生产资料和财富之母，不仅有多种用途而且有多重收益。它可以用来种植农作物，用来发展林牧业，也可以开办工厂发展非农产业；不同土地同一种用途，因土地的质量不同会有不同的收益，而同一块土地不同的用途也会产生不同的收益。它说明土地不单是财富，而且存在着巨大的增值潜力。产业结构的调整、土地用途的变化，使这种潜力变为现实的财富。各种非农产业用地，特别是开发区用地，使地价成倍成几十倍地增加，这种情况影响着农民对土地的态度，强化了既不愿意种地又不愿意放弃土地使用权的思想，一些本来要退出土地的农民也不退出了。这就为要素的优化组合、结构的调整带来了困难。通过股份制经营，既满足了农民对土地收益的要求，使农民对土地获得一种稳定感和主人翁感，又使土地使用权能流动起来，有利于扩大经营规模。同时有利于处理土地的福利职能和公平与效率和关系。

3. 南海土地股份制经营不仅是有益的尝试，而且抓住了时机，现在不搞，可能就为时过晚。一般来说，农民同土地的关系有阶段性，第一个阶段如大包干初期，单一经营，土地几乎成为农民生存发展的唯一条件，是农民安身立命之本，这时农民同土地的关系非常紧密，须臾不能分离。第二阶段，随着结构的调整和非农产业的发展，农民就业机会增多，选择余地增多，加上土地的比较收益下降，农民同土地的关系相对宽松，有的甚至把土地经营看成是累赘，粗放耕作，甚至荒芜。第三阶段随着经济的发展，特别是市场经济的发展，土地不仅是一种资源而且成为资本，可以增值，加上这种资源的有限性和稀缺性，土地的身价大幅度提高，农民对土地的观念又发生了新的变化，同土地的关系又重新紧密。

（本文作者时任国务院发展研究中心农村部副部长，本文为其在南海市以土地为中心农村股份合作制论证会上的发言）

1994 年 1 月

土地股份化是农村生产关系的大调整

张振宇

广东农村一些地方，推广股份合作经济比较早，地域也比较广，沿海平原、丘陵、山区各地都有。优越性比较明显，调动了投资者、生产者的积极性，受到农民的普遍欢迎。这种经济组织，大致可分为两大类：一是各种类型的股份合作制企业，包括集资入股新办的股份合作企业和引入股份制改造原有的乡村集体企业为股份合作企业。它的适应性很广泛，农工商运和林牧副渔各业都有。现在对这类企业的性质和形式，认识比较一致。省和各地的态度是，只要条件具备，可以放手发展。一是将股份制引入社区合作经济组织，把管理区（经济合作联社）或自然村（经济合作社）范围内集体的固定资产和流动资产，计价折股，量化到户或人，合作社按股份制管理和运行；其中，有的进一步把全社的土地（包括承包给农户的土地）折成股份，合理分配给农户，把原来的合作经济组织改革成股份合作经济社。就全省来看，后一类还不多，城郊和珠江三角洲一些经济发达地区正在点上试验。因为这项改革涉及到家庭联产承包土地责任制的改变，认识尚不完全统一，在理论、政策和实际操作上，还有许多新问题值得研究探讨。下面，我仅就南海市进行的以土地为中心的农村股份合作制改革，提几点看法。

一、农村土地股份制改革是农村改革的新突破

南海市推行的土地股份合作制，实质是通过股份制这种经济组织形式，将全社（联社）分散发包给农户的土地集中起来，由合作社（联社）集中管理，统一规划，综合开发，合理使用。土地由分散承包到集中管理使用，表面看来，只是把农户对土地的承包权和承包利益，由实物形态变成货币形态，继续承认集体和农户在土地上的承包关系。实际上这是以土地股份制代替了土地的家庭联产承包制，农民已失去在原来承包土地上耕耘的权利，而仅获得了一定土地的价值及其增值。这是农村体制改革的深化和突破。原来农民对集体的土地实行按户按人口的带有均衡式的承包，不是一般的发包承包关系，而是来自农民对土地的依赖和所有。土地是农业生产经营的基础要素和农民生活的基本来源，只能由本集体经济组织内的成员平均承包。在这里，土地承包经营权同土地所有权有着内在的难以截然分开的因果关系。土地股份制的推行和发展，不仅使农民对原有土地的承包关系发生了变动，而且将会牵动农民对土地的所有关系也发生微妙的变化。正如南海的同志说："我们推行股份制的目的很明确，就是要按市场经济的要求，对农村的产权制度、经营制度、管理制度和分配制度进行全面的调整"，"这实际是一次农村生产关系的大调整"。

南海市进行的以土地为中心的农村股份制改革，是农村又一次牵动千家万户的深刻的改革（有的农民说，是合作化以来的第二次土改），是当前农村工作的一件大事。它的重

大和深远意义，虽然目前还不甚清楚，但可以预料，只要它按照正确的路子走下去，不断巩固和完善，必将表现出很强的生命力。农村长期以来存在的一批老大难问题，如农村城乡一体化、农业规模经营、集体财产权属及其管理、政经分开、干群关系以及农业现代化等，将获得较好地解决，给农村带来全面而深刻的变化。

二、土地股份制产生的客观性

南海市进行土地股份制的改革，不是由少数领导人的主观随意性，采取自上而下地强迫命令硬性推开的，而是有着客观必然性，是国民经济发展的客观要求和农村建设事业与农业现代化的需要导致的结果。

第一，国民经济需要在更大的范围内和更高的层次上展开，需要大力展开基础设施建设，安排一、二、三产业和社会文化教育事业，需要征用大量的土地进行开发。

第二，农村各项生产和生活建设事业发展很快，农村要走工业化、城镇化的道路，需要对农村的土地重新规划，合理布局，统一开发，科学利用。

第三，农业生产要根据大市场的需要，调整产业结构和生产布局，要适应现代化的需要，进行规模经营，提高劳动生产率和土地生产率。

第四，在市场经济的推动下，要求土地这种基本生产要素进入市场，能够流动，走向货币化、市场化，为社会经济的大发展，进行广度和深度开发。

第五，直接原因是一些地方，农地资源较多的转化为土地资本，农地被较多地征用，农村基层组织一次性地获得巨额的地价利益。为了处理好这些地价利益和内部关系，社区合作经济组织采取股份制的办法，进行分配和管理。同时这样做，也满足了农民提出清晰产权、合理分配，并为日后增值的财富明确收益关系的要求。

总之，在大中城市郊区和珠江三角洲地区，那里人多地少，并且只有耕地缺少荒地可供广度开发。国民经济的高速发展，农村建设事业的多方需要和农业本身现代化的要求，客观上面临着一个尖锐的矛盾：一方面需要大量集中、统一使用土地；另一方面，土地又为农户分散承包。南海市进行的土地股份制改革，是目前解决这个矛盾的较好选择，并且已为绝大多数农民所接受。

有人怀疑南海市进行的这项改革的正确性，并且认为它同中央强调的农村实行的家庭联产承包责任制要长期稳定相矛盾。实际上，南海市推行的土地制度的改革，是实践向我们提出来的一个新课题，是社会生产力的发展要求对农村生产关系作出某些必要的调整和改革。面对这个问题，是从实际出发，还是从原有的观念出发，是从实际发展创造性地执行党的既定政策，还是不顾实际机械地僵化地照搬党的政策？我们要坚持实践第一的观点，尊重群众的首创精神。要以邓小平同志提出的是否做到“三个有利”作为衡量某一项改革事业是否正确的标准。三个是否“有利于”标准中，生产力标准又是最根本的。马克思主义最注重发展生产力，社会主义阶段的最根本任务就是发展生产力。同时马克思主义还告诉我们，生产关系一定要适合生产力的性质和水平，并且不断地进行调整和改革。我们要牢牢记取过去“左”的超越生产力发展水平急于调整和改变生产关系，因而阻碍、破坏生产力发展的教训；同时也要认识生产关系如果落后于生产力的发展而不加以调整，也会发生阻碍甚至破坏生产力发展的问题。至于谈到农村的经营体制，江泽民同志在 1993

年10月中央召开的农村工作会议上，虽然再次强调家庭联产承包责任制要长期稳定，不断完善；但同时也提出："对各种类型的股份合作制，要积极引导，使其不断完善，促进农村经济发展。"党的十四届三中全会通过的《关于建立社会主义市场经济体制若干问题的决定》中也提出："少数经济比较发达的地方，本着群众自愿原则，可以采取转包、入股等多种形式发展适度规模经营，提高农业劳动生产率和土地生产率。"这里明确提出了土地可以转包，也可以入股的问题。

三、土地股份制改革的适应性与广泛性

任何事物的合理产生、存在和发展，都需要具备一定的现实条件。让农民放弃原来承包经营的土地，实行土地股份化，除了需要外部的宏观环境、政策条件外，合作经济组织本身还需具备一定的条件。大致有这样几条：(1) 合作经济组织的集体经济比较强。在实行土地股份制后，集体能保证社员的股金收入不低于家庭经营承包土地上的收入；(2) 当地二、三产业比较发达，农业劳动力作了大量转移（七八成），退出自己承包经营的土地；(3) 农户的收入主要由依靠原来承包经营土地而转向来自其他经营，经营承包土地上的收入处于次要的甚至无足轻重的地位；(4) 合作经济组织的干部，领导管理水平比较高，民主作风比较好，有驾驭这项改革的组织领导能力；(5) 归根到底，要取决于大多数农民的意愿，这是最基本的。

各地农村生产力的发展水平和状况很不平衡，因为适应生产力水平的生产关系的实现形式，也应该多种多样。早在60年代，邓小平同志曾经讲过："生产关系究竟以什么形式为最好，恐怕要采取这样一种态度，就是哪种形式在哪个地方能够比较容易比较快地恢复和发展农业生产，就采取哪种形式，群众愿意采取哪种形式，就应该采取哪种形式，不合法的使它合法起来。"这种强调从生产力发展需要出发的实事求是的精神，对于我们今天进行农村改革工作，仍有十分重要的指导意义。我们在推行土地股份化改革的时候，不要把它同原来实行的家庭联产承包责任制对立起来。不能说家庭联产承包责任制已经走到了尽头。家庭联产承包责任制还有很强的生命力，它符合我国、我省广大地区现阶段农村生产力的发展水平和农业生产的特点，还具有较广泛和较长时期的适应性；并且随着生产力的发展而会不断扬弃、完善，在质上和量上都会发生变化，由低级向高级发展。目前不要说全省，即使在南海市，农村的生产经营体制也要多样化。关键取决于生产力的发展水平和农民的自愿选择。

南海市在推行土地股份制改革时，提出必须坚持三个原则（自愿互利，承认差别，不刮共产风；实事求是，因地制宜，不搞一刀切；有利于壮大集体经济），解决好三个问题（认真做好资产评估工作；妥善处理好股本构成和股额分配；股份合作组织必须以股份制的方式来组织运行）和处理好三个关系（农村股份合作制与家庭联产承包制的关系，社区股份合作经济组织与村民自治组织的关系，国家、集体、个人的分配关系）。这些指导思想和原则都是非常好的。这项改革工作，只要真正做到：农民自愿，不搞强迫命令；利益合理分配，不搞平调；工作从实效出发，不急于赶时间；组织形式允许多样，不搞一刀切。我们相信，南海市的土地改革工作，必将顺利进行下去，取得预期的效果。

四、几点意见和建议

1. 改革中要切实维护全体农民的应得利益。不仅是近期的，而且还要从长远考虑。不要如同有人说的，通过这项改革损害或剥夺农民（哪怕是部分）的利益。如对股额和股价的确定、股权的分配、股金的收益，以及股份的管理等，都要认真地经过社员民主讨论决定，切实保护他们的利益。又如，在改革中如何保证社内老小人口的收入，不致因为失去承包经营土地而下降。

2. 土地经营使用权集中于经济联社（管理区）或合作社（自然村）以后，需要切实加强民主管理和监督。健全管理机构和制度，不使权力被滥用，甚至反过来成为管、卡农民的工具和手段。同时，土地的使用如果失去控制和约束，则节约用地和农业用地，将难以得到切实的保证。

3. 最好设集体股，用以壮大集体经济。我国合作化以来，已积累起一笔数目不小的不可分掉的集体财产。集体经济组织依靠这笔财产用以发展农村的各项生产事业、公共福利事业和行政费用开支等。实践表明，农村建设事业，如果没有集体经济的保证，单单依靠国家是不可能搞起来的；要实现共同富裕也是困难的。因此，在对集体经济组织的财产进行股份制改革时（包括土地），一部分量化到户到人，一部分应成为集体股，参与股金增值的分配，用以壮大集体经济。当然，份额要适当，不宜过大。

4. 区社合作经济走上全部股份化以后，对其内部的股权，应按不同性质进行分类管理和运作。股份制企业的股权属于个人所有，可按照一般股份制企业的做法，适当放宽流动度，可以继承、转让或作信用抵押；而对于土地这种不为个人所有而只体现其在收益权上获得分配的股份，至少在初始阶段（尤其在试点时），不宜急于放开流动，以免在农民中引起不必要的混乱。

（本文作者系中共广东省委政研室原主任）

1994 年 1 月

土地股份合作制是一种制度创新

马恩成

7年前，南海市农村将股份制加上合作制引进农业生产领域，进行了以土地为中心的股份合作制的改革探索，被誉为“南海经验”。从实践效果看，取得了丰硕的成果，也存在一些值得研究探讨的问题。这里谈点个人的看法。

一、土地股份合作制是在家庭承包制基础上的一种创新

土地股份合作制实质上是引进股份制的某些机制，恢复合作制的某些内容，并保留了集体所有制的某些成分。把几种经济形式的一定内容结合起来，这是改革中的试验和创新，必然带来许多新的情况和特点，包括一些萌芽性的、不成熟的东西，也带来一些不同的认识。改革开放以来，农村的基本经营制度，是以家庭承包经营为基础的、统分结合的双层经营体制。有人认为，土地股份合作制与农民家庭承包经营是限制和否定的关系。笔者认为并非如此，两者之间是继承和发展的关系。土地股份合作制是根据沿海发达地区农村的实际情况，在家庭承包制基础上的一种创新。

首先，南海市商品经济比较发达，改革开放后农村大量劳动力（70%以上）转移到第二、三产业。这些劳动力转移后，对承包田大多进行粗放经营，土地处于荒废、半荒废状态。这些农民有了“新棉袄”，又不愿放弃“旧棉袄”。这里面既涉及承包利益问题，也有一个给将来留退路的问题。通过引进股份制机制，把承包权变成股权，以股份分红，在集体经济中他们仍然有一个份额，就使他们安心地转向二、三产业。留下的大部分农田，通过投标，包给耕田能手，这仍然是家庭承包，不过已不是平均分包，而是专业大户承包，促进了适应规模经营和集约经营，把原来的生产力提高了一大步。

其次，从统一经营方面来看，通过土地股份合作制把农民承包的土地集中到集体，不靠行政命令，而是通过农民的酝酿和自愿；不是无偿地收回，而是把承包权变成股权，并未损害农民原来的权益。这样的集中有利于土地的优化结合。珠江三角洲适宜发展高价值的经济作物和第二、三产业，原来的小块土地、分散经营很难优化组合。土地集中后，按照基本农田保护区以及工业开发区、商住区重新做好规划，合理利用土地，也明显提高了生产力。还有，此次土地集中后，不是按集体经济的老办法操作，而是按照股份制的机制，成立股东代表大会、董事会、监事会，用新办法操作。从以上几方面来看，实行土地股份合作制不是“走老路”，而是按照新的机制，特别是按照企业化管理的机制走新路。

二、实行土地股份合作制需要较高的条件

1. 农业劳动力的大量转移。转移出去的劳动力不再依赖耕地为生，这是一个重要的

前提条件。经济欠发达地区多数劳动力未转移，仍然依赖耕地，当然不具备这种条件，因而不适合实行这种体制。

2. 集体经济较发达，二、三产业比较多，收入比较稳定，没有大的波动。这也是一个重要的物质条件，否则农民不会白白让出土地来由集体经营。现在广州市天河区、深圳市宝安区和南海大部分地区都有这个特点。农民在经济开发区多半靠出租土地、出租厂房、门店或办饭店、旅店等增加收入，而不是主要靠自己经营工厂。因为后者越来越受市场供需波动的影响，变数多，收入不稳定。

3. 基层干部的素质比较高。干部不仅要政策观念、群众观念强，而且能够适应现代化企业管理制度，这是搞好土地股份合作制不可缺少的条件。干部私心重、以权谋私固然不行，就是习惯于家长制、一言堂、个人说了算，也不能实行土地股份合作制，因为股份制机制的一大特色就是权力制约，要按照股东大会、董事会、监事会的规则运行。如果仍然是一个头头拍板定案，那么股份合作制就真会穿新鞋、走老路。

4. 建立农田保护区制度。建设工业开发区，发展二、三产业，需要占用一部分土地。但农村土地有限，不能过多地占用。加上我国人多地少，耕地资源不可再生，更须严格保护。因此要建立农田保护区制度，严格土地管理部门的审批手续，不能过多地占用耕地和改变耕地用途。

三、巩固和完善土地股份合作制

1. 从社区的福利型向经济型转化。实行土地股份合作制，不能不重视福利。因为农民有后顾之忧，不照顾福利则阻力大，办不起来。但土地股份合作社毕竟不是福利组织，而是经济组织，应积极创造条件向经济型转化。如农民孩子生下来就按社员待遇，这是人民公社制的产物。办初级合作社时并不如此，农民将一定土地和其他大型生产资料入社才能成为社员．才有资格分红。这个问题不解决，必然造成社内人口越来越多。因为小孩子生下来就有一股，嫁出去的女儿也不离开，已农转非的也千方百计想办法转回来。这样股份合作社的经济实力再高也承受不了，还会引起新旧社员、干群之间的诸多矛盾。但是这种转化需要一个过程，因为其中涉及许多人的切身利益，需要做多方面的工作，而且需要上面订一个规章制度，下面才容易推行。从长远看这涉及城乡关系。

2. 从封闭型向开放型转化。社区型经济组织有一定的封闭性。如土地股份合作社成立时，大多规定了农民的股权不能继承，不能抵押，不能转让。其核心是想保住社区内部的利益不外流。当然，把股值定得过低，外流确实易使集体利益流失，这是具体操作的问题。但是在市场经济条件下，生产要素必然要流动，想长期保持不动是不可能的。随着人口的变动和生产规模的扩大，股权既需要适当流出，也需要适当流入。现在许多土地股份合作社既规定股权可以继承、抵押、转让，还增设了外来股，鼓励外来资金的投入，这些都促进了封闭型向开放型的转化。此外，经济上的封闭还会带来思想上的封闭。如一些股份合作社不重视引进外来资金和科学技术，自己有钱也不扩大再生产，只顾提高股金分红，结果不仅影响了自身的发展，还出现了一些不愿劳动的懒汉和不务正业的二流子。这个教训要吸取。

3. 加强农业的专业化生产与社会化协作。土地股份合作制的一个功绩就是促进农业规模经营和生产的专业化、基地化。农业生产越是专业化越依赖社会化的协作，越需要为农业提供产前、产中、产后的产业化服务。土地股份合作社如何在这方面起作用，值得研究。社会化协作的形式是多样的，可以成立农民流通协会，带领他们外出参观，开拓市场，搞信息网络服务等。

（本文作者系广东省农村发展研究中心原主任）

1994 年 1 月

大胆试行农村股份合作制

邓文初

开放改革以来，南海市农村和全国各地一样，经济形势发展很快。市场经济发育较早的珠江三角洲地区——南海市农民，便以“敢想、敢创、敢冒”的精神，走出农村深化土地制度改革的新路——农村土地股份合作制。

一、实事求是，正视当前农村出现的新问题

改革开放以来，南海市经济及社会各项事业连年有进步。1993 年工农业总产值达 206 亿元，增长 30.5%（比上年，下同），国内生产总值 110 亿元，增长 42.5%，市级财政收入 10.038 亿元，城乡居民储蓄存款达 110 亿元。全市农村经济总收入 207.4 亿元，增长 52.7%；超过 10 亿元的镇（区）有 8 个，超亿元的管理区有 38 个，管理区可支配的财政收入超 100 万元的有 174 个（其中超 1 000 万元的有 25 个），农民人均纯收入 3 133 元。但是，农村经济随着二、三产业的迅猛发展，在现有的农村土地制度局限下，又出现了新的问题：

1. 以家庭联产承包责任制为基础的经营管理模式，影响着农村经济与市场经济的顺利接轨，制约了农村生产力的发展。毫无疑问，家庭联产承包责任制的推行，对于促进农业生产和农村经济的发展，曾经发挥过巨大的作用。它较好地克服了“大锅饭”的平均主义弊病，明确了生产者的责、权、利关系，调动了农民的生产积极性，同时也为放开农产品的计划和价格、调整农村产业结构和生产布局创造了条件。正是在这个基础上，我市提出并始终坚持了“三大产业齐发展，六个层次一起上”的有自己特色的经济发展路子，农村经济逐步从封闭走向开放，由计划走向市场，生产力得到很大的发展，农村经济实现了第一次飞跃。但是，家庭联产承包也有其固有的局限性。随着农村改革的不断深化和市场经济体制的逐步确立，这种局限性表现得越来越明显。由于它是以家庭承包、分户经营为基础的小生产，难以适应社会化的大生产、大市场要求。每家每户平均分包，把农民都束缚在狭小的土地上，想多耕的人不能多耕，想不耕的人不得不耕，不利于土地向种田能手集中，不利于一部分农村劳力分流发展二、三产业。同时由于分包导致生产规模狭小，经营分散，不利于农村生产要素的优化配置，搞规模农业、集约经营和实现机械化耕作。在农民中形成一个既不愿放弃耕地，又不想利用好耕地的矛盾。一方面，不愿意对土地增加投入，精心经营；另一方面，又因自己所承包的土地毕竟是解决“肚子”问题的根本和从集体获取利益分配的“筹码”，因此也不愿意放弃土地。同时，当时承包期一般都定得比较长，从而造成一些人户口迁入多年无田可耕，有些人则迁出或亡故多年还“承包”着“责任田”。由于土地经营格局的相对凝固化，一部分农民认为，承包期内土地是属于自己的，因而拒不服从国家、集体因发展和建设需要对土地的调整，使国家、集体征地用地十

分困难。也不利于对土地的统一规划、管理和经营。

2. 随着市场经济的发展和城乡一体化进程的加快，一些地方的土地逐步变为商品进入市场，从而引发出一些新的问题。如土地的开发和流转过程中的经济利益分配问题，首先是土地开发升值后的利益分配不公。由于早期的土地开发征用价格补偿与经营开发者获得的高额利润对比悬殊，作为土地的承包者，农民认为征地越多吃亏越大。其次是农村普遍以承包土地面积为集体分配尺度，造成利益分配不均，谁承包的土地越多，谁就从集体经济组织中分得利益越多。反之，无承包土地的就得不到集体分配，因而造成集体组织内部的利益分配矛盾。出现了减少以至完全失去土地的农民生活出路问题。由于国家、集体开发建设的需要以及农村产业结构的调整，部分土地逐渐变为非农用地，致使一些农民失去了赖以谋生的主要生产资料，一些年岁较大的农民更认为，自己要务农无田可耕，要打工无人雇请，要搞二、三产业既无本钱也无本事，对未来的生活有后顾之忧。因此，一些人对国家、集体确需征用土地有抵触，少数人甚至借机闹事。

3. 农村实行“两改三建设”后，一些地方仍然存在“一社多队”的问题。有的生产队虽然名义上被取消了，但实际还在行使着以往的职权，生产队是“名亡实存”，经济社未能真正成为经济实体。由于原有各队之间区域交错，耕地插花，民居杂处，如果“一社多队”的问题不理顺，就不利于因地制宜组织经济开发、提高土地经营效益和开展城乡一体化的全面规划建设。

4. 在城乡、工农逐步一体化，土地出现商品化的情况下，如何稳定粮食面积，千方百计提高农业的效益，也是农村迫切需要解决的重要问题。

针对上述状况，市委、市政府反复进行研究分析，充分意识到，要使农村生产力得到进一步发展，使农村经济更好地与市场经济接轨，使农村现阶段的矛盾和问题得到妥善解决，促进农村经济再上一个新台阶，就必须大力转换农村现行的经营管理机制，在生产方式和管理机制上寻求新的突破。由于土地制度问题是农村经营管理的中心问题，现阶段农村出现的新矛盾、新问题，大多与土地问题有关。因此，我们决定把解决土地的所有权、使用权、承包权问题作为深化农村改革的突破口。

二、从实际出发，大胆探索农村股份制改革新路子

为解决农村面临的问题，我们南海市从去年下半年开始就在大力推行农村股份合作制中找到出路。通过把集体产权股份化来确定农民在集体经济中的地位和权益，这样既带动了农民支持集体企业发展的积极性，又使农村的土地、资金、资产优化配置，发挥更大效益，尤其在土地被大量征用的地方，还能通过股份形式发展二、三产业，为失去土地的农民创造更多的就业机会。

至今，我市实行农村土地股份制的农村，已达82%。市委、市政府对农村股份合作制的试验和推广，始终坚持以解决南海农村实际问题为出发点，市委、市政府的《意见》明确规定：“农村股份合作制是在农村社区合作经济组织基础上建立起来的，将原属集体所有的土地、财产和资金等以股份的形式量化为组织内部农民共同占有的，或在合作经济组织内部集中各种闲散资金形成股份的，以股份制方式组织运行的一种农村新体制。要求通过建立农村股份合作制，能够以准确的股份合作代替模糊的集体所有，以股东（代表）

大会及董事会管理体制代替领导干部行政管理制，达到明晰产权、稳定承包、调整关系、改善管理、解决矛盾，合理分配，促进发展的目的”。为此，我们在推行农村股份合作制过程中，要求各地必须自始至终掌握四个原则：

一是坚持以解决土地问题为中心。因为土地问题是当前农村各种矛盾和问题的聚焦点，所以各地在推行股份合作制时，首先是下决心将土地折股量化。目前全市土地折股的方法主要有三种：①以政府规定的征地价为依据折股；②以经营各类耕地的效益为依据折股；③综合考虑各种要素折股。通过对土地的折股量化，为土地的升值、流动、转让、重组以至开发利用等创造了条件，并使农村因土地而引发的各种矛盾得到逐步解决。

二是坚持以原有社区合作经济组织为基础建立。按照国家和政府有关法律规定，农村合作经济组织是农村的一级法人，是农村土地集体所有的代表者。因此，推行农村股份合作制，并不是解散这个集体另起炉灶，而是在新的形势下通过转换经营机制来巩固这个集体，维护这个集体的法律地位。至于以管理区还是以经济社为法人单位，则要因地制宜，视当地干部素质、群众意愿、经济发展程度和土地开发情况而定。从实践的情况来看，最理想的是以管理区为法人单位组合股份制，以更有利于从大面积、大规模、大范围内对农村的耕地等的生产要素进行优化组合和实施城乡一体化的规划和建设。

三是要真正体现集体资产共同占有的原则。在推行股份制的过程中，通过对集体的土地、企业资产和资金进行评价，并按其总价值量化成等额股份，配置给农民，并向农民发放股权证书。同时又必须让群众明确：①集体的资产总额是由每个农民占有的股值所构成的，集体经济效益与农民个人收益是紧密结合、息息相关的，从而更加激发农民关心集体、支持集体发展经济的积极性。②农民所持的股权（现金股除外）是集体以多年累积的财产无偿配置的，并不是农民出资购买的，至少在现阶段不能转让、买卖、继承，以确保集体资产不致流失。

四是坚持从实际出发。由于全市各地的经济发展水平不同，干部群众的思想认识不同，因此，在推行农村股份合作制时，必须十分强调因地制宜，从实际出发，不搞强迫命令，不刮“共产风”。要充分走群众路线，尊重群众意愿，让群众选择适合地区实际的模式。在股权配置上，允许在明确集体提留比例的前提下，不设集体股，将全部股权配置给农民。在管理架构上，设立股东（代表）大会、董事会和监事会，股东代表和董事会、监事会成员全部均要民主选举产生。在股份制形式上，允许多样化，只要群众接受，行之有效就可。

目前我市推行的农村股份制主要有三个类型，四种形式。

三个类型是：

（1）股份集团公司。是以管理区为法人单位、有较强经济实力、工农业总产值或集体资产总值在5 000万元以上，一、二、三产业融为一体的多元化股份合作经济组织。

（2）股份合作有限公司。一般以管理区为单位，但经济实力不那么强，工农业总产值或集体资产总值不足5 000万元、单项经营或单一产业的股份合作经济组织。

（3）股份经济合作社。以经济社为法人单位，是在原有村级经济组织的基础上，引入股份制的经营管理方武组织运作的较低层次的村级股份合作经济组织。

四种形式是：

（1）合作组织股份制。实质上是在农村社区合作经济组织的基础上建立起来的，将集体所有的土地、资金和集体企业固定资产等以股份形式量化为组织内部农民共同占有，以股份制方式组织运作的一种综合性的股份合作形式。

（2）土地股份制。就是将原来农民承包的土地折价，由实物形态转变为价值形态，量化成等额股份，由农民共同占有。土地的使用权收归集体，并由集体统一规划、开发、使用的一种股份合作形式。这种形式的特点，就是将土地折价入股，而不涉及其他资产。

（3）企业股份制。以社区合作经济组织为主体，由社区内农民以资金参股，或将社区企业资产评估折价，量化为等额股份，配置给农民共同享有，按股份制方式运作，以解决企业发展资金或企业经营管理问题的一种形式。

（4）联合股份制。农村中合作组织与合作组织之间，通过土地、资金或固定资产的联合，形成的一种合作股份的经营管理形式。

市委、市政府在推行农村股份合作制过程中，要求各地建立的股份合作公司（包括集团），都必须做到“五有”章程，以规范股份单位的行为，即有组织机构，建立股东（代表）大会、董事会以确定股份单位的发展方向，行使股份单位的权力；同时要有监事会，监督董事会按章程运作；有管理制度，如股东（代表）大会的议事制度、董事会的任期目标责任制度，监事会定期审核制度；有发展规划；有经济活动。

三、实践证明，农村股份合作制展现出社会主义农村的新面貌

我市推行的农村股份合作制时间虽然不长，但效果比较明显。农村基层干部普遍认为，这是一项真正解决农村问题、促进农村两个文明建设的基础性工作。不少农民认为，推行农村股份合作制能明晰产权，合理分配，较好地解决集体与农民之间的利益关系，解决农民的后顾之忧，是第三次土改，等等。具体说来，我们推行股份合作制的效果可概括为“一个实现”“两个推动”“三个加速”“四个解放”。

“一个实现”是：实现了农村土地所有权、承包权和使用权三者分离。通过给农民配置承包权股，把农民承包的土地从实物形态转变为价值形态，从而打破了原来一家一户承包土地的凝固格局，重新组织土地的规划、经营和管理，更好地适应大市场、大生产的要求。

“两个推动”是：①推动了传统农业向集约化、商品化和现代化方向发展。由于一家一户承包经营土地，经营规模小，难以使用农业机械，加上农业效益比较低，因此农民不重视，农业实际上成了“业余产业”。通过推行股份合作制，使农村的土地和劳力按市场经济要求重新组合，有力地推动了商品农业和现代化农业的发展。丹灶镇沙滘管理区原是市的扶贫区，1992 年集体经济利润不足 10 万元，1993 年通过推行股份合作制，把2 000 亩耕地按照粮食、鱼塘、蔬菜作物规划面积进行分片投包，规模效益非常显著，集体制经济利润超过 100 万元。联滘和下柏等管理区通过推行股份合作制，分别建立了 500 亩和 800 亩的粮食保护区，组织专业队生产经营，并配置各种农业机械，真正实现了粮食生产从播种、机耕、插植、植保、收割到烘干全过程机械化，确保粮食生产的稳定，为我市粮食规模经营走出一条新的路子。②推动了土地征用补偿资金投向二、三产业。一些地方由

于国家、集体开发建设被征用了土地，得到了征地补偿金。通过推行股份合作制，将这笔资金的一部分量化为股份，配置股权给农民。或将分配给农民的征地补偿金，向股份合作社参股，增加集体资金，用以发展二、三产业。丹灶镇石联管理区以股份的形式将 3 个经济社的 200 万元征地补偿款集中起来，加上其他投资，发展了日用塑料厂和美新装饰厂两间企业，每年可使集体增加产值 4 000 万元，增收利润 200 万元，同时还可增加群众的股红收入。

"三个加速"是：①加速了农村基层经济组织管理体制的改革，使它从行政领导制过渡到股东（代表）大会制。凡是建立了股份合作制的地方，都用章程的形式明确规定，股东代表大会是股份合作经济组织的最高权力机构，并实行股东代表大会下的董事会负责制，同时设立监事会加强民主监督。②加速了农村耕地从分包过渡到投包，使耕地向种养能手集中，确保粮食面积发展规模农业、"三高农业"，壮大集体经济。③加速了农民从单一经营向二、三产业转化。造就了农村劳动力等生产要素合理流动的条件，加快了一些原来困难区社经济的发展。

"四个解决"是：①使"一社多队"的问题得到了较好的解决。通过推行股份合作制，促使那些"名亡实存"的生产队把土地、资金和资产评估折价入社，使经济社真正成为实体。平洲区夏北管理处洲表经济社原有 6 个生产队，队与队之间拥有的资产差别较大，虽然建立了经济社，但长期以来各队自行其是，经济社形同虚设。在推行股份合作制中，通过对土地、资金和资产全面评价折股，承认各队之间的资产差别，妥善地解决了"一社多队"的问题。②使农村的利益分配问题得到了较好的解决，集体的利益分配逐步趋于合理，还较好地解决了农村"老有所养"的问题，解除了农民的后顾之忧。③解决了集体经济发展中资金不足的问题。④使农村的一些难点问题得到了较好的解决。我市各地在推行农村股份合作制时，都十分注意坚持权利和义务相结合的原则，在把集体资产折股量化配置给农民享有的同时，要求农民承担遵纪守法，落实计划生育，依法服兵役，搞好精神文明建设等方面的义务，否则将受到一定的经济处罚，从而使集体对农民的组织调控和约束能力得到明显加强。

但是，我市的农村股份合作制，是一项探索性的改革，是时代发展中出现的新生事物，仍需要继续努力把它巩固和完善。同时还迫切要求上级有关部门在工商登记、税收、资金等方面给予有力的支持，才能使这一新生事物茁壮成长。

（本文作者时任南海市委副书记）

1994 年 6 月

转变农村宅基地使用制度　兴建农民公寓

唐启洪

一

南海试验区里水镇沙涌管理区在建设中心村过程中，选择了下沙经济社作试点，转变农村宅基地使用制度，推进了农民公寓式住宅小区的建设。

沙涌管理区位于广州与佛山之间，距广州仅6公里，距佛山10公里，广佛高速公路横穿而过，属于城郊型的农村。近几年该区经济发展较快，1994年工农业总产值达1.06亿元，农村人均收入达3 715元，属于经济较发达地区。1993年，该管理区下属的包括下沙在内的5个经济社都全面试行了土地股份制，为统一使用土地打下基础。

转变农村宅基地使用制度的具体做法是：

1. 改宅基地按户分配为社会化使用，但农户购房后，房产权属明确归个人。

2. 农村住宅小区一般不再由农户分散建筑，实行统一建公寓式住宅，由经济社投资，农户根据需要自行认购，购房款随着工程进度分期缴纳，到交付使用时，全部纳完。

3. 农户购房，4人以内可认购一套（每套为80～120平方米），6人以上可认购两套，其建筑面积按人平25平方米标准计算，在此标准以内的实行优惠价，由经济社对土地和“三通一平”费用进行补贴，超过人均25平方米的实行成本价。

4. 经济社把节约出来的宅基地进行开发，再把利润返还给住宅小区建设公益、福利等设施和给农民购房优惠补贴。

二

通过实施这项措施，当地干部群众普遍认为：

1. 可以改变过去农村建房参差不齐，杂乱无序的毛病，农村面貌将焕然一新。如果把宅基地分到各家各户，由于各人的财力不同，难以体现农村新面貌而统一建房，虽然有的人暂时买不起，但由于分期分批兴建，现在没有钱买，将来也可以，总之优惠价是可以享受一次的。

2. 是实现农村城市化的一个尝试。通过建住宅小区，可以把农民住宅、水电、交通、通信，商业、文化、娱乐、绿化和托幼等公益、福利设施全面规划，合理设置，统一兴建，使农村生活环境进一步向城市靠拢。

3. 既节约土地，又能使农村环境建设走上良性循环之路。按原来规定，农村每户建筑用地为80平方米，人均约为25平方米，还未包环境建设用地。现在建成公寓式楼房住宅，人均占地约10平方米，包括环境配套设施用地，人均约占16平方米，比原来用地节约很多。而经济社把这些节约出来的土地用于经济开发，建厂房和店面出租获得收入，不仅可以对农民购房进行补贴，而且可以用于改善小区内公共设施，同时，长期有收入，也可增加经济社的股份分配。

目前，下沙经济社农民住宅小区第一期工程10幢已动工，每幢6层，共120套房，每套面积分别则为80～130平方米，计划分三期全面地把下沙公寓式住宅小区建设成合理分布，环境优美，设施齐备，有利于经济发展和改善人民生活的新农村。

（本文作者系广东省农研中心原副主任）

1994年12月

实行土地股份合作制有利于加快农村现代化建设

蒋　励

南海市从去年以来，把股份制引进农村集体土地制度，对集体土地产权制度进行改革和创新的伟大实践，对于深化农村改革，发展和建立社会主义市场经济体制，加快农业现代化、农村工业化和农村城镇化建设，有着深远的、重要的参考价值。它的意义，不亚于农村实行土地家庭承包制，对于我省在20年内基本实现农村现代化，必将起到积极的推动作用。现在，我就南海土地股份合作制的做法讲几点看法：

一、实行土地股份合作制，是土地制度创新，具有跨世纪的深远历史意义

现行农村土地制度对于20世纪80年代农业增产和农村经济增长，解决农村的温饱并向小康过渡，是起到了重大作用的，其功绩不可磨灭。

但是，由于农村改革开放初期历史条件的制约，农村二、三产业未发展起来，农民主要靠土地谋生，人人都要分到同等数量土地；国家对农产品实行统派购政策，国家定价比较低，农民负担的交售任务比较重，土地经营效益不高，使农民不想多要土地；传统社会主义理论思想的束缚比较厉害，集体土地产权没有办法明晰。因此，随着农村改革深化与经济发展，改革初期的制约条件发生了很大变化，国家对农产品的价格和购销体制完全放开；农村经济全面发展，非农产业和非耕地农业比重占了一大半；农村劳动力大部分已转移到非耕地农业和二、三产业，农民的收入来源已不是主要靠土地。在这种新的情况下，目前农村的土地制度就与社会主义市场经济发展，与农业现代化、农村工业化、农村城镇化建设，产生了越来越突出的矛盾。

二、集体土地所有权模糊不清，没有明确界定

具体表现在：哪些人可以占有集体土地产权，占有份额多少，都没有清晰的界定；只是按照户籍关系在社区集体组织和对集体土地承包，来确认对集体土地占有权和参与分配的权利。户籍关系注销（死亡或外迁）或退出承包土地，对集体土地占有权和参与分配权利就自动取消；新增人口和新社员不用交纳积累基金，就能享受集体福利和参与集体分配。这实际上是一种村社小全民的土地所有制。它带来了许多不利的社会经济效应：

1. 严重地制约了农村劳动力、资金、土地等经济资源的合理流动和优化配置。农村改革开放以来，农村二、三产业和非耕地农业有很大发展，特别是在经济发达地区，有很多农户的主要劳动力已从事非农产业或非耕地农业经营，有稳定的经济收入来源，土地经营收入只占了很小比重，但由于退出承包土地和将户口转到城镇，就失去了土地占有权和参加分配权利，担心今后的生活出路没有保证。因而都不愿意让出土地和将户口迁到城镇。这就使生产要素的合理流动和重组受到阻碍，使集体发展二、三产业的用地不能得到

保证。

2. 土地经营出现了粗耕粗种 特别是粮食生产将农业当作副业经营，搞“礼拜天农业”，有的甚至丢荒耕地；而另一方面，这些农户又不愿意放弃土地，一些想多种田的农户又不能多耕，使土地不能得到充分利用。

3. 集体生产经营和分配经常发生短期行为。多顾当前，少考虑长远；有的甚至分光吃光，将征地补偿款也全部分到个人。其原因是社区集体财产，在名义上是大家共同所有，这就不可避免地发生短期行为。

4. 集体组织不能很好地建立有活力的自我约束的经营管理机制。由于集体财产所有权没有界定到个人，社员在集体财产利益关系上并不直接，集体建立的许多经营管理和民主监督制度流于形式。有的地方集体经济实际上变成了少数干部支配的经济，干部以权谋私，多吃多占，挥霍浪费公款，造成了党群和干群关系紧张，严重对立。

上述集体土地制度存在的问题，严重地阻碍了农村经济资源的流动和优化配置，制约了农村二、三产业发展和城镇化建设，使资源利用率和利用效益、农业劳动生产率、产品商品率、土地产出率等，都不能进一步得到提高。南海市进行的土地股份合作制对现行农村集体土地制度进行大胆改革和创新，为农村在20年内基本实现现代化创造了良好条件。因而，它具有跨世纪的深远历史意义。

三、南海市实行土地股份合作制的主要特点和好处

1. 在产权制度上，是一种集体所有和个人占有相融合的制度。它在土地所有权和经营权分离的基础上，把集体土地所有权中的占有权、受益权、支配权、处置权的“四权”进一步分离，并通过土地作价、折股，使占有权和受益权股份化，将部分占有权和受益权的股份权界定给社员个人，其余的占有、受益权的股份权和支配、处置权则归集体所有。因此，它改变了过去完全集体所有，不承认个人占有权益的产权制度，既维护了集体土地所有制，又具体体现了个人对集体土地的占有权益，使社员与集体在财产利益关系上更加密切，有利于造就一种有内在活力的经营管理机制，加强社区经济组织的民主管理和监督，恢复社区集体经济的合作性质。同时，又可以更好地解决土地不断增值以后，集体与社员、社员与社员之间在土地权益上分配不合理的矛盾。

2. 在经营上，土地股份合作制与土地经营形式完全分开。实行土地股份合作制以后，社员不论是否承包土地，其对集体土地占有权益，都会得到承认和保护；每个社员可以根据自己的经济情况，自愿地决定是否继续承包土地，承包多少土地；集体则可以改变现有的土地均包制，将土地统一开发利用，建立农田保护区和工业开发区，推动土地经营的规模化、基地化、集约化和企业化，发展“三高”农业；同时，又能够更好地促进二、三产业的发展。这种做法适应范围比较广，因为实行土地股份合作制以后，土地经营的形式可以根据不同经济条件，采取不同的经营承包办法。

3. 在思想观念上，农民对土地实物的依赖性相对减弱。实行土地股份合作制以后，农民得到了土地占有权和受益权，他们与集体的利益关系比过去密切，但与土地实物的利益联系就会大大减弱。这有利于推动农民离土离乡，从事非农业生产经营，与农村劳动力、资金，技术、土地等生产经营要素合理流动，优化组合；促进农村经济全面增长，加

快农村工业化和城镇化建设步伐；同时又有利于发展市场经济，建立社会主义市场经济体制。

综合以上所述，因此，我认为南海市实行的土地股份合作制做法，是目前对农村集体土地制度进行改革，比较好的一种选择。

四、需要进一步研究探讨的问题

南海市的经验做法，总的方向是应该充分肯定的。但在某些具体问题处理上，我认为可以通过实践，进一步研究探讨。从我国今后建立市场经济体系，实现农业现代化、农村工业化和农村城镇化的总体战略目标考虑，南海市对集体土地产权的处置，有几点做法是可以进一步探讨的：

1. 关于土地股份权如何界定到个人问题。由于集体的人口、土地在历史上变动频繁，很难完全按照历史情况来界定，但是又要考虑到土地是由农民入社时带进来和少量由集体组织开垦的，土地是农民的重要谋生手段，因而必须全面考虑到历史、现在和今后各种因素来评定，不能完全按照现在户籍关系是否存在社区，来界定享受土地股份权的资格。但可以通过民主讨论，划定一个年限（如改革前 1978 年），凡在这个年限户籍关系在集体的，就有权享有土地股份权。各人享有股份权的份额，则可按现在的年龄作划分标准，不宜搞得过细。

2. 土地股份权界定到个人后，人口增减和户籍关系变动是否调整问题。从实现总体目标战略考虑，土地股份权应永久界定到人，归农民个人所有，可以继承、转让、抵押；人口增减和户籍关系变迁，都不再作调整。这有利于农民节制生育，积极想办法离土离乡，向非农产业及城镇迁移，推动土地规模经营发展；有利于打破封闭的、小全民所有的集体土地产权制度，使集体财产能够合理流动，优化配置，提高资源的利用效益。没有土地占有权的新社员，可以有承包经营集体土地的权利，获得劳动收入。

3. 社员享有的土地股份权是否应受国家法律保护问题。从强化国家法治，克服人治的指导思想考虑，社员拥有的土地股份权，应受到国家的法律保护。除了个别人经过司法机关在法律上被宣判没收财产外，任何单位和个人都不得以任何理由剥夺其享有的土地股份权利。因此，要将社员享有土地股份权利，与执行精神文明建设的乡规民约严格分开，不能以违反精神文明建设规定，而不经司法机关审判，就随意取消或暂时终止其享有的权益。这种做法不利于加强法制建设。

上述几个有待于探讨的问题，我认为在很大程度上是属于经济发展的阶段性所带来的。它随着社会主义市场经济的不断发育，农村城镇化和农村工业化、农业现代化建设的日益发展，将会越来越突出起来。同样，我相信它随着农村经济发展，社会主义市场经济体系的建立，也是一定会逐步地得到合理解决的。

（本文作者时任广东省农村发展研究中心副主任，高级农经师）

1994 年 1 月

略论以土地为中心的农村股份合作制

张信源

1992年以来南海市在建立以土地为中心的农村股份合作制方面做了大量的工作，在试点取得了成功，现正向全市推广。以土地为中心的农村股份合作制是近年来在我省农村中出现的新事物。对其时空分布、利弊等方面的认识还不能清晰。有的问题在学术界还有争论，现就有关这些方面的问题谈几点看法。

一、以土地为中心的农村股份合作制是我国社会主义计划经济向市场经济过渡的产物

有的人对以土地为中心的农村股份合作制的出现觉得难以理解。他们认为要么搞合作制，要么搞股份制，为什么偏偏要搞股份合作制，认为股份合作制非驴非马。我认为，这是我省农村经济发展历史变革的需要和结果。近半个世纪以来，我省农村和全国一样，经历了土地改革，实现了耕者有其田，随后，为克服各农户在发展生产中碰到的困难，以及在抗击自然灾害中势单力薄的弊病，各地普遍组织互助组，在农户间开展互助合作。不久，建立初级农业生产合作社、高级农业生产合作社、人民公社。这些变革都是在20世纪50年代完成的。从此开始了长达几十年的计划经济时代。直到70年代末，党将工作重点从搞以阶段斗争为纲、政治挂帅转移到以经济建设为中心的轨道上之后，才发现我们实行了几十年的高度集中统一的计划经济体制已不适应经济发展的需要了。在农村，实行以下放权力，扩大农民的生产经营自主权为主要内容的家庭联产承包责任制，深受农民欢迎。农业商品生产得到了前所未有的大发展。农村经济有了大幅度的增长。以土地为中心的农村股份合作制是我省农民和农村工作者进行农村经济组织创新、制度创新的成果。有人称之为农村体制改革的又一次“重大突破”。

二、利和弊

（一）经济效益十分显著

1. 收入增加。实行以土地为中心的农村股份合作制，可以进一步明晰产权归属关系，以及农民明了各自所占的股份；能进一步调动农民关心集体发展生产增加收入的积极性，能大大提高农民经营土地的积极性，有利于挖掘土地潜力，有效地提高土地的产出率。1993年下柏管理区实行以土地为中心的股份合作制，把全区土地划分为农业保护区（1 800亩）、工业经济发展区（2 300亩）、商住行政区（750亩），有效地解决了非农产业与农业争地，不重视农业，不珍惜农地的问题，从根本上解决了土地利用率低和管理混乱的问题。1993年该区农业产值达700万元，工业销售值1亿元，管理区纯收入1 000万元，实现产值、纯利比上年翻一番，人均收入达3 800元。

2. 促进土地市场的发育。过去，土地市场的发育一直受到行政干预的影响。因此，我省土地市场尚未充分发育，实行以土地为中心的农村股份合作制能较好地解决这一问题，主要原因是实行股份合作制，能明晰产权归属，促使所有权、使用权和经营权由“三权合一”，变为“三权分离”，能有效地减少被征用土地的价格受行政干预大的问题，能按市场规律运作，因而，能促进土地的流转和土地市场的发育。

3. 能较好地解决经济利益分配问题。

4. 有利于促进规模经营、专业化生产和对土地的开发利用，有利于资源的优化配置和实现农业现代化。

5. 有利于促进二、三产业的发展和城乡一体化。

6. 能较好地解决因土地被征用后农民的生活出路问题。

（二）社会效益很好

1. 能较好地处理许多矛盾。在农村实行股份合作制，能真正解决现阶段农村的许多矛盾和纷纠。例如，土地纷纠，因社队合并和撤销而引起的财产权属及分配问题的矛盾和纠纷；因工作透明度不高，缺乏监督而引发的干群关系矛盾等。里水镇沙涌管理区的干部深刻地感受到，实行股份合作制真正能够从尊重历史事实出发，不搞大拉平，明确产权归属，彻底解决后顾之忧，真正使农民满意，把干部从无休止的各类纠纷中解放出来，集中精力投身到经济建设和精神文明建设中去。

2. 改善社会福利，促进精神文明建设。

3. 基层党组织的号召力、凝聚力增强，能较顺利地完成各项任务。如计划生育，征兵等。同时，也能减少违法乱纪的行为。毫无疑问，实行以土地为中心的农村股份制给基层党政组织增添了一种有效的调控手段。

4. 农村股份合作组织是维系农村基层集体组织的纽带，有利于社会安定。例如，因建设需要，有些社队的土地已大部分或全部被征用完了。这些丧失土地的农民已变为没有城市户口的城市居民。对这些农民的管理已成为新的课题。实践证明，农村股份合作制是维系基层集体组织和农民的强有力的纽带。如果没有这条纽带，有些农民把征地款分光花光，往后的日子无着落，就会产生很多社会问题，给社会带来不安定的因素。

（三）存在问题

实行农村股份合作制好处很多，但也确实存在一些值得重视的问题。

1. 出现了一个新的食利阶层。由于按股分红，人人有份，特别是在大中城市郊区等被征用土地多的地区，股红收入可观，因而有些靠股红过活，过着不劳而获的寄生生活，成为新的食利阶层。

2. 有风险。从目前情形看，被征用的土地越多，获利越多，风险越大。这是因为土地由原来的实物形态变为货币形态。它易于流转，也易于流失。有许多因素可使农民的股权化为乌有。例如，投资失误，政策的改变，甚至有些干部的人为因素等都可造成农民土地及土地收益的减少乃至丧失。

三、建议

1. 要强化监督管理。这是防止侵吞集体资产，减少土地风险，保护农民利益，巩固和发展农村股份合作制的重要措施。在这里着重要强调的是要减少风险。为了减少风险，在土地股份合作组织中，一是应设立监察委员会（或小组）。其职能是确保征地款及其他集体资产的合理使用，以及利润的合理分配，而不致被贪污、挪用等而使征地款及其他集体资产流失；二是重大投资决策应经董事会集体讨论，并有2/3（或法定多数）成员赞成，方为有效，才能实施。建立一个健全有效的监察是各土地股份合作组织值得重视的问题，也是减少土地及其他集体资产流失的重要措施。

2. 建立和健全有关法规。

3. 加强教育，努力提高人的素质。

4. 对股份合作制的形式，暂不宜“规范化”，应允许创立更多更新更好的形式。

（本文作者时任广东省农村发展研究中心处长、副研究员）

1994年1月

试行农村股份合作制　深化农村改革

郑观藻

一

按照党的十四大提出的建立社会主义市场经济体制这一总的目标和要求，针对农村在“转制”中出现的，农业生产规模化、基地化、现代化、商品化、效益化的发展与一家一户承包零碎分散土地的经营形式不相适应，农村的经济发展、城乡一体化发展与土地的自由使用不相适应，农村以土地为主的集体产权关系与进一步调动农民和集体的积极性不相适应等新问题，在原来建立土地有偿承包和达标承包，建立农用土地积累制度的土地制度建设基础上，抓住我省调整粮食政策这一有利时机，我们开展了以土地为主要内容的农村股份合作制这一新的探索。

实践证明，开展以土地为主要内容的农村股份合作试验，通过有针对性地调整农村中的产权关系、经营制度和利益分配关系，为解决农村新问题，发展农村生产力，促使农村加快步伐向市场经济迈进，为进一步搞好农业规模经营和农副产品出口商品基地建设两大试验题目造就了一个良好的环境。这一改革试验初步为广大农村干部和群众所接受，南海市委、市政府在1993年下半年，依据试验成果，提出了《关于推行农村股份合作制的意见》，作出了用一、两年时间，在南海农村中基本建立起以土地为主要内容的股份合作制的决定。到1993年年底，全市已有25%的经济社建立起股份合作制，使我们的探索成果，在农村的改革和经济发展中得到广泛的应用。

二

我们所推行的农村股份合作制实质是在农村社区合作经济组织基础上建立起来的，将属集体所有的土地、财产和资金等以股份的形式量化为组织内部农民共同占有的，或在合作经济组织内部集中各种闲散资金形成股份的，以股份制方式组织运行的一种农村新体制。要求通过建立农村股份合作制，能够以明确的股份合作代替模糊的集体所有，以股东（代表）大会及董事会管理制代替领导干部行政管理制。达到明晰产权，稳定承包，调整关系，改善管理，解决矛盾，合理分配，促进发展的目的。

工作步骤上，分宣传发动、制定方案、组织实施三步进行。

基本方法上：

第一，明确股本构成。明确股份单位的股本主要由集体的土地，财产，现金（存款）三部分构成。

第二，资产折价。土地折价形式主要有三种；①以政府规定的征地价折价；②以土地的经营效益折价；③按农村的综合因素折价。

财产折价形式主要有两种：①以财产的净值折价，②以财产的现值折价。

第三，股权配置。方法主要有三种：①因素配股法。就是根据不同的因素分别计股到人。目前比较多的是根据农民的组织关系，农民对土地的承包权利和农民对集体的贡献程度等因素，来计算每个农民享受的股权。②两级配股法。一些以管理区为单位组建的股份公司，首先由土地的所有者——农村经济合作社以土地向公司入股，形成一级法人股份，然后，各经济社再根据各种因素向农民配股，形成另一级农民股份。③综合因素配股法。在一些经济比较落后的地方，把各种因素综合起来，简单地将农民的年龄为界线来计算配置农民的股权。

第四，基本形式。按组织的形式来划分，有合作经济股份制，联合股份制和混合股份制。按股份的内容来划分，有土地股份制，农业开发股份制和工商企业股份制。

农村股份合作制无论是在试验还是在推广阶段，都充分显示出它强大的生命力。第一，通过配置承包权股，用经济关系确定农民的土地承包权利，一方面使农村坚持了家庭联产承包制长期不变这一党的政策，另一方面使土地的经营权从原来凝固的家庭承包中解放出来，并按照市场的价值规律重新进行优化组合，使土地的利用率和产出率得到很大的提高。第二，运用股份制的分配手段，缓解了农村利益分配矛盾，并带动解决了一些农村利益分配上的历史遗留问题。第三，股份合作制实现了农村土地的三权（所有权、承包权、经营权）分离，通过将市场竞争机制引入到农村的土地经营，有力地推动了农村经济的迅速发展，加速了农村城乡一体化进程。第四，运用股份制的经济手段参与农村管理，有效地解决了一批农村管理难题，促进了农村的全面进步。

三

以土地为主要内容的农村股份合作制是农村改革出现的新事物，正在搞的股份合作制正处于初级阶段，它无论在理论指导上和实践上存在着很多的不足。因此，我们注意听取专家学者的意见，把在实践中取得的感性认识上升为理性认识，使它能在试验实践中起到更好的指导作用。

我们认为，南海农村推行以土地为主要内容的农村股份合作制的意义在于：一是运用市场经济规律改革旧的农村体制，解决农村在新旧体制转换中出现的各种新矛盾和新问题，并且通过调整农村产权制度、调整农村的经营体制、调整农村的分配关系，为今后农村的进一步发展造就一个良好的经济环境和社会环境。二是在农村暂时还未能完全适应市场经济的情况下，通过建立农村股份合作制，为农村将来进入完全的市场经济做好过渡和准备。因此，我们在后来的实践中，要特别注意处理好四方面关系：

第一是处理好股份制与合作制的关系。推行农村股份合作制实际就是引入市场机制来改造合作制，使农村在组织上、法制上、思想上还未能完全适应市场经济的情况下，建立起一种既有市场经济行为，又保留一些必要的行政手段的混合型体制，这种体制，是适合南海实际的，适应南海农村从有计划的商品经济向市场经济过渡的新体制。

第二是处理好农业基础地位与农村二、三产业发展的关系。推行股份合作制，集中土地经营权并不是要将农用土地改为二、三产业用地，而是要通过集中土地经营权，根据农民生活和农村经济发展的要求，进行重新规划，合理配置，最终是要将农田保护区建立起来。

第三是处理好农民股权与集体经济的关系。必须明确，农民所持的股权是集体配置的，其价值并不完全是他们直接创造的，有相当大的一部分是由集体长期积累下来的，因此，农民持有的股权并不等于是他自己据有的财产，农民要服从不能向集体退股取值的股份制管理规定和自觉服从各有关管理。

第四是处理好社区性股权与市场经济的关系。设置社区性股权并不是我们的最终模式，而是通过它，为将来农村跳出社区，走向市场做好准备。我们的目标是要把农村引向全面的市场经济，我们的试验方案大致分三步骤，第一步是目前这样的形式，就是把集体的财产以股份的形式量化给农民，其目的是明确集体财产是农民共同占有的，这一步，集体叫派股，农民领取的股权是虚股。第二步是在第一步的基础上，集体将一部分股权按价值卖给组织内部的农民，其目的，一方面从经济关系上明确财产的所有权，另一方面，组织生产资料的集体内部流动。这一步，集体叫卖股，农民取得的股权叫实股。第三步，是根据股份单位的发展情况，以及社会市场的发育状况，组织股份公司上市，把原来社区性的股权完全地抛向市场。这一步的试验可能需要经历比较长的时间，但我们在走第一步时就要考虑到第二、第三步，通过严格按照股份制的要求，规范其组织行为，确立股权证的法律作用，为将来走向第二、第三步打下基础。

四

1994 年，我们继续围绕农业规模经营和农副产品生产基地建设两大题目，突出解决好土地这个核心问题，向农村股份合作制的广度和深度进军。首先是进行试验成果的第二、第三批推广，力争在 1994 年内基本在南海农村内全部建立起股份合作制度。其次是在一些有条件的地方，研究建立股份集团公司，研究组织股权的价值流动，及其与此相联系的内部股权流动的管理制度。第三是开展乡镇企业转换机制和建立农村合作基金等两项配套改革的试验探索。第四是在切实抓好处理四个关系的基础上，通过在罗村下柏、联和、里水沙涌、平洲夏北洲表 4 个点中建立追踪监测，并通过反映的问题，不断对我们的农村股份合作制进行补充和完善，使这一制度在农村中更加牢固，以此来进一步推动农业规模经营和以“三高”农业为主要特征的农副产品生产基地建设试验的发展。

（本文作者时任中共南海市委农村部部长）

1994 年 3 月

浅议南海土地制度创新

何启环

一、新形势下的新问题

近年来，南海土地制度实行了一系列的改革：一是改变了土地使用权从无偿使用变为有偿使用，水稻生产实行有偿承包，鱼塘、经济作物运用市场机制，实行投包经营；二是试行股份制，将土地折股量化到社员，让社员有土地的收益分配权，从而使大部分务工经商的社员放弃了土地承包权和经营权，有利于集中土地，大面积开发利用；三是按区域分工要求，规划生活、工商业、农业用地，实行区域化开发、管理，有效地保护了耕地；四是随着商品经济的发展和现代化步伐的加快，允许土地的合理流转和集中，涌现出一批专业化生产的企业和农户。所有这些，进一步明确了所有权，搞活了使用权，强化了管理权，对土地合理利用、经营和农业现代化起了积极的作用。

但是，随着由有计划的商品经济向市场经济转变和农村工业化进程加快，南海土地制度的现实，又存在许多与市场机制转换、农村现代化建设不相适应的问题，形成新的矛盾。归纳起来有以下这些新问题：

1. 土地产权制度中产权不完整，否定土地的商品属性。土地产权制度是指土地的所有、使用、处置和分配上一系列的制度。其中所有权制度是产权制度的基础，所有权包括占有关系、使用、处分等内容。就一般商品而言，体现所有者必须包含：第一，他对商品有支配权，即处分权，可以自由地让渡所有权或转让使用权。第二，他有权参与价格谈判，并敲定价格。而农村土地从法律地位上说，是属于集体所有的，在南海是属于经济合作社所有，但现实中，所有者一没有处分权，即不能让渡所有权，所有权只能转让给国家；二不能有定价权，国家对土地卖价实行强制定价。很显然，合作社不是名副其实的所有者。从经济上说，在同一经济制度下，所有权是排他性和不可侵犯性的，排他性即独占性，不可侵犯性是指不容许外力用超经济手段从其身上取得经济利益。当前这种土地产权制度，本质上是计划经挤的产物，土地仍然不是商品范畴，合作社不是经济学上的完整的所有者。既如此，土地市场并非真正的市场。

2. 土地流转制度不适应市场经济的发展。土地的流转制度包括土地流转的内容、形式及规则，本质上是由其产权制度决定的。当前合作社没有完整的所有权，土地的所有权只有一部分实现和到位，即可依法转让使用权，和拥有部分的分配权。土地流转的内容，名义上存在所有权、使用权（或演化为承包权、经营权等）的出卖、转让、租赁，但对所有权转让则实行刚性措施（即国家垄断交易权、定价权），那么，土地流转的内容，是土地使用权的转让为主。流转形式上，所有权由集体向政府出卖，使用权则以发包、出租、转让、入股等方式进行，但不能作为财产继承、抵押，所以很难发育土地的信用制度。从流转规则上看，所有权交易实行国家垄断经营和国家定价，使用权允许在多种成分的经济组织之间转让、出让，但实行公开招标、拍卖的不多。所有这些，都反映出土地流转制度仍然植根于计划经济的体制上，制约着土地所有权、使用权市场的健康发育，延缓土地资本化进程。

3. 利益分配不公，导致农民与政府的关系紧张。分配制度是土地制度的最终体现。利益分配不公从两个方面来看，一是由购销制度带来的，长期以来，国家规定土地种植计划和收购数量、价格，如对粮食生产长期实行定价定量收购，定价大大低于市场价格，甚至低于成本，导致生产者利益受损害，影响生产者的积极性，随着粮价、任务的放开，市场经济的发育，这种人为造成的矛盾正在减少。二是由所有权流转制度造成的，国家垄断交易权和定价权，农民被迫接受低价卖地，所得收入很低，往往是国家转让使用权所得收益的 1/10 或更少，也大大低于土地二、三级市场上的“炒手”的收益；当前土地所有权转让的数量虽少，但对于被迫低价转让土地的合作社来说却是一件大事，在相当长的时期内，合作社仍要肩负解决本地区劳动力就业的重任，妥善解决粮食供应、社会福利保障的问题，当失去土地取得的收入，无法保证他们有稳定的工作、稳定的生活保障时，农民就会不满。从本质看，这是工业化过程中，工业、城市发展继续对农业、农村的剥夺。由于工业化进程加快，农民失去土地的现象和数量会急剧增加，若任由这种制度因素带来分配不公的矛盾加剧，势必影响工农关系、城乡关系，甚至危及政局稳定。

4. 土地管理制度不完善，导致乱用、滥用土地。管理制度不完善包含两方面的意思，一是管理制度本身存在的，主要表现在对农村土地的立法不完整、不全面，实质问题是土地所有权、流转等的经济含义没有法律地位，所有者不是经济意义上的所有者，土地不是商品；另外，行政管理不规范，把公用事业用地、基础设施用地、商业、工业、旅游等各种用地统称为“国家建设用地”，用一种价格向合作社要土地，这样做否定了不同用途的土地比价。二是由土地产权制度和流转制度存在种种问题引发而来，表现在政府代表国家垄断所有权交易和限定价格，低价进，高价出，征地越多，收入越大；而利润越大，反过来驱动尽可能征更多的土地；这是由于政府的经济身份决定的。但政府同时又是管理者，这要求它必须依法保护和合理利用土地，尤其是保护农用土地，这一点，正是我国土地管理与香港、新加坡等城市国家和地区的重大差别，香港地区和新加坡政府垄断地权后批租或出售，目的是增加政府收入，因为其基本没有农业，所以不牵涉工农关系问题，而我国却恰恰要十分注意处理工农关系、农用土地和非农用地关系的问题。目前，我国农村土地管理制度上政府的双重身份、双重职能是互相矛盾、互相排斥的，尤其是财政分级包干的体制下，政府的经济身份和增值功能会被大大强化，甚至会利用管理者的合法身份，更进一步加强经济人的地位。其结果是，助长乱占，滥占土地，该保护的农地无法得到国家保护。

二、土地制度创新的主要内容

现存的土地制度的许多问题，带来了一系列的矛盾，迫切需要进行创新。土地制度创新的基本思路是：注入商品的范畴，引入市场机制，发育新的规则，目的是加速土地的资本化，进一步优化资源配置和要素组合，以适应市场经济发展的客观要求。具体包括：

（一）完全产权

土地的商品属性，是市场经济条件下土地产权制度的基础。换言之，土地所有者拥有占有、使用、处分权，可以相据自己的意愿选择出卖、出租、抵押、入股等方式来让渡所有权或使用权，并且有权参与价格谈判。而事实上，真正解决这个问题，在理论上和实践上都会面临极大的挑战。

从理论上说，全民所有和集体所有是我国现存的土地制度的基石。但是，在市场条件下，既然承认土地是商品，要发育土地市场，首先要有不同的所有者才可能进行交易，才可能竞争，但这样一来，势必会造成土地所有权旁落非全民、非集体组织的个人或企业之手。反过来，坚持土地公有，却又很难使集体土地所有者的所有权完整，交易权、定价权有名无实。

从实践上看，土地所有多元化以后，如何有效地避免地权细分化、凝固化的趋势，适应工业化和农业现代化要求，是地少人多国家或地区极为头痛的问题，弄不好，会像日本及中国台湾省那样，农业生产的土地经营规模过小，造成比较成本增加、效益相对下降。从我国市场经济发展的总趋势看，原有的全民企业和农村集体企业会有相当一部分演化为股份企业，甚至拍卖给个人或外国资本，或其他组织，形成资产国有、集体所有以及公司、个人等多所有者的格局，由此势必带来所有制的改革。

土地是最重要的生产资料，土地市场是市场经济不可或缺的方面，土地产权（包括所有权和使用权）的多元化，既是土地商品化的结果，又是土地商品化和土地市场发育的前提。因此，土地所有制的改革是商品经济进一步发展的必然推论。如何改呢？原则上既积极，又稳妥。在现实中，对军事、国防、公用设施、基础设施用地和战略物资的矿藏的陆地等可界定为国有土地，而对其他用途的土地，除允许政府购买外，还可以允许集体经济组织之间，集体经济组织与个人（可限于中国公民）之间买卖土地。完全的产权制度，使土地与一般商品具有等同的性质，所有者是经济意义上的所有者，真正行使应有的权限和享受合理的利益。

在南海，土地所有权属于经济合作社，但在有些二、三产业较发达的地区，所有权实际上已移至经济联社，做法是将原来属于合作社的土地折股拼入联社，土地收入的一部分按股分红到原合作社。这种做法初步显示两个好处：一是能够实施南海市对经联社土地利用规划的要求，按生活区、工商业区、农业区进行布局，从而能保护农用地；二是随着农民逐步离开农业以后，可以有效地集中农地，统一规划和使用，推动规模经营和专业化发展，为农业现代化创造条件。当然，这种变革必须尊重合作社和农民的意愿。所以，在有条件的地方，应当进行这方面的探索。

当然，土地多元化后，若在流转制度、管理制度、分配制度上不相应跟上，会造成地权细分化现象，也易造成土地财产化后，地权凝固的现象，不利于国土规划的实施和土地的合理流转。这是必须注意的。

（二）按照市场规律建立流转制度

土地流转才能使产权实现，也只有流转，产权才有经济意义。目前南海土地实行股份制，只完成了股权量化到社员这一步（实质上是收益权），但仍不允许转让和继承。而事实上，量化的意义是要进一步界定产权的含义，目的还是为了产权的流动。只有产权流动，才能有要素的组合和资源的配置。

土地的商品属性，决定了要按商品生产、商品交换的规律来建立土地市场，建立土地的流转制度。具体说，不仅允许所有权的买卖、抵押和继承，使用权的出租、抵押、转让，或者是所有权，使用权的入股等，而且必须按市场规则进行。当前，要把竞争制度和价格机制，引入所有权买卖的市场。首先，应破除国家是唯一买主的制度，如前所述，允许集体经济组织、中国公民（自然人），或其他经济组织（限于中国境内注册的企业）等进入买方市场（即一级市场）。其次，土地价格应由其质量、地理位置、投资环境、供求等因素来决定，放开价格，不同时空应有不同价格。第三，不同用途的土地应有不同的比价。第四，通过土地抵押制度，建立土地信用制度，发育土地银行，推动土地市场的进一步发展。

（三）建立合理的分配制度

分配关系主要是指土地所有者、使用者、国家税收等的利益关系，在我国农村，还包括农村集体经济组织及其全体社员（或农民）的利益关系。现实中，集体经济内部，农民承包或投包集体土地，引发出来的利益分配关系正日益调整，反映的问题较少。而反映强烈的是国家征地所带来的分配上的问题。土地的商品化和创立市场流转制度是解决这一问题的前提。

在宏观上，靠国家制订合理的税收政策，尤其是土地多元化之后，合理确定所有者、使用者的利益。

在微观上，在合作社内部合理地处理好征地收入的使用和分配，既要保证二、三产业发展，吸纳劳动力就业，保障社会福利制度，又要适当补偿农民社员。

三、强化土地社会管理

产权制度、流转制度、分配制度的实现和维系，要靠社会管理制度来保障。土地的商品化和建立土地市场，不仅不排斥管理，相反，对管理提出了更高、更严的要求。要适应土地商品化进程，必须强化土地社会管理制度的内容：

（一）规范政府管理职能和行为

1. 政府的职能是管理者，而不应是经济人。政府的主要任务一是征税；二是制订国土的规划，依法对土地实行宏观管理，规定土地的利用，必须按规划使用；三是监督土地的交易活动。除对军事、国防、公用设施、大型基础建设等用地可依法垄断（交易，价格）征用外，一般不参与土地市场中的买卖行为。

2. 设立农村土地交易所。交易所是监督、审核、批准土地买卖、出让、出租、抵押的机构，本身不能从事经营活动；土地的一切交易活动要经过交易所批准，并且在交易所进行；交易活动实行公开、公正的原则，采取投标、拍卖等形式进行。交易所分别设立在县级和镇级，各自没有隶属关系，涉及所有权买卖、抵押的活动，在县级交易所进行，涉及使用权出租、转让等活动，可在镇级交易所进行。

（二）完善法规

主要包括：一是产权界定及继承，产权主体多元化后的地权继承制度；二是土地的规划、使用和流转，土地的流转不能更改土地的法定（规划）使用用途，宏观上要保证生活用地、工商业用地、基建设施用地、农用地的规划实施，特别要规定地权不能太细、太小，不能凝固。依照国土规划要求，所有者有优先开发、利用、出让的权利，但要规定在一定时限内，逾期不动者，可以由交易所组织实行公开招标、拍卖转让给第三人所有或使用。例如目前城郊农村，合作社在服从城市规划的前提下，有优先开发其所有土地的权利，逾期不动或无力开发，则可由交易所拍卖给第三人开发，收入除税及上交交易费用后归还合作社；三是管理方面，特别是税收调节，设置适当的税目和制订合理的税制，调节土地的收益分配关系；四是义务和法律责任。

（三）加强土地所有者内部的管理

现阶段，由计划体制向市场经济转变过程中，加强内部管理具有重要的意义，它是保护土地、合理利用土地的重要手段。加强管理包含以下的内容：①土地所有者必须依法享有所有权的全部权利、承担义务和责任；②进一步明确农村中社员代表大会或土地股东大会行使合作社土地的买卖、转让、入股、抵押活动的最高监督权和交易决定权；③价格公开，公平竞争，交易活动在交易所内进行；④合作社内部要制订土地收益的合理分配和使用制度；⑤保证规划的实施。

（本文作者时任广东省农村发展研究中心副处长、副研究员）

1994 年 4 月

对农村股份合作制的几点思考

陆根明

南海试验区近年来对土地制度建设作了许多积极的尝试，1993 年以来，在以土地为中心的农村股份合作制方面，又进行了较为深入的探索，并且做了大量的工作，取得了一定的成效。但是，对这些新生事物，特别是对农村股份合作制的问题，社会上褒贬不一。到底如何看待，今后如何深化和发展，乃是需要进一步解决的问题。对此，谈几个基本观点。

一、股份制是农村第二步改革的主课题，改革的方向是股份合作制

农村第二步改革改什么，理论界争论了好几年，现在，越来越清楚地显示出，改革的主题是股份制。

农村第一步改革，是在集体经济基础上引入承包制，把统一经营的集体经济改变成为双层经营的合作经济。改革的结果，大大解放和发展了被束缚的生产力。但是，随着生产力的进一步发展，以承包制为内涵的合作经济，已经越来越难以解决当今大生产、大市场、大经济中的许多矛盾和问题。例如，合作经济仅仅依靠自身的经济实力，难以支撑新经济的大发展；又如，合作经济内部由于产权不明确，利益不直接，往往缺乏风险机制，利益机制也不完善，等等。解决这些矛盾和问题的出路是股份制。

实行股份制，不但有利于生产要素的全方位、多层次的合理流动和重组，有利于引入风险机制和完善利益机制，还有利于实现政企真正分开，使企业成为真正意义上的独立的商品生产者。因此，在农村第一步改革的基础上，在合作经济中再引入股份制，这是农村第二步改革的一个主课题。通过股份制的引入，进一步改革农村的产权制度，深化土地制度建设，完善合作经济内部的各项管理，给合作经济赋予新的内涵，创造新的机制，逐步建立一个适应社会主义市场经济发展的农村股份合作新体制。

二、股份合作制不是原来意义上的“公有制”，而是新涵义上的“共有制”

股份制是以入股方式，把分散的、属于不同所有者的生产要素集中起来，统一使用，按股付息、分红的一种经济组织形式。股份合作制是在合作经济的基础上引入了股份制，兼有股份制和合作制两种不同特征的混合型经济，其属性不是原来意义上全民、集体的“公有制”，而是具有新涵义的“共有制”，它的本身同股份制一样，不具特定的阶级性，都是商品生产的一种经济组织形式，所不同的是，它仍然带有原来集体经济、合作经济的一些痕迹和因素，即使目前新组建起来的股份合作企业，实际上，也是个人所有的基础上，所形成的一种合作占有的“共有制”经济。

事实上，随着商品经济的进一步发展，原来意义上的全民、集体的“公有制”经济将

会逐渐弱化，而市场化、股份化、社会化的“共有制”经济将会相应得到强化，这是一个发展的趋势。但是，可以肯定，在社会主义国家的特定条件下，这不会与社会主义背道而驰。

三、股份制与承包制不是矛盾关系，而是互补关系

有人认为，承包制是权宜之计，是过渡形式，改革必须用股份制加以取代。这种观点也是错误的。实际上，股份制与承包制两者之间是不矛盾的，它们在同一时空中是可以并行不悖的。

首先，股份制、承包制两者的层次不同。承包制是一种经营方式，是经营层次的变革；股份制是一种经济组织形式，是所有制层次的变革。股份制较之承包制更高一个层次。

其次，股份制、承包制两者的作用不同。股份制是以资产股份化为前提，解决的是资产的所有权问题；承包制是以合同形式的契约关系，使经营中的权、责、利结合，是解决经营管理的问题。

再次，股份制与承包制都有自己的长处和不足。各自的优势和长处，只有在互相作用之中才能得到更充分的发挥，它们之间的不足，也只有在相互配合之下，才能得到较好地克服解决。

由此可见，股份制与承包制两者是相容的，它们之间不存在非此即彼，谁取代谁的问题。随着市场经济的发展和改革的深化，两者互相结合，相互渗透，逐步融洽，即在承包制中可以引入股份制，在股份制中也可以继承和完善承包制。

四、今后推动和发展农村股份合作制的基本思路

根据南海试验区的经验，结合当前农村的实际情况，今后在推动和发展农村股份合作制方面，其基本思路是：

1. 在经济发达地区大力推行社区合作经济的股份制。经济发达的地区，合作经济发展较快，发展社区合作经济股份制的条件比较成熟，而且理顺合作经济的产权关系和内部分配关系，已经成为群众的迫切要求，因此，在这些地区率先推行，这是个很好的机遇。

2. 全面进行农业土地股份制。农业土地股份制受制约的因素相对较少，只要条件具备，无论发达地区还是后进地区，都可大力加以发展。通过推行农业土地股份制，以此促进土地适度规模经营和“三高”农业的发展。

3. 企业股份制在穷社中突破，在亏损企业中积极推行，发达地区要向高层次发展。经济后进地区，尤其是穷社，合作经济基础差底子薄，发展经济缺乏大量的资金，而由于信誉差，银行贷款又十分困难。因此，这些地区要把发展企业股份制作为一个突破口，通过发动社会集资来兴办企业，一方面解决发展资金的不足，另一方面，以此来强化管理，加快和促进经济的健康发展。

对那些亏损企业，也可以通过引入股份制，实行股份承包，强化风险机制和利益机制，达到转换机制，扭亏增盈。这方面，南海市盐步镇纸厂创造了很好的经验，要认真加以总结并积极推广。

在经济发达地区，应是通过股份制，组建集团公司，努力发展一批上市公司。

4. 在有条件的地区逐步探索和发展合作基金股份制。发展农村合作基金会，理论上有根据，法律和政策上又有了依据，实践上从外地经验来看也是可行的，要借鉴外地经验，有计划、有选择地进行一些试点，并在此基础上，逐步完善和发展农村的合作基金股份制。

（本文作者时任佛山市农业委员会副主任）

1994 年 4 月

土地制度建设的重大创新

唐启洪　田晓霞

一

由广东省农村发展研究中心、中共南海市委联合主办的“以土地为中心的农村股份合作制”论证会于1994年1月5～7日在南海市召开。

参加会议的有农业部农村改革试验区办公室、广东省农委、广东省农村发展研究中心、省国土厅、中山大学、华南农业大学、佛山市政府及佛山市农委、南海市委及各镇的领导同志。全国及广东农村战线上的老领导、专家杜润生、王郁昭、张根生、朱厚泽、刘堪、杜瑞芝等同志应邀到会。

广东省政协主席郭荣昌、省委常委、副省长欧广源同志出席会议并作了重要讲话。杜润生、杜瑞芝、杜鹰等同志在会上作了发言。深圳市、广西南宁地区、北海市郊也派人参加了会议。

与会同志听取了南海市关于土地股份制的情况汇报及南海市罗村镇下柏管理区和里水镇沙涌管理区的典型介绍。他们从1992年开始，就在农村集体经济组织中引入股份制，首先在罗村镇下柏管理区试验，取得了好的效果，受到广大农民欢迎。接着在1993年年初扩大到14个点进行试验，1993年下半年，在全市164个点推开，基本做法是：

将集体所有的土地、财产和资金（主要是土地），有的还包括集体所有的企业，经过资产评估，全都折成货币，再以股份形式进行量化。有部分量化到集体，有部分量化到人，也有的全部量化到人，成为共同占有，并颁发股权证。同时建立民主管理制度，选出股东代表，由股东代表大会选出董事会和监事会，重大决策，由董事会民主决定，监事会则进行民主监督，特别在财务方面。

在具体做法上，由于各地情况不同，群众的接受情况不同，在实践中各地都注意因地制宜，形式多样。允许在入股的范围中，有的把土地与企业两大部分同时折价入股，有的只进行土地使用权入股，有的只是在某个开发土地的项目上进行股份合作。在股权配置上，有的设基础股、承包权股、贡献股；有的只设兼顾承包权和贡献的基础股；有的设集体股，有的则在明确集体提留的前提下，不设集体股，将全部股权配置给农民。在对土地进行资产评估上，有的按政府规定的征地价折价；有的按土地不同用途所获得的平均利润计算；有的则按各种因素综合计算。

在土地使用权入股后，经济社、联社或股份公司，一般都对土地进行全面规划，根据经济发展需要合理利用。一般分为三个区即农田保护区、工业开发区和商住区。对于农用土地，通过多种形式实行适当集中，形成规模经营。有的实行专业队承包、企业化经营；但多数是实行“两田制”，除口粮田仍由各户耕种外，其余的实行公开投标承包，让种田能手可以多耕种一部分土地。如丹灶镇沙滘管理区2 000亩土地重新集中划片开投，投得耕地的农民按市场需求和合同要求种粮食、蔬菜或搞水产养殖，形成了新的菜鱼种养基地。而罗村镇下柏管理区把种粮土地800亩集中起来配置机械，由36人的专业队承包经营。从粮食播种、机耕、插植、植保、收割到烘干，全部实现了机械化，不但提高了劳动生产率，而且也保证了当地口粮供应。

南海进行的以土地为中心的农村股份合作制试验，其基础是农村经济的迅速发展，二、三产业相当发达，农村劳动力已转移六成以上，农业收入仅占农民总收入很少一部分，有的只有二三成甚至一二成，但直接动因则是小平同志南巡讲话后，广东经济发展出现新的高潮，基础设施建设出现高潮，办开发区出现高潮，这些都牵涉到土地使用问题，加上当年4月，广东放开了粮食价格，使土地使用结构的调整成为可能。而在土地使用结构调整和征地中，地价急剧上升，土地增值后收益分配问题，就成了矛盾的焦点，既有国家与集体的矛盾，也有集体与集体间的矛盾、集体与农户的矛盾、农户之间的矛盾。有些地方由于处理不好，常常引起农民激烈的行动，包括上访、请愿、甚至闹事。在这样情况下，南海的干部群众吸收了企业搞股份制的经验，把股份机制引进集体经济组织，引进到土地制度建设上来，这是农村经济发展的产物，是群众的创造，是有其经济根基和群众根基的。

二

与会同志对南海实行土地股份制试验给予了肯定。

首先，认为在改革的方向上是正确的，符合社会主义市场经济的总目标。建立市场经济体系，重要的是要有明确的产权制度，如果产权关系不明确，商品和生产要素就不可能流动，即使流动了，也会导致一些人侵犯另一些人的产权的现象发生，市场的发育也必然受到阻碍，因而，产权的界定对市场经济的建立有重要意义。南海市实行资产评估，折成股份量化到单位和个人，特别是把所有权的最重要的权能——收益分配权清晰到单位和个人，明确了集体经济中社员个人占有的份额，同时也界定了组成这个集体的范围。产权的清晰，既完善了家庭联产承包责任制，又为土地的流转、走向市场创造了条件。

其次，是对土地制度建设有重大突破。表现在两个方面：一是突破了土地所有权与使用权两分离的局限，演变成所有权、承包权与使用经营权三分离，实现使用经营投入股。"三权"分离都各有其经济内涵，都在经济收益上得到体现。"三权"分离为明确土地所有权、稳定土地承包权、搞活土地使用权、放开土地经营权、强化土地管理权打下基础，使农民承包土地的经济利益得到了保障，因而受到群众广泛欢迎。二是突破了家庭联产承包制的均分土地制度，使小规模经营可以逐步过渡到适度规模经营。土地规模经营，虽进行了多年探索，但进展缓慢，这里有经济发展程度、劳力转移程度等因素制约，也与未找到适当的机制、制度有关。允许农户把承包土地转让是一个较好办法，但真正能形成规模经营的不多。实行"两田制"（即口粮田分户经营，责任田投包经营）也是一个办法，但农民无偿被收回土地，应有的利益照顾不够也是一个缺憾。而实行土地股份制，农民可以把承包的土地入股，并由此获得经济利益上的保证。这就促使不愿意耕田的农民把土地转让出来，由经济社或股份公司通过有效的形式实现规模经营。同时通过经济社或股份公司的规划，使农村的土地、资产、劳动力优化配置，使土地在更大区域内合理布局、规划和使用，有利于一、二、三产业的协调发展和城镇化建设，是实现城乡一体化的一条新路子。

第三，有效地解决了经济发展过程中出现的许多新的矛盾。包括土地升值后，国家、集体和农户之间利益分配的矛盾，经济发展过程中，一、二、三产业用地的矛盾，生产、基建与生活用地的矛盾，在农业用地中，既要体现公平，又要最大效益的矛盾等，通过股份制的实施，明晰和保证农户的收益分配，稳定了联产承包政策，合理规划和使用土地，使上述矛盾都得到不同程度的缓解。

与会同志认为，南海的探索试验是有意义的，从实践来看，促进了生产力的发展，对培育土地流转的内在机制、加速农业劳动力的稳定转移、保护农民应享有的权益，起到了积极的作用，也符合南海实际情况，这一试验是成功的。

三

与会同志在肯定南海土地股份制试验的同时，对若干问题也提出了进一步深入探讨的意见：

一是在资产评估、量化到人、明晰产权中，赋予农民的是完整的产权，还是非完整的产权？完整的产权应包括占有权、使用权、收益权和处分权，有完整的产权就是有继承、买卖、抵押的权利。一种意见认为，土地是集体所有，农民只有使用权，集体通过配股形式，给农民配置承包权股，把产权制度中最重要的一个权能收益权明晰到人，这也是明确产权的重要方面，由于农户仅仅是把土地的使用经营权入股，也由于这些股份，不是通过产权交换获得的，而且这些股份含有集体历年的积累部分及国家为扶持农业生产减免的税费和征地补偿款，因而不应该继承、买卖和抵押。土地所有权明确到集体，又把所有权最重要的一个权能收益分配权明确到个人，这样既有利于完善双层经营，壮大集体经济，优化生产要素组合，同时也能调动农民的积极性，是现阶段条件下，发挥集体的优越性和个人积极性的较好结合方式，农民也是能够接受的。至于产权市场的形成，不在于产权到个人或法人，关健在于国家是否给予处置权，如果给法人以土地的处置权，同样可以形成产权市场。另一种意见认为，土地是土改时分给农民的，这些产权是农民应该有的，应允许继承、转让、抵押、买卖。而且只有这样，才能形成产权市场，流动开放，发展经济和促进农村劳动力的转移。

二是在农村实行股份合作制中，在一个经济社或联社内土地的折股与二、三产业折股是否可以联系起来的问题。一种意见认为，应该联系起来，理由是：①都是同一个占有主体，是不可分割的；②只搞土地股份制难以提高经济效益，与二、三产业联系起来，有利于互相促进；③在一个经济社或联社内兴办的企业，规模一般都较小，绝大多数是承包给私人或是合伙经营，属于收点承包费或分点红利的性质，与土地折股联系起来，并不会影响企业的发展。另一种意见主张分开来进行，认为土地的股份制与企业的股份制效益不同，联系在一起容易刮“共产风”，影响企业家的利益和企业的发展。

三是社区性集体经济组织应该发挥应有的作用，还是要弱化、淡化的问题。这个问题的提出是与上述问题相关联的。由于把土地的折股与企业的折股联在一起，这就必然会壮大集体经济，强化社区的作用。一种意见认为，这样做壮大了集体经济，协调了社区内的各种矛盾，对于真正实行有统有分，共同富裕，减轻农民负担，兴办公益事业，改善投资环境，吸引客商开发都有好处。社区的作用在珠江三角洲发达地区是显著的。另一种意见认为，以土地为纽带会强化社区组织，它对内互济互补，对外有排他性，社区愈发展，凝聚力愈强，里边的不想出去，外边的进不来，具有封闭性。封闭性不冲破，生产要素难以流动，也必然会影响经济的进一步发展，因而与市场经济是不适应的，应淡化其观念，弱化其作用。

四是股份制与精神文明的关系。一种意见认为可以联系起来。理由是农村实行的股份制，其股份是集体配置给农户的，土地的所有权仍在集体，既然享受分配的权利，就应该尽有关的义务。比如违反计划生育等，集体经济组织进行适当经济处罚是可以的，事实上许多地方是这样做的，效果不错。另一种意见主张不要把计划生育、义务兵役、违法乱纪等属于精神文明建设的内容和股权挂在一起，认为这样做，会导致行政权力的滥用，也不利于强化法制观念，社员享有的股权应受到国家法律保护。

与会同志认为，由于土地股份制这项新的试验时间还不长，有些做法还需要继续观察、实践，才能得出正确的结论。南海应该很好地继续试验下去，应允许多种形式、多种办法进行试验，以便从比较中找出最优的做法。

为了完善土地股份制的试验，与会者建议，在土地使用权入股过程中，资产的评估应注意全面性、真实性、科学性和可行性，评估应通过规范的程序进行，以取得评估的合法性。而在土地使用权入股后，应管好用好土地，避免土地过多、过快非农化。要继续发挥家庭经营的优势，经营形式可以多样化，保持集体与农民两个积极性。

（本文作者唐启洪系广东省农村发展研究中心副主任，田晓霞系广东省农村发展研究中心副研究员）

1994 年 2 月

[第五章]

提　　高

实行“农民股权生不增，死不减”的股份合作制

南海农村改革试验区办公室

南海草场管理区位于里水镇东面，与广州一河之隔，交通比较发达，有着良好的地缘优势和发展环境。下辖 4 个自然村，设立 4 个股份合作经济社，总人口 2 026 人（其中农业人口 1 947 人），现有耕地面积 1 000 亩，人均耕地面积约 0.5 亩。随着农村深化改革，区村经济发展较快。1995 年区级和社级总收入分别为 2 855 万元和 2 435 万元，比上年增长了 58.6%、61.3%，利润分别为 210 万元和 334 万元，比上年增长了 55%、55.3%。

一、选择“农民股权生不增、死不减”的股份合作制的必要性

1993 年成立股份合作经济社以来，集体经济不断增值壮大，农民收入水平不断提高。然而，在发展过程中，我们遇到了一些新矛盾和新问题，具体表现如下：

1. 人口变动引起分配不公的矛盾。经过两年多的发展，草场管理区集体经济发展较快，经济收入不断增加。成立股份社当年的人均股红分配为 900 元，1995 年人均股红分配为 1 100 元，其中白塔股份社 1995 年人均股红分配达 2 300 元。由于股红分配收入可观，而原章程的股权是按照户籍关系配置的，并且规定一年调整一次，这样使原章程在实施中出现了一些新情况和新问题。许多外嫁女不但不将户口迁出，而且也把自己丈夫及子女户口迁入该区；一些外地人通过各种关系将户口迁入该区；甚至一些原籍该区的城镇居民也来个“非转农”。如白塔股份社在 1994 年不到一年的时间内，外边迁入户口达 124 人，而这些人也与当地村民享受同等待遇。因而造成该区人口局部膨胀，挤占了本地村民的利益，挫伤了群众的积极性，阻碍了集体经济进一步发展。

2. 集体在发展经济过程中出现资金不足问题。由于近年来，国家加大宏观调控力度，实行从紧的金融管理体制，银行贷款利率高，再加上土地征用费用高，引发资金紧张。一些项目原计划上马的，却因资金不足而搁置，错过了发展良机，大大制约了集体经济进一步发展。

3. 原股权制度表现出相对的凝固，缺乏灵活性，不利于与市场经济相衔接。原章程规定股权不准转让、不准赠送、不准抵押、不准继承。由于这“四不”的限制，股权制度表现出相对凝固，很难体现出股权的内在价值。这种相对僵化的股权制度显然不适应“大

流通、大发展”的市场运行机制，不利于资源进一步的优化组合，阻碍了集体经济进一步发展。

为了解决这些矛盾，促进集体经济发展，我们通过详细的调查研究，形成共识，决定对股份合作制作进一步改革、完善。在市农委和镇委镇政府的大力支持下，草场管理区结合实际情况，决定试行“农民股权生不增、死不减”的股份合作制，以更好地解决当前出现的新矛盾和新问题。

二、结合实际，认真部署，精心制订章程

在市、镇统一部署下，在巩固原有成果的基础上对原建立的股份合作制作进一步的改革，增添新的内涵，推行“农民股权生不增，死不减”的股份合作制度，使该区股份合作制朝着较高层次的方向发展。

（一）结合实际，制订方案

为了使制订出来的方案更公平、更合理、更能体现群众的整体愿望，经过周密的调查分析和反复的讨论，初订草案，然后通过召开区村干部会议、党员大会、各股份社股东代表大会、村民大会等形式展开讨论，广泛征询意见，然后进行综合分析研究，经过反复多次修改，不断充实完善，在得到群众普遍同意的前提下确定方案，然后提交股东代表大会讨论通过。

“农民股权生不增，死不减”的股份合作制就是在农村社区合作经济组织中，将原属集体所有的土地资源，现有固定资产和自有资金等以股份的形式全部折股量化，按照一定标准把全部股权一次性配置给组织内部农民个人所有，股权可以在一定范围内流动，以股份合作制方式组织运行的一种农村新体制。

在股权配置上，承认差别，本着按劳分配的原则进行设置股权。把原来的“10 股为满股，改为 20 股为满股”。目的是使股权在配置过程中把不同档次的股数尽可能拉大一些，从而更能体现出“多劳多得，少劳少得”的价值原则。具体按三种股权分配：（1）基本股占 3 股，配置对象是 1995 年 12 月 31 日前户口在该区的农业人员。（2）承包权股占 3 股，其中 16 周岁以上的配给 3 股，16 周岁以下的配给 2 股。（3）年龄、劳动贡献股占 9 股，分两部分计算，第一部分从 1982 年开始，以承包责任田的期数为依据计算股份。第一期配给 2 股，第二期配给 3 股，两项合计 5 股。第二部分按年龄、劳动能力、贡献大小来计算，按年龄划分。其占 9 股，分 18 级。每级递增幅度为 0.5 股，16 周岁以下每级相隔 3 周岁，16 周岁以上每级相隔 1 周岁，43 周岁以上为 9 股。

（二）正视现实，抓住重点，解决矛盾

在制订新章程中，紧紧抓住新矛盾，对不同问题采取相应的措施解决。由于新章程较好地解决了当前所出现的新矛盾、新问题，维护了群众的整体利益，群众拍手叫好，认为是一种解决问题的好形式。

1. 解决人口变动引起分配不公的矛盾。采用的措施是：第一，采用固定配置总股数，把股权一次性配置给农民，以后不再作调整，并且规定在 1995 年 12 月 31 日迁入该区的人员，新出生或结婚迁入的，不再分配股权，从而切断人口变动带来的“尾巴”。第二，采用补股方式，对那些在 1995 年 12 月 31 日前中途迁入该区的人口实行用现金补股，并且规定

补股要在规定时间内一次性进行，逾期不补的，今后也不给予补股。由于这部分人引起股数扩大，使股值相对缩小，损害了股民利益，采用现金补股，用经济手段去限制人口的不规则变动，较好地解决了这一矛盾，维护了股民的整体利益，调动了群众的积极性。

2. 采用扩股方式解决集体经济发展中资金不足问题。扩股分为定期扩股和不定期扩股。定期扩股对象是新出生及新嫁入该区村农业户口的人员，新出生的配售5股，新嫁入的配售6股。在现阶段，考虑到村民经济承受力，采用优惠办法，按照当时股值的30%计算。这样做有两个好处：一是给予他们一定的生活保障，解决其后顾之忧，造就一个安定稳定的社会环境；二可以筹集资金，用于扩大再生产，使集体经济不断发展，从而提高股份社的实力和分红能力。不定期扩股，由股东代表大会确定，新章程虽未作具体规定，但我们的设想是：一是发行现金全额权股；二是发行上马项目权股，即风险股，由股份社出资一部分，其余的投资余额通过发行权股的形式，向全社会出售，吸引社会资金或外资，从而形成股份社与股东共担风险，股东领取份额分红的股份形式。通过把股权推向市场，实现股权的"商品化"，有利于进一步与市场经济接轨，促进集体经济快速发展。

3. 更好地解决产权制度问题。取消"四不"，允许股权转让、赠送、抵押、继承，从而实现股权的"商品化""货币化"，体现了股权的内在价值，有利于优化资源配置，使股权制度向着广度和深度推进。

（三）清产核资，评价折股

在制订章程的同时，着手开展清产核算、评价折股工作。因为旧章程规定的评价折股标准已不适用。同时，经过两年多的发展，集体财产已增值，为了防止集体资产的流失，做到折股标准化、合理化，对全区股份社的现有固定资产、土地资源、自有资金等财产进行全面的核资，计算净值，列册登记，然后按照新标准实行评价折股，把全部股权界定到个人所有，依照新章程制订具体的分配办法计算到每个人，上墙公布，供村民监督核实。

（四）建立股权流动的管理机构，培育股权交换市场

股权作为个人私有财产，可在本区内流动。为了对股权进行有效管理，引导股民有序地进行股权交换，保证股权正常、规范、健康地流动，在股份社中建立管理机构，统一发放股权证书，一人一证，并明确规定，凡进行转让、赠送、抵押或继承的，必须到股份社、管理区有关管理机构办理手续，否则不予承认。通过建立股权管理机构，培育股权交换市场，为今后股权走向社会打下基础。

三、推行"农民股权生不增、死不减"的股份合作制效果显著，前景良好

"农民股权生不增、死不减"的股份合作制作为一种新的运行体制，切合该区的实际，真正解决当前该区所出现的矛盾和问题，群众比较满意，实施起来比较顺利。这种机制运转伊始，已显示出它的强大生命力，收到显著的效果。

1. 有效地解决了产权的归属问题，使产权更加明晰。反映在两方面，第一取消集体股，只是在股红分配前，在集体利润净额中按照一定比例提取发展基金、公益金、公积金和经营风险金，其余的全部作股红分配，并且新章程比旧章程表现出更大的灵活性，股份社可以根据情况变化和实际需要相应调整分配比例。第二在集体所有制的基础上，把集体财产全部折股量化到个人。在实现形式上从过去的实物形态转变为价值形态，股权可以在

一定范围内流动，真正体现集体财产人人占有，从所有制理论与产权理论来看，是“还股于民”，使“虚权”变为“实股”。

2. 有利于农民离土离乡，向二、三产业领域或城镇转移。随着产业结构的调整和经济的进一步发展，需要征用一些土地来进行工业开发、商业开发或搞农业规模经营。土地是农民赖以生存的物质基础。没有稳定、永久的社会保障和生活保障，农民是不愿离开土地的。这就产生了经济发展需要征用土地与农民不愿退出土地的矛盾，大大制约着集体经济的进一步发展。实行“农民股权生不增，死不减”的股份合作制，把集体财产所有权具体化，界定到个人所有，永久不变。股权成为私人财产，受法律保护，也不会因为以后户籍关系注销、退出承包土地或者退社而被剥夺，并且股权可以通过股红分配增值。农民消除了后顾之忧，使得农民与土地实物的联系大大减弱，使该区劳动力、资金、技术、土地等生产经营要素合理流动，优化组合，从而提高了资源的利用效益，促进该区经济全面发展。

3. 有利于调动群众的积极性，克服生产经营和分配上的短期行为。股民因自身拥有一定额度的股权，集体经济发展的好坏关系到个人股份分红。利益的动力驱使股民更如关心和致力参与集体经济。同时，产权具体化，增加了集体资产的透明度，形成股东人人关心和爱护集体资产的利益机制和监督机制，促使干部处理好当前和长远利益、集体和个人利益的关系，克服生产经营和分配上的短期行为。

4. 促进精神文明建设。股权可以继承，有利于精神文明建设，尤其对老人的尊敬与赡养。由于老人对集体财产贡献大，老人分得的股数一般比年轻人多，股权得以继承，不仅消除老人的生活之忧，更重要的是提高了老人在家庭中的经济地位，使老人获得主动权。老人可根据子女的孝顺度来分配股权继承的多寡，使年轻一代自觉尊老爱老，形成良好的社会风气，把道德伦理标准与经济的约束结合起来，以物质促精神。

5. 有利于农民自觉节育，控制人口盲目增长。超生的父母除停止股红分配外，其超生子女不再配给股权。农民因考虑自己后代的生活保障而自觉节育，从而达到计划生育的“软着陆”。

6. 有利于过渡到规范化、市场化的股份合作制形式。

当前我们所推行的“农民股权生不增，死不减”的股份合作制的章程是在草场管理区现阶段生产力水平较低的情况下制订出来的。其运行方式还比较初级，它与市场经济要求还存在一定的距离。因为，配置给农民的股权是无偿的，其风险性很小。股权流动的范围只限于本区内，还未充分体现出股权的商品化的内涵。随着经济的发展，它必将过渡到更高的形式，以适应市场经济的发展要求。在该区生产力发展到一定程度，集体财产相当雄厚，农民收入水平相当高的情况下，我们将把“农民股权生不增、死不减”的股份合作制推向更高层次，就是在保持原有制度的连续性的基础上，把无偿配置给农民的股权全部转为配售股，用全额现金购买，其流动范围扩展至全社会，把经营风险分散于各个股东，以实现“资本货币”转化为“货币资本”。在此基础上，扩大现金股的发行量，就能进一步增加外引内联的吸引力，形成新的生产力，使该区的股份合作制真正与大流通、大发展的市场经济相衔接，促进集体经济不断壮大，加快农村现代化建设，实现城乡一体化。

1996 年 2 月

股份合作制与农村的第二次飞跃

刘季芸

改革开放以来，农村废除了人民公社制，实行了家庭联产承包责任制，解放了农村生产力。使我国大部分农村解决了温饱问题，我国农村实现了第一次飞跃。进入20世纪90年代，邓小平同志极为关注农村的发展，提出实现农村的第二次飞跃问题，即适应科学种田和生产社会化的需要，发展适度规模经营，发展集体经济。本文着重讨论在我国经济发达的地区实现第二次飞跃所面临的问题和制度改革，因为农村的第二次飞跃首先在这一地区实现，它面临的问题相对其他地区有一定的超前性，探讨它将对我国次发达地区有一定的预示作用。

一、实现第一次飞跃后发达地区农村面临的形势和问题

农村的第一次飞跃应该是以解决温饱为主要标志。农村的进一步发展是实现小康，走上富裕之路。进入90年代，我国发达地区农村初步实现了工业化，由于农村产业结构的分化，农村劳动力大部分已从农业转入二、三产业，由于工业资本的积累，使发达地区面临着从小康向富裕发展的大好形势，但是也面临着影响经济和社会进一步发展的问题。

（一）土地问题

家庭联产承包责任制将土地平均分包给农户，形成农村土地零星分散的布局。由于农村中主要劳动力已转入二、三产业，农业成为副业，有的由老人、妇女耕作，有的则是星期天或早晚经营。有田的不想耕，想多耕田的又无田可耕，人均不足0.07公顷耕地，弃之可惜，留着又无大的用处，有个别地方曾出现丢荒、弃耕现象。带来的问题是农业劳动生产率低下，农业适度规模经营难以实现，不能适应科学种田和社会化生产的需要。

由于土地权属问题，使工业布局分散，污染从点扩散到面，影响生态环境的保护，也使城镇化规划布局难以实施。

随着工业、房地产业的进一步发展，农地被征用，征地款偏低和分配不公引起农民不满，使农民、集体和政府间的矛盾加深，引发农民多次上访告状，成为社会不稳定的因素。

由于商业资本的输入，土地级差地租上升，在高额利润的刺激下，发达地区耕地迅速下降，农地保护成为国家关注的迫切问题。

（二）集体乡镇企业的问题

集体乡镇企业进入90年代，面临市场需求不足的问题。在80年代我国的经济已由短缺经济转为过剩经济，乡镇企业面临产业和产品结构调整、技术升级换代以适应国内市场变化的问题，这是一方面；另一方面还必须解决现行体制上存在的问题，如产权不明晰、政企不分、企业负盈不负亏，债务由镇、乡政府背负，企业不担资产保值和增值的责任，

集体资产流失，经济效益不高等问题。

（三）社区合作经济组织的问题

由于集体资产的产权不明晰，经济透明度不高，滋长了干部享有特权、决策不民主、贪污浪费等不正之风。

以上问题制约着农村第二次飞跃的实现。

二、实现第二次飞跃的制度选择

目前我国农村的社区性合作经济组织是“队为基础，三级所有”的人民公社体制解体后的产物，是以土地公有为基础的地区性合作经济组织。实行家庭联产承包责任制是将土地的所有权和使用权分开，农民获得的承包经营权，实质上是使用权。对于农村土地的权属，虽然《中华人民共和国土地管理法》规定：“集体所有的土地依照法律属于村农民集体所有，由村农业合作社等农业集体经济组织或村民委员会经营管理。”但在实际贯彻中，有不少错误的理解和做法，譬如，有的农民认为承包的土地是属于自己的，因此在自己的承包地建住宅，随意改变土地的用途；有的则认为土地是国家的；也有不少人认为土地是集体的，“集体的就是集体的”，不考虑农民的土地权属。有些地方在实行土地的“两田制”时，除给农民留下少量的口粮田外，大部分由集体实行投包或统一经营，而收回这部分田所获得的收入没有返还给农户，而是用于解决干部的收入、办公费、接待费等合理或不合理开支，这样就变相地把农民在家庭联产承包责任制后所获得的利益给剥夺了。以上问题说明土地的产权是不明晰的，对于集体的资产和企业都同样存在产权不明晰的问题。集体是谁？是镇村政府？是镇村干部？还是全体村民。这一问题回答不了，产权问题实际没有解决，从而产生种种弊端，因此，改革现行的合作制势在必行。

在发达地区实现第二次飞跃，制度改革选择的目标应该是：明晰土地等集体资产的产权归属，促进土地、资金、劳力等生产要素合理流动、优化配置，并促进产权市场形成，以适应市场经济发展的要求。引入股份制改造合作制，解决在集体土地、财产和资金上产权不明晰的问题。

南海市抓住90年代初的发展机遇和粮食任务放开的形势，开展了以土地为中心的农村股份合作制试验，从6年来试验的效果来看是好的，找到了实现农村土地规模经营的途径，找到了一、二、三产业在农村统一布局、协调发展的途径。它是解决农村土地问题新的突破和飞跃，是在家庭联产承包责任制后的组织创新。由它带动了农村土地制度、经营管理制度、组织制度、民主制度和产权制度的深刻变化。

（一）农村土地股份合作制的做法

1. 将土地三权分离，并折价作股。首先将土地所有权、承包经营权、使用权三权分离，将社员拥有的承包经营权量化为股份，分配给社区的农民。在明确土地所有权不变的前提下，各地根据土地条件的差异，将土地折价，即变实物形态为价值形态。折价方式有3种：一是以政府规定的征地价进行折价，这适用于土地质量和分布较均匀的地方；二是以土地经营效益折价。这适用于土地等级差别大，人均拥有土地数量差别大的地方；三是集体经济比较落后，农民土地观念淡薄的地方，按配股的需要折价。

2. 配股。配股涉及农民的利益关系，需要对各种因素综合考虑。有3种形式：一是两级配股法。在一些以管理区为单位组建的股份公司，首先是土地所有者——农村经济合作社以土地向公司入股，形成一级法人股份；然后各经济社再根据各种因素向农民配股，形成另一级法人股份。二是综合因素配股。根据农民对土地承包数量和对集体的贡献以及年龄，计算出每个农民享有的股数。三是依据年龄配股。在经济发展水平不高的地方，根据农民的年龄，适度拉开距离进行配股。

3. 选择不同的股份形式。全市大致有 3 种形式：一是土地股份合作制。将土地评估作价折股，将股额直接配置给农民，土地由股份合作组织统一规划、开发，制定经营管理办法，进行土地经营，不涉及其他资产。二是社区股份合作制。在社区内部将集体的土地、资金和企业等集体资产，通过全面评估作价折股，将股权配给组织内部的农民。三是企业股份合作制。将原各社区组织闲置的资金和个人的资金，以入股的形式集中起来创办企业。

从以上几种类型来看，最理想的是以管理区为法人单位组建股份合作组织，有利于生产要素在更大范围内进行优化组合，有利于实施农业规模经营，发展经济和城镇规划的实施。

通过对集体的土地、企业资产进行评估作价，按其总价值量化成等额股份，配置给农民，并向农民发放股权证书。在股权配置上，既允许集体股和个人股共设，也允许在明确集体提留的前提下，不设集体股，将全部股权配置给农民。

在组织上设立股东代表大会、董事会和监事会，其成员由民主选举产生。

至 1995 年，南海市农村股份合作制改造已基本完成。全市建立股份合作组织 1 574 个，占全市经济社总数的 96%，其中以管理区为单位建立股份合作组织 177 个，占全市管理区总数的 73%。

（二）改革的成效

1. 明晰了产权。在推行股份合作制中，通过对全市农村土地、财产进行评价折股，将 130 多亿元的价值以股份的形式配置给 76.6 万个农民，发放了股权证书，确认农民在集体中所占的经济份额，从而解决了集体产权不明晰的问题。1996 年全部农村股份合作组织共有 4.08 亿元的收入进行再分配，平均每人分得 578 元。

2. 有利于保护农田和实施城镇规划。通过土地股份合作制改造，土地可以相对集中，从而可以将农村分为农田保护区、经济开发区和商住区。全市把 3 万公顷肥沃的土地划为农田保护区，0.5 万公顷靠近城镇、公路或山坡地划为经济开发区，0.17 万公顷靠近村庄的土地划为商业住宅区。

3. 促进了农业规模经营。通过股份合作制改造后，原来平均分包的土地改为投包经营，使种田能手和有资金的农民企业家享有机会通过平等竞争多包耕地，从而达到农业适度规模经营。通过竞争，有 1.71 万公顷。耕地实行投包，不同程度地促进了农业规模经营。罗村下柏管理区将 53.33 公顷水稻田发包给 7 个农民经营。私营企业家戴元庆投包了 66.67 公顷低洼低产田，改造为鱼塘；平洲区夏西管理区将 53.33 公顷耕地发包给蔬菜种植大户朱庆根经营。据统计在推行股份合作制后，全市农业经营大户发展到 8 245 户，总投资 6 亿元，年收入达 11 亿元，占农业总收入的 50%，年人均创农业产值 6 万元，比平均分包时高出 78%。目前，全市规模经营面积 0.53 万公顷，占全市农田面积的 16%。这些农业规模经营农户，对市场反应敏感，有较先进的农业科技水平，他们将促进农业集约化经营和农业产业化经营。

4. 促进农村经济的发展和精神文明建设。股份合作制的推行，促进了农村经济的发展。1996 年全市农村总收入 431.5 亿元，农村股份合作经济组织的集体纯收入达 33.5 亿元，农民人均纯收入 5 333 元，分别比未推行股份合作制的 1992 年增长 3.2 倍、2.5 倍和 2.15 倍。农村经济的发展带动了农村精神文明建设，兴建了农民公寓式住宅、幼儿园、学校和乡间的小型花园，使农村变得更加整洁、美丽。

5. 加强了基层的民主制度。在明晰了农民在土地和集体资产所占的股份后，农民成为股东，因此十分关心自己的切身利益。在选举股份合作组织领导班子时，他们有很强的民主意识，通过选举把他们信得过的、乐意为农民办事的、年轻有为、文化程度较高、有经营能力的人选进董事会。在建立股份合作制的过程中，全市调整农村基层领导班子的干部达 2 000 人，其中 653 名“能人”被选进股份合作制的领导班子。这就使农村经济的进一步发展有了组织保障。农民民主选举、民主决策、民主管理和民主监督的意识有很大的增强。

6. 促进劳动力的转移和农民身份的改变。在实行土地股份合作制以前，一些已转入二、三产业的农民，由于自己有小片承包地，始终有一种牵挂和分心。当取得土地的股份权以后，原来承包地可以不耕又能取得土地经营权的利润分红，自然很愿意让出土地，自己全身心投入二、三产业，这就更有利于他们改变农民的身份。

（三）实行农村土地股份合作制所需的条件

目前推行农村土地股份合作制效果比较好的是在农村二、三产业成为主导产业，劳动力转移六七成以上，干部的领导水平较高，公正廉洁的地方。对于一些经济虽然不十分发达。劳动力转移充分的地方也可以实行，但是必须注意的问题是在改制后，每年股份合作社要给社员分红。罗村下柏管理区 1996 年给每个社员分配 1 200 元，压力也是很大的。这就要求经营者加倍的努力把集体经济搞上去，否则分红是难以兑现的。

（四）发展趋势

在开展股份合作制改造的时候，主要考虑土地的福利性、社员配置的股权是分红的依据，规定不能转让、买卖、抵押、继承。随着经济发展，出现了新的矛盾和问题，例如，里水镇草场管理区在实行土地股份合作制后，当地经济也发展了，大家享受到股份合作制的好处。出现以下情况：一是外嫁女不愿意迁出本村，留在村里可以享受分红；二是新生人口要给股份：三是非转农，原来已迁出到城市就业的人口，要求转回本村。仅 1995 年一年内人口仅 1 000 多人的草场管理区就增加 124 人。这些人都要分给股份。

为了摆脱人口不断增加的压力和筹集发展经济的资金，管理区领导决定采用“生不增，死不减”的办法处理股权的分配和流转问题。章程规定在 1996 年某月某日以前户口在本村的社员分给股份，以后出生和嫁入、迁入的人口不分给股份。现在农民拥有的股权可以转让、抵押、继承。新生人口和嫁入人员可以用现金以优惠价购买约 1/3 的股份。这样使农村土地股份合作制出现了飞跃，股份已经不仅是分红的依据，而且是属于个人的产权。这就体现了土地等生产资料在集体共同占有基础上的个人所有权。

三、讨论的问题

（一）制度选择的合理性

为了实现农村的第二次飞跃，经济发达地区部分农村选择了股份合作制，准确地说，是引入股份制改造合作制，即把原来产权不明晰的土地、资产等生产资料，用股份的办法分到社区社员名下，使社员有一块属于自己的资产，而土地、资产等又是集体共同占有和使用的，通过股份分红实现个人经济利益的明晰化和独立化。在推行土地股份合作制的地方，农民在取得承包经营股权后，即获得土地产出的利益分配权，就愿意让出原来承包的土地，从而使土地零星分散到相对集中。在规划的农业用地中，农民可机会均等地投包经营，这样就给大的专业农户、企业家和外商提供了农业适度规模经营的可能，为促进农业的集约化、现代化和产业化经营创造了条件。

除了发展农业外，已规划经济开发区和商住区，发展二、三产业，使土地收入从单一的农业，增加到二、三产业用地后取得的收入，这样集体经济就增强了。股份合作社可以利用土地增值后的收益，一方面保证社员的股份分红；另一方面用于发展集体经济、实施城镇规划和提供公共设施和服务，例如，修桥铺路，办学校、幼儿园、养老院、花园、建农民公寓以及娱乐改施，建立老人和医疗保险制度。

实行股份合作制既照顾个人利益，又使社区经济组织的经济实力、社区综合功能增强，使生产要素进一步优化组合。在计划经济向市场经济的过渡阶段，股份合作制是农民对现行制度的合理选择。

（二）农村土地股份合作制与家庭联产承包制的关系

中国是人多地少的发展中国家。由于生产力不发达，多数农民仍在农村务农，劳动力转移不充分，这就决定了土地均分的长期性。土地主要是解决广大农村人口的生存问题，带有福利性质。为了社会稳定，中央提出要坚持家庭联产承包责任制的发展。它一方面注意到土地的福利性，即公平性；另一方面又注意到提高土地的效率。土地的公平和福利性是通过取得土地承包股权来实现的，即在社区内的社员无论他是否耕作土地，都享受土地增值后的利润分红。这一制度不是权宜之计，而是终生享用。

在做到股权“生不增、死不减”的社区里，拥有的股权是个人的产权，可以抵押、买卖、转让、继承，因此，土地承包期已不是以 30 年来衡量了。实行土地股份合作制，不仅不与家庭联产承包责任制相冲突，而且发展和完善了家庭联产承包制。土地股份合作制在家庭承包制的基础上进一步解决了生产要素的合理流动以及土地规模经营和效率问题。

（本文作者时任广东省农村发展研究中心试验办主任、副研究员）

1997 年 1 月

创新农村股份合作制的管理形式

周顺钱　陈仲发

南海市桂城区南约管理处现有土地面积 1 平方公里，辖一个自然村，人口 3 000 多人，其中农业人口 2 300 多人。1997 年，管理处经济总收入为 1.6 亿元，集体纯收入 1 100多万元。1998 年，管理处经济总收入为 14 200 万元，集体纯收入 1 167 万元。

1993 年年初，南约管理处推行了以土地为中心的农村股份合作制，当年管理处实现每股分红 1 000 元。由于有了股红分配，在 1997 年前便出现了一些新的矛盾和新问题，为了解决新矛盾、新问题，该区在 1996 年年底制订了“生不增、死不减”的方案，并在 1997 年 1 月起开始实施。

一、问题的主要表现

原章程股权的配置制度，留有切不断的尾巴，主要表现为：

一是股权平均原则。南约管理处股份合作制的合作股股权是“天赋”股权，即不论年龄老幼和时间先后，只要是属管理处的成员，人人有股，至于对管理处的贡献，也仅仅体现在“成人一股，儿童半股”。

二是福利原则。管理处量化到每个人头上的股份的获得与生俱来，即仅凭户籍关系即可无偿取得，“生带来，死不带去”，产权关系不明晰导致农村股份合作制的合作股股东只关注每年的分配份额，对于股本的增值以及集体经济的发展关切程度不高。

三是封闭原则。即规定股份不能合理流转，股东对股权没有处置权。由此就带来了一些日益突出的社会问题，由于股民不愿放弃这份“天赋权利”，使村民不迁出，不进城，一些“洗脚上田”的农民滞留在社区内不愿出外，在一程度上限制了农业人口的转移。

二、具体做法

南约管理处解决上述存在问题的具体做法是：

1. 固定配置股数。把股权一次性配置给农民，以后不再作调整，并规定 1995 年 1 月 1 日至 1996 年 12 月 31 日止属农业户口合理婚迁者及 1996 年 12 月 31 日前结婚（以登记结婚日为准）属农业户口应迁入管理处而未迁，新生而未入户者再延至 1997 年 1 月底止办理迁移户口的人员不再无偿分配股权，切断人口变动时带来利益分配不公的尾巴。

2. 现金补股。对于那些 1995 年 1 月 1 日至 1996 年 12 月 31 日止属于农业户口合理婚迁，新生以及 1996 年 12 月 31 日前结婚（以登记结婚为准）属农业户口应迁入南约而未迁，新生而未入户者可延至 1997 年 1 月底的人员采用现金补股，每人交基本股金 4 000 元方可入股，参加股红分配。对于原章程规定“成人一股，儿童半股”中的半股人员，转为“成人一股，儿童一股”，儿童由以现金 1 000 元买半股，变为人人一股的分配模式。

3. 完善章程。原章程股权不得买卖，不得转让，不得抽资退股，不得继承的“四不”限制，转变为不得买卖，不得转让，不得抽资退股，但可继承的“三不一可”管理模式。并规定可继承的具体办法是；从1997年1月1日起股员死亡，其股权可由其直系亲属继承（土葬者没收其股权，并转为集体股权），无直系亲属死亡者，其股权转归集体股，但补偿4 000元（土葬无补偿），继承人需继承时应带原持股人的股权证及有效的继承证明材料，报本公司董事会批准并办理手续后才能有继承资格。

三、主要成效

南约管理处推行农民股权“生不增、死不减”的做法，经过近二年的实践，取得了初步的成效，主要表现为：

1. 突破了区域界限，促进人才的合理流动与配置。南约管理处实行农民股权“生不增、死不减”，并明确规定股权继承，有效地保护农民的既得利益，鼓励管理处成员外出工作、读书、参军，使人才资源可以充分流动和有效配置。同时，解决了多年来困扰基层干部的“出嫁女”等股权分配的纠纷问题，减少基层工作阻力。社区还可以通过技术、资金等入股形式，大胆引进技术有专长、有技术的能人，逐步解决人才匮缺问题，提高管理处的整体素质。

2. 有利于筹集资金、扩大生产。新章程出台之后，南约管理处通过现金购股，儿童出资补股的形式，使管理处可以筹集资金近20万元，扩大再生产，使集体经济不断发展壮大，从而提高股份社的经济实力和分红能力。

3. 有利于促进其他各项工作的开展。南约管理处实行了无偿配置和有偿配置相结合，实行“生不增、死不减”“迁入不增、迁出不减”的做法，这种做法解决了因人口变动必然带来的频繁的股权调整，减少了农村工作的难度，使管理处班子能集中精力，把其他各项工作开展好。

（本文作者周顺钱时任南海市桂城区办事处办公室主任，陈仲发时任南海市干部）

1998年12月

创建新机制　组织新飞跃

胡国雄　梁耀斌

下柏管理区地处南海市罗村镇西北部的丘陵地区，总面积3.8平方公里，辖下有5个自然村，5个经济合作社。现有农业人口1 697人，其中劳动力893人，外来工约4 000多人。从1992年开始，我们根据深化农村改革要求，结合自身发展实际，着力探索以土地为中心的农村股份合作制，这一新机制的创立和运行，调整完善了生产关系，解放了生产力，使下柏从一个地处偏僻、交通不便、基础较差的穷山村，发展成为初步富裕繁荣的亿元管理区。

一、主要做法和过程

我区作为南海市农村改革试验点之一，于1992年在上级组织的指导下，率先进行土地股份合作制的试点工作，把股份合作制引入土地制度建设之中，实施“一制三区”，即通过以土地为中心的股份合作制，让农民以土地承包权入股的形式，组建新的股份合作经济组织——下柏管理区农业发展股份公司，由管理区对土地实施统一规划，统一管理，统一使用和开发，并且把全区土地划分为农业保护区、工业发展区和群众商住区。与此同时，为了实施“一制三区”的管理，我们改革了原来管理区的行政、经济管理架构，建立起党支部领导下的“一室二司”。即精神文明建设办公室、农业发展股份公司和经济实业总公司，以适应新的经营管理机制运行。

二、初步成效

我区实施农村以土地为中心的股份合作制和“三区”规划，经过5年的实践，收到了明显的成效，表现在以下几方面：

一是确立并实施了“三区”规划，为完善区域内产业发展及土地使用的功能布局奠定了基础。我们通过推行以土地为中心的股份合作制，在对全管理区土地实现“四个统一”的基础上，制定并实施了关系到下柏管理区经济和社会健康发展的“三区”规划，将全区土地具体划分为三大区域：①农业保护区。将1 250亩肥沃的水利条件好的土地规划为农业保护区，作为农业发展用地，由管理区农业发展股份公司进行规模经营。②经济发展区。将面积约1 000亩的山岗旱坡地规划为经济发展区，作为工业用地，由管理区经济实业总公司统一规划开发，或集体投资自营办厂，或招商引资发展民营和外资企业。③群众商住区。将村庄或村庄附近的土地规划为群众生活区，用以兴建农民住宅和学校、幼儿院、商铺以及发展饮食服务业。由于我们确立并实施了“三区”规划，使全区土地的功能布局和产业发展有了明确的规范，从而较好地适应了我区经济和社会发展的需要。

二是优化了农业资源配置，促进了农业的规模经营。过去我区1 000多亩土地由群众各家各户平均分包，由于每户承包面积不大，农民既不能实现规模经营，又不能丢下责任田一心一意搞二、三产业，影响了农业生产发展和农业效益的提高。通过推行以土地为中心的股份合作制，我们在划定的农业保护区内实行分包改投包，促进了土地、鱼塘向占全区劳力10%左右的有资金、有技术、有胆识的种养能手集中，解放了90%以上的农民"洗脚上田"从事二、三产业，从而使农业得到了切实的保护，促进了农业的规模经营。在推行股份制初期，我们规划了800亩稻田，承包给7个农民实行机械化耕作。此外还有300多亩鱼塘、100多亩菜地和果园承包给种养大户经营。近几年，我们根据形势发展和市场变化，在大力挖掘农业资源潜力的同时，适当调整了生产布局，扩大了鱼塘和菜地面积，租给本地或外地农民以至外商用以发展"三高"农业，从而使我区农业实现了由传统型、粗放型向城郊型、集约型、现代化农业方向转变，大大提高了农业效益。预计今年全区农业产值可达3 500万元，比1996年翻了近一番。比1992年增长了近3倍。

三是加速了农村经济的发展，提高了农民的收入水平。随着股份合作制的推行和"三区"规划的实施，一方面使土地资源得到优化配置和合理利用，促进了土地综合效益的提高；另方面又较好地促进农村各个产业的协调分工，同时还有效地完善了农村的经营管理，从而大大促进了我区经济的发展。我们在认真抓好"三高"农业生产的同时，充分发挥岗地资源丰富的优势，重视搞好开发建设，不断优化投资环境，实行"筑巢引凤"，积极招商引资，取得较好的成效。目前，我区的工业发展区内，共办有工业企业43间，其中集体自营8间，中外合资的15间，民营20间，总投资达3亿多元。此外，在商业住宅区内还办起了近百间店铺。今年预计全区农村经济总收入超过2亿元，区级利润达1 500万元，分别比1996年增长18%和15%，比1992年增长281.6%和195。2%。随着农村经济的发展，农民的收入也水涨船高，今年预计农民人均收入可达5 800元，约比1996年增长9.7%，比1992年增长94.7%。股份分红人均约为1 300元，比1996年增长8%，比1993年首次股份分红时增加2.2倍。

四是加快了城乡一体化建设步伐，促进了农村的精神文明建设。"三区"规划的确立，农村经济的发展，为实施城乡一体化建设打下了坚实的基础，有力地促进了我区的精神文明建设。在村政和基础设施建设方面，近几年来，我们投入资金几千万元，建起了高标准的学校、幼儿园、影剧院和自来水厂，修筑了连通各自然村的区内道路和连通东西大道及罗村城区的高标准公路，建设了衔接东西大道的下柏立交桥，同时注意下大力气抓好村容村貌的绿化、美化、净化，从而较好地改善了我区群众的生产和生活环境。此外，我区的社会公共福利事业也得到不断发展。多年来，我们坚持实行养老金制度和合作医疗制度。凡本村55岁以上老人，每人每月均可领取70元的养老金，村民因病住医院可报销医疗费用50%。这样，真正做到幼有所教、老有所养、病有所医。这些变化，使村民切身体会到农村股份合作带来的种种好处和实惠，衷心拥护党的改革开放政策，人们的精神面貌发生了深刻的变化，党总支的威信不断提高，管理区多次被评为市和镇的精神文明建设先进单位。

三、进一步深化股份制改革的思路

我们下一步工作思路主要是：

1. 调整完善股权结构。取消“三个不准”并实行现金扩股，发动村民注资经营，公开向社会招募资金，让更多的人参与我区的经济建设。初步方案是将原来所有以土地入股的集体股、基本股折算成现金股，拟定每股为2 000元，调整后，持股人的性质不变。然后，再向社会募集股份（向社会公开招募的股份发行对象，以本区村民为主，规定每户认购股份限额，最多不能超过5股），拟定每股也为2 000元。这样就使原来的集体股、基本股和社会招募股相接轨，有利于扩大公司经营规模，促进股权流动和资产重组。对新增股份，我们实行入股自愿，退股自由政策，凡购股后要求退股的，经办理相应手续后，可以退还购股本金。今后凡持有股份的就是农业发展股份公司的股东，对公司享有权利和义务。其股权收益与公司的经营运作收益直接挂钩，从过去固定分红转为效益分红，使股民利益与公司效益更为贴身，进一步调动他们支持、关心股份公司发展的积极性。

2. 成立股份集团公司。对集体所属的工业企业，实行资产重组，组建企业股份集团公司。为了转换集体企业的经营机制，使企业更好地与市场经济相适应，我们设想是让管理区属下全资或合资的6间企业组合成立下柏股份集团公司。这6个企业，属管理区全资的有家用设备厂、自来水厂、手套厂；管理区合资企业有环球瓷砖厂、环球装饰砖厂和联社纸箱厂，我区在6个企业中所占有固定资产总值约为4 190万元。拟由管理区拥有其中51%的股份，其余49%股份推向社会让村民自由认购，同时，我们考虑吸收部分外来资金。集团公司股份认购、退购方式和其他管理与农业发展股份公司相似。

我们组建股份集团公司属下6间企业都有较好的经济效益，其产品销往全国各地，部分产品还出口到国外。框算6间企业的总产值超过1亿元，利润可达1千多万元。股份集团公司计划每年两次分红，纯收入中的30%作为提留，其余70%用作股份分红。

（本文作者胡国雄时任南海市政研室主任，梁耀武时任南海市政研室科长）

1998年1月

南海经验受到国内外学者重视

刘季芸

今年1月11～13日，在海南省海口市召开了联合国开发计划署和中国（海南）改革发展研究院联合举行的“中国实行长期而有保障的农村土地使用权”国际研讨会。来自世界银行、美国、日本、越南和中国的专家出席了会议。原中共中央农研室主任杜润生同志出席了会议，并在会上作了讲话。中方和外方学者就中国农地制度和国际经验发表了各自的见解，并进行了热烈的讨论。

对于《中共中央关于农业和农村工作若干重大问题的决定》提出了“赋予农民长期而有保障的土地使用权”和贵州省湄潭县在农地制度采取的“增人不增地、减人不减地”的做法，中外方代表均表示认可和赞赏。

对于中国的农地制度，除现行集体所有制外，代表们还提出了农地私有化和国有化的观点。国外有代表提出可在中国进行土地私有化的试验，认为农地私有化可提高土地的使用效率和有利于对土地的长期投入。西北部、西南部的学者提出中国可在“五荒”地中实行土地的私有化。中部学者则提出农地的国有化和永佃制，就是目前集体所有的农地，收归国有，而农民用地直接向政府长期租用，取消集体所有这一层次。认为目前集体层次的产权不明晰，土地集体所有为某些地区的干部侵害农民利益提供了特权。

在中外代表发言中，我介绍了南海市农村土地股份合作制试验的动因、做法和经验。与会代表对南海做法很有兴趣，并进行了较热烈的讨论。代表们认为南海将土地的所有权、承包权和使用权三权分离，把土地从实物形态变为价值形态，把土地的承包权作为股权分配给农民，农民成为股东，取得土地产权中最重要的土地收益的分配权的做法很好。这样农民可以放心转入二、三产业，经营农业的农户也可扩大规模，通过投包提高了土地的利用效率。社区集体增加了收入，可以为社区提供公共物品，如兴办学校、医院、幼儿园、道路、娱乐设施、老人福利等，也增强发展集体经济的实力和活力。实行土地股份合作制，选举“三会”（股东代表大会、董事会、监事会）成员，增强了农民的民主意识，也推动了农业现代化和农村工业化、城镇化的进程。特别是有一部分管理区已将土地股权做到“生不增、死不减”，股权允许继承、转让、赠送、抵押。这一做法实现了土地在集体共同占有下的个人所有权。杜润生同志对此很赞赏，他在会上说：“南海的经验使我看到了新的希望。”国外主张农地私有化的学者，听了南海的做法后，也认为它是目前解决中国农地制度的好办法。南海经验也得到主张农地国有化代表的认同。

（本文作者时任广东农村改革试验区办公室主任、研究员）

1999年1月

农村土地股份合作制促进了土地资本化

刘季芸

南海市作为全国农村改革试验区，担负着农村土地制度改革的试验任务。在 1992 年邓小平同志南巡讲话后，珠江三角洲兴起了又一轮的经济热潮，随着外资输入、工业用地和房地产业的兴起，农村土地进一步显示了级差地租。当年春季广东省放开了粮食价格和统购任务，广东农地获得了按市场规律进一步调整的机会。南海市罗村镇下柏管理区率先试行了农村土地股份合作制。下柏管理区的改革，将土地所有权、承包经营权、使用权三权分离，把农民的土地承包权改为权股，解决了农村土地均分细小零碎、生产力低下的问题，将土地集中重新规划为农田保护区、商住区和经济开发区，使土地在更大范围内优化组合，从而促进了农村工业化、农业现代化和城乡一体化。

这一制度创新，受到南海市委、市政府的重视，南海市农村改革试验区及时总结了他们的经验。1993 年以后，南海在全市推行了以土地为主要内容的农村股份合作制的改革。目前，全市建立了农村股份合作组织 1 870 个，其中以管理区级（现在的村民委员会）组建的集团公司有 192 个，占全市管理区总数的 79.7%，股份经济合作社 1 678 个，占全市经济社总数的 99.8%。在推行股份合作制中，通过对全市农村土地、财产进行评估作价折股，将 130 亿元的价值，以股份的形式配置给全市 76.6 万农民，向他们发放了股权证书，确认了农民在集体经济中所占的份额。这一制度的推行，使全市土地能够重新规划和组合，全市建立了 3 万公顷农田保护区，0.5 万公顷靠近城镇公路和山坡地划为经济开发区，以及 0.17 万公顷的商住区。实行农村土地股份合作制，促进了农村进一步的发展。1998 年全市农村经济总收入 638.6 亿元，集体经济纯收入 34 亿元，农民人均纯收入6 214 元，分别比未推行股份合作制前的 1992 年增长 370%、149.6%、150.4%。全市集体经济股份分红 6.1 亿元，人均分红 808 元，全市、村两级集体提留 8 亿多元，比 1992 年增长 199%。5 年来，全市农村区、村两级共投入 20.5 亿元发展精神文明建设，投入 96.8 亿元发展集体经济。土地股份合作制的实行，增强了农民的民主意识，增进了基层民主制度的建设。南海的经验已被省委、省政府在珠江三角洲地区进行推广应用。

随着市场经济的发育和完善，农村土地股份合作制的试验也在逐步深入和发展。股权从凝固到流动，社区从封闭到开放，它反映农村正经历着经济市场化、土地资本化、城乡一体化、农村现代化的变化。土地资本化有效地促进了农村现代化。

一、改革初期由于社区的封闭性决定股权不能流动

1992 年土地股份合作制在南海试行，1993—1994 年逐步在全市推开。当时各社区的股份章程以及南海市委和政府关于推行农村股份合作制的意见［南发（1993）24 号］文中明确规定："农村股份合作制是在社区合作经济组织的基础上建立起来的。因此，在农

民持有的股权的价值中，包含有相当部分是原来积累下来的价值。所以，除其中直接以现金入股并有明确规定的股权外，其他的股权原则上不能继承，不能抵押，不能转让，更不能向集体退股取值”。

省委办公厅 1994 年 4 月 22 日在“珠江三角洲地区农村股份合作制改革座谈会记要”中规定“明确土地集体所有的性质，承包经营者不得将土地用作抵押资产；以土地配置的村民股股权，只是参加分红的依据，不能转让、买卖、抵押、继承”。

无论是在南海市或省里的文件里，都明确规定股权不能流动。主要的理由是农民的股权是集体无偿配置的，如果允许股权流动，就会损害社区经济利益，农民的思想一时转不过弯来，认为股权一流动就会使集体经济流失。

二、论证会的启示——理论对实践的指导

1994 年 1 月广东省农研中心和中共南海市委联合召开了“以土地为中心的股份合作制”的论证研讨会。我国农村战线上的老领导和专家杜润生等同志出席了会议。

杜老在发言中肯定了南海利用股份制改造土地集体所有制，农户的承包权改变为股权并取得相应的收益，使外出农民安心就业，留下的农民，通过标包搞好规模化经营，促使农业结构平稳地向现代产业转变，可以说是一种制度创新。同时他指出在社会主义条件下，建立股份合作制，应尽可能多吸收公司制和合作制双方的优点，尽可能避免二者的弱点。如开放性，投资投劳成员不限于本村农民和本单位职工，可向市场融资，向社会吸收个人股、法人股、基金组织股、技术股，办成有社会公众参与的经济组织。进入产权市场，保持产权的流动性，可利用证券和其他形式实行柜台交易或股市交易，积极参与竞争。让市场评价企业效益，效益好的可扩大股东，效益不好的被股民抛弃。扩大股份，可以把分散在社会的金融资产聚集起来，为我所用，同时可将经营风险分散于股东公众。

对于一部分股权属于个人会不会削弱公有制以及两权分离的问题，杜老用马克思和恩格斯的话作了回答：“这种财产不再是相互分离的生产者的私有财产，而是联合起来的生产者的财产，即直接的社会财产”。“在股份公司内，职能已经同资本所有权分离”。“管理劳动作为一种职能，越来越同自有资本或借入资本的占有权相分离”。他重申了马克思讲过的“未来共产主义社会，将在协作和对土地及靠劳动本身资料的共同占有基础上重建个人所有制”。提出搞股份合作制，应保留发扬合作制平等精神和社员主体价值观；董事会、监事会应有职工公举的合法代表，参与决策；经理人员的招聘，应通过集体评议；凡关系职工利益的事项，应通过社员代表大会决定，一人一票制和一股一票制并用。

对于土地股份合作制，杜老提出要重视土地资源的特殊性。按家庭承包制涵义，土地所有权归集体，土地使用权归农民，土地被农民使用才能有收益。农民让出使用权要求得到对应补偿物，是合情合理的。土地不能带走，股份只是一种以货币收入体现的收益权，允许转让，并不影响土地照常共同占有，共同使用。

杜鹰同志也进一步阐明了股份制与合作制的特点和差别，并要求南海进行土地“生不增，死不减”，以及股权的“生不增，死不减”的试验。

杜老及杜鹰主任在会上的发言针对性很强，指导性也很强。1994 年初，南海农村土地股合作制刚试行一年多时间，一方面由于缺乏理论指导，另一方面由于社区封闭性的局

限，提出土地股权不能转让、抵押、继承、交易。这恰恰是与建立社会主义市场经济的目标不一致的。因为股权不能流动，土地这一要素就不能进入市场，产权市场就不能完全形成，资源和要素的优化组合就难以办到。杜老等领导正是看到问题所在，特别提醒要注意社区的开放性和股权流动的问题。对于股权的“生不增，死不减”的试验，当时还不为大家理解和接受，也有人认为不符合当地的实际。

三、土地资本化推动了社区的开放

土地资本化，是土地所有者凭借对土地的所有权，在所有权和经营权转移时索取报酬，由此而产生的地租收入。为了取得地租就要对土地进行估价和计算，正如马克思所说：“土地价格无非是出租土地的资本化的收入。”

对于农村土地资本化，可视土地所有者——村农业合作社等农村集体经济组织或村民委员会，在承包权和使用权转移时索取报酬，而产生的地租收入。

农村土地资本化要在土地承包权或使用权转让的过程中才能产生，因此，在改革开放初期，推行人均分包，无偿承包，农户进行自给半自给生产时，作为赖以生存的土地是难以实现资本化的。当然农户之间有偿转让也能有地租收入，但这仅是局部和少数的。

随着改革的深入，工业、商业资本输入，农村产业分化，农村工业化和城乡一体化的发展，要求对农村土地进行统一规划使用，进行功能分区，如农田保护区、经济开发区和商住区。土地股份合作制正是顺应这一发展要求的经济体制的变革。

南海在实行农村土地股份合作制后，土地从农地的单一用途变成了多种用途。一部分土地用于兴办工业和开发房地产，另一部分农用地采用投包的办法收取一部分投包款，土地收入增加。据统计，1998 年全市农村股份组织的经济总收入 16.74 亿元，其中农业土地投包收入 2.16 亿元，占总收入的 12.9%；非农土地出租收入 4.5 亿元，占总收入的 26.9%；物业出租收入 6.89 亿元，占总收入的 41.2%；其他收入 3.18 亿元，占总收入的 19%。由于农村土地股份合作制的推行，进一步显示了土地的级差地租，为实现农村土地资本化提供了可能和条件。

由于土地资本化，农民取得了级差地租，也出现了一些日益突出的社会问题。主要有如下 3 个：

1. 农村人口不愿转移到城市。土地股份是凭当地农村户籍进行无偿分配的，只要是当地的村民，人人有份。农民有了这份“天赋权利”，村民有了股份分红后，不愿意迁出和进城，连已经“洗脚上田”从事二、三产业的农民也滞留在社区内。

2. 城市人口回流农村。按原章程，股权是按户籍关系配置，并实行一年一度的调整。这就使得当地人口急速增长，一是外嫁女不但不将户口迁出，而且把丈夫和子女户口迁入该区；二是一些外地人通过各种关系将户口迁入；三是已经转出的“农转非”人员，也设法变为“非转农”，如白塔股份社在 1994 年不到一年时间，外边迁入户口的人数达 124 人，这些人也与当地居民享受同等待遇，造成人口局部膨胀，挤占了本村村民的利益，引起村民的不满，也阻碍了集体经济的进一步发展。

3. 发展机会与资金不足的矛盾。土地资本化给予农村土地更多的发展机会，但是在资金不足，信贷困难的情况下，失去许多发展的机会。社区需要筹集发展资金。

鉴于以上矛盾，在论证会后的两年，在土地资本化较快的广州、佛山、南海市郊，开始了股权“生不增，死不减”的试验。里水镇草场管理区，在得到群众拥护的条件下突破了股权不能“转让、抵押、继承、买卖”的限制，规定在1995年12月31日后迁入该区的人员，新出生或结婚迁入的，不再分配股权。取消集体股，在分红前纯利润中提取发展基金、公益金、公积金和经营风险金。在生产资料集体所有的基础上，把集体财产全部折股量化到个人，从实物形态转化为价值形态，股权可以在一定范围内流动，允许“转让、赠送、抵押、继承”。这样农民的股权就成为个人财产，也就实现了在土地和集体资产共同占有基础上的个人所有。

对于新增人口，采用现金购股。对于新出生的配5股，新嫁入的配6股，采用优惠办法，按当时股值的30%计算，用现金购买。这样一方面可以补充集体资金的不足，另一方面又解决了新增人口的福利问题。

罗村镇下柏村为了筹集企业发展资金，更好地开拓市场，计划将土地股份和集体企业的股份折价，以每股2 000元向村民发售。同时也向社区外发售。这一新的构想，使社区从封闭走向开放。

四、土地股份合作制促进了土地资本化和农村现代化

推行土地股份合作以来，南海农村经济发展迅速。1998年与未推行股份合作制以前1992年相比，全市农村经济总收入增长3.7倍；农村集体经济纯收入增长4.8倍，农民人均纯收入6 241元，增长151%；农业收入43亿元，增长148%；工业增长280%；第三产业发展迅速，社会消费品零售总额106亿元，增长310%。农村股份合作制为农村现代化奠定了物质基础。

（一）通过有偿承包实现农业规模经营，加强了农田基本建设，促进了农业现代化

实行土地股份合作制后，建立了3万公顷的农田保护区，有2.4万公顷土地进行投包经营，收回投包款2.16亿元。1998年全市“三高”农业规模经营的农户有1.88万户，面积1.8万公顷，占总耕地面积的49%。收回的投包金是农用地的地租。这部分资金，对于没有集体经济的社村是很重要的。这部分收入，集体可以用来发展工业和第三产业的原始资本，作为启动资金，也可以用作进行农田整治、改善农业生产环境和生态环境的资金。九江新龙管理区的农业是以淡水养殖为主的。该区在实行土地股份合作制前由于投包期短，养殖户重生产，轻整治，鱼塘普遍出现“基崩塘淤路难行”的情况。1994年遇特大暴雨侵袭，该村有80%鱼塘塘基水淹漫顶，经济损失达200多万元。在实行土地股份合作制前要改善生产条件也难于办到，因为管理区由2个自然村和10个生产队组成，队与队之间的鱼塘相互交错，无法连片整治。农地实行土地股份制后，全区鱼塘实行统一规划，连片整治。规划每口鱼塘面积0.27～0.4公顷，塘基基面宽2米以上，机耕路宽5～6米，塘坎坡度1∶2，鱼塘水深在2.5米以上。从每年投包款中提取10%作为鱼塘整治基金。1997年投入80余万元，整治鱼塘26.67公顷，修机耕路1.7公里，疏涌1.5公里，清淤泥3 500立方米，使该管理区养殖生产环境大为改善。

（二）土地资本化，促进农村二、三产业全面发展

通过土地股份合作制，规划了工业开发区和商住区，各社区采用土地入股，土地出租

和物业出租等形式，发展二、三产业。

对于集中开发的连片工业用地，各社采取被征土地的以土地入股，没有被征地的以现金入股组建集团公司，进行土地开发，如狮山区的沙桥管理区对于各个经济社开发工业用地时，采用各社以土地入股或现金入股的办法，首期开发 10.67 公顷，公司第一年实现利润 30 多万元。

由土地出租转化为物业出租，各社区下属的股份公司，为提高土地收益率，土地经营从原来的土地出租改变为物业出租，根据地理位置和市场需求，兴建厂房、酒店、仓库、商铺以至市场等物业出租，如盐步区的大方、大转弯、东城等股份公司，利用广佛地缘优势，兴办竹木、家俱等大型批发市场。1997 年三个公司分别获利 830 万元、480 万元、155 万元。1998 年全市农村非农土地出租收入 4.5 亿元，占总收入的 26.9%，物业出租收入 6.9 亿元，占总收入的 41.2%。

（三）促进了农村精神文明建设

实行土地股份合作制，农村集体经济有了农地投包款、土地出租和物业出租等收入，使农村有了经济实力进行小城镇建设，兴建公路、公园、办水、办电、兴建小学、幼儿园、敬老院。有一部分乡镇每月给老人（男 60 岁，女 55 岁）发放退休补贴；对社区的村民提供合作医疗补贴；提供计划生育、征兵等费用补贴。1998 年统计，全市股份组织投入社区精神文明建设总额 3.13 亿元，其中投入村政建设 2.5 亿元；实行合作医疗制度有 655 个股份组织，支出 3 437 万元；实行老人退休金制度 420 个股份组织，支出 2 051 万元；实行大、中专学生入学补贴 130 个组织，补贴 809 万元。

实行土地股份合作制，促进了土地资本化，使土地从单一农业用地，变为一、二、三产业多功能用地，级差地租增加了农村财富，从而带来了农村经济和精神文明共同发展，为实现农村现代化创造了制度和物质基础。这一制度是很值得深入探讨，并促进其发展的。在今后的试验中，要不断地向着建立社会主义市场经济总目标进一步完善，最终要使土地这一要素作为资本进入产权市场。

（本文系作者时任广东省农村改革试验区办公室主任、研究员，本文为其在“中国农村土地使用权立法和制度安排国际研讨会”上的发言）

1999 年

大胆试验　勇于探索

王利文

今天南海市8位同志介绍了农村土地股份合作制的情况，很有启发。南海市的农村股份合作制的试点经验，的确是值得推广，值得总结的好经验。同时他们也提出了一些存在的问题，主要表现为有30%的股份合作公司出现了不很理想的状况。这些问题通过两天看现场，听介绍，我感觉到有许多新情况，新问题，需要我们去认真研究。因为这个会是研讨会，因此还不可能有明确的结论，有许多东西还需要今后继续调查研究。关于南海农村股份合作制的问题，我谈一点想法：

一、把农村土地股份合作制改革与率先基本实现现代化结合起来

过去的十几年来，对于农村股份合作制这个问题，我认为是农村深化改革中出现的一个新的事物。有些专家学者甚至认为它的意义不亚于“联产承包制”，因而对这项改革大家都非常关注。我虽然较少参加以土地为中心的农村股份合作制的调查研究，但还是比较关注这个问题，主要的理由是现在省委、省政府提出经济特区和珠江三角洲要在全省率先基本实现现代化，与我们以土地为中心的农村股份合作制有密切的联系，给我们提出了新的要求和新的任务。

要率先基本实现现代化，不可能没有农业现代化，农业不能拖现代化的后腿。那么农业要实现现代化，较发达地区，劳动力转移较多的地区，土地不可能总是分散到千家万户，长期地维持这种零散的经营模式。如果土地继续停留在分散的承包经营机制上，就难以形成规模经营，难以推行农业现代化科技，难以大面积实现农业现代化的经营运作。这一点呼唤着我们的农业现代化要在以农村土地股份合作制的基础上加快实现，要把推进和完善农村土地股份合作制工作与率先基本实现现代化结合来抓好。这是省委、省政府要我们试验区回答的问题，要我们研究中心研究的课题。

省委、省政府提出这个问题，是根据我们珠江三角洲在若干年来改革开放中先走一步的现实，以及江泽民总书记给我们珠江三角洲及全省要在率先实现现代化中先走一步的要求提出来的。南海市经济发达，毗邻大城市，土地级差地租显著，特别是率先实现现代化中要求我们农村土地管理要跟上来。要真正起到率先实行，作好示范的作用，要有这样的责任感。

二、南海市农村土地股份制是农村改革的探索

既然是改革探索，就允许有多种多样的形式，有不同的经营管理模式。南海市面上农村股份合作制本身就搞了许多不同形式。组织形式有村一级的，有镇一级的；经营类型有鱼塘区型、丘陵区型、城郊型等，这些都是根据不同的地区，因地制宜而建立起来的，群

众比较拥护，效果也比较好，我们应该理直气壮地支持改革探索，认真地总结和推广他们的经验。

有的同志担心，农村土地股份合作制与现在党中央提出“农村土地承包期三十年不变”的问题有什么矛盾？我认为，农村土地股份合作制和完善家庭联产承包责任制没有本质的矛盾，只是农民承包的土地转变了表现形式，承包权变成股权，物质化的土地变换为资本化的土地而已。这个问题中央的专家以及省的同志绝大多数是赞同的，但也有一些同志有争论，有不同看法。这不奇怪。但把农村土地股份合作制的做法认真分析后，大家都会倾向于赞同这个观点。作为改革的试点，不可能有百分之百看法完全相同，但不同观点可以通过试点继续完善好、改革好。农村土地股份合作制的确是一种创造，我认为这种创造可以大胆推进试验。

三、农村土地股份合作制的建立要具备一定的条件

今天大家都讲了很多，一是经济要比较发达，二是农村劳动力转移要比较多，三是干部的经营管理水平比较高，而且需要群众自愿，要与群众的觉悟相适应。农村土地股份合作制要具备这些条件才能推行。目前一些地区没有推行农村股份合作制，可能这些地方不具备这些条件，我们要慎重考虑。省委、省政府现在还没有把南海市农村土地股份合作制在全省全面推广，说明有些地方还不具备条件，但应该有信心。

我的看法是，改革有许多做法在开始时不可能全面完善，大家都有共同的认识，那么如果说那些方法认真加以完善深化，相信还是可以把它做好的。联系到十五大，国有企业的改革方案之一也提出股份合作制，中央是提倡的。中小企业的股份合作制可以说是吸收农村股份合作制经验总结出来的，也可以说从农村股份合作制改革中得到启发。中央提出股份合作制的形式可以多种多样。南海市农村股份合作制是全市大面积推行；在全省推广尚须时日，要根据各地的条件、群众的意愿搞农村股份合作制，不要搞一刀切，这是大家的共同体会。

四、完善和提高农村土地股份合作制的问题要提到议事日程上来

深圳农村土地股份合作制的做法已做到法制化，他们的经验很好，是结合本地实际的好做法，但有其特殊性，当然也需要进一步加以完善。南海市农村股份合作制现在也在股权设置、股权流动等方面搞试点加以完善，都出现了不同的新做法。目前的问题是那些搞得不好的股份合作公司怎么办？南海有近30%的股份合作制公司处境不太理想，有些只是挂招牌，走老路，有些是经营管理不善，等等，如果不抓紧改变这种局面，那么对农村股份合作制有比较大的负面影响。农村股份合作制的完善是值得我们共同努力的大事，我们要督促各级有关领导共同做好完善工作。如何完善，一是要加强领导，充实力量，有的需要派工作组下村，有的要加强镇级的经营管理队伍，加大力度做好完善工作，工作重点放在30%的股份合作公司，未正常运作的要尽快完善。二是在完善农村股份合作制工作过程中，要尊重群众意愿，多做农村股份合作的正面宣传。对那些条件仍不具备的地方绝不勉强，需要退回去群众又强烈要求退回去的暂时退回去，等待条件成熟后再开展。三是要组织培训，培训农村干部，教育和培训农民骨干，以适应农村改

革新发展和完善农村土地股份合作的新要求。四是要搞分类指导，对不同类型区域土地股份合作制采取不同方法，要分类指导，因地制宜，科学决策，千方百计壮大农村集体经济。只要大家共同努力，一定能把南海市农村土地股份合作制工作搞好，为率先基本实现现代化贡献力量。

（本文作者时任广东省政府发展研究中心副主任）

1999年10月15日

“完善和深化南海市农村土地股份合作制”研讨会综述

广东省农村改革试验区办公室和南海市农村改革试验区办公室1999年10月13～15日在南海市西岸镇联合召开了完善和深化南海市农村土地股份合作制研讨会，旨在肯定成绩，找出问题，理清思路，明确方向。省政府副秘书长周炳南、省政府发展研究中心主任董宏、副主任王利文、原农研中心领导谭国侃、马恩成、唐启洪、南海市委常委钟美恃及有关部门领导、专家学者30余人参加了会议。

一

与会代表参观了里水镇的农田保护区、农民公寓，盐步镇河东的专业市场，九江镇新龙村的鱼塘整治，西岸镇的无公害蔬菜基地和生态旅游区等。对南海市推行土地股份合作制的作用有了进一步的了解。代表们听取了南海市农村改革试验区办公室主任余伟基及有关区村负责人的汇报。重点谈了土地股份合作制的现状、意义、成效、问题及下一步的工作设想。

南海市1992年推行土地股份合作制有新的突破。一是突破了旧的产权制度，实现了农村生产要素组合方式的转变。全市通过对土地财产的评价折股，将130多亿元的资产以股份形式配给全市76万农民，发放了股权证书，以股权代替了承包权，以明确的股份合作制代替了原来高度集中、产权模糊的集体所有制。二是突破了农村家庭联产承包制土地零散经营的格局，实现了土地的适度规模经营和基地化生产方式的转变，丰富和发展了家庭承包制。现在全市有规模经营大户9 800多户，投资额10亿元以上。三是突破了利益分配上的平均主义，实现了农村集体利益分配方式的转变。四是突破了人民公社时期遗留下来的农村集体组织管理制度，实现了用股东大会、董事会、监事会“三会”制代替行政管理体制，真正做到民主决策、民主管理、民主监督。到目前止，全市已有农村股份合作组织1 870个，股民76万人，总股本104.7亿元，其中土地折股78.6亿元。1998年农村股份组织经营总收入16.74亿元，其中与土地有关的收入13.56亿元，占总收入的81%。

从总的情况来看，南海市农村股份合作制取得了很大的成效，但也存在着发展不平衡的问题。从运作的情况看，大致可分为3类：第一类的股份合作社理顺了各种关系，实现了生产资料优化组合，运作良好，取得了显著的成绩。这类社占股份社总数的30%左右。第二类通过股份制改善了内部管理，能够合理分配，运作较好。这一类社占股份社总数的40%左右。第三类约占股份社总数的30%左右，这一类社虽然挂了牌子，但有名无实，形同虚设；或是内部管理不善，“三会”制度不健全；或是拼社拼队后利益关系未能理顺，无法运作。

今后一段时期内的工作重点是抓好分类指导。对第一类股份合作社抓深化，推行“固化股权”的做法，以解决农村人口变动带来的利益分配矛盾，促进股权的合理流动。对第二类股份合作社抓巩固，完善其内部管理制度，把经济搞好，增强股民信心。对第三类股份合作社积极引导，加强正面宣传，理顺关系，解决矛盾，尊重群众意愿，条件成熟一个搞一个。

里水镇人大副主任郑时波在发言中说，里水镇1993年实行土地股份合作制，用配置股权的形式将土地从农民手中置换出来，重新进行规划和功能分区，在0.35万公顷的规划面积中划出0.27万公顷作为农田保护区，防止了耕地的过快非农化，同时将农田分为禾田区、鱼塘区、经济作物区，有利于灌溉耕作和管理，统一规划土地使建造农民公寓变为现实。沙涌的农民公寓不仅节约了2/3的土地，改变了农村只见新楼不见新村的混乱无序状态，也促进了农民生活方式的转变。

盐步镇河东村由14个生产队组成，队与队土地互相交错，由于利益难以协调，要开发土地搞二、三产业很困难。河东村引入土地股份合作制后，由村或经济社对土地进行统一规划和经营，收益按4：1：5分配给村委会、经济社及股东，既解决了土地开发难的矛盾，又发挥了河东接壤广州、交通便利、信息灵通的优势。现在河东村已拥有各类专业市场10多个，占地20多万平方米。其中颇具规模的有3万平方米的藤器市场，5万平方米的家具市场，2万平方米的塑料城，10万平方米的胶合板市场；还拥有占地8.67公顷的工业开发区和各类大中小型企业近40间。村委会主任刘绍芬认为，土地股份制打破了原有的土地界限，有效地促进了土地、劳力、资金等生产要素的优化组合。土地宜工则工，宜商则商，宜农则农，不断增值。1998年，村集体经济总收入和纯收入分别为5亿元和1 200万元。全村人均股红分配4 500元，最高的虎榜经济社人均股红分配达8 000元。

九江镇新龙村的农业以淡水养殖为主，由于1994年的特大暴雨，塘浅基崩，全村有80%的鱼塘漫顶走鱼，经济损失200多万元。“基崩塘烂路难行”使鱼塘水质下降，运输不便，成鱼出塘售价普遍比市价低，仅此一项每年就减少收入近10万元。成立股份合作社后，将互相交错的10个生产队的鱼塘统一进行整治，投入80多万元整治鱼塘近26.67公顷，修了4～5米宽的机耕路1 700米，疏涌1 500米，清淤泥3 500立方米，大大改善了生产环境。村委会主任潘基桐说，经过治理的鱼塘，每年的投包款收入增加了51万元，社员分配增长了60%。同时，塘基地、三边地种菜和经济作物的面积从5.33公顷增加到13.33公顷，年收入达16万元，比原来增加了2.5倍。既提高了土地利用率，又增加了农民收入，一举两得。

罗村镇下柏村是南海市率先进行土地股份合作制试点的村。实行土地股份制后，促进了鱼塘向占全村劳动力10%的种养能手集中，使90%的农民“洗脚上田”从事二、三产业。预计1999年农村经济总收入超2亿元；农民人均收入可达5 800元，比1992年增长94.7%，人均股红分配约1 300元，比1993年首次分红时增加2.2倍。村干部黄志良说，现在村里建了高标准的学校、幼儿园、影剧院和自来水厂，修起了连通各自然村的道路及连通东西大道的公路。村里还实行了养老金制度和合作医疗制度，凡本村55岁以上的老人，每人每月可领取70元的养老金，村民因病住院可报销50%的医疗费。

曾被称为南海市的“西伯利亚”的西岸镇，由于交通不便，信息不灵，改革开放十多年来面貌没有大的改变，耕作水平还停留在60年代的水平。农民思想观念保守。本地没有一条像样的公路和桥梁，经济发展迟缓。本地群众外迁2 000人。1991年，领导班子提出了以地换桥，以地换路开发新西岸的构想。1994年又确立了以旅游业为龙头，带动工业、农业、商业、房地产业发展的思路。1995 年以镇为单位成立了西岸农业股份集团有限公司，对全镇土地实行统一管理、规划、开发和经营，土地资源实现了最大限度的优化配置。现已开发了 5.33 公顷蔬菜基地，3.33 公顷苗圃场，筹建了 200 公顷无公害蔬菜基地和千亩优质水产基地。正在筹建的占地 400 公顷的农业保护区同时也是三高农业和旅游观光农业，集科技、观赏、品尝、游玩于一体，很有特色。随着桥梁道路、供水供电、邮电通讯等基础设施的完善及新城区、风景区的建设和开发，西岸已从一块飞地变成宝地。

土地股份合作制在南海实践的意义和作用，正如南海市委常委钟美恃在讲话中概括的："它是继家庭联产承包制和乡镇企业之后的第三次大飞跃。第一，促进了农村经济的大发展。南海市经济总量的 90%在农村，1998 年农村经济总收入 630 亿元，三级财政 34.86 亿元。第二，促进了三高农业的发展。1998 年全市农业总产值达 43 亿元。第三，促进了农村劳动力的转移。现在国内生产总值中第一、二、三产业的比重为 8.53∶48.89∶42.58，结构较为合理。第四，促进了农村各项管理上水平。第五，促进了农村的城市化"。

二

与会代表对南海市实行的土地股份合作制给予较高评价，认为它初步探索出了一条既符合家庭联产承包制的原则，又符合社会主义市场经济发展的路子。

原农研中心主任马恩成认为，土地股份合作制和党在农村的基本经营制度——以家庭联产承包为基础，统分结合的双层经营体制并不矛盾，而且是一种发展。从"分"的方面来说，承包权变成股权，既实现了剩余劳动力的转移，又能把农业用地通过招标的方式集中到种田大户手中形成规模经营，这也是家庭承包经营的范畴。从"统"的方面看，土地有偿集中到村队一级，有利于新的优化组合，适合发展二、三产业。从两方面看，它都是家庭联产承包的统分结合双层经营机制的发展和提高，使农村生产力的发展水平向前迈进了一步。同时，股份合作制的土地集中不是恢复过去计划经济时期的集中领导，而是通过股份合作制的形式来运作，有"三会"的制约和监督，不是重复以前的老路。

原农研中心副主任唐启洪认为，土地入股是在承认土地承包权的前提下把土地的实物形态变为价值形态，把承包权转化为股权，和家庭联产承包制没有矛盾，并且通过股红的分配保护了群众的利益。

南海市委办副主任胡国雄认为，在国土资源部、农业部、国务院发展研究中心前不久召开的研讨会上，许多领导和专家都认可南海市农村股份合作制的做法，认为其与中央提出的延长土地承包期 30 年的政策是能够衔接得上的。

对几年前有争议的股权的不准转让、不准继承、不准买卖的做法，这次会议上大家达成了共识，一致认为股权的"三不准"会引发新的矛盾，阻碍产权的流动。

里水镇是南海市最早突破"三不准"做法的。1996 年碰到的新矛盾：一是股红分配高的村，外嫁女不愿迁出；部分迁出的，甚至已是非农人口的又要求迁回，人口的膨胀影响了股民的分配。二是部分经济社修路、建厂房、建市场需要资金。里水镇邓岗村规定，在 1996 年 12 月 1 日后出生或结婚迁入本村农业户口的人，不再分配股权，但可以参加现金购股；已享有配股的股东，迁出或死亡后，仍保留其原有股权，可以继承，可以转让。

通过用现金购股的办法既可以解决所需资金，又可以解决新出生或嫁入等新增人口的股份问题。郑时波认为，固化股权的做法是有道理的，因为实物形态的土地可以一次性给农民承包 30 年不变，那么作为价值形态的股权当然也可以一次性分给农民。固化的股权由于可以继承，从长远看，各个家庭拥有的股份大体是一样的。

平洲区今年 7 月开始搞股权流动试点，11 月底可全面完成。平洲区农办主任陈明振介绍了他们的做法：将股权分解为土地股和物业股。土地股根据耕者有其田的原则量化到农业人口，随着户口的终止而取消。物业股是由本经济合作组织的净资产构成，按年龄按人量化到村民，作为村民的股本。为了处理好“出生、死亡、迁入、迁出”4 种人的股权权属，规定在一定时间内可以买卖、转让、赠送、抵押。

深圳市 1983 年开始搞以资产为中心的农村股份合作制，开始是以集资为主的企业型股份制，后逐步发展到社区型资产折股的股份制。深圳市农业局郑璇处长介绍了深圳市 1997 年结束天赋股权的做法：首先重新确定股东资格。一类股东是土生土长的当地村民；二类股东是曾经在村里居住过，后迁走现又迁回的那部分人。各类股东按规定享有不同收益权。另外实行有偿购股，股权确认后，分为集体股、合作股和募集股。合作股和募集股归个人所有，股东不论是否在本地居住，都能拥有股权。这样，促进了人才的流动，有能力、有专业的人才能够安心地离开农村另谋发展。同时，他们还注意到股份合作制的规范和立法问题。

广州市天河区石牌街道办事处书记刘苑珊结合天河区搞股份制的经验教训，提出自己的看法。她认为应彻底取消集体股，允许股权继承和转让。对农转非的人员放弃土地承包权和所持集体股权的应给予必要的补偿，这有利于割断他们与土地以及原集体的脐带，有利于农村劳动力向二、三产业转移，减轻土地压力，扩大规模经营。

省农办经管处副处长杨志平认为，“三不准”与土地管理法有冲突，“生不增，死不减”的做法才是真正意义上的稳定土地承包 30 年，允许转让、继承、买卖能够较好地与土地管理法相衔接。

佛山市农委副主任林效祥认为，南海市的土地股份合作制是适合佛山市农村实际情况的发展模式。佛山市委、市政府十分重视南海市土地股份合作制的做法，并于 1997 年开始在佛山市范围内推广。现在全市以村一级为单位的股份组织有 485 个，以经济社一级为单位的股份组织有 2 440 个，股份制覆盖面达 95％。

省委、省政府对南海土地股份合作制是肯定的，但仅在珠江三角洲进行推广，没有在全省推开，这是因为搞土地股份制需要具备一定的条件。唐启洪同志回顾南海试验区成立初始，在设计试验方案时就已提出了“三权”分离的设想，但那时条件不具备，没有实行。原农研中心主任谭国侃归纳了推行土地股份合作制的条件：第一是农村劳动力转移六七成；第二是二、三产业要成为主导产业；第三是村镇干部领导水平要高；第四是群众有这个要求。不具备这些条件，不能保证给农民稳定的股红分配的地区，一定要因地制宜，不搞行政命令，不搞一刀切，不搞形式主义。

就土地股份合作制与农业现代化的关系问题，省政府发展研究中心副主任王利文认为，沿海地区要率先基本实现现代化，不可能没有农业的现代化这个基础。农业要实现现代化，土地继续停留在分散的家庭承包经营机制上，就难以形成规模经营，难以大面积实现农业现代化的经营运作，这就要求我们的农业现代化要在以农村股份合作制的基础上加快实现。南海市以土地股份合作制的方式去加快农业现代化的实现，是珠江三角洲劳动力转移较快的发达地区的一种模式，一定要具备一定条件方可实行。他特别提醒要重视土地股份合作制运作不好、存在问题较多的地区，要帮助这些地区做好完善工作。

南海市农业局局长李允甜认为，农业现代化需要具备现代模式的土地使用机制，如果继续保持在家庭承包制旧的经营模式上，南海市的经济就不可能有今天的成绩。

与会代表还提出了需要深入探讨的问题，例如，在“固化股权”的地区，如何让股权流动起来，形成产权市场？如何理顺村民委员会与股份合作联社、股份合作联社与股份合作社的关系？如何理顺村党支部书记、村委会主任、经联社主任、股份公司董事长四者之间的关系？管理区改村后，农村资产由村委会管理还是由经济合作社管理？在这一点上，村民委员会组织法与农业部有关村经营管理的法规仍有一些矛盾，需要协调解决等。

1999 年 10 月

农村城市化最终导致农村股权社会化

余伟基　周铭谦

本文主要试从广东南海农村股份合作制模式对现时我国农村发展战略——农村城市化所产生的积极意义，探讨未来南海（甚至珠三角）被城市“化掉”的农村社区发展变迁趋势。

一、南海市农村股份合作制的产生

（一）产生的背景

改革开放前，南海市是广东省的粮食、水产主产区之一，以农业经济为主。80 年代初，家庭联产承包责任制的建立，大大解放了农村劳动力，使农村经济向多元化发展。1992 年邓小平同志南巡和市场经济地位的确立，全国掀起经济开发热潮，由于南海市地处珠江三角洲腹地，邻近广佛，交通地理位置优越，所以成为当时二、三产业投资的热土，二、三产业的迅猛发展与城镇的扩张，使土地问题成为了农村矛盾的焦点。

当时的土地问题主要表现在两方面：（1）二、三产业的迅猛发展与城镇的扩张，需要以大量相对集中连片的土地为载体，而土地零碎分散在千家万户农民手中难以适应这个要求。（2）工业化与城市化过程中，农村劳动力大量向二、三产业转移，出现了弃农从事二、三产业的农户对土地的丢耕弃耕现象，限制了一部分种养能手向农业规模经营的种养大户发展。

为了解决这个土地问题，南海市对以家庭联产承包责任制为基础统分结合的双层经营体制进行积极大胆的探索，1992 年下半年开始搞试点，1993 年在广泛征询群众和干部意愿的基础上，在全市农村推行以土地为中心的农村股份合作制，1995 年底，股份制的建制工作基本完成。南海市的农村股份合作制，是以原有社区合作经济组织为基础，以集体资产共同占有为前提的原则下，通过发动农民将自己承包的集体土地以承包权入股，有些村组还包含集体资产入股，组建社区性的股份合作经济组织，以进一步明晰土地的集体所有权、完善农民的承包权、搞活使用者的经营权，实现土地的三权分离，促进土地使用权流转，使农民除了自身经营收益外，还享受股权的收益，并通过制订章程和建立股东代表大会、董事会、监事会等机构，保证股份组织正常运作。

（二）初期效果

南海的农村股份合作制产生是对当时南海市农村社会经济出现新变化作出的生产关系调整。农村股份合作制的推行对南海市社会经济产生了深远的影响，并受到了中央、省市有关领导的肯定。

1. 明晰了产权，缓解了农村集体分配矛盾，调动了农民发展农村集体经济的积极性。股份合作制把农村集体资产（主要是土地）产权具体化，部分折股量化到人，按股份分红，明确了农民在农村集体资产中占有的份额，增加了集体资产的透明度，形成了股东关心和爱护集体资产的利益机制和监督机制，使农民支持和拥护集体统一开发利用土地的做法，打破了土地零碎分散经营的格局，便于招商引资，从而推动了土地使用权的流转，促进了土地增值，有效地推动了农村经济发展。特别是刚刚推行农村股份合作制的头几年，农村潜在的生产力得到释放，效果显著，据统计 1992 年南海市农村经济总收入 135.9 亿元，到 1995 年为 356.3 亿元，年递增超过 33%。

2. 调整了土地关系，使农村资源配置趋向合理。农村股份合作制实现了农村集体土地所有权、使用权、承包权三者的分离，使种养能手通过土地竞投的形式享有更大的土地经营权，推动了农业适度规模经营；洗脚上田的农民通过持股享受集体经济的利润分配，安心从事其他行业。满足了因生产力发展社会分工分业带来生产资料自由流动的需要，从而使农村的资源配置趋向合理。据统计，2000 年南海市农村劳动力总数 64.3 万人（不含 64.2 万外来工）中，农业规模经营总户数 18 万户，面积 27 万亩，占总耕地面积的 49%；从事二、三产业 49.1 万人，占劳动力总数的 76.5%。一、二、三产业劳动力结构的比例从 1992 年的 44.37%、39.43%、16.20%调整为 23.6%、41.4%、35.0%。

3. 完善了社区各项管理，便于农村工作开展。农村股份合作制以股东代表大会、董事会、监事会三会制取代旧的行政领导式管理体制，实行股东代表大会议事、董事会执行、监事会监督、村务公开、民主管理的农村基层管理体制，使农村集体经济组织管理体制向现代企业管理体制迈了一大步。同时通过股份制章程，对违反国家政策、法令的村民作出经济处罚（剥夺其股份分红），有效地减少了农村违法乱纪现象，使农村工作便于开展。

4. 有效地保障了农民的利益。农村股份合作制的建立，使股份合作组织能积极参与土地开发，农村土地非农化过程的土地增值大部份保留在农村集体，改变了过往低价使用或征用农业用地，集体和农民得到的补偿与二、三产业用地产生的高额利润对比悬殊，分配不公，农民和集体组织对建设用地政策不满的状况。农民通过股红分配和享受社区的福利（农村合作医疗、退休金、升学参军补助等），保障了自身的利益，提高了生活水平。

二、南海市农村股份合作制的发展

1995 年后，国家经济大环境与社区经济小环境发生了一些变化，主要表现为：国家实施宏观经济调控政策，银根收缩，基建放缓，经济降温；1997 年后又出现通货紧缩，市场疲软，下岗增多，国民经济增长乏力，南海市的农村集体经济发展也受之影响。另一方面，1998 年新修订的《中华人民共和国土地管理法》要求各级严格按照国家土地总体规划开发利用土地，严格把握土地审批控制权，农业土地向建设用土地转化的难度大大增加，加上农产品价格下降，使南海市以土地经营为主的农村股份组织难以找到新的经济增长点。这给南海市的农村股份合作制带来一定的冲击，使股份组织的发展出现了分化现象。

1. 城郊城区型股份组织显示出勃勃生机。在城市化的推动下，这类股份组织集体经济日渐雄厚，股份分红已成为村民收入的主要经济来源之一。加强股份制的内部管理，促进股份制逐渐进入企业化管理是该组织探讨的课题，于是以固定股权为目的的改革先后在全市25个村委会，共140个股份经济组织试行。当中，比较有代表性的是桂城区和平洲区的做法。桂城股份组织的特点是土地开发较大，几乎没有农业土地，经济以物业出租为主，社区基本实现城市化。他们以某一时点为截止日将股份一次性无偿配给在册的农业人口，使股权实现可以继承和内部转让。平洲区的股份组织特点是农业土地承包与非农土地出租、物业出租并存，社区正向城市化过渡，做法是把股权分设为资源股（土地股）和物业股，对有社区农业户口资格的农民，实行资源股按自然配给，不得继承、转让、抵押和退股取值，土地股按农业用地平均收益计算股红收益；物业股以一定时点为界限，界限内自然配给，界限外以现金出资入股，允许继承、转让、抵押，根据经营收益按股分红。

2. 混合型股份组织抉择艰难。以丘陵区为代表的这类股份组织，农业土地地值不高，农民创收乏力；山岗地开发单凭一村、一社的力量难以达到规模经济效应，小打小闹，收益不大，只有“望地兴叹”。

3. 农业型股份组织矛盾不少。以和顺、官窑、九江、丹灶等为代表农业大镇，在近年出现了农业回流现象，不少洗脚上田的农民在谋生艰难的情况下又重操旧业，使农用土地几乎又处于僧多粥少的尴尬境地，以农业土地集约经营为目标的农用土地分包改投包阻力重重，土地纠纷不断增多。

三、南海农村股份合作制的成因分析

南海市农村股份合作制实质上是一种以实现土地集约经营为目标的改革。土地以经济形态可分为农用土地，待开发的建设用地和已使用的建设用地。一般农用土地与待开发的建设用地并没有严格的界限之分（是能不能取得土地批文的区别）。农业土地集约经营在搞股份制前，南海市已作出了实践，80年代末起推开的农用土地分包改投包就是土地集约经营一种形式。90年代初，小平南巡后全国掀起的经济开发热潮，南海市也不例外，当时大部分村社都具备搞经济开发区的条件，区别只是成本大小问题。

农村股份合作制是各村对农村集体土地进行“三区规划”，一是把良田规划为“农田保护区”；二是把靠近公路的土地、不利耕作的山岗地划为“经济开发区”；三是在村民居住或相对适宜发展房地产业的地方划为“商业住宅区”。农村股份合作制工作的开展除土地由分包改为投包，大力促进规模经营和基地化生产外，更主要的是针对可以转化建设用地的那部分土地做文章的。

农用土地一经转为建设用地，其土地收益就倍增，而股份合作制却是实现农用土地可相对连片转为建设用地的捷径，通过股份制，集体把土地统一规划经营，不用单家独户与农户协商（只需经股东（代表）大会通过）就可规划出相对连片的土地进行二、三产业开发，因此当时农村股份合作制在南海市的产生是带有一定的必然性的，这个必然性就是客观社会经济发展需要生产关系所作出的必要调整。但其发展过程却有一定的偶然性，即人为的因素，这就是政府的引导。这里政府的引导是顺应生产力发展趋势作出的及时或适度超前生产关系调整。

上面提到对于南海市大部分村社都具备搞二、三产业的条件，区别只是成本问题，单从经济学的角度分析，应该说大部分村社在当时的收益是大于成本的，特别是城郊型及靠近公路主干道的村社得到大大的好处，因此只需政府引导，不需花什么力气股份制就可以搞成；但个别落后地区除政府指令外，还需花力量促使股份制的架构才能搭成。所以南海市的农村股份合作制是必然因素和偶然因素共同起作用的结果。

由于南海市农村股份合作制的产生是受必然因素和偶然因素的共同影响，导致了日后其发展态势的分化：由必然因素（客观因素）主导，而且两个因素配合得好的股份组织发展得越来越好；由偶然因素（人为因素）主导的股份组织发展出现退步现象；必然因素（客观因素）与偶然因素（人为因素）各半起作用的股份组织没有很大的发展。

南海市农村股份合作制是生产关系对生产力发展变化所作的调整，这种调整毫无疑问是要受生产关系必须适应生产力的发展这个社会发展规律约束。因此，正确地把握社会经济发展方向是合理调整生产关系的前提。

四、南海市农村股份合作制的发展趋势

（一）南海农村社会经济下一轮发展的趋势

根据生产关系必须适应生产力发展的规律，要分析南海市农村股份合作制的发展趋势，就必须先要把握南海农村生产力下一轮发展的趋势。那么南海农村生产力下一轮发展的趋势是什么呢？是农村城市化，原因有二：

1. 这是紧跟中央的战略选择的需要。中国的发展问题，归根到底是解决 8 亿农民出路的问题。途径只有一条，尽可能减少农民的数量，也就是大力加快农村城市化进程。最近，中共中央、国务院提出《关于促进小城镇健康发展的若干意见》，大连因为城市建设的高起点而被江泽民总书记誉为“北方明珠”，珠海被人们称为“花园城市”，浙江省提出《浙江省城市化发展纲要》，宁波开始大规模的“拆围透绿”，如此等等，从东到西、由南到北各地都在加快城市化建设步伐。21 世纪，全国城市化的浪潮一浪高过一浪，已经成为各地的战略性举措，已成为一种趋势。

2. 这是南海自身发展的需要。改革开放的 20 多年，南海市已经基本上完成了从农业经济社会向工业经济社会转型的过程。但在另一方面，过去南海市主要以劳动者离土不离乡为特征的“农村工业化”过程（乡乡点火，村村冒烟，工业布局分散），导致了工业化水平高于城市化水平。到 2000 年底，将所有农村人口中在乡镇企业中就业和农村从事个体运输、商业、工业、服务业的劳动力全部包含进去，我市从事非农产业的劳动力占总就业人口的比重约为 76.5%；而城镇人口，只占全部人口的 35.9%。据此分析，我市工业化（非农产业化）的比率，高出城市化比率约 40 个百分点。而发达国家在经济发展过程中历来是城市化水平高于工业化水平；目前国际上多数发展中国家也是如此。南海市工业化（非农产业化）的比率与城市化比率的差距比全国平均水平还大近 20 个百分点。比较其他国家，在同等的人均 GDP 水平上，南海市的城市化水平更是大大低于世界平均水平，这是不合理的，不改变这种状况必然难以产生新一轮的社会经济腾飞。

（二）农村城市化与农村股份合作制的关联

南海市农村股份合作制下一步的走势必然要紧跟南海市农村社会经济下一轮发展的趋势——农村城市化，否则就难以生存发展。农村股份合作制是农村城市化的载体，农村城市化离不开农村股份合作制。现时南海市城郊城区型股份组织显示的勃勃生机就是最好的例证。因为农村股份合作制可以解决农村城市化过程的诸多难题：

1. 农村股份合作制可以解除土地对农民的束缚。农村城市化有两个结构性调整的问题，一个是农业人口要降下来，再一个是城市人口占总人口的比重要大幅度提高。如何加快农村人口向城市、城镇转移的速度，是南海市农村城市化的关键因素之一。长期以来，农民的恋土情结，是造成南海市直接从事农业经营的人口少，但农村人口多，城市化程度不高主要原因。农民的恋土情结无非是土地给他带来好处：（1）直接的土地收益，耕作土地可以养活。（2）间接的土地收益，如转包土地的收益、集体再分配、宅基地分配、集体福利等。而取得这些好处的前提是必须有该社区的农业户口。以农业户口界定成员身份的这一农村社区封闭性，一方面造成了离土的农民不想离乡、离户，甚至出现非转农现象；另一方面造成了农村在出现外嫁、新生、新娶情况时，其权益难以确定。谁都想在集体利益中多分一点，但集体利益这个蛋糕该怎么切，已成为现时农民争议的焦点，造成农村不稳定因素。要解决这个问题，就首先要明晰产权，把农村集体资产股份化，而且要具体明晰到个人，实现股权人格化，使股随人走。在南海市城区城郊型的股份组织，真正靠务农为生的纯农业人口已经极少，也就是说有条件离土离乡的农民占了绝大部分，只要实施股权社会化流动就可造就非农化的农民离土离乡的推力，农村城市化进程就会大大加快。

2. 农村股份合作制可以化解农村城市化过程因土地产权变更引发的矛盾。农村城市化的过程也是农村土地由农民集体所有向国家所有转变的过程，其中包括了农村集体的农用地转国有和农村集体建设用地转国有两个方面。这一土地产权变更过程必然涉及到农民、集体与国家三者的利益关系，虽然土地法对国家征地对农民与农民集体的补偿作出了规定，但由于农村情况的复杂，加上农民集体所有的产权不够明晰，往往处理起来很困难。农村集体农用地转为国有建设用地还相对好办，土地法有明细的补偿办法，有比较统一的标准，农民比较容易接受，关键要解决好两个问题：（1）被征地者失去土地后的生活出路问题。（2）集体如何管好用好征地补偿费的问题。至于农村集体建设用地在城市化过程如何转国有是一个比较敏感和棘手的问题。因为根据《中华人民共和国土地管理法》第八条规定：城市市区的土地属于国家所有。农村和城市郊区的土地，除由法律规定属于国家所有的以外，属于农民集体所有。这样，当城市扩张和城市中心迁移的时候，现时的城郊农村以后就可能变为日后的市区甚至市中心（广州市的天河就是一个例子）。这一过程，对已经是农村集体建设用地（上盖已有物业）的那部分土地如何城市化呢？如果一刀切都以国家征地的形式推倒重来，不仅成本过高，打压了农村集体经济的积极性，而且容易造成群众矛盾（农民建房的建筑装修标准户与户之间差别很大，国家征地补偿不会很高，标准难定，具体操作也困难）。“城中村”由此成为农村城市化过程的病瘤。如何解决这个问题已引起各方重视。思路是要发挥集体和农民的主观能动性，让其配合城市的总体规划，积极参与城市现代化建设。由此，要解决农村城市化过程因土地产权变更引发的问题，必须要有一个强有力的农村集体经济组织形式，进行科学、民主的决策。农村股份组织引用现代企业制度的先进管理模式的体制优势，决定其是现时担当这一重任的最适合角色。

3. 城市化后的农村集体资产产权归属要依靠股份制来界定。农村集体资产归农民集体所有，一般情况下这个问题不大，但当构成这个“农民集体”的成员发生大的变动时，就会带来混乱与矛盾。随着城市近郊的农村城市化进程的加快，不可避免出现这个问题，当原来农民集体的成员因城市化而日渐减少，甚至有朝一日消失时（这并不是信口开河，广州天河区已经有很多行政村变成居委会了，全部农民转为市民了），农村的集体资产还归谁来拥有？还有这一变迁过程的各方面的利益矛盾如何调和？这都离不开农村股份合作制的不断完善。

（三）南海市农村股份合作制走势探讨

农村城市化趋势决定了非农化的农民必须离土离乡，农村集体资产农民集体所有与城市化后的农村农民集体的消亡的矛盾决定了以股份制改造农村集体所有制的必要性，农村社区封闭性（成员以当地农民户口为界定）与城市社区的开放性相悖的矛盾，决定了农村城市化过程必然要逐步打破农村社区封闭性。

由此可推，南海市农村社区股份合作组织必须长期存在并逐步完善，最终打破农村社区封闭性，实现股权社会化流动，成为真正意义的股份公司。

可以预见，随着农村城市化过程的推进，中国几千年封建制度形成的村社制度在南海将要发生深刻变化，一部分被城市化的农村社区将衰落、蜕变，被新的城市社区形式所代替。

（本文作者余伟基时任南海市农业局副局长，周铭谦时任南海市农业局科长）

2001 年 3 月

农村股份合作制改革有利于加快农村城镇化

余伟基　丁敬隆　庄少伟

农业部农村改革试验区交给我们的试验项目——农村土地股份制，主要分为两个阶段：第一阶段，1992年下半年至1995年，南海农村全面建立以土地承包权入股为主要内容的农村新型的土地制度，形成较为完整的农村土地股份制和股份合作组织制度，并按有关程序进行运作。第二阶段，1996年至2002年，在逐步巩固和完善农村股份合作制的同时，继续深化农村股份合作制改革试验，初步建立农村产权流转机制，进一步提升南海农村股份合作制，为实现南海农村股权市场化、社会化创造一定条件，奠定一定的基础。

一、深化农村股份合作制改革的动因

随着经济体制市场化的不断深入，农村资源流转和农村社区组织逐步与市场经济接轨，使农村二、三产业发展迅速，农村城镇化进程不断加快，非农用地紧张等问题日益突出；户籍制度逐步放宽，农村人口从低福利社区向高福利社区流动；农民的股权设置等一系列问题亟待解决。在这种国民经济和农村经济的发展，以及体制格局发生深刻变革的大背景下，南海农村股份合作制经过多年的实践，取得较为显著的成效，但也逐步暴露出一些亟待解决的问题。主要表现在：

1. 农村社区人口变动，引起村民利益分配不公问题。南海农村股份合作制建立后，全区农村股份合作制组织都制定了股份制章程，章程规定了股东的准入条件，只要是本村的农业人口，自然成为股东，并配送一定数量的股权，享受社区集体收益分红，个人不承担任何投资经营风险。年龄越大，股份越多，这种“户籍与股权紧密挂钩”的做法，在经营运作初期，较为合理地解决了农村集体收益的二次分配，这适合当时经济发展的要求。随着社区股份经济的发展壮大，农民的股权分红也逐年有所提高，但在实践中，部分股份经济组织相继暴露出一些亟待解决的问题。主要表现有：一是股红分配高的社区外嫁女，不但没有将户籍迁出，而且要求把丈夫的户籍迁入女方所在社区。二是原籍该社区的非农业人口，也要求非转农。三是新生和娶入的人按原章程可以无偿享受集体的经济成果，出现了“不劳动者也得食”等现象。这些问题的出现，造成人口膨胀较快，挤占了村民利益，影响其股值变化，引起部分村民的不满，给农村造成不稳定因素。

2. 农村社区股权封闭性较强。南海农村股份合作制的实施，其股权设置是局限于本社区范围内，以农业户籍和年龄为依据，前者是决定股东资格，后者是决定股东应占集体资产的份额。各股份经济组织章程都规定了股权不得继承、转让、买卖、赠送和退股取值。这种做法，是符合当时广大村民的意愿。其理由是：农民的股权是集体无偿配置，如果允许股权流动，就会损害社区经济利益，农民的思想观念一时难以转过弯来。但随着市场经济的发展，股权的凝固性已成为农村资源流转和农村社区组织与市场经济接轨的主要障碍因素，使农村资源难以在更大的范围优化配置，不利于农村实行资本运营，不利于农村经济的持续发展。

3. 产权关系不够明晰。南海农村股份合作制，是将社区土地、固定资产等实物形式量化为价值形态，并将价值形态折成相应的股份。农民的股权是集体无偿配送的，只作为集体年终分配的一种凭证，村民没有处置权。集体资产运营好与坏，只体现股东分配多少，股东不直接承担经营风险。同时，一些社区设置了一定比例的集体积累股。这种做法，从所有权的角度看，它包括占有、使用、处置和收益等权利，而股权是所有权的一种表现形式。因此，农村集体资产的产权关系不明晰依然存在，在发展社区集体经济中，不同程度地影响了农村集体资产的增值和保值。

4. 城中村改造难以实施。随着城市建设发展，城区范围的扩大，南海部分股份组织所处社区被划入城区管理或正向城市社区转变（土地全部或大部分被国家征用）。这一过程，农村社区封闭性将被打破，农村集体成员难以农业户口来界定，因为社区内农用地逐步变为非农建设用地，最终部分社区农业地不再存在，而原农村股份合作组织以农业户口界定股东资格、股权定期调整、农村集体资产产权未能彻底明晰，以及产权归属谁等问题依然存在。因此，这些问题不解决，不能适应城市社区开放性的需要，使社区管理和城中村改造难以实施。

二、主要做法与成效

（一）深化农村股份合作制改革的做法

1996 年以来，南海进行农村股份合作制改革试验工作，是在进一步巩固农村股份合作制的同时，部分社区对农村股份合作制的股权制度改革进行积极探索，以股权配置、股权界定、股权流转为突破口，实行了一些改革措施：

一是实行“固化股权、出资购股、合理流动”或“生不增、死不减”；

二是允许农村股权在社区范围内流转、继承、赠送、抵押；

三是把农民股权进一步划分为资源股（土地股）和物业股，资源股属无偿配给，不能继承、赠送、抵押、抽资退股；物业股只对原有社区成员无偿配给，新增人口要以现金购入相应档次的物业股权。资源股和物业股分红比例相同。

南海实行农村股份合作制的股权改革试验的基本做法有三种：

1. 平洲模式。全镇农村股份合作制组织统一设立资源股和物业股两种股权，资源股和物业股股红分配值相同。

（1）资源股（即土地股）。由原经济社的土地量化到农业人口，每人 0.2 股，属自然无偿配给，随着户口终止而资源股取消。资源股股权是确保农民长期有收益权，并体现中央提出延长土地承包期 30 年不变的政策精神。在股份合作制章程中规定资源股不得继承、转让、买卖、抵押和退股取值。

（2）物业股。由股份经济组织的净资产构成，物业股按人的年龄设立若干档次，将股权量化到村民。其规定因年龄递增需相应增加股权的股东，以及婚嫁迁入、出生的人要取得股权，必须以现金购入相应档次的物业股权。物业股允许在一定时间和范围内进行买卖、转让、继承和抵押。

2. 桂城模式。全镇农村各股份合作制组织的股权，由土地、净资产（含现金或有价证券）构成，各股份经济组织规定截止时间，将股权一次性配置给村民，实行股权“生不增、死不减”的做法。股份合作制章程规定股东股权不得买卖、转让和退股取值，但可以继承。如继承人需继承股权，应带原持股人的股权证及有效的继承证明材料，报股份经济组织的董事会批准，并办理手续，才能有效。

3. 里水模式。草场村和邓岗村的股份经济组织实行“固化股权、出资购权、合理流动”的做法，其股权是由土地、净资产（含现金）构成，将股权一次性配置给村民，并规定在一定时间内所出生、婚嫁迁入的人进行相应现金购股，逾期不购股或补股者，作自动弃权处理。分配给股东的股权，属股东个人所有，其股权可部分或全部在本社区内转让、赠送、抵押、继承，但不能退股取值。这样，使农民股权实施“商品化”和“货币化”，体现股权的内在价值。

（二）深化农村股份合作制改革的成效

南海深化农村股份合作制改革，实行“固化股权、出资购股、合理流动”或者“生不增、死不减”的做法，能较好地解决农村发展中存在的一些问题，为农村产权流转，资本运营逐步融入到市场经济的轨道提供了前提条件和实现可能。

1. 化解农村股份合作制因人口变动而引发股权纠纷的矛盾。南海农村股份合作制的股权制度改革，股份组织把股权一次配置给农民，农民股权实行“生不增、死不减”或“固化股权、出资购股、合理流动”。如平洲镇实施固化股权改革后，有 1 000 多名“外嫁女”及其子女取得了或保留了股权，从而使困扰多年的“外嫁女”及其子女的股权纠纷得到妥善解决，消除了影响农村大局的不稳定因素。这一做法，一方面解决了以往每年按年龄递增来调整股权，股权无偿配给和集体收益分配不公的矛盾。另一方面对新生儿、婚嫁迁入的人，以出资认购股权；对人口迁出和死亡的可以继承股权。这样，有效地解决了农村股份合作制因人口变动而引发股权纠纷和分配不公的问题。化解农村的矛盾，确保农村社会大局的稳定。

2. 突破了股权设置由无偿配股向有偿购股的转变。在固化股权的基础上，推行现金购股和配股。全区有部分股份合作组织在完善股权设置改革中，改变了过去集体存量资产股份量化股权无偿配置的做法，规定在固化股权时无偿送股的股东，必须按每股资产净值的一定比例有偿配权，新增股东要享受集体收益分配，必须按相应档次现金购股，可以少购或不购，不许多购。如平洲镇，1999 年对农村股份合作制进行改革，以 1999 年 12 月 15 日为固化股权时限，此前在册的股东按年龄分档次无偿送股，此后原始股东晋升档次增股和新增股东入股，全面实行现金购股。到 2000 年底统计，全镇新入户股东 642 个，晋升档次的原始股东 2 068 个，已实施现金购股的分别占 88.9%和 79.5%，购股股金达 239 万元。

3. 突破社区股权由封闭向开放的转变。南海大部分农村社区在进行农村股份合作制建设时，从集体资产作价评估到确认股东资格，从股权设置到股权配置，从存量配股到增量扩股，从股权管理到股红分配，从股份合作经济组织经营管理到确定收益分配比例等，都严格限制在社区范围之内，以农民的户籍和年龄为依据，社区之外的个人和法人资本不能进入，社区之内的股权不能流出；而且大部分社区还规定，要根据社区成员身份的变化、年龄的增长以及社区人口数量的增减，对股权进行定期调整，个人股权只是分红依据，不能买卖、继承、赠送、抵押和退股取值。由此可见，这种社区股权具有封闭性强和流动性差的特点。这种格局不打破，必将影响人口与资本的流动，影响产业的集中与升级，影响农村城镇化进程，影响农业和农村经济的进一步发展。针对上述情况，从1996年开始，南海在里水、平洲和桂城镇等先后进行农村股份合作制改革试验工作，并实施了“生不增、死不减”或“固化股权、出资购股、合理流动”的做法，将社区股权“五不”规定改为保留只有一个“不”得退股取值。明确股权属股民所有，允许股东对股权拥有处置权，允许股权经过一定程序可在一定的范围内流动，从而使社区股权的封闭性得以开启。目前，全区已有130多个股份合作组织实行“生不增、死不减”或“固化股权、出资购股、合理流动”的做法。这为农民转变身份，择业迁徙创造了条件，也为农村产权合理流动提供政策支持，加速了农村产权市场的形成。

4. 促进农村资源优化配置。市场经济的最大特征是市场在资源配置中起基础性作用。要使市场能充分发挥这一作用，必须有相应制度作保障，才能使资源实现效益最大化。南海深化农村股份合作制改革，并在实践中使农村资源配置逐步趋向合理。一是推动农业适度规模经营。农村股份合作制实现了农村集体土地所有权、使用权和承包权三者分离，种养能手参与竞投承包土地，可获得更多的土地经营权。目前，全区农业规模经营有18万户，面积达27万亩，占总耕地面积的49%。二是壮大农村股份合作组织发展的经济来源。特别是已实施“固化股权、出资购股、合理流动”的股份合作组织，通过股权界定，出资购股的方式，使农村股权由“虚股”变为“实股”。目前，全区农民出资购股金额达1 777.49万元。三是加快农村剩余劳动力向二、三产业转移。农村股权固化后，股权不会因户籍注销或退出承包土地等原因被剥夺，农民持有股权可以通过股红分配增值。这样，使农民吃了颗“定心丸”，消除后顾之忧，从而使农村剩余劳动力向二、三产业转移，为农村城镇化聚集资金和人口创造了条件。目前，南海农村有76.5%的劳动力从事二、三产业，总人数达49.1万人。

三、深化农村股份合作制改革的体会

党的十六大提到要贯彻“三个代表”重要思想，要消除不利于城镇化发展的体制和政策障碍，引导农村劳动力合理有序流动。南海深化农村股份合作制改革是与党的十六大精神相吻合的。

1. 尊重农民的意愿，以农民的根本利益为出发点。农民对一项改革拥不拥护，主要看这项改革能否给他带来实惠。“固化股权、出资购股、合理流动”的做法是农村城镇化需要，是农村发展到一定阶段的必然选择，符合绝大部分农民的意愿，因而在已实施的社区是受农民拥护的，有群众基础是做好工作的前提。

2. 有的放矢，以解决农村矛盾为突破口。近年来引发南海农村分配问题的焦点是农村股权设置的不确定性（产权归谁所有不够明确）和福利性。突破口是将农村原来只是作为股份分配依据的“股权”转变为真正具有产权意义的股权。为此，改革农村股份合作制的股权制度成为南海近年农村股份合作制改革试验的重点工作。实践证明，处理好股权设置问题，农村的分配矛盾问题就迎刃而解。

3. 以法律、法规为依据。深化农村股权改革，其中牵涉到不少法律、法规，如《兵役法》《刑法》《继承法》《婚姻法》《人口与计划生育管理条例》《户籍管理条例》等。因此，我们在工作上始终坚持依法办事，这样才能让群众信服，才能化解农村矛盾，确保农村大局稳定。

4. 领导重视，理论与实践相结合。深化农村股份制的改革，涉及农村千家万户的切身利益，没有上下各级领导的重视、关心、支持是无法进行的。一直以来从中央到省市的各级领导、专家学者都对南海的农村股份合作制改革给予大力支持与关怀，先后在南海召开了“以土地为中心的农村股份合作制论证会”“全国发达地区农村股份合作制现场会”等大型会议，对南海农村股份合作制进行论证和理论指导；南海自身也多次以政府发文的形式对农村股份合作制工作进行部署，理论与实践相结合推动了南海股份合作制的不断完善和深化。

四、深化农村股份合作制改革的设想

1. 扩大“固化股权”的覆盖面。一是在城区范围的平洲、大沥、黄岐、盐步等镇未“固化股权”的股份组织中实施“固化股权”的改革。二是在区城郊、镇（街道）城区及城郊，选择一批有条件的股份合作组织，实施“固化股权”。通过扩大“固化股权”的覆盖面，化解农村城市化过程中出现的热点和难点问题，同时为股权流动和资本运营打下基础。

2. 抓资本运营。对已经固化股权，经济基础好，经济发展潜力大，农村干部管理水平高，股份分配较高，股东凝聚力强的股份合作经济组织，在股东自愿选择的基础上，引导股份合作组织每年采取股红转股的办法购股，实行增量扩股，募集扩大再生产的资金，解决有项目、缺资金的矛盾。

3. 抓“城中村”改造。对已全部实行“固化股权”、处于“城中村”的股份合作经济组织，积极探索农村股份合作经济组织改组为股份集团公司的可行性，研究探索现行财税政策对农村股份合作制转为公司制的影响及怎样进行配套改革，研究妥善处理农村集体建设用地过渡到城市国有土地过程中可能出现的各种问题和解决方法，以顺利实施“城中村”改造，提高我区城市建设的品位。

（本文作者余伟基时任南海区农业局副局长兼农村改革试验办公室主任，丁敬隆时任南海区政研室副主任兼农村改革实验办公室副主任，庄少伟时任南海区政研室副主任）

2003年3月18日

创新机制　建设富裕和谐新农村

佛山市南海区人民政府

南海辖区面积 1 073.8 平方公里，下辖 6 个镇、2 个街道，共有 224 个行政村，1 774 个村民小组，户籍人口 114 万，其中农村人口 78.5 万人。2008 年，全区农村经济总收入 3 930.11亿元，同比增长 17.91%；全区农民人均收入为 11 158 元，同比增长 7.71%；全区村社（组）两级集体资产总额 224.20 亿元，同比增长 7.58%；全区村社（组）两级可支配收入 41.74 亿元，同比增长 24.67%；全区村社（组）两级股份分红总额为 16.80 亿元，同比增长 11.55%，人均分配金额 2 347 元，同比增长 10.50%。农村呈现了集体资产总量大、经济增长速度快、发展质量高、竞争实力强劲、村民实惠多的良好局面。

一、主要做法及成效

（一）不断深化农村改革，创新农村管理体制

1. 深化农村股份合作制改革。一是推进股权固化。从 2003 年起，不断完善股份经济合作组织的章程，全面推进农村股权固化，切实做到固化存量，避免增量，有效防止新增农村“出嫁女”。同时针对人口的不断变动，适当扩大出资购股的覆盖面，逐步建立“固化股权，出资购股，定期调整，合理流动”的股权新机制。如桂城街道夏西村突破性地允许“出嫁女”及其子女、复员退伍军人、城镇居民回迁农村甚至生活困难的本村城镇居民可出资购股，享受农村经济组织成员待遇，既有效地解决股权争议问题，又解决部分困难人员的生活来源。二是探索股权流转。2004 年 10 月，我区在大沥镇六联村开展股权流转制度改革探索，承认农村股权的资本功能，切实解决股东死亡或因自然灾害、交通事故、患重病等原因导致生活困难以及生产资金短缺的问题。目前已有近 20 多名股东以其股权及他人的股权向其所在集体经济组织作抵押，借支 200 多万元，解决了这些股东的燃眉之急。

2. 积极推进农村“两确权”改革。从 2006 年起，按照《广东省农村集体经济组织管理规定》的要求，我区先后在西樵、丹灶两个镇推进农村“两确权”（农村集体资产产权确权和农村集体经济组织成员资格确认）改革试点工作，改革取得了良好效果。西樵镇在稳妥推进“两确权”的基础上，率先在村组建了农村集体资产管理委员会，以托管形式全面管理村组集体资产，规范了农村合同管理主体，并取消一批“空壳社”，理顺了“一社多队”的历史遗留问题；丹灶镇在清产核资的前提下，对各村组集体经济组织的章程进行规范，实现一蓝本统一全镇农村股份章程的目标，避免因各自为政而导致管理混乱的局面。农村“两确权”既摸清集体经济组织的资产家底，又界定了成员资格，规范了股权登记管理；既落实了 786 名“出嫁女”及其子女的合法利益，又化解了农村不稳定因素，成效较为显著。目前农村“两确权”改革已全面有序、稳妥铺开。

3. 培育新型合作经济组织发展。按照“民办、民管、民收益”的原则，对有发展空间、村民生活较富裕的村组，以“有投资、有股份”的形式，组建新型合作经济组织，有效地破解农村集体资产改造的资金瓶颈难题，逐步营造“家家有物业”的发展氛围，为集体经济的发展提供了新基础。目前全区先后有 6 个村组建立了新型合作经济组织，成为增加农村居民收入的新途径。

4. 创新农村领导成员补助和考评机制。2007 年出台了《南海区完善村组领导成员工作绩效考核制度暂行办法》，除述职、党员评议、村民代表评议外，建立健全了村组领导成员年度工作绩效综合考核测评制度，将补助资金与经济发展、社会管理、生态建设、维稳等指标挂钩，并根据区中心工作的需要，适当调整考核指标的权重，不断完善村组的激励机制和约束机制，提升村组领导成员驾驭农村复杂局面的能力。

5. 创新农村财务管理体制。一是健全农村管理制度。今年我区出台了《南海区农村集体资产管理暂行规定》《南海区村民委员会工作规范》《南海区农村（股份）经济联合社工作规范》《南海区农村股份经济社工作规范》《南海区违反农村财务制度合同管理行为责任追究制度》等一系列管理制度，建立了违反财务、合同管理惩处机制，既强化了农村财务管理、合同管理、工程招投标管理等各项管理，又为下阶段探索自治组织与经济组织分离做好铺垫。二是创新农村财务管理方式。实行第三方管理农村财务，全面实行“一年一审”“三年一届审”的审计制度，其中桂城、罗村等镇（街道）还积极推行中介审计，强化资金监管。推进农村“阳光工程”建设，全区村务、财务公开率达到 100%。三是强化农村资产租赁管理。狮山镇出台了规范农村土地租赁方案，对招商项目前置审批，并根据各村委会的地理位置、交通环境等情况，把土地划分为三类，统一制定租金基准价格，通过最低限价制杜绝低价出租集体土地而损害集体利益的现象，既保护了集体和村民的经济利益，又促进农村经济协调、有序发展。

（二）切实转变农村经济增长方式，提升农村经济发展质量和水平

1. 构建农村发展利益共同体，保障农村土地所有权者的利益。农村土地征用除了严格按照农村土地征用补偿有关政策规定进行补偿外，我区积极深化农村征地制度改革，推行了对被征地单位实行 15%～30%的土地留用制度，创造出如丹灶“613”、盐步“334”、黄岐“73”等征地留用制度，着力构建政府、村组集体、村民的利益共享机制，既有效解决政府对土地的整合开发和科学管理，又有效解决村组集体经济发展载体和收入来源的问题；既保证村民在征地后有持续稳定可靠的经济来源，又实现了各方的利益增值和共赢。

2. 加快资源整合，提升发展档次。近年来，全区各级积极鼓励、引导跨村跨组整合土地资源，以集体所有的非农建设用地使用权入股、联营等形式，参与兴建园区、建造标准厂房、专业市场、仓储设施、开展物业经营等，实施“腾笼换鸟”工程优化活化产业结构，推动集约发展。桂城街道平东村改造旧厂房和商铺，整合土地资源，引入商家，兴建总投资超 5 亿元、占地约 300 亩的中国（平洲）玉器城，致力将平洲玉器打造成世界性特色产业。大沥镇按照镇、村、组三级 3∶2.5∶4.5 的比例，把联安村 6 个村民小组待开发的土地进行整合，成功引进南国小商品城项目，按照开发方案签订征地和利益分配协议，构建了互动共赢的利益共同体。集体每年租金收入 1 200 万元，比南国小商品城发展前的经营收益增加 1 026 万元，实现村民、村组、政府“三赢”；联滘村与沥东村联手合作，整合毗邻的约 280 亩土地，突破区域界限，引入投资商，投资建设中建博美五金材料装饰城，不仅提升村组经济收入，而且带动周围相关产业的大发展。罗村街道联星村整合辖下村小组零散土地，集约开发，引入投资商，建成粤丰汽车配件市场、泰兴数码针织城、商业广场、永利综合批发市场二期等，激活了集体经济。狮山镇招大村充分发挥毗邻南海科技工业园的优势，整合 6 个村民小组的土地，建立“招大创业园”，由村委会统一招商，集约开发，实行村组共同合力发展。首期园区约 1 000 亩用地均已全部出租，每年村组增加近 1 000 万元的土地出租收益。

3. 创新发展模式，拓宽筹资投资新路径。大沥镇凤池村创新思维，大胆实践，把城市可经营性项目的“BOT”合作形式引入到旧物业改造中来，实施“投资改建—收益营运—产权移交”的方式，创造性地运用“以地引资，以租抵建”的“BOT”发展模式，有效地解决了旧物业改造的资金短缺难题，推进了农村经济又好又快地发展。桂城街道夏西村实行了“一村一社”改革，理顺了经济管理体制，实施突破地域，跨镇跨村谋发展的策略，在里水镇逢涌村租、买各 500 亩土地，实施“千亩飞地”工程，突破了土地资源短缺的瓶颈，拓宽土地发展空间，推动集体经济稳步发展。

4. 创新扶持方式，力促区域协调发展。2005 年我区出台了《关于进一步扶持后进村发展的意见》，加大扶持后进村和革命老区发展的力度，从 2006 年起，一定 3 年，区财政每年拨出扶贫资金 450 万元对 21 个可支配收入低于 30 万元的村进行扶持，每年拨出 140 万元对 14 个革命老区的村进行扶持。目前全区有 9 个村实现脱贫，14 个革命老区群众的生产生活环境得到明显改善。如狮山镇沙头村是南海边远、落后的贫困村之一，曾经被人形容是“鸟不生蛋”的地方。2005 年以来，本田零部件公司、奇美电子等大型企业先后落户红沙高新技术开发区，沙头村充分利用毗邻红沙高新技术开发区的有利条件，主动接受园区辐射，充分发挥扶贫资金作用，科学规划和开发 900 亩的返还土地，建成员工村和综合市场出租，集体经济实现跨越式发展，实现脱贫致富，集体人均股份分红从零陡然飙升至 3 000 多元。

（三）积极调处农村股权利益争议，着力维护农村社会稳定

为妥善解决农村“出嫁女”及其子女股权争议的历史遗留问题，我区高度重视调处农村“出嫁女”及其子女股权权益，专门成立了解决农村“出嫁女”及其子女权益问题工作领导小组，分赴各镇（街道）开展指导、督促、协调工作。同时选择大沥镇平地、横江两村作为解决农村“出嫁女”权益问题试点。7 月区委、区政府出台了《关于推进农村“两确权”，落实农村“出嫁女”及其子女合法权益的意见》（南发［2008］11 号）的文件，创造性地成立农村集体经济组织成员资格审定委员会和农村集体经济组织股份章程合法性审核委员会，按照“同籍、同权、同龄、同股、同利”的原则，在成功试点的基础上，采取以点带面、行政和司法相结合的方式逐步推进，依法强势解决农村股权权益纠纷。目前全区已有 191 个村 17 884 名农村“出嫁女”及其子女的股权得到落实。

二、主要存在问题

1. 资产产权权属确认和成员资格界定操作难。一方面是目前许多农村集体土地及物业的产权登记在自治组织名下，在推进农村集体资产产权权属确认过程中，需要将这些资

产的产权变更登记为经济组织名下，但登记视为产权交易行为，须上交巨额税费，造成改革的阻力大，成本重。另一方面是农村社区居住了10多种不同户籍性质的人员，尽管我区近期将出台《南海农村集体经济组织成员资格的界定办法》的文件，依照“法、理、情”的原则，界定集体经济组织成员资格，发放农村集体组织成员资格证书，但部分村组已对农村集体经济组织成员资格做出了界定，依照区文件重新界定资格身份困难比较大。

2. 收入、投资、分配不尽合理。在集体经济组织收入方面，目前我区农村集体经济组织收入主要以“三出租”（土地、厂房、店铺出租）的租赁经济为主，容易受国家宏观经济政策和租赁市场影响，发展风险逐步增大。在资金投放方面，集体组织积累资金流动性较差，集体组织的货币资金存放于金融部门收取利息的资金近20亿元，投入“三旧”改造、节能减排、河涌整治、村容整治等建设资金偏少。在集体分配方面，农村股权普遍带有浓厚的均等分配和福利色彩，特别是一些分配较高的集体经济组织滋生部分食利阶层的成员，在一定的程度上影响了农村发展和稳定。

3. “明社暗队”存在隐患。目前全区一社多组或一社多队的经济社有232个，涵盖了763个组队单位。763个组队单位在银行存款余额达4.61亿元。一社多组或一社多队的组队单位是没有法人代码证的，只有一个农村集体经济组织登记证，导致没有法人代码证的组队不能开立基本存款账户，只能开设一般存款账户，不能提取现金业务，只可以办理转账结算。鉴于此情况，部分组队采取“变通”的办法，通过转移资金到别的账户提取现金，或以个人名义开设活期存折提取现金办理本集体经济组织日常业务，这样一来就会严重扰乱我区农村财务管理工作秩序：一是造成资金流向的来龙去脉不清，不能清晰地在同一核算单位中反映经济往来业务，加大了审计监督和民主理财的工作难度；二是容易滋生组队资金被滞留、截流、挪用、贪污等现象，使村民的直接利益受到侵害并有集体资金流失的风险，从而增加了我区农村社会不稳定因素。

4. 农村体制改革阻力日益增大。随着农村经济转型、产业转型、社会转型和人的思想意识多元化等因素的影响，利益博弈日趋激烈，农村体制改革的成本越来越重，改革的难度不断增大。如农民公寓建设、“三旧”改造、“两确权”、整合土地资源等改革进展缓慢。

5. 农村不稳定因素仍然存在。由于法律法规、集体资产产权制度以及人的思想意识多元化等因素的影响，利益博弈日趋激烈，农村股权争议、征地拆迁、土地权益、利益分配、环境污染、干部作风等问题引发的纠纷、上访时有发生，特别是农村“出嫁女”权益落实派生其他群体利益的争议，以及采取行政诉讼的手段解决权益纠纷的集体组织可能发生群体性事件，直接影响农村社会的和谐稳定。

三、改革意见

积极推进“五个二工程”（两确权、两分离、两改造、两完善、两提升），积极稳妥破解制约农村经济发展和社会稳定的矛盾和问题，推动南海农村科学发展。

1. 两确权。一是继续推动农村集体资产所有权的确权。按照《广东省农村集体资产管理条例》的有关规定，明确农村集体经济组织（股份经联社、股份经济社）具有农村集体资产所有者的法人地位，做好农村集体资产的产权登记和确权。二是继续推动农村集体经济组织成员的确权。按照《广东省农村集体经济组织管理规定》以及《南海农村集体经济组织成员资格的界定办法》的精神，对农村集体经济组织成员进行界定，发放成员证，妥善处理解决农村“出嫁女”及其子女的权益以及其他群体的问题，进一步明确农村集体经济组织持股成员和非持股成员的权利和义务，减少经济利益的争议。

2. 两分离。一是探索农村自治组织和经济组织分离。改革农村基层组织体制，确立以村党组织为核心，推行自治组织和经济组织的职能分离，将村民自治组织规范为协助行政、村民自治、监督集体资产运作，将股份合作经济组织改造为市场经济实体，逐步实现经济组织与自治组织的分权治理。二是探索农村社区管理和农民股份分红的权责分离。探索改革农村社区管理制度和农村股份分配制度，将农村集体经济组织的利益与农村社区管理的公共负担分离，农村公共责任逐步采取财政和社区居民共同承担的投入机制。

3. 两改造。一是改造农村集体资产。转变经济发展方式，引导农村集体加快对旧物业以及其他零散土地改造，加快“腾笼换鸟”，为大型优质项目提供空间，实现区域整体增值，提升产业档次。二是改善人居环境。采取标本兼治策略，以推进节能减排、河涌整治为重点，铁腕治污，积极推进农民公寓建设，改善人居环境，营造充满温情的五星级家园。

4. 两完善。一是完善农村发展利益共享机制。深化农村征地制度改革，盘活存量，减少增量，整合村组土地资源，构建“共建、共享、共赢”的农村发展利益共同体，让农民充分享有经济发展的成果。二是完善农村社会保障体系。加大城乡统筹力度，继续完善农村社会养老、医疗、就业、低保、救助等社会保障制度，提高保障覆盖面，大力发展慈善事业，逐步构建起内涵更丰富、覆盖面更广、受益人群更多的社会保障体系。

5. 两提升。一是提升农村基层干部的执政能力。强化村组干部教育培训工作，加大农村后备干部的选拔和培训力度，建立科学的干部考核评价体系，完善激励保障机制，活化队伍源头，激发农村干部活力。二是提升农民整体素质。以培育有文化、懂技术、素质高的新型农民为目标，开展法律法规教育，提高农民的法制观念，逐渐消除农民“信访不信法”的思想倾向，引导农民依法依规表达意见。

2009 年 2 月 23 日

新型合作经济组织显活力

里水镇洲村村委会

一、基本情况

洲村位于南海区里水镇东部，毗邻广州市，地域面积3.52平方公里，常住农业户籍人口2 398人，外来人口23 000人。下辖洲一、洲二、岗美3个村民小组，经济发展模式为一村一社。目前农地面积196亩，已开发工业用地1 540亩，第三产业用地27亩，属于人多地少，土地非农化程度极高的村。2005年7月，该村2 014名村民以每人入10股，每股1 000元，组建了洲村新型合作经济组织。新型合作经济组织向村集体租地200亩进行集约开发，发展经济，增加村民收入。目前，新型合作经济组织自建物业建筑面积近10万平方米，引入商贸、五金、鞋材等优质大型企业16家，预计2011年租金收入约1 290万元。新型合作经济组织高效发展有力地推动了村级集体经济的发展，2010年全村可支配收入2 026万元，人均股份分红5 600元。新型合作经济组织惠泽村民。

二、背景动因

1. 缓解村集体资金短缺的需要。改革开放以来，尤其是近几年，洲村充分发挥地缘、资源、产业等优势，以土地开发为突破口，不断优化招商引资环境，积极培育制鞋和五金等行业发展，推动村集体经济的快速发展。虽然村集体经济每年都有长足的发展，但村集体组织要承担村行政运作、农村公共建设和管理费用、村民股份分配等庞大的支出，村集体一直维系“收支平衡，略有结余”的状况，集体资金积累不够丰厚，村集中逾千万资金搞建设的能力毕竟有限，只有聚集民资，才能破解村集体搞建设缺乏资金的难题。

2. 增加村民收入的现实需要。经过多年的发展，洲村拥有大小企业170多家，产业的集聚不但为村集体带来相当可观的经济收入，而且使大部分村民“洗脚上田”，从事二、三产业，增加村民股红和非农收入；不但吸引了23 000名外来工从事二、三产业，增强本地消费能力，而且带旺村民房屋出租经济。村民家庭经济相对富裕，投资理财门路却狭窄，不少村民拥有大量的闲散资金。若将土地租赁给投资商开发，丰厚的利润归属投资者拥有，集体和村民得益甚少。只有集聚民资，组建新型合作经济组织，才能使洲村村民真正形成“家家有物业”，才能大幅度提高村民的收入。

3. 集约发展的客观需要。以往农村发展模式不少是集体土地租赁给投资商开发，由于土地属于租赁性质，受经济利益驱动，不少投资商只顾及眼前利益，缺乏长远利益，导致规划无序，各自为政，厂房、店铺投资密度不高的现象。洲村经过多年的发展，现可开发的土地不多，面对当今土地资源日益紧缺的情况，必须扭转以往的发展模式，只有组建新型合作经济组织，引入集约连片开发的发展思维，严格把好土地开发审批关，积极推进土地的连片开发，引入资本密集型、技术密集型企业，才能提高土地价值和产出效益，才能实现集约发展。

三、主要做法

1. 创新思维，精心谋划。20 世纪 90 年代初中期，村顺应市场经济发展潮流，组建了农村股份合作制，给村民配置股权，村民持股分红，但目前股权仍然存在封闭性、福利性等问题。股权的封闭性造成了社区之外的个人和法人资本不能进入，社区内的股权不能流出，影响了人口与资本的流动和产业升级；股权的福利性导致农民将集体资产看成是农民世世代代谋生的重要依靠，造成农村集体内部利益分配矛盾突出。要发展经济，增加村民收入，就必须摆脱原有集体经济的经营管理模式，集中民智，聚集民资，创新组织体制，积极探索租用股份经济合作组织的用地，村民以资金入股，建厂房、店铺出租，以股管理的新型发展模式，于是新型合作经济组织的决策应运而生。

2. 调查研究，制订草案。组建新型合作经济组织是新鲜事物，村民对此事很陌生。倘若没有草案，召开村民会议就没有中心议题，就难以统一村民的思想，就不能达成共识，工作就无法开展。为推进该项工作的落实，村成立了组建新型合作经济组织筹备领导组。筹备领导组会同区、镇有关部门工作人员深入调研，广泛听取各方面意见，反复研究，充分论证，撰写了项目的可行性报告；主动与规划部门沟通，对该项目作出初步规划；与建设部门、建筑工程承包者磋商，对项目进行投资预算；与大中型企业家进行洽谈，开展招商引资；及时草议有关合同书、新型股份经济合作组织的章程等。由于筹备领导组成员抓紧做好该项目的基础性工作，制定草案，为推进该项工作的组织实施奠定了基础。

3. 深入宣传，筹集民资。为使组建新型合作经济组织的工作顺利开展，村两委会采取各种形式，多次召开了村民会议、村民代表会议、党员会议等，深入宣传组建新型合作经济组织的意义，全面介绍组建新型合作经济组织初步的工作目标、内容、方法以及要求，耐心细致征询群众意见，不断完善工作方案。为使村民全面了解工作方案，村印发有关资料派发到各家各户，让每位村民弄通弄懂，努力消除村民的思想顾虑，减少工作阻力。为慎重从事，村还召开村民大会进行民主投票表决，充分尊重村民的民主权利，把决策风险降低到最低点。为解决部分村民资金紧缺的难题，村根据工程建设的进度，分期分批筹集资金，入股村民以每期出资 1000 元的措施，有效地减少村民投资入股的压力。

四、主要特点

洲村组建新型合作经济组织具有以下特点：

1. 村民参与率高。村民加盟新型合作经济组织十分踊跃，主动入股，参与投资开发集体土地的积极性很高。据统计，村民参加组建新型合作经济组织有 2 014 人，占全村总人数的 84.3%，不参加的主要为孤寡老人。

2. 投资回报率高。预计工程项目全部建成后，村新型合作经济组织每年租金总收入 1 200多万元，扣除土地租金 285 万元，以及其他等费用外，每年盈利 900 多万元。各股东 5 年可以收回本金，还拥有 20 年的分红收益，经济效益十分可观。

3. 市场化程度高。新组建的合作经济组织不仅按照市场经济运行规则组建，实行了

“自我投资、自我经营、自我管理、自负盈亏”的机制，而且股权打破社区封闭，可以自由转让、继承、赠与等，充分注重股权的资本功能，具有很高的市场化程度。

4. 管理规范化。按照现代企业制度要求，以公司制的组织形式为参照体系，设立了股东代表大会、董事会，监事会机构，租金收入和支出情况每月在村的公布栏公布，自觉接受入股村民监督。

5. 产业高档化。由于新型合作经济组织投资兴建了现代化、标准化厂房，从而吸引了一批优质企业集聚，如莱思丽有限公司，成为洲村鞋业研发、创品牌、贴牌等销售中心，年销售鞋产值1亿多元，成为制鞋的龙头企业等。新型合作经济组织的组建，有效地带动了洲村传统产业的升级。

五、经验启示

1. 创新思维，大胆探索，增加村民收入仍有广阔的空间。改革开放以来，特别是近年来，我区农村集体经济快速健康发展，村民收入不断增加。随着市场经济的不断发展，国家宏观调控政策的实施，集体经济要进一步发展壮大，碰到前所未有的困难。我村通过集中民智，聚集民资，组建新型合作经济组织，发展经济，增加了村民收入的经验证明：只要创新思维，大胆探索，增加村民收入仍有广阔的空间。

2. 必须尊重村民的意愿和选择。组建新型合作经济组织，是市场经济发展的必然产物，是村民为了增加自己的收入而自发结成的合作经济组织，因此组建新机制必须建立在村民自愿的原则上，投资不投资，入股不入股，选择权归村民，任何组织、个人都无权干涉。作为集体经济组织的带头人，一定要充分尊重民意，只要是村民愿意而且能办的放手让其办；村民愿意但暂时无能为力的，要积极创造条件，引导村民办；村民不愿意办的，切忌强迫村民去办。

3. 必须因地制宜，维护村民利益。从实际出发，循序渐进，规范管理，维护村民利益是新型合作经济组织存在、发展的关键。群众利益无小事，在当前市场经济下组建新型合作经济组织，必须坚持从实际出发，因地制宜，循序渐进的原则，以规范管理为手段，以实现好、维护好、发展好村民利益为目标，充分考虑自身的地理条件、集体经济实力、村民承受能力、组织制度、村组领导干部能力等因素，根据不同的条件组建不同形式、不同层次、不同规模的新型合作经济组织，这样才能避免把好事办成坏事。

2011年10月

农村综合改革促城乡协调发展

南海农村改革试验区办公室

南海区面积 1 073.8 平方公里，辖 6 个镇、2 个街道，共有 224 个行政村，总人口 192 万人，其中户籍人口 119 万人，常住人口 210 万。2010 年全区实现地区生产总值 1 792亿元，地方财政收入 103 亿元。南海农村改革试验区的工作按照“城乡统筹、突出核心、政经分离、强化服务”的总体目标，围绕“产权清晰、权责明确、科学发展、管理规范、流转有序”的现代产权制度为改革方向，先行先试，大胆改革创新，积极推进城乡统筹综合改革，探索一条“城乡互动、融合并进”的协调发展之路，城乡一体化发展新格局初成，正阔步迈向富民强区的幸福南海。

一、主要做法及改革成效

试验区成立以来，我区农村股份合作制改革和城乡统筹综合改革工作取得了较大成绩，主要体现为：

（一）坚持科学发展，农村经济实力显著增强

在巩固和完善家庭联产承包责任制的基础上，南海创造性地开展了以土地为中心的农村股份合作制改革，有效地激活了农村经济发展活力。目前，农村经济呈现经济总量大、资产实力雄厚、高基数快增长的发展态势。2010 年，全区农村经济总收入 4 884.2 亿元，同比增长 10.1%；农村集体的资产总额 258.5 亿元，增长 8.9%；农村居民人均纯收入 13 448元，增长 9.1%；全区股份分红达 20.8 亿元，人均股份分红 2 798 元。农村集体经济的稳健发展，为统筹城乡发展夯实了坚实的基础。

（二）积极稳妥推进农村“两确权”，农村突出问题得到进一步化解

从 2006 年起，按照《广东省农村集体经济组织管理规定》的要求，在全面清产核资的基础上，全面推进农村“两确权”（农村集体资产产权确权和农村集体经济组织成员资格确认）工作。建立和健全集体的资产管理台账，逐步理顺集体资产产权权属，将属于集体的资产全部确权登记在集体经济名下，目前全区完成“两确权”工作的村民小组有 1 586个，完成率 89.8%，明晰了集体资产产权关系。同时 2008 年南海区委、区政府出台了《关于推进农村“两确权”，落实农村“出嫁女”及其子女合法权益的意见》（南发［2008］11 号），按照“同籍、同权、同龄、同股、同利”的原则，依法强势解决农村出嫁女历史遗留问题。目前，全区已落实权益的农村出嫁女及其子女 19 395 人，占需要落实权益总数的 99.3%；已落实权益的村民小组 1 756 个，占总数的 99.4%。化解了重大历史遗留问题，有力地保障了农村大局的稳定。

（三）创新农村股权管理模式，股权资本化功能日益增强

近几年，我区以农村集体产权制度改革为主线，以股权配置、股权界定、股权流转为

突破口，在总结草场“生不增，死不减”的经验基础上，尊重群众意愿，选择一批农村股份经济合作组织，积极稳妥推进农村股权固化工作；对具备改革条件的股份经济合作组织，打破无偿配股的传统做法，实行“固化股权，出资购股，合理流动”的改革模式；2004 年 10 月，我区在六联村开展股权流转制度改革试验，出台了我区首个《股份经济合作组织股权流转暂行规定》，目前有 6 名股东以股权作抵押，向股份经济合作组织借支股份分红款近 30 万元用于治病救人；解决了 3 宗村民股权继承长期拖而不决的难题，股权流转制度改革初显成效。同时 2010 年我区还在桂城街道平南村开展“股权固化到户，股权与福利分离”的试点改革，为我区农村股权制度改革创出了一条新路。

（四）构建农村发展利益共同体，新型股份合作经济组织稳健发展

按照“民办、民管、民收益”的原则，对有发展空间，村民生活较富裕的村组，以“有投资、有股份”的形式，组建新型合作经济组织，有效地破解农村集体资产改造的资金瓶颈难题，逐步营造“家家有物业”的发展氛围，为集体经济的发展提供了新基础。目前全区先后有 6 个村组建立了新型合作经济组织，成为增加农村居民收入的新途径。如 2003 年，罗村镇联星村旺边小组 150 名村民自发组织起来，每人入一股，每股 4.74 万元，筹集 711 万元资金，租赁股份经济合作组织的非农集体建设用地，建设 24 000 平方米的标准厂房出租，每年总收入 300 多万元，扣除土地租金等费用外，每年盈利 200 万元，2010 年每股分红 16 000 元。这种“自我投资、自我管理、自负盈亏、风险共担”的经营模式，有效地解决了股份经济合作组织发展缺乏资金的难题，既有利于股份经济合作组织产业升级，增强集体经济发展实力，又增加了农民的收入，实现了集体与农民的双赢。

（五）深化农村体制综合改革，城乡一体化局面初步形成

一是实施村改居工程，加快农村城镇化步伐。按照“六个不变”（管辖范围不变、“两委”班子职数不变、原农村集体经济组织资产产权权属不变、集体资产权益不变、村民福利不变、计划生育政策不变）的原则，对桂城街道、罗村街道、大沥镇的全部村委会和其他镇城市规划区内的“城中村”采取民主表决形式实行村改居。目前全区 224 个村已有 118 个完成村改居，村民表决的赞成率达到 87.85％，涉及村民 47 万人。通过村改居进一步理顺了城乡基层管理体制。同时按照城市化建设和管理标准，区、镇两级财政加大公共财政转移支付力度，让城市公共服务逐步向农村延伸，提高基层的社会管理和服务水平，促进了城乡经济社会协调发展。

二是全面推进集体经济组织换届选举，积极探索政经分离。根据《广东省农村集体经济组织管理规定》（粤府 109 号令）精神，出台了集体经济组织选举等政策文件，全面推进集体经济组织单独换届选举。结合南海农村实际，大胆创新实践，明确规定村（居）党总支部书记、村（居）民委员会领导成员不能与集体经济组织成员交叉任职。同时，将集体经济组织领导成员任期年限从 3 年调整为 5 年。结合集体经济组织换届选举工作，积极探索自治组织与经济组织分离，为集体经济组织走向市场化打下坚实基础。

（六）构建两个管理平台，规范了资产和财务管理

一是建立资产交易平台，规范集体资产交易行为。在全省率先建立农村集体资产管理交易中心，搭建农村集体资产管理和交易两个平台，开创了集体资产信息化管理和阳光化交易。目前，全区8个镇（街道）全面建立了农村集体资产管理交易中心，进入集体资产管理交易中心成交的集体资产有520宗，涉及年标的金额达9 279多万元，成交价平均比底价高出30%以上，构筑了集体资产管理交易防腐屏障，实现了农村集体资产的效益最大化，促进了集体经济发展，增加了村（居）民的收入。

二是探索农村财务监管平台，确保集体资金安全。选取试点，整合资源，着手开发软件，搭建"出纳驻村、会计驻镇、集中会计核算、财政资金专户管理"为模式的农村财务监管平台，将农村集体资产、资金、合同、债权、债务、会计账、出纳账以及集体各项收支全部纳入农村财务监管平台进行动态、全过程监管，进一步强化对农村集体资产、资源、资金监督，有效地保护了农村集体和农村居民利益。

二、下一阶段改革的主要方向

深化城乡统筹综合改革，事关南海转变经济发展方式、建设和谐幸福南海的全局，是一场涉及思想观念转变、体制机制改革、利益关系调整的系统性工程。为此我区继续加大城乡统筹发展力度，不断深化改革，力争四大突破：

1. 经济做强做优上求突破。一是村组的产业发展要按照规划在空间上相对集中，在行业上相对集聚，形成集聚效应和规模效应。让农村集体经济组织成为真正的市场经济主体，按照市场经济规律参与竞争。发挥农村雄厚的经济基础优势，大力提升传统优势产业，并把汽车、环保装备等新兴产业作为产业结构调整升级的突破口。

2. 农村"双置换"上求突破。一是积极鼓励、支持和引导农村居民"以股换保"，鼓励农民融入城市生活。二是积极探索宅基地置换社区公寓，实施"农民进社区"工程，改善城乡人居环境。

3. 强化保障体系上求突破。加大财政补贴，积极扶持农村就业困难人员参加社会保险；扩大全征地农村居民养老保险补贴对象，提高缴费标准和待遇水平。加大财政投入，逐步提高城乡居民门诊和住院医疗的报销水平。

4. 推进城镇化建设上求突破。结合正在实施的"城市更新"计划，大力推动"三旧"改造，完善基础设施建设，建设一批新型产业载体、改造一批旧村落、建成一批文化特色街区、打造一批岭南优美乡村，促进农村城市化再上一个台阶。

2011年6月25日

[第六章]

试 验 方 案

南海县粮食生产规模经营试验方案

广东省南海试验区工作组

根据中共中央今年5号文件关于设置试验区的要求和中央农研室、广东省委、省政府关于在南海县试验粮食生产规模经营的部署，经过调查研究，订出如下试验方案。

一、意义、目的和指导思想

十一届三中全会以来的农村改革，取得了巨大的成就，尤其在经济比较发达地区，农村经济一派繁荣、兴旺，农业生产持续发展，农村二、三产业十分活跃，农民收入大幅度增加。但是，在迅速发展的农村经济中，也出现了一些矛盾，主要是农村由于均田承包形成的土地过于分散的小规模经营妨碍着农业机械的使用和农村生产力的进一步提高；妨碍着“两个转化”的进程和农民的进一步富裕；妨碍着农村专业化、商业化、现代化的实现，与正在出现的大商品生产，大范围流通不相适应。同时，农村二、三产业越发展，兼业农民越来越多，农户从农业，特别是从粮食取得的收入比重越低，把粮食作为副业对待的情况也越突出，加上粮食价格低，更影响农民种粮积极性，使近年来粮食生产出现停滞局面并潜伏着萎缩的危机。这和国民经济发展需要粮食有个稳固的基础不相适应。不解决这些问题，必将严重影响整个国民经济发展的后劲。而有计划、有步骤地实行粮食生产规模经营，就是为了逐步改变分散的小规模经营的状况，使之更好地调动农民种粮积极性，达到提高劳动生产率、土地生产率和商品率，提高粮食单产、增加总产，与国民经济协调发展的目的。同时，通过实现土地规模经营，走专业化、商品化、现代化的道路，也是深化农村改革，建设具有中国特色的社会主义的问题，其方向是正确的，意义是重大的。

南海是我省一个商品经济比较发达的县份。1988年，工农业总产值达28.59亿元，农村人平纯收入1 134元，农业劳力转到二、三产业已达60%，地区性合作经济组织已普遍建立，集体经济和农业机械化有一定基础。这都是有利于土地规模经营的一面。事实上，近年来，南海农村已涌现了38户种植水稻30亩以上的专业户，有的在自发转让土地中也适当扩大了经营规模。但是，另方面，实行粮食生产规模经营的制约因素也不少，突出的是粮食征购任务重，合同定购价与市场价差距大，全县亩平为567斤（其中公粮为94.56斤，定购粮为472.44斤），按粮管所今年议购价计算，公粮部分折款为32.15元，定购粮差价每百斤为 14 元，472 斤共差 66.14 元，合计每亩负担达 98.29 元。种粮与种蔬菜、水果和其他作物收入差距也大，并且随着市场物价上涨而越拉越大。种粮与从事二、三产业收入差距更大，再加上今年生产资料价格猛涨，造成农民一般不愿意承包更多稻田；其次是人多田少，全县农业人口 65 万，有水田 46 万亩，人均才 0.7 亩，水田也不方便使用大型机械，而且种植水稻的某些主要工种如插秧、烘干的机械还未过关，也增加了规模经营的难度；第三是 1985 年才实行土地延包 15 年，调整了土地，颁发了使用证，普遍出现土地凝滞格局；第四是农村集体经济发展很不平衡，许多服务工作跟不上。人少田多地方，土地可转让，但这些地方往往农村集体经济力量薄弱，难于进行内部调节。经济比较发达地方，往往又是人多田少。除几分口粮田外，所余无几，集中土地难度大。此外，农民对土地的传统观念和对政策、对市场的顾虑等，也增加了农民对转让土地和接包土地的错综复杂态度。因此，我们既不宜对已经出现的土地集中苗头放任自流，也不宜在短期内不顾条件是否具备而全面实行粮食规模经营，必须明确方向，分别情况，因地制宜，因势利导，创造条件，积极试验，逐步推进粮食生产规模经营，并通过试验，摸索出实现粮食生产规模经营的路子，为这方面的制度化、规范化制订一些条例草案。

二、土地集中的途径

根据若干粮食专业户集中土地的一般规律和农民对不同土地的不同态度，当前，比较易于为群众接受的土地集中的途径主要有：

1. 把边远落后田集中给专业户承包。农民让出土地的规律，一般是先放边远落后田，后放村边好田，各地都有一些集中边远落后田给专业户承包的情况，既适应经济发达地区劳动力大量转移后农民不愿多耕和不方便耕远田的客观现实，也适应人少田多，一般厌耕边远田的情况。对接包者来讲，由于边远田的公购粮任务比一般田轻，也较易于接受。同时，这些边远田，过去管理较差，若集中到能手认真经营，也容易增产，实现经济效益与社会效益的统一，符合国家增产粮食的要求。因此，这是当前适应性比较广的一种土地集中途径。

2. 实行“两田制”。即分户自耕口粮田、专业户承包责任田。责任田负责全部或部分定购粮任务。“两田制”一般适用于经济比较发达，同时土地有一定数量的地方。因为这些地区，劳力转移较多，无力多耕田，但由于担心政策不稳定，担心经营二、三产业失败，也不愿意全部放弃土地。实行“两田制”，既减轻他们的土地负担，可免除后顾之忧，也可形成规模经营。实行“两田制”的口粮，一般按“高产够吃”的原则分给，并规定不能改种其他作物。至于一些土地不多，留出口粮田后，责任田负担的任务接近承包面积产量七成以上的，一般不宜实行“两田制”。

3. 专业承包经营。除留出少量菜地给农户外，由经济社把全部土地集中起来，按一定规模划片包给专业户办家庭农场。实行这种办法的条件是二、三产业相当发达，农村劳动力转移相当充分，集体力量相当雄厚，在全部土地集中后，有条件解决让出土地后农民的平价口粮供应和其余劳力的就业问题。

4. 对农户之间自发转让。对农户之间的自发转让或准备转让的土地实行定期的、有领导的小调整，以扩大某些农户经营土地的规模。农户之间土地的转让，是现实生活中经常出现的，问题是如何组织引导，使之逐步形成适度规模经营。今后经济社在一定时间内，本着自愿互利、民主协商、就近连片、形成规模的原则下，组织小调整。至于个别地方，转让土地已成为农民的普遍愿望，也可以重新调整。

除了上述4种土地集中的途径外，各地可以根据本地的实际情况，采取土地集中的多种途径；但经营形式必须坚持以家庭经营为基础，以办家庭农场或合作农场为主。总之，只要为群众自愿，并能提高生产水平，就应帮助他们总结提高，逐步完善。

三、适度规模

粮食生产的规模经营必须适度，这是各种生产要素合理组合的体现，是取得良好的经济效益、社会效益和生态效益的首要条件。不少种粮专业户的实践证明，经营规模如何，直接影响到经营的成败。虽然由于各个经营者的情况不同，外部条件不同，规模的适度具有一定的弹性，但是它又是有一定的规律可循的。

衡量规模的是否适度，最重要的是看它的经济效益、社会效益和生态效益如何，是否做到三者统一，而要做到这样，有几方面因素是必须考虑的：

1. 承包者的因素。这是最重要的。承包者应有一定的经营能力、劳力、资金和技术，既要强调以这些为主，但又不排除在某种情况下雇请适量的帮工和必要的贷款，而重要的是必须取得良好的效益。

2. 机械化因素。规模经营的出路在于使用农业机械，没有一定的机械，要提高劳动生产率和经济效益是困难的。要把规模经营与使用机械的最佳效益联系起来。

3. 收益因素。必须使粮食生产规模经营者的收入略高于当地劳平或一般务工劳力的收入，才能更好地调动其积极性。

4. 农事季节因素。农业生产的一个特点是季节性强，误了季节就要减产减收。因此，规模经营必须以能否赶上季节为前提。

5. 社会化服务因素。主要是产前、产中、产后服务的开展程度，能否提供规模经营的种种方便。

6. 地理和交通因素。土地的远或近，连片或分散，以及交通条件如何，对规模经营都有一定的影响。土地分散，交通不便，一般不可能耕种太多面积。

参考以上因素，对南海已涌现的种粮专业户进行综合评价，初步得出比较好的效益的几种情况是：

1. 以拥有或通过社会化服务能够使用手扶拖拉机和联合收割机为主要标志，有较高的机械化水平，自有一定劳力加上请一点季节工的，以户平耕种130～140亩，或劳平耕种60～70亩为宜。

2. 以拥有或使用手扶拖拉机为主要标志，有一定程度的机械，自有一定劳力加上请一点季节工的，以户平耕种50～60亩，或劳平耕种30亩左右为宜。

3. 以传统手工操作和自有劳力为主，或农忙时请一点季节工的，以户平耕种30亩或劳平15亩左右为宜。

考虑到农民从小规模经营到较大规模耕作，有一个适应和积累经验、资金的过程，因此在开始时，面积不宜过大，应稳步推进。

四、促进土地转让和集中

在实行家庭联产承包责任制和延长土地承包期15年的情况下，农户是否愿意把土地转让出来，这是土地能否集中的前提，而转让和集中，又要与延包土地15年政策相衔接。因此，必须采取谨慎而又可行的政策措施，以促进土地转让与集中。

1. 确认农户在承包期内转让土地时，可以继续享受原来集体经济分配给社员的合理的各种利益和承担的义务。土地转让时，可由发包单位与承包者协商，在自愿互利原则下，转让给他人承包，可以全部转让，也可以部分转让；可以定期转让，也可以一次转让；可以有偿转让，也可以无偿转让。南海县实行联产承包后，有的地方，集体的再分配与土地相联系，现在看来，是造成土地凝滞的一个重要因素，今后应予以改变，办法可与群众协商制定。但关键是必须与土地脱钩，而且要留出必要的积累和建农资金，不能分光吃光。

2. 在力所能及的条件下，给予让出土地的农户以必要的社会保险，解决其后顾之忧。一是口粮的保证，一般可以保留口粮田，如全部放弃土地的，在他完成各项义务后，要给予供应适当平价的口粮。二是职业的保证，可以试行转让土地与劳动就业结合，按照土地转让的年限，签订同一年限的劳动就业合同，期内互相保证，对于转营二、三产业已退出土地的农民，如一旦失业，要求安排土地耕种时，应尽量调整安排，不能安排的应积极帮助他们在乡镇企业中找工作，或帮助他们从事各种饲养业或手工业。

3. 加强土地管理，建立达标承包制，严明奖罚。要改变目前土地分包到户后种好种坏无人管和随意改种的现象，重新明确土地建设、投入和产量的各种指标，对精耕细作、增加投肥、培养地力、提高产量，超过各种指标的给予奖励；对粗耕粗作，延误农时，掠夺经营，产量下降的，要给予经济处罚。特别对已转营他业，不愿放弃土地而耕种不好，“明耕暗弃”，甚至荒芜土地的，要加重处罚，可由集体收回其土地，转由他人代耕。代耕补贴费由该户负担。

4. 改变以工补农的办法，实行有偿优惠服务。南海的以工补农，多数用于农田基本建设，购置农机设备和推广先进技术，这完全是必要的。但有的村、社，为农户统一支付机耕、排灌等共同性生产费用，变成无偿服务或补贴服务，虽然这对稳定粮食生产起了一定作用，但在农户没有解决种粮积极性的情况下，往往集体包开支的项目越多，农户本人管理越不认真，越不愿放弃土地。因此，必须理顺以工补农的办法。今后以工补农的款项，主要用在农田基本建设、农业机械化和推广先进技术上，要改无偿服务为有偿服务，对水电费、机耕费、排灌费以及集体代付的一切生产费用，都应归户负担，使以工补农能真正提高生产力，保持农业发展后劲，同时有利于促进土地规模经营。

5. 准备试行“两田制”的地方，可考虑重新界定发包对象。对村社已有把握发动种田能手集中承包，而某些农户又不愿放弃土地的地方，可以考虑规定已转营他业，工作上比较固定，收入上比较稳定，对农田照顾不来的从事二、三产业的农户或个体户，不能双重占用集体的生产资料，即不发包责任田。具体是哪些人，可以通过协商评定。至于已自理口粮到城镇落户的，可以既不给责任田，也不给口粮田。

五、鼓励适度规模的承包

种植粮食，征购任务重，投入多，风险大，收益低，为了调动能手规模经营的积极性，必须给予适当的扶持，其目的，一方面是为专业户创造条件，增强其内在活力，使之实现良性循环，另一方面，也是弥补任务负担，帮助解决大面积承包所遇到的各种困难。各镇、村、社，可根据不同情况和承受能力，从如下方面考虑制订自己的鼓励措施：

1. 凡在本县范围内户平耕种30亩以上的，由县政府对其承包面积所负担的公粮任务数额，按合同定购价，给予补贴，但承包户按公粮任务上交实物不变。

2. 对集中连片承包边远落后田的，定购粮任务要适当。如该田亩原来未有分担任务的，可适当给予分担；如按地力等级分担的任务过重，应适当调低，调整下来的任务，可由集体承担或分摊到其他较好的耕地上。

3. 对实行“两田制”，由种粮专业户集中负担定购粮任务的，经济社和村以上各级，可视自己的经济力量，给予该任务粮一些差价补贴。

4. 不能实行任务差价补贴的，也可对种粮专业户适当增加主要生产资料（如化肥、农药、废用柴油等）的牌价供应数量，数量多少，由各级自定。

5. 对经批准承认的种粮专业户，免征个人调节税。

6. 为了帮助新办规模经营的种粮专业户，解决开耕费用和周转资金的困难，扶持规模经营的种粮专业户购买农业机械，地方和集体，可视自己财力，给予一定数额、一定年限的贴息或低息贷款，不能做到贴息、低息的，也要帮助他们解决贷款的困难。

7. 有条件的村、社，尽可能提供必要的农机具、晒场和仓库等生产设施。积极投资兴修有关的农田水利、电力设施和机耕道路等，给规模经营者创造搞好生产的基本条件。

8. 在保证承包粮田面积的粮食总产增产的前提下，允许种粮专业户在承包地段内改种少量经济作物，但改种必须布局合理，有利于耕作、改良土壤和实现良性循环。改种面积要经过镇一级政府批准，防止在土地集中过程中把稻田大量改挖鱼塘，大量改种其他作物的情况发生。

以上这些优惠措施，都牵涉到支农、建农和补农问题，除各级政府和有关部门在可能范围内给予扶持和优惠外，很重要的一环是搞好集体内部的以工补农。为了使以上补农资金有比较稳定的来源，建议镇、村、社分级建立“建农基金”的制度，基金来源可以从如下几方面筹集：

1. 从集体企业上缴利润中提取一定数额。镇一级可从本镇企业上缴纯利总金额中提取；村和经济社一级可在各项实际经济收入中，除去必要开支外，从余额中提取。具体数额可视集体收入而定，收入少的比例可适当高些，总的原则是先积累，后再分配。

2. 从地方留用征用土地补偿费中提取1/3。

3. 从地方留用特产税中提取一定比例。

建农基金实行专款专用，属哪一级筹集的归哪一级管理。使用的重点应放在粮食生产的投入上，各地可按当地粮食占农业比重情况，分别规定对粮食生产的投入要占建农基金相当的比例。

六、增加技术投入，提高劳动生产率

粮食生产规模经营必须有新的技术投入，必须与农业机械化相搭配，否则，简单的集中，规模越大，经济效益和社会效益就会下降。

1. 各级党委、政府，要提高对新时期农业机械化的地位、作用的认识。自觉把机械化摆上议事日程，及时研究解决机械化和农机管理上遇到的问题，协调、督促有关部门认真贯彻落实机械化的部署和措施。当前要认真解决粮食生产规模经营中的插秧、烘干两大难题，尽快实现这两个环节的机械化；还要增加良种、先进栽培技术、薄膜、化肥等方面的技术投入。

2. 明确规定一定的规模必须与一定的农业机械相匹配。根据上述适度规模的要求，凡承包100亩稻田以上的除必须有拖拉机外，还要有一台小型联合收割机；凡承包50亩以上100亩以下的，必须要有拖拉机和其他排灌、喷雾、脱粒机械。农户不能自己买的也必须要有这方面社会化服务的保证。此外，农田基本建设还要与机械化生产同步规划，推广先进栽培技术和先进农艺要与机械作业相适应，以充分发挥机械化的作用。

3. 实行多层次、多形式地解决使用农业机械问题。除农户自购自用之外，考虑到购置机械一次性投资大，而且利用率一般不高，提倡镇、村两级购置大型农机具，由集体成立机耕服务队，为粮食专业户提供服务；或者租赁给粮食专业户使用，收回折旧费，也可以承包、租赁给农机专业户，组织他们为粮食专业户提供服务。集体购买大型农机具，可以列入本级集体企业成本。

4. 充分发挥农机部门的职能作用。各级农机部门，要加强农机管理、购销、试验推广、培训机手和维修工作。抓好镇、村两级农机服务站的建设，端正服务方向，建议凡是达到30亩以上的种粮大户，都作为镇的农机服务站和技术推广站的联系点，把粮食生产规模经营的试点与农机试点统一起来，帮助粮食专业户搞好农机化规划，选购适用的农机具，培训技术人才和提供经济技术信息。

此外，还要注意落实解决好农机的资金。

七、完善社会化服务

粮食专业户由小规模经营到适度的较大的规模经营，在技术、资金、生产资料供应、运输等方面都遇到很多困难，需要社会及时提供优先、优惠、优质服务。

1. 充分发挥地区性合作经济组织的职能作用。完善双层经营体制，搞好“宜统则统”方面的服务，除了要健全土地承包制，加强土地管理；改革、理顺各种不利于土地集中的管理制度和分配制度；努力发展集体经济，增强以工建农、以工补农的力量外，对必要而又有条件搞的服务，如机耕、排灌、植保、良种和育秧、技术、生产资料供应等，都要尽可能搞起来。但必须坚持有偿优惠服务。

2. 各有关部门要把种粮专业户列为重要的工作对象和服务对象。要及时了解种粮专业户在生产上、工作上遇到的种种困难，并在各部门自已业务范围内开展各有关服务，提倡有关部门与种粮专业户签订各种服务合同，明确各方的责权利。党委对此要加强调查督促，及时协调部门之间的利益矛盾，防止互相扯皮，影响服务。

服务要做到系列化、具体化，围绕产前、产中、产后开展一系列具体服务，银信部门应在生产资金上给予支持；农科部门应提供技术服务，例如培训专业户，实行技术承包、植保承包；供销部门可以考虑对种粮专业户直供生产资料；粮食部门可以预约上门收购粮食，以解决专业户缺仓库、缺运力等问题。

3. 成立种粮专业户服务组织。在种粮专业户形成一定群体的镇、村，可以考虑成立由镇的粮食、科技和农业部门牵头，吸收有广大种粮专业户参加的群众性自我服务组织，名称可以叫水稻生产者协会，也可以叫其他。其活动内容，一是根据需要与可能，为专业户办些好事；二是交流技术和经验；三是组织专业户之间的剩余机械、劳力、资金进行互相协作、调剂，互相帮助、互相服务；四是及时反映种粮专业户的意见和要求，促进有关部门更好地提供服务。

八、加强领导

土地适度规模经营，是农村经济中带有方向性、基础性的战略工作，搞得成功与否，对农村生产和经济生活影响极大，必须加强领导。

1. 做好基层干部和农民的思想教育工作。鉴于目前只重视眼前收益多，对规模经营缺乏应有的认识，应广泛地组织学习中央几个 1 号文件和今年 5 号文件，邓小平同志关于农村政策问题的论述，明确适度规模经营是中央早就提出来的，并不是什么新套路。要通过查问题，揭矛盾，总结和宣传现有种粮专业户的成效，帮助干部认识实现土地适度规模经营的深远意义和现实意义，克服小农观念和安于现状、怕麻烦、怕搞乱的思想。要正确分析各地对规模经营的有利条件和不利因素，明确对这项工作既不能放任自流，也不能强迫命令，而必须认真把推行土地适度规模经营列入党组织工作部署，使之扎实而有效地开展起来。

2. 坚持条件，抓好规划。条件，主要是看经济发展和劳力转移的程度如何，种田是否出现厌耕、弃耕，农民出让土地后能否解决就业和口粮供应；有没有愿意承包一定粮田面积的能手；能否提供各种社会化服务等。为此，党委和政府要在调查研究的基础上，及早做出实施规划。当前，搞粮食生产规模经营的重点应放在下列四种地区：（1）边远田比较多的；（2）大部分劳力已转营二、三产业，而粮食生产搞不好的；（3）集体经济雄厚、补农资金相当多的；（4）承包已到期，或虽未到期，但农民愿意调整的。对于那些土地集中条件成熟，农民愿意的，镇、村党组织要做好组织工作，及时引导，做到成熟一个搞一个。

从县来说，今年先着重抓好 5 个粮食生产规模经营试点，即平洲镇的平东村、西樵镇的爱国村、桂城镇的叠北村，盐步镇的联安村、大沥镇的谢边村。这些村可以全面实行，也可以选择一个经济社或部分土地实行，计划秋前宣传发动，制订方案，秋后实施。

3. 加强对种粮专业户的管理。镇、村要做好种粮专业户的资格审批工作，粮食专业户必须有一定的劳力、技术、资金和经营水平，素质较高，并热心务农致富。对种粮专业户既要待遇从优，又要要求从严。凡户营面积 30 亩以上，都要经镇审批。对现有种粮专业户，要帮助其巩固提高，建立档案，定期考核，定期培训，帮助他们掌握生产技术和管理知识，帮助建账建制，加强经济核算，提高经济效益。同时还要参考本方案的各点，使之逐步实现制度化、规范化。

4. 在搞好试点的同时，要做好面上工作。主要是稳定承包关系，进一步完善家庭联产责任制，适当解决土地分得过于零碎的问题，严防由于不了解政策而引起不必要的混乱。

1987 年 9 月 26 日

南海试验区土地制度建设总体方案

广东省南海试验区

党的十一届三中全会以来，特别是实行家庭联产承包制以后，农村土地制度发生重大变革和创新。原来“三级所有，队为基础”高度集中统一的“人民公社”体制，改革成为集体所有，两权分离，双层经营，共同发展的新的土地经营管理体制。具体地讲就是实行土地集体所有，农户承包经营，同时，运用集体经济的实力和统一经营的优势，开展对承包户多项统一经营服务，集中办好农民单家独户办不到或办不好的生产活动。这样，便把家庭经营的积极性和集体经营的优越性结合起来，解放了农村生产力，促进了农村经济和农业商品生产水平的不断提高。实践表明，现行农村土地经营管理体制，总的来讲是符合我国国情，符合广大农民意愿，具有旺盛生命力的。目前是如何使之进一步完善的问题。

由于在实行联产承包制为主要内容的农村第一步改革中，我们经验不足，加上情况不断变化，我们又没有及时地解决问题，随着时间的推移和经济的发展，现行土地经营管理制度的不完善方面，不仅逐步暴露出来，而且有的问题已到了非解决不可的时候。这些问题，概括起来主要有：土地所有权主体不明确；土地承包经营制度不完善；土地建设和对土地的投入缺乏促进机制；土地管理问题比较多等四大问题。这些问题的存在，加上工农产品剪刀差等其他一系列社会、经济因素的影响，导致当前农村土地经营管理领域存在种种日趋严重的问题。若不加以重视和解决，势必阻碍农业以及农村经济健康发展。而且，从某种意义来说，没有完善的土地制度，就不可能有现代化的农业，更不可能有现代化的农村经济。我县耕地资源十分稀缺，这个问题更加突出。我们要建没具有中国特色的社会主义农村，加快实现农业现代化，必须顺应深化改革和经济发展的要求，不断地完善土地制度。

土地制度建设，必须坚持有利于发展农村生产力，坚持完善双层经营的家庭联产承包责任制。坚持从实际出发，坚持依法办事，并注意保持政策的稳定性，从我县的实际情况出发，基本的指导思想是：明确土地所有权，搞活土地使用权，加强土地管理权。内容包括：完善土地的产权制度，土地承包经营、使用、流转制度，土地建设投入制度和土地管理制度。目的是：通过完善土地制度，明确土地的产权主体，理顺关系，进一步稳定和发展联产承包制，加强土地管理，优化资源配置，更好地开发利用和珍惜保护有限的土地资源，不断提高土地的利用率、产出率和劳动生产率，探索出一种能自我发展的经营管理机制。

一、明确土地所有权

《土地管理法》第八条规定：“集体所有的土地依照法律属于村农民集体所有，由村农业合作社等农业集体经济组织或者村民委员会经营管理”。如何执行这一规定，在现实中所有权主体比较混乱，农村土地究竟是归合作经济组织，还是村民自治组织？是归经联社，还是经济社？有的实际行使土地发包权、管理权、收益分配权的，仍然是已取消了的原生产队。土地权属模糊不清，是当前影响土地管理和利用的一个基本原因，许多问题由此而产生。完善土地制度，首先要完善其产权制度。

完善土地产权制度，目的是把农村土地集体所有权落到实处，将土地所有者的权利和义务统一起来，达到调动土地所有者和使用者管好、用好、建设好土地的积极性和主动性。

农村土地除了已明确属于镇集体或经联社集体所有的部分土地外，其余都属于设置在自然村一级的经济合作社所有。

在明确土地所有者的基础上，要按照《土地管理法》第九条“集体所有的土地，由县人民政府登记造册，颁发证书，确认所有权”的规定，履行法人的登记和颁证手续。首先由农村经济管理部门为经济社及农村各类合作组织办理法人登记手续，然后，由县人民政府发给土地证。今后，经济社才是土地发包单位。有些地方，原生产队仍然行使土地所有者职能进行土地发包的，要在近期内加以调整。按照自愿互利原则，能处理好原各生产队之间的经济利益问题的，过渡到由经济社发包；原各生产队之间经济差异和矛盾很大，群众意见大的，以原生产队设经济社行使土地所有者职能。

为体现土地所有者的权利，还要逐步推行土地有偿承包。近期，首先应在业已放开经营，土地的产品价值与价格比较协调的鱼塘、果园、作物地等推行。征购粮任务较重的禾田，也要创造条件，有偿承包。土地有偿承包款专门用于土地建设和管理，由各级农村财务会计服务公司，设专门的会计科目进行监督、管理。

以法律形式，保障土地所有者的权益和农民承包土地的合法权益。土地所有者具有：土地所有权、支配权、发包权、收益权、管理权。凡是合作社社员，都有权承包本社的土地。土地承包经营权的内涵，包括：土地的承包权、经营权、收益权和有偿转让权。同时，土地所有者和经营者，都有义务保护和建设土地。

二、完善土地承包经营制度

完善土地承包经营制度的基本要求是，在维护土地公有的基础上，巩固统分结合的双层经营体制，搞活土地的使用权，调动承包者的生产积极性和培养、建设土地的主动性，促进规模经营和集约经营的发展，提高土地的“三率”。

土地承包期，应根据禾田、鱼塘、基地、山地、岗地、果园等各种类型的农用土地的属性和作物生产的特点，由发包单位与承包者协商确定。不宜由上到下规定统一的承包期。从我县具体情况出发，根据多年实践和干部群众的意见，以下各类生产项目的承包期一般认为是比较适宜的：稻田 5～7 年，鱼塘 3～5 年，水果 10～15 年，蔬菜、花卉 2～4 年，林业 20～30 年。目前承包期 15 年，或者 15 年以上的，只要群众有要求，对生产有利，可以缩短承包期限；而一些承包期较短，不利于生产和土地建设的，应通过协商，适当延长承包期。

积极转换承包机制。要把竞争机制引入土地承包。逐步改变户户平均分包为投标承包。鱼塘、水果、花卉、蔬菜等经济作物地，原则上都要实行投标经营。凡承包期已满的经济社，在转入下一承包期时，上述类型土地都要改分包为投包；一些承包期未到，但矛盾突出，集体入不敷出，群众意见大的经济社，要引导和帮助他们提前转换承包机制，通过投包解决问题。在禾田区，由于粮食任务太重，种粮效益低，目前还不具备全面推行投标经营条件的，可以先在人均耕地资源比较多的经济社和边远田进行探索。

处理好土地承包的具体问题，使土地承包渐趋完善。在土地分配中，要破除绝对平均的小农观念，提倡能者多耕，对已经转营二、三产业，并且收入较有保障的农民，对老、弱、病残户等，应尽量少分田或不分田；承包土地要相对连片。在禾田区，每个农户的地块最多不宜超过 4 块，在作物区要实行基塘连包；对那些承包期过长，而且不便于缩短承包期的经济社，可以采用几年一调整的办法，缓解因时间变迁，土地与市场、人口、劳动力变化而产生的矛盾，要建立健全合同管理制度，凡是承包项目都要签订书面合同，并到管理区、镇农村承包合同管理机关鉴证。

逐步推行达标承包制。农民有承包经营土地的权利，也有种好养好土地的义务。因此，有必要也有可能逐步推行土地达标承包。即承包者承包使用土地的同时要完成发包方通过合同规定的生产经营、培养和建设土地以及其他方面的有关指标，集体对达标者给予一定的奖励或补偿，对不达标者给予相应的处罚。达标承包的指标体系大致包括：产值、产量指标，经济效益指标，完成国家、集体任务指标，关键生产措施指标，培养地力指标，基本设施的建设和保养指标等 6 个方面。各地可根据具体情况，先易后难，选择部分指标写入承包合同，并加强检查督促，坚决兑现。把以工补农、集体收入再分配同达标承包结合起来，改补农为建农、奖农，鼓励承包户达标经营。

农业适度规模经营，是农业商品生产发展的必然趋势。从近年实践总结，由于种种原因，我县发展规模经营既不能操之过急，也不能放任自流。指导思想应是明确方向，因地制宜，创造条件，逐步推进。当前，工作的重点应放在创造条件上，放在业已放开经营的生产项目上。鱼塘、水果等生产项目，应积极通过投标承包，发展适度的规模经营，特别是开发性生产，从一开始就应做好规划，实行投包，形成规模经营，禽畜业也应推广规模经营。禾田的规模经营，应在耕地较多的地方以及边远田进行引导，有条件的要给予扶持和指导，促进和形成规模经营。

建立和完善土地流转制度，是逐步发展规模经营的基本条件。在明确农户在承包期内享有土地的使用权、收益权和部分处分权的基础上，建立起土地有偿使用、有偿转让制度。允许土地转出、转入户，通过协商，获得适当的经济利益。土地流转与集中的方式，可以多种多样，如投标承包、租赁、合伙、联营、股份，以及专业承包等。可以根据各地经济发展的不同情况，由干部群众选择，一个地区内，可以同时采用不同方式，以促进土地流转与集中。

提高农业机械化水平和发展农业的社会化服务，是搞好土地经营，促进规模经营的重要条件，要提倡和推广机械化家庭农场的形式，保证规模经营既获得高的劳动生产率，又可提高土地的产出率和经济效益。在全县范围内，都要进一步搞好农业生产的“五统一”服务，发展产前、产中、产后的社会化服务。

三、增加土地投入，搞好土地建设

增加土地投入，搞好土地建设，既是当前发展农业生产的迫切需要，也是造福子孙万代的大事。各级政府、农村合作经济组织的农户都有责任、有义务增加土地投资，改良和建设土地。一般来说，县镇政府和合作组织，对土地的投入，侧重在超越农民单家独户力所能及的农田基本建设以及长期地力培养方面。承包户则侧重在保护和培养地力及对小型农田水利的兴建、维修方面。

建立和落实农业发展基金，保证农业和土地建设的资金来源，是各级政府和合作组织增加土地投入，搞好土地建设的根本措施。建立农业发展基金，中央、省、市和县都有明确规定，应坚决落实，管好用好。应逐步提高农业基本建设在农业发展基金预算中的比重，用于整治山、水、田、林、路，对于经济不发达、粮食任务又重的粮产区，政府应设立专门的土地建设扶助基金，帮助这些地区解决农田基础设施失修的问题。

完善以工补农制度，改革再分配办法。今后以工补农，应逐步减少用于当年的生产资料补贴和共同生产费用方面，这些应由农户承担；应逐渐增加用于建农方面的资金，把有限的资金用于农业基本建设和土地建设。对集体收入的再分配办法，要进行改革，即集体收入可再分配的部分，先行划出一定比例和数量，用在农田基础设施、农业机械化和土地建设，以及作为达标承包的奖励，其余的再进行第二次分配。

坚决推行义务工制度。要把落实义务工制度，作为组织农民进行土地建设，扩大农业积累的重要措施加以落实。凡是户口在农村的劳动力，每人每年必须提供15～20天义务工，由经联社或经济社统筹安排，主要用于兴修农田水利设施，解决农民对土地的投入。除了推行义务工制度之外，还应建立起种植绿肥的制度，规定稻田每年要有一定比例冬种绿肥或蔬菜，实行有奖有罚，使之持之以恒，更好培养地力。

土地建设工程量大，工期长，所需资金多，各镇政府和农业主管部门、经联社和经济社，都要在近期内制订出本镇、本社整治土地，培养地力，更新、改造农业基础设施的规划和实施计划，以便有步骤、有计划地组织资金和人力，分期分批实施。

四、加强土地管理

要明确土地所有者和经营者管理、保护土地的各项职责。各级合作经济组织，要负责管理好辖区内的各类土地，保护耕地不受侵犯，维护农业工程设施，调解承包者之间的土地纠纷，制止荒废、破坏耕地的行为。承包者在合同期内享有合同规定的土地经营权、收益权和部分处分权，同时也有保护和按照合同规定合理利用、维护培养地力的义务。不准将承包地出租、出卖、弃耕、丢荒；不准随意改变土地形态如挖塘、开矿、取泥打砖等；更不准在承包土地上建房建坟。

做好土地开发利用规划。县、镇人民政府都要按照合理布局，节约用地，提高土地的利用率、产出率和劳动生产率的原则和要求，制定出本地区农村土地开发、利用总体规划，合理安排农业生产、城乡建设、经济开发和住宅用地。管理区和村委会，则要参照县、镇的土地利用规划，制订出本区、本村土地开发利用，加强管理的计划。

建立基本农田保护区。县、镇、管理区，都要根据当地土地资源和生产发展的需要，对本县、本镇、本区的土地划定基本农田保护区，并经当地人民代表大会或社员大会讨论通过，报上级批准。基本农田保护区内的土地，除国家必须征用以外，任何单位和部门，一律不得征用。这项工作先进行试点，再逐步推广。

严格控制非农用占地。要教育广大干部人民群众牢固树立保护耕地，节约用地的观念，正确处理好发展二、三产业和节约用地的关系，眼前利益和长远利益的关系，杜绝大手大脚，多征滥用土地。发展乡镇企业等非农用地，应尽量利用荒、坡地，少占用农田。严格控制民宅用地，任何人不得超标准占地建房。

国土部门和农业部门，都要具体加强土地管理工作。国土部门要严格执行《土地管理法》和各项土地管理法规，按照法治管理土地。农村合作经济经营管理部门要具体加强对合作经济组织规划、建设、保护、管理土地工作的指导，特别是土地的承包，土地建设基金的提留、管理和使用，合同管理以及土地流转的管理等，使合作组织对土地的管理逐步规范化、制度化。

五、加强领导，精心指导，以点带面，逐步完善

完善土地制度建设，是深化农村改革的主要内容，是解决实行家庭联产承包责任制以来，土地方面存在各种各样问题的有效的、重要的工作，是农村各项工作中的一项基础性的工作。各级领导，要充分认识这项工作的重要性和必要性，下大力气抓好。

为了使土地制度建设落到实处，在本总体方案的基础上，再制定有关明确农村土地权属、有关完善土地经营和土地建设、土地管理的具体试验方案，通过试验逐步形成若干制度条例或规定，包括土地产权制度，建立农业发展基金，增加农业投入，搞好土地建设的制度、土地承包流转制度、加强土地管理的制度等。农业机械化要作出发展规划，以促进农业发展规模。

各镇都要按试验区的总体方案和几个问题的具体试验方案选择一、二个管理区作为不同问题的试点，通过试点，摸索经验，逐步积累起草若干制度的材料和意见，以便在条件成熟时制订出来，经过合法手续，予以推广。

今冬明春，采用领导集中、精力集中、时间集中的办法，首先针对当前的突出问题，认真抓好完善土地承包制的工作，基塘区和禾田都已订出了具体的完善意见，各级要认真抓好。

土地制度建设和农村基层组织建设、农村集体经济发展，是密切相联的。搞好土地制度建设，必须健全全镇、管理区、村委会基层组织和合作社经济组织，强化组织职能、提高工作效率。还要认真培训基层干部、提高其业务素质。要进一步发展农村集体经济，使之有更大的财力投入土地建设，推动农业生产向新的水平迈进。

1989年12月

关于进一步明确农村土地权属的试验方案

广东省南海试验区

农村实行联产承包责任制和撤销人民公社后，土地归属哪里不很明确，虽然《土地管理法》规定“农村和城市郊区的土地除法律规定属于国家所有的以外，属于集体所有”，但这个集体由谁来代表，是原来的生产队、还是经济合作社、经济联合社？既没有明确规定，更未取得法律上的确认，由此而引起的非法占用土地、擅自改变土地形态和使用方向的行为常有发生，土地建设更成了问题，严重影响农村双层经营的巩固和壮大。因此，明确农村土地权属，是当前农村坚持社会主义和完善双层经营、联产承包体制的一个十分迫切需要解决的问题。

一、明确土地权属的目的

总的来说，是坚持土地的公有制，建设具有中国特色的社会主义，探索能自我完善、自我发展的一种经营管理机制，具体来说：

一是健全与完善农村双层经营的体制，巩固与壮大农村经济合作社。

二是加强农村土地管理，严格控制土地征用，制止侵权行为和擅自改变土地形态以及使用方向的行为。

三是明确土地所有者和使用者的权利和义务。

四是建立自我发展的机制，增加土地投入，加强土地建设。

二、明确农村土地权属

1. 按《土地管理法》的规定，属于农村集体所有的土地，包括宅基地、自留地和自留山，应明确归属经济合作社所有。

2. 在人民公社时已实行大队核算，联产承包后仍由经济联合社（原来的小乡、村民委员会、现在的管理区）发包的土地，可归属经济联合社所有。

3. 按人民公社六十条已划归经济联合社所有的土地，或联产承包后和已办征用手续归经联社及其直属厂（场）使用的土地归经济联合社所有。

4. 按人民公社六十条已划归公社（即现行的乡、镇）的农业、水利工程用地，农业生产基地或由乡镇征用的农业土地，可以属于镇农民集体所有。

5. 设置在农村的国营企业单位所征用的土地，其土地权属归国家所有。

三、明确土地权属的必要措施

1. 农村各种土地经过核实明确界限之后，应按《土地管理法》第九条规定，由县人民政府登记造册，分别各类土地给经济合作社和其他享有土地所有权的单位颁发所有权证书。

2. 属两权分离的土地，应由所有者与使用者签订承包合同，以确认所有者与使用者的关系。

原来有由政府颁发土地使用证的，应妥善处理，在产权明确和签订承包合同后，原来的土地使用证可由承包合同代替。

3. 实行有偿使用土地，通过投包或适当收取承包费，使土地所有权真正在经济上有所体现。

四、土地所有者、使用者的权利和义务

在明确土地权属过程中，必须明确土地所有者与使用者双方的权利、义务，这是使土地双层经营正常、健康运转和加强土地建设的重大问题。

所有者与使用者双方的权利和义务大致有如下一些内容：

所有者的权利：①土地所有权，他人不得侵占；②按政策、法律规定的支配权，既可以自营，又可以发包、联营；③发包权，包括承包形式、方法、条件、年限和对象的确定；④收益分配权，自营的收益和发包收取的承包费以及被征用时土地补偿费的收取和分配使用；⑤管理权，包括使用土地的规划、转包土地的管理、社员非农用地的审查和违背承包合同的处罚等。

所有者的义务：①保护土地不受破坏；②对土地必要的投入，以保持和提高地力。收取的承包款，应规定适当的比例用于土地投入，其他收入也要有一定的比例支农建农；③在力所能及的情况下，对使用土地提供多种服务，服务可以是有偿的也可以是无偿；④监督土地按计划使用和完成国家、集体的各种任务。

使用者的权利：①按合同承包年限和使用方向，计划进行使用、经营；②经营所得除按规定上交外，其余部分的收益权；③在合同承包年限内，经发包方同意有转让使用的权利，可以无偿或有偿转让；④国家或有关单位征用农户的承包土地，有权领取青苗补偿费及国家有关规定的合理补偿费。

使用者的义务：①保护土地形态的完整，不得在承包地内建房、挖塘；②按计划种植使用，达标经营，不得荒废；③按任务和合同上交承包款或实物；④保持地力，规定对土地要有一定的投入，特别是属于保持或提高地力的投入；⑤每年要完成规定的义务工。

对双方的权利、义务还要订出违者的处罚规定。

五、步骤与安排

1. 确定试点。由有关部门组织工作人员，在镇委、镇政府的统一领导下开展工作。

2. 广泛宣传明确产权的重要性及有关政策。

3. 对要明确的各类土地进行调查核实，接规定分别定出归属，弄清有无争议。

4. 填发所有权证书。

5. 由所有者和使用者双方共同研究发包与承包的条件，实行有偿承包，订出双方的权利义务，然后按法律程序签订承包合同。

6. 进行监测，观察成果及变化。

计划1990年先搞好试点，再行推开。

六、注意几个问题

1. 这次明确土地权，是对《土地管理法》的具体执行、落实和完善，使土地所有者与使用者都得到国家法律的保护，而不是要改变政策，必须充分发动群众，消除怕变心理，防止引起不必要的震动。

2. 妥善处理好多队组织一社的土地权属转移中的利益矛盾问题，条件成熟的可以统一经营，暂时不成熟的可以先统一管理，再逐步过渡或实行有统有分，也可以实行一村多社，把社与队统一起来。在这个问题上严防刮共产风，引起不必要的破坏。

3. 妥善处理社与社的土地矛盾，凡有争议的土地，都要慎重从事，做好双方工作，防止引起群众性的纠纷。

有的地方还可结合调整插花地和进行土地小调整，使分散经营的土地连片耕作。

1989 年 12 月

关于完善农用土地经营制度的试验方案

广东省南海试验区

完善土地经营制度，既是稳定和调动农民经营好土地，发展农业商品生产积极性的重要措施，也是使土地资源合理配置，逐步使农业向专业化、商品化、现代化发展的关键环节。根据我县目前土地经营的情况和问题，应从完善土地承包经营制度，建立土地流转机制和逐步推进土地的集约经营、规模经营等几个方面，进一步搞活农用土地的经营使用，并逐步形成能适应农业生产力不断发展的土地经营制度。

一、完善土地承包经营制度

农村实行家庭联产承包制后，农村土地"集体所有权两权分离、双层经营、统分结合、协调发展"的土地经营体制，是适合农业生产特点和农村生产力发展水平的；必须长期稳定，但土地承包经营中出现的问题，必须不断加以解决和完善。

（一）合理确定土地承包期限

1. 土地承包期，应根据禾田、鱼塘、基地、山地、岗地、果园等各种类型的农用土地的属性和作物生产的特点，由发包单位与承包者协商确定。根据多年实践，以下各类承包期比较适当，各地可参照商定。禾田 5～7 年，鱼塘 3～5 年，水果 10～15 年，蔬菜、花卉 2～4 年，林业 20～30 年。

2. 目前承包期 15 年或者 15 年以上，只要群众有要求，对生产有利，可以缩短承包期限，而一些承包期过短，不利于生产和土地建设的，应通过协商，适当延长承包期。

3. 实行承包期 15 年以上的地方，为了适应农村经济结构和人口、劳力的变化，可以在坚持"大稳定、小调整"的原则下，实行 5 年一次小调整。

4. 在土地承包中，要破除绝对平均的小农观念，提倡能者多耕，对已经转营二、三产业，并且收入较有保障的农户，对老、弱、病残户等，应尽量不分田或少分田。承包土地要相对连片。在禾田区每个农户的地块最多不超过 4 块，在基塘区要实行基塘连包。

（二）完善土地承包经营机制

1. 提倡投标经营，逐步改变户户平均分包的承包方式。鱼塘、水果、花卉蔬菜等经济作物地，原则上都要实行投标经营。禾田区目前未具备全面推行投标经营条件，可在人均耕地多的经济社和边远田先搞试点。今后土地承包期满的经济社，在转入下一个承包期时，应按上述原则转换承包制。

2. 土地承包期未满，而分包所带来的矛盾很突出，对生产和集体经济有较大影响，多数农户强烈要求改变承包方式的，集体可根据实际情况，缩短承包期，提前转换承包方式，经济作物区原属分包经营的社、组，不论原定承包期多长，要求最迟在 1991 年前转为投包经营。

3. 妥善处理好土地投标经营的各方面关系，特别是处理好承包户与没有承包土地（鱼塘）的农户之间的利益关系，使农民对集体土地应享有的权利得到适当体现，以有利于投标承包方式的实施。此外，承包形态上，一般应以实物为主，按当时市价货币结算以利于双方执行合同。

（三）推广土地达标承包制度

1. 农民承包土地，除要完成国家任务及上交集体承包款外，发包方和承包者还应通过协商，订出承包经营需要达到产量，关键性生产措施多培养保养地力，农田基本设施等方面指标，并订明奖罚，实行达标承包。集体对达标者要给予奖励或补偿，对不达标者给予相应处罚。

2. 把达标经营与集体再分配联系起来。土地承包经营达标者，才能享受集体再分配，不达标者按达标程度扣减再分配，严重不达标甚至丢荒土地的，应把其他应得分配部分，作为集体损失的补偿，集体还应责令该承包户采取复种或其他相应补救措施；严重的由集体收回土地，转由他人代耕，其所需费用及代耕补贴费均由该户负担。

3. 达标承包工作量大，可由简到繁、由易到难，逐步推开，并要逐步摸索考核和检查达标的办法，建立农户承包土地达标档案制度。

（四）完善土地承包合同制度

承包合同是发包方和承包方都要遵守的，具有法律效力。运用承包合同管理好土地的经营，是用经济手段管理经济，并使土地经营逐步走向法治的重要办法。因此，今后凡是投标农业承包的都必须由社与承包户签订合同，并按市、县合同管理有关规定，交管理区合同小组或镇合同管理处鉴证。农户需转让或退包耕地的，一律要经发包单位同意，并按有关程序办理。

对目前土地承包条款不合理或因情况变化显失公平的合同，要及时按照国家和省有关法规和政策给予妥善解决。

二、建立土地流转机制

1. 农户在承包期内有转让土地的权利，但必须经发包方同意，土地可以全部转让，也可以部分转让，可以定期转让，也可以一次转让，可以有偿转让，也可以无偿转让，转让的形式和条件由农户双方自行决定。

2. 为了促进土地流转，要改变目前集体收入再分配单纯按土地人口平均分配的办法，使集体再分配与土地面积脱钩，与达标承包挂钩。

3. 为了促进土地流转，要改变集体对农业生产措施统包统支的做法，逐步过渡到有偿服务，一般当年生产开支应由农户负担；集体只对关键性的生产措施，给予适当扶持。

4. 为了促进土地流转，要逐步实行土地有偿承包制度，禾田区目前由于粮食价格未理顺，种粮比较效益低，目前如何改无偿承包为有偿承包，需逐步探索。考虑到农户的承受能力，可实行低偿承包，每亩收取几元或十几元不等的承包款，使集体作为土地的所有者在经济上能够体现出来，并促使转营他业的农户转让土地。

三、逐步推进土地集约经营和规模经营

1. 集约经营的适度规模农业，是我县农业发展的方向，应因地制宜，循序渐进，逐

步发展。已放开价格的塘鱼、水果等生产项目，要积极推进规模经营；开发性生产，从一开始就要统一规划，连片开发，形成规模经营，粮蔗生产也要积极创造条件，稳步发展规模经营。

2. 规模经营的形式可以多种多样，如专业承包、家庭农场、联合农场、生产基地等。土地集中的形式也可以多种多样，如租赁制、股份制、联合制、转让制、两田制等。不论何种形式，都是在稳定和完善家庭联产承包制的基础上发展，都要在广大干部和农民群众自愿互利的前提下发展。各级要加以正确引导。

3. 土地规模经营要适度。只有适度多才能做到集约经营，才能收到规模效益。如何才算适度，从我县两年规模经营试验追踪观察，在现有条件下，各类土地适度规模是：粮食规模，使用手扶拖拉机为主要标志，户平耕种 50～60 亩为宜。以传统手工操作的户平耕种 15～30 亩为宜；水果规模户均 15～20 亩；蔬菜、花卉规模户均 3～5 亩；甘蔗规模户均 20～30 亩；综合经营户均 40～50 亩。为了防止超能承包，各地可参照以上经验加以掌握，随着生产力发展，特别是农业机械化和社会化服务的发展，经营规模将进一步发生变化。要不断总结，力求使生产要素做到合理组合，获得最好的经济效益。

4. 加快农业机械化进程，建设和完善社会化服务体系，为促进土地规模经营创造条件。县、镇都要作出实现农业机械化的规划，逐步加以实施。要建立起农机、植保、农技、农经、生产资料供应和农产品加工等服务体系，向农民提供产前、产中、产后服务。

1989 年 12 月

关于加强农用土地建设的试验方案

广东省南海试验区

由于南海县粮食合同定购任务过重，以致农业积累率长期过低，自我发展、扩大再生产能力很弱。同时，实行家庭联产承包制以来，在已形成的“集体所有、农户承包、两权分离、双层经营”的土地经营体制中，尚未建立起能够调动土地所有者、使用者主动、积极地增加土地投入，搞好土地建设的机制。因而，土地建设存在问题较多，土地增加投入不足，农民短期行为严重，掠夺性经营相当普遍，地力逐年下降；水利排灌系统，农用电网，机耕道路和桥梁等农业基础设施，多数因年久失修，长期超负荷带病运行，已不同程度地老化、损坏，排灌效益、抗灾能力明显下降，这就使农业面临着发展后劲不足的严峻形势。为加强土地建设，培养、提高地力，整治、改造农业基础设施，改善耕作条件、增加农业发展的后劲，有必要从多方面强化增加农业投入，搞好土地建设。

1. 国家、集体和农户，都有责任、有义务不断追加土地投资，改良和建设土地，为农业发展创造一个稳固的物质基础。农业是国民经济的基础，农业的发展制约着国民经济和整个社会的发展，而土地又是农业中最基本、最重要的生产资料，只有建设好土地，才能更有效、更充分地利用土地，保证农业和国民经济健康协调地发展。因此，各级政府都要高度重视，采取切实措施解决多年来形成、目前已十分突出的农业基础设施恶化，地力下降，后劲不足的问题。社区性合作组织，要认真履行土地所有者、管理者建设土地的职责，既要按照县政府规定，从每年集体经济收入中拨出一定比例直接用于补农、建农，也要组织广大农民及农村各经营单位兴修水利、改良土壤；既要对农民追加土地投入，培养地力的行为给予奖励、补偿，也要对各种破坏地力，掠夺性经营行为进行制止、惩罚。农户承包经营土地，也应义不容辞地承担土地建设的义务。除了在合作组织的安排下从事农田基本建设以外，还要主动维修水利增加投入，培养和提高地力。

在土地建设中，国家、集体和农户可以互有侧重，一般来说，县以上国家投资侧重在兴修水库、江河堤围、较大的水利设施项目上。镇以下各级合作组织应负担辖区内的农田基本建设、水利设施和长期地力培养。承包户应做好保护和培养地力，对小型农田水利设施的维修、养护。

2. 土地建设工程量大，工期长，所需资金多。因此，各镇政府及农业主管部门、合作组织，都要在近期内制订出本镇、本社整治土地，培养地力，农田基本建设的规划。在作物区，要制订整治鱼塘基面的规划；在禾田区要制订出兴修水利的规划。为了使规划顺利实现，还要订出年度的实施计划和具体措施，从资金筹集、项目设计、劳动组织，工程管理、检查验收等各个环节加以落实。根据实行家庭联产承包制的特点，要注意把土地建设规划与转换承包周期，土地调整相衔接，做到每年小整治，到期大整治，整治好了才重新发包。土地建设规划要经同级人大或村民代表大会审查通过，报上一级政府备案并由其监督执行。

3. 建立和落实农业发展基金，确保农业和土地建设的资金来源，农业发展基金是专门用于增加农业物质和技术投入，增强农业后劲，不断扩大农业再生产的专项基金。要坚决贯彻县政府［1988］290号文件《关于建立农业发展基金制度的决定》，层层落实。按照以“自身筹集为主，上级投资为辅”的原则，从县、镇、（管理）区、村多层次，多渠道筹集，以镇以下为主；在使用方面，要做到“确保建设，注意效益，照顾重点”，要提高农田水利，改良土壤，培养地力，改造和整治低产田等土地建设项目的资金比重，要加强对基金的管理和监督，保证专款专用。

有条件的地方，可以另设置专门的土地建设基金。

4. 完善以工补农制度，改革“再分配”方法。要使以工补农和集体的再分配都更有利于土地建设，增强发展后劲。为此，今后以工补农应逐步减少当年生产资料补贴和共同性生产费用所占的比例，这部分当年生产开支，应转由生产者负担，而把以工补农资金主要用于建农与兴修水利，改造和新建农田设施等农业基本建设上，集体收入的“再分配”办法要进行改革，即集体收入可再分配的部分，先行划出一都分用在土地建设、农业机械化以及作为达标承包的奖励上，增强扩大再生产能力，其余的再进行二次分配。

5. 坚决推行义务工制度。要把落实义务工作为组织农民进行土地建设，扩大农业积累的重要措施加以落实。凡是户口在农村的劳动力，每人每年必须提供15～20天义务工，由镇经联社或经济社统筹安排，主要用于兴修农田水利。无法出工的农户，应按当地当时平均劳动日值向集体交纳代金。对不出工又不交代金的，要区别情况加以处理。

6. 恢复和建立种植绿肥制度和土地轮种制度，增加有机肥使用。种植绿肥是培养地力的重要措施，必须大力提倡。镇、社每年都要划出至少30％的禾田面积种植绿肥，并运用多种措施加以落实。要积极鼓励农民冬种蔬菜，凡有条件轮作作物的田地，都要合理轮作。在农业布局中多要尽量建立生态良性系统，尽可能做到耗地作物，自养作物和养地作物三结合。渔、农、牧综合经营，可以获取较好的经济效益、社会效益和生态效益，应大力提倡推广。为了鼓励农户多施有机肥，除应规定土地增施有机肥的要求外，对农户种绿肥，秸秆还田，增施有机肥等，应给予奖励。

7. 健全承包合同，推广达标承包，以促进土地建设。发包方应把有关农田维护、建设指标、培养地力指标等列入合同条款，订明奖罚办法。承包户必须按照合同规定履行各项土地建设条款。经联社、经济社要定期检查，坚决兑现奖罚，并张榜公布，以发动群众互相监督。各级农村承包合同管理机关，要加强合同的签证，协助合作组织搞好土地建设。

1989年12月

关于加强农村土地管理的试验方案

广东省南海试验区

当前，我县农村土地管理比较薄弱。许多干部、群众珍惜土地、节约用地的观念淡薄，各级政府颁发的有关土地管理的法律法规和政策未有完全贯彻落实，农村各级合作经济组织，尤其是经济合作社，没有全面、有效地履行作为土地所有者的管理职能，对承包户使用，特别是培养土地缺乏必要的法律、政策约束。土地管理不完善，与蓬勃兴旺的农村经济不相适应，直接影响了对土地的保护、利用和建设，也影响到我们的未来。为此，必须进一步贯彻、落实《中华人民共和国土地管理法》等有关的法律法规，健全完善农村土地制度，加强土地管理。

1. 广大干部、群众要牢固地树立珍惜土地、爱护土地、节约用地的观念。我县人多地少，土地资源十分稀缺，人均占有耕地和粮田两项指标都远低于全国、全省平均水平。所以，管理好、使用好土地不单是经济问题，而且是关系到生存的大问题。我们要自觉地贯彻执行《中华人民共和国土地管理法》《广东省土地管理实施办法》等各项法律、法规、政策，正确处理好发展经济与节约土地的关系，眼前利益和长远利益的关系。城乡建设应尽量利用山岗、荒地、差地，民用住宅应提倡建楼房，提高土地利用率。坚决制止大手大脚、多征滥用土地的现象。

2. 经济合作社等社、区合作组织，是农村集体所有制土地的所有者、管理者，享有对农村集体所有制土地的占有权、使用权、收益权和部分处分权，同时也要承担管理、保护、开发、利用和建设土地的义务。因此，要积极履行土地管理的各项任务。要负责管理好辖区内的各类土地，保护耕地不受侵犯，整治和维护水利、道路、桥梁等农业工程设施；调解承包者之间的土地纠纷，制止各种土地侵权行为和破坏耕地的行为；适时调整土地，避免丢荒弃耕。

3. 农户在承包期内，享有合同规定的土地经营权、收益处分权。同时，也有执行合同规定的合理利用土地，培养地力的义务。承包户只能在土地承包合同规定的范围内从事生产经营活动，不得进行掠夺性经营，不得擅自改变耕地的用途，不准随意改变土地形态，如挖塘、开矿、取泥打砖等；不准将承包地出租、出卖、丢荒，不准在承包地上建房、建坟。

要严格控制粮田改种和改变土地形态。禾田改种蔬菜、花卉，或改种草本、木本水果，或改挖鱼塘和取泥打砖，都要分别经过当地管理区办事处或镇人民政府批准。

对出现上述违纪违法行为者，有关部门要给予必要的批评教育和适当的经济处罚，对行为严重者要给予相应的法律制裁。

4. 各镇、管理区和村民委员会，都要本着合理布局、节约用地的原则，制订本地区土地开发、利用规划。合理、科学地安排农业生产布局，乡镇企业、城镇建设和民用住宅、用地，还要通过各级人民代表大会和社员大会，发动群众制订乡规民约，共同维护和管理好土地。

5. 有计划、有步骤地设立“基本农田保护区”。各镇、管理区要根据国家的要求，当地土地资源和生产、经济发展的需要，在辖区内的粮田、鱼塘和作物地中，划定基本农田保护区，并经当地人民代表大会或者社员大会通过，报上级批准。保护区一经划定，除国家必须征用以外，任何单位和个人一律不准征用。各类地区各类农用土地划定“基本农田保护区”的面积比例，经试验后再确定。

6. 加强土地管理，严格控制非农用占地。城镇建设、乡镇企业、经济开发区、民用住宅等非农用占地，要严格按照国务院、广东省人民政府的有关规定办理。不准私自征用土地，不准越权审批土地，不准将一个建设项目分解为几个项目申报征地，一经查出，严格处理。被征用的土地须在两年内使用，否则收归国有。

7. 推行宅基地占用标准制度和有偿使用制度，严格控制民用住宅用地。每个农户（包括户口在农村旧居民户），不论其人口多少，经当地镇国土管理部门批准、备案后，可以一次性领用县政府规定标准宅基地。占用者只有使用权，没有所有权。并要向集体交纳一定数额的有偿使用费。宅基地使用权不得继承转让。特殊情况需要超过标准占用宅基地的，要经县人民政府批准。

8. 逐步推行土地征用的累进计价制，完善土地有偿使用制度。县政府将责成有关部门，本着节约用地的精神，根据不同行业，不同类型企业，不同用途项目的特点，分别制定出各种类型企业、项目的基本用地标准，今后，凡乡镇企业、经济开发、城镇建设等非农用征地，一律实行基本面积（标准面积）基本价，超面积征地累进计价。运用经济手段，控制非农用地。

9. 管好、用好农田征地款。今后，除必要的补青苗费外，征地款不准分光、吃光，而应用于土地建设、农田基建、开发性生产、耕地复垦和兴办二、三产业方面。镇农村财务会计服务公司要设置专门的会计科目监督实施。

10. 防止污染，保护耕地。要广泛宣传防止土地污染的意义和作用，落实环境保护法等有关法律、条例。对造成土地污染的单位和个人，要给予必要的处罚，并责成其限期治理。环保部门要严格审批手续，凡是靠近城镇、学校，以及菜地、粮田和鱼塘的地方，都不能兴办污染严重、危及人们身体健康的企业。利用山岗、坡地设置工业区，相对集中地兴办企业，是一种便于经营和管理，减少和制止土地污染的有效方式，各地应大力推广。

11. 加强土地管理工作的领导，建立健全土地管理和土地使用的监督。国土部门和农业部门，都要具体加强土地管理工作。国土部门依照法治管理土地。农业部门从土地规划、开发、使用、建设及完善土地承包制度等方面加强管理。县、镇两级人大机构，要充分发挥监督职能，把加强土地管理工作摆上议事日程，形成制度，及时审议本县、本镇重大的土地征用、使用、建设和管理事项，督促有关部门管好用好土地，制止违法乱纪行为。要健全县、镇二级土地监察员队伍，支持他们行使职权，发挥他们在监督土地使用和查处违法用地方面的积极作用。各地还要发动群众，制定适合本地实际的管理土地的乡规民约，使管理和保护土地成为群众性的自觉行动。

1989年12月

中共南海市委、南海市人民政府关于推行农村股份合作制的意见

各镇（区）党委，政府（区办事处），市直各部、委、办、局：

为贯彻落实党的十四大关于深化农村经济体制改革的精神，使我市农村进一步适应市场经济的要求，更好地解决农村在体制转换过程中出现的新矛盾、新问题，确保我市农村社会稳定，促进农村经济的全面发展，市委、市政府决定在全市农村大力推行农村股份合作制。为此，特提出如下意见：

一、充分认识推行农村股份合作制的意义

推行农村股份合作制是深化农村改革的需要。家庭联产承包制，较好地解决了生产者的责、权、利关系，调动了农民的生产积极性，推动了农村经济发展。但是，在双层经营的条件下，由于集体产权不明，各种管理制度不健全，集体与农民之间的利益不直接，因而难以进一步调动农民发展集体经济的积极性。为此，必须下决心改革农村现行的管理体制，推行股份合作制。通过把集体产权的股份化，明确各个农民在集体中的经济地位，妥善地解决农村集体的产权关系和利益分配关系，把集体利益同农民切身利益真正紧密地结合起来，使农民关心集体，爱护集体，支持集体发展经济的积极性充分调动起来，才能促进农村经济的进一步发展。

推行农村股份合作制，是适应农村商品经济发展的需要。随着市场经济体制的建立，农村生产以市场为导向，按照价值规律去组织生产，发展生产。为取得更高的经营效益，就必须要调整不合理的产业结构和生产结构，使农村的各种生产要素优化组合。实行农村股份合作，正是通过明确产权，解决好利益分配上的矛盾，促使农村中的土地、资金、劳力等主要生产要素真正进入市场流动，通过优化组合，形成新的生产力，使之更能适应农村商品经济的发展。

推行农村股份合作制，是解决农村新矛盾的需要。目前，我们正处于从计划经济向市场经济的过渡阶段，在新旧体制交换之间农村出现了不少新的矛盾和问题：土地在市场经济条件下如何合理使用；集体利益特别是土地利益如何合理分配；农民减少以至失去土地后的生活出路如何解决等。这些问题不解决，直接影响到我市农村的安定繁荣。实行农村股份合作制，通过把集体产权股份化，准确界定农民在集体经济组织中的地位和权益，又能使农村的土地、资金、资产优化配置，发挥出更大效益。在土地被大量征用的地方，还可以通过各种股份形式发展二、三产业，为失去土地的农民创造更多的就业机会，以解决农民的后顾之忧。

近年来，我市农村有不少地方采取各种形式探索和试行股份合作制，并取得了初步的成效。实践证明，农村股份合作制能够进一步调整和完善农村内部的各种经济关系，有利于综合解决农村当前出现的各种问题。发展农村生产力，调动农民积极性，促进农村全面

发展。

目前，我市农村经济已进入一个新的发展时期，农村工业化、城市化和农业现代化的步伐大大加快，推行农村股份合作制的条件已经成熟。为此，各镇（区）党委、政府（区办事处）、各管理区党支部（总支）必须充分认识推行农村股份合作制的重要性和必要性，把它作为深化农村改革，促进农村经济发展的大事认真抓好。

二、正确运用股份合作制解决农村实际问题

农村股份合作制实质就是在农村社区合作经济组织基础上建立起来的，将属原集体所有的土地、财产和资金等以股份的形式量化为组织内部农民共同占有，或在合作经济组织内部集中各种闲散资金形成股份，以股份制方式组织运行的一种农村新体制。它以明确的股份合作代替模糊的集体所有，以股东（代表）大会及董事会（理事会）管理制代替领导干部行政管理制。实行农村股份合作制的目的在于明晰产权、稳定承包、调整关系、改善管理、解决矛盾、合理分配、促进发展。

按照这一目的，各地在推行股份合作制时，必须考虑与综合解决农村问题结合起来。由于全市各地情况千差万别，要解决的问题也各有不同，因此，各地在推行股份合作制时，除了要从两个文明建设的要求去综合解决问题之外，更重要的是要根据当地的实际情况，运用股份合作制结合解决好一、两个突出问题。从当前全市农村情况来看，应着重从以下四方面考虑：

1. 建立土地承包权股。实现土地三权（即土地的所有权、承包权和使用权）分离，农民的承包权从实物形态转变为价值形态，在以股份形式将其稳定的前提下，解决好农村土地的整体规划，土地的征用、使用和农地保护以及提高土地的生产率等问题。

2. 建立股份分配制度。解决内部的利益分配问题，以及在利益分配上的历史遗留问题。

3. 通过对集体资产的计价折股，明确股权。解决“多队一社”内部各小集体之间的经济不平衡问题，促使经济社真正成为实体。

4. 建立社区组织内部的现金股。利用组织内部各成员的闲散资金来解决集体发展中的资金不足问题。

根据我市农村实际和各试点的经验，推行农村股份合作制，一般采用4种形式；即合作经济股份制；农村土地股份制；合作组织企业股份制和农村联合股份制。

三、注意掌握政策，确保农村股份合作制的健康发展

推行股份合作制是农村的深层改革，它涉及所有制，触动农民的经济利益。因此，在推行农村股份合作制时，必须注意掌握原则和政策。

第一，推行农村股份合作制必须坚持三个原则。

一是自愿互利、承认差别、不刮“共产风”。推行股份合作制自始至终都要尊重群众意愿，特别是“多队一社”的地方，搞股份合作制，在股权的确认和股份的分配上，更要注意承认差别，不能以推行股份合作制来刮“共产风”。

二是坚持实事求是，因地制宜，不搞“一刀切”。推行股份合作制，既要积极主动，

又要扎扎实实。形式上允许有多种选择；工作上要根据各地不同的条件实行分类指导，既不要盲目照搬外地模式，也不要操之过急，强制推行。

三是要有利于发展壮大集体经济。建立农村股份合作制并不是要拆散集体，而是要进一步发展和壮大集体经济。在有条件的地方，应积极跳出原来社区经济组织的圈子，为更好地与市场经济接轨，经济社一般可建立股份有限公司，管理区一般可建立股份集团公司。

第二，推行农村股份合作制，要注意解决好三个问题。

一是要认真做好资产评估工作。这是实行股份合作制的基础工作和前提。各地在制定好股份制方案之后，就必须在上一级有关部门的主持下，成立资产评估小组开展全面细致的清产核资，并逐项登记入册，为折股量化提供准确的依据。

二是妥善处理好股本构成和股额分配的问题。股本的构成应以价值形式反映。一个单位的股本大致由土地、财产和现金（存款）三方面构成。土地的折价在土地未完全进入市场的情况下，应以市政府规定的地值为依据，财产的折价既可按账面反映的净值（即财产总值减除折旧后的余额）计算，也可按照目前的市场价格评定。现金存款按实有数额计算。股额的分配，既可设集体股，也可不设集体股。如不设集体股的，必须定出股份分红前的积累提成比例。在个人股的分配中，要真正能够体现农民的组织关系，农民对土地拥有的承包关系，以及农民对集体的贡献关系。一旦确定股额，就要给农民颁发股权证书。农村股份合作制是在社区合作经济组织的基础上建立起来的。因此，在农民持有的股权的价值中，包含有相当部分是属于原来集体积累下来的价值。所以，除其中直接以现金入股并有明确规定的股权外，其他的股权原则上不能继承，不能抵押，不能转让，更不能向集体退股取值。股权的界定、股额的分配、股红的计算都是复杂而又政策性很强的工作。因此，既要尊重群众意愿，让群众有多种选择，又要符合国家政策法规，不能与之相抵触。

三是股份合作组织必须以股份制的方式来组织运行。各地建立的股份合作经济社（或公司）都必须做到“五有”：一有章程，以章程规范股份单位的行为；二有组织机构，以建立股东（代表）大会、董事会来确定股份单位的发展方向，行使股份单位的权力，同时要建立监事会来监督董事会的按章运作；三有管理制度，如股东（代表）大会的议事制度，董事会的任期目标责任制度，监事会的定期审核制度等；四有发展规划，股东（代表）大会成立后，就必须及时根据当地实际，修订本单位“两个文明”建设的发展规划；五有开展经济活动，董事会成员负有领导集体经济发展的重任，因此必须千方百计组织开展各种经济活动。

第三，推行农村股份合作制必须处理好三个关系。

一是农村股份合作制与家庭联产承包制的关系。推行农村股份合作制不是要取代家庭联产承包制，而是通过建立承包权股，进一步将承包制长期稳定下来。

二是社区股份合作经济组织与村民自治组织的关系。推行社区股份合作制，原来的社区合作经济组织改为股份合作经济组织后，不取消原来的村民委员会，仍要实行两个牌子一套人马；有分有合，适当分工，各司其职。由于涉及基层组织名称的更换和涉及个别原村委会成员的调整，因此，各地成立股份合作经济社（或公司）前，必须上报镇政府（区办事处）审批、备案。

三是国家、集体与个人的分配关系。推行股份合作制，必须兼顾国家集体和个人三者之间的利益，成立股份经济合作社或与此相应的股份公司，其一切税费的收取办法和标准，按原经济社、经联社的收取办法和标准不变。要防止不利于集体经济发展的短期行为，要真正体现集体经济有发展，股份分配有增加，文明建设有进步，农民生活有改善。

四、切实加强领导，加快推行农村股份制进程

目前，我市推行农村股份合作制工作开展很不平衡，大部分镇（区）已经办了试点。有的已经做出计划，将推行股份合作制作为下半年的农村工作主要任务来抓，但也有个别镇到目前还未定点，仍处于准备阶段。因此，市委、市政府要求，全市上下，必须统一思想认识，认真总结和推广现有试点的做法和经验，积极、稳妥地推动这项工作的开展，力争在一两年内全市农村基本实行股份制。为此，各级各部门必须要：

1. 统一认识，加强领导。各镇（区）党委和政府（区办事处）的领导要充分认识推行农村股份合作制的重要性和迫切性，要将这项工作摆上重要议事日程，并将其列为当前和今后一段时间农村的主要工作来抓，全面部署，因地制宜，分步实施，分类指导。

2. 总结经验，指导全面。目前全市已有一批不同类型的试点，有的试点还创出了很好经验。各地要认真总结，指导好面上工作的开展。未办试点的镇，要迅速定点，开展工作，摸索出适合本地实际的经验来。

3. 做好规划，稳步推进。推行农村股份合作制工作，主要依靠各镇（区）自身的力量。同时，由于镇内各管理区对农村股份合作制的接受程度不一，因此，各镇（区）要认真对管理区全面进行一次排队，并根据各管理区情况和镇内的力量情况，做好整体规划，一步一步地组织开展。

4. 积极抓好培训。股份合作制在农村宣传的时间不长，干部群众对这方面的知识了解得不深。因此，很有必要层层组织培训、广泛宣传股份合作制的知识和有关政策，形成一个推行农村股份合作制的大气候，使市委、市政府的决策变为广大农民的自觉行动。

农村股份合作制是农村改革出现的新事物，它的建立和发展有赖于社会各界的支持，因此，市委、市政府要求全市上下各部门和单位，要满腔热情地支持这一新事物，财税、工商、银信等部门，在政策允许情况下，对农村股份合作组织要研究出一套与之相适应的管理措施和办法。各部门单位都要以实际行动来帮助全市农村加快推行股份合作制的进程。

1993年8月31日

南海市关于加强农村股份合作经济组织管理的通知

南海市人民政府

南府字〔1994〕104号

各区、镇人民政府（办事处），市直局以上单位：

自去年下半年开始，我市各区、镇普遍开展了以土地为中心的农村股份合作制工作，收到了良好的效果。为了更好地发挥股份合作经济组织的作用，进一步巩固和发展我市农村改革成果，保证我市农村股份合作制工作的健康发展，必须对已建立的各种农村股份合作经济组织的行为进行规范，加强管理。现将有关事项通知如下：

一、农村股份合作组织原则上要以建立股份集团公司、股份公司和股份合作社为主要形式

为使农村股份组织能够与国家有关法规相衔接，有利加快农村与市场接轨，已组建股份集团公司的，工商登记名称应为××集团有限公司；组建股份公司的，登记名称应为××有限公司。股份组织的建立必须严格掌握标准，各种形式的股份组织的标准，除达到《中共南海市委、南海市人民政府关于推行农村股份合作制的意见》提出的“五有”要求之外，还必须达到以下的基本条件：

1. 组建农村的集团有限公司的基本条件。

（1）以管理区为单位组建；

（2）区、社两级（含生产组）土地均全部作价入股，并纳入会计账目管理；

（3）管理区一级集体年总收入在5 000万元以上，可支配使用的财力在100万元以上，全管理区人均纯收入在全市农村人均纯收入以上；

（4）有属于集团公司，并由集团公司组织开展经济活动的3个以上的经济实体；

（5）管理区领导班子在当地群众中有较高威信，有带领当地群众发展经济的能力。

2. 组建农村有限公司的基本条件。

（1）以管理区或规模较大的经济社为单位进行组建；

（2）以管理区为单位组建的，必须是通过以土地、财产、资金等生产要素的其中一项入股，并真正由公司组织开展某个项目的经济活动。以经济社为单位组建的有限公司，其经济社集体应有较强的经济实力，并须将集体资产评价折股，配置到社内农民。

（3）管理区或经济社（即新建立的股份合作公司）领导班子在当地群众中有较高威信，能够组织和带领当地农民发展经济。

3. 组建农村股份合作社的基本条件。

（1）以经济社为单位进行组建；

（2）将属集体的资产折股量化到社内农民；

（3）股份合作社（或调整后的）领导班子有群众威信，有组织经济发展的能力。

二、加强农村各种股份合作经济组织的管理

1. 严格按本文的标准组建集团有限公司、有限公司和股份合作社。不论组建何种形式的股份组织，都必须先报当地区、镇人民政府（办事处）同意，才能成立。

2. 为有利股份组织开展经济活动，真正成为享有民事权利，承担民事责任的企业法人，凡组建股份集团有限公司和有限公司的，都必须经工商部门登记，领取营业执照。

3. 农村的股份集团公司和股份合作公司登记领取营业执照的办法：由组建单位写出申请，并附有经当地区、镇农村集体资产评估小组审定的注册资本明细表，经当地区、镇政府（办事处）加具意见，报市农委按本文标准审查同意后，送市政府审批。市工商局办理登记并发给营业执照。

4. 股份合作社不办理工商登记，仍按社区合作经济组织进行管理。如为了便于开展经济活动，在经济合作社设置股份合作分公司的，应作为当地管理区的股份集团有限公司的分公司或有限公司的下属单位，可以办理工商登记领取营业执照。

5. 组建股份合作经济组织，要全面进行清产核资。经评定后的集体资产（包括土地），要全面登记并纳入会计账务管理。组建集团有限公司或有限公司申领营业执照的注册资金，以评定的集体土地和资产价值为依据。

三、采取恰当的政策，加速建立农村股份合作制的进程

股份合作制是农村深化改革中出现的新事物，为了促其健康发展，需要恰当的政策给予扶持。当前应特别注意掌握好以下几点：

1. 各级及有关部门要进一步解放思想，要在政策允许的情况下，想方设法扶持农村股份合作组织，不要人为地给农村股份合作组织设置障碍。

2. 农村股份合作组织是在原来农村合作经济组织基础上建立起来的，因此，农村在建立股份合作组织后，其税收政策及各种优惠措施按原合作经济组织的征收办法不变；工商管理办法按原合作经济组织的管理办法不变；银信部门对农村的贷款政策和对农业的支持办法不变。

3. 认真组织集体资产的评估。各地评估集体资产应在当地区、镇农村集体资产评估小组组织下进行。区、镇农村集体资产评估小组由经管办和会计公司组建。凡未组建农村集体资产评估小组的，要迅速着手建立。组建了农村集体资产评估小组的，要由当地区、镇政府（办事处）发文并通报属下各管理区。

以上通知，望各地和各有关部门认真贯彻执行。

1994 年 8 月 7 日

南海区深化农村集体经济管理体制改革试点工作的实施方案

中共佛山市南海区委办公室

为贯彻落实党的十七届三中全会精神，进一步深化我区农村集体经济管理体制改革，根据《广东省农村集体经济组织管理规定》（省政府109号令）、《广东省农村集体资产管理条例》和《中共佛山市委办公室佛山市人民政府办公室转发〈市委农办、市农业局关于深化农村集体经济管理体制改革试点工作意见〉的通知》（佛办发〔2008〕53号）的要求，结合我区实际，制定如下试点工作的实施方案：

一、指导思想

以邓小平理论和“三个代表”重要思想为指导，全面贯彻落实党的十七大和十七届三中全会精神，按照统筹城乡发展的理念，以市场经济为导向，坚持依法依规、民主决策的原则，充分发挥农民主体作用和首创精神，创新农村基层管理体制、产权制度和运行机制，加快形成城乡经济社会发展一体化新格局。

二、工作目标

根据党的十七届三中全会提出的“大力推进改革创新，加强农村制度建设”的精神，按照“巩固、完善、提高、探索、实践、突破”的要求，采取先行先试，积极推进农村“四改”（改革农村基层组织管理体制，积极探索自治组织与经济组织分离，理顺“一社多队”的历史遗留问题；改造农村集体经济组织，积极培育农民新型合作组织，转变农村集体资产增长方式和实现形式；改革农村集体经济收益分配形式，适度调整分配结构，理顺农村收益分配关系；改革农村股权管理模式，将股权固化到家庭，实行以户为单位管理）、“三化”（农村集体资产市场化、农村基层组织职能规范化、农村管理城市化），实现“两大目标”（实现农村经济又好又快发展、农村和谐稳定）。

三、基本原则

1. 坚持依法依规，民主决策的原则。以现行法律法规和政策为准绳，实施改革的全过程都必须充分发扬民主、广泛听取农民的意见，民主讨论和确定改革方案，做到公开、公平、公正。

2. 坚持以人为本，惠民富民的原则。要始终围绕“改革、发展、稳定”的总体要求，坚持以保护农民利益为核心，充分尊重农民的意愿，正确处理各种利益群体的关系，确保农村和谐稳定。

3. 坚持因地制宜，分类指导的原则。在改革的过程中，既要积极主动地按照市、区的工作部署和要求，又要结合当地实际情况，因地制宜，把握重点，分类指导，大胆创新。

4. 坚持试点先行，稳步推进的原则。坚持成熟一个，改革一个，试验一个，成功一个。各镇（街道）要认真负责地选好试点，集中精力开展好试点工作，实事求是、积极稳妥地推进农村改革。

四、改革类型及内容

（一）全面推进农村“两确权”工作，夯实改革基础

在落实好农村“出嫁女”及其子女合法权益的基础上，巩固西樵、丹灶两个镇试点成果，在全区稳步推进农村“两确权”工作，确保2009年底前按时按质全面完成该项工作，实现村村过关，社社落实的目标。

1. 依法界定资产产权。按照《广东省农村集体资产管理条例》和佛办发〔2008〕53号文的有关规定，全面开展农村集体资产清产核资工作，依法界定资产权属，理顺农村集体资产产权归属关系，积极做好农村集体资产的产权登记和确权工作，明晰集体资产产权。

2. 依法界定成员资格。在依法落实农村“出嫁女”及其子女合法权益的基础上，按照《广东省农村集体经济组织管理规定》以及《南海区农村集体经济组织成员资格的界定办法》的有关规定，全面清查核实人口，依法界定农村集体经济组织成员资格，逐一造册登记，建立成员动态管理台账，妥善解决其他特殊群体的利益争议，让符合成员资格的农民共享农村经济发展成果。

（二）优化集体经济组织设置，创新农村发展机制

1. 改造农村集体资产。

（1）培育农民新型合作组织。要巩固罗村街道联星村，大沥镇沙溪村、白沙村，里水镇洲村、共同村，狮山镇狮北村6个农民新型合作组织的成果，进一步制订相关管理制度，完善股份章程和内部管理机构，规范其运作。结合“三旧”改造，要继续在大沥镇等经济发达地区的有发展空间、村民生活较富裕的村组按照“民办、民管、民收益”的原则，采取租赁、产权转让等方式组建“自我投资、自我管理、自负盈亏、风险共担”的农民新型合作组织，建立紧密型利益联结机制，使之成为引领农民共同富裕的新载体。

（2）积极探索农村集体资产托管新模式。进一步巩固和完善西樵镇在村建立资产管理委员会，以托管形式统一管理组（社）集体资产的管理模式。在保持集体资产所有权不变和确保集体资产保值增值的前提下，狮山等镇（街道）要积极探索在村建立资产管理服务中心（资产管理办），以托管形式统一管理组（社）集体资产，着力构建农村集体资产管理平台，实行实时、动态管理。

2. 探索农村股权制度改革。各镇（街道）要认真按照“男女平等”的原则，积极推进农村股权管理制度改革，建立农村股权配置新模式。今年以罗村街道和西樵镇西樵村为先行点，探索改革原有股权分配到个人的模式，设定时点，以个人股权为基数，以户为单位，将股权一次性固化到家庭，实行“股权配置长久不变，按户管理、按股分红”的模

式；探索改革"一人一票"的表决形式，建立按户持有股权数量计算表决权重的户代表表决机制，进一步规范农村民主议事管理。

3. 改革农村收益分配制度。西樵镇西樵村要以股权固化到户的农村股权改革为契机，进一步完善农村股份章程，适度调整集体分配结构，在集体新增利润中适当提留一定比例资金，建立农民创业基金；丹灶镇要选择1～2个村在集体新增利润中适当提留一定比例资金，积极探索建立扶贫助困、奖教助学基金和农民创业基金，逐步使集体支出向农村公共建设和民生工程倾斜，在农村营造"就业光荣、创业致富、共同富裕"的良好社会氛围。

（三）积极探索农村基层组织改革，建立农村管理新体制

1. 探索农村自治组织和经济组织分离。各镇（街道）要积极探索改革农村基层组织体制，推行自治组织和经济组织有效分离。今年以桂城等东部地区为试点，积极探索自治组织和经济组织分离，实行"职能分开、资产分开、财务分开、机构分开、人员分开"五分开，村自治组织从农村集体资产经营和经济运营中退出，不直接参与任何经济经营活动，只承担农村社会管理工作，村自治组织领导成员不能兼任农村集体经济组织领导成员；农村集体经济组织主要从事农村集体资产经营管理，村党组织领导成员经民主选举可以兼任农村集体经济组织领导成员，为农村城市化奠定体制机制基础。

2. 积极推进"一村一社"管理模式。要巩固桂城街道夏西、平南、夏南一、东约、南约、西约、北约；大沥镇联滘、曹边、谭边等共15个"一村一社"的改革成果，选强配优村"两委"成员，着力改善班子结构，进一步完善和落实各项管理制度，加强民主管理和监督，规范其经济运作，积极扶持其发展集体经济，力促其做大做强。对于符合强村强组或强村弱组的村，要按照依法、自愿、有偿的原则，积极引导其采取科学量化、重新股份配置或资产平衡补偿的措施，积极稳妥推进组社合并，形成统一规划、资源共享、集约发展的"一村一社"格局。

3. 理顺"一社多队"或"明社暗队"关系。整合农村"一社多队"或"明社暗队"，理顺其关系。对原由多个"生产队"合并而成的股份经济社，不得分社和拆社，切实维护农村集体资产完整和农村大局稳定，巩固原有的改革成果。对"一社多队"或"明社暗队"中有公共集体资产且经济运作正常的经济社，也不得分拆，要重新进行资产的核实和评估，按照自愿的原则，在原经济社的基础上，以股份的形式组建农民新型合作组织。对个别长期"貌合神离"且已建立村民小组的"一社多队"或"明社暗队"，在不影响镇（街道）内农村大局稳定的前提下，经成员大会民主讨论通过，由所在"一社多队"提出申请，送村委会加具意见，上报镇政府或街道办事处核准，并经区主管部门审核同意，可赋予其独立的农村集体经济组织资格，核发农村集体经济组织证明书。

（四）探索农村社区管理，推进农村城市化

结合农村安全小区建设，在东部地区成熟的村组进行试点，按"谁受益、谁承担"的原则，依照建设部《前期物业管理招投标管理暂行办法》的要求，通过招投标形式，引入物业管理公司管理农村社区，经物价部门批准，收取一定的物业管理费，建立专业化、社会化物业管理与服务机制，农村物业管理费由农村经济组织集体负担逐步转向受益人负担，加快农村城市化进程。

（五）规范农村集体经济组织管理，维护农村和谐稳定

对暂不具备改革条件的农村集体经济组织，要根据有关规定，以规范和制约权力运行为核心，进一步完善农村集体经济组织内部治理架构，健全农村集体经济收益分配、村务财务公开、承包合同、工程招投标、股权流转、财务管理、资产管理等内部管理制度，用制度管权、管事、管人。在完善社会中介组织管理农村财务的基础上，延伸农村集体资产管理范围，积极探索建立农村违反制度的责任追究和处罚机制，确保各项规章制度在农村落到实处。

五、具体步骤

从现在开始至 2012 年 6 月前，基本完成深化农村集体经济管理体制改革的试点工作任务。

1. 准备阶段（2009 年 3 月底前）。由区委农村工作领导小组办公室牵头，组织相关部门成立深化农村集体经济管理体制改革工作领导小组和下设办公室，具体指导全区开展改革试验工作，办公室下设改革指导组、宣传组、法制组、信访维稳组，其中改革指导组由区委农村工作部牵头；宣传组由区委宣传部牵头；法制组由区司法局牵头；信访维稳组由区委政法委牵头。工作组成员深入调查研究，制订改革试点方案，明确改革目标任务、主要内容、方法步骤。

各镇（街道）也要成立相应的领导机构及办公室，结合本地实际，实化、细化、深化农村集体经济管理体制改革的工作方案，并于 2009 年 3 月底前，将改革试点工作的实施方案报区委农村工作领导小组办公室备案。

各试点村成立深化农村集体经济管理体制改革工作领导小组，在深入调查研究，充分征询群众意见的基础上，实化、细化工作方案。

2. 实施阶段（2009 年 4 月～2012 年 6 月）。各镇（街道）按照本地实际，确定相应改革类型，选择 1～2 个村作为试点单位。区工作组深入调查研究，召开各类型、各层次座谈会，确定试点单位，制订相关改革配套政策措施。区、镇（街道）召开深化农村集体经济管理体制改革工作试点动员大会，精心部署深化农村集体经济管理体制改革试点工作。

各试点村要按照区、镇（街道）的要求，结合本村的工作计划，开好深化农村集体经济管理体制改革工作动员大会，传达有关文件精神，部署具体工作，积极实施改革试点工作。

3. 验收总结阶段（2012 年 7 月～2012 年 10 月）。各镇（街道）对试点单位进行自查，认真做好验收准备工作。区制订相关验收方案及标准，组织检查组对各镇（街道）深化农村集体经济管理体制改革试点工作情况进行检查验收。并对各试点工作进行总结，总结成绩，表彰先进，在此基础上，在全区逐步推开农村集体经济管理体制改革工作。

六、几点工作要求

1. 加强组织领导。深化农村集体经济管理体制改革涉及面广、政策性强、工作量大。各镇（街道）党委、政府必须高度重视，加强组织领导，把深化农村集体经济管理体制改

革工作列入重要议事日程，按照区下达改革任务，精心组织部署，建立层级负责制，完善工作机制，确保人力、财力和物力到位；区有关部门要各司其职、各负其责、密切配合，切实确保深化农村集体经济管理体制改革试点的各项工作有序开展。区委农村工作部要深入基层，加强改革指导，定期或不定期对深化农村集体经济管理体制改革试点工作进行检查，认真总结经验，发现问题及时解决。区委宣传部要把握正确舆论导向，广泛宣传农村改革的政策措施及改革试点典型，营造良好的改革氛围，确保改革工作顺利推进。区委政策研究室要认真研究和制订农村改革相关配套政策，引导农村改革。区司法局要加强法律法规的宣传活动，认真组织村民进行普法教育，增强村民法制观念。区民政局要积极探索在条件成熟的地方建立农村社区的管理体制，突破农村基层组织建设的设置。区委政法委、信访局等部门要发挥其在维护农村社会稳定中的重要作用，认真做好人民内部矛盾的调解和信访工作。国土资源分局、区建设局、区质监局要全力支持农村改革，开辟“绿色通道”，对于产权所有人不发生改变，因历史原因造成或农村改革需要，土地、房产所有人名称更名变更登记，不存在产权转移的，给予直接办理相关产权更名变更登记手续、换发新证。

2. 加强宣传培训。各级要结合实际，充分利用广播、电视、报刊、宣传标语、发放宣传资料等形式进行广泛的宣传发动，营造良好的舆论氛围；要深入基层，通过层层发动，广泛征求意见，尤其对村组干部要做好认真、耐心、细致的解释、说服、教育和动员工作，使他们消除思想疑虑，真正理解改革、关心改革和支持改革，激发他们参与改革的自觉性和热情，为深化农村集体经济管理体制改革工作奠定良好的思想基础。同时，各镇（街道）要通过多种途径，加强对广大农村基层干部及业务骨干的培训，提高政策业务和操作技能水平，为全面深化农村集体经济管理体制改革工作奠定坚实的理论基础。

3. 坚持稳步推进。深化农村集体经济管理体制改革工作是一项政策性强、涉及面广的工作，不能操之过急，要成熟一个，推进一个。各级、各部门在实际操作中要严格把握政策法规，既要坚决执行政策标准，又要充分用好政策。深化改革过程中，要使广大农村干部群众拥有充分知情权、参与权、决策权和监督权，防止因操作不透明诱发农村社会不稳定。在村民、集体经济组织成员未形成共识和方案表决未通过之前，不得用行政命令的办法强行推进改革。要坚持速度与质量统一，既要加快推进，又要注重维护农村社会和谐稳定。

2009 年 3 月 19 日

第二篇 >>>

其他农村改革试验项目

[第一章]

汕尾市城区渔业经济体制综合改革试验区

国务院批复建立渔业经济体制综合改革试验区

国务院关于广东、河北两省建立渔业经济体制综合改革试验区的批复

广东、河北省人民政府：

你们关于建立渔业经济体制综合改革试验区的请示收悉。经研究，现批复如下：

同意在广东省汕尾市城区和河北省黄骅县建立渔业经济体制综合改革试验区。试验过程中的具体问题，请与国务院农村发展研究中心和农业部联系。

中华人民共和国国务院

1989年5月6日

广东省汕尾市城区渔业经济体制改革总体方案

广东省水产局

一、渔业的现状

汕尾市城区（县级），地处粤东红海湾畔，海岸线181公里，总人口31万人，下属3个主要渔业镇、4个渔农兼业镇。渔业人口5.05万人，渔业专业劳动力1.5万人。其中从事海洋捕捞的1.39万人。现有渔船2 500多艘，其中机动渔船1 993艘，13.47万马力*。1988年全区渔业总产量8.17万吨，总产值18 528万元，渔业总产值占全区工农业总产值的45.27%，占全区农业总产值的66.2%。

汕尾是个天然良港，避风条件较好，有一定的后勤补给能力，是省内和港澳渔船主要停靠补给基地之一，由于海陆交通方便，历来是广东东部沿海水产品主要集散地。据不完全统计，近几年来，每年通过汕尾水产品交易所疏散在国内市场的水产品达2万吨以上。1988年通过汕尾口岸出口的水产品达7 500吨，创汇3 040万美元。渔业的兴衰，对汕尾市城区的经济发展具有举足轻重的地位。

改革开放以来，汕尾红卫大队（现称管理区）率先把船网工具折价下放归船上渔民所有，实行以渔船为独立生产经营单位的体制改革，继而进行渔船技术改造，兴办后勤企业，搞好产前、产后服务，在新的基础上实现新的联合。在红卫大队经验的推动下，全区渔业生产力得到飞跃的发展。从1981年开始，连年增产增收，渔民收入有了较大提高，生活得到较大改善，扭转了海洋渔业长期徘徊的局面，走上了健康、稳定、协调发展的道路。在生产经营体制改革的同时，国家逐步取消了对水产品的派购任务，全面开放水产品价格，随行就市，为进一步发展渔业创造了良好环境。为了探索渔业发展的新路子，在汕尾建立渔业经济体制综合改革试验区，是比较理想的地方。

二、发展渔业中的制约因素

经过前一阶段的渔业经济体制改革，原来由集体统一经营、统一分配为主要特征的经济体制被打破了，但新的经济体制，特别是水产品全面放开以后与之相适应的市场机制还未完全建立起来。当前，存在的主要问题是：

1. 水产品全面放开后，产品流通体制，为渔业服务体系还没有完全建立和健全起来，出现了一些混乱现象，影响生产力的进一步发展；

2. 渔船实行分散生产经营，充分调动了渔民发展生产的积极性，但是却带来了势单力薄的弱点，限制了生产力发展的规模、速度和抗御自然灾害的能力，需要找到一条发挥集体优势的途径；

---

* 马力为非法定计量单位，1马力=735.498瓦。

3. 渔业自我发展机制差，加重了投入不足的困难，严重影响了生产力的发展；

4. 毗邻“港澳台”的优势没有充分发挥，引进资金技术、扩大产品出口、参加国际渔业竞争等方面的潜力尚未充分开发。

三、改革的指导思想

坚持四项基本原则，巩固、发展现有改革成果，在社会主义初级阶段理论指导下，坚定不移地执行改革开放方针，坚持以发裹生产力为中心，把改革和发展紧密结合起来，从经济发展的需要和群众的要求出发，建立和完善行之有效的渔业经营体制和社会化服务体系，提高渔业的经济效益和社会效益，逐步发展外向型渔业。通过综合改革，为渔业的全面发展进行理论探索和实践试验，为逐步实现渔业社会主义现代化和渔区精神文明建议探索道路。

四、改革的目标

在群众渔船多数实行以渔船为独立生产经营体制，水产品价格全面放开的条件下，渔业的改革应围绕着以发展生产力为中心，重点搞好水产品批发市场的制度建设，理顺流通渠道，完善社会主义商品生产和经营机制，发展有计划的渔业商品经济：完善统分结合的渔业经营体制，促进渔船参加新的联合，壮大集体经济。

一是争取到1995年全区渔业总产量达14.61万吨（每年递增8%），总产值43 400万元，其中改革试3年的最后一年（1992年），渔业总产量达11.6万吨，总产值30 900万元。

二是建立健全水产品批发市场管理制度，争取每年进场交易量从目前的2万吨增到4万吨以上，并逐步办成对外开放的水产品批发市场。

三是争取在发挥管区一级的双层经营和发展集体经济作用的同时，组织渔船参加新的联合，在3年内，参加各种联合的渔船，深海作业达80%，中海作业达30%。

四是外向型渔业开始起步，参加国际渔业合作的渔船达10艘以上，并办成一批海水养殖业的出口基地。

五、改革的主要项目

（一）探索水产品批发市场的制度建设，进一步理顺流通渠道

随着国家对水产品实行价格放开，多渠道经营，1984年，成立了汕尾镇水产品交易所，由工商、税务、公安等部门参加管理5年来，进场交易的水产品，平均每年为40.8万担，成交金额为1 538万元，平均每年收缴税费85.2万元，对国家作出了一定的贡献。近年来，由于领导体制和干部的变动频繁，交易所偏重于收取税费，忽视管理和服务，存在不少问题和困难。设备简陋，管理不力，秩序混乱，交易不公，服务质量差等等。现有的水产品批发市场，由于种种原因，国营水产供销公司不参加交易活动。却出现了两个经营层次（代销组和批发商）取代了国营水产供销公司在流通中的作用。目前水产品在批发市场上的流通状态大致是：渔船（生产者）→代销组（个体经营，俗称渔头家）→批发商（个体经营）→运销商或小商贩→零售市场。“代销组”的经营方式是：与渔船固定联系，

为渔船提供补给服务，包括提供资金、销售产品和补给生产物资。渔船的产品按议定价格全部由“代销组”代销，并给代销组交纳销售额4%的服务费。这种服务形式，渔民的意见主要是认为4%的收费太多了一些，应作适当的调整。“批发商”的经营形式是从代销组手上买来水产品，立即批发给运销商或小贩，靠差价来取得服务费和利润。在批发交易环节中，运销商或小贩要向市场交易所缴纳5.5%的税费（其中国家税收2.5%，工商行政费0.5%，市场管理服务费2.5%）。批发商由于熟悉和掌握了销售网络，能在短时间内将大批水产品运销出去。这是国营水产供销公司难以做到的。从上述经营活动中可以看出，“代销组”主要是为生产者（渔船）提供产前、产后服务。“批发商”主要是为产品销售提供服务。实践证明，这种流通形式是符合渔业生产具有季节性、鲜活性很强的特点的。但是，在批发商中也有一部分人靠权势倒卖一些产品赚钱。大家认为这是要取缔的。

为了搞好水产品批发市场的管理工作，必须从建立健全市场制度建设方面入手：

第一，加强批发市场的管理机构，成立油尾市城区水产品批发市场管理委员会。由城区水产局、城区水产供销公司、公安、工商、税务、新港办事处等单位参加。市场管理委员会隶属于城区政府领导，设正副主任若干人。其任务是统筹、协调、仲裁、决策有关水产品批发市场的管理工作。

市场管理委员会下设水产品批发市场交易场所，具体组织和管理水产品批发市场的交易工作。交易所设正副所长若干人，由城区政府任命。

第二，水产品批发市场交易所的经营宗旨，是为生产者和经营者提供有良好秩序的交易场所。通过管理和监督，实行公开喊价拍卖，产销直接见面，做到价格合理，买卖公平，生产者和经营者满意。并通过为渔业提供有效的系列服务，把水产品批发市场办成为渔业进行综合服务的中心：并逐步办成对外开放型的水产品批发市场，吸引“港澳台”以及国外渔船直接进场交易。

第三，为了在市场竞争中发挥国营企业主导作用，城区水产供销公司要积极参与市场的服务和经营。城区水产供销公司经理可参加市场管理委员会，并担任副主任，市场服务管理人员，要由现有交易所管理人员和城区水产供销公司职工中挑选。国营水产供销公司可以直接与渔船挂钩，提供服务，取得水产品的经营权。他们在市场内参加交易，其交纳税费，应与其他商贩同等待遇。

第四，允许领有营业执照的代销组和批发商进入水产品批发市场，开展经营业务，取得合法的收入，代销组向渔民收取的服务费过高，可由4%降为3%。

第五，要筹集资金逐步建设水产品批发市场的场地，包括码头、冷库、运输、加工等设施，在未建新场地前，先搞一些简易设施，切实改变在露天交易，不卫生不文明的现象。

第六，整顿市场秩序，进场服务人员和交易客户，要加强管理，做到买卖公平，杜绝盗窃和哄抢等不法行为，对少数欺行霸市的不法分子，要依法处理，公安部门和新港办事处，在搞好市场治安方面有责无旁贷的责任，因此，应在市场服务费中提取一定报酬。

第七，提高市场管理人员素质，增强服务功能。市场要为渔船提供价格信息和生产信息，以优质廉价服务来吸引渔民进场交易。

（二）探索以服务为纽带，发挥集体统一经营的优越性，使分散生产经营的渔船逐步联合起来，提高渔业整体效益

据1988年原汕尾镇的统计，在全镇827艘生产渔船中，实行合股（合伙）经营的有465艘，占56%；家庭经营的362艘，占44%。红卫管区是实行新的联合搞得比较好的单位。1988年底，全管区26对双拖渔船中参加新的联合的（组织渔业联合公司）仅有13对，占50%；全管区40多艘单拖和虾艇渔船中，参加联合的很少。其余管区的渔船参加联合的更少。渔船分散生产经营以后，渔民生产积极性很高，但由于经济上势单力薄，抵抗风险和自我发展能力较差。往往因产前、产后服务工作跟不上，补给不及时而影响生产。渔船实行新的联合多是为了解决产前、产后服务，自觉自愿地联合起来的。联合起来后，一般比较稳定，生产也搞得比较好。联合的形式大体有两种：一是由基层干部牵头，组织渔业联合公司，为参加联合的渔船提供产前、产后服务，并逐步筹集资金兴办为渔船服务的后勤企业。渔船以股份形式参加联合，渔船和公司各自实行独立经营，自负盈亏。渔业公司为参加联合的渔船提供有偿服务；渔船给公司交纳一定数量的管理费；公司盈利时按股分红。二是筹集一定数量资金组织公司，以提供资金服务为纽带，把渔船联合起来。公司和渔船各自独立经营，自负盈亏。公司给参加联合的渔船提供一定数量的贷款，渔船按市价向公司交售一定数量的水产品。

从实践经验来看，渔船参加新的联合，一要坚持以渔船为独立生产经营单位的体制不变（即渔船财产归船上渔民所有不变）。二要坚持自愿互利原则。当渔民看到参加联合确有好处，就会积极参加联合。试验区打算采取三种形式，吸引渔船参加不同层次的联合。

一是在坚持现有的渔船财产归船上渔民所有的前提下，积极鼓励渔船以股份形式参加联合，组成渔业联合公司。要求在两三年内，全区深海拖网作业渔船，有80%以上参加上述形式的联合。

二是发展管区在统一组织生产经营中的作用，壮大管理区集体经济，通过为渔船提供产前、产后服务，逐步吸引渔船参加联合。

三是通过举办渔业合作基金会或海上互助救济会，把分散生产经营的渔船逐步联合起来。根据渔区实际情况，中小渔船实行这种联合是比较适宜的。争取在两三年内，中海作业的渔船（包括单拖、虾船等）参加这种联合的占30%以上。

浅海作业的小船，多为家庭经营，生产规模小，其产品多为直接上市零售，社会化服务要求不高，不强求他们参加联合。

此外，还要鼓励渔船发展跨地区、跨行业的横向联合，实行多形式的合股经营。

（三）探索如何增强渔业内部积累，建立健全渔业投资新机制

汕尾市城区金融事业相当发达，为筹集资金，支持发展渔业生产作出了贡献。今后还将继续支持渔业的发展，但是，投入不足将是长时期存在的矛盾。因此，要积极培育和发展资金市场，充分发挥以国营金融机构为主导，信用合作，群众集资，社会信贷，引进外资，以及争取有关部门投资等多渠道集资办法，为渔业技术改造筹集更多资金，以解决投入相对不足的矛盾。

为了增强渔业的自我发展机制，试验区要着重做好以下几个方面工作：

第一，广泛推广农村举办合作基金会的经验，把集体的和渔民的闲散资金集中起来，

实行内部融通，调剂余缺，以解决渔业生产资金的不足。

第二，新发展的渔船或后勤企业，要多采用股份制的办法筹集资金，参加股份的不限于渔民，也可向社会上吸收股份。

第三，要通过群众的自我约束和政府的干预，适当控制渔民的分配水平，增加积累，提高渔业自我发展能力。

第四，实行联合的渔业公司，应逐步实行渔船提取折旧费、大修理费和积累（一般占总产值的20%左右），交由公司代管的制度，作为扩大再生产之用。

（四）探索集体渔业，参与国际渔业合作的新机制

十年来，渔业经济体制的改革，使渔船生产条件发生了根本变化，有相当数量的技术性能已达到港澳渔船目前的水平。渔业后勤服务设施，技术人员素质，都有很大提高，基本上具备了开发外海渔场和参加国际渔业合作的条件。

发展外向型渔业，具体地说是实行“两出两进”。“两出”是：积极组织优质水产品出口，积极组织渔船参与国际渔业合作。“两进”是：用出口水产品所得外汇进口渔需物资和先进设备，将渔船在国外生产而不适外销的产品运回国内供应市场。通过发展外向型渔业，争取在三五年内建立起一支技术装备比较先进的远洋渔业船队，为今后的发展打下基础。为此，初步设想：

1. 加快渔业技术改革步伐。近年来，有许多渔民自发地在海上将自己生产的产品与港澳渔船交换渔需品和先进渔用设备。这样做虽然可以解决一部分当前急需的物资，但也容易引起一些混乱现象，因此建议允许城区政府有计划有选择地组织一部分渔船直接到港澳卖鱼，并准其将所得外汇，买回自用渔需品，在国家规定范围内免税进口。

2. 成立地方性的以群众渔船为主体的远洋渔业公司。具体负责组织本地区发展外向型渔业的经济活动。拟由水产局协助渔业经济实体共同组建，以股份形式经营。公司对内为渔船提供技术、信息、咨询服务。代理各种涉外手续。对外作为公司的法人代表。

3. 筹建远洋渔业船队。参加远洋作业的渔船由各生产经营单位（公司或联合体）提供，实行松散的联合，即在公司统一对外的前提下，以渔船为生产经营单位，自负盈亏，渔船向公司缴纳一定的管理费或实行利润分成。发展远洋渔业的贷款，要求给予低息优惠。

4. 加强对渔民的培训。根据发展渔业生产特别是远洋渔业的需要，准备在城区兴办水产职业学校，分期分批举办捕捞技术、航海技术、轮机管理维修、助渔导航仪器使用以及外语基本训练等专业技术培训。

（五）探索建立发展海水养殖业的新体制、新机制

汕尾市城区，不仅有比较发达的海洋捕捞渔业，海水养殖业也有相当的基础，全区可供海水养殖面积15万亩，1988年仅利用3.5万亩，产量7 086吨。产值1 617万元，每年可供出口的产品达3 000吨以上。由于资金紧缺，投入不多，发展海水养殖生产的步伐不快，且受出口手续繁杂，中间环节太多的限制，减少了国家外汇和税收收入，也影响了养殖户的经济效益。

改革的设想是：

1. 采取股份制的办法组建汕尾市城区海水养殖集团公司。集团公司实行外引内联，筹集资金，组织、协调发展生产，逐步完善生产、加工、出口的服务体系。

2. 采取多渠道集资的办法筹集资金，兴办海水养殖业。对外搞合作、合资开发经营，对内搞合股经营。在经营形式上，要根据情况不同而有所选择，一般滩涂面积不大，且又分散的，适合于家庭经营；滩涂面积较大。不宜分包到户经营的，应以公开招标经营。

3. 积极发展出口的养殖品种。计划在遮浪、马宫等地发展网箱养鱼，养殖石斑、鲈鱼及鲷科鱼类；品清湖、长沙湾发展养殖翡翠贻贝；遮浪南、北澳、龟灵岛、马宫等地发展增殖鲍鱼。同时开展海胆寄养生产试验，办成鲍鱼、海胆生产基地；在白沙湖、品清湖内发展文蛤养殖，同时发展江瑶贝寄养生产试验；扩大田寮湖膏蟹育肥养殖面积，办成膏蟹、肉蟹生产基地。

4. 切实加强管理。把养殖场地附近群众积极性调动起来，积极参与开发和管理。地方政府要采取行政措施，加强养殖场地治安管理，以保护正常的生产秩序。也可以采取制定乡规民约的办法，对养殖场地施行保护措施。

汕尾市城区渔业经济体制综合改革试验区，在广东省委、省政府领导下，接受国务院农村发展研究中心，农业部水产司和广东省农村发展研究中心具体指导。试验区设工作领导小组，下设办公室负责日常工作，拟于每年召开一、二次会议，邀请有关领导和专家教授参加论证。同时，准备采取点面结合的办法，把试验区改革的成功经验，及时地向全省推广，以促进全省渔业的发展。

1989 年 7 月

红卫管理区发展股份制渔业的调查

汕尾市城区渔业试验区办公室

汕尾市城区新港街道红卫管理区，是一个以深海机拖作业为主的渔业生产单位，有渔户 968 户，人口 3 871 人，总劳力 1 552 人，其中出海劳力 952 人。

党的十一届三中全会后，该管理区 1982 年率先把集体所有的渔船网具折价下放归渔民所有，实行以船为独立核算经营单位的生产体制。尔后又进一步深化改革，在渔船财产权归渔民所有不变的前提下，实行"分散经营，集中服务"的经营体制。主要是渔民之间合股经营渔船，渔船之间联合，逐步建立起了飞洋、深海、鸿海、海润等 4 家渔业股份公司，参加联合的渔船有 43 艘，参加公司股东的渔民有 66 人。通过渔业股份联合公司兴办后勤企业，为渔船生产提供机冰、网具、供油、供水、渔场市场信息、科技以及资金周转等系列服务，有效地促进了渔业生产力和渔业经济的大力发展，取得了显著的成绩。

1992 年，红卫管理区拥有渔船 100 艘、总功率 33 806 千瓦，总吨位 12 938 吨，分别比 1981 年增长 1.5、3.2 倍和 4.8 倍；生产性固定资产 6 130 万元，比 1981 年增长 61.3 倍；总产量达 36 100 吨，总产值 5 580 万元，分别比 1981 年增长 5.5 倍和 10 倍；渔民劳力平年收入 8 550 元，人均年收入 3 428 元，分别比 1981 年增长 10.3 倍和 9.7 倍。

一、渔业股份制的形式及其产生和发展

目前红卫管理区实行的渔业股份合作经济体制的形式，主要有两种：一是渔船上的股份制；二是渔业联合公司的股份制。

1. 渔船上股份制的形成过程。1982 年，渔船财产权、经营权、分配权初下放时，一般每艘（或每对）渔船上每位渔民都占有一定股份的财产权。但由于渔民之间劳力的强弱、技术水平的高低，因而每位渔民付出的劳动就有多有少，这种劳动在分配上固然通过评定不同工分层次取得报酬来体现，而在积累起来的新资产上，仍然与原始资产一样，一人一股，这就体现不了每位渔民贡献的大小，出现了创造共同财产的不同等性和占有财产的平等性之间的矛盾，必然导致发生分化改组的现象。因为渔船同农业的土地不同，土地可按人口或劳动力数量任意分割。而以渔船为基础的捕捞业则无法实施，其结果只能由一部分技术力量强的渔民买下渔船，另一部分渔民则没有财产权的股份，只能参与劳动领取相应报酬。尔后在渔业发展过程中，则由有技术实力和有一定经济基础的渔民自愿合股投资，以股份发展渔船，这就产生了当前所实行的只有部分渔民拥有渔船财产权的渔业股份体制。其发展过程，从多股份逐渐转化为少股份经营。据统计，红卫管理区 1992 年 54 艘双拖渔船中，属家庭式经营的渔船有 2 艘，占 3.7%，2～4 股份经营的渔船有 34 艘，占 63%，5～7 股份经营的渔船有 16 艘，占 29.6%，8 股份以上经营的渔船有 2 艘，占 3.7%。

2. 渔业联合公司股份制的形成过程。生产体制下放后，渔民拥有生产经营自主权，迸发了高度的积极性。但由于分散生产经营，存在着势单力薄，抵抗风险和自我发展能力差，尤其是资金运转、后勤供应跟不上，补给不及时，市场渔场信息不灵等因素，在不同程度上制约着渔业生产力的发展和生产效益的提高。在这种情况下，渔民为了摆脱这些存在问题的困扰，在坚持以船独立核算并自负盈亏的生产原则下，自觉地把几对（或几艘）渔船联合起来，组成渔业联合公司，用投股的形式集资，由公司集中兴办渔业生产所需求的制冰厂、渔网绳缆加工厂、渔需物资供应站（门市），生产和信息交流中心等后勤服务企业，实行“分散经营，集中服务”的经营体制。如飞洋渔业联合公司，于 1984 年 9 月开始，以管理区干部陈天球、吴平和高产船长黎金胜等为主要发起人，首先联合了 8 艘渔船组成联合体，办起了一间鱼类加工厂和一间水产杂货门市，通过产品加工服务，提高了联合体内每艘渔船的产品价值和生产效益。继而逐渐扩大股份，扩大服务范围，组成渔业联合公司。发展到现在，有 23 个股东，65 股份，职员工 293 人，现有渔船 16 艘，总功率 6 762 千瓦，总吨位 2 070 吨，每艘淮船均配有先进的助渔导航通讯设备的现代化生产渔船队；有日产 100 吨、储冰 500 吨的制冰厂一座，建筑面积 1 990 平方米的年产加工渔网 150 吨、绳缆 200 吨的渔网绳缆加工厂一间；有水产品干品销售和机械零件供应门市一间 42 平方米；有容量 300 吨的海上运输供油船一艘，年供应渔船生产期油量达 10 000 吨；还拥有供水和机械维修等其他设施。总固定资产达 2 350 万元，其中属企业积累自有固定资产达 1 750 万元。是广东省群众渔业中首屈一指的、具有较大规模的渔业后勤服务股份制企业单位。

二、渔业股份制的有关制度建设

渔船上的股份制，一般都以投入股金多少来承担经营过程中的盈亏风险。在权力上不分股份多少，以股东一人一票制决议有关事项。一般组成合股经营渔船的股东，大多数是亲戚关系，涉及的人事和事项范围较窄，所以在制度建设上相对比较简单。

渔业股份联合公司则有所不同，涉及的人事关系和经营范围较广，必须要有一套严格的制度建设，才能保持公司的正常运转。如飞洋渔业联合公司的制度建设，在《公司章程》中就作了如下一些具体规定：

1. 管理机构的设置。公司设股东会和董事会。股东会由全体股东成员组成，是公司的最高权力机构。董事会由全体股东民主选举若干名（该公司现有 9 名）董事组成，是公司业务执行机构，任期为 3 年一届，可连选连任。由董事会选举任命总经理一名，负责公司日常工作。由总经理任命若干名（该公司现有 3 名）副总经理，协助管理公司日常事务。由股东会选举若干人组成公司财经监督小组，负责监督公司的财务工作及收支情况。

2. 例会与决策制度。股东会每年至少召开两次，董事会根据需要可不定期召开，研究公司的经营情况和发展规划。当有 3 名或以上董事要求召开董事会时，董事长应及时主持召开，不得以任何借口拒绝或拖延。公司的重大决策，必须由股东大会通过，一般实行一人一票制，以少数服从多数为原则。若赞成或反对双方的票数相等时，则按股份总和多的一方为取得决策权：若股份总和双方又相等时，则由董事长最后裁定。

3. 股份的确定。以公司组建时股东投入资金的多少和现行职务相结合来确定股份。

每名股东拥有的股份，资金股不超过5份，职务股不超过3份。即董事长最高可达8股份；总经理最高可达7股份；董事最高可达6股份；一般股东最高5股份，最低1股份。

4. 处罚与退股规定。任何一位股东如有损害公司利益的行为，通过股东大会表决，有权将其开除出公司，并冻结其历年由股份分红转为投资的款项，收归公司所有。股东因某种原因申请自动退股者，经董事会批准后，可将其历年由股份分红转为投资的款项及累年财产折旧费个人所得的25%，按合同实际情况分1～3年发还。股东如意外死亡或丧失工作能力并愿意退股者，公司将根据实际情况分1～3年归还原投股本金及累年所占股份分红转为投资的全部款项及累年财产折旧费个人所得的50%金额。因公致残或死亡的，公司将按国家有关的法律条文进行处理，并解决其医疗费用。

5. 公司与入股渔船的关系。公司与渔船实行各自独立核算，自负盈亏。即渔船所有者虽然参加公司股份，但其原有的财产权、经营权、分配权，公司无权干涉。公司主要是为参股渔船提供资金周转和渔讯及市场行情、机冰、柴油、网具，组织船员培训、代办渔船生产所需各项证件等后勤补给有偿服务，为渔船提供方便。与之相应，渔船每个生产航次，必须从总产值中提取1%的资金上缴公司作管理费。

6. 分配制度。公司包括属下的制冰厂、渔网绳缆加工厂、供油船等各项企业，实行按劳分配与股份分红相结合的分配形式。即股东的收入，除与雇请的职工同样参加劳动领取报酬外，还有股份分红所得。公司每年从税后利润中，提取20%作为公积金，用于公司扩大再生产的专用基金，提取5%作为公司职工等福利事业费用，75%作为股份分红。在公司借入贷款尚未还清前，股份分红一般不分现金到股东手上，先由公司集中还贷，其股份分红所得数额转为股东继续向公司的投股。公司的资产为持股者按股份多少相应所有。

三、渔业股份制的优点及其作用

渔业实行股份制经营，其优点：一是由于股东自由组合，处理问题一般意见相对统一；二是在分配上能按劳力强弱、贡献大小分取浮动性的报酬，充分显示了按劳分配的社会主义分配原则，然而有效地调动了渔民生产积极性；三是有适当地提取公共积累，发展再生产；四是能按国家规定，积极交纳税费，如飞洋渔业联合公司，近几年来每年交纳税费30万元以上；五是与家庭式经营的渔船对比，能较好地克服势单力薄，抵抗风险和自我发展能力差、渔场市场信息不灵，生产效率差，后勤供应跟不上等薄弱环节，有利于促进渔业生产的发展。特别是渔业股份联合公司，在支持渔船发展生产中，更能充分发挥集中服务的优越性，这些优越性是分散生产经营的渔船急需解决又无法做得到的。

1. 较好地解决了渔业资金投入问题。渔业投入资金需求量较大，特别是深海作业渔船，每艘投入需百万元以上，单靠船主自筹，一般很难办得到。渔业股份联合公司，由于是一个经济实体，要求借贷人家信得过，相对比较有保障，加上公司内参股渔船之间，有资金余缺之分，可以由公司出面进行内部调剂。如飞洋渔业股份联合公司，在解决资金投入问题上，就有这样的做法：股东如需添置新渔船，不足部分的资金，先由公司在内部调剂解决，其利率为银行利率的70%，尚不足时，再由公司出面向银信部门贷款帮助解决。该公司建立9年来，为股东发展渔船筹借解决了资金总额达2 100万元，更新改造渔船14艘次，大大提高了渔业生产力。

2. 增强了渔业后勤供应服务。 过去渔区的后勤服务，全由国营水产供销部门独家经营，供应效率差，经常满足不了渔民的需求。渔业联合公司建立后，参加联合的渔船的供冰、供水、供油和网具等补给，都由公司后勤人员提前做好准备，使渔船回港后能当天得到补给，第二天便可继续出航生产，因而每年有效生产时间达 200 多天，比没有参加联合的渔船增加了 20 天左右，从而提高了渔船的生产效率。不但如此，联合公司的自办制冰厂生产的机冰，销售给本公司渔船的价格比外销每吨低 10%，仅这一项每对渔船每年可降低生产成本 2 万多元。

3. 为渔船提供渔场市场信息服务。 渔业联合公司设有生产指挥部，每天用对讲机保持同参加联合的在生产的渔船联系三次，随时了解和互通海上生产情况和市场行情。如 1989 年 6 月 28 日，飞洋渔业联合公司的一对渔船在南海 348 渔区生产，获日产 1 000 多箱（每箱约 60 斤），公司生产指挥部及时将信息通报给本公司各渔船，结果有 5 对渔船第二天及时赶往该渔区生产，均获得日产 600 箱以上的好收成。渔业联合公司通过电讯与渔船联系，通报当天市场信息，使鱼产品多卖好价。如 1990 年 4 月间，飞洋渔业联合公司黎金胜对船准备回汕尾港市场卖鱼，当获悉公司通报汕尾鱼多价跌的信息后，该船即转到陆丰碣石港卖鱼，这一次多收入 1.5 万元。据飞洋渔业联合公司多数船长体会，他们的渔船比本管理区没有参加联合的渔船，光卖好价一项，每年就多收入 7 万～8 万元。

4. 解决了科技和生产难题的攻关。 渔船联合起来后，为了改变技术落后的状况，他们自觉地从利润中提取一定的资金作为科研经费，根据生产需要集体对网具进行改革，提高网具捕鱼性能。飞洋渔业联合公司于 1989—1990 年两年，先后拿出经费 3.5 万元，组织船上生产骨干和渔网厂技术员到中山大学和东海水产研究所，观察本公司集体设计改装的 5 种不同规模的新网具模型水槽试验，并结合自己的生产实践，对拖网渔具的技术性能进行了理论研究和实践调整。因而，在网具改革中，获得了成功经验，生产上获得较好的经济效益。新设计的拖网最高网产达 450 担，创本区拖网网产历史最高纪录。公司还经常召开船长座谈会，互相交流经验，取长补短，对技术难题，集体讨论研究，加以解决。如飞洋渔业联合公司新购的 11 045、11 046 号渔船，初投产时效益不佳，经营亏本，船长束手无策，公司组织 6 位经验丰富的船长随该船出海“会诊”，找出了该对船因变速器转速比与柴油机额定功率搭配不当，影响渔船拖力，致使网具不能很好扩张，缩小扫海面积，造成产量不高；这对船经过技术处理后，继续出海生产的第一个月，就创月产 140 吨、创值 26.8 万元，成为全管理区当月最高产者。

5. 为发展远洋渔业创造了条件。 近两三年来，为了积极慎重发展远洋渔业生产，汕尾市城区在上级政府和水产部门的关怀下，先后组织了 10 多位渔民出国考察渔业经营和资源情况，这些渔民多数出自于渔业股份联合公司的股东。其因素，出国考察需要较大的费用，一般分散经营渔船上的渔民拿不出，而渔业联合公司提取有集体福利事业经费，所以相对比较乐于接受。目前我区已在菲律宾海区生产的远洋渔船，也是飞洋渔业联合公司的股东船。

四、需要继续探讨的有关问题

1. 渔业股份联合公司限定 8 股份为每位股东拥有股份的极限，这对公司的发展，吸纳股金，具有很大的制约性。

2. 渔业股份联合公司雇请的职工，尚未实行劳动工合同制度，这就存在从业人员的不稳定性，对工作效率有所影响。

3. 管理与分配制度还不臻完善。渔业股份联合公司实行董事长领导下的经理（厂长、船长）负责制，重大决策及选举产生更换管理人员时，由股东大会通过决定，体现了一定的民主性。但除股东外，其他职工和渔工没有参与管理的保障，只拿取劳动报酬和分享5%的福利，不享有公共积累。因而，无法使职工和渔工在头脑中形成“公司是我家，发展靠大家，盈利益大家”的观念；一定程度上消弱了生产积极性。

上述这些问题，都有待进一步探讨改进，使渔业股份联合公司，在社会主义市场经济体制下，不断得到发展壮大。

1992年11月

汕尾市城区渔业经济体制十年改革试验

梁楚略　谢继红

汕尾市城区渔业经济体制综合改革试验区是1989年5月经国务院批准建立的。我们在上级主管机关和汕尾市城区党政正确领导下，认真贯彻党的路线、方针和政策，按照国家和省政府农村改革办公室的具体要求，进行了渔业经济体制相关项目的改革试验，不仅进一步完善了渔业经济体制建设，而且促进了渔业生产和渔区经济的发展。为了统筹发展建设和谐新农（渔）村，我们要在认真总结前段试验工作的基础上，针对存在及出现的问题采取相应的对策和改革措施，使改革试验的工作逐步得到完善和发展。

一、十年试验工作的回顾

1998年至2007年这10年，汕尾市城区按照上级指示精神，结合本地区的实际，对《汕尾市城区渔业经济体制综合改革总体方案》原定的试验项目进行了调整，侧重对水产品流通体制机制、水产品养殖机制、远洋渔业机制进行改革试验，同时对渔民协会组织建设进行新的探索和实践，取得了一定的经验和成效，促进了我区渔业经济和各项事业的发展。

1. 建立水产品批发市场，水产品流通体制改革迈上新台阶。汕尾港是汕尾市城区重要的渔港，建立水产品批发市场是《全国农村改革试验区重点项目计划书》中的主要内容。我们投资1 090万元，建成了水产品批发市场。坚持市场产品交易“公开、公平、公正、安全”原则，从制度化、规范化强化市场管理。10年来，水产品登场量达43.2万吨，交易额14亿元，被农业部定为“全国水产品批发定点市场”。汕尾市城区水产品批发市场现已具有一定规模的服务设施和适应市场经济的运行管理制度，在调节吞吐、疏导流通等方面起着重要作用。

2. 水产养殖业有大的发展，逐步向产业化迈进。10年来，我们调整渔业经济结构，逐步从传统的捕捞渔业为主向多方位、多层次的水产养殖业为主转轨。我们逐年扩大养殖规模，利用沿海沙滩地、内陆低洼地发展海水、淡水养殖，走多元化的发展道路。先后建成了对虾养殖基地、牡蛎养殖基地、网箱养殖基地及工厂化养鲍基地等。至2006年年底，当年全区水产养殖面积5 498.05公顷，其中海水养殖面积5 352.65公顷，产量91 625吨，产值46 839.2万元，比上年增加7 307.8万元；淡水养殖面积145.4公顷，产量639吨，产值541.3万元，比上年增加137.4万元。目前，我区仅捷胜镇就有投产生产养鲍场12座，总面积37.2万平方米，培苗和养殖水体9.3万平方米，年产近250吨，年产值1 200万元。

在市场经济条件下，水产养殖产业必须以市场调节为导向，确定其生产规模、品种、技术、销售等策略，汕尾城区党委、政府围绕渔业经济结构调整，拓宽工作思路，积极引进外资，先后建成了五丰、万隆、辰洲等集渔产品收购、加工、出口龙头企业，发展“公司＋养殖户”的模式，加工具有汕尾地方特色的海产品，有的已形成品牌，产品畅销美国、加拿大、中国香港及省内各地。至2006年底止，全区有水产品加工企业39个，水产加工能力达到147 865吨/年，水产加工品总量70 118吨，分别比上年同期增长7%和15.8%，渔业经济有了新的发展，并且逐步迈向产业化。

3. 远洋渔业有新的发展，渔民协会发挥新的作用。汕尾市城区地处粤东红海湾畔，历来是以海洋捕捞为主的渔业地区，渔业经济总产值为13.39亿元，占全区农业总产值16.67亿元的80%。为了贯彻实施国家开发海洋资源可持续发展战略和我区提出的《建设海上城区》的精神，执行《中华人民共和国渔业法》，严格控制近浅海捕捞强度，发展深海和远洋渔业，促进海洋资源生态平衡，使之良性循环，我区及时调整海洋捕捞生产布局，发展外向型渔业经济，开拓远洋捕捞。1993年组建了全国首家县级远洋渔业公司，1995年领取了农业部颁发的《远洋渔业企业资格证书》。公司先后组织远洋船队赴贝劳共和国、菲律宾、南沙等外海渔场生产，取得了一定的效益并积累了经验。最近，我们根据国家关于“走出去”的发展战略，坚定了支持船队出国生产的信心。

渔民协会和养殖协会是我区广大渔民和养殖群体为适应形势和维护自己的合法权益，随着渔业经济体制改革发展先后成立的，也是上级下达的试验项目之一。按照国内外的经验和本地的实践，渔业协会的组织当时只是生产自我服务、自我发展的最佳社团组织。1997年，全区鲍鱼养殖业发展迅速，我们首先成立了汕尾城区鲍鱼养殖协会，主管农业的政府负责人担任名誉会长，聘请省高等院校的专家担任技术顾问。

4. 渔业投资机制建设及其他。根据“总体方案”的实施办法和本地实际，由于我区渔业生产资金投入的缺口大，金融部门很少扶持，为有利于渔业生产发展，很需要试行内部融资的办法，成立渔业合作基金会。从1991年起，我区先后建立了管理区、乡镇（街道）、区三级渔业合作基金会（1995年，曾经向广东省人民政府、农业部农村改革试验区办公室和中国人民银行等部门申请办理渔业合作银行）。这三级渔业合作基金会至1996年底总融资4 000多万元，全部投入扶持本地区的渔业生产，为本地的渔业经济发展起了积极推动作用。由于国家金融政策的规定及许多主客观因素的存在和影响，1999年8月，汕尾城区人民政府做出决定，全区三级渔业合作基金会终止一切业务活动，并由审计局进行清资核产和债务清理。该试验项目已告一段落。

二、十年试验工作的体会

10年的工作实践，使我们认识到新时期试验区工作面临着新形势和新任务，要改革，就需要试验。我们认为：

1. 试验区工作必须同本地经济的发展紧密结合才有进展。我们要在总结10年试验工作的基础上，依照新形势、新情况的要求，着眼于务实、可用的原则，围绕区委、区政府加快发展为第一要务的中心工作，调整自己的精神状态，破小成则满思想，树立大发展的观念；破悲观消极思想，树立敢为人先的气魄，在同本地经济的发展紧密结合中，寻求试验工作的新发展。

2. 试验工作必须研究新问题和新课题。汕尾市城区要跟上广东大气势打造现代渔港或者区域性渔港经济区的步伐，试验工作要研究新的问题和课题。按照规划，现代渔港经济将形成以渔港为龙头，集镇为依托，渔业产业为基础，集渔船避风补给，水产品集散与加工，休闲渔业和滨海旅游集镇建设和渔民转产转业为一体的现代化综合经济区。汕尾城区海洋产业的基础相对薄弱，渔船生产由于柴油、鲜冰价格高昂，生产成本提高。目前，受中越北部湾划界的直接影响和海洋渔业资源严重衰退的冲击，从事传统捕捞作业的渔民普遍缺乏自行转产转业的能力，部分渔民生活仍在特困线下。因此，试验区工作要从实际出发，研究新的问题和选择新课题，不断探索解决存在的问题和困难。

（本文作者梁楚略时任汕尾城区渔业改革试验区办公室副主任，谢继红时任干部）

2007 年 7 月 27 日

汕尾市城区渔业改革试验成效

汕尾市城区渔业试验区办公室

一、基本情况

改革开放以后，全国实行经济体制改革，海洋水产业取得了引人瞩目的成就。当时的汕尾市城区辖区海洋捕捞业实行渔业生产体制改革，做法是：首先把原有渔船折价归渔民所有；其次是向渔民宣传党的政策，强调"三不变"，即党的渔民政策不变，核算单位不变，渔船的生产、管理、分配、劳动组合不变。同时，大力支持渔民集资购买渔船，使渔民拥有渔网具所有权、经营自由权、收益分配权，改变了吃"大锅饭"的做法，充分调动了渔民的生产积极性。在水产品购销政策方面，把水产品价格全部放开，随行就市，实行多渠道经营，采取集体办、联合（户）办、个体办的形式，从而活跃了市场，方便了消费，渔业生产得到快速发展，渔民收入有了较大提高。

但是随着渔业经济的发展和改革的深入，原来由集体统一经营分配的体制被打破，发展渔业又面临一些新的问题，主要有：一是力量薄弱。渔船实行分散经营，虽然充分调动了渔民生产积极性，但却带来了势单力薄的弱点，限制了生产力发展的规模、速度和抵御自然灾害的能力，需要找到一条发挥集体优势的途径。二是后劲不足。渔业自我发展机制差，加重了投入不足的困难，发展再生产后劲不足。三是机制不健全。水产品价格放开后，与之相适应的产品流通机制不健全，出现一些混乱现象，渔民经济利益受到损害。四是优势未发挥。毗邻港澳台的优势没有充分发挥，引进资金技术、扩大产品出口、丰富的养殖资源等方面的潜力尚未充分开发利用。

解决这些问题，由于涉及部门较多，又受到改革政策不配套，新旧体制相互制约，渔业生产者、经营管理者的素质较低等不利因素影响，改革的难度较大。为巩固发展前阶段渔业经济体制改革的建设成果，克服新体制下制约渔业发展的因素，使渔业改革不断深入，进一步加快渔业经济的发展，1988 年 8 月 31 日，汕尾市城区人民政府向省水产局请示并报告省政府，要求建立渔业经济体制综合改革试验区（汕市区府〔1988〕30 号）。

1989 年 5 月 16 日，国务院批复（国函〔1989〕30 号）同意在广东省汕尾市城区和河北省黄骅市建立渔业经济体制综合改革试验区。1989 年 8 月，汕尾市城区渔业经济体制综合改革试验区工作领导小组成立，下设办公室（1989 年 10 月 1 日挂牌成立）。按照《广东省汕尾市城区渔业经济体制改革总体方案》，对当时渔业经济迫切需要解决的问题进行理论探索和实践试验，为逐步实现渔业社会主义现代化和渔业精神文明建设探索道路。

试验分几期进行，第一周期为 1989 年 8 月至 1993 年 6 月；第二周期为 1993 年 6 月至 1996 年 1 月；第三周期为 1996 年 1 月至现在。

二、试验的内容及其成效

（一）第一周期（1989 年 8 月至 1993 年 6 月）

试验内容：

1. 探索以服务为纽带，发挥集体统一经营的优越性，推进渔业股份制改革。

一是改革渔船股份。由原 10 多股的多股份向 2～4 股的少股份转变。二是成立渔业联合公司。1989 年底，根据《总体方案》的实施办法，试验区为渔民在生产领域不断开拓提供良好的环境和条件，发动渔船在坚持独立核算、自负盈亏的生产体制前提下，自愿联合起来，合股投资兴办渔业后勤服务企业，实行渔船分散生产，公司集中后勤服务的经营体制。这种形式的股份制，通过股东会制定《章程》，明确了管理机构、例会与决策制度、股东的权利与义务、处罚与退股规则、公司与参股渔船的关系、财务管理与分配制度等行为准则，做到有章可循，因而，生命力较强。如红卫的深海渔业联合公司、飞洋渔业联合公司、鸿海渔业联合公司以及马宫深洋联合公司等专业化生产服务组织，这些新的渔业联合体不仅合股经营渔船，而且合股兴办渔网厂、冰厂、冷冻厂等企业，为渔业生产提供产前、产中、产后服务。

成效：至 1993 年 6 月第一试验周期结束，在全区 827 艘生产渔船中，实行合股经营的有 661 艘，占 80%；家庭经营的 66 艘，占 20%。参加联合的渔船，摆脱了分散生产经营呈现出来的势单力薄、抵抗风险和自我发展能力差、资金周转困难、后勤供应跟不上、市场渔场信息不灵通等制约渔业生产发展规模因素的困扰，提高了渔业整体效益。

2. 探索渔民自我教育、自我管理、自我发展的新机制。1991 年 3 月，汕尾市城区成立第一个渔民协会试点“捷胜镇石岗管理区渔民协会”，之后又成立了“凤山街道东升渔民协会”和“捷胜镇沙角尾渔民协会”，共有会员 575 人，占这三个管区渔业总劳动力的 50%。协会代表渔民向省有关部门反映情况；帮助渔民转产、转业，组织渔民参加培训提高技术素质和法制观念；发动会员投股，兴办渔业后勤服务企业。

成效：渔民协会在促进渔民加强自我积累、壮大股份集体经济；指导渔民发展生产，为渔民传递渔场、市场、社会和科技信息；积极参与渔港建设和市场管理等方面起到了积极的作用。

（二）第二周期（1993 年 6 月至 1996 年 1 月）

试验内容：

1. 探索水产品流通机制，兴建水产品批发市场。1994 年，汕尾市城区投资 1 090 万元，建成了拥有优越服务设施的水产品批发市场 6 383 平方米。坚持市场交易“公开、公平、公正、安全”原则，从制度化、规范化强化市场管理，克服了过去水产品交易场地分散、日晒雨淋、欺行霸市、压秤压价、走漏税费等现象。

成效：(1) 从 1994 年底投入使用至 1995 年底，在汕尾水产品批发市场登场的水产品量达 6 270 吨，比去年同期的 4 014 吨增长 36%。其中本港渔船 2 845 吨，比去年同期的 1 405 吨增长 10.4%；外港渔船 1 368 吨，比去年同期的 1 004 吨增长 36.3%；港澳渔船 1 054 吨，比去年同期的 803 吨增长 23.8%；陆运外进 1 023 吨，比去年同期的 802 吨增长 20%。

（2）控制了走漏税费，增加了收入。1994 年至 1996 年，在汕尾水产品批发市场登场的水产品量 11 734 吨/年，总交易额 4 989 万元，税金和工商费 71.2 万元，市场管理服务费 100.3 万元，职工工资人平均 7 200 元；平均销售鱼价每吨 4 252 元；水产品经销外来车辆每天达 100 部次，人员达 400 人次。与 1993 年对比，税金和工商费增长 41.3%，管理服务费增长 61.3%，职工工资增长 33.3%。销售鱼价每吨增加 554 元。据渔民反映，公开竞价拍卖约占 15%，即每年可使渔民增加鱼产品销售收入约 100 万元；增加外地经销水产品人员往来每天达 150 人次，每年可增加商饮营业额 540 万元以上，增创上缴税收 40 万元左右。

（3）汕尾水产品批发市场于 2002 年被农业部定为“全国农产品定点市场”。已具有一定规模的制冰、冷冻、加工、运输等服务设施和适应市场经济的运行管理制度，在调节吞吐、疏通等方面起着重要作用。

2. 探索如何增强渔业内部积累，建立健全渔业投资新机制。汕尾市城区试行内部融资的办法，成立渔业基金会。基金会以短期小额有偿服务形式，融集渔民闲散资金，重点支持发展渔业生产和与渔业有关的配套项目设施等。

成效：至 1996 年底，汕尾城区先后成立管理区、乡镇（街道）、区三级渔业合作基金会共 7 个，总融资 4 088 万元，其中：扶持渔船改造 665 艘次 2 211 万元；扶持养殖 86 宗 829 万；扶持兴办渔业后勤服务企业 35 宗 610 万元，解决了渔民发展生产面临资金不足的问题。

3. 探索建立远洋渔业经营机制。重点探索如何加强与国内外渔业团体合作，兴办远洋渔业后勤配套服务项目，提高远洋渔业经营效益。

（1）1991 年汕尾市城区人民政府批准组建“汕尾市城区远洋渔业公司”，该公司于 1995 年领取农业部颁发的《远洋渔业企业资格证书》。

成效：该公司先后组织多宗渔船赴贝劳共和国、南沙和菲律宾试探远洋生产，比在国内南海渔场同期生产的同类渔船增产增值均达一倍多。

（2）在远洋捕捞上推广“海上购销补给”模式，组织海上购销母船，直接到生产渔场给渔船补给和收购渔捞产品。

成效：“海上购销补给”模式增加了远洋渔船作业时间，节省了生产成本，提高了经济效率。如汕尾顺天联合渔业有限公司，拥有购销船 1 艘、渔船 15 艘，平均每对双拖渔船的产值达到 500 多万元，利润 80 多万元，生产效益十分明显。

（三）第三周期（1996 年 1 月至今）

试验内容：

1. 探索建立发展海水养殖业的新体制、新机制。汕尾市城区利用沿海沙滩地、内陆低洼地发展海水养殖，走多元化的发展道路，先后建成对虾养殖基地、牡蛎养殖基地、网箱养殖基地及工厂化养鲍基地等。引进美国黑石斑、龙虾、龙胆等名优养殖品种，优化养殖品种结构，良种覆盖率超过 85%。加快水域滩涂、荒沙荒地和低产田的整治，大举挖潜改造池塘，其中 2009 年全年投入资金 1 600 万元，改造虾蟹、金鲳鱼和罗非鱼养殖面积达 2 540 亩。到目前为止，全区建成高位养殖池 1 300 亩；建成上规模水产养殖场 85 家，总投资规模 5.44 亿元。

成效：2010年全区海水养殖面积2 037.595公顷，产量9.1万吨，产值5.40亿元，形成了罗非鱼、虾类、蟹类、鲍类等养殖支柱产业，水产养殖业得到长足发展。

2. 探索发展渔、工、贸、技一体化的经营机制。2008年，为推进汕尾城区现代渔业建设目标，试验区在水产品加工上积极推广“公司＋基地＋养殖户”的模式，以水产品加工企业为纽带，下带众多水产养殖户和海洋捕捞渔船，上通国内、国外两个市场。推行渔、工、贸、技一体化的经营机制，努力提高养殖生产组织化程度；积极引进外资，组织协调生产，逐步完善生产、加工出口的服务体系。1996年以来，先后建成国泰、五丰、万隆、辰洲等集渔产品收购、加工、出口于一体的龙头企业，加工具有汕尾地方特色的海产品，产品畅销美国、加拿大、中国香港及省内各地。

成效：至2010年，城区经营水产品的加工企业43个，水产加工能力15.09万吨/年，渔业产业化步伐明显加快。如汕尾国泰食品有限公司，拥有联营罗非鱼养殖面积8 000多亩、捕捞渔船近百艘，产品大部分销往国外市场。经营方式的创新，使渔业产业得到较大发展。

3. 积极探索新的渔业产业经营方式，组建渔业专业合作社。2008年，为推进汕尾城区现代渔业建设目标，试验区积极引导养殖户树立以市场为导向、效益为目标的经营观念，积极探索新的渔业产业经营方式，动员养殖户组建渔业专业合作社，为养殖户提供服务，调动积极性，力促养殖业集群发展载体形成。

成效：至2010年底，全区共成立渔业专业合作社11家，社员100多户。如城区马宫金鲳鱼养殖专业合作社，有21户渔户参加，养殖面积1 100多亩，2010年产量660吨，产值700多万元。渔业专业合作社的组建，对加快渔业产业化步伐起到积极的推进作用。

4. 调整渔业生产结构，做到可持续发展。2005年至今，汕尾城区大力调整海洋捕捞生产结构，陆续投入技改资金1 901万元，改造大型作业渔船111艘；投入资金2 875万元，新造大型作业渔船5艘。在本地渔场渔汛不理想的情况下，积极组织部分渔船过港到海南、台山等渔区生产，主要渔获物有海鳗、带鱼、鲐鱼、池鱼、蛇鲻、大眼鲷和杂鱼等鱼类，取得较好生产效益。

成效：有效增强了渔船深外海作业能力，减轻近海、沿岸渔场的捕捞压力。

5. 继续拓展远洋渔业新路子。按照国家渔业可持续发展和“走出去”的战略部署，结合汕尾城区远洋渔业实际，该区于2000年11月成立了“汕尾市城区远洋渔业股份有限公司”。曾先后组织人员到柬埔寨、越南渔区进行实地考察，并取得了一定的可行性资讯。

成效：由于存在各种客观因素的制约，该项目发展缓慢，至今未能成行。发展远洋捕捞是城区渔业经济体制改革的主要试验项目。目前，汕尾城区在外出考察取得一定可行性资讯的基础上，计划以该区远洋渔业股份有限公司为主体，联合具备远洋条件的渔船，组成远洋船队并争取上级各有关部门的支持和帮助，继续探索开发外海渔场。

三、小结

改革试验取得了一定的效果。2010年汕尾市城区渔业经济总产值15.17亿元，从业渔民人均纯收入1.2万元，分别比1987年约增长11.2倍和9.8倍，渔业人口41 603人，渔业劳力 34 720 人，汕尾市城区初步形成了与社会主义市场经济相适应的渔业经济体制，渔业生产要素和渔区经济取得了与社会协调发展的良好局面。

2011 年 7 月 5 日

附：从 1989 年至 2010 年，分管过试验区工作的领导有：汕尾市副市长叶瑞宗，城区区委书记陈昌镇、余立宪，城区区长刘监、城区区委副书记王世顶、城区副区长朱华义，城区海洋与渔业局局长黄胜古、钟成佳、城区水产局局长陈爱尧。

担任过试验办副主任的有：颜槐、张北友、洪学尔、梁楚略、唐永驰。先后在渔试办工作的有：卓爱群、江伟平、凌育芳、陈 健、鄞智远、吴燕茹、黄绍品、张水来、余少昂、许秋华、谢继红。

汕尾市城区渔业改革试验区工作亲历记

钟小庆

“春生夏长，秋收冬藏”，该语出自西汉史学家司马迁著的《史记·太史公自序》：“夫春生夏长，秋收冬藏，此天道之大经也。弗顺则无以为天下纲纪。”原意是指万物春天萌生，夏天滋长，秋天收获，冬天储藏，说的是农业生产的一般过程。其实，其过程就是过去30年渔业乃至农村经济体制综合改革试验区工作的真实写照，将其延伸运用到描述试验区工作，生动、形象、准确，恰如其分，恰到好处。

下面，本人就以渔业经济体制综合改革试验区工作亲历者身份，以春生、夏长、秋收、冬藏为小标题，回顾一下那一个波澜壮阔以及让人心潮激荡的年代，以及工作和生活在那个时代的人和事，那是一个火红的年代，朝气蓬勃、流光溢彩、分外妖娆。让我们对改革开放先行者表示崇高的敬意，向他们为推进改革开放和社会主义经济发展作的积极尝试表示衷心的感谢，让我们发扬他们先行先试的革命精神，继续努力奋斗，把我们祖国建设成为繁荣富强文明的国家，让广大老百姓都过上富足幸福快乐的好日子。

春　生

本人于1986年7月毕业于当时的上海水产大学渔业经济系渔业经济管理专业。是年，就被分配到广州位于新洲的中国水产联合总公司广州渔轮厂从事企业管理工作。

当时，全国上下掀起了一轮又一轮思想大讨论、大解放，作为全国经济体制综合改革开放试验区之一——广东省，通过运用中央给予的特殊政策和灵活措施，经济发展、社会进步、生活富足，尤其是人们的精神面貌已大为改观，大家对自己的未来或多或少都充满了期待。在此大氛围中，每个人都被卷入到该大潮中，本人结合本职工作实际，利用八小时工作之外，在专业知识、经济理论和政策设计方面作了大量准备工作。

1988年，本人被调往广东省水产局调研室，刚一报到就参与了由全国渔业经济研究会、农业部水产司和中国社会科学院农村发展研究所牵头主持的《中国渔业经济》（1979—1987）地区篇广东省部分编写工作，从中也得知了广东渔业经济体制改革开放的来龙去脉和起伏跌宕，激起了本人极大的研究兴趣。

（一）广东渔业经济体制改革发端于海洋捕捞和淡水养殖渔业，即改革是从渔业生产源头和产业链上游启动的，它犹如源头活水冲击中下游

1. 海洋捕捞渔业。它是从允许沿海渔区群众自筹资金造船出海生产拉开帷幕的。1979—1982年，广东沿海地区出现了私人集资发展小帆船、小机船的热潮，数以十万计的剩余劳动力得到就业，初步解决了群众的生活温饱问题。更重要的是这些依靠自力更生、自我积累发展起来的渔船，产权明晰、利益直接、机制灵活，且适合海洋渔业生产特点，相比之下，拥有集体所有制渔船无法比拟的活力。该举措促使集体将从事沿岸浅海生

产的连家船折价下放。但是作为海洋捕捞生产的主力——大马力深海作业渔船，由于诸多原因，其改革不得不分为两个阶段进行。1979—1981年，在渔船网具等基本生产资料原大队集体所有前提下，推行“大包干”责任制。该办法虽然比过去大队统一生产经营核算稍好些，但是普遍出现包低产、交不齐、无积累、成本开支吃“大锅饭”现象。当时，全省沿海重点渔区的海洋捕捞先进单位——原海丰县汕尾镇红卫渔业大队勇敢地迈出了第一步。1982年春，该大队为挽救濒临破产的集体经济，毅然决然把原大队所有的渔船网机具下放给船上渔民所有，实行以船核算独立生产经营单位体制。结果，下放一年多时间，渔业生产迅速得到恢复和发展。在红卫大队改革经验示范带动下，到年底，全省54%渔业生产大队实行了体制下放，到1985年，全省已有98%渔船实行了以渔船为独立生产经营体制。该体制大致有合作、合伙或合股和家庭经营三大类。海洋捕捞新的生产经营体制从根本上解决了渔船网机具等生产资料的所有权、使用权和经营权分离而产生的种种矛盾，初步确立了渔民在捕捞渔业生产中的主体地位，该改革赋予了渔业生产内在动力，极大地调动了他们发展渔业生产的积极性。

2. 水产养殖业。与之呼应，1978—1983年，广东农业和农村逐步推行家庭联产承包责任制，水产养殖业以其资金投入小、生产周期短和经济效益高，在以市场需求为导向的产业结构和生产布局优化调整中脱颖而出，获得极大发展，尤其是20世纪80～90年代，许多地方通过开挖荒滩荒地或把低洼地改造成鱼塘虾池发展水产养殖业，水产养殖面积迅速扩大，水产品产量大幅提高。

（二）广东渔业经济体制改革攻坚于水产品流通业，即改革是从渔业生产经营关键环节和产业链中游突破的，该突破影响到水产品加工和消费领域

这是价值规律的客观要求。1978年以前，和全国一样，广东水产品流通体制实行的是统购包销体制。由于价格既不反映价值也不反映市场供求，人为割裂了生产和消费的有机联系和彼此互动，严重制约了渔业生产的发展。就此，广东在改革渔业生产经营体制的同时，在水产品流通领域进行了以放开价格和开放市场为中心的改革，且获得成功。

1. 逐步取消统购包销，全面放开价格。从1979年开始，广东开始有步骤、分阶段对传统的水产品统购包销体制进行改革。以海洋捕捞产品为例，是年3月，广东对专业海洋捕捞渔业社队生产的水产品实行派购和议购相结合的“双轨制”，为把该政策落到实处，改为定死任务按绝对数量派购，并对牌价渔需品供应实行鱼物挂钩，多交售，多供应。1984年，实行鱼油换购，按中上等鱼牌议差价，确定换购比例，同时，划出一定数量的渔需物资支持海珍品生产，换购其产品。1985年，全面取消水产品派购任务。随着水产品派购政策的改革，不合理的价格体系逐步得到理顺。“双轨制”价格政策是新旧体制交替的必然产物。改革初期，水产品严重短缺，市场严重供不应求，如果立即全面放开价格，鱼价暴涨，城市居民一时难以承受；相反，先放开一部分水产品价格，以刺激生产，待生产上去了，水产品多了，价格就平稳了，“双轨制”就会自然而然退出历史舞台。1985年以后，全省乃至全国很快形成了以市场供求为导向的市场价格体系，无论是生产者、经营者还是消费者都从中获益，保证了广东渔业经济实现近30年的持续稳定发展。

2. 逐步改变垄断经营，全面开放市场。水产品是生产季节性和鲜活性极强的商品，客观上要求拥有灵活、快捷和高效的流通服务体系。然而，1978年以前，水产品是由国

营水产供销系统独家经营的，这种封闭、单一、多环节、低效率的流通体制，助长了“官商”作风，成为阻碍渔业生产进一步发展的瓶颈。随着水产品派购政策和价格体系的调整，生产者可以自行处理部分甚至全部产品，市场逐步活跃起来，政府尤其是渔业主管部门因势利导，允许和鼓励其他经济成分参与水产品流通。这样，就形成了国营、集体、私营、个体多种经济成分参与水产品市场流通的格局；经营形式更是多种多样，有的是食品、蔬菜和农副产品公司和供销社进行季节性批量经营，有的是与单位、厂矿、企业、酒楼、食肆挂钩经营，有的是由乡村专业合作经济组织组织推销，有的是与肉菜市场商贩挂钩联销，有的是渔民进城设点供应。这种由多种经济成分、多种经营形式和多种流通渠道构成的水产品流通体制，不但加快了水产品流通速度和增大了流通量，而且还促进了水产品批发市场和储存保鲜加工业的建立和发展，有力地开拓了国内外水产品市场。这是下一步开展渔业经济体制改革综合试验区工作的基础和前提，让我们对开展试验区工作有了更全面更深刻的认识。

夏　长

20 世纪 80 年代末，在中央和国务院积极推动下，全国上下要求深化改革和进一步开放的呼声空前高涨，在此大背景下，渔业经济体制改革试验区工作应运而生，被农业部水产司和省水产局提上工作议事日程。

记得 1988 年 7 月，省水产局就在局招待所召开专题座谈会，专门研究试验区工作，会期长达两天，省水产局分管副局长黄琛和农业部水产司调研室主任关锐捷、副主任李健华出席，时任省渔业经济研究会理事的华南师范大学教授丁家树，中山大学教授洪永崧、陈尚洸，省社会科学研究院研究员钟文菁，省农村发展研究中心副研究员程拔文和省水产供销总公司总经理陈尊陆等以及省局调研室全体成员参加。

会议充分肯定了广东渔业过去 12 年改革开放和经济发展取得的成绩，提出要以试验区为突破口，通过政策创新，实现体制创新，最终实现渔业组织形式、管理制度和运行机制的全面突破，以推动渔业获得进一步发展。

根据本人记忆，当时讨论议题很广泛、内容很丰富，大家都从自己专业研究和实际工作出发，各抒己见，畅所欲言，就进一步做大做强广东渔业提出了一系列极富革命性和建设性的意见。其中一个共识就是巩固广东渔业过去 12 年改革开放和经济发展取得的成果，在此基础上，通过创办试验区，以点带面，实现新的突破和新的发展，初步将汕尾市城区定为全国渔业经济综合体制改革试验区并研究起草渔业经济体制综合改革试验区总体实施方案。

1989 年夏天，省水产局办公室副主任古竹生率领省局调研室及有关人员组成调研组深入汕尾市城区开展了长达一个月的调查研究工作。初秋，省水产局调研组向局领导提交了一份汕尾市城区渔业经济体制综合改革试验区总体实施方案，主要由 5 个大项目组成，且每一个项目都提出了目标、任务和措施以及实施进度，具体内容如下：

一是引导渔船联合起来。就是引导海洋捕捞渔船走向新的联合，即以经济为纽带，按照“公司＋渔船”模式，实行独立生产、集中服务，以求得渔业共同发展。在改革开放中先行一步的汕尾市城区红卫管理区已作出表率，以陈天球、布金星、梁金尤等一批有胆有识的专业捕捞渔民通过发展渔业生产实现脱贫致富，但是他们没有满足而是把眼光投向更大更远的地方，运用股份制把独立分散生产的渔船联合起来，组建了诸如“飞洋”“海润”“鸿海”等多家渔业联合公司，兴办制冰厂、冷冻厂、网具编织造厂和水产品加工厂等经济实体，为参加联合的渔船提供系列配套服务。该模式具有极强的生命活力。试验区提出该项目就是试图将成功经验示范推广到其他尚未参加联合的大马力深海捕捞作业渔船、中海刺钓作业以及沿岸近海定置作业中，引导广大渔民和渔船参加联合，在“公司＋渔船”模式下获得新的发展。

二是兴办水产品市场。即兴建水产品批发交易市场。汕尾市城区是广东甚至全国主要渔港之一，拥有数万艘渔船，年海洋捕捞水产品登场量超 10 万吨，具有极强的积聚、发散、辐射功能和广泛的社会影响。而此前，由于诸多原因，汕尾渔港水产品交易市场非常简陋，就在海边的沙滩上，风吹日晒雨淋，无论是渔民还是鱼贩都苦不堪言，他们强烈要求政府投资兴建水产品批发交易市场。就此，试验区提出了兴办水产品批发交易市场项目，该项目分为两部分：（1）场地等硬件设施建设，其中包括运输、储藏、销售环境和条件；（2）规范交易程序，实行公开叫价拍卖制度，实行价高者得，最大限度地保护渔民利益，促进渔业生产发展。在中央、省、市及城区政府有关部门大力支持和配合下，不到一年，一个初具规模的水产品批发交易市场诞生了，至今依然处于正常运作当中。

三是兴办渔业合作基金会。广东渔业 12 年改革开放让广大渔民拥有了生产经营自主权，发展生产积极性高涨，都想开展渔船技术改造，都想小船换大船、旧船换新船，增添助渔导航设备，提高续航能力，达到延长生产时间，扩大作业范围，增加水产品产量的目的。而投入是制约因素。试验区从渔业生产实际和渔民传统习惯出发，提出了兴办渔业合作基金会的项目。由政府扶持一部分资本金作为保证金，兴办渔业合作基金会，通过发动渔民群众集资入股，盘活在其手中的闲置资金，帮助有实力有能力信誉高的渔民开展渔船技术改造，促进渔业发展。起初，该项目进展得很顺利，随后由于经营管理不善，很快就夭折了。

四是发展远洋渔业。这是当地很多海洋捕捞渔民的愿望，他们看到有些外省外地渔民从事远洋渔业生产，赚得盆满钵满，就心热眼红，希望试验区能发展远洋渔业项目，引导和帮助他们走出去。试验区实施方案将该要求作为项目。此后，向上申报成立了城区远洋渔业公司，利用国家扶持发展远洋渔业的政策，引导通过技术改造以后，马力大、设备先进，能在公海上与港澳、外国渔船竞争的渔船，实现走出去，参与国际渔业合作，发展远洋渔业。是年底，就有一批渔船赴南太平洋从事远洋渔业生产去了。

五是发展海水养殖业。该项目是给没有实力和能力建造渔船发展捕捞渔业的渔民群众设计的，该部分群众在沿海半渔农地区占据相当大的比重。此时，全省沿海兴起了一波海水养殖热，粤东沿海本来就盛产优质海水鱼类、对虾、青蟹、翡翠贻贝、泥蚶等水产品，而汕尾红海湾以及环品清湖沿岸居民不但喜食水产品，而且还有开发滩涂水面养殖鱼、虾、蟹尤其是贝类的习惯。兴办试验区是一个机遇，实施方案把发展海水养殖列上去，是顺民心之举。试验区实施方案提出以股份制形式筹集资金，把“公司＋养殖户”模式运用到发展海水养殖业中来的计划。

为保证汕尾市城区渔业经济体制综合改革试验区总体实施方案通过审批，报经省水产局领导批准，省水产局办公室专门召开座谈会，邀请省水产局有关业务处室领导专家参加，就该方案进行论证和修改。随后，省水产局正式行文把该实施方案上报农业部和省政府，获得批准。标志着试验区工作进入一个新的阶段。

为推进汕尾市城区渔业经济体制综合改革试验区工作，省水产局可谓不遗余力甚至全力以赴：

一是沉下去。省水产局调研室一班人经常深入到汕尾市城区，和当地党政领导和渔业主管部门沟通交流，争取其支持和配合，就此，汕尾市城区成立了试验区工作领导小组，由区委书记挂帅，下设办公室，主任由城区分管副区长兼任，从城区水产部门抽调业务骨干作为工作人员，全面启动试验区工作。

二是请进来。邀请当时的全国农村改革试验区办公室主任杜鹰和省农村发展研究中心主任马恩成、副主任唐启洪，处长程拔文和省农村改革试验区办公室主任刘季芸等领导和专家到汕尾实地指导，组织当地渔业干部和渔民骨干举办专题培训班，邀请省有关部门专家讲授理论知识和专业实操技能。

三是走出去。汕尾市城区渔业经济体制综合改革试验区得到农业部和省政府有关部门的关心、支持和帮助，农业部水产司和省农村发展研究中心每年轮流召开会议交流推进试验区工作，汕尾市城区渔业经济体制综合改革试验区每次都派人参加，学习其他地方的经验和做法，推动改革试验工作。

秋　　收

广东人敢为天下先，想干事、能干事且能干成事。

在全省上下努力下，广东渔业乃至农村改革试验区工作及其成绩得到中央的充分肯定，最显著的标志是全国农村改革试验区第八期干部培训班于1992年在广州珠岛宾馆召开。

记得那是夏天，领导派本人参加，出席会议的领导都是当时著名的“三农”问题专家，我见到的有中共中央农村工作领导小组办公室主任陈锡文，原国务院农村发展研究中心副主任王郁昭、吴象，原广东省农业委员会主任杜瑞芝和省农村发展研究中心副主任马恩成等，全国主要省、自治区、直辖市政府农业委员会主任，全国各地农村改革试验区负责人参加。近500人的会议室，坐得黑压压一片，显示了人们高涨的改革热情和冲动。

会议通过典型发言和交流，全面总结了农村改革试验区工作，就下一步工作作了部署。

会议还组织了参观学习活动。实地参观了南海区大沥镇联滘管理区通过完善家庭联产承包责任制，壮大集体经济，发展双层经营体制的成功经验；还到佛山市顺德区北滘镇参观了美的集团。会议组织代表参观该企业，目的是让大家提高认识，开阔视野，创造条件，创办工厂，发展乡镇企业。

冬　　藏

虽然本人离开了试验区工作，但是从未离开过水产业，本人编辑过水产专业杂志、实施过水产技术推广项目、搞过水产技术推广体系改革与建设。命运捉弄人。没想到，15

年以后的2011年，过去的老领导——省农村改革试验区办公室原主任刘季芸找到本人，告诉本人，中央将启动农村改革试验区工作，这项工作已被移交给省农业厅负责，原省农村改革试验办的同志决定汇集有关省内各试验项目的试验报告、总结及文章，这让本人激动不已，仿佛回到20年前，眼前再现了一幕幕生动感人场景。

2011年夏天，本人随同省政府发展研究中心副巡视员田晓霞、农村处处长冼频和省海洋与渔业局政策法规处处长李福顺等领导和专家乘车再访汕尾市城区。汕尾市及城区政府及其渔业主管部门向我们作了全面系统的工作汇报。

斗转星移，时过境迁，物是人非，当年20多岁的年轻人现在已经成为年近50的中老年人，一切都让人百感交集，唏嘘不已。

汕尾市城区渔业经济体制综合改革试验区是一个时代的产物，它提出的项目符合当时的渔业生产实际，顺应广大渔业干部和渔民群众的愿望，但是随着渔业资源急剧衰退以及渔业生态环境日趋恶化，很多项目就显得不合时宜了，需要重新思考和论证，以更新的思路和更有效的办法促进渔业增产、渔民增收和渔区社会稳定繁荣。

（本文作者时任广东省水产技术推广总站办公室副主任）

2011年

[第二章]

清远扶贫经济开发试验区

关于建立清远扶贫经济开发试验区的文件

广东省人民政府关于原则同意建立省清远扶贫经济开发试验区的批复

清远市人民政府：

清市委〔1991〕19号请示收悉。为进一步做好扶贫工作，发展山区经济，省人民政府原则同意建立省清远扶贫经济开发试验区。试验区的具体地点、范围及有关优惠措施，由你市组织专门班子研究，拟定后上报审批。有关具体工作，请省各主管部门给予协助和支持。

广东省人民政府

1991年9月23日

国务院关于同意将清远市扶贫经济开发试验区列为全国农村改革试验区的批复

广东省人民政府：

你省《关于在清远市建立扶贫经济开发试验区的请示》（粤府〔1991〕110号）收悉。现批复如下：

同意将清远市扶贫经济开发试验区列入全国农村改革试验区序列。

要采取有力的措施，切实加强对改革试验区工作的领导，充分利用毗邻珠江三角洲和港澳的地理优势，走以开放促开发、以开发促脱贫的路子，抓住重点、深化改革。在改革中，要注意理顺各方面的关系，及时总结经验，分类指导，有重点、有步骤地推进改革试验，促进农村经济的发展。

中华人民共和国国务院

1992年11月7日

农业部农村改革试验区办公室关于国务院批复同意将商丘等5地列为全国农村改革试验区的通知

1992年11月7日，国务院分别致函河南等5省人民政府，批复同意将商丘等5地列为全国农村改革试验区。新增的这5个试验区是：河南省商丘地区农村流通体制改革试验区、陕西省延安地区扶贫综合开发改革试验区、福建省宁德地区开放促开发扶贫综合改革试验区、辽宁省大连市两区、市发展乡镇企业出口创汇集团试验区、广东省清远市扶贫经济开发试验区。

国务院在批复函中，同意将上述5地试验区列入全国农村改革试验区序列，要求各省要采取有力措施，加强对试验区工作的领导，充分发挥各地优势，从转换经济运行机制入手，深化改革，及时总结经验，分类指导，有重点、有步骤地推进改革试验，为农村改革和发展积累经验。

特此通知。

农业部农村改革试验区办公室

1992年11月25日

广东省人民政府办公厅关于广东省清远扶贫经济开发试验区增挂广东省清远经济开发试验区牌子的复函

清远市人民政府：

清府函〔1995〕85号请示收悉。省人民政府同意“广东省清远扶贫经济开发试验区”增挂“广东省清远经济开发试验区”的牌子。请你市按照试验区的有关要求，继续把该试验区办好。

广东省人民政府办公厅

1995年6月21日

广东省人民政府关于设立广东省清远高新技术产业开发区的复函

清远市人民政府：

清府〔2003〕167号请示收悉。同意你市将清远经济开发试验区与清远生态工业园重新整合，设立广东省清远高新技术产业开发区。请进一步做好园区总体规划和产业布局，分步实施，完善服务体系，营造良好环境，加大招商力度，重视环境保护和生态建设，合理开发土地，努力将该开发区建设成“生态一流、服务一流、效益一流”的新型产业园区。有关占用林地等手续，请按规定办理。

广东省人民政府

2003年5月19日

广东省人民政府办公厅关于同意认定清远经济开发区为省级高新技术产业开发区的复函

清远市人民政府：

清府〔2011〕6号文收悉。经省人民政府同意，现函复如下：

一、省人民政府同意认定广东清远经济技术开发区为省级高新技术产业开发区，定名为广东清远高新技术产业开发区，实行现行省级高新技术产业开发区政策。

二、广东清远高新技术产业开发区不增加规划面积，仍为19.127 4平方公里，区域范围为国家有关部门公布的开发区审核公告确定的清远经济技术开发区范围内（具体范围见附件）。

三、广东清远高新技术产业开发区必须严格实施土地利用总体规划和城市总体规划，按规定履行具体土地报批手续，依法供地，切实做到合理、集约、高效利用土地资源。

四、广东清远高新技术产业开发区要以科学发展观为指导，努力集聚自主创新资源，提升产业竞争力和自主创新能力，发展高新技术产业和高附加值服务，充分发挥辐射和示范带动作用。

五、你市要加强指导和服务，促进广东清远高新技术产业开发区健康发展。

广东省人民政府办公厅

2011年12月31日

清远扶贫经济开发试验区的探索与实践

清远市扶贫经济开发试验区管理委员会

一、创办扶贫经济开发试验区构想的提出和开发建设的初步成效

清远市是根据中共广东省委、省人民政府关于“分类指导，重点扶持”的战略思想，于1988年年初经国务院批准设立的新市。辖七县一区，总面积1.9万平方公里，总人口343万。清远市是一个地理环境特殊，贫困面较大的地区。除市区属珠江三角洲开放区外，所辖七县均地处粤北山区。其中有5个县的33个乡镇、4 643平方公里面积、72万人口处于全省自然条件最恶劣，经济文化最落后的石灰岩山区，有邻近“金三角”的“寒极”之称。此外，还有两个少数民族县，25个革命老区乡镇。这种集“老、少、山、边、穷”于一体的状况，使我市被列为全国18片贫困地区之一。

新中国成立后，党和政府历来十分关心贫困地区的经济发展。党的十一届三中全会以来，为加速贫困山区的脱贫致富，从中央到地方，各级都倾注了大量的人力、物力、财力，通过采取减免公购粮，大办“绿色企业”，综合开发山区资源和组织劳务输出、人口迁移等综合性措施，使贫困山区的面貌发生了可喜变化。在我市，已初步解决了117万人的温饱问题和15万人的饮水困难，有48.4万人用上了电。为缩短由于地理环境和人文条件悬殊而造成的山区与沿海的发展差距，从“七五”计划开始，广东省委、省政府把帮助贫困山区加快脱贫致富，摆上了重要战略位置，先后制定了一系列外引内联的倾斜政策，与此同对，还采取挂钩扶贫、富帮穷等措施，动员各方面力量，扶持贫困县、乡镇，在当地兴办了一批扶贫工业项目，实现了扶贫从经济救济到经济开发，从体外“输血”到体内“造血”的根本性转变。

但是，由于过多地强调立足当地办实业，依托资源搞开发，受山区交通、通信、能源等投资硬环境差，以及当地人才奇缺、科技落后、劳动力素质低等综合因素的影响和制约，多数企业扶贫效果不理想，有的甚至给当地背上沉重的经济包袱，使扶贫工作事倍功半或事与愿违。因此，我市贫困山区以农业为主的经济格局尚未改变，“造血”功能不足，缺乏财政支持的问题相当突出。至今仍有半数石灰岩乡镇工业为空白，五个山区县未能摘掉财政补贴帽子，每年需省财政补贴8 500万元，全市有10万人未解决温饱，9万人未解决饮水困难。

为了避免贫困山区重走不按经济规律办事，盲目办企业的老路，去年初，清远市委、市政府经过调查研究和充分论证，借鉴我国举办经济特区的成功经验，觉得应该跳出“立足当地，依托资源”的固有思维定式，从开放的角度来重新认识扶贫，自觉按经济规律开发扶贫。为此，我们提出了在投资环境比较优越、功能比较齐全的市区划出一定范围，建立扶贫经济开发试验区的构想。通过集中使用沿海开放区以及“老、少、山、边、穷”地区等优惠政策，提供优质的配套服务，为国内外投资创造一个“名利双收”的投资场所，

并采用挂钩联办项目；按投资比例返还税利；吸收乡镇干部参与企业管理；招收贫困山区农村劳力，以及对有条件的地方，实行“前店后厂”，在试验区办总厂，在山区办分厂等特殊政策措施，帮助贫困县、乡镇异地兴办企业，进行体外“造血”。建立扶贫试验区，既能为贫困山区提供直接开展外引内联的广阔舞台，借体外“造血”来补充山区自身血液的不足，又能为山区劳力找到直接从事二、三产业，促进千家万户脱贫的场所同时，扶贫试验区作为贫困山区对外开放的窗口和基地，还可以为山区培养经营管理人才，培训劳动者，提高技术素质，开阔山区干部群众视野，更新思想观念，积蓄进一步开发经济的综合力量，从而走出一条以扶贫为目标，服务为宗旨，开放促开发，兴工促脱贫，异地发展，体外“造血”，贫富合作，共同得益的扶贫新路子。

1991 年 3 月，省委书记谢非视察我市时，对这一构想极为赞赏，鼓励我们大胆试验。同年 5 月，省长朱森林深入我市石灰岩山区调查研究，也对建立扶贫试验区表示大力支持。9 月，省政府发文批准建立广东省清远扶贫经济开发试验区，并作为 90 年代广东进一步扩大对外开放，加速贫困山区脱贫致富，促进全省经济协调发展的一项重大措施。去年 11 月 7 日，国务院发文同意清远扶贫经济开发试验区列入全国农村改革试验区序列，预示着试验区的开发建设进入了新的里程。

扶贫试验区从酝酿筹备到实施开发迄今已有一年多时间。在各级的支持指导下，在广州军区、省军区开展军民共建活动的推动下，目前开发工作进展顺利，并取得了初步成效，到去年底止，征用土地 3.9 平在公里，首期 2.5 平方公里“五通一平”已基本完成，完成了 1.3 公里的军民共建大燕河堤，铺设主干道 6 条 7 公里，区内的供电、供水、排水、排污工程进展良好。前来洽谈投资兴办项目的国内外客商络绎不绝。已批准立项的项目达 94 个，其中有 50 个奠基或在建，有 24 个建成投产，立项项目总投资 15.6 亿元，其中外商外地资金占 42.7%以上。外引内联项目涉及纺织、电子、机械、化工、建筑、陶瓷等行业，产值超亿元的项目有远丰化纤厂、汽车装配厂、新北江印染厂、远东电子有限公司等项目，产值过 5 000 万元的有华丽玻化砖有限公司、新北江高压电瓷电器有限公司、快都织造有限公司等。批准立项的项目均与我市贫困县、乡镇签订了挂钩联营合同。全面建成投产后，预计年产值可达 29.3 亿元，招收山区劳动力 1.8 万人，一年创税利 5.8 亿元，其中返还贫困县、乡镇 2.7 亿元，将为贫困山区的脱贫致富奠定良好的基础。

二、扶贫试验区实施开发的主要措施

我们提出建立扶贫试验区的构想时经济尚处于治理整顿期间，市委、市政府在积极争取上级支持的同时，敢于坚持从实际出发，不等不靠，大胆付诸实施，在探索扶贫新路，加快脱贫致富步伐方面迈出了坚实的一步。

1. 加强请示汇报和对外宣传，形成支持扶贫试验区开发建设的合力。市委、市政府主要领导先后向杨尚昆、万里、田纪云、廖汉生、王首道等党和国家领导人作了专题汇报。万里委员长认为，清远“创办扶贫试验区，思路新、路子对”，要求“努力把这项扶贫大事办成功”。田纪云副总理于去年 6 月底亲临视察指导，作了“办好扶贫试验区，探索致富新路子”的题词。国务院有关部门负责人到清远调查、视察后，均给予充分肯定和大力支持。民政部、侨务办还拟定了参加共同开发的规划并已开展前期准备工作。与此同时，我们通过国内数十家新闻媒体以及美国、泰国的电视、报刊对扶贫试验区作了广泛的宣传报道。法国、日本、美国的新闻记者专程前来采访，认为创办扶贫试验区的做法对第三世界发展经济具有普遍的借鉴意义。对贫困县、乡镇我们也注重做好宣传发动工作，使他们积极参与扶贫试验区的建设。为了充分利用扶贫试验区的有利条件，拓展外引内联，所有山区县都在试验区设立了办事机构，引进了一批合作项目，其中连山制罐厂、阳山果茶厂、连县饮料厂已建成投产。

2. 坚持统一征地、统一规划、统一开发，优先搞好投资环境建设。省政府正式批准建立扶贫试验区后，我们立即组织力量开展选址、征地、规划和“三通一平”等前期工作，以较短的时间完成了800亩土地的平整和通水、通电工程。为进一步满足国内外的投资需要，首期9.6平方公里已全部办好预征或征用手续。到去年底止，完成“五通一平”开发的土地2.5平方公里，今年旱季我们打算进一步加快开发进程，以迎接更大规模的投资热潮。

3. 建立具有权威的组织领导机构，强化试验区的管理和服务功能。随着各项工作的全面铺开，于1992年初成立了扶贫试验区党委和管委会，分别作为市委、市政府的派出机构，配备4个副厅级领导干部，全权领导和管理试验区的党政事务和经济工作。下设管委会办公室、项目办公室、规划基建办公室、财务金融办公室等配套的办事机构，并在项目审批、土地经营开发、人事任免、劳动工资、企业管理等方面赋予管委会八项职权，今年初，又成立了工商、环保分局，组建了城市信用社和农业银行试验区支行等金融机构，形成了“对外一个口，办事一条龙，审批一支笔”的办事制度，为投资者提供从立项、报建到筹集资金的配套服务，简化了办事程序，提高了办事效率，赢得了投资者的赞誉。

4. 倡导开展军民共建活动，扩大试验区的政治、社会影响。市委、市政府和清远军分区筹备组于1991年11月联名向广州军区、广东省军区书面提出关于开展军民共建扶贫试验区活动的倡议，得到了积极响应。1992年1月4日，广州军区司令员朱敦法签署命令从三个军级单位中抽调近400官兵，组成机械工程队的运输工程队，投入军民共建扶贫试验的行列。人民子弟兵的积极参与，不仅加速了开发进程，节省了开发费用，更为重要的是对发动全社会关心支持贫困山区的建设产生了重大的影响。同时为部队的训练和建设提供了新的基地、内容和路子。部队参与扶贫开发，在“战时打仗，灾时救灾”的光荣职责外，增加了“平时扶贫”的新内容，开辟了一条人民军队和平时期支持社会主义建设的新途径。试验区作为军民共建场所，还为部队提供了了解国情民意，进行思想教育，培养军地两用人才和安置复退军人的基地，促进了部队自身的建设。

5. 多渠道、多形式筹集资金，千方百计保证扶贫试验区开发建设需要。一是向当地金融部门贷款。试验区基础建设基金80%以上为贷款资金。二是发行债券。经人民银行批准，已向社会发行债券1亿元。三是实行股份制集资。去年8月，经广东省股份制试点企业联审小组审批，我们成立了以支持扶贫试验区开发建设为目标的清远通业股份有限公司，10月初完成了3亿元股本的募集工作。股份公司已投入正式运营，并取得了良好的经济效益。

6. 选择重点公关对象，开展积极主动的招商工作。我们主动结识港澳台工商界头面人物，联络国内大企业，向他们介绍创办扶贫试验区的意义和作用，充分了解试验区良好的投资环境和优惠政策，引起他们浓厚的投资兴趣。香港丽新集团、南源永芳集团、粤海集团以及北京四通集团公司、中汽总公司等分别与我们签订了合资项目，起到了拉入一个，争取一大片的作用。

7. 落实挂钩联营措施，确保试验区扶贫目标的实现。一是根据项目不同情况，确定挂钩联营形式。我们明确规定，在试验区兴办的公资合作项目，我市合资单位均要让出部分股份，与贫困县、乡镇挂钩联营；外商或外地独资兴办项目，则按产值或税利提取一定比例的扶贫基金。二是根据大项目与贫困县联营，中小项目与贫困乡镇联营的原则，确定联营对象。目前大部分外引内联项目都与贫困县、乡镇签订了联营协议或合同。三是动员和组织贫困县到试验区设立办事机构，指定一名副县长挂帅，负责组织本县贫困乡镇到试验区联办项目，协调解决项目筹建过程中出现的问题，参与项目投产后的管理工作。

1993 年 4 月 10 日

探索开发新路子　开创扶贫新局面

清远市委、市政府

自1988年初清远建市以来，市委、市政府根据省委、省政府的要求，坚持从自身的实际也发，始终高度重视扶贫工作，摆在全市经济建设和社会发展的突出位置，紧抓不放，一抓到底。在总结过去的科技扶贫、挂钩扶贫、劳务输出扶贫等做法的基础上，大胆借鉴经济特区的成功经验，初步探索出一条行之有效的开放式、开发型、综合性、系列化的扶贫新路子。

一、正确把握市情，实施分类指导

清远是一个“一大二穷”的典型山区市。全市总面积1.9万平方公里，总人口356万，在所管辖的8个县（市、区）中，有7个是山区，4个是老区，2个是少数民族地区，5个是财政补贴县。有34个石灰岩乡镇，人口72万，面积占全省石灰岩山区总面积的70%。全省原有200万人处于贫困线下，我市占了100万，全省原有20万人未解决温饱，我市占了一半。1991年2月，《人民日报》曾发表长篇通讯，把这片地方称为“邻近金三角的‘寒极’”。

清远地域广袤，差异性大。不同的地理位置，不同的资源组合，不同的生产力水平，使全市基本形成了三大不同类型、不同层次的地区。针对这种状况，我们确立起“解放思想，实事求是，分类指导，层次推进，大胆试验，协调发展”的扶贫开发工作方针，采取不同的对策和措施。

第一类，经济发展条件优越，有一定基础的南部平原地区。我们注意发挥其地缘、人缘、人才、技术、信息等优势，高起点高标准发展资金技术密集型、资源型、外向型、创汇型工业；因地制宜发展规模化、基地化、集约化，现代化“三高”农业；大力兴办城市配套型第三产业，在全市经济发展中先走一步，赶上珠江三角洲等经济发达地区的发展速度。

第二类，资源丰富、潜力巨大而经济欠发达的东部丘陵地区。重点放在强化基础设施建设，改善投资环境，发挥资源优势，加快资源型骨干工业的开发建设，兴办外向型、规模化的“三高”农业基地，扩大旅游产业规模，完善旅游设施配套，增强经济发展后劲，跟上全省发展平均速度。

第三类，地处边远、生产生活条件恶劣的北部石灰岩山区和少数民族地区。总体上，通过加大投入，继续改善当地生产生活条件，鼓励山区市、县和特困乡镇到扶贫试验区联办项目，组织石灰岩山区人口搬迁和劳务输出等途径，摆脱贫困。在这类地区中，情况也不尽相同。对此我们又分别采取不同的扶贫开发方式。一是条件相对较好，通过一定的外力扶持和自身努力可以脱贫的，以就地扶持发展为主；二是赖以生存的资源，特别是土地资源严重超负荷，相当部分农户长期处于贫困线以下的，主要是向外输出劳动力和部分人口迁移；三是缺乏基本生产生活条件，长期解决不了温饱的，实施整村、整户人口大搬迁，到条件较好的地方，重建家园，安居乐业。总之，对这类特困地区采取综合有效的政策措施，加以重点扶持，使之逐步缩短与全省、全市的发展差距。

二、搞好开发试验，力创扶贫效益

如何帮助贫困地区加快经济发展，实现共同富裕，这是一个牵动全局、带战略性的问题。新中国成立以来，党和国家从未停止过对这类地区的关心和扶持。历届省委、省政府也一直在加强扶贫工作的领导。我市作为粤北贫困山区的重要组成部分，市委、市政府对扶贫工作更是作出了不懈的努力。在实践上，我们经历了一个积极探索的过程，在认识上，也经历了一个不断深化的过程。过去，仅局限于就地扶贫“输血”，有些地方扶上去了，可有些地方却扶了几十年都脱不了贫。“七五”期间，全市石灰岩山区县和乡镇共投入兴办扶贫工业项目资金达3亿元，回收率仅占30%，不但难以发挥“造血”功能，相反背上了沉重的经济包袱。正反两方面的经验教训，促使我们在广泛深入调查研究的基础上，提出并实施了以开放促开发，以开发促脱贫的扶贫新思路，初步实现了从“救济”转向“开发”，从“输血”转向“造血”的根本性转变，实现了从“就地开发”到“异地开发”，“从体内造血”到“体外造血”的历史性跨越。

1. 创办全国首家扶贫经济开发试验区，走工业异地开发路子。我们在实践中体会到，只有敢于突破固有的思维定式，以求实创新精神提出符合客观规律的扶贫新思路，采取新措施，才能取得新成果。1991年3月，我们提出了创办扶贫经济开发试验区，走贫困山区异地办实业的战略构想；同年9月经省人民政府批准成立；1992年11月国务院批准列为全国农村改革试验区。试验区经过3年多来的开发建设，已初具规模，初见成效，越来越显示出强大的生命力，被海内外誉为“阳光新城”。目前已有3.9平方公里的土地完成“五通一平”，各项设施初步配套；已批准注册企业199家，总投资32.8亿元；建成投产项目81个，初步形成拥有汽车制造、纺织、印染、建材、机械、电子、食品、化工、服装等行业的工业开发区，年产值超亿元项目有4个，超5 000万元的有3个。去年区内实现社会总产值15亿元，工业产值6.4亿元，创税利2 300万元，返还山区税利800万元；有20个石灰岩贫困乡镇在区内挂钩联办企业，参与联营项目有70多个，有3 000多名贫困地区劳动力在区内企业就业。连山壮族瑶族自治县已有5个项目在试验区投产，去年完成工业产值1 000多万元；全部投产后年产值超过5 000万元。前年英德市九龙镇与南源永芳化工厂挂钩，当年就分得30万元利润，相当于该镇财政收入的39%。

2. 组织实施石灰岩特困山区10万人大迁移，走农业异地开发路子。扶贫试验区的创办，无疑为贫困山区找到了一条异地办工业、“体外造血”的好路子，然而仍有10多万特困群众处在“金木水火土，五行全缺，唯独不缺石头”的恶劣环境中，温饱问题一直未能解决。1993年4月中旬，我们带着这一现实问题深入农村进行了调查研究，深深感到单靠办扶贫试验区还不能解决面临的突出问题。因为到扶贫区办实业对年龄、文化，知识、技能等有层次上的要求，另外办工业投资多、周期长、风险大；不可能光靠这种办法解决脱贫。只有寻找一条容量大、投资少、见效快的新途径，10万山民的温饱才有解决的希望。我们从前几年阳山县东山乡和英德岩背乡10户农民，迁到清城附城镇新星管理区安家脱贫的事实中得到启示。当年5月，便果断作出了有领导、有组织、有计划、有步骤地进行人口大迁移的决策，制订了总体方案和政策措施，从市到5个有人口迁移任务的县，都成立了人口迁移领导小组和办公室，组织了移民工作队，专抓这项工作。接着，在英德举行了第一次人口迁移工作会议，拉开了全面实施的序幕。

这条扶贫新思路的特点是：把农业开发与人口迁移结合起来，以农业异地开发带动人口迁移，以人口迁移促进农业开发，配套解决迁移农民的土地、户口和生产、生活设施，从根本上解决特困地区群众的生产、生活出路问题。在具体做法上，主要通过“四个转变”“三种形式”去组织迁移。“四个转变”即从过去零星分散、投亲靠友式的迁移、安置转变为整村、整户集体迁移，集中安置；从单纯依赖外地、外市接收安置转变为立足市县内安置，自我消化为主；从光是把人口迁出来自谋出路转变为配套解决土地、户口和生产生活设施等问题；从以往先搬迁后生产转变为先组织劳动力到安置点耕种，后搬家定居。“三种形式”即加快扶贫试验区建设，力求多安置贫困山区青壮年移民就业；在市内、县内选择条件较好，连片的荒坡荒地，兴建移民新村，建立生产基地，集中进行安置；动员和鼓励有一技之长的石灰岩特困地区农民到城镇、国道沿线、旅游区从事二、三产业。从而初步建立起工业与农业异地开发、相辅相成，集体与个人“体外造血”、并驾齐驱的扶贫开发新机制。

由于各级党委、政府的高度重视和上下左右各方的大力支持，人口迁移工作取得了明显成效。至1994年验收止，全市共迁移17 561户，82 972人。目前全市共建有大小移民点150个，9 700多户移民建起了砖瓦结构或钢筋水泥结构标准较高的住房；2 300余户建起了临时住房。大部分迁移户当年就解决了温饱，有的已摆脱贫困，走上致富之路。如1993年6月从清新县白湾镇迁居清城区山塘镇草塘管理区中心村48户263名移民，不仅建起了新楼房，而且当年稻平均每户收获稻谷1 250千克，相当于在白湾两年的收成。移民黎福成，全家6口人，种养总收入13 000元，人均2 167元，比在白湾增加1 960元。搬迁的群众情不自禁地说，“这是我们的第二次解放”。

3. 全方位推动“种、养、加、采、旅游”相结合，走资源综合开发路子。办扶贫区和组织人口迁移，难以解决大面积的脱贫问题。还有相当多地方的脱贫，需要通过就地扶持来实现。根据本地和外地提供的经验．实行“种、养、加、采、旅游”相结合的山区资源综合开发，变资源优势为经济优势，是一个十分成功的做法。近几年来，我们重点抓了如下几项开发工作。

一是开发土地、气候资源，大力发展种养业。我们积极推广良种良法，推行农村股份合作制，开展外引内联，大办各种名、优、特、稀产品种养基地。经过多年开发，初步涌现出一批富有地方特色的粮食、林木、笋竹、水果、板栗、茶叶、蚕桑、甘蔗、药材、反季节蔬菜和生猪、三鸟、水产等商品生产基地。如英德市沙坝镇种植笋竹4万多亩，仅这笔收入，前年就达1 590万元，人均1 571元。阳山县去年种植反季节蔬菜5.1万亩，总产量4.57万吨，总产值6 677万元，仅此一项，农村人平增收近百元。

二是开发农、林、牧、渔和石头、瓷土、矿产资源，大力发展加工工业。实现了过去单纯靠出卖山区资源到充分利用，进行深度加工的转变。作为典型石灰岩山区的清新县石潭镇，利用石头、矿产资源，大办以水泥、化工为重点的乡镇企业，使财政收入从1988年的4万元增到去年的436万元。地处偏僻的英德市沙口镇以水泥工业为龙头，去年实现工业总产值 1.17 亿元，超过农业总产值近 4 000 万元。依托本地资源发展起来的华美洁具有限公司，去年销售收入 1.36 亿元，税利达 5 400 万元；新投产的建北华丽玻化砖厂，预计今年产值超亿元，税利超千万元；连州市刨花板厂当年投产，当年见效，去年税利超千万元。

三是开发水资源，大力发展小水电和矿泉饮料工业。我市积极贯彻执行"谁建、谁有、谁管、谁得益""以电养电""合股办电"等小水电各项政策，推动山区小水电事业的发展。现全市总装机容量达到 41.3 万千瓦，排全省第三位。阳山、连山、连南等县初级电气化建设相继验收达标，其中，阳山县水电开发名列全省第一。佛冈县以"佛宝"矿泉水名闻遐迩，为山区水资源的充分利用展示了广阔的前景。

四是开发旅游资源，大力发展旅游业。我市具有得天独厚、别具一格的自然人文旅游景观，富有巨大的潜在经济开发价值。建市以来，我们把旅游业作为支柱产业来规划，以飞来峡风景区为"龙头"，与市区周围的银盏温泉、三坑温矿泉、太和古洞旅游渡假区和小北江风光、少数民族风情、连州地下银河、阳山北山寺、玉龙宫、英德宝晶宫、佛冈黄花湖等联成一体，配套开发，形成网络。7 年来，共接待中外游客 321 万人次，其中接待华侨、华人、港澳台同胞和外国人 41 万多人次，营业收入总额 3.46 亿元。

五是开发劳动力资源，大力组织劳务输出。近几年，通过市、县劳动部门直接组织的劳务输出共达 15 万人次。劳务输出不仅解决了大批山区家庭的温饱问题，更主要的是开阔了山区群众尤其是青壮年劳动力的视野，更新了观念，培养了新的劳动技能，对提高山区整体文化素质起到了良好的促进作用。

通过几年来的扶贫开发，我市山区贫困面逐步缩小，集体收入逐步增加，人民生活逐步提高。去年 34 个石灰岩乡镇工农业总产值比 1988 年增长 2.95 倍，比 1993 年增长 21%；有 3 个实现产值超亿元；乡镇集体经济年收入 30 万元以上的有 15 个，占 44%，集体收入 3 万元以上的管理区有 85 个，占 23%；石灰岩地区农村人平纯收入 923 元，比 1993 年增加 332 元。今明两年，再加一把劲，可望实现省的扶贫攻坚计划目标，基本解决贫困山区群众的温饱和脱贫。

扶贫试验区将进一步引进优秀的专业技术人才和现代管理人才，充实领导力量，制订新的优惠政策和服务措施，吸引更多的客商前来投资开发。最近新出台的五项优惠政策是：(1) 降低地价。已"三通一平"的土地，使用权一次性有偿转让由原来每平方米 230 元降为 180 元；(2) 减收大燕河以南的土地转让金。除房地产开发外，凡办工业和实业用地由原来每平方米 60 元降为 10 元，住宅和写字楼用地由原来每平方米 60 元降为 30 元；(3) 在市建委设立工贸"三资"企业报建办公室，实行一个窗口对外，一个机构报建，一次性收费。在报建资料齐全的前提下，施工报建 7 天内批出，规划报建 15 天内批出。对工贸"三资’’企业报建优惠 30%收费；(4) 免收有关缴费。对"三资"企业免征社会治安联防费，社会各方不得硬性要求"三资"企业捐赠、赞助，对"三资"企业收费须报经市政府批准，否则作乱收费论处；(5) 市贸促会为解决"三资"企业有关纠纷问题申请协调、仲裁，提供无偿服务。多渠道筹措资金，重点扶持有效益、有前途的骨干企业，狠抓拳头产品开发，扩大市场覆盖面，尽早形成优势产业和支柱产业群落。

1994 年 8 月

扶贫解困　体外造血　加快山区脱贫致富

清远市扶贫经济开发试验区管理委员会

清远扶贫经济开发试验区在省委、省政府的关怀下，经过近4年来的开发建设，已初具规模，越来越显示出强大的生机和活力，特别是在扶贫事业上，以其大胆的构想和扎实的运作，为山区人民脱贫致富，开辟财源闯出了一条新路。1995年年底，区内已有3.9平方公里的土地完成了“五通一平”，现已建成投产企业83家，1994年区内实现社会总产值15亿元，工业总产值6.41亿元，有20个石灰岩贫困乡镇在区内挂钩联办企业，参与联营项目70多个，安排了3 000多名贫困山区劳动力在这里就业，初步收到了较为明显的经济效益和社会效益，被誉为“阳光新城”。

一、扶贫新思路——体外造血，异地发展

为了促进全省经济的平衡协调发展，加快山区脱贫致富步伐，省委、省政府于1988年建立了清远市，把清远英德、连州、连山、连南、阳山、佛岗等粤北山区和少数民族聚居的穷县集中在一起，实行“分类指导，重点扶持”。清远市辖属的县（市）集“老、少、边、山、穷”于一身，全省原有200万人处于贫困线以下，清远就占了50%；全省20万人未解决温饱，清远也占了一半。面对严峻的现实，清远市委、市政府深入调查研究，深刻地认识到：从过去的“输血救济型”到后来的立足本地办实业的“体内造血型”的扶贫方式，虽然在当时也收到了一些效果，但是由于受山区交通、通讯、人才、生产力水平等因素的影响，无法从根本上解决山区、特别是少数民族居住区财源缺乏的问题。因此，必须用改革创新的精神，大胆突破原来的模式，寻找一条符合当地实际，增强贫困山区“造血”功能，加快脱贫致富步伐的新路子。

通过反复的论证、考察和实践，借鉴经济特区的成功经验，清远市的主要领导提出了建立扶贫经济开发试验区的构想。即选择一块交通便利，投资环境优越的地方创办扶贫试验区，以优惠的政策和优质的服务，为国内外客商创造一个“名利双收”的投资场所。同时组织贫困县、市和乡镇到扶贫区内挂钩联办项目，按参股比例，企业产值划归投资的山区县、市和乡镇统计，实现的税利返还给投资的山区县、市和乡镇，吸收乡镇干部参与管理，招收山区劳动力入厂就业，并实行“前店后厂”，吸引深山、远山、高山的贫困县、乡镇跳出山门，到扶贫区与国内外客商对接兴办企业。实践证明，这种做法效果非常明显。如连山县1992年以前从未办过一家三资企业，但他们在扶贫区办起“连山工业村”后，一下子就办起了5家三资企业，实现了零的突破。这5家企业建成投产后，每年的工业产值可达到5 000万元，相当于连山县1992年全县工业总产值的61.3%；英德九龙镇与试验区内的永芳化工厂挂钩办厂后，分得利润30万元。按去年试验区人均收入425元，一个来自山区的工人一个月的收入相当于在山区全家人一年的总收入，实现了家庭脱贫。

同时，山里人走出山门，到试验区来经过工作和培训，提高了山区人民的劳动素质，促进了山区经济的发展。扶贫试验区的建立，还使山区的资源得以利用。试验区内的部分项目原材料大都取之于山区的矿产资源、农副产品（如石英石、瓷土、木材等），这无形中又带动了山区乡镇企业和加工业的发展，从而使扶贫经济开发试验区真正发挥了"龙头"作用。在这里，山区人民找到了通向富裕的道路，他们得到了实惠，看到了希望。通过几年的实践，证明了这个选择是正确的，这项被新闻媒介誉之为扶贫解困的"阳光工程"，正展示出日益广阔的发展前景。

由于这个思路新颖有创意，方法得当，得到了中央和省领导的高度重视和亲切关怀，党和国家领导人杨尚昆、万里、宋平、朱镕基、田纪云、谢非、陈俊生、李德生、余秋里、肖克、廖汉生、王首道、杨汝岱、叶选平、马万祺以及中央十几个部委办局和省委、省政府的领导先后亲临试验区视察工作或听取专题汇报，对清远市创办的扶贫路子给予高度评价和充分肯定。原国家主席杨尚昆、全国人大常委会委员长万里，在听取汇报后认为："清远创办扶贫区的思路新，路子对"，要求"努力把这项扶贫大事办成功"；田纪云同志作了"办好扶贫试验区，探索致富的新路子"的题词；省长朱森林同志视察扶贫试验区后强调：要加快建设步伐，早出扶贫效益，并题词："总结扶贫新路子，开创扶贫新局面"。同时，美国、欧共体、德国、日本、新加坡、马来西亚等国的议员、记者参观扶贫区后，均认为这种做法对第三世界国家发展经济有普遍意义，国内外数十家新闻媒体也相继报道扶贫试验区的创办和发展情况。扶贫试验区建设卓有成效的实践，充分证明这具有开创性的构思，正在变成很有说服力和示范性的现实。

二、发展重头戏——精心策划，完善措施

扶贫试验区建立之初，在上级重视和社会各方的支持下，有了一个良好的开局。后来在发展过程中，由于受到资金缺乏，人才不足的影响，碰到不少困难。在这种情况下，我们抓住重点，采取了一系列得力措施，克服困难，加快发展。

1. 广招八方人才，强化管理职能。市委、市政府主要领导亲自出面为试验区招揽人才，许多来自全国各地的专业干部、管理人才纷纷慕名而来。市委组织部非常支持，简便手续，使扶贫区干部及时到位，并采取公开招聘的方式为扶贫试验区选拔优秀的管理人才。市人事局的领导积极跑编制，定机构，为引进人才大开方便之门。在近一年来，我们仅试验区机关本部又引进了40多名各类专业管理人才。现在在试验区内已聚集了一批来自全国四面八方的有一定管理经验和工作能力、善经营、懂业务、不计较个人得失的好干部，他们正以忘我精神，坚韧不拔的毅力，昼夜奋战在扶贫试验区这块土地上。

为了使扶贫区管委会高效地开展工作，市委、市政府赋予了扶贫区管委会项目审批、土地经营和开发、人事任免、企业管理等8个方面的地市级管理权限。强化了管理职能，提高了办事效率。

2. 争创名优产品，狠抓经济效益。按照市委、市政府"工业立市"的指导思想，我们加强管理，提高效益，加快了发展速度。如建北华丽玻化砖有限公司，努力提高产品质量，已生产出了不同规格30多个花色100多种玻化砖投放市场，产品质量达到国

际水平，深受用户的欢迎。金益袜厂通过租赁，引进外资 65 万美元，新增 45 台织袜机，产量效益在原有基础上翻了一番，先后被评为省名优产品，被列为国家级 5 支足球队唯一指定产品。佛乐果茶厂原是阳山县在扶贫区兴办的联合企业，由于种种原因企业濒临破产，在市领导关心提议下，由通业股份有限公司收购，加强了管理，提高了产品质量和档次，1993—1995 年连续被国家国际食品博览会评为金奖。目前，已投资 8 000 万元（其中引进加拿大政府贷款 285 万美元）扩大生产规模。扩大生产后，首期将达到年产值 2.5 亿元，用 3～5 年的时间将扩大到产值 5 亿～10 亿元，成为试验区的一个扶贫骨干项目。粤江汽车公司装配线的装配焊接技术使日本客商赞不绝口，表示要长期合作，共谋发展。

3. 制定优惠政策，抓紧招商引资。扶贫试验区创办伊始，就制定了 7 条优惠政策，随着形势的发展变化，有许多政策需要补充完善或作进一步调整。市委、市政府不失时机，主要领导亲自参与政策的制定和修改，在各有关部门的大力协作下，这部优惠政策已出台。从地价、税收、水电费以及各种规费上都有大幅度的让利优惠，更有利于扩大招商引资。

4. 扶贫先治愚，区内办教育。根据省委书记谢非同志的提议，在扶贫区办一所职业培训中心，对区内及山区劳动者进行文化技术培训，从根本上、从更高层次上开展扶贫工作。培训中心面向山区、面向少数民族、面向企业职工，实行免费为我市贫困山区培训经济管理干部、少数民族干部。这所学校的创办受到了全国政协、国家民委和国务院扶贫办的重视和好评，被誉为“阳光工程中的希望工程，有远见、有特色的扶贫举措”。

5. 优化投资环境，提供优质服务。扶贫区经过近 4 年来的艰苦奋斗和基本建设，已跨入了一个新的发展阶段，已经具备了比较成熟的兴办大中型工业项目的投资环境和生产经营条件。在硬环境上。目前已完成 4 平方公里的征地和 3.9 平方公里的“五通一平”工作，铺设水泥道路 8.9 公里，架设一万伏双回输电线路，开通了 180 个国家和地区的程控电话和传真网络，铺设了日流量 16 万吨的供水系统；设立了公安、环保、工商、邮电分局和工商、建设、农业、发展银行；建立了农贸市场、商店、饮食、医疗、服务行业等一系列生活配套设施。在软环境上，搞好配套服务，提高办事效率，提供优质服务。凡到试验区内兴办企业的，对此项目的审批和报建，只要前期资料和报建手续齐备的，在收到符合要求的文件后，属我市职权范围内的，7 天内批复；对环保报建审批、规划报建、工商登记、税务登记等，在收到企业报送的符合要求的文件之日起，3 天内答复；对需要报省和中央有关部门审批的，由试验区管委会的有关部门积极协同项目投资者申报；对企业的原材料、产品进出口不涉及许可证和配额的，经审核后协助投资者办理审批手续。试验区本着，优质、效能“对外一个口，审批一支笔，办事一条龙”的服务原则，在提高服务质量和工作上狠下了功夫，创造环境优势，树立了良好形象。

1995 年 12 月

附：从 1992 年 1 月至 2004 年 4 月，担任过清远市扶贫经济开发试验区管理委员会主任的有舒昌文、汤金洪、刘晓捷、石芳飞、朱明接。担任过副主任的有向载德、张鑫光、钟梅坤、莫新银、肖志辉、王宁东、王艳超、谢杰斌、贝冰、王甜田。

【第三章】

鼎湖农口体制改革试验区

鼎湖区农口体制改革发展动向

唐启洪

鼎湖区是1988年肇庆建市时才组建的一个新的县级建制区，其农口的体制改革又被列为省农村体制改革的试点之一。建区开始，考虑到改革的精神和区的实际情况，加上上级拨来的经费很少，分给农口各局的经费每年仅有13万多元，其中水产局仅5 000元，畜牧、林业等局也只有1万元，连干部工资也不够。因此，从一开始，即确定小机构，大服务的方向，实行转变职能，服务城市，致富农村，搞活自己的方针，农口各局创造条件兴办经济实体。几年来，共建立起畜牧、水产、养鸡、果蔬、农业等8大公司和几十个生产基地，形成年生产各种肉类6 000吨，禽蛋4 000吨，加工农副产品9万多吨的能力。

这些经济实体，一方面为城市提供了大量的农副产品，去年提供给肇庆市的农副产品，就占了全市的1/3左右。另一方面，这些经济实体，特别是种禽种畜场、饲料厂等为广大农村的饲养业提供了良种和良料，使农村大量发展禽畜成为可能。再一方面也有力地推动了农口某些行政职能的开展，例如畜牧业的防疫、检疫工作，因为农口兴办了几十万只的蛋鸡场，上千头的猪场，促使他们不仅要做好场内的防疫工作，而且要做好群众的禽畜防疫工作，因此更舍得花钱花力去抓落实。还有一方面就是通过办经济实体、为农口补充一点经费并改善机关福利。

鼎湖农口的体制改革、转变职能的做法已为省的有关领导和有关部门所肯定。但是是否改革就到此为止呢？根据十四大关于加快政府职能的转变，转变的根本途径是政企分开，政府的职能主要是统筹规划，掌握政策，信息引导，组织协调，提供服务和检查监督的精神，在深化改革中，他们又从三个方面继续往前发展。

一是农口办的实体，从以农业为主走向多个方面，包括农业的和非农业的，并在服务职能上，逐步由微观走向宏观。

农口开始办经济实体时，围绕农业，服务农业是很自然的，事实上他们办的八大公司和几十个基地基本上是农业生产方面的。但是，随着市场的发展，经济的发展，农口实体经营的项目，仅仅局限在农业方面是不够了，而必须围绕发展农村经济，扩大到其他方面，这方面他们的做法是：

（1）扩大到农副产品加工。1990年开始，区畜牧公司着手兴建一座占地130亩的畜产品加工厂，包括年屠宰分割肉鸭600万只的生产线一条，库容200吨的冷库一座和年加工鸭原毛800吨的羽绒厂一间，加工厂和冷库于1992年8月已进行试产。这是一个为当地大量发展肉鸭的配套项目，建成后不仅可以为家禽业打开销路，而且每年可盈利几百万元，为基地实现向贸工农技一体化的生产体系转变创造条件。

（2）扩大到农副产品流通。除了在区内沿广海北线肇庆段内公路两旁和肇庆市内兴办一批农副产品门市部外，农口还与工商局、粮食局、供销社一起，集资兴建一个大型的农副产品批发市场，地点在广海北线与广利镇交叉的三角地带上，建筑面积为2.9万平方米，首期投资达1 800万元，建成后预计批发量每年达10万吨，交易额5亿元。目前正在兴建之中。这是当前农业经济发展的需要、农口服务的延伸，也是建设社会主义市场经济体系的需要。

（3）扩大到其他方面，特别是发挥农口管理山林水库的优势，发展旅游农业、观光农业。在建的有月亮湾渡假中心，地点在鼎湖山脚、广海北线公路旁，原是水产局经营的一个几十亩面积的大水塘。还有由农业开发公司兴办的九坑河渡假村，地点在九坑河水库边。

随着企业的发展，有的服务功能例如提供种苗、饲料等，已为企业所承担，运转也良好。政府的服务职能就不应仅仅停留在这些微观方面的服务，而应该有所转变，向高一层次和更大范围发展，例如信息指导，政策扶持，法规保障，以及合理布局，进一步改善生产条件，改善投资环境等，这方面，他们正在努力进行。上述三个方面的扩展，实际上也包含了这些内容。

二是农口在兴办经济实体过程中，从开始时的政府承担风险到企业自己承担风险，进而走向社会分散风险。

开始时，农口办的实业，不管是农口自己投资、贷款或对贷款提供担保，其风险都落在兴办单位身上。随着企业的稳定和发展，一些企业的固定资产和流动资金已逐步超出原有的投资数额，风险就完全可以由企业自己承担，例如水产公司有基地1 000多亩，原来征地时每亩仅花3 000元，现在已升值到十多万元，仅此一项即有固定资产千多万元，企业自己承担风险是完全可以的。

但是，农业的自然风险是比较大的，加上农副产品季节性强，市场风险也较大，有的企业单独承担风险有一定困难，从长远考虑，特别从建立市场经济体制考虑，把风险分散到社会上是十分必要的。因此，鼎湖区于1990年年底，与市保险公司一起，在鼎湖区试办农业合作保险，成立了一个由区人大主任任主任，区农委领导作成员的鼎湖区农业合作保险委员会，下设一个办公室，具体开展对农业的保险业务。这个委员会作为一个经济实体，纳入整个保险系统，但不受保险公司的干预，有直接的经营权。目前，除山林17万亩，生猪十多万头进行统保之外，省市和鼎湖区农口各局兴办的各个禽畜场、水产养殖场等均实行投保，一是对某种疫病保险，二是从种苗到成禽成畜实行一条龙的成活保险，三是其他方面包括设备和价格开展保险。投保金额累计达2.2亿元。1991年保险业务费收入310万元，赔偿60万元，余下部分除对没有出事的投保单位适当返还外，还提取一定数额作为风险基金积累，并逐步形成风险基金制度。从农业合作保险委员会成立以来，积累的风险基金已达150多万元。

建立农业合作保险委员会和风险基金制度对农口办实业，转变职能以及促进农业生产都有好处，它使农口的各个公司投保后承受的风险降到最小限度。例如1992年5月一次山洪暴发，冲毁了网箱养鱼15箱，其中成鱼8箱，小鱼4箱和3个空箱，合作保险委员会即赔偿了4万多元，有效地弥补了损失。由于种的养殖的有了保险，这些公司也就较放心放手去办了。

三是从单位兴办经济实体逐步走向政企分开。

鼎湖区农口体制改革走的是一条从合到分的路子，大体经历如下几个阶段：

第一阶段，先办起经济实体，为发展农业提供实实在在的服务。没有办经济实体，就无所谓政企分开。而要办好经济实体，开始时行政领导亲自参予甚至身兼两职，都是难以避免的。事实上，许多单位在这一阶段里都是一个机构、两块牌子，因而企业较顺利地办起来。

第二阶段，随着企业业务的开展，企业和行政事务都不少，有的行政事务例如服务方面与企业的某方面工作是统一的，有的则是矛盾的，为了妥善安排，许多单位都实行明确分工，专人负责。派到企业工作的人员，虽然仍领行政工资，但主要工作在企业，福利则与企业利润挂钩，而行政对企业的事务，也逐步减少了干预，实行职能上分开。鼎湖目前基本上是处于这个阶段。虽然某些单位的领导仍兼任公司的董事长或经理，但都有分工专人去抓，他们只在大的方面作出决策，至于企业管理和具体业务，则放手由分工负责的人员去办。

第三阶段，在条件成熟时，实行政企分开。条件，最重要的是经济方面，即企业必须能够自立和取得较好的经济效益，有了较好的经济效益，派到企业工作的人员由于收益多，就逐步淡化原来的行政岗位，包括编制和级别等，因而也为组织上、思想上政企分开创造了条件。花场副场长的转变就很能说明问题。她原是个技术人员，属农委编制，在花场工作。前些年，花场因管理不善，年年亏本，虽然福利与企业挂钩，但所得无几，曾多次申请调动工作。1991年企业实行管理人员包组，组内工人按件计酬的制度，开始扭亏为盈，1992年更从去年盈利万把元上升到十多万元，1993年仅承包高尔夫球场绿化工作即可增收几十万元，干部职工收入大大超过机关的水平，这个副场长也安下心来，不再要求调动，并且一再表示现行的办法好，属什么编制无所谓。花场的场长和鹧鸪场的场长，同样是看到企业搞得好，发展前途大，个人经济收入多，表示政企分开没意见，更想趁年青时期“搏一下”，这两个场的干部有的表示不想再回机关工作。

对于兴办经济实体的单位的利益照顾，鼎湖区也有一个办法，即统一上缴到区，再由区返还若干比例给原单位，作继续为农村提供服务和改善机关福利之用。

虽然目前鼎湖农口体制改革还未进行到这一步，还未正式实行政企分开，但某些方面和某些单位是具备较好条件的，争取圆满完成农口体制改革试验和较早较完善地实行政企分开是有可能的。

（本文作者时任广东省农研中心副主任）

1992年9月

鼎湖区建立农业风险保障制度

刘季芸

肇庆市鼎湖区是广东省农村改革试验区，也是广东省现代化农业示范基地，“菜篮子”工程之一。近年来在“三高”农业基地上投入2亿多元，投入这么大，遇到风险怎么办?这是鼎湖区委、区政府和银行所担心的问题。在区政府重视下，在省、市保险公司的支持下，鼎湖区从1990年开展农业互助合作保险试验，4年来承保了该区132个农业企业和个体种养户共计9.14亿元的风险，其中承包鸡（鸭）860多万只，生猪60万头，林木40万亩，以及附属财产和一批鱼类、香蕉等险种，收取保费1 402万元，保费平均每年以61%的速度递增，4年来向132家企业和个人处理赔案286宗，实现经济补偿1 012万元，积累农业风险责任准备金159万元，有效地保护了鼎湖区的林业和”三高”农业的发展。

一、做法和经验

1. 突破现行体制的束缚，走出了国家保险公司与地方政府合作办农业保险的路子。农业保险过去是中国人民保险公司的业务工作，政府通常不参与。而鼎湖区政府有较强的风险意识，积极参与农业保险，走出了一条国家保险公司与地方政府合作办保险的路子。

首先建立农业合作保险机构，成立鼎湖区农业合作保险委员会。该委员会由区政府、市保险公司、农委、财政、税务、农业银行、各镇管农业的领导组成，下设农业合作保险办公室。

引入股份制。采取“单独建账、独立核算、自负盈亏、利益均沾、风险分担”的原则，农业合作保险的股份，市保险公司占大头，地方政府占小头。当出现风险时，国家保险公司占80%，地方政府占20%；当有收益时，地方政府占30%，保险公司占70%。

2. 建立新型的农业风险机制。农业保险过去只是向农业收取保费，由于农业是弱质产业，风险大，经济收益小，但社会效益和生态效益大。因此，鼎湖区进行农业保险时，除了向农业收取保费外，还向农业相关的二、三产业收取林业的保费。如森林保险，除在砍伐时向林农收取保费外，还向与森林相关联的产业，如林产品加工业（木材加工厂、松香厂等）、水库、电站等在林业上受益的单位收取保险费。在生猪保险上，考虑到农户在交售生猪时要上交30多元的各种税费，如再收保险费，使农民负担过重，因此在生猪的流通环节上向经营者收取保费，当生产者出现灾情时，农业合作保险办公室给予赔付。这种作法将农业的风险分散到相关的二、三产业，实际上是一种利益的再分配，由社会分散了农业风险，保护了农业，保护了农业生产者。

3. 制定优惠政策，体现合作性质，调动投保人的积极性。为了调动投保人的积极性，农业合作保险管理委员会制定了以下优惠政策：在确定保额、保险费率后所收取的保费，保险期满如无发生赔款，农业合作保险委员会则按实收保费的50%作基数赔付补偿给投保人。即使发生赔付时，但累计赔付金额未达到保户所交保费50%的，其差额部分也在保险期满时作基数赔付补偿给保户。这一政策的制定，深受广大保户的欢迎，体现了合作保险委员会与保户的合作关系，促进了农业保险的发展。4年来，合作保险委员会共付出基数赔付（在没发生风险损失时的赔付计）70多万元。

4. 防赔结合，从措施和资金外协助保户做好防灾防损工作。4年来，合作保险在加快业务发展的同时，重视防赔结合，积极落实防损措施，1990—1993年，已向8个企业和个人14次拨出防灾费，管理技术培训费共计12万多元，促使他们改进了种养业的生产设施，改善了企业的生产环境，提高了有关管理人员的素质和对参加保险的认识，减少了社会财富的损失。

同时，合作保险机构还与市、区有关技术部门建立了防灾、防损、防疫的技术协作关系，使投保户投保后不但得到经济上的保障，还得到技术指导。如专业户梁文超投保肉鸭保险后，鸭只连续发生疫病，造成大量异常死亡，损失发生时，合作保险机构会同市动植物检疫局的同志及时到现场鉴定疫情，确定损失，及时给予赔付，并协助和指导其采取措施治疗，从而减少了损失。

5. 给予一定的权限。为了促进农业合作保险工作的健康发展，省保险公司及肇庆分公司赋予鼎湖区农业合作保险管理委员会一定的权限：

（1）可独立试办新险种和修改条款，但农业保险新条款的制定应报省公司审批；

（2）可独立处理大的赔案，但养殖业3万元，种植业5万元以上的每宗赔案，应邀请省保险公司派人共同查勘定损审批。

由于给予了较宽松的条件，使鼎湖区在农险业务上有所突破，如在与农业相关的二、三产业收取保费和发展农产品价格保险等方面有所创新。

二、启示与建议

1. 发展农业合作保险，是加强农业基础地位的重要措施，应引起各级领导的高度重视。农业保险是亏损险种，在我省也很难开展。加上国家保险公司近年来采用经济效益来管理企业，农业保险面临的难度就更大，农业保险的出路何在？鼎湖区办农业合作保险为我们展示了一条路子，国家保险公司与地方政府联合办合作保险，既发挥了国家保险公司在业务上、资金上的优势，又发挥了地方政府在行政管理上的权威性和财政上的保证作用，两者结合显示了很大的优势。鼎湖区政府对发展“三高”农业向银行贷款的企业和个人，要求一律要投保，这是一条强硬的行政命令；另外银行密切配合，对于资金缺乏的企业和个人，银行可贷给投保资金。农业合作保险是不同于国家保险公司传统保险的新体制，它是一种合营性的自主经营的实体，在承保和赔付的方法上比较灵活和切合实际，受条条框框的约束少些，在经费运用上较迅速和灵活，业务经营权和自主权能充分结合起来，受到投保户的欢迎。因此能得到发展。

鼎湖区是一个县级区，10多万人口，农业合作保险承保了价值9.14亿元的农业风险，相当于全省农险的业务量，充分显示了合作保险的合力和活力。由于农业合作保险的开展，使鼎湖“三高”农业，“菜篮子”工程有了社会风险保障，使其持续发展。也使支持“三高”农业的银行有了还贷的保证，他们的经验值得各级党政领导重视。

2. 调整险种结构，拓宽农业保险的业务领域，在社区范围内体现“以工补农”。目前在农业保险结构上，主要局限于承保种植养殖业的生产风险责任，而种养业生产受自然灾害影响，风险很大，由承保种养业的保险来赔付，亏损是大的，农业保险面临日益困难的境地。因此，应该拓宽农业保险的业务领域，在镇以下乡村发展农业合作保险，应允许把社区其他险种纳入农业保险，同时也享受农业险种的优惠政策，使农业保险在社区范围内实现“以工补农”，可以减少农业保险的亏损，使农业保险能自求平衡。这是加强农业基础地位，减少农业风险，发展“三高”农业的一项重要措施，但需要政府在政策上给予支持。

3. 各级政府在财政上对农业保险应有所支持。当前，农业已全面进入市场经济体系，发展“三高”农业，规模农业，投入大，风险也大，一场自然灾害，一场疫病就可以带来毁灭性的损失，投入农业的个人或企业连起死回生之力都没有。而农业保险，在保险部门不是日益发展，而是日益缩小，这一矛盾是尖锐的。一方面农业生产需要保护，另一方面保险部门害怕保险，在这样的情形下，各级政府势必把农业保险作为加强农业基础地位的重要措施来抓，而不能视为仅仅是保险部门的业务工作。除了与保险公司联合办农业合作保险外，各级政府在财政上对农业保险给予应有的支持，这才是切实地做加强农业基础地位的一项工作。

（本文作者时任广东省农村改革试验区办公室主任）

1994 年 12 月

鼎湖区农口体制改革的试验和发展

肇庆市鼎湖区委农村部

我区在近7年的农口体制改革试验取得较好经验的基础上，这两年认真贯彻落实全国农村改革试验区第八次会议精神，根据省第一次农村改革试验区工作会议的部署，继续在农口体制改革方面进行了大胆探索与实践，又获得一定进展。

一、在机构改革方面

以兴办经济实体为突破口，精简机构，分流人员，初步实行政企分开。

我区农口各局在前几年成立农业开发公司、农业服务公司、畜牧公司、养鸡公司、水产公司、珍禽公司、果蔬公司、肉类制品公司等八大专业公司，兴办了31个场（厂）的基础上，这两年又根据本区的区情和市场的需求，组建了年产5万吨有机复合肥的大型骨干企业，在冷冻厂内新增加了年产13 000吨的熟食生产线，还兴建了年产200吨的农药厂、年产300吨的粉沫涂料厂、年产2 000万尾的鱼苗厂及1 600亩的观光果园等，还开辟了大型娱乐城鼎湖渡假村和平湖渡假村。整个农口企业拥有固定资产总值达1.8亿元，年产值达1.8亿元，年利润达200万元。

有了强大的经济实体作后盾，为我区农口部门实行精简机构、政企分开打下了基础。首先，企业有足够的能力容纳从机关分流出来的行政人员；其次，企业自身有较好的效益吸引从机关分流出来的行政人员，使其从行政领导工资逐步过渡到企业效益工资奖金；行政领导级别逐步过渡到企业领导或技术级别。这样行政领导自然减少对企业的干预，政府与企业的关系由直接变为间接，达到初步分离。现在各农口政府和自身企业的都实行账务分立、资产分清、债务分还、权益分享。

通过这种政府兴办企业到政府与企业分开，再到精简机构、分流人员的做法，为今后农口机构改革实行公务员制度创造了条件。到目前为止，我区农口各局共分流了150多人到企业去，成了各企业的领导或技术骨干，在组织上和思想上都较稳定，分流人员最多的是畜牧局，现在机关仅有8个人员、十分精简。

二、在职能转变方面

农口政府由行政指挥型向经营管理、服务型转变。

农口政府的一个重要职能就是为广大农村，为千家万户提供实实在在的服务，这也是我区农口体制改革的重要任务。我区一是实行“转轨变型，全面服务”，以“公司、基地加农户”的鼎湖模式服务广大农村，在“三来一补”紧密联合式、“各作各价”半紧密联合式、“代理贸易”松散联合式的带动下，又有一大批专业村、专业户应运而生，全区现有种植业规模经营大户2 782户，占总农户的10.1%，林业规模经营大户412户，占总农户的1.5%，渔业规模经营大户821户，占总户的3%。二是改革“农商分立、产销脱节”的旧体制，鼓励并支持农业部门从纯生产领域介入加工流通领域，兴办加工流通实体，如果蔬加工厂、冷冻、保鲜、贮藏库，并按市场的要求为农民提供信息、技术服务，以骨干企业为龙头，加工流通为载体，家庭经营为基础：建立“农工技贸一体化，产供销一条龙”的综合经营服务新体制。三是在有条件的情况下，实行“政府农户统一，组建基地”，农业部门直接与农户挂钩，将农户纳入自己的基地范围，政府出钱出物出技术，农户出钱出地出人共同建立商品生产基地，按照利益共享的原则，政府为农户提供最直接的服务，促进了我区农业向企业化、规模化、专业化方向发展。

三、在经营管理机制方面

全面注入市场因素，按市场经济体制要求对企业进行经营管理。

我区农口体制改革，走由合到分的路子，最终实行政企分开，这两年我们主要从以下几个方面进行了试验。

1. 明晰产权制度。由于起初在兴办实体时，资金来源渠道较多，所以企业的债权债务关系不是很具体明确，为了使企业的产权明晰，我们选择了珍禽发展有限公司、农机公司等单位进行股份制改造，以股份的形式明确了各股东的债权债务。在此基础上，又发展内部干部职工筹资入股，共集资300多万元，推行股份制。这样不仅使企业的经营管理明朗清晰，而且调动了广大干部群众的积极性、创造性。

2. 落实岗位责任制。各企业的经理、副经理、场（厂）长、副场（厂）长职责明确分工，技术人员和职工也确定岗位，承担经济和法律责任。

3. 改革企业工资制度。从1994年起农口线各局都制定了本系统企业的工资标准，取消一切补贴。在制定工资标准时，按干部职工的职责大小，技术业务水平高低，能力强弱适当拉开差距，分成多个档次，对科技人员给予较高的报酬。

4. 建立企业激励机制。企业干部职工的报酬实行上不封顶，下不保底的全浮动分配机制。企业领导奖金与整个企业的经济效益挂钩，管理人员和技术员的奖金与产品质量挂钩，一般工人的奖金则与产品的数量挂钩，有重大贡献者给予特殊奖励。

5. 推行风险经营制度。为了彻底改变过去的政府承担风险、政府派人经营的传统管理体制。从1993年起，我们逐渐对农口线的企业实行了承包经营，每个经营者都要缴纳一定的风险抵押金（承包金的30%），盈利后则其余承包金从利润中优先扣除，亏损后风险抵押金没收。这种举措使养鸡公司1994年比1993年增加100万元利润，畜牧公司1994年比1993年扭亏400万元，效果相当明显。

四、在农业社会风险保障机制方面

继续完善农业合作保险及商品基地风险基金制度，由全社会来分担农业风险，为农业提供安全保障服务。

1. 完善商品基地风险制度，设立商品基地风险基金。风险基金来源渠道共有4个：一是从区财政提取部分资金；二是按公司产品销售额提取5%～10%；以生产成本列支；三是纳入基地生产的农户交售产品时，提留销售额的5%～10%；四是商品生产过程中买保险，以生产成本列支。风险基金由区政府统筹和储备，委托农业部门进行监督管理，主要用于在市场价格跌幅超出公司和生产者承受能力时，对产品价格进行补贴，一部分用于扶持灾后恢复生产，如果连续3年不发生风险事件，则返还提取者。

2. 继续完善农业合作保险，扩展农险业务。这种把地方行政与保险部门资金、技术有机结合起来的合作保险，打破了原来农业保险独家经营，人力、物力不足，权威性不强的被动局面。到今年3月份，农业合作保险委员会共承担了126个农业企业和专业户共计3.1亿元的财产保险，兑现赔偿额达340万元。

自1993年开始，农业合作保险范围已经从传统的自然灾害、意外事故风险拓展到疫病风险和市场风险，现在全区实行了“五号病”保险，对部分传染病也列入保险范围，只要发生这些病，疫禽疫畜全部处理，按投保金额的50％～80％进行补赔。为了与市场经济体制接轨，我区还大胆开辟了市场风险业务，对蛋鸡场的鸡蛋实行最低保护价，只要市场价格低于投保价格，合作保险委员会根据差距进行补贴。同时对种鸡、肉鸭、鸡苗的成活率进行承保，如果这些品种的成活率低于7 0％，则由合作保险委员会进行赔补。这些措施不仅使我区农业企业单独承担风险变为社会承担风险，顺利走向市场，而且使我区成为肇庆市甚至广东省的“菜篮子”“米袋子”创造了稳定安全的社会环境。

五、深化农口体制改革措施

我区自1988年开始进行农口体制改革的方向是对的，摸索出了一条路子，也取得了一定的成效，特别是这两年的措施比较得力，试验进展比较快。今后我们的总体思路是：以社会主义市场经济体制为导向，以增加农口企业实力为动力，以政府职能转变为手段，以机构精简为条件，以社会风险安全保障为保证，达到经济效益高、社会效益好、农口体制顺的目标。采取积极措施，实现改革目标。

（一）进一步精简机构，转变政府职能，强化服务协调功能

1. 精简机构，分流机关工作人员。农口机关抽调一批年轻有为，富有经营管理经验的干部到企业当领导，不保留机关编制，工资奖金与企业效益挂钩。

2. 转变政府职能，加强宏观服务。农口各局不仅要在技术、资金、销路等方面为企业和农户提供服务，而且要进行总体协调，宏观引导，多在法律、政策等方面为基地和农村提供服务。

3. 变政府与企业的直接关系为间接关系，使政企进一步分开。政府机关除了向企业提供信息，协调服务等外，不得随便参与企业经济管理活动，企业根据政府服务的贡献平等交纳服务费。

（二）进一步完善社会风险保障体系，使农业合作保险再上新台阶

1. 拓宽险种业务和保险范围，特别是市场风险方面业务。多开设林业和渔业险种，以适应“三高”农业发展的需要。并且就水果作出最低保护价的保险，就一些农产品的销路也开展保险服务。

2. 创造条件使鼎湖区农业合作保险委员会成为农业股份制保险公司。与省保险公司分保，用足用活国家对农险免税减税的优惠政策，为本区农业生产、加工、流通提供更配套的服务。

1994年10月

鼎湖农业合作保险概况和设想

肇庆市鼎湖区农业合作保险管理委员会

鼎湖农业合作保险是由肇庆市鼎湖区人民政府与肇庆市人保公司按照“同舟共济，风险共担，利益均沾”的原则成立的，在鼎湖区经营农业种养两业保险的合作性保险机构。自1990年成立以来，在各级党政部门和上级保险公司的支持和指导下，经过5年多的试办，农险业务的规模、速度，得到较大的发展，初步建立了农业的经济补偿制度，提供了种养两业的保险配套服务，保障了鼎湖区种养业企业和专业户生产经营的持续、稳定发展，探索出了与地方政府互助共济共保农业保险的方法与经验。与此同时，也存在着一些有待解决的问题。现将基本情况概述如下：

一、经营成效

1. 初步建立了保险经济补偿制度，为农业试验区的“菜篮子”基地及农村种养业生产提供了配套服务。据统计，1990年至1995年10月止，合作保险共承担了鼎湖区80多个农业企业及个体种养业户共计2亿多元的风险，其中承保鸡（鸭）400万多只，生猪25万头，林木16.5万亩，农业附属财产4 000万元和鱼类、香蕉等种养业的风险。业务收入累计1 443万元。在险种结构上，不但巩固了原有保险业务，而且为适应近年农业生产向“三高农业”发展的需要和广大种养业户的要求，推出了肇实、芒果、香蕉保险等新险种。在承担风险范围上，不仅仅局限于承保种养业生产中的自然灾害、意外事故及疫病风险，而且还承担了一些农副产品的市场风险，开办了鸡蛋价格等农产品价格保险业务，为企业走向市场经济提供了配套服务。同时，所承担的保险责任亦从单一责任向综合责任扩大，保险覆盖面从“菜篮子”基地扩展到种养业专业户。在沙浦镇试办了生猪综合保险，承保了全镇5 000多农户饲养的生猪，为涉及千家万户的生猪生产探索了保险保障制度，解除了养猪户的后顾之忧。

农险业务的扩大和发展，为生产者、经营者承担了风险，在一定程度上解除了他们的后顾之忧，保证了种养业企业和专业户在遭受自然灾害时能及时、迅速地恢复生产。如1993年11月，合作保险承保的鼎湖区某猪场发生严重的传染性疫病，短短十多天的时间内，全场死亡、感染的猪只达3 800头。灾情发生后，合作保险马上作出了预赔，并协助保户采取了扑杀、防疫、消毒等措施，灾后及时给保户赔付了近40万元，使该猪场能在短时间内恢复再生产。1992年11月，鼎湖区发生了历史上罕见的霜冻灾害。全区种植的香蕉发生大面积毁灭性的死亡。合作保险及时给投保了香蕉霜冻保险的专业户廖志谦赔付了11万多元。事后，该保户在赔付兑现大会上说：“如果这次没有合作保险给我撑腰，我这一世就无法翻身了”。

据统计，1990年至1995年10月份，合作保险共为80家企业和个人财产损失给予了赔付，实现经济补偿 1 275 万元，充分地体现了农业保险的社会效益，发挥了农业保险稳定生产、安定生活的积极作用。

2. 防赔结合，协助保户做好防灾防损工作，提高企业的经济效益。“防赔结合”是保险经营上的一个重要环节。合作保险在发展业务的同时，十分重视防灾防损工作，积极落实防灾防损措施。近 6 年来，已向鼎湖区永安蛋鸡场、鼎湖区蛋鸡场、鼎湖区水产公司、西江食品联合有限公司、鼎湖区畜牧公司等投保企业拨出防灾费、管理技术培训费共计 14 万多元，促使他们改进了种养业生产设施，改善了企业的生产环境，提高了有关管理人员的素质和加深了他们对参加保险的认识，减少了社会财富的损失，对于保障农业生产的稳定和顺利发展产生了积极的影响，也进一步提高了合作保险的社会效益和社会信誉。如鼎湖养鸡公司永安仓岗鸡场是一个年饲养蛋鸡、后备蛋鸡 10 万只的鸡场。从 1987 年建场到 1990 年连续几年都在炎热的高温季节期发生大量鸡只中暑死亡。死亡率高达 30%。为此，1991 年合作保险办公室人员主动向保户提出建议，并拨出 1 3 000 元的防灾费，在该场 9 幢鸡舍的面上全部装上了喷水设施。这一招果然效果不错，当年该鸡场鸡只的死亡率由 30%以下降到 5%以下，赔付率也由 130%下降到 50%，较 1990 年减少赔付支出 18 万元，又改善了气候环境，鸡场几年来鸡的成活率、产蛋率、上市的蛋鸡明显增加，经济效益明显提高。

与此同时，合作保险还与市、区有关技术部门建立了防灾、防损、防疫的技术协作关系，定期对保户进行技术指导，使保户投保后不但得到经济保障，还得到技术指导。

3. 注重经营管理，基本做到了收支平衡。农业合作保险的经营始终把加强经营管理放在业务发展的首位，在条款设计上，能坚持按客观的风险规律来确定保险责任、费率和赔付办法，在查勘定损中，能坚持实事求是的原则，避免道德危险，同时坚持“防赔结合”，协助保险户做好防灾防损工作，减少保险财产的损失。因而，合作保险的经营能基本做到收支平衡。从 1990 年至 1995 年 10 月止，合作保险累计保费收入（实收保费）1 443万元；赔付支出 1 275 万元；提取费用 248.7 万元；提取未到期责任准备金 47.5 万元；累计亏损 128.2 万元。

4. 在省内外同行中赢得了声誉，并连续获得上级公司奖励。合作保险取得的成效，特别是业务发展的速度、规模引起了省内外同行的关注，省内外很多市、县保险公司与地方有关部门的同志，都慕名而来参观鼎湖合作保险，他们都对鼎湖农业合作保险取得的成效和经验给予很高的评价。与此同时，总公司、省公司的有关部门的领导对合作保险也积极予以支持，寄予希望，给予肯定和鼓励。

二、基本经验

总结合作保险近 6 年来的工作，我们认为，合作保险之所以使鼎湖区的农业保险得到较大发展，主要经验是：

1. 充分发挥合作保险体制的优势。由于合作保险是一个由国家保险公司与地方政府合办的实行“单独建账、独立核算、自负盈亏、利益均沾、风险分担”的合作组织，双方的共同利益和目标，使合作双方都有一个共同把农业生产的保障制度建立起来的愿望，从而使双方各自的优势都得到发挥；另一方面，由于是自负盈亏和共同分担风险的，消除独家经营中在承保和理赔问题上的弊端，使合作保险在处理赔案时真正做到不惜赔，不滥赔；在承保时能做到按客观的风险概率确定保险费率和赔付办法；并对防灾工作做得较差、连年发生大赔付的保户实行增加保险费率，而对防灾工作做得较好的保户则实行降低保险费率的承保办法。

2. 勇于创新，设立适应业务发展的经营机制。试办农业合作保险是开拓农险发展路子的一种新尝试，从《章程》的制定，体制、机制的确立，机构与人员配备到具体的业务经营管理，我们都从有利于业务发展的目的出发，进行了改革与探索。例如：合作模式不是照套别的地方一般采用的县支公司与县府及其属下部门合作的办法，而是采取以市保险公司为一方、以鼎湖区政府为另一方的形式，并专门设立了一个负责经营管理和日常事务的办公室，这种合作体制和办事机构，规格较高，权威性较大，力量较强，处理问题环节较少，从而迅速有效地推动了工作和业务发展。

3. 靠地方党政部门和上级保险公司的支持。鼎湖区的农业合作保险既是金融系统改革开放的产物，也是在改革开放的大环境中发展起来的。它是中央企业与地方政府携手合作发展农险保险的试点。合作保险从成立至今，一直得到地方各级党政部门和上级保险公司的重视、关心和支持；鼎湖区委、区政府把农业保险列入议事日程，并作出发展规划，多次在各种会议上强调这项工作；市保险公司把鼎湖区农业合作保险办公室作为计划单列的单位进行考核和指导，给予类似县支公司一级的有关达标性奖励政策；省保险公司除了给合作保险优惠政策的支持外，省公司的领导和农险处的同志还经常前来指导工作。

三、问题和设想

1. 农业保险政策问题。农业是一个高风险的产业，由于农业保险标的的特殊性决定了以种养两业为主的农业保险具有高风险、非盈利的特点，国务院最近颁布并已实施的《中华人民共和国保险法》，明确了农业保险是一个属于政策性的保险。但是，对于农业保险的经营，国家还未有相应的政策、法规，还未有在政策上给予扶持。到目前止，合作保险的经营仍然是沿袭商业保险的经营模式。这种以商业保险经营的方式，对于非盈利的农业保险来说．无论在保险费的筹集、风险基金的积累、业务的发展规模等方面都难以有大的突破。同时，由于合作保险是实行“独立核算、自负盈亏”的核算体制的，目前的经营难以积累足够的风险基金。因而，如果仍然按照目前的形式经营，合作保险发生巨额的风险损失时，合作的双方都是难以承受的，合作保险是很难经营下去的。

基于上述存在问题，我们认为在国家还未有相应的农业保险的政策、法规之前，应以试点的形式，通过地方立法，制定地方性的法规给予合作保险政策上的扶持，如免除农业保险的各项税收，对一些涉及面广、影响较大的农业生产项目实行行政指导统一投保，多层次、多渠道筹集保险基金等。

2. 发挥政府和部门的行政职能问题。成立合作保险的一个重要目的是充分发挥地方行政、财政的优势，解决保险公司独家经营人力、财力不足的矛盾。在合作保险的经营中，作为合作一方的鼎湖区人民政府对业务的发展给予了很大的支持。但是由于农业保险是一个政策性的险种，它不能按照商业保险的经营一样，完全采取自愿的原则，必须介入政府的行政行为和发挥部门的行政职能作用，依靠政府和有关部门予以推动。要达到这个目的，我们的设想是：

（1）把农业保险工作列入政府的议事日程，作为政府工作的一项内容，并形成制度进行检查、考核。

（2）把农业保险作为一项配套服务，将保险作为一项保障条件列入农、林、牧、副、渔生产项目或基地的承包内容，纳入承包制的轨道。

（3）发挥银行和农业生产主管部门的职能作用，对凡与银行有信贷关系的国家、集体、种养殖场和个体专业户，采取统一办理保险。这样，既可将保险制度建立起来，同时又可保障银行信贷资金的安全。

3. 保险责任准备金的投入问题。合作保险从成立至今，政府一方是没有注入保险责任准备金的。合作保险是一个经营风险的组织，它不同于一般的企业。如果保险责任准备金不到位，万一发生巨额亏损时，政府一方会由于受多种因素的制约，而无法真正履行“风险共担”的义务，无法分担其应负的损失。这样的经营，对于一个保险企业来说，是潜伏着巨大的危机的。要把农业保险这一新生事物巩固起来，坚持下去，建议省从支农款项中划拨200万元作为合作保险股金。否则，没有股金的合作是难以维持的。

4. 保险费的筹集问题。合作保险的业务目前是按照自愿的方式经营的。这种非强制性的经营方式存着很多弊端：一是承保困难，由于一些企业的保险意识问题，承保一笔业务往往要做大量的工作；二是容易出现选择性投保，将一些风险发生率高的险种或标的进行投保，产生道德危险，容易出现保得多，赔得多的现象。这些问题，致使合作保险业务工作难度大，承保面窄，业务的规模难以有大的突破。这种状况的最终结果是必然导致保险费难以筹集，风险基金难以积累，而没有一定的保险责任准备金，合作保险要发挥其经济补偿作用是没有保障的。

按照“谁受益于农业，谁就有义务分担保费”的原则，一方面向经营者收取部分保费，另一方面向社会受益者收取部分保费。这部分保费的筹集，可通过政府部门制定有关的法规向与农业有关的相关产业征收保险费或风险基金，以筹集足够的风险准备金。

5. 险种结构和业务领域问题。在险种结构上，目前仍主要局限于承保养殖生产为主的风险，而且均是大型的养殖场，险种结构较为单一，风险高度集中，而这些风险均主要集中在几个大的企业，如最大的投保企业其风险金额高达3 200万元，万一发生大的灾害，依靠合作保险的自身积累基金是无法承受的。这种风险高度集中的险种结构是违背风险分散的保险经营原则的。今后必须继续拓宽农业保险服务的领域，扩大农业保险保障的覆盖面，通过各种途径，使合作保险所提供的服务进入千家万户，逐步在全区建立以种、养两业为主的，与农业生产配套的附属财产、农产品价格、农业生产经营中的责任保险等险种相配套的、合理的险种结构，建立多层次、多渠道、多种形式的农业保险经济补偿制度。这样，有利于分散风险，稳定经营。

6. 经营的策略问题。我们在试办合作保险过程中，为协调保户的利益，提高投保的积极性，采取了定额返还，超定额如实赔付的方法，即当年赔付达不到所交保费50%的那部分，利用返还的形式返还给保户。赔付超过所交保费的50%以上的，则按照保险责任的实际损失赔付。但这种办法亦有不足之处：一是当遇到集中性的巨灾发生时，由于事先固定给每个保户返还了50%保费，准备金就相对减少了，不利于风险的分摊，严重影响经营的稳定；二是当年遇到风调雨顺年景时，除固定返还50%的保费外，剩余的50%保费（合管理费用），归经营者积累，保户认为经营者赚了他们的钱，有意见。

为协调合作保险经营的多方利益，下一步的经营思路是：调整经营策略，扩大合作范围，提高整体实力，协调保险人和被保险人的利益，做到风险共担，利益均沾，稳定经营，协调发展，体现互相合作、同舟共济、排扰解难、促进和稳定生产的宗旨。

1995年10月

广东农业保险的发展与出路探讨

刘季芸　田晓霞

农业在很大程度上仍是靠天吃饭的产业，一场台风暴雨、干旱冰冻或病虫灾害，就会造成种养户颗粒无收、损失巨大。如何稳定农业生产，增加农民收入，应对加入 WTO 给农业带来的冲击，农业保险无疑是一项扶持农业生产，解除农民后顾之忧的重要配套措施。

本研究报告试就广东农业保险的现状、存在问题和原因及出路进行一些分析。

一、农业保险已极度萎缩

1986 年，广东人保公司在全省独家恢复经营农业保险业务，1989 年赔付率 80%，盈余 177 万元。1990 年开始农业保险业务有较大发展，1990—1993 年这段时间，几乎是以每年翻一番的速度发展，1993 年保费收入突破 1.45 亿元，发展势头很好。1994 年起逐年减少，1994 年保费收入比 1993 年减少近 8 000 万元，1995 年下降到 5 168 万元，2000 年保费收入倒退到 1990 年的水准，仅 2 162 万元，比 1999 年下降 24%，占全国农险保费的 5.5%。2001 年第一季度全省农险保费收入 502 万元，比 2000 年第一季度下降 22.6%，综合赔付率 48.6%，比上年同期下降 7%，其中，种植业保费收入下降 55%。农业保险业务急剧滑坡。

今年 6 月，暴雨使广东 9 个市 22 个县 180 个乡镇受灾，受灾人口 175.8 万人，7 月“榴莲”“尤特”两场台风接踵而至，仅湛江、茂名、阳江三市受灾农作物面积达 500 多万亩，其中绝收 150 万亩，农业直接经济损失超过 37 亿元。但在广东人保公司预计付出的近亿元赔金中，农业保险理赔款仅 150 多万元，占理赔总额的 1.5%。广东人保公司上半年保费收入 26.5 亿元，其中农业保费 1 300 万元，仅占该公司上半年保费总收入的 0.5%。

人保公司原来农险处有 9 位工作人员，现在的农险科只有一个人守摊子。全省农业保险可以说是已极度萎缩。

农业保险走入困境的原因很多，但主要原因有：

1. 经营农业保险风险高、易亏损。据统计，1986 年至 1995 年，我国农业保险平均赔付率高达 97%，如果加上营业税和其他费用，农业保险的实际亏损率高达 20%以上。广东省自然灾害频繁，经营农业保险的风险一直很高。广东人保公司在农险业务发展处于高峰的 1993 年，一年就亏了 1 亿多元，到去年底，经营农险这一块已累计亏损 1.6 亿元。如果不是近几年对经营农险加以限制的话，亏损金额肯定远远不止 1.6 亿元，可以说是保得多也就赔得多。

2. 国家保险业转换机制，广东人保公司向商业化转轨。1994 年以前，人保公司是中国经营保险业的唯一一家公司。1995 年起，国家要求保险公司转制为企业化经营，自负盈亏。同时平安保险、太平洋保险公司相继成立，改变了人保公司一统保险业务的状况。平安保险公司和太平洋保险公司都不经营农业保险，面对国内保险业的竞争，国家规定还要经营农业保险的人保公司只能够控制农业保险总量，降低赔付率到75%以下。在这种压力下，由人保公司经营的农业保险业务萎缩自然是不可避免的了。

3. 省财政取消农险补贴，也是导致农业保险逐年下降的重要原因。20世纪80年代末，农业发展态势良好，省政府与省人保公司有一个协定，即农险属地方险种，由省人保公司代省政府开展农业保险，经营农业保险亏损赔付部分，由省财政给予补贴。这一政策有力地支持了农险业务的发展。1989年，农险保费收入达867万元，1992年达9 039万元，1993年达1.45亿元。但1993年广东遭遇较大自然灾害，赔付率高达199%，人保公司亏损1.45亿元。此后，省政府取消了与省人保公司的协定，由人保公司独家承担亏损责任。在这种情况下，人保公司势必减少农险业务以减少亏损。

4. 农民保险意识淡薄，投保积极性不高。一是有侥幸思想，觉得没有那么巧碰上灾情，而投了保，如果没有发生灾情自己吃亏，不如节省这一笔投保开支用于生产上更合算。即使有了灾情，也有政府救济和社会捐助。如番禺市农业承保面积占不到总面积的1%。二是这几年农村种养业受市场价格影响，经营效益不理想，现金收入低，而农业保险又是高风险业务，赔付率高，保险费率相对于其他险种，一般高出15%～20%。农民有买保险的需要，但又无力交纳保费或不想再增大开支买保险。三是有些地方政府也缺乏保险意识。在减轻农民负担时，把农业保险作为清查对象。

5. 农业保险规模小、品种少，有悖于保险所依据的大数法则。由于农业灾害频繁、损失率高，经营农业保险风险多，无利可图且容易亏损，人保公司不愿意扩大经营规模。农业保险保的险种少，农户可选择的余地小，一般是风险高的险种如香蕉风灾保险和霜冻保险，投保的农户较多，而生猪养殖保险、水产养殖流失保险的险种，投保的农户很少，风险相当集中，一旦出现大的灾情，足以将农业保险体系摧垮。

此外，由于农民普遍素质不高，理赔时的损失认定非常困难，道德风险很大，使保险公司农险业务更是雪上加霜。

因此种种，农业保险处于“不办不成，大办也不成”的两难境地，犹如“鸡肋”，食之无味，弃之可惜。

二、农业产业化呼唤农业保险

自实行家庭联产承包责任制后，农户成了农村最基本的生产单位，市场经济把农民推向了千变万化的市场，农民既承担了自然风险、生产风险、技术风险，还承担着制度风险、市场风险、投资风险。据有关资料分析，20世纪90年代，广东农民承受的自然风险占农业经营风险的30%左右，市场风险占45%，制度风险占15%，技术风险和投资风险占10%。农民承担了太多无法承担的风险。尤其是近年来，几乎所有农产品出现结构性过剩，广东一直不断调整农业生产结构，由原来以水稻为主逐步转向粮食、蔬菜、水果、花卉、水产和畜牧业等多元化生产，农民的投资增加，市场风险也增大。为了解决农户分散经营和大市场的矛盾，分散农户的市场风险，广东积极重造市场主体，推进农业产业化经营。现已有各种类型的农业产业化组织1 646家，其中以公司加基地加农户为主要模式的龙头企业1 073家，占65%。农业龙头企业中，从事种养、加工的有829家，占了77.26%。这些龙头企业凭借其规模经营、专业化运作和信息全面的优势，帮助农民承担部分风险。据统计，全省农业龙头企业带动农户总数 222.6 万户，占全省总农户的 20%。这些龙头企业建立生产基地 1 964 个，种植面积 40 万公顷，水产养殖面积 4.4 万公顷，养畜量 496 万头，养禽量 4.76 亿只，组织加工农产品产量 923 万吨。正是由于龙头企业应用新的科学技术成果多，经营规模大、投资大、成本高，风险也就大大增加，更加需要农业保险的支持和保护。

最近广东省委在《关于大力推进农业产业化经营的决定》中，把积极探索农业保险的路子作为加大对农业产业化扶持力度的一项措施，鼓励各市、县根据实际情况，支持保险公司按市场规则开展对农业产业化经营和农业龙头企业的保险试点，积累经验后逐步推开。因此从广东省来说，开展农业保险已有了较为宽松的政策环境。我国加入 WTO 后，农业保险仍属财政可补贴项目，应该用好这一政策及其他“绿箱”政策支持农业发展。

三、农业保险如何走出困境

自 90 年代以来，广东在农业保险方面作过多种探索，积累了许多好的经验，也许从中可以得到一些启示。

肇庆市的鼎湖区在省内最早尝试农业合作保险。在省人保公司支持下，区政府和市人保公司采取股份制的办法，联合办农业保险。其中人保公司占 80%股份，区政府占 20%股份。两家合作开展农险业务，人保公司有从事农险的机构、人员和雄厚的资金，政府则有权威性和行政管理职能，各自发挥优势，保证了农业保险的开展。如森林火险、生猪疾病等大面积统保项目，由政府出面用行政手段开展。具体操作上，生猪保险在流通环节向猪肉贩收取，森林保险向上下游受益单位收取，分散了风险，也减轻了农民负担。

南海市在农业合作保险试验中，也是采取股份合作的办法，市、镇、村三级财政各补贴保费的 20%，共 60%，农民自己负担 40%。如果投保当年未出现险情，就将农民投保费的 50%返还给农民，如果农民愿意，也可将这部分返还保费入股，投保者也成为股东。在试验中，南海还学习上海青浦经验，将农村建筑保险、医疗保险、用电保险与农险同保，用前者的盈余补后者的亏损。

番禺区 1996 年复办农业保险后，每年从财政拨出 1 000 万元作为农业保险风险准备金，现在已积累 4 000 万元，由中保公司番禺支公司经营。农业保险独立核算，政府实行经济扶持，超赔由番禺支公司与区财政分别负担 60%和 40%，盈余滚入风险准备金。开设的险种有香蕉霜冻和风灾险、塘鱼流失险、家禽疫病险、林业火灾险等。到 1999 年底，农业保险总金额 3 087.6 万元，保费总收入 264.1 万元，赔付总额 412.65 万元，赔付率为 156%。1999 年，番禺区有两个镇 8 个村投保香蕉风灾保险，当年两次强台风袭击后获赔 35.8 万元，赔付率达 534%，农业保险对番禺参保农户灾后减少损失和恢复生产起到了一定的作用。

应该说，地方还是有办农业保险的积极性，广东不少市县都从当地财政拿出资金来支持农业保险，只是囿于政策限制，使农业合作保险的探索举步维艰。

国家关于农业保险的政策研究了十多年，至今仍未有结果。农业保险走到今天，出路何在？根据广东省多年的探索及借鉴省外国外的经验，我们建议：

1. 成立政策性农业保险公司。这是因为农业保险的政策性、非营利性与商业保险经营的目的不一致，因此国内其他商业保险公司不经营农险业务，国外也没有把农业保险交给商业性保险公司经营的例子。尤其是中国加入 WTO 后，保险市场将对外开放，意味着市场竞争会更激烈。人保公司在这样的条件下，不可能有太多精力顾及带有政府行为的农业保险，而且，省人保公司不能自主制定农保政策。因此，从长远看，由商业保险公司经营农业保险不合适，把农业保险从商业保险中分离出来势在必行。

2. 允许地方政府和人保公司合作办农业保险。

（1）在政策性农业保险公司未成立之前，允许实行政府扶持、组织推动，保险公司具体承办的经营模式。各级政府在资金上给予支持，一是对投保农户给予 50%或 60%（根据地方财力而定）的保费补贴，鼓励农户购买农业保险。二是对保险机构承办农业保险出现超赔时给予 50%的补贴，以减轻保险公司经营亏损的压力，鼓励保险公司积极开展农业保险业务。这种做法在发达国家早已实行。日本政府向农作物保险的保费补贴率达 50%～70%，法国政府向农业保险提供的风险基金达 50%，美国政府向农业提供的保费补贴率为 20%～30%。合作办农业保险的好处是显而易见的，既可以发挥政府、人保公司和农民的积极性，又可以因农村基层干部的参与减少理赔时的道德风险。

（2）在国家和地方性农业保险公司建立之前，允许制订出台地方性法规，明确政府办理农业保险的指导思想和基本原则，确立农业保险为政策性法定保险，并对农业保险的组织形式、保险金额的确定、保险费率的厘定、保险条款的核定、税收减免政策、财政补贴方式等做出相应规定。其中特别要制定下面两项政策：一是对农业保险的业务及其经营主体减免营业税、所得税等税赋，对农业龙头企业和关系国计民生的种养业（如水稻、生猪、森林等）险种给予补贴。二是建立农业保险风险基金。基金的筹集可以从国家和地方政府已设立的“农业风险基金”中列支一部分；可以从民政和水利部门每年安排的救灾、防洪费用中划出一部分；也可以从社会各界捐赠中拿出一部分；从农产品流通渠道中征收一部分。

（3）允许在农村区域内，扩大险种经营范围。由于农业风险集中，灾害频繁，成灾面积大，单纯靠农业原有险种很容易造成亏损。应当允许在农村全方位地经营保险业务，如把农业加企业、村办企业、农民家庭财产保险等业务和农业保险统筹起来综合兴办，通过内部互相调剂，以盈补亏，自求平衡。

3. 建立农业保险的再保险机制。国外农作物保险都有再保险机制的支持，而我国农业保险缺乏再保险的机制，使风险都集中在经营主体自身，一旦理赔大大超出保费收入，仅靠一家保险公司就难以承受巨额亏损。因此，应该以中国人保公司为基础，建立国家再保险公司。通过再保险机制，建立人保公司与各专业保险公司和地方保险公司以及地方保险公司之间的分保再保关系。

总之，农业的高风险、低收益的特征，决定了农业保险具有社会保障的性质，只能由政府扶持、推动其发展才能走出困境。建立一个与农业发展相适应的保险机制，防范和化解农业的经营风险，对推进农业结构战略性调整，提高农业的国际竞争力，实现农业现代化，都具有重要的现实意义。

（本文作者刘季芸时任广东省农村改革试验区办公室主任，田晓霞时任副主任）

2000 年 8 月

难忘的鼎湖农业合作保险

石家荣

20 多年过去了，人生的许多往事都已忘怀，许多际遇也已释怀，但对 1990 年至 1995 年我亲身参与的鼎湖农业合作保险的那段经历，却一直难以忘却。当年那些用汗水和心血写下的各种资料，虽残旧与发黄，也一直保存之今，像什么宝贝一样舍不得丢掉。我现在虽然已退休多年，但对农业保险的那份情结及昔日留下的一些影响，仍令我有机会或有责任时常参与这方面的一些调研活动。2012 年 7 月 4 日，我应邀参加了国务院发展研究中心召开的农业保险立法座谈会，在发言中又谈起当年鼎湖农业合作保险走过的路子。其实早在 1994 年 4 月，我有幸参加了一个国际农业保险研讨会，也曾在会上介绍过鼎湖农业合作保险的情况，并引起与会者及有关方面的关注。

下面的回顾，既是情结萦怀所致，也是体会刻骨铭心。

一、背景与气候

可以说，鼎湖农业合作保险是 20 世纪 80～90 年代改革开放浪潮绽放出来的一朵浪花，是按中央 1987 年 5 号文件关于“积极试办合作保险”的精神而开拓的一条路子，是广东多个改革试验区进行多项体制改革而探索的其中一项实践。该项改革试验之所产生于肇庆市鼎湖区，是与该区发达的农业商品经济及其对保险保障的需求分不开的。这些背景与气候，说明鼎湖农业合作保险的出现并不是偶然的。

在这里，有必要提及当年给予这项改革试验大力支持的具体人和事：人保总公司农险部的刘恩正总经理，是一位从国外回来的经济专家，视野开阔，对农险的发展眼光独到；省人保公司的老领导蔡洛明总经理和潘德垂副总经理，前者曾是老省长陈郁的秘书，政策水平高，对三农十分重视；后者清明开放，对我们的工作给予了大力的支持和鼓励；需要提及的是，鼎湖区政府作为农业合作保险合作的一方，对如何配套建立农业的风险保障体系十分重视，很快与人保公司达成共识，成立鼎湖区农业合作保险管理委员会，委员会的主任杨宝祥是区人大的副主任，曾任高要县畜牧局长，对种养业的风险十分熟悉了解。副主任为人保肇庆分公司的练宝忠总经理。他不仅对三农及农业保险有很深的情结，而且有很好的研究和很多的体会和见解。同时他曾在党政机关工作多年，熟悉部门的关系，对协调和推动合作保险的工作起了重要的作用。本人作为人保公司的农村科科长，兼任了合作保险管理委员会下设的办公室主任，全程负责了合作保险的整个经营管理及日常事务的运作，见证了合作保险从起草文件策划到机构成立、人员组成直至开拓各项业务、建立各项制度的整个历程。

还有，省人保公司农险处的饶广忠处长，李伯达副处长以及林世平、黎小君、陈新和等同志，对合作保险的业务予以了积极的支持和指导。正是这些天时、地利、人和，使合作保险的探索基本没遇到什么红灯。不过，没有一点杂音也是不现实的，个别吃“左”奶长大并习惯于只琢磨人不琢磨事的人，还是存在一些阴暗心理的。回想当年大家积极投身改革开放的情景，除了有一种时空倒转的感觉，更有一种令人怀念的感触。

二、成绩斐然，成效卓著

鼎湖区原是从高要县三大镇分设出来并升格设立的市属行政区，当时人口不足10万，之前的农业保险业务基本空白，农业生产特别是种养业谈不上有什么保险保障。鼎湖农业合作保险一经成立，通过把地方政府的行政组织动员优势和人保公司的业务经营管理优势两者结合起来，较好地解决了制约农业保险发展的承保难、收费难、理赔难的几大难题，大大促进了工作的开展和业务的发展。在很短时间内就开拓了一个农业保险发展的新局面。下面一些例子的数据，足可以用成绩斐然来表达。

1. 农险保费收入高。1993年是合作保险走入正轨的第三年，根据当年财务部门和统计部门的报表显示，农险保费收入达800多万元。这个数字有如下的突出含义：

（1）比当时内地一些省的农险保费还要多。

（2）鼎湖区的人均农险保费达80多元，有人认为这个纪录可能在全国 几十年后也难以打破。

2. 承保的范围广。1991—1992年是合作保险运作的头两年，承保的范围就包括：鸡鸭395万多只，生猪25万头，林木16.5万亩，还有鱼塘、香蕉，肇实、芒果及附属财产等业务。

为了给农业企业走向市场经济提供配套服务，我们还大胆地探索性地开办了鸡蛋的价格保险业务。这个保险的雷区也敢涉足，可见我们当时思想多么解放。不过蛋价上升，没发生赔偿，但给蛋鸡厂的生产经营起了保驾护航的作用。后来我在一个国际农业保险研讨会提及此事，一些与会专家认为值得探索。

以上承保范围的这些数字，现在想起来好像是个奇迹，也感到有点自豪和欣慰。因为即使让现在的专业农业保险公司来做，也不一定能做到。

鼎湖合作保险取得的成效，加上肇庆瞩目的农险发展成绩，成为当时全国农业保险发展的一面旗帜，在全国引起了很大的反响和关注，各种媒体也对此进行了跟踪报道。络绎不绝前来参观考察的各省市同行或地方行政部门都给予了很高的评价。值得一提的是，中央财经小组还对肇庆的农业保险及鼎湖合作保险进行了考察，听取了我们的汇报。

三、试验田耕耘者的辛劳与奉献

如果说，鼎湖合作保险是一块试验田，那么试验田取得的丰硕成果主要有那些因素呢？分析起来，改革大潮的天时、气候是第一要素；上层的重视，领导的支持是第二要素；鼎湖区这块土地丰富的农业保险资源是第三要素。第四要素是什么，就是试验田的耕耘者，毫不忌讳地说，就是合作保险管理委员会办公室的几位同事。为了节省开支、综合利用、高效运作，当时合作保险的办公室就设在人保肇庆分公司的农村科，办公室的成员有陈家涛、温社坤、关少云、朱祈、邓兴富和我，鼎湖区也先后派出二人参加，他们日夜辛勤工作，为合作保险的发展贡献了力量。

时隔二十多年了，说起耕耘者的辛劳，我真的很难用语言来表达，我们的几位同事，基本天天开着摩托车从市区到鼎湖各个客户点开展和处理业务，在当时的泥沙路上来回奔跑七八十公里，用什么"早出晚归""风里来雨里去""劳碌奔波"这些言词来描述都显得苍白。当时的艰苦拼搏、苦干实干的情形，我想举两个简单例子说说：

（1）1992年元旦的除夕，夜幕已降临，市分公司正例行举办全体员工的团年宴会，练宝忠总经理询问人员到齐没有，当听到农村科的人还在鼎湖鸡场处理事务时，全场的许许多多职工都为之动容。

（2）合作保险的风险，除了自然灾害和疫情疫病，还有经常出现的道德风险，如果这个环节没管理好，就会危及农业保险的健康发展。许多地方办农险失败，正常年景也亏本，根源就在此。为了防范这个风险，我们曾对某一鸡场虚报死鸡数量的现像提出质疑，考虑白天到鸡舍会惊动鸡只影响产蛋，我们采取半夜清点鸡舍存栏数来核对实际死亡数。这一实事求是的办法，令鸡场的负责人也心服口服。此事说起来令当下的晚辈不可思议。深更半夜花几个小时，拿着电筒在臭气扑鼻的鸡舍一栏栏清点鸡只的存栏数，如果没有高度的事业心和责任感以及不畏艰难困苦的精神，是很难做到的，况且当时也根本没有什么加班费和什么补贴。

作为耕耘者，我们还有一点引以为豪值得欣慰之处，就是对农险业务的开拓创新、条款设计、业务管理、理赔查勘、风险防范，以及如何协调保户利益、调动客户增强防灾防损积极性等方面积累了许多经验和办法，有的甚至得到总公司和省公司的认同和推广。例如对当年无赔付的客户采取50％的无索赔返保费的办法，大大提高客户防灾防疫的积极性；又如林木火灾采取按当地历年资料总结并推算出来的烧山速度数据进行查勘（当时未有航拍和卫星定损），大大地减少了查勘的艰难性；鱼塘遭遇水灾的查勘以浸没的时间长短按比例定损，也大大减少了双方的争议。这些既便于操作又避免争议、双方都可接受的承保和理赔办法，也是鼎湖合作保险取得成绩和成效的一个具体因素。可以试想一下，几百万鸡只、二十多万头猪、2 000多亩鱼塘以及水果和附属财产等的承保范围，加上还要顾及全市其他县市的农险业务范围，农村科只有几个人，如果没有不怕苦、不怕累的精神不行，同时如果没有类似上述高效率运作的承保和理赔方式也不行。这些来自实践又被实践证明可行的技术和办法，也是耕耘者用汗水换来的。

四、合作保险的遗憾谢幕

说到合作保险的谢幕，话题有点沉重。当合作保险正火红时，人保鼎湖支公司认为由他们经营才符合法定范围而名正言顺，有人也支持他们的观点。但他们不知道，未掌握驾驶技术去开车，会有好的结果吗？另外，也许应了一种现象，种果时无人帮忙，果熟时很多人都想摘果。有关部门认为合作保险不适宜单独设立财会，财会要归属他们管辖。这样，农村科所兼的合作保险办公室的责、权、利职能处在被架空和被取代的尴尬地步。面对这种情况，我和几位同事有一种无可名状的感慨。到了1996年，这时正好有一家寿险公司计划在肇庆筹建分公司，征询我可否去扛旗，我只好带着一种复杂难舍的心情离开了把整整5年的心血都献给了的鼎湖合作保险。据说后来鼎湖支公司接手经营后，业务一筹莫展，不要说处理一些复杂的理赔，就是连保费也没办法收缴起来。为了扩充业务，他们还盲目地把没有任何防疫措施的简陋鸡场也承包起来，结果赔得一塌糊涂。鼎湖合作保险的谢幕也就不言而喻了。

客观公道地说，上述所说的两个原因，只是造成合作保险谢幕的直接原因。根本的原因是当时的农业保险没有得到政府财政的支持扶助，几年来合作方没有注入任何准备金，单靠合作保险的自身积累难以承担大的风险。另外，客户投保也没有任何补贴。如果象现在这样有中央及地方财政的支持补贴，鼎湖农业合作保险的生命力一定会持续到现在。

鼎湖农业合作保险作为广东一项改革试验，有成功给人的启迪，也有谢幕予人的思考。我只是这次改革浪潮绽起浪花中的一滴水，写这篇回忆文章，既是一种自我安慰，也是对那些为此作出过奉献的领导和同事表达一份怀念和敬意。

（本文作者系原中国人民保险公司肇庆分公司农村科科长，原肇庆地区鼎湖农业合作保险管理委员会办公室主任）

2013年5月

【第四章】

均安镇农村体制改革试验区

农村经济合作组织改革试验的设想

顺德市均安镇经营管理办公室

为了进一步完善农村双层经营体制，巩固农村社会主义阵地。促进农村经济发展，经广东省委、省政府领导同意，省农村发展研究中心将我镇定为农村经济合作组织改革与建设的试验镇，现根据我镇的实际情况对于开展试验的打算和设想报告如下：

一、全镇的基本情况

我镇地处西江水系中下游，贯穿全镇的西江支流把全镇分隔成5个大小岛屿，过去由于交通不方便。经济落后，被人们称为“顺德西伯利亚”和“顺德第三世界”。

全镇辖下18个管理区（经济联合社）、116个村（经济合作社），有农户17 357户，人口69 120人，劳动力37 303人，耕地总面积54 528亩，人均占有0.78亩。在总面积中淡水养殖30 110亩、经济作物种植24 418亩，其中有8 400亩占作物地面积34.4%，是高旱、低洼地。同时还有90多个小山丘占地7 000多亩待进一步开发。

从1979年开始土地实行联产承包责任制，经过12年的不断调整和完善，改变了初期一户多块、分散承包为以户基塘连片承包；投入资金700多万元，运用多种形式，开发改造了低产落后地7 400亩，到去年全镇土地承包户为12 441户，占农户的71.67%，比1979年的98%下降了26.33%，目前有规模经营户589户，占承包户的4.74%，承包面积达11 218亩，占总面积的20.57%，户均面积19亩，比全镇承包户户平4.38亩高出333%。其中较有规模的家庭农场16个，面积1 035亩，平均面积64.69亩，最大的一个面积380亩。这些农户不但农牧副渔业全面发展，而且是优质高值的典型。同时镇、区、社三级还办起了优质、高效的禽畜、水产、果园业商品示范基地18个，面积1 100亩。1991年农业经济收入17 640万元，比1979年的1 742.3万元增长374.89%，每年增幅39.58%，亩地值从原来的322元上升到1 517元。

由于农业这个基础得到不断的巩固和发展，为发展镇村工业创造了有利条件，目前镇村工业145家，1991年工业产值44 297万元，比1979年的1 774.58万元增长24.96%。镇村工业的发展不但为农业富裕劳动力解决了出路，而且促进了服务性行业的发展。目前，全镇劳动力转移到二、三产业的人员达23 496人，占劳动力总数的62.98%。1991

年，全镇人均收入 1 333 元，比 1979 年的 210 元增长 534%，农民储蓄总额 23 500 万元，比 1979 年的 4 500 万元增长 422%，户均存款从原来的 3 418 元上升到 13 251 元。

目前，镇、区、村三级所有的集体资产总值达 22 373 万元，比 1979 年的 3 500 万元增长 539%。

二、目前全镇经济合作组织的状况和问题

我镇实行家庭联产承包责任制以后，在镇党委、镇政府的统一领导下，经过点面结合、分期分批的实践，由人民公社的“三级所有，队为基础”的体制经过改革，全镇已设置起经济联合社 18 个，经济合作社从原来的 254 个设置为 116 个，初步形成了地区性的经济合作组织。

在经济合作社设置上，我们坚持从实际出发，不搞一刀切，根据区域的大小，尊重农民的习惯，从有利行政管理、有利发展经济、有利农村建设为出发点，在具体方法上：一是以管理区统一设置，有 2 个管理区，从原来 4 个队，各设置 1 个经济社，做到一套班子两个牌子，统一管理；二是以自然村设置，有 3 个管理区，从原来 93 个队设置为 14 个经济社；三是以联队建社，有 8 个管理区，从原来 97 个队，设置为 40 个经济社；四是以原生产队设社，有 5 个管理区，把原来 60 个队改名为社。

经过多年的实践，地区性合作经济组织的形成和建立，它有别于过去农业合作社和集体统一经营的生产队，做到了 4 个有利：一是有利精简管理人员，提高工作效能，减轻农民负担。1985 年就生产队一级正副队长 406 人减少到现在的 189 人，下降了 53.45%；财务人员从原来 508 人减少为现在 143 人，下降 72%。二是有利稳定农村集体经济基础，巩固公有制的主体地位。经济社的集体经济实行分队设账，在不搞一平二调，不刮共产风的前提下，由经联社、经济社财务会计服务站统一管理，有偿融通，坚持提高集体公共积累，与 1985 年相比，经济社集体财产从 649.69 万元，上升到 1 722.26 万元，增长 165%；自有流动资金 434.68 万元，比 1985 年的 110 万元增长 295%。由于集体经济统一管理，更好地协调了国家、集体、个人三者的关系。三是有利加强农村各项工作的领导。过去以生产队设置的管理体制，干部人数多，工资薪酬低，工作半心半意，很多工作贯彻不到底，而现在管理人员少，行政、生产、服务集于一身，管理范围大、干部工作实行达标任务管理，报酬联系工作效果，经济效益进行百分考。四是有利开展农业的产前产后服务。由于经济社有一定的规模，特别是前三种的建社，由于集体经济统一管理，把集体的资金组织起来合理运用，一改过去势单财薄的被动局面，以经联社、经济社为单位，建立起 29 个农业服务站，组织联社、经济社干部和财务人参与农业服务活动。

我镇地区性经济合作组织的建立和发展是健康的，初步显示出其优越性，分析我镇的情况，经联社组织的改革和建设是比较好的，已发挥职能作用。关键在于经济社那级还要花气力下功夫。目前全镇经济社的状况，存在着三种不同的形态：第一种是紧密形态。其特点是合作组织已形成配套，初步体现了行政、服务、生产、经济、管理、经营一体化，体现了合作经济组织的优越性。农村社会主义阵地较为巩固。这种类型有 16 个社，占 13.8%；第二种是松散形态。社虽然设置起来，但各种组织机构还没有完备，行政、生产、管理等方面还有待进一步完善，这种类型有 40 个社，占 34.4%；第三种是自形形

态。就是原队建社，财务会计虽由财务会计服务站统一管理，但规模过细，对于发展集体经济，开展农建、完善土地管理、发展适度规模经营等方面的局限性很大，这种类型有60个社，占51.7%。

三、进一步搞好合作经济组织的改革和建设

分析我镇农村合作经济组织的情况，管理区一级的经济联合社，是在新中国成立之后划分行政区域所确定下来的，几十年来都没有变动，组织机构是健全的，并且起到了自治管理的职能作用；而经济合作社一级，过去变动较大，这几年虽然把经济社的组织设置起来，但各级都忙于完善土地承包，经济社组织建设还有大量的工作有待完善，从星槎、天连两个试点区经济社建设实践证明，经济合作社是农村最基层的组织，不但面对广大农民群众，农民的生产、生活等各个方面都得靠这个组织去领导和协调，而且党在农村的各项方针政策和各项中心任务，也得靠这一级组织的贯彻落实，如果不把这一级组织改革和建设好，农村社会主义阵地就不能巩固，搞好农村工作将是一句空话，因此，需提高认识，花气力，下功夫把最基层的组织建设好，发挥职能作用是农村深化改革的一项重要任务。

经济社改革和建设的具体要求：以巩固农村社会主义阵地、发展生产力、促进农村经济发展为目的，进一步调整、完善经济社组织设置，实现精简管理人员，减轻农民负担，提高工作效能的目标，逐步把经济社建设成行政、服务、生产、经济、管理，经营一体化的管理机制。

试验方法和具体步骤：

我镇经联社、经济社虽然设置起来了，但通过对两级合作组织的比较，经济社一级改革和建设的工作量比较大，而要把这一最基层组织建设搞好，必须要下很大的功夫和时间去探索和实践，结合我镇的实际，在方法上实行以点带面，分期分批进行，初步设想是：从1992年开始选择有代表性的8个管理区，41个经济社作为第一批试点，比例分别占44%到35.4%。在实施过程中实行重点带副点：重点管理区有星槎、三华、上村、豸浦4个管理区，11个经济社，具体步骤是：

第一步：按照省政府颁布的地区性合作经济组织暂行规定的要求，完善配套好组织建设，建立健全社委会、村委会、社员代表会、党分支部（小组）；建立农业服务站、财务会计服务站；

第二步：建立健全三个管理制度，即经济社管理工作人员岗位责任制度，集体经济管理制度，集体土地管理制度；

第三步：培训骨干，开展思想教育，提高认识，明确任务，转变工作职能；

第四步：开展实践，按试验具体要求，逐项落实，不断总结和完善，评估试验的经验教训，完善组织建设的各项工作。

为了加强对这一项工作的领导，根据我镇的实际，由一名主管农业的副镇长，镇农业办公室两名主任和两名农经员5人组成领导小组，并由镇经管办主持开展该项工作。

1992年2月18日

天连黄逢经济社试行农业股份合作经济

顺德市均安镇经营管理组

天连管理区黄逄经济社是一个规模较大的社区合作经济组织。全社 488 户，人口 1980 人、劳动力 990 人，耕地面积 1 559 亩，其中鱼塘 985 亩。作物地 614 亩。

随着农村深入改革，该社从 1981 年开始，在镇经管组的指导下，结合实际，在稳定家庭联产承包责任制的前提下，把握发展机遇，积极引导农民在自愿互利的基础上，试行农业股份合作制。目前，全社已办起了各种形式的农业股份合作经济体 11 个，参股农户 42 户，经营土地面积 332 亩，占全社面积的 21.2%，其中鱼塘 215 亩、作物地 117 亩。这些股份合作体既有社区之间集体合作，又有经济社集体与农户合作，也有农户与农户、本地农产与外地农户的合作，经营项目既有养殖业，又有种植业，都是优质、高值、高效农业。

经过一年多的探索实践，农业股份合作制，不但更好地转换了农业内部经营管理机制，而且使农村形成了新的合作层次，给农业注入了新的活力。

一、提高认识，把握机遇，转换农业内部经营管理机制

黄逄经济社能够敢于打破家庭承包的局限性，实现农业股份合作制并不是偶然的。该社原来在农业生产上是一个比较后进的社区，自从农村改革开放以来，实行以家庭为主体的联产承包责任制，解放了生产力，使该社发生了很大的变化，1991 年全社经济收入 676.8 万元，比 1978 年的 55 万元，增长 11.3 倍；人均收入 1 455 元，比 1978 年的 150 元增长 8.7 倍；塘鱼亩均产量从原来的 330 斤上升到 1 550 斤，增长 3.7 倍。随着国家放开了蔗糖派购任务，这是发展商品生产的好机遇。但是，家庭承包责任制，一户多块地，一块地面积不多，对进一步扩大农业生产带来困难。具体表现在：一是在作物种植（放养）布局上难于突破传统产品向高产、优质、高效农业发展。全社有鱼塘 205 口，一家一口塘单家独户经营，对种苗配套，推广科学技术，使用机械设备等都带来很大的困难，所以到去年养殖优质鱼只有的 26 亩，占鱼塘面积的 2.6%。二是在提高土地出产率、经济效益上受到很大的制约。原来该社有 332 亩围外高基地，占作物地的 54%。过去有甘蔗派购任务的时候，户户种甘蔗，矛盾还显得不突出，现在没有任务了，仍然户户承包土地耕作，虽然实行土地达标管理，由于土地分散小面积承包，经济效益不高，部分农户无心经营。三是农业生产发展缺乏后劲。改革开放后，一部分农民富裕起来了，去年存款余额 1 100 万元，本来农民是愿意把这些积累投入扩大再生产的，由于土地经营规模细，有钱也无处用，出现了超前消费。四是农业劳动力素质不适应商品生产发展需要，随着二、三产业的发展，为农村富裕劳动力提供了就业机会，1991 年全社离农劳力 600 人，占劳动力的 60.6%，务农劳力只有 390 人，劳均面积虽然达到 3.99 亩，但这部分劳力大多数是

年老体弱者和妇女，文化水平低，无法从小农观念中解脱出来，难以利用科技致富。因此，黄逢经济社从1991年开始，发动农民群众，采取多种形式，多种办法，突破以户承包的局限性，逐步发展股份合作经济体。

二、创造条件，抓好典型，逐步地发展农业股份合作经济

黄逢经济社的做法是，根据情况的变化，顺应农民的意愿，把握有利时机，采取五方面措施，为发展股份合作农业创造条件。

第一，坚持大稳定小调整，有利农户承包经营。该社在土地面积分布上存在着两种状况：一是有1 171亩占耕地面积75%的基塘地，主要经营水产养殖，经济效益较高，过去承包虽然分散，经过多年实践，农户之间在自愿互利的条件下，进行了自我调整完善，矛盾已得到较好的解决。农民要求这部分面积等承包到期才调整。二是有388亩占耕地面积25%是堤围外的高旱地，原来主要种植甘蔗，承包农户385户，户均面积只有1亩，甘蔗派购任务放开以后，农民强烈要求改变这种状况，经过发动群众，在稳定基塘面积的基础上，把围外土地由经济社统一收回，在农民自愿情况下，重新连片承包给农户，结果有95户承包，面积231亩，户平面积2.4亩，比原来分包扩大1.4倍。

第二，集体投资开发，反承包给农户经营。该社在调整土地承包中，有两片落后地，农民不愿意承包。一片是边远高旱地，面积74亩，土地不但瘦瘠，农民耕作要过船渡海，很不方便；一片是低洼地，面积31亩，虽然地处堤围内，但地势较低，大雨受浸。这两片地只有通过开发，改变耕作条件，才能提高土地利用率，有利农民承包。因此该社发挥集体经济的优势，投入资金12万元，分期连片开发。结果，有6户人家，分别组成两个股份合作体，各投包一片土地，进行养殖优质、高值水产品。

第三，动员农户自行投资开发，充分利用土地资源。随着农产品放开市场价格，养殖业和种植业产品价格逐步拉大差距。在价值法则的影响下，农民不愿意在作物地上种植花工夫大、效益低的作物，但暂时又没有新品种代替，土地普遍出现粗放经营。放开蔗糖派购任务以后，这个问题更显得突出。鉴于这种情况，黄逢经济社向农民提出，凡有条件开发鱼塘的作物地经集体同意，可在承包土地上自行投资开发，并明确规定，原来土地承包年期和土地上交款不变，从而调动了农民的积极性。农民欧阳金福，原来承包了作物地5亩，他自行投资9 000元，开发了一口3.5亩鱼塘，由于发展生产资金不足，他主动找了一户农户合作经营养殖鳗鱼，投入资金6.5万元，最近还租入一口鱼塘进行配套。

第四，允许土地转让和租赁，促进土地流动。原来在土地承包上该社有这样的规定，就是农民土地转让可以，但不能高价转让以防止中间剥削，因此对土地转让实行严格把关，至于土地租赁更不允许了。为了促进土地流动，该社修改了原来土地转让的规定，只要租入户履行集体土地管理制度，把土地发展农业生产，不是转移它用的；出租户承担土地上交款，经过经济社批准，就允许农户之间进行土地租赁，实行这些办法以后，全社有350户转让出土地865亩，有33户租入土地156亩进行扩大经营。

第五，干部参与股份合作体，带领农民致富。农业股份合作经济，是农村改革的新内容，因此只一般号召，而干部置身度外，缺乏实践经验，就无法领导农村改革，所以经济社明确提出，只要干部遵守三条规定，就应该积极参与股份合作体。这三条规定是：①干

部不能入干股，不能不劳而获；②不能凭手中权力，占有承包土地；③凡参股的要履行股东的权利和义务，不能凌驾于董事会之上。由于界限明确，经济社 8 个管理人员中，有 4 个参加经济社与农户合办的养殖场，有 1 个与农户组成合作股份，干部带了头，带动了农民群众。

黄逢经济社在创造条件、逐步发展股份合作经济的同时，还认真地抓好两种典型，为指导农户走股份合作社积累经验。第一种是社区之间的集体股份合作。去年该社安排出土地 118 亩，与其他两个经济社合股，投资 230 万元，开发了鱼塘 14 口，面积 76 亩，办起了鳗鱼场，目前正陆续上市，预计今年总收入 135 万元，亩地产值达 11 440 元，比种植甘蔗 420 元增值 26.26 倍。第二种是农户之间股份合作，有一个 3 户组成的的合作体，连片承包 5 口鱼塘，面积 23 亩，养殖优质鱼。从一开始，社干部就从多方面进行研究和考察，发现问题及时帮助解决，预计这个合作体今年总收入 54 万元。经过典型探索，逐步积累了指导股份制的各方面经验，为今后加强领导提供了可靠的依据。

三、加强领导，给予服务，发展和巩固股份合作经济

黄逢经济社实行农业股份合作制，之所以能够被农民群众所接受并得到发展和巩固，很重要的一条经验，就是坚持以土地等基本生产资料集体所有制为主体，以发展生产力为前提，从实际出发，做到解放思想，敢于实践，使股份合作制健康发展，并收到较好的效果。

第一，建立健全股份合作制内部管理，经过宣传发动，农民群众消除了顾虑，放开了手脚，自找对象办起了各种形式的股份合作经济体。为了把股份合作制作为一个经济实体来管理，社委会针对问题，举办了合作体的股东培训班，总结实践经验，揭露矛盾，提高大家管理意识。

第二，对股份合作制给予多方面的服务。股份合作制是农村深化改革的新内容，是发展农业生产的新形式，要让它发展和巩固。地区性合作组织除了加强领导外，还要给予热情的支持和各方面的服务。黄逢经济社基于这一认识，在思想上、技术管理上、资金上，种苗上、产品流通上对股份合作体开展指导和服务，初步显示出生机和活力。

1992 年 7 月

坚持在实践中探索　不断完善双层经营

顺德市均安镇试验区工作组

1990年，省委副书记郭荣昌在全省农村工作会议上的讲话中指出：在农村实行了家庭联产承包责任制之后的一段时期内，许多地方忽视了合作经济组织的设置工作，出现了“有集体无名称、有集体无经营、有经营无组织”的状况，影响了双层经营体制的完善。本来，我镇早在1985年根据上级有关规定，把原来254个生产队建为116个村民委员会。1986年在贯彻上级有关设置地区性经济合作组织的时候，管理区一级设置经济联合社比较重视，因为全镇18个管理区从历史上已自成一体，管理机制较为健全，组织建设也比较落实。但对生产队一级设置经济合作社问题上，由于当时各级干部还缺乏认识，因此在以村建制的基础上进行设置经济社，从而使全镇经济社出现了3种形态：第一种是：合作组织架构虽然设置起来，在行政管理上已统一起来，而经济上仍以原生产队为核算单位，经济社还不是经济实体；第二种是，名称上是地区性经济合作组织，但组织机构还没有配套，因当时为了应付以村设社，不分地区性和条件，只是”拉郎配“地组合起来，行政、经济活动以队进行；第三种是，以队设社，组织虽然自成一体，但农户居住、土地耕作队与队分散插花、组织规模细、财薄势单，对于发展生产力局限性很大。

1991年，经省领导批准，顺德市均安镇被列入省的农村改革试验区。试验项目是：如何完善农村双层经营体制。根据试验题目，结合我镇的实际情况，分解为三个试验内容：第一，理顺经济社组织层次，转换内部管理机制，加强基层组织建设；第二，试行土地承包股份合作制，转换农业内部经营机制，加强集体土地建设；第三，实行干部达标监督，转换干部激励机制，加强干部队伍建设。

一年来，在省农村发展研究中心的指导下，在镇党委、镇政府的直接领导下，经过试验组的共同努力，第一个试验内容完善设置经济社组织工作已基本结束，目前正转入完善股份合作制的阶段。

随着农村改革的深入，一社多队，以原生产队为核算单位，已经越来越不适应农村经济发展的要求。因此，镇党委、镇政府根据《广东省农村社区合作经济组织暂行规定》的有关精神，结合实际情况，下功夫把完善经济合作社建设作为农村的一项基础工作和基本建设来抓。现将做法总结如下。

1. 从实际出发，尊重干部群众意愿，实行多种形式进行完善经济社设置。《广东省农村社区合作经济暂行规定》第二、第五条对于如何设置地区经济合作组织已有明确的规定，我们根据规定精神，并以有利发展生产力、有利壮大集体经济、有利农民土地承包、有利于加强农村工作领导为原则，充分放手发动群众，在农民群众自愿的基础上，做到有领导、有计划地坚持从实际出发，采取多种形式进行设置经济合作社：①以管理区设置。有3个管理区由于规模细，过去行政工作、生产管理、福利事业等都习惯由管理区统一进行。这次经过发动群众，由社员代表大会讨论通过，以管理区为单位设置一个经济社。上村管理区原有3个生产队，有农户263户、人口1 017人，农民居住、土地耕作都比较集中，村办工业有一定规模，经济联社集体经济基础比较好，经过发动新设置起一个经济社。②以自然村设置经济社。这种形式有8个管理区。天连管理区原来有23个生产队，早在1962年体制下放时，划分为3个小大队，由于农户居住比较集中，历史上已形成了自然村，集体财产积累都有一定的基础，1986年在设社的时候，当地没有注意到这种实际情况，人为地把一个自然村一分为二地设置成2个经济社。③以联队设置经济社。这种形式有7个经济社。沙头管理区有13个生产队，其中有3个队地处边远，历史上已形成自然村，而有10个队农民居住较为集中，并形成了5个自然片，1962年体制改革时，把5个自然片拆散，致使队与队农户居住插花、土地承包队与队也插花分散，致使行政管理、村镇建设和农户土地承包都带来了很多矛盾，干部群众都有要求改变这种状况，这次经过发动，边远的3个生产队各自设置经济社，有10个生产队联队分片设置5个经济社。

经过从上到下发动，全镇从原来254队，完善设置为73个经济社，在规模上，平均每个经济社有农户240户、耕地面积756亩，比以前生产队平均每队62户、耕地面积217亩，分别扩大2倍到2.5倍。经一年的初步实践，现行的规模较适宜以鱼塘、甘蔗为主的经济作物地区农业生产发展的需要。

2. 以精简、提高效能为目的，理顺内部管理层次，建立健全组织机制。在完善设置经济社的基础上，为了健全经济社组织，理顺与党、政组织系列，进一步加强行政、组织、经营、生产、技术等各方面的管理，在理顺一社多队关系上，第二阶段着重抓好经济社内部组织机制建设。在这方面主要抓好理顺几个环节：一是精简机构，提高工作效能，减轻农民负担。过去以队建制的时候有管理人员384人，现完善经济社设置以后，管理人员（包括社长、会计、出纳）224人，比原来下降42%。工资报酬一年从原来的92万元减少为80.6万元，每年节约11.5万元。二是建立健全各个组织机构。凡有条件的经济社建立党分支部（党小组）、社委会（村民委员会）、社员代表会。经济社实行一套班子多个牌子。社长是党员兼任支部书记（组长），社长既是村委会主任又是社员代表会召集人。非党员的社长，由一名党员副社长或党员社委兼支部书记（组长），这样使党、政机构建立在基层。三是建立两个服务站，一个是农业服务站，对农户开展产前、产中、产后服务。服务站工作人员由社干部、财务人员兼职。另一个是财务会计服务站，主要管理好集体经济，协调好国家、集体和农户的经济关系。四是抓好干部培训。在建立健全经济社内部各个组织的基础上，镇举办了一期有经联社主任、经济社社长参加的培训班。经过培训使各级干部从理论到实际上加深了对《暂行规定》的理解，从而使大家在思想观念、工作任务上从旧的体制中解脱出来，一心一意搞好经济社的组织建设。

3. 实行股份合作制，处理好一社多队经济关系，建立经济社的经济实体。为了建立经济社经济实体，我们镇根据中央（83）1号文件关于“以村为范围设置的，原生产队的资产不得平均，债权、债务要妥善处理好”的要求，在理顺社队经济关系上，坚持不搞一平二调、不刮共产风，根据不同情况，采取不同的处理方法。

一是，原来队与队的经济差异不大，经过群众同意，管理区办事处审查批准，在自愿互利的前提下，撤消原来生产队建账。生产队财产、积累归入经济社，由社统一设帐、统一管理、经济独立核算。

二是，队与队经济差异较大，实行作股入社，采取股份制形式。在一个经济社内，把原生产队的固定财产进行重新评值，重新核实积累（现金）和土地承包上交款作为入社股本，除去原生产队债务，以股本最低的队作为基本股本，再以社员人均作股金入社。无论哪个队，高于最低队的股本部分，不得分掉，作为有偿股本，由社进行融通给回利息补偿，作为原生产队社员二次分配。至于入社股金，待经济社发展了新经济以后，作为二次分配的依据。

为了平衡经济社内原生产队之间的经济差异，凡有二次分配的，做到有计划、分年在二次分配中预留一定比例股本，使最低股本的生产队逐步与最高的生产队抵平。

三是，发展社有集体经济，逐步增加积累，以经济社经济抵平一社多队经济差异。天连管理区黄逢经济社，由于这几年以社为单位设立财务会计服务站，用活管好原有生产队资金，实行有偿融通的办法，使经济社办起了农业基地、工业和小商业，目前社一级有固定资产46万元，超过了原来5个队总和的一倍多。现在社每年有盈利25万多元，显示了经济社的优越性。因此该社农民所关心的不是原来生产队的财产，而是经济社的经济发展。因此，为了平衡差异，经济社安排出部分资金一次过抵平了队与队的经济差异，从而使经济社从原来生产队为核算单位转为以社为核算单位，确立了经济社的法人地位。

由于坚持实事求是地处理好社队经济关系，目前已有占总数55%的40个经济社撤消了原生产队建账，改由经济社设账，成为独立核算的经济单位，有占22%的16个社到今年底结算后可以由社设账。有23%的17个经济社待明年土地承包到期也可以逐步转为以社为核算单位。但这部分经济社虽然以队设账，但账务、经济已由经济社财务会计服务站统一管理，资金统一有偿融通，行政、生产统一协调，开展各项服务。

在探索实践理顺一社多队关系上，我们看到，农村改革是从农业生产责任制开始的，经过家庭联产承包责任制，形成了家庭经济。然而，这一改革只是解决了“分”的问题。农村股份管理经济组织的建立，更好地建立起农村统分结合的双层经营制度。因为原有集体经济（财产、积累）的产权是模糊的，没有量化到劳动者个人。由于产权不明晰，地区性的合作经济组织就失去它的存在意义，更不能建立真实的民主管理制度。因此，把地区性合作经济逐步转变为股份合作经济组织，使其成为正常运行的企业组织，才能够成为一个强有力的经济实体。

1992年10月15日

坚持试验　不断深化农村改革

顺德市均安镇试验区工作组

一年来，在省农村发展研究中心的指导下，我们试验工作小组围绕着党在现阶段农村的各项方针政策，结合本地区的实际，开展了对农村管理体制、土地承包经营机制和农业股份合作制等方面的试验、示范、推广，对进一步深化我镇农村改革，促进生产力发展，都起着积极的推动作用。

一、试验的基本情况和试验效应

今年，我镇在开展农村改革试验活动中，与过去几年有所不同，试验的项目从过去单项、分散试验到集中项目、综合性试验；从过去小单位、小面积探索到大面积、全方位推广；从过去注重形式程序的试验到优化生产要素组合，提高经济效益为中心的试验。因此，1994年的试验，从深度、广度、效应上比任何一年都要好。试验改革成为我镇广大干部和农民群众的愿望和自觉行动。

前几年，我镇在试验改革中处于探索阶段，为了积累经验，在试验项目上如仙女散花，大小试验项目有七、八个，去年底我们总结了多年试验中的经验教训，筛选出3个大项目：建立地区性股份经济合作社，明晰集体资产，建立新的产权管理制度；土地承包打破“地界、队界、户界”3个界限，以投包为特征，建立土地承包经营新机制；推行农业股份合作，引进企业化管理形式，优化生产要素重新组合。由于项目相对集中，力量加强，从而加大了改革的力度，收到了预期的效果。

在农村建制改革上，组建地区性股份经济合作社已告一段落，全镇原来设置65个经济合作社，组建起34个股份经济合作社。经过一年的实践，有几方面的优越性：一是明晰产权，建立起新的产权管理制度，全镇18个管理区中，有14个管理区实行一区组建一个社，有4个规模较大的管理区。经过全面清产核资，把原来生产队集体2 039万元进行折资量化到农民，比例是集体占股本20%，股本额407.8万元；农民股占80%，股本额1 631.2万元，平均每个股东占有股份额286元。发放了持股证。股份经济合作社实行股东代表大会制，各社制订了章程，实行理事会的管理形式，一改过去生产队旧的管理形式，适应市场经济发展的需要。二是精简机构，提高工作效能。由于大多数管理区实行一区一社，管理区支部书记、办事处主任兼股份社理事长，实行一套班子，多个牌子，做到一元化领导。股份社一级管理人员从原来97人，下降为45人，减少了53%。三是有利农村建设和推进土地适度规模经营。以区设社以后，各区由原来多个核算单位、土地多个发包单位变为一个核算单位，加强了农村的统一领导和管理。目前18个管理区进行了全面规划，并做到了农业保护区、工业发展区、农民住宅区的三区分设，确保了农用土地，防止了乱占乱用耕地。同时以股份社为土地发包单位，从而使土地承包打破了村界、地界和户界，对土地适度规模经营起到积极的促进作用。

改革土地承包经营机制是我镇今年改革取得较大突破的一项试验。农村开放改革之初，我们镇从小面积以工分实行专业承包，到 1991 年开始全面分包到户，经过十多年的发展，特别是从计划经济转为市场经济，原来以户、以作物品种，按人数均分土地承包的情况很不适应市场经济农业发展的需要，因此，在土地承包上进行了“三改”：即长期承包改为适度年期承包；土地分散承包改为基塘连片承包；无偿和低偿分包改为定标投包。到目前全镇 18 个管理区中，已有 16 个区实行了“三改”，建立起以市场经济为导向的新的土地承包管理机制。土地投包面积 50 062 亩，占耕地总面积 51 586 亩的 97%。土地承包“三改”带来了几方面的变化：一是体现了土地资产的应有价值。过去分包，作物地多数是无偿的，而鱼塘每亩上交款也只有 450 元，但承包户每亩收入高达 3 000～4 000 元，相差 6 倍多。这样不但体现不了土地的应有价值。同时削弱了集体经济，还产生了负面的影响。因为土地无偿和低值承包，缺乏了竞争，农民就是丢荒、弃耕也不愿转让，结果把土地资源凝固起来。今年土地实行投包，上交款达到 2 145 万元，比过去 950 万元增长 126%。二是土地实行投包，无疑是把有价值的土地资源推上市场竞争，有利于把土地向种田能手集中，使各项生产要素通过市场竞争重新组合，创造条件促进土地适度规模经营。全镇现有承包土地农户 7 727 户，占全镇农户 17 691 户的 43.6%。沙浦管理区有农户 673 户，现有承包农户 145 户，占农户的 21.5%，户均占有土地 16 亩，全区实现了土地适度规模经营。三是促进二、三产业的发展。实践证明，推进土地适度规模经营，既不能等待二、三产业发展起来才推进，但又不能不顾条件，拔苗助长。要把握机遇，创造条件，使适度规模经营与发展二、三产业起到互相促进的作用。我们从三华、永隆、马浦 3 个管理区调查看到，离农的劳动力不论男女、不论素质高低，只要有机会，便各显神通寻找职业和财路。这 3 个区有农户 2 119 户，人口 8 545 人，劳动力 4 662 人，耕地面积 4 687亩，而离农农户 1 629 户，占农户的 76.8%，劳动力 3 544 人，占劳动力的 76%，其中已就业 3 209 人，占离农劳动力的 90.5%。就业劳动力通过两方面渠道：一是参与劳务市场寻找就业，这方面达 2 382 人，占就业劳动力的 74.2%；二是自行投资开办二、三产业，这方面 827 人，占就业劳动力的 25.8%，经营 12 个项目，办起了小工厂、小商店 166 间，成了新的经营者。预测今年这 3 个区的离农劳动力收入 2 577 万元（纯收入），户平 15 821 元，人平 3 745 元，劳平 7 272 元。

推行农业生产经营股份合作制是我镇农村改革的一个新发展。随着农村体制和土地承包机制的改革，为更好地突破以户承包的局限性，优化生产要素，推进“三高”农业发展，我们做到因势利导，运用多形式、多层次，引导农民走农业生产经营股份合作制的道路。目前，全镇已办起农业股份合作场 63 个，面积 5 714.81 亩，集约经营面积 16 110.31亩，占耕地总面积 51 910 亩的 31%。初步实践证明，凡股份合作制的农业，从管理形式、品种结构、劳动力投入、资金使用、农业科学技术应用等要素都得到了优化，体现了比以户承包优越得多，体现了发展现代化农业的方向和趋势。今年在农业多次自然灾害的影响下，全镇农业持续增长，农业总产值 49 540 万元，比去年 37 747 万元增长 31.24%，人均分配从上年 2 355 元上升到 2 932 元，增长 24%，人均收入增加 577 元。

二、抓好配套工程建设，巩固提高改革成果

经过多年改革试验的实践，使我们认识到，农村改革是一项伟大的系统工程，必须要搞好各项配套工程。因此，我们做到一手抓改革成果在全镇范围内进行推广，另一手抓配套工程建设。在这方面我们主要抓5个方面：

1. 抓好“三支”队伍建设，发挥管理新机制的职能作用。为了发挥新的管理体制的作用，我们抓了“三支”队伍的建设：第一支是干部队伍。新体制实行一套班子，多个牌子，既要加强股份社的领导，又能发挥民主办社的方针，普遍建立起股东代表大会制度，并设立理事会，负责处理股份社日常工作。对于脱产的社干部，实行工作任务百分考核，报酬上做到固定工资加浮动，浮动部分报酬与经济效益和工作效绩挂钩，大大地调动起干部的积极性。第二支队伍是服务队伍。为了指导和帮助千家万户农民发展生产，各个股份合作社都建立起农业服务站。服务站由管理区抓农业干部、股份社干部和财务人员150多人组成参与开展服务。第三支队伍是财务管理队伍。组建区域性股份合作社以后，为了使新的管理体制得以巩固，财务管理是重要的。因此，在组建股份社的同时，我们做到以社为单位，建立财务会计服务站，在财务管理上坚持做到“五公开”和“一监督”的管理制度。

2. 发展集体经济实力，充分体现股份合作制的优越性。股份社能否巩固和得到发展，关键在于集体经济的发展，集体有一定的经济实力，才能体现股份社的优越性。从3个时期的比较，就很说明这个问题。第一个时期是1985年前，全镇254个生产队建制时，固定资产1 150万元，每个队平均只有45 275元；第二个时期1991年，全镇组建起63个经济合作社，固定资产1 529万元，每个社平均242 698元，总额增长32%；第三个时期1993年重组区域性股份合作社，经过两年时间，固定资产2 039万元，每个社平均599 705元，总额比第一、二时期分别增长77%和33%。由于股份社有了较多的资产，更好地发挥其优势。因此，我们把握建社后的有利时机，指导股份社充分利用现有资产发展社有一级集体经济，并从实际出发，实行宜工则工、宜农则农的方针，两年来已有19个股份社占55%，折资近千万元，分别与镇、管区、农户合作办起25个养殖场。今年产值8 000多万元，盈利1 500万元，其中股份社占350万元，平均每个社10多万元。天连管理区3个社先后办起5个股份养殖场，今年收入2 050万元，利润615万元，其中股份社占190万元，平均每个社获利60多万元，从而发展和壮大社有一级集体经济。两年来借助集体经济的优势，安排出100多万元以低利率帮助农民发展和开展农田基本建设，体现了新机制的优越性。

3. 履行股红分配，维护办社章程。近年来我们把履行股份分红作为一项重要工作来抓。到今年建社较早的12区22个股份社实行股份分红。永隆管理区是我镇组建股份社最早的一个区，该区从原来10个队由区统一组建一个社，经过评估，有资产总值833 510元，量化到股东总额666 808元，符合股东资格2 644人，每股股本252元，去年社有收入326.8万元，除去集体费用90.41万元，安排1 375 860元进行股本分红，平均每股分红520元。实行股红分配，不但解决了务农和离农在经济收入上的矛盾，也由于“两头人”（即老人、小孩）占1股本，体现了社会主义的优越性，而且也较好地解决了国家、

集体的经济关系。该区股份社在处理好股东分配的同时，留下 39.6%，即 90 多万元缴交给国家公粮税金和各项负担；提留 20.6%，47.06 万元作为股份社公共积累，每个股东占有 177 元，还留下 22.6%，51.76 万元，人均占 195 元为生产发展基金。实行区域性股份合作制以后，不但明晰了集体资产所有权，重建了管理新制度，农民从新制度中得到了回报。而且股份社积累和自有流动资金不断发展，从而进一步调动了农民的积极性。今年该区发展优质鱼养殖 476 亩，占鱼塘面积 40.4%，比上年 294 亩占 25%增长 61.9%，农业总收入 2 220 万元，比 1993 年 1 380 万元增长 60.8%，亩地产值 11 167.5 元。

4. 培育市场中介组织，引导农民参与市场竞争。我镇有近九成多耕地实行了投包经营，无疑把土地这个有价值的生产资料推进市场，这是土地经营形式的改革。要使这项改革得以巩固和有成效，关键在于不断培育市场机制，为农民在发展商品农业中创造一个好的环境。星槎管理区是我镇较大规模的管理区，全区人口 8 000 多人，耕地面积 8 000 多亩，过去由于远离圩场，交通不方便，农民居住又分散，市场信息不灵，农民生产出来的农产品经常受到二道贩子压价，就是农民所需要的生产资料也要到几公里的圩场购买，卖难买难成为发展生产的障碍。为了解决这个问题，有利农民把农产品进入市场交易，该区以股份合作的形式筹措资金 50 多万元兴建起一座占地 2 200 平方米的综合性贸易市场，并建立健全市场的各项管理制度。一开始就杜绝了欺行霸市的现象。因此，每到圩期，来自四面八方的乡民到这个市场赶集。目前该市场不但从初始时只进行农产品交易流通，现在发展到工业品也进入了农贸市场。

5. 转变政府农业部门职能，积极为基层开展指导、协调、服务。农村改革是否顺利开展并得以巩固发展，这对于政府机关农业部门是否改进作风，切实加强农业和农村工作的领导是重要的。为了做到这方面，我们镇一方面建立农业发展服务公司，与有关管理区、股份社先后办起了 8 个优质鱼养殖场和畜牧场，为建立股份制农业基地起到示范、推动作用；另一方面改革农业办公室，实行分专业深入到基层选点搞试验，为了把农村改革干出成效，从去年开始，我们选择了 4 个试验区作为综合试验点，经过努力把这几个点做到了既是我镇三项改革的先行点，又是发展“三高”农业的先进点。由于全办 9 个同志团结协作，干出了成效。今年 10 月，镇委、镇政府在其中一个点永隆区召开现场会，并由 4 个试点区在会上交流了经验，为加快全镇改革步伐鸣锣开道。

1994 年 12 月

努力探索新的农业经营机制

顺德市均安镇试验区工作组

1997年已过去了。回顾过去的一年，遇到市场疲软、农产品价格下滑、资金周转困难，对开展农村改革带来了很大压力，工作上遇到了很多困难，但在各方的配合下，我镇农村改革仍然健康发展。

一、改革的总体情况

我镇农村改革，按既定的试验课题，以继续完善、巩固、提高为主要工作内容，结合我镇的实际，抓住典型，努力探索农业新的经营机制，进一步深化农村改革。原定的试验课题，经过多年努力，到去年底基本结束了。

1. 管理体制改革。即撤销原生产队建制，组建地区性股份合作制。全镇18个管理区，已全面实行了一个区组建一个股份合作社，全镇股份社18个，平均每个股份社有1 042户、劳动力2 211个、耕地面积2 736.9亩。每个股份社有固定资产108.83万元。总股份额71 301股，所有股份社制订了章程，以理事会的形式进行新的管理，1997年年终分配，安排出1 920.93万元进行股红分配，平均每股269元，同时股份社还安排出1 543.32万元，搞福利事业和农田基本建设，而且还有18个股份社注入资金兴办工业、商业和水产养殖场，1997年产值23 400万元。发展了新经济，1997年结算，股份社公共积累达到1 931.85万元，平均每个社1C7.32万元。这对于巩固和发展地区性股份社发挥着积极的作用。

2. 土地承包三改。即：土地从分包改为包、从分散承包改连片承包、从长期承包改短期承包。全镇耕地49 264.5亩，已进行全面改革。第一、二批先行点已进入了第二轮投包了，耕地面积14 522亩，占总耕地面积的29.5%。到去年年底，承包土地到农户面积42 881亩，占耕地面积的87%。承包农户5 331户，占总农户18 612户的28.0%，在承包农户中承包作物地1 352户，承包面积3 499亩，产均2.5亩。鱼塘、作物连片承包3 979户，承包面积393 282亩，产均9.89亩。通过土地承包三改，一是土地向种田能手集中，全镇有621户，承包土地13 991亩，产均22.5亩，比承包土地户均8亩高出1.8倍，比平均分包时户均2.3亩高出8.78倍。在规模农户中30亩以上的有123户、面积5 242亩。规模农户占承包农户的11.6%，而承包面积达到32.6%。二是商农劳动力参与二、三产劳动，促进工商业的发展。商农农户13 281户，有劳动力28 613人，已参与二、三产业劳动的26 323人，一年收入16 425.55万元，劳均520元，由于商农劳动既能就业，又能参加股份社分红，使土地承包三改得以顺利进行。

3. 农业经营形式改革。在市场经济条件下，如何引导单家独户、“小而全”的独立经营转变经营方式，寻找农业发展的增长点？在这个问题上，我们坚持除了做到以上几方面外，还逐步推进农业股份合作形式。经过3年来的反复实践，到去年年底，全镇参加农业合作的农户有739户，占总农户的3.9%，占土地承包户的13.8%，承包土地面积6 123亩，占耕地总面积的12.5%。其中：有14个管区，占管区数的77.7%，由区经联社、股份社注入资金，农户自愿参股兴办农业股份合作社，这种形式有605户参加，参股资金605万元，经营面积3 446亩，占股份面积的56%，其中鱼塘2 847亩，作物地599亩。另一种形式是农户之间的股份合作，参股131户，承包面积的2 677.5亩，占总耕地的5.4%，占承包户的2.4%。在承包土地中鱼塘2 040.8亩、作物地636.7亩。经过实践农业股份合作的形式，有利于单家独户经营，因为它能使生产要素重新组合，实现了集约经营，而且也使一些愿意务农的农户通过股份合作的形式，得以承包土地。农业股份制都是集约经营，所养殖的都是优质品种，因此促进了全镇的农业发展，去年股份农业产值达22 795.9万元，占全镇种养业产值52 545.44万元的43.4%。

经过多年的不断探索实践，原计划试验改革的3个课题从试点到全面推广实施，经济效益和社会效益都收到了预期效果，达到了改革的目的，因此我镇3个试验课题基本结束了。

二、探索实践农业的新机制

我镇随着3个试验课题，从试点改革到全面推广以后，农村经济的发展、农业生产形势、农民的积极性比任何时期都好，农户承包土地面积比过去增加，涌现出一批规模农户的股份合作农场，集约经营的土地面积占耕地的46.8%，但由于都是以户为主和“小而全”的独立经营，因此在产、供、销等各个方面都出现诸多困难，关键在于农业产业化程度低，难于参与市场竞争。所以，要巩固和发展改革成果，还必须实践产业化生产的农业机制，寻求经济发展新的增长点。在这方面，我们正在探索公司—基地—农户的联结模式，共同参与农业产业化经营。在实践上运用3种不同的模式：

第一种：公司模式。即以公司的主体，把股份合作场、农户联结起来。这种模式在仓门、天连、永陆3个区正在实践中。仓门从1996年开始，在镇试验小区工作组的指导下，改革了农业管理体制，组建起农业服务有限公司，并在工商部门领取了执照。经过两年时间的努力，该公司以服务为宗旨，积极开拓农业产前、产中、产后各项业务，逐步积累资金，先后开办了“两场”（两个养殖场）、“一库三部”（产品冷藏库，生产资料、信息资金、农业技术咨询服务部）。现有固定资产30万元，自有流动资金6万元。为了减轻农民负担、有利于引导区、社两级农业干部转变观念，该区把区、社管农业的干部编制到公司各个职能部门，明确责权利。仓门农业服务公司凭借其优势，先后把全区4个股份合作场、8户规模农户和单家经营农户9户逐步联结起来，公司规模经营和农户面积达662亩，占全区耕地面积4 276亩的15.5%。公司在坚持各自独立核算的原则下，从产前的生产计划、资金筹措、种苗安排；产中生产管理、生产资料需要、防病治病；产后产品市场信息、销售渠道、贷款收入等各个方面都由公司联社给予服务。公司还以企业的管理形式给予股份场、农户进行指导，使他们逐步从生产型向经营型转变。去年服务公司农产品销售188.4吨，各种生产资料1 370.4吨，销售总值580万元。全年累计资金融通总额680万元。股份场、农户通过与公司联结起来以后，减少了很多市场环节、降低了风险度，使他们在发展生产上有了资金、技术、市场的保证，由于公司以服务为宗旨，他们从公司直接得到利润 9.6 万元，有力地带动和支持了农户发展生产。

第二种：基地模式。即以农业基地为主体，开办与农业相关的农业企业，并以基地联结起农户。南浦管理区，抓住了开发改造边远低产地为突破口，由区经联社投资开发了 242 亩，并起了一个特种水产养殖场，该场成为该区发展“三高”农业的示范基地。在这个基地的带动下，先后办起一个有面积 642 亩的股份养殖场。随着集约农业的发展，区经联社从农业基地所获取的利润投资近千万元，又办起了特种水产种苗培育场、鳗鱼苗培育场、甲鱼养殖示范场和饲料加工厂等配套企业，目前该区农业基地资产总值达 5 087 万元。为了加强管理，逐步走向农业集团性经营，该区组建了农业基地服务公司（领有牌照），在基地服务公司的统一管理下，以企业为核算单位，公司协调发展计划、经营核算、技术指导、资金融通、产品销售等方面进行统筹、协调。为了调动企业员工的积极性，所有员工都要参股，实行企业内部股份制，同时经联社让出股本 1 309 万元，在区内向农民招股，结果农民参股总额 1 309 万元，使企业从原来集体经营转变为股份制经营。去年基地服务公司属下企业产值 3 536 万元，占该区农业产值 8 456.1 万元的 41.8%，占工农业产值 11 756.1 万元的 30.1%。公司内企业在搞好内部经营的同时，还为该区 250 户农户承包面积 2 000 亩土地，供应各种鱼苗 10 亿尾，饲料 420 吨、协调资金 350 万元。由于做到以基地带农户，该区去年养殖优质水产鱼塘面积 12 580.5 亩，占鱼塘总面积29 300 亩的 43.7%。鱼塘产值 4 999.9 万元，其中优质塘鱼产值 4 174.9 万元，占塘鱼产值的 83.5%。

第三种：养殖场模式。主要是以养殖场为主体，联结规模农户和农户。这种模式是我镇向农业产业化方向探索的初始阶段模式。因为这种模式最为农民所接受，也是最为容易做到的。目前我镇有 12 个区正在利用养殖场的模式联结和带动农户，前两种模式也是从这种模式发展起来的。沙浦区，利用改造低产地，投资 50 万元连片开发了旧基塘 620 亩，在开发过程中做到道路、排灌、电网、农机等统一规划、统一配套，开发成规模化基塘，并由经联社注资 250 万元，向区内农户以每万元为一股进行公开招股，共招得股本 600 万元，办起了一个具有规模的的优质水产养殖场。该养殖场以养鳗鱼为龙头，开拓了江团、甲鱼和花班鱼新品种。1996 年农业产值 3 300 万元，亩塘值 86 842 万元。1997 年尽管市场疲软、鳗鱼价格下滑，但由于合理混养、改变了单一品种养殖，该场农业产值仍达到 2 100万元，亩塘产值 55 263 万元，比农户仍高出 2.8 倍。目前，该场每万元股本已分得红利 8 000 元，占股本八成。养殖场在耕作条件的改变、企业化的管理以及养殖品种和经济效益等方面都吸引着农民，并逐步向养殖靠拢，希望从单家独户经营的“独木桥”中走出一条康庄大道。在季节性大生产中，养殖总场还做到场、户劳动力合理调配，组成了互助帮耕队，从而使农业生产从产前、产中、产后各个方面将场、户联结起来，形成了一种新的经营模式。

三、两年实践的体会

我镇农业经营方式转变的探索虽然起步时间不长，但经过两年多时间的实践，有几方面的体会：

（一）必须坚持贯彻党在农村的基本政策

实行以家庭联产承包责任制，是党在农村的一项长期的基本政策。我们在探索或农业产业化过程中，也是坚持在这个原则下，结合我镇以经营塘鱼养殖为主的多项性经济作物地区的实际，一方面，耕地坚持以户经营，并以市场经济为导向，改革土地承包形式，创造条件推进土地适度规模经营；另一方面，把部分边远低产耕地，采取多种形式集资开发，兴办股份制合作场。要把农户联结起来，不能用行政手段，更不能搞一刀切和一个模式，只有做出示范、刻好样板，让农民去观察、体验、总结对照，用典型经验启发提高他们的认识，转变他们的观念，这样就水到渠成。

（二）农业产业化是发展现代农业的方向

在实践中我们还认识到，农村管理体制的改革，无疑是管理形式的转变，它为发展社会主义市场农业只是搭起框架；但要使经济发展有一个新的增长点，还得要转变经营方式，才能创造条件使农业得以持续性发展。从现阶段我镇的实践三种不同模式，尤其是公司＋股份场＋专业户，最能解决当前阻碍农业发展的难题，更好优化社会各项生产要素，使农业生产得以持续发展。与小而全的生产相比较，有几方面的变化：

一是落后的土地条件得以改变。本来我镇有耕地面积 8 300 亩，16.8％是边远低产地，尽管这些面积承包到了户，但是仍然跑水缺肥，面貌依旧，因为单家独户无力改造。现在就不同了，一方面集体注资开发，另方面农民投资入股，多方面筹措资金，经过努力，基本把这些落后耕地进行了改造，亩地收入也从过去二、三百元上升到万元。而且这些耕地一经改造，就形成了规模经营和股份合作场，并以发展三高农业为主，成为农业示范基地。沙浦区在总场的带动下，按集体统一规划，自行投资 100 多万元，先后重新整治了鱼塘、土地 1 300 亩，占耕地面积 2 717 亩的 47.8％，使原来地塌塘浅无路行的面貌得以改变。该区现在鱼塘规格化、运输公路化、排灌电器化，生产力有了很大的发展。

二是农业机械化程度不断提高。本来农业受着自然条件的很大制约，要使农业得以持续发展，有赖于农业机械的发展，尤其是我镇是以经营淡水养殖为主的地区，其供电设备、排灌机械、塘鱼增氧和饲料搅拌等农业机械必不可少。但在单家独户、经营面积不多、经济效益不高的情况下，要农民多投入是不可能的。由于机械化程度低，农民往往受到自然条件的束缚，经受不了自然灾害的袭击，生产、经济损失严重。为了解决这个问题，我们一方面依靠集体力量，不断扩大公共积累，区经联社、股份社每年坚持提留“三金”（公积金、公益金、生产基金），每年集体投入 100 多万元搞农业基本建设，修建机耕路、供电站等；另方面以公司、股份场为主体，利用企业积累架设电网、购置各种机械设备，成为使用推广农业机械示范点，带领农户逐步推广。南浦区改造开发了 1 200 亩边远低产地，开办了各种农业企业以后，利用经联社、企业的积累，先后投资 3 万多元，办起 3 个供电站、架设起 10 公里输电线路，修建了一条 5 公里机耕路，使全区 5 000 多亩耕地初步实现了“三机一化”，即每户承包土地有电动抽水机、柴油抽水机、塘鱼增氧机，运输实现了车船化。农业机械投资平均每户都在 1 万元以上，最多的 3 万多元。

三是减少了市场环节，保障了农民的利益。目前我镇所实践的三种模式，基本做到产前、产中、产后的各个环节都由公司、基地和场进行协调，并最大限度地为农户协调资金、饲料、生产资料、种苗及产品销售，把分散的农户联合起来进入市场竞争，减少了很多环节，避免了不少麻烦。仓门服务公司一年来就生产资料和饲料一项，为农户供应了1 370.4吨，只是差价一项，农民得回经济收入 27 万元。沙浦总场为农户推销农产品和“一把秤”服务，农民通过公平交易，避免了二道贩子的短两缺斤的盘剥，每年增加收入20 多万元。四是优化了务农劳动力的结构。过去千家万户承包土地，多数农户视农业是副业，成了兼业农民，务农的劳动力都是老、弱和妇女为主。但现在不同了，由于土地从分配承包改革为按需要投包，所务农的农户都占有一定量的土地面积，而且投金比较高，促使要专业化劳动。目前全镇 5 330 户承包土地的农户，基本上都有一定的资金、技术，劳动力都是年富力强的。尤其是股份场的劳动力多数都是有文化的中青年劳动力，因为都是采取聘用的，一经聘用后带资入股贴身经营，因此既是股东又是从业劳动者，现在受雇于股份场的农业劳动力达 2 500 人，都是年富力强的，劳动素质比过去大为提高了。

（三）试验工作组要深入第一线去参加实践

探索实践农业产业化发展，是继农村土地以产联产责任制后一次改革，因为它不仅是经营体制上，而且是在生产方式上的转变，是实践中央提出“两个转变”的具体内容。能否在实践中积累成功经验，关系到农村是否持续深入改革、关系到农业是否可持续发展的关键。要掌握实践的主动权，试验工作组必须要深入到第一线去，亲自抓点，努力刻出样板，用典型说话，用样板带动。因此，这几年我们工作组一方面抓好原来改革的项目进行配套完善；另方面由工作组主要领导亲自抓了 5 个区作试点和区社干部实践，运用不同模式，并以主点带副点，做到走一步、摸索一步，推广一种方式，使试点轮番向前推进，减少盲目性和工作失误，这样既使我们的探索经过实践得以不断提高，而且使工作稳定发展。

1998 年 2 月

深化农村改革　发展“三高”农业

陈绍权

均安镇的农业生产主要经营淡水水产、生猪，兼营种植蔬菜、香大蕉和水产青饲料等。多年来，在省农村发展研究中心的指导下，我们试验小区工作组，在镇党委、镇政府的统一领导下，结合本地区的实际，坚持开展了对农村管理体制、土地承包经营机制和农业股份合作制等方面的试验改革。这些试验改革对进一步深化农村改革、促进生产力的发展，都起着积极的推动作用。

一、以发展生产力为出发点，坚持开展农村的改革

党的十一届三中全会以来，我镇围绕着以土地实行联产承包责任制的主要内容，开展了农村各项改革。尤其是从1994年开始，我们总结了过去在改革中的正反两方面的经验，开展了一些新的农村改革试验。试验的项目从过去的单项、分散的试验到项目集中、综合性的试验；从过去注重形式程序的试验到与优化生产要素结合，提高经济效益为中心的试验，所以农村的改革试验从深度、广度、效应上都比较好。试验改革成为我镇广大干部和农民群众的愿望和自觉行动。4年来，我们围绕着发展生产力这个主题，进行了3大项目的试验改革，并在全镇范围内推广。

1. 在农村管理体制上，组建地区性股份经济合作社。经过分期分批试验全面推广，全镇组建了地区性股份经济合作社22个，在18个管理区（村）中，有17个区实现了一区一社。经过不断实践，初步显示出几方面的优越性：一是明晰产权，建立起新的产权管理制度。我镇原有254个生产队，随着农村开放改革的深入，生产队的建制已不适应农业商品生产的发展需要。特别不适应土地向种田能手集中，由于规模过细很难适应市场经济的发展。为了冲破这一局限性，我们分阶段逐步改革生产队建制，并经过全面清产核资，把原来生产队的集体资产2 039万元，进行折资量化到农民。在比例上股份社占二成，作为公共股，八成量化到社员，使农民成为股东，有权参与股份社的管理。我们给每个股东发放了持股证。股东凭证领取股红分配。1996年全镇股红分配总额1 900万元。平均每股分得股红300元。股份社有明确的章程、实行股东代表会议制、建立健全理事会的管理模式，一改过去生产队的管理办法；撤队建社实行地区性股份合作，精简了机构，管理人员从原来的377人下降为只有140人，减轻农民负担。管理体制的改革改变了原来一个区内多个核算单位，土地承包有多个发包方的状况，从而加强了农村的统一领导和管理。目前各管理区实行了三区规划，即农业保护区、工业发展区、农民住宅区分设，确保了农用土地。

2. 在土地承包形式上，改均分承包为投包经营。原来我镇土地承包是按人头均分到户承包的。一户有多块土地，且一块土地的面积又不大。这样的土地经营方式，很不适应

农村经济发展的需要。为了改变这种情况，分期分批把全镇 3 439.09 公顷土地（其中淡水鱼塘 1 933.33 公顷，作物地 1 505.73 公顷），以管理区为单位公开招标。这些农地分别由 5 331 户农户投包经营。土地的投包经营带来了几方面的变化：一是体现了土地资源的应有价值。过去承包土地按人头均分，每公顷上交款只有 6 750 元，而通过投包可提高到 22 500～30 000 元，比原来高出 2～3 倍。二是有利于把土地向种田能手集中，使各种生产要素通过竞争重新组合，创造条件促进土地的适度规模经营。全镇现有承包土地的农户只占全镇总农户数 19 612 户的 28.6%。在承包土地的农户中又有承包大户 621 户承包了土地 932.73 公顷，分别占承包户和耕地面积的 11.6%和 27%，每户平均 1.5 公顷，超出全镇承包户户均 0.64 公顷的 34%。沙浦管理区有 673 户，现有承包户 145 户，占农户的 21.5%，户均 1.067 公顷，比原来多 3 倍。三是促进了二、三产业的发展。实践证明，推进土地适度规模经营，既不能等待二、三产业发展起来才推进，也不能不顾条件，拔苗助长，要把握机遇、创造条件，使适度规模经营与发展二、三产业起到相互促进的作用。从三华、永隆、豸浦 3 个区的调查，共有农户 2 119 户，人口 85 415 人，劳力 4 662 人，耕地面积 312.47 公顷，离农农户有 1 629 户，占 76.8%，劳力 3 544 人，占 76%，其中参加二、三产业劳动力有 3 209 人，占劳力总数的 90.5%。

3. 在生产经营上，改革单家独户的经营方式，推行股份合作制。随着农村体制和土地承包机制的改革，为了更好地突破以户承包的局限性，优化生产要素，推进“三高”农业的发展，我们做到因势利导，运用多种形式、多层次引导农民走农业生产经营股份合作制的道路。目前，全镇已办起农业股份合作场 63 个，经营面积 380.93 公顷，其中市、镇、区合作 2 个；镇、区合作 3 个；镇、社合作 2 个；镇、社、农民合作 1 个；区、社、农民合作 3 个；社、农民合作 3 个；区、农民合作 5 个；农民与农民合作 44 个。区区办起了股份合作场，有 3 100 户农户成为股东。同时还有 5 个管理区集体办起了优质水产养殖示范场，经营面积有 35.53 公顷，加上全镇规模经营农户承包的土地，集约经营面积达 1 349.2 公顷，占耕地总面积的 39%。股份合作场全都发展“三高”农业，养殖种植的都是优质品种。这些股份场虽然只占全镇耕地面积的 12%，但 1996 年上市鳗鱼等优质水产品有 2 000 多吨，占全镇水产品总产量 2 400 吨的 83.3%，产值 2 亿多元，占全镇纯农业产值的四成。

二、不断完善服务体系，促进“三高”农业的发展

经过多年的改革试验，使我们认识到，要使农村改革得以巩固、发展并能收到较好的效果，必须搞好各项配套工程，尤其是建立服务体系。积极开展各项社会化服务是很重要的。我镇经过撤队组建股份合作社、改革土地承包经营方式以后，全镇的“三高”农业，特别是优质水产养殖业发展比较快，养殖面积达 1 133.33 公顷，占全镇淡水水产面积的 58.6%，其中鳗鱼 466.67 公顷，桂花鲈、加州鲈、甲鱼等优质品种 666.67 公顷。1996 年优质水产品的产值已占纯农业产值七成多。由于“三高”农业投入大、风险大，这有赖于社会上给予各方面的服务，才能使“三高”农业持续、稳定地发展。为了巩固改革成果，促进农村经济的发展，多年来我们狠抓建立和完善服务体系这个重点，搞好改革以后的配套工程。

1. 建立和完善服务体系，做到有领导、有阵地、有内容地开展服务活动。在这方面我们主要抓好两个环节：首先，抓好政府农业部门转变工作职能，逐步做到从行政领导型转变为指导、协调、服务型。一方面镇建立农业发展服务公司，其任务是为管理区、股份社和农户进行农业经营决策、引进种苗、市场信息、产品销售、资金筹措等各项服务。为了为发展“三高”农业作出示范，农业服务公司以股份制的形式与有关区、社办起了8个优质水产、畜牧场，还与外商合作办起了鳗鱼加工厂；自行投资建起了年屠宰、批发生猪3万多头的现代化屠宰场，同时，每年为农户引进优质鳗鱼、甲鱼等鱼种1 000多万尾。其次是抓好典型、下功夫抓好样板。镇农业办公室改变了过去催耕催种的领导方法，深入实际，加强调查研究，在搞好指导和协调的同时，抓住4个具有代表性的管理区与干部一起探索试验，并运用不同的形式建立农业服务机构，开展产前、产中、产后服务。仓门管理区把区、社两级管农业的干部组织起来，组建起农业服务公司，自筹资金45万元，办起了农产品储存冷库、生产资料供应站、农业技术站，一年来为农户供应各种生产资料1 000多吨、农药2 000多千克，为1 000多区内区外的农户检测和防治了鱼病和禽畜疫病。由于以服务为宗旨，农民通过服务公司的服务获取经济效益22万多元。该服务公司下属机构还办起了6个养殖场。面积35.33公顷，年产值24万多元。我们通过办点做出成效以后，先后多次召开了现场会，结果18个区都分别办起了农业基地服务公司和服务站，组织区、社干部150多人参与服务。目前有仓门、天连、永隆、沙浦、南浦等区，做到以服务公司为阵地，以农业基地为龙头，实行产、供、销一条龙服务，带动千家万户发展农业。

2. 建设农村小市场，培育产品流通中介组织，引导农民参与市场竞争。我镇土地全面实行投包经营以后，这无疑是把土地这项有价值的生产资料推进市场。由于土地上交款比过去分包成倍增加，促使农民必须发展“三高”农业。才能更好地提高经济效益。为了帮助农民在发展商品农业中创造一个好环境，近年来，我们指导有条件的管理区、股份社和镇共投资427万多元，兴办农贸市场19个，占地面积17 100平方米。计划今后两年再投资600万元，兴建9个农贸市场。1996年通过农贸市场销售塘鱼0.925万吨，生猪4.6万头、家禽153万只，蔬菜0.265万吨。星槎区是一个有人口8 000多人，农业用地533.33公顷的较大规模的管理区。由于过去农民远离市场，为了解决农民买难卖难的问题，该区采取了股份制的形式，筹措资金兴建了一座占地3 000多平方米的综合性农贸市场，不但为农产品打开了流通渠道，农民通过市场交易活动，更好地掌握了信息。由于市场实行规范管理，还杜绝了欺行霸市的现象，做到了服务生产，方便群众生活。近年，在有关部门的支持下，还开办了生猪、塘鱼、饲料专业市场。我镇在抓农村小市场建设的同时，还发动和组织有条件的农民，建立起农产品经营联合体64个，拥有产品运输车船56辆（艘），年购销塘鱼1.011万吨、生猪0.475万吨，还有2 550户个体户参与商品流通，较好地解决了买难卖难的矛盾。

3. 建立资金融通服务机制，为发展“三高”农业筹措资金。为了加强农村体制改革以后经济联合社、股份经济合作社的财务管理，并为集体、农户发展“三高”农业筹措资金，我镇在组建地区性股份合作社的同时，结合各区的实际，组建起30个财务会计服务站。其任务是：一方面加强集体经济管理和农民的土地承包合同管理；另方面开展集体内部资金融通，帮助集体之间、农户之间发展农业资金周转。目前，我镇一年塘鱼上市1.5万多吨、生猪上市5万头，都经过农业服务公司或服务站公称进行交易，而农产品收入的5亿多元，都统一通过财务会计服务站进行统收、统付、统兑现，不但较好地解决了生产与销售的矛盾，而且能较好地处理好国家、集体和农户的经济利益关系。为了帮助农民解决发展“三高”农业的资金周转问题，我镇首先切实加强区经联社、股份社集体资金管理，并由财务会计服务站进行统一融通、调剂余缺，做到有偿融通。三年来累计融通资金总额达1.2亿元。其次实行场、户挂钩，做到资金互补，协调余缺。目前全镇有9个较大规模、效益较好的养殖场与农户挂钩，在种苗、饲料、技术、资金、销售、劳力等方面给予农户系列服务。这部分区场一年为农户提供种苗250万尾、饲料2 500吨、资金750万元。此外，以养殖场经济实体为农户与金融部门进行承保承贷。1996年有10个区养殖场为1 000多户农户承保承贷了发展农业资金2 850万元。

三、建立“两会一站”，抓好“两支”队伍

经过多年的实践，我镇的改革虽然收到了较好的效果，但要完善和巩固这些改革，还要做好各项后续工作。随着形势的发展，农村不断出现新的情况和问题，要解决这些新情况和新矛盾也只能通过深化改革才能解决。基于这一认识，我们进行了3个方面的改革。

1. 建立两个协会，即优质水产协会和禽畜协会。优质水产协会由优质鱼养殖场、规模农户和专业户组成。实行入会自愿、退会自由。协会有章程。协会设置常务理事会，由会员一人一票制选举。正副会长由农民担任。协会设置指导协调、市场信息、技术培训和秘书通讯组。协会还办了简报。为了充实协会技术力量，还聘请了3个高级工程师为顾问。两年来协会举办了10期农民培训班，参加学习的有1 000多人次。协会成为会员的阵地，并通过协会把千家万户的农户联结起来，对传播农业技术起到了积极的作用。

2. 建立镇一级农业综合技术站。由镇农业办公室有关技术干部组成综合技术站，下设站长，统筹全面工作，并分设水产、禽畜、作物技术小组。根据农事季节、农民要求开展农业科学辅导和指导。在综合技术站下设农业技术咨询中心，全天公开为农户服务。咨询中心购置了各种器械，聘请了专业技术工程师坐堂，同时还与省、市有关院校和研究所挂钩，解决技术力量的不足。农技站开办以来为农民传播了各种农业技术并解决了不少难题，得到了农民的欢迎。

3. 抓好“两支”队伍。一支是农业技术队伍的组建。由镇政府发文、区推荐、镇农业综合技术站培训。目前这支队伍已有23人，正在进入培训阶段。另一支队伍是抓农业的区、社干部，经过多年的探索实践，制订了一套工作达标工作责任制，并计划进行系统培训，不断提高他们的素质。

（本文作者时任顺德市均安镇农办主任）

1998年12月

构建七大平台　提升农业综合竞争能力

佛山市顺德区均安镇农村改革试验区

2006年，均安镇农村改革试验区积极构建七大平台，提升农业综合竞争能力。

一、抓科技，构建服务平台

1. 强化实用技术培训，提升技术服务理念，提高农民科技素质。本着“实际、适用、实效”的原则，作好技术推广服务工作，在技术培训方面，调动各方面的积极性，义务开展多渠道、多层次、多形式的水产、禽畜健康养殖等技术专题讲座或培训，全面提高了农民的整体素质，增强了生产和劳动技能，提高了农业竞争力。全年举办种植、畜牧、水产及其他实用技术培训共8次，培训人数共346人，发放有关资料3 100多份。通过培训学习，获益匪浅，使干部得到锻炼，农民得到实惠。

2. 发挥信息优势，做好农业信息服务。通过发送《水产协会简报》《农业信息橱窗》等多种手段，将市场信息和成功经验灌输给广大农民，促进农业生产信息的沟通。坚持定期在电视上广播主要水产品价格信息，缩短市场信息的流转时间，从而更好地引导农民生产，为现代农业发展提供了有效的技术和信息。

二、抓项目，构建开放平台

继续搞好农业现化化园区的建设，促进农村能源生态建设上新台阶。经过规划、申请、立项等一系列准备工作，现在先以新华居委会的3 173亩园区作为示范区建设样板，以点带面推进现代化农业生态园区建设，促进我镇无公害农产品行动计划的实施。我办大力协助新华居委会按照农业园区建设的内容和要求，以高起点、高标准进行统一规划。星槎和天连两个居村的农业园区将在今后有计划地进行。

三、抓执法，构建护农平台

为确保农民利益不受损害，我办联合镇兽医站，配合工商、公安等执法部门不定期地进行抽查，严厉打击制造出售假冒伪劣农药、化肥等坑农害农的违法行为，有效净化了农资市场，维护了农业生产、经营的正常秩序，确保人民群众生命安全。对不符合资质条件、没有经营资格的一律取缔，坚决杜绝假冒伪劣农资流入我镇。

四、抓绿化，构建生态平台

1. 推进生物防火林带建设。在区农业局的大力支持下，继续推进2006年生物防火林带建设工程；做好林地清理，挖穴，施基肥，固土，苗木种植，补植等工作，完成生物防火林带5 689.6米，总造林面积85.33亩。生物防火林带建设的推进有效控制了山火，减少了山火造成的损失，加强了生态环境和资源保护。

2. 做好绿化护林工作。为了实施可持续发展战略，我镇继续推进“青山、碧水、蓝天”环保工程，在星槎、南浦、新华3个居村种植落雨杉2万多棵，并对植树绿化工作做到种、护并重，巩固成效，营造良好的生态环境和生活环境，使绿化美化上了一个新台阶，提高生态效益和城市化品位。

五、抓检测，构建质量平台

如今，我镇已全面实施生猪、蔬菜、禽类和水产品市场准入制度的建设。为使广大群众吃上放心的农产品，我镇强化防疫检测工作，不断提高农产品质量，促进农产品市场准入制度再上新台阶。

1. 做好禽畜防疫工作。认真贯彻“预防为主，防治结合”的工作方针，落实好生猪口蹄疫强制免疫措施，切实抓好动物防疫和禽流感防疫措施。

2. 严抓检验检测工作。一是加强屠宰前及养殖过程中“瘦肉精”的检测工作，每天抽检5%的生猪进行“瘦肉精”检测，检测结果合格的生猪才可以屠宰上市。二是做好蔬菜农药残留检验检测工作，发现农药超标的蔬菜立即销毁。全年销毁超标蔬菜共567.5千克，有效地防止了农药残留超标的蔬菜进入市场。三是抓好水产品的检测工作，对甲醛、孔雀石绿进行速测。全年对甲醛检测超标的70.9千克水产品进行无害化处理，确保消费者健康。

六、抓财务，构建安稳平台

如何强化财务管理，管好村中的钱，办好村中的事，是广大农民普遍关注的一个热点问题。做好农村财务工作，避免产生不稳定因素而引起农村大局的不安。我镇在实行“村务公开，民主管理”的基础上，进一步建立健全各项财务管理制度，加强农村财务管理监督检查，提升农村管理水平。

1. 坚持做好村务财务公开工作。镇农办不定期组织人员深入各村居进行村务财务公开工作的检查指导，注重提高公开内容的质量，发现不足的地方及时提出改进意见，把村务公开工作引入到更深的一个层次。

2. 加强审计监督。每年积极引入有资质的中介审计机构对我镇农村集体财务进行系统的审计，加强对农村集体经济的审计监督，防止集体经济资产的流失。

3. 稳步推进村级财务管理体制改革工作。我镇贯彻落实有关文件精神，结合我镇实际情况，推进村级财务管理体制改革工作，促进农村财务管理制度和体制走向规范化和法制化。

七、抓模式，构建收入平台

上交款收缴工作的好坏，是关系到农民年底分红，农村各项福利事业的建设，居（村）能否正常运作，以至农村大局的稳定。各股份社积极采取措施，千方百计把上交款工作做好，确保农村集体收入。例如天连股份社全面实施先交承包款，后耕作的制度，从根本上解决了农民拖欠集体承包款的难题，上交款完成率达100%。星槎股份社在抓好

“一把秤”制度的基础上，对承包款拖欠超过10天的，果断作出清塘交款处理。而南沙股份社上下一心，坚持执行“一把秤”制度，实行款项统收、统付、统兑现，既可以避免商家短斤缺两现象，又保证了集体收到承包款，一举两得。

2006年12月12日

深化农村综合改革　创新社会管理

佛山市顺德区均安镇社会工作局

2013年，均安镇社会工作局在镇委、镇政府的正确领导下，在社会各界的支持和监督下，始终坚持“以民为本、为民服务”的宗旨，围绕工作职责和目标，求真务实，农村、民政、统侨方面的工作稳步推进，为均安镇的经济发展、社会稳定发挥了积极作用，。

一、切实深化农村综合改革

1. 梳理农村股权问题，完善股份社组织管理。今年，我镇按照区农改文件精神切实推进农村综合改革，主要是继续推进全镇各股份社股权信息录入和继承办理。目前，经全镇各股份社的共同努力，各项指标已经全面完成：①完成股东股权信息录入75 422宗，录入率100%，建立了完善的信息数据库，为下一阶段工作奠定坚实基础；②办理全镇死亡股东的股权继承4 932宗（截至今年10月底），完成率约80%，达到预期工作目标。

2. 加强农村集体资产管理，助推交易平台公开交易。去年底，我镇农村集体资产公开交易平台已经搭建，在镇国土城建和水利局的大力支持和配合下，经过广泛宣传、深入发动和精心组织，该项工作在今年取得突出成绩。3月下旬，沙头工业B区12宗地块一次性推出，14家来自镇内外的投标单位参与竞投，总租赁面积约82.79亩的地块以均价每亩每年2.49万元的价格交易成功，比交易底价每亩每年1.2万元提升107%。首次交易取得开门红，充分体现了农村集体资产公开交易平台的价值和作用，在全镇各村居中引起强烈反响。7月份，均安农村集体资产交易平台首次在村居举行竞投会。截至11月初，全镇共成功完成农村集体资产公开交易47宗，涉及沙头、三华、仓门、鹤峰、天连等多个居村，已超额完成全年不少于12宗的目标。交易数量及成交金额远超预期，全部项目通过交易平台成交价约为2.8亿元，升幅达到17.2%（与底价相比）。在该项工作中，我局与镇国土城建和水利局通力合作，不断加强沟通、完善机制、规范程序，逐步在全镇创建一个公开、公平、公正的农村资产管理和交易环境，促进集体资产在市场化交易中实现价值最大化，在全镇形成积极正面效应，有力促进农村经济发展。

3. 加强村务公开和农村财务监督工作，做好村（居）换届前工作。一是狠抓村务公开。今年，按上级要求成立了均安镇村务公开协调小组，进一步规范落实有关村务公开工作。今年1月，三华社区等5个村（居）被评为广东省第二批村（居）务公开民主管理示范创建达标村（社区）。二是狠抓财务监督。目前，各村（居）已全面掌握农村用友NC出纳软件的使用，切实提升了财务处理水平。三是抓好村（居）委会换届前民主评议和经济责任审计工作。在村居干部评议中，12个村（居）委会班子综合评价以满意和基本满意为主，其中5个村（居）满意百分比超过70%；56名村（居）委会成员民主评议结果均达到称职以上的成绩，其中被评为优秀的合计41人。

4. 积极推进农村综合改革工作，做好农村投包工作。我局积极推进农村综合改革工作，助推农村集体资产交易项目进入平台进行公开交易，并指导天连、星槎、凌沿、永隆等股份社做好农村土地、鱼塘投包工作。在新一轮的投包期，为提高鱼塘、基地的经济效益，有利农户的耕作和基地管理建设，提高股民年底分红，天连股份合作经济社在交易平台进行 39 宗鱼塘对外竞投，共计 60 人参与本次竞投。最终 32 宗鱼塘投包成功。通过天连村的做法，逐步在全镇创建一个公开、公平、公正的农村资产管理和交易环境，促进集体资产在市场化交易中实现价值最大化。

二、工作中存在的问题及分析

1. 农改工作有待进一步打开局面。农改工作涉及面广、难度大，虽然目前我镇已经取得阶段性成果，硬性考核指标基本能确保完成，但农改新的领域尚未有突破，与部分镇街相比尚有一定差距，比如杏坛、伦教等镇街在村居基层治理方面已经开展了新探索。下阶段我局将重点研究这个新方向，努力争取区级支持，承接符合我镇实际的农改工作试点，为解决村（居）的实际问题和困难进行探索。

2. 社会创新方面整体氛围有待加强。社会综合改革、社会管理创新牵涉众多部门，对象涉及到各类群体各个阶层，是一项综合性很强、需要整体联动的改革。目前虽然已经取得一定成效，但整体效果还不够理想，与先进镇街相比有相当差距。比如：社会综合服务如何延伸覆盖及真正发挥应有成效，社会组织的培育力度不足，社会力量的参与度相对较低；基层治理模式如何优化提升，综合改革的整体氛围不够浓厚等，这些都是今后改革中急需破解的难题。如何结合我镇实际，在相对有限的资源条件下，调动各方面的积极因素，抓准社会创新的突破口，打好社会创新的攻坚战，这是亟需破解的难点。

2013 年 11 月 18 日

[第五章]

阳江渔业经济体制综合改革试验区

关于在阳江市建立渔业经济体制综合改革试验点的请示

郭荣昌副书记、欧广源副省长：

阳江市人民政府根据当前渔业发展的情况和面临的问题，接受原中顾委委员杜润生同志的建议，于今年2月初，正式向我们提出建立阳江市渔业经济体制综合改革试验点的请示，现转呈送，请予批示。

考虑到阳江市是我省主要渔区之一，在发展远洋渔业及水产品流通体制改革方面走在我省前列，有较好基础，他们对深化渔业改革也有积极性，所提的几条试验意见也是好的，因此，我们与省水产局交换意见：(1) 拟原则同意建立阳江市渔业经济体制综合改革试验点。(2) 先列入我省农村改革试验区系列，在省委、省政府领导下开展试验，由省农研中心负责协调和联络，并接受农业部水产司和省水产局的指导。至于列入全国农村试验项目系列同题，待有条件时再上报全国农村改革试验区办公室。(3) 在原上报试验意见的基础上，根据转换机制，组织创新和制度创新的精神，建议他们进一步作出具体的试验方案。(4) 根据中共中央（1987）5号文件件精神，试验点在我省权属范围内，在政策上和体制上允许进行突破和超前试验。以上报告，请批示。

广东省农村发展研究中心

1993年3月15日

关于建立阳江市渔业经济体制综合改革试验区的批复

省农研中心：

粤农研〔1993〕7号请示收悉。为了搞好我省渔业经济体制改革工作，省人民政府同意建立阳江市渔业经济体制综合改革试验区。试验区的工作应按国家及省有关规定和在国家允许的范围内进行。同时，要注重成效，量力而行。具体事宜，请与有关部门商办，有关部门应给予大力支持。

广东省人民政府

1993年6月23日

阳江市渔业经济体制综合改革试验区试验情况

阳江市海洋与渔业局

20世纪80年代末，海洋渔业资源进入衰退期，给我市海洋渔业经济发展带来严峻的考验，旧的渔业经济体制已不适应我市现代渔业建设的步伐，渔业经济体制的改革，关系到我市渔业的兴衰。1993年，经广东省人民政府批准，建立了阳江市渔业经济体制综合改革试验区，作为全省农村改革试验区系列之一。试验区建立以来，我局大胆探索和实践渔业体制改革路子，有组织、有计划、有步骤地推进渔业改革试验工作，对促进我市渔业增效、渔民增收、渔区稳定等方面起到积极的作用。现将有关情况报告如下：

一、主要工作情况

1. 推进渔（村）委会改革，强化渔船管理。我市渔（村）委会隶属于乡镇一级的机构，过去，渔（村）委会以往主要以行政职能为主。近年来，渔（村）委会的行政职能有所减弱，需要渔（村）委会转变职能，以提高渔业经济为出发点，以渔民增收增效为目的，加强对渔区渔民的管理和服务如阳西县溪头镇，下辖新发、新兴、溪头3个渔委会，渔船903艘，功率12万千瓦，渔委会通过会渔船的集中管理，设专人为渔民办理渔船生产的各项业务，并且引导渔船向钢壳化发展的路子，带动了整个渔村的经济发展。同时，我市部分渔委会也正尝试不同方式的改革，如海陵岛试验区闸坡镇所属的渔委会将行政管理职能交由居委会管理，集中精力抓好渔业生产工作。

2. 推动渔业股份制改革，促进渔业产业化经营。由于渔业资源的衰退，我市海捕经济效益有所下滑。建设股份制渔业龙头企业，给我市渔业经济的腾飞带来了生机。如广东顺欣海洋渔业有限公司股份制经营模式，就很值得推广。1985年村民林进栈开创了合股经营海捕渔船的先例，带领村民开创了股份制发展海洋捕捞的新路，把木质渔船更新为钢壳船，配备先进捕捞设备；同时，调整作业结构，科学管理，有组织地开展海洋捕捞，从而使该村海洋捕捞业得到迅猛发展。近年来，该村劳均收入达10万元，人均收入约6万元，有12户年纯收入超过100万元，20户固定资产超过500万元。股份制渔村的建设，使贫困落后的小渔村摇身变为社会主义小康新渔村的典范。目前广东顺欣海洋渔业有限公司拥有海洋捕捞渔船143艘，总功率3.29万千瓦，已成为集海洋捕捞、水产养殖、冷冻加工和科研开发于一体的省级渔业龙头企业。

3. 推广“公司+渔户”模式，加强船东服务。近年来，在各级渔业行政主管部门扶持和引导下，我市成立了一些“公司+渔户”的服务型公司。渔船交纳一定的管理费用，就可以加盟公司，该类公司的主要业务是为渔民群众代办渔船证件，处理渔船经济纠纷，办理船东互保等。如阳江市南洋渔业有限公司、阳江市顺景渔业有限公司。

4. 创建渔业专业合作社，提高渔业组织化程度。渔业专业合作组织是符合当前渔业产业化与现代化发展要求，适应农村经济快速发展和农村改革不断深化的新型渔业经营管理制度的组织形式。这些渔业专业合作社在组织渔民、服务渔民等方面正发挥着越来越大的作用，成为渔区合作经济组织、社会组织发展过程中一个很有生命力的事物。自《农民专业合作社法》颁布实施以来，我局高度重视，由分管副局长亲自牵头，深入基层，采取有效措施，大力促进我市渔业专业合作社建设。一是搞好法规宣传。利用渔业科技入户、组织培训等机会，做好《农民专业合作社法》和《农民专业合作社登记管理条例》的宣传，以及宣讲成立专业合作社的意义。二是争取政策扶持。同等情况下，优先向省、市申报项目，优先给予各项支持。三是做好技术服务。首先悉心指导牵头人按照相关法律法规组织成立渔业专业合作社，再对成立的合作社无偿进行各项生产技术指导。在大家共同努力下，至目前止，我市经工商登记成立的渔业专业合作社共计 36 个，涵盖水产养殖、种苗生产、水产品加工、海洋捕捞等各方面。

二、渔业专业合作社

我市渔业专业合作社内部运作规范严谨，对外开拓把握准确，有效地帮助渔民解决在生产经营中出现的和可能出现的问题，增强了抵御市场风险的能力，促进了渔业经济发展。

1. 组织有序，管理规范，发展壮大。当下，我市渔业专业合作社基本上是按照“民办、民管、民受益”的原则，由从事同类渔业产品生产、经营的渔民自愿联合组成。成立后合作社内部分工明确，建立了社员入退社制度、财务管理、质量管理和岗位责任制等一系列规章制度，及时公开合作社集体财产，做到公正透明，由此也吸引了大批人员加入，不断发展壮大。如阳西县绿康水产养殖专业合作社由 10 多户专门从事对虾养殖的专业户组成，以入户会员为主要服务对象，由于制度健全，管理得当，已经发展到 30 多户，现在吸收新社员时要层层考察把关，甚至限制吸收，避免出现害群之马。

2. 强化服务，统一管理，惠及社员。专业合作社有利于形成“小生产、大群体”的经营格局，有利于提高水产品质量和市场竞争力。合作社只有为社员搞好渔业技术推广和服务，统一集中管理，才能更好地实现生产规模化和产业化，使渔业生产持续、健康、高效、快速发展。阳西县绿康水产养殖专业合作社在这方面树立了典范。该合作社为社员提供资金、物质、销售、信息、引进新技术、新品种；开展相关的技术培训、技术交流等方面的服务，对养殖池塘集中连片分区管理，实行“统一提供种苗、统一提供生产资料、统一技术、统一质量、统一收购、统一价格、统一签订合同、统一组织培训”等。该社成立以来，社员普遍增收 3 万～8 万元，得到了实惠。阳春市潭水鸿发鱼苗专业合作社，由阳春市多家生产淡水鱼苗的养殖专业户组成，成为潭水镇鱼苗生产、流通的龙头，带动了整个潭水镇的鱼苗生产发展，由 2003 年的 20 多家鱼苗场发展到 2008 年 200 多家，年产苗量超 1 000 亿尾，占到了全省淡水鱼苗生产的 60％。

3. 加大对外拓展与宣传，为社员办实事好事，增强凝聚力。只有“想社员之所想，急社员之所急”，办实事，做好事才能做好服务，增强合作社凝聚力。在这里，阳西县绿康水产养殖专业合作社和阳西县溪头网箱养殖专业合作社起了很好的带头作用。前者不但把合作社的相关情况形成网页，通过网络对外宣传，搞好服务，还充分利用当地得天独厚的旅游资源优势，积极为社员集体投资置业，于去年以合股形式投资 150 多万元兴建一座集办公和旅游业于一体的大楼，将于近段时间试营业，为合作社成员谋利益。后者在“黑格比”重创我市渔业生产后，积极周旋于各银信部门，以合作社名誉贷款 1 200 多万元，为受灾社员注入了一支强心针，加快了灾后复产进程。

三、取得的成效

设立阳江市渔业经济体制综合改革试验区以来，我市紧紧围绕建设海洋经济强市的目标，大力实施蓝色崛起战略，积极优化产业结构，加快产业转型升级，注重科技创新，注重人海和谐，注重服务管理，注重民生保障，海洋与渔业工作取得了较好的成绩。农业部副部长牛盾、农业部渔业局局长李健华曾到阳江市考察现代渔业建设，对阳江渔业给予高度评价，认为阳江渔业发展历史悠久，有良好的传统，也体现了现代渔业理念，为广东渔业发展做出了很大贡献，也为全国渔业发展创造了很多经验。阳江市重视渔业经济体制综合改革，是因为：

首先，渔业在阳江市国民经济中占有重要地位。2010 年，渔业经济总产值超百亿元，达 110 亿元，增长 16%，其中水产品总产量 100.16 万吨，产值 81.13 亿元，分别比上年增长 19.1%和 15.3%。在国际金融危机的冲击下，去年全省外贸出口大幅下降，但我市水产品加工出口逆势飘红，实现历史新突破，全年水产品出口总量 5.92 万吨，出口额 3.09 亿美元，同比增长 26.01%和 51.59%，约占全市外贸出口总值的 1/4，增速居全省首位。水产品加工企业入库税款 6 067 万元，同比增长 80.35%，是我市税收增速最快的行业。阳江市谊林海达速冻水产有限公司出口达 1.002 4 亿美元，成为我市首个出口突破一亿美元大关的企业。

其次，渔业各项经济指标一直走在全省前列。全市水产品总产量连续多年居全省地级市前列，人均水产品占有量 363.3 千克，分别是全省、全国人均占有量的 4 倍和 9 倍多，多年稳居全省首位；阳江的海洋捕捞业生产水平领先全省。我市现有海洋捕捞渔船 4 909 艘，占全省的 8.4%，功率 37.43 万千瓦，占全省的 17.65%，平均每艘功率 76.25 千瓦，是全省的 2.1 倍，44.1 千瓦（60 匹）以上的渔船 1 725 艘，占全省的 15.76%。海洋捕捞产量 36.13 万吨，占全省的 24.34%；多个品种养殖规模和产量居全省首位。牡蛎养殖面积 5 508 公顷，产量 28.75 万吨，泥蚶养殖面积 1 906 公顷，产量 1.85 万吨，成为全省最大的主产区，阳春市水产种苗年产量达 2 310 亿尾，占全省淡水种苗供应量的 34.52%，成为我省重要的水产种苗生产基地。

第三，促进渔区社会和谐稳定。2010 年，全市渔民人均纯收入首破万元大关，达到 10 345 元，增长 12.75%，是农民人均纯收入的 1.86 倍，渔业成为沿海农（渔）村人民解决就业、致富奔小康的重要途径。去年，各级海洋与渔业主管部门扎实推进柴油补贴发放、渔民安居工程、渔民转产转业、渔业互保、解决受灾户贴息贷款等工作，加强渔业安全生产监督管理工作，有效减少渔业安全事故人员伤亡，维护了渔区社会稳定，促进了渔区经济繁荣，特别是加强对阳西县红木山和鸡乸朗新渔村建设工作的指导，已将这两个渔村建设成为和谐的社会主义新农村典范。

2013 年 12 月

[第六章]

中山高科技外向型农业开发试验区

关于建立中山市高科技外向型农业开发试验区的批复

省农村发展研究中心：

粤农研〔1994〕03号请示收悉。为加快中山市农村改革步伐，促进农村经济发展和农业现代化，同意建立中山市高科技外向型农业开发试验区。试验区的开发建设应按中央和省的有关规定进行。请你们帮助中山市搞好试验区的总体规划和前期准备工作。具体事宜请商有关部门办理。省有关部门应给予大力支持。

广东省人民政府

1994年7月7日

建立农工林贸一体化的高科技外向型农业生产经营体系

李俭忠

改革开放以来，中山市农业和农村工作发生了巨大而深刻的变化，迫切要求农业的生产、科技、经营和运作体系面向市场。我市的高科技外向型农业开发试验区，就是为适应这种形势，经广东省人民政府批准，于1994年7月正式建立的。几年来，试验区在国家、省农村改革试验区办公室的指导下，紧紧围绕建立高科技外向型现代农业科研生产、经营体系和运行机制的目标模式，突出重点，整体推进，在多项改革试验中取得了一定的进展，有力地推动农业和农村经济的发展。

一、建立试验区的动因

1992年全国“三高”农业会议在广东召开，我市是会议的参观现场之一。会议结束之后，我市“三高”农业的发展势头迅猛异常，基地越办越多，越办越大，既有规模又有声势，但由于没有良好的运行机制，没有高含量的技术指导，没有形成完整的产业体系和健全的保障体系。农业的进一步发展碰到重重困难，比如，罗氏沼虾孵化繁育，中山最早获得成功，曾被纳入国家的援外项目，但由于没有高水平的孵化场，没有专一的饲料厂，没有先进的防疫体系，没有紧密配合的生产、加工、销售一体化的经营组织模式，因而迟迟未能成为主导产业。农贸分离、产销脱节、出口垄断。计划经济体制下长期形成的部门、行业分割和地域、所有制界限，各经济主体“权、责、利”不一致的弊端，使农业部门在指导生产，扩大规模，开展对外引进，发展出口创汇等方面处于被动局面，大大挫伤了生产者的积极性。

鉴于以上问题，面对来自外部和内部的强大压力和挑战，唯一的出路是通过改革试验，引入创新机制，为此，我们经过广泛的研讨和充分的论证，提出高科技外向型农业改革试验的构想。在对试验宗旨、目的、方案进行可行性研究之后，得到广东省人民政府的批准，在1994年7月正式成立中山市高科技外向型农业开发试验区。

二、试验目的、目标、模式和运行机制

试验的目的是通过建立高科技外向型农业开发试验区，为沿海经济发达地区探索一条起点高、转化快、信息灵、产销旺、效益好，与国际市场接轨的现代农业的发展路子，实现由传统农业向现代农业的跨越。

试验的目标是通过引进、吸收、消化、改良和有选择地应用国内外优良品种和先进技术，提高农业生产和农产品的科技含量，缩短与国际先进农业科技的差距，建成农工技贸一体化，产加销一条龙的高科技外向型农业生产经营体系。实现高科技含量、高商品率、高附加值和高创汇率，在国际、国内市场上争占一席之地。

为建立一套科研实体+生产基地与专业农户+国内外市场的崭新的经营目标模式，在试验区内部设立4个小区进行开发试验。一是由农机研究所、水稻研究所、水稻机械化生产专业协会、万亩高产示范片、育秧工厂、谷物烘干中心和机割服务公司组成粮产小区。二是由水产研究所、农科中心水产试验场、罗氏沼虾高产示范片、流通协会和农业信息中心组成水产小区。三是由生物技术研究开发中心、蔬菜研究所、花卉研究所、园艺出口基地和境外公司组成园艺小区。四是由信息网络工程、开发引进工程与农业标准化工程组成现代农业小区。

为达到以上目标，需要建立与之相适应的现代农业运行机制和体制。(1) 建立科研与生产相结合、科研与企业相结合，科研与市场相结合，促进农业科技转化与科技进步的新的运行机制；(2) 建立以科技为依托，以市场为导向，以科研机构为龙头的种、养、加相结合，产、加、销一体化的农业产业化经营体制；(3) 建立多元化的现代农业投入体系；(4) 建立合理的分配机制；(5) 建立信息灵活、运行通畅的内、外贸体制；(6) 建立现代农业的风险保障机制。

三、试验的初步成果

中山市高科技外向型农业开发试验区的试验已历时4年。我们在建立外向型农业的科技进步机制和经营组织架构方面取得了一定的进展，在构筑现代农业的投入体系和农业示范工程方面也进行了一些有益的探索。

(一) 培植龙头，建立农业主导产业的科技进步新机制

建立科研与生产、科研与市场相衔接的农业科技进步新机制是试验区改革的核心课题之一。在试验中，我们致力于培植农业主导产业的龙头科研实体，以一批龙头科企为载体，加速农业科学技术成果向生产力转化，以科技服务引导生产，开拓市场，取得经济效益后又反哺农业科研，实现农业科研实体经营的良性循环和科技经济实体龙头带动农业发展的战略。

1. 水产龙头科技实体——中山市农科中心水产试验场。该场的科研工作面向我市淡水养殖主导产品之一的罗氏沼虾。科技人员针对罗氏沼虾不耐寒，露天养殖时间短，成虾上市高度集中的弊端，开展协作攻关，成功研制出罗氏沼虾越冬温棚设施，攻克了虾苗越冬和幼苗早春室内标粗技术，使虾农从过去4月投放幼苗提前到现在2月投苗标粗，商品虾从原来8月上市，提前到现在4月中旬上市。在场内，由课题技术负责人组阁经营，以其技术入股，享受利润分配。科研人员的住房、车辆购置等由技术股红的渠道解决，实行“职、责、权、利”四统一。让经营者在研究、生产、经营方面充分享有自主权，使企业充满生机和活力。

2. 蔬菜、花卉龙头科技实体——中山市农业生物技术研究开发中心。中心以生物工厂为核心，以示范基地为依托，以经济利益为纽带，把科研机构、生产基地和专业大户联成一体。中心先后从国外引进以色列樱桃番茄、台湾圣女番茄、美国金银甜王米、意大利生菜、丹麦紫椰菜、台湾韭菜花、日本鱼翅瓜等20多个优质蔬菜品种，通过蔬菜研究所试种筛选后。推广种植200多公顷。中心的生物工厂应用组织培养技术，繁育出金冠脱毒马铃薯，台糖16、20、22、23号以及金元宝、红掌、碧绿海、玛莉安等优质花卉种苗，

在省内外推广种植 1.33 万公顷，部分组培苗还远销冀、鲁、黑、蒙、闽、桂等地。中心还通过种苗供应、技术指导、资金联合等多种形式，带动市内专业大户和省内外种植基地发展外向型农业生产，组织其中部分优质产品出口创汇，取得良好的经济效益。

3. 畜产龙头科技实体——中山市水禽出口生产基地。基地实行两头在外，一方面，引进以色列 3 个型号的祖代优质种鸡与本地沙栏鸡通过三元杂交选育出新一代优质石岐鸡种，应用人工授精技术提高种蛋受精率以获取高的孵化率，后来又引进英国樱桃谷 SM2 型原种鸭进行繁育推广；另一方面，以繁育出来的优质种苗跻身境外市场，1995—1996 年共出口鸡苗 135 万只，肉鸡 60 万只，创汇 312 万美元。1998 年预计出口鸡苗 200 万只，鸭苗 50 万只，创汇 110 万美元。另有 200 多万只樱桃谷鸭直销港澳市场。目前基地出口的石岐鸡苗在香港鸡苗市场的占有率高达 70%，闯出一条以技术成果为依托，以出口种苗为拳头产品的外向型科技农业的路子。

4. 粮产龙头科技实体——中山市农机研究所和水稻研究所。两所会同火炬区在试验前期开发工厂化育苗、机械化抛秧和电脑化栽培技术。三项技术的开发是水稻栽培技术的重大革新。它减轻了农民的劳动强度，提高了生产效率。据统计，应用三项新技术的田块平均增产 8%～10%，每公顷节省成本 936 元。1998 年两所又紧紧围绕粮食生产全程机械化的课题，推广驱动耙 470 台，联合收割机 38 台，组建非公有制机割公司 5 家，新建育秧工厂 3 间，谷物烘干中心 1 座，为粮食生产农户提供全方位的机械耕作服务。两所还与华南农业大学农业生态室合作，应用计算机模拟模型（RSM）指导水稻栽培 2 000 公顷，连年获得高产稳产。

（二）促进联合，建立农业科研、生产、流通一体化的产业组织新架构

中山市高科技外向型农业开发试验区按照总体规划的要求，以国内外市场为导向，以经济利益为纽带，把流通企业、科研机构、农民协会和生产基地联为一体，努力抢占市场。

1. 生产基地与专营公司里应外合，开辟农副产品进入境外市场的通道。试验区的园艺小区实行“联起来，打出去”的战略。在境外，先是自行组建香港中山绿园蔬菜贸易有限公司、香港中山花园贸易有限公司，后是自找专营公司作代理商，缔结贸易伙伴关系；在国内，则借助省科委、省农科院、华南农业大学的科技力量，建立中山市农业生物技术研究开发中心、蔬菜研究所、花卉研究所等科研机构，组建中山市优质蔬菜服务公司、绿雅园艺有限公司、绿盈优质蔬菜种子公司等服务实体。境外境内互为依托，结成对应的伙伴关系。4 年来，通过市优质蔬菜服务公司和绿雅园艺有限公司牵线搭桥，寻找出口渠道，以预约购销形式签订出口合同的蔬菜、花卉生产专业基地已发展到 511 户（场），经营面积 430 公顷，由代理的境外公司出口货值达 4 000 多万港元。在园艺小区的带动下，香港监记、合兴隆、智诚行等菜栏纷纷加盟，由过去间接代理销售转为直接参与投资，与国内菜场联办基地，面积达 270 多公顷。强大的联合舰队把中山的蔬果花卉产品源源不断地输往境外，不仅摆上港澳超级市场，还远销新加坡等地，每年创汇超千万港元。

2. 建立流通协会与信息网络，发挥农民参与市场竞争的群体优势。走向市场是发展高科技农业的出发点和归宿。在告别短缺经济后，农产品流通的矛盾日益凸现。中山市高科技外向型农业开发试验区在点上试图创立新的组织架构参与国际市场竞争的同时，在面上不忘发挥广大农民作为流通主体的作用，努力培植拓展国内外市场的组织载体。1998年4月29日中山市农产品流通协会正式成立。本着“引导、扶持流通专业户开拓市场，扩大业务，搞活流通，促进生产”的办会宗旨，经过精选，协会在全市3万多流通大军中首批吸收会员310人，在13个镇区相继成立了分会，聘请工商、公安、交通、银信、司法、外贸专业公司等多个部门作顾问单位，设置了流通专项基金，重点扶持专业户更新运输装备以提高长途贩运的保鲜保活率，购置电脑以接收市场信息，对作出贡献的先进集体和个人进行表彰奖励，扶持镇区的流通硬件建设和加工企业的设备改良等。与成立流通协会同步，中山市于1998年4月接通了农业部信息中心的专用网络，着手筹建中山市农业信息内部网，9月份又与市电信局携手合作，利用各自的优势，对原内部网进行扩容、升级与改造，然后正式接入国际互联网和视聆通，采用独立服务器、域名和网络通道，建立包括市场价格、供求行情、种养技术、综合科技、气象资料和政策法规等多个板块的中山农业数据库，通过公众电话网向农户提供接入式服务。

（三）转机换制，建立现代农业多元化投入新体系

现代农业的规模化、集约化生产需要大量投入，仅靠政府资助是远远不够的，中山市高科技外向型农业开发试验区在创新农业投资制度方面作了一些有益的尝试。

1. 以点带面，掀起多主体投入农业开发的热潮。1995年试验区选择阜沙镇作试点，得到市农委和市科委的支持，加上镇财政的配套，筹集了600万元启动基金，以低息贷款的形式重点资助有科技含量、有经营规模的非公有制农业企业，以一视同仁的优惠政策和优质服务善待外来投资者，利用本地水陆交通方便、土地资源丰富、水源水质良好、供水供电设施完备、社会秩序稳定的硬环境，吸引“三外”（境外、市外、第一产业外）资金投入农业开发。1995—1996年点上引入“三外”资金用于农业开发达4.2亿元，为我市农业的持续发展注入了新的资源和动力。

2. 实施改组，促成行政部门在试验中的角色转换。试验区建立初期，参与试验的多个科研单位都是政府农业行政主管部门的附属机构，由于传统思维方式的影响，往往是按照事业单位的机制，依赖财政资金支撑运作，加上仓促上阵，不惜贷款以扩大生产规模和出口业务，在境外置物业、办公司，管理工作一时又跟不上，造成了比较沉重的经济负担。抓住农业开发投资热兴起的契机，试验区首先支持市畜牧总站对水禽种苗基地实施资产重组与改造，批准私营业主斥资赎买了基地的种鸡、种鸭群及孵化设备，以租赁的方式经营养殖水面。改制后出口良种禽苗的经营项目和参与试验的初衷不变，畜牧总站只参与技术指导和实施防疫检疫的统一监管，而生产、销售、出口和扩大投资规模等则由新的个体业主全权处置，自负盈亏。资产重组不但为基地注入了新的资本，还引入了自主经营的灵活性，私营业主每年都注资购进优质祖代种鸡种鸭，扩大生产规模，并以自营出口替代旧的出口方式，减少了中间费用，使基地抵御了香港H5N1禽流感的影响和灾害性天气的袭击，站稳了脚跟，创汇水平逐年提高。

3. 广纳外资，建设高科技农业的开发引进工程。中山市以提供优惠条件，简化报批手续等灵活措施鼓励外商独资办农场，资助工商业主从事农业开发，引导他们采用国外良种良法和先进设备进行生产。现在，一批外资农场已在中山落户。他们先后引人台湾的红龙果、杨桃、木瓜、番石榴、优质水稻和甘蔗，开发菠萝花、欧洲鲜切花卉生产，试验推

广澳洲的无公害蔬菜生产规程。本市的私营业主亦相继试养泰国鳄鱼、日本锦鲤，中华鲟南方养殖基地和大型棕榈苗圃场，引进法国的工厂化大棚专用设施、以色列的滴灌喷灌设备和电脑管理系统。

中山市高科技外向型农业开发试验区的试验成果是令人鼓舞的，但由于缺乏理论指导和足够的政策支持，试验探索还存在一定的困难，为使中山的农产品及其加工产品以更高的科技含量和更优的品质走向国际国内市场，我们将按照试验的总体目标，一步一个脚印地继续探索。

（本文作者时任中山市农委主任）

1998 年 2 月

四两拨千斤　推进农业产业化

刘季芸

在农业产业化的进程中，中山市高科技外向型农业开发试验区，经过4年多的实践，得出了这样的经验：政府在农业产业化进程中正发挥着积极的作用。

一、积极培植科研企业

中山市较重视科学技术转化为生产力，培植科研企业，并通过他们提高农业的科技含量和附加值，从而带动千家万户农民进入市场，推进农业产业化。

中山市农业生物技术研究中心通过在香港的窗口公司，引进国外优良品种，利用生物工程技术，繁育优良品种，并在自办基地作示范，再推广到农民的大田进行批量生产，产品收购后销在香港这个国际市场。这个研究中心先后成功地引进了以色列的樱桃番茄、美国的金银甜玉米、金冠脱毒马铃薯、日本墨绿西兰花、台湾韭菜花、优质蕉、甘蔗及香水白掌、金元宝等20多个蔬果花卉新品种，繁育组培苗数百万株，推广种植1.33公顷，其中金冠脱毒马铃薯，还推广到国内10多个省市。

中山市农业生物技术研究中心培植的蔬菜花卉品种，通过境外公司代理出口货值达1 200多万港元。

中山市农科中心水产试验基地在促进中山罗氏沼虾产业化经营中，发挥了重要作用。他们以研究反季节生产为重点，主攻罗氏沼虾的孵化技术和越冬养殖技术，实现了罗氏沼虾一年两造反季节生产。他们在政府部门的协助下，通过举办虾农培训班、电视讲座、交流会等达到推广高产养殖技术、降低农户生产成本的目的。

由水产科研企业技术攻关，通过基地示范带动，使罗氏沼虾从单造生产变为两造生产，能全年均衡上市，成为品牌产品。1997年中山罗氏沼虾生产规模已达1 866.67公顷，产量6 063吨，收入达2.06亿元，是全省单产最高的生产基地。

在抓好流通方面，沙朗镇组织虾农到国内考察虾苗和成虾的市场，成立养虾协会和农产品流通协会分会，指导虾农养虾和组织虾农流通、加工。镇里建立罗氏沼虾销售联络站，对养殖高产的专业户给予奖励，如去年给亩产超400千克的农户奖励毛巾、拉舍尔毛毯，让虾农盖着毛毯感受党和政府的关怀和温暖。

二、扶持个体流通队伍

20世纪90年代中期，正当中山市罗氏沼虾有了大幅增产时，虾价却下跌，有相当数量的虾农亏本。其中部分原因是流通不畅。对此，中山市政府拨出专款，鼓励运销专业户进行罗氏沼虾鲜虾保活试验。

在政府的支持下，罗氏沼虾保活技术过关，长途贩运保活率达80％～90％，从而使活的罗氏沼虾进入国内各大中城市。

同时，市政府奖励开拓市场有功者。如获得头奖的严石坤先生，他是第一个从塘头把虾空运到上海和西安的人，现在他每天空运 1 500～2 500 千克外销虾，便获奖金 5 万元。由于许多市场的开拓者为罗氏沼虾和水产品打开了国内市场，1997 年罗氏沼虾每 0.5 千克比 1996 年提高 3.1 元。在沙朗镇，1996 年有 1/3 的虾农亏本，而 1997 年有 90%的虾农赚钱。虾农说：养一年虾胜打 10 年工。沙朗镇农民的新房不少是靠养虾盖起来的。

扶持建立农产品冷藏保温车队，也是中山市政府协助流通的做法。中山市去年对 13 位流通专业户购买保温运输车给予补贴，每台车补贴 5 万元。中山市有了一支运销专业保温冷藏车队，水产品和农产品的销售就会更畅顺了。市政府还建立农产品流通协会，使流通专业户形成组织。农产品流通协会由市农委主任任会长，目前拥有 300 多会员。同时，乡镇也建立流通分会。协会把流通专业户组织起来，建立一个范围广，渠道畅通的网络，在国内外树立中山农产品的品牌，扩大市场占有率。

中山市政府安排 300 万元作为农产品流通专项基金，资助流通协会设立农业信息中心，与农业部的中国农业信息网和视聆通公众网络相联通，中山市部分镇和流通专业户也相继与农业信息中心联网，目前已有 130 多专业户上网，中山市流通协会对上网会员每户补贴 3 000 元。这样中山市的农户通过信息中心可获得国内外各大市场农产品市场的供求和价格行情，也可及时向国内发送中山市农产品的供求信息。

三、发挥商会专业协会作用

近年来，中山农村先后出现了一些生产专业协会。如沙朗罗氏沼虾生产协会、三角镇生鱼生产协会、古镇花卉生产协会等。它们在生产环节、加工环节、营销环节起指导和联合农民开展商品经营活动的作用。

中山市政府非常重视生产专业协会工作，通过编写《农村工作通讯》刊物来介绍各类专业协会、商会，并肯定他们在生产专业化发展中是一支必不可少的力量，总结经验和呼吁各级以满腔热情支持帮助他们。

南朗镇水稻机械化生产专业户协会有会员 20 户，经营面积 91.13 公顷。协会成立两年多来，开展了生产资料供应和机械作业、谷物烘干、资金、粮食运输、推广科技成果、科技咨询培训等服务。协会成员机械化率达 100%，收割机由个人购买，政府补贴。由于这个协会的带动，该镇被省级部门评为水稻生产全程机械化示范镇，有 15 个会员已通过绿色证书考试，成为农民技术员。镇办了 4 个机收服务队，今年每家收割水稻 40～50 公顷，获利润 2.5 万元左右。

中山市政府积极地引导和扶持，有效地促进了中山市水产业、畜牧业和种植业的产业化进程。他们认为，农业和农业产业化经营的主体是农民和企业家，政府不参与经营性的操作，而将有限的资金用于启动农业化的关键环节，而不是用于兴办自己的龙头企业。如对科技、流通、加工以及中介组织进行政策扶持和引导，通过这些环节的正常运作来推进农业产业化的进程，起到了“四两拨千斤”的作用。

（本文作者时任广东省农村改革试验区办公室主任）

1998 年 4 月

中山市农业开发试验区论证研讨会

田晓霞

由中山市政府及市农委、中山市高科技外向型农业开发试验区联合主办的“中山市高科技外向型农业开发试验区论证研讨会”于1999年1月8～9日在中山市召开。

参加会议的有来自中央财经领导小组、国务院发展研究中心、农业部、国家计委、广东省农办、省农村发展研究中心、省政府发展研究中心、省农科院、华南农业大学等单位的领导和专家。

中央财经领导小组办公室副主任段应碧、国务院发展研究中心农村部部长陈锡文、研究员卢迈、农业部产业与政策法规司司长杜鹰、农业部农村改革试验区办公室主任柯柄生、副主任魏唯等同志应邀到会。

会议由中山市副市长吴章贺主持并致欢迎词。

中山市农委主任李俭忠介绍了农业开发试验区的经验目的、目标、做法、成果及存在问题和发展前景。他说试验的目的旨在“为沿海经济较发达地区探索一条起点高、转化快、信息灵、产销旺、效益好、与国际市场接轨的现代农业的发展路子，实现由传统农业向现代农业的跨越”；试验的目标则是通过引进、吸收、消化、改良和有选择地应用国内外优良品种和先进技术，提高农业生产和农产品的科技含量，建成农工技贸一体化、产加销一条龙的高科技外向型农业生产经营体系，实现高科技含量、高商品率、高附加值和高创汇率，在国际、国内市场争占一席之地。

经过4年多的试验，中山市已建立科研与生产相结合，科研与市场相结合的运行机制；“建立了以科研机构为龙头的农业产业化经营体制；建立了多元化的现代农业投入体系；建立了信息引导、协会组织、政府扶持、运行有效的流通体制。”

与会领导和专家对中山试验区的工作进行了研讨。大家认为，中山市的经济发展充满活力，为探索沿海发达地区在工业化进程中实现农业现代化的路子起了很好的示范作用。

从国家层面来说，中山市进行的各项试验也是很有意义的，因为自20世纪80年代特别是90年代以来，中国的农业进入了一个新的阶段，出现了三个新的特点：一是农产品的供求关系从长期短缺转向总量的基本平衡和丰年部分有余，农产品普遍出现卖难现象，农产品价格下降，农业生产从资源约束转向市场约束；二是国家对农业的保护体系基本建立，工业和农业两大产业处于相对均衡的阶段；三是生产要素的投入结构发生变化，一次产业的劳动力绝对量不断减少，资金技术应更快地流人农业，以推动农业发展、转型。在这个阶段，农业面临新的挑战，即出现了高成本、低价格、低效益的情况。农业生产成本每年以10％的速度上升，顶着农产品价格往上走。从1995年起国内主要农产品价格普遍高于国际市场，而且我们还面临着进一步消除关税壁垒，即降低农产品关税的严峻挑战。从这个角度看，中山市试验的意义就在于发展高产、优质、高效有市场竞争能力的农业，对全省全国都有普遍意义，可在农业发展方面起示范作用。

专家还认为，中山市现在进行的高科技外向型农业开发试验实际上也就是农业现代化试验。在具体分析了现代化农业和传统农业的区别之后，专家指出了现代农业应具备的10个条件，即现代化农业的生产条件；现代化的物质手段；劳动对象的现代化；种养工艺的现代化；贮运保鲜现代化；加工转化能力现代化；生产者素质的现代化；农业市场的现代化；宏观调控手段和机制的现代化。专家认为，中山市正在从传统农业向现代农业转变，但还存在较大的差距。珠江三角洲在全国是发展最快的地区之一。这一地区应担当起率先实现农业现代化的重任。

与会领导和专家一致认为，中山市的改革试验起点高、有创新、工作扎实，因而富有成效。段应碧同志指出，象中山这样的试验区，在全国还没有，而中山所做的正是我们要探索的，因此中山的试验有普遍意义和现实意义。现在农业面临的问题很多，解决起来难度很大，但看了中山的情况和经验，让人感到解决困难有希望、有办法，增强了我们的工作信心。

中山市农村工作的思路是“三个转变”和“三创”，即从抓生产向抓生产和流通并重转变；从抓数量向抓数量和质量并重转变；从抓速度向抓速度和效益并重转变。以科技为依托创高产；以质优为重点创名牌；以市场为导向创效益。

段应碧同志指出1999年农村工作两大重点，一是稳定农村，二是稳定和增加农民收入。他提出了几个问题要大家作深入的调查研究，把核心问题搞清楚。怎样既保证粮食生产能力不断提高，又能按市场需求调整粮食产量？乡镇企业究竟有哪些问题，特别是政府该做些什么？政策上又如何支持？转移农村劳动力和小城镇的发展问题。

与会领导和专家认为，珠江三角洲寸土寸金，在保持粮食生产能力的前提下，要多生产高附加值的名、优、特、新产品，充分发挥区位优势。

有专家建议，中山市可以拟定中山市吸引外资投资农业的条例，并使之制度化。

中山市农业发展应继续坚持技术创新，兼顾国内外市场和组织制度创新，兼顾生产目标、收入目标和环境目标。

会议期间，领导和代表们还参观了中山市农委信息中心、市农科中心生物场、市农科中心水产试验场、市水禽出口生产基地、广东棕榈园林公司、小榄镇城镇建设等，对中山市重视科技、信息、流通、城镇规划等留下了深刻的印象。

（本文作者系广东省农村改革试验区办公室副主任）

1999年1月

[第七章]

高州农产品加工流通试验区

关于设立高州市农产品加工流通试验区的请示

广东省人民政府：

改革开放以来，高州市根据地理优势，合理调整生产布局，积极发展以水果和北运菜为龙头的“三高”农业，目前形成了名优水果、北运菜、畜牧水产、优质水稻、蚕桑、烟、蔗、药、松脂、橡胶等农业生产基地。全市水稻平均年亩产510千克，连续4年实现“吨谷市”；水果种植面积169万亩，其中投产面积超过100万亩，年产量达到70多万吨；北运菜每年稳定在18万亩左右，总产量超过30万吨；畜牧水产养殖业总产值达到12.9亿元。今后几年，除北运菜的产量基本稳定外，正常年景水果的产量将以每年10万吨的速度增长，预计3年后水果年产量将突破100万吨。高州市已成为全国最大的水果生产基地和重要的北运菜生产基地。

江泽民总书记年初视察高州时对高州市提出“搞好山区综合开发，促进农村经济发展”的要求。为此，高州市进行了开展“二次创业”的动员，要千方百计搞好综合开发，建立现代农业生产加工销售体系，推动农产品加工流通上新台阶，促进全市经济更上一层楼。

为了促进高州市农产品加工流通业的健康发展，恳请批准设立高州市农产品加工流通试验区。

专此请示，恳请批复。

茂名市人民政府

2001年1月12日

关于设立高州市农产品加工流通试验区的批复

省府发展研究中心，茂名市人民政府：

省府发展研究中心粤府研〔2000〕21号报告、茂名市人民政府茂府〔2001〕5号请示收悉。为加快我省农业产业化和农业市场化，推动农村经济发展，同意设立高州市农产品加工流通试验区。试验区的建设应按中央和省的有关规定进行。具体事宜请与有关部门联系办理。省有关部门应给予大力支持。

广东省人民政府

2001年2月2日

开创水果流通加工新局面

张冰臻

经省政府批准，从 2001 年 2 月开始，我市为省农产品加工流通试验区（见粤府函〔2001〕38 号文），办公室设在经贸局。我市农产品流通试验区建立以来，在省试验办的指导下，围绕水果流通、加工这个主题，开展了许多有益、有效的探索试验活动，收到了良好的效果，有力地推动了我市农业经济的发展。主要表现在：

一、加强水果流通工作，让高州的优质水果“流”到全国各地

20 世纪 80 年代末到 90 年代以来，高州根据本地的地理、气候、历史条件，积极探索“三高农业”的路子，大力发展荔枝、龙眼、香蕉等优质水果的种植，并在本市的东部、中部和西部分别建立起一批荔枝、香蕉、龙眼生产试验基地，形成了东部荔枝、中部香蕉、西部龙眼的水果生产格局。据不完全统计，到 2010 年止，荔枝、龙眼、香蕉的种植面积已达 160 多万亩。其中荔枝 73 万亩，年产量达 15 万～21 万吨；龙眼 32 万亩，年产量达 9 万～12 万吨。目前，高州市是全国最大的水果生产基地，以水果为主的特色品牌农业饮誉海内外。

为了加强水果流通管理，经贸局印发了《高州市 2002 年水果促销工作意见》，组织召开水果流通工作会议，引导水果销售队伍有计划、成规模地开拓新市场，并牵头组织召开全市水果购销工作会议，组织力量深入主产区维持社会治安和市场秩序，及时解决水果购销中出现的问题。

为了保证我市的水果特别是荔枝、龙眼流通货畅其流，成为我市“三高农业”的重要支柱产业，保障果农增产增收，高州市委、市政府对水果流通加工工作高度重视，按照我市农产品加工流通的试验项目，采取深入到全国部分地区召开水果展销会、品尝会、推介会、展览会等形式，向全国大力推介高州的荔枝、龙眼。与此同时，还以发邀请函、开新闻发布会等形式诚邀各省市的水果购销客商和批发公司前来高州购销水果。目前高州的荔枝、龙眼、香蕉等优质水果已走进全国各省、市。2011 年，在各界的共同努力下，全市荔枝、龙眼实现大丰收，产量分别达到 16.93 万吨、11.08 万吨，同比增长 5.7%、17.3%。

在推进水果流通加工的改革试验中，我们创出了如下一些经验：

1. 创出了“四轮”齐转、“三军”齐动的经验。每逢水果丰收年景，我市便组织国有、集体、联合体、个体（俗称“四轮”）和地方军（代购代销户）、远征军（外运直销户）、外援军（外来经销商）（俗称“三军”）组成庞大的购销队伍（俗你“四轮齐转”“三军齐动”），我们依靠这支购销大军，源源不断地把我市的荔枝、龙眼运销到全国各地。

2. 推广“农户联销、引领农民”闯市场。“农户联销”是由几十户或十几户果农自发

联合起来组成一个购销公司，将各自生产的水果集中起来统一销售，所得的收入扣除销售成本后，再按各自的数量进行分配。这种“农户联销”的模式首先是我市沙田镇的果农在实践中创出来的，经过多年的实践证明，这种做法效果很好，经过在全市推广，其他镇的农户纷纷效仿。目前，“农户联销”模式已成为我市向外推销水果的一支生力军。也是我市在水果流通试验中引领农民“闯市场”的一种最佳形式和方法。

3. 充分调动果场“自销”积极性。积极鼓励和充分调动各大型果场自找市场，自销自产的水果是我市搞活水果流通试验工作的一大法宝。我市各大型果场所产出的荔枝、龙眼，基本上是以自主运销为主，这些果场大部分在本省或外省均设有自己的直销点，有固定的客户。如泗水永兴果场、高州市燊马生态农业发展有限公司等，在自销中都创出了许多成功的经验。

4. 积极发挥本地购销大户的主导作用。本地购销大户是运销水果的一支主力军，不可忽视。分界、泗水、根子等镇，紧紧依靠本地购销大户开展水果购销活动，通过他们的努力，不仅每年把本镇的水果销售一空，而且把购销活动向外镇拓展，辐射周边，收到良好效果。

5. 发挥村委会在水果流通中的重要作用。紧密依靠并充分发挥村委会在水果流通中的作用，也是我市搞好水果流通工作的好方法。除了荔枝、龙眼主产镇的村委会直接参与收购和运销外，一些荔枝、龙眼的次产区因产品零星分散、产量较少、交通不便，上门购销的商客少。解决这些问题必须充分发挥村委会的组织作用。如南塘镇中心坡村委会，针对水果流通面临的困境，组织本村村民成立了“利民水果协会”，将本村委会和邻村的零散的荔枝、龙眼集中收购起来，一起运销外地，深受当地农民的欢迎和好评。

6. 把握市场信息，掌握消费者对水果品种的喜好、偏爱。把握好市场信息，遵循市场规律，捕捉良好的商机是搞活水果流通的重要法宝。一是要避免将同一水果品种盲目推向同一地区市场，导致竟相压价的恶性竞争现象出现。二是要注意迎合当地消费者对水果品种的喜好和偏爱，有针对性地组织不同水果品种供应。据了解，华东地区消费者都喜欢食桂味，而北京、东北的消费者喜欢食妃子笑。注重水果销售模式创新，2011 年，与北京市本来生活网合作，在北京举办高州荔枝试食活动，还在 2 万辆出租车上做起荔枝广告，并与顺丰快递公司合作，通过冷链传送模式 30 小时内将荔枝送到客户手上。

二、大力发展水果加工业

高州的荔枝、龙眼历来以鲜销为主，尤其是香蕉全部是鲜销。20 世纪 90 年代以来，在搞好鲜销的基础上，大力发展水果加工业。水果加工的主要产品有桂圆肉、龙眼干、荔枝干等。不过加工手段和加工工艺还比较原始、落后，主要是土炉加工。我市建立水果流通加工试验区以后，水果加工业有了较大的发展。例如，加工桂圆肉、干果引进了 CO_2 炉。近年来，水果加工逐步由初加工向深加工发展，发展了保健饮料、果汁、果脯等。到 2010 年，全市有大小加工企业 800 多家，年加工产值达 10 亿元以上，具有一定规模的水果加工企业有 9 家。其中规模最大的是广东“生命壹号”药业有限公司和高州源丰食品有限公司，“生命壹号”药业有限公司以桂圆肉为主要原料，生产保健饮料“生命一号”和“好睡点”，年产值近 3 亿元。源丰食公司可以对荔枝、龙眼、香蕉、菠萝、芒果、黄榄、番石榴、木瓜进行深加工，可生产罐头、果酱（汁）、果粒、干果四大系列30多个品种，年生产能力8 000多吨，消化鲜果1万吨以上，产品销往全国乃至世界各地，该公司与农夫山泉、娃哈哈、椰风等企业联营。

三、积极与大专院校合作搞好水果深加工

搞好水果深加工是提高水果经济价值和效益的唯一途径，也是减轻鲜销压力的有效办法，因此，我市在加强销售工作的同时，大力抓好水果深加工业的发展。近年来，鼓励和引导水果加工向多元化的方向发展。鼓励水果加工企业与大专院校和科研单位合作，发展果汁、果酒、果脯、颗粒饮料等产品。如我市最大的水果深加工企业——高州市源丰食品有限公司近年来先后与华南理工大学、华南农业大学、仲恺农业工程学院、广东省农业科技学院等院校合作，就亚热带果汁加工技术、新产品开发及综合利用、热带、亚热带果汁及饮料安全生产技术等开展了研究与示范。

高州市和友酒业有限公司与广东省生物研究所合作，研究开发了“橄榄白兰地”酒。此外，还有部分果场正与我省的大专院校合作，研究开发果脯等产品。

高州成为省农产品加工流通试验区以来，全市上下高度重视水果流通加工工作，10多年来，从未发生果贱伤农事件，所有的水果都能及时销出去，而且价格适宜。我们相信，在各级党委、政府的正确领导和上级主管部门的鼓励支持下，我市的水果流通工作和水果深加工，将继续创开新局面，成为高州经济的重要支柱之一。

（本文作者时任高州市经济和信息化局局长）

2011年8月

第三篇 >>>

广东农村改革试验区纪实

[第一章]

机构沿革记事

机构职能有关文件

广东省人民政府办公厅转发国务院办公厅转发农业部关于农村改革试验区工作几个问题请示的通知

佛山市、汕尾市、南海县、汕尾市城区人民政府，省府直属有关单位：

现将《国务院办公厅转发农业部关于农村改革试验区工作几个问题请示的通知》（国办发〔1991〕65号）转发给你们，请遵照执行。南海县和汕尾市城区农村改革试验工作的指导和协调，仍按原分工由省农村发展研究中心负责。

广东省人民政府办公厅

1991年11月30日

广东省机构编制委员会办公室关于成立农村改革试验区办公室的批复

省农村发展研究中心：

粤农研〔1992〕12号文收悉。

经研究，同意你“中心”设立农村改革试验区办公室（处级），其主要任务：贯彻执行全国农村改革试验区办公室和省委、省政府对农村改革试验的工作部署，对业经国务院备案的我省几个试验区和我省自定的各个试验点进行工作指导和协调，及时总结试验的实践和经验，为国务院、省委、省政府决策提供参考。人员编制从“中心”内部调整解决，不另增加编制。

此复

广东省机构编制委员会办公室

1992年12月12日

广东省农村发展研究中心及农村改革试验区沿革

1979年，粤编〔1979〕200号和〔1980〕125号文，同意成立广东省农业资源调查和农业区划委员会办公室，正厅级，核定行政编制12名，事业编制30名，归口省委农村工作部管理。

1983年机构改革，广东省编制委员会同意成立广东省农村发展研究中心（简称农研中心），内设情报资料室、研究联络室和区划办公室，正厅级，核定事业编制42名，归口省委农村工作部管理（粤编〔1983〕98号）。王荫轩、冯平、林举英任副主任，马耀星为研究联络室负责人，许仰波为情报资料室负责人。

1985年，广东省筹备成立国土厅，农研中心部分处室和人员并入国土厅。省编办同意保留省农村发展研究中心（厅级），归口省农委管理（粤编〔1985〕262号）。马恩成任主任，冯平、唐启洪任副主任。刘季芸、程拔文分别为研究联络室和情报资料室负责人。

1987年国家成立农村改革试验区办公室，广东南海、汕尾、清远被国务院批准设立农村改革试验区，由省委副书记郭荣昌分管，具体工作放在省农研中心，由唐启洪同志负责。之后，省里又批准设立鼎湖、均安、阳江、中山、高州农村改革试验区。

1992年，省编委同意在农研中心设立农村改革试验区办公室（处级）（粤机编〔1992〕363号）。刘季芸任试验区办公室主任直至2000年6月。

1999年，机构改革，省农研中心和省社会经济发展研究中心合并，改名为省人民政府发展研究中心。试验区办公室挂在农村处。

2009年，省编办在《关于印发广东省人民政府发展研究中心机构编制方案的通知》中明确，发展研究中心是省农村改革试验区的主管部门（省机编〔2009〕14号）。

2010年9月25日，农业部农村改革试验区发函要求有国务院批准设立的农村改革试验区的省、市、自治区确认农村改革试验区主管部门（农（试验区）〔2010〕函3号）。

2010年10月，广东省人民政府办公厅在征求省编办、省农业厅的意见后，经黄华华、朱小丹、李容根等省领导批示，将广东农村改革试验区的主管部门定为省委农办（省农业厅）。

广东省人民政府发展研究中心副主任王利文、汪一洋、黄庆勇分管过农村处及试验区工作；副主任（正厅）黄日东同志分管过试验区工作。何启环、田晓霞曾任试验办主任。在1987—2010年的23年间，程拔文、张信源、廖焕英、郑宏宣、胡泽民、冼频、丁小伦、谭炳才、刘勇、马占亚、张燕等参与了试验区的调研及管理工作。

农村改革试验区趣事

何启环

一

1987 年初，我被选派参加南海县农村改革试验区工作。按照当年中央 5 号文件要求，全国在 15 个省设立 30 个题目的试验。南海农村改革试验区经省委同意报中央批准设立，当时是广东唯一中央级农村改革试验区。省里对试验改革工作十分重视，决定由省委、佛山地委和南海县委分管农村工作的副书记组成领导架构，并由省、地、县三级抽调得力的机关和国有企业干部组成工作组，进驻南海县工作。日常工作受南海县委的统一领导和部署，工作组长由省农村研究中心副主任唐启洪同志（副厅）担任。

5 月的一天，我跟随唐启洪同志率领的一大帮人马，来到佛山地委会议室，参加第一次试验区工作会议。到会的有省分管农村工作的领导，地、县主要领导等。会后，工作组的同志直接奔赴南海县，被安排在南海县委大楼办公。至此，我们信心十足地开始了为期一年的工作。

南海县地处珠江三角洲腹地，东接广州，环抱佛山，人杰地灵，近代产生过康有为、詹天佑等名人。近现代商品经济发达，名噪南粤，粤人每谈到广东最富庶的几个县，人们总是称“南番顺”（南海、番禺、顺德）。改革开放以来，南海利用邻近广州、佛山和港澳的优势，大力发展乡镇企业和出口贸易，农村经济发展迅速，成为广东最富的地区之一，创造出“多个轮子一齐转”模式（即乡镇集体、村集体、组、联合体、农民个体、“三资”同时发展乡镇企业，尤其是村集体企业规模较大、实力较强），为全省甚至全国许多地方所效仿。中央最早下达给南海农村改革试验的内容是两项，水稻土地规模经营和农产品出口基地建设。后来根据发展改革的形势变化而相应作出调整。

这里要简单交待一下我所了解到推行水稻土地规模经营试验的背景。20 世纪 80 年代初期，全国各地已普遍推行家庭承包制，下放农业生产经营自主权，允许农民适当调整农业生产结构。农民有了生产自主权，纷纷发展效益较高的经济作物、畜牧业、水产业，积极性高涨。这种情况在广东和全国东部地区尤其明显。但是，当时中央和省里对粮食生产和流通仍然实行计划经济体制（直到 90 年代中期才允许广东取消），粮食生产仍然有播种面积、产量、公粮（实物税）、购粮等方面的计划任务，购粮价格由国家制定，比市场价格低一倍左右。南海县一亩耕地要交 50～60 千克公粮和 100～200 千克的购粮，农民必须要完成粮食生产和向国家交纳公粮、按照规定价格售卖购粮的“死”任务。这样一来，南海农民种植粮食收入，扣除经营成本，种粮比较效益较低。由于耕地有这样的“死”任务，负担比较重，效益不高，许多家庭将精力放在畜牧业、经济作物、甚至转到二、三产业上面，把粮食生产作为副业或兼业，个别农户出现丢荒现象。这种情况在二、三产业逐步兴起的广东和东部地区日渐普遍，全国粮食生产面临严峻的形势。中国粮食问题历来最敏感，最高决策层都清楚它牵一发而动全身，所以对这种情况极为关注。如何调动农民种粮积极性，稳定和提高东部发达地区的粮食生产水平和供给能力，这是中央和各级党委政府都在思考的大事情。

还有一点要说明的是，我参加工作时间不长，对当时的思想状况和政策环境懵懵懂懂，但有一点肯定的是，解开粮食问题政策设计思路，不可能也不允许从取消任务放开购销上面来考虑，而主要从农业生产经营内部来寻找答案。在局限于这一圈子内思考，农民种粮积极性低主要原因是每户农民种植规模太小，无法取得规模经济。设想农民种植面积扩大到能够与当地务工经商收入水平相当，便能够调动积极性。这样从宏观上讲，通过推进规模经营专业户生产，可以稳定粮食生产面积，达到稳定产量、稳定供给的目标。根据初步调查分析，推行水稻规模经营的条件主要有两条：一是有较多的人愿意转让土地经营权，临界点是当地60％以上农民“离土”（从事二、三产业）了；二是接包者达到一定经营规模，获得规模经济。这样可以在不触动大的体制变革前提下，实现粮食生产专业化、规模化、主业化，保护农民种粮积极性，确保区域内水稻生产的面积和产量，保持自给水平和供应安全水平。南海当时有60％农民“离土”了，农民有自发转让土地经营权、出现个别大耕户的现象，以为只要引导组织，就可以实现粮食规模经营。把南海作为试点，“天时、地利、人和”。所以上上下下对南海成功探索出水稻规模经营路子寄予了厚望。这也是中央农村政策设计者的初衷，希望对东部有普遍指导意义。

我们按照这一逻辑思路来开展试验工作，包括开座谈会、调研、总结，拟定试验方案，协调各级党委的工作计划，上报中央批准试验，等等。一切按部就班有条不紊。当然实际操作起来远比这要复杂得多。我们先选择了平洲镇开展试点，摸索规模经营的条件和政策。平洲镇的几个村农田平均在2 000～3 000亩，经济较发达，超过60％的农民在二、三产业就业，农户出现自发转让土地经营承包权现象。平洲镇东二村农民朱金城夫妻，自发接包经营60亩种植水稻。在我们的动员下，他家扩大到100亩。但经营了一造以后，坚决要求退回到60亩的规模。原因一是农民转让的土地边远而且分散，经营管理的成本较大；二是当时种植、施肥、下药、收割、脱粒、烘干机械化水平很低，社会化服务体系不健全，所有环节需要由种粮农户内部完成。水稻生产劳动强度大，请工成本高，规模过小效益低下，过大管理不了，一个家庭夫妻能够经营管理的适度规模为40～60亩。其他地方的试点也遇到相同的情况。

经过一段时间的实践，我们掌握的实际情况与原来的设想有较大的不同：一是全县虽然有60％的农民务工经商了，但稳定转移的只占较少数，大多数农民家庭的非农业收入并不十分牢靠，都不愿意彻底放弃土地承包经营权，全县转让土地的数量少和规模较小；二是转让的土地零星分散，难以实现大规模连片经营，耕作管理的成本较大；三是物化成本（机械作业）替代活劳动的费用（工资）不经济。总之，对经营粮食生产的家庭而言，没有带来规模效益。

结果，全县各级党政部门加上我们花了半年时间，做了许多工作，但也只有零星地方、很少面积能够推行水稻规模经营，而且下来还不能保证巩固这样的成果。原来想在全县大范围、大面积、集中连片推行的计划难以实现。

这大大出乎许多同志意料之外。在当时这可是个大事情。许多同志无法面对这一结局，其中也有我们工作组的同志。一时之间议论纷纷，有的同志感到迷惘，有的同志说试验区的工作方向是错误的。的确，这不仅是试验区工作组本身的荣辱问题，而且是工作组如何向各级党委交差，广东如何向中央交差的问题，还有更重要是大家充满期待探索出粮食生产的新路子来的大问题。这无如千斤重担，但却又是无形的压力。经过深思熟虑，唐启洪同志决定如实向省、地、县各级党委作汇报。后来从唐启洪同志向我们传达得知，时任省委副书记郭荣昌同志认真听取工作汇报后，并没有批评工作组，而是原则同意工作组的建议，还决定近期不向全省推广这种做法。在一次内部的汇报会议上，我也留意到郭荣昌同志讲过，试验工作是有成效的，它让我们弄清了水稻规模经营的条件还不成熟，目前还不能大规模推行；我们避免了瞎指挥，试验探索允许成功，也允许失败。郭荣昌同志的评价无疑是一支强心剂，鼓舞工作组的士气。现在回过头来看，郭荣昌同志是实事求是的，是尊重科学、尊重实践、尊重基层的，是顺应形势的。当然，后来大家逐步统一了认识，试验的成败与工作成绩是应当分开的。中央试验办经过多次深入调研以后，也认同了广东南海工作组的改革试验结论。实践也证明，当时南海水稻规模经营的条件还不成熟。

按照中央批复的南海试验区计划安排，半年后我们转入农产品出口基地建设的改革试验，但同时还继续开展和跟踪水稻规模经营的试验。工作组增加了省政府贸工农办公室、外贸部门和企业的干部，队伍有 20 多人。时任省农委处长江惠生同志也参加试验区工作，他配合唐启洪同志，通过南海县试验，探索珠江三角洲贸工农政策。南海县发展农产品出口有较长的历史，计划经济时期省、地外贸部门在南海县建立了农产品出口基地，积累了许多建设经验。改革开放以后，南海县农产品出口基地主要面对的是如何进一步开放与提升水平的问题。在试验中，我们提出了对南海要增加鲜活农产品供应港澳配额、许可证和给予出口贷款支持的政策要求。在中央试验办帮助协调下，最终取得世界银行的贷款支持，但中央也否决了增加鲜活农产品供应港澳的配额和许可证的特殊要求。由于出口的效益较高，干部和老百姓对农产品出口基地建设试验积极性比较高，所以各方面的工作开展比较顺利。

转眼之间又到 5 月，在南海县委一年的工作过去了。工作组的同志各自回到了原单位。因为改革试验是长期的工作，中央专门成立了农村改革试验办，省也成立了相应机构，与研究联络处合署，刘季芸同志兼任主任。我继续参与试验区办公室工作，经常陪同中央和各地试验区的同志回到南海，关注其改革与发展。90 年代以来，南海探索土地为中心的股份制度改革，有效配置土地经营权，推动二、三产业发展，开辟改革新路子。

由于改革的需要，广东试验区不断扩大，到后来在八九个市县设立。试验内容也从土地规模经营、出口基地建设，到后来开展农村土地股份制合作（南海市）、农业合作保险（肇庆市鼎湖区）、小城镇综合改革（南海市里水镇）、高科技外向型农业开发（中山市）、渔业体制综合改革（汕尾市城区）、扶贫开发（清远扶贫试验区）、农村基层组织和社会化服务体系建设（顺德市均安镇）、渔业综合改革（阳江市）、农业标准化建设（茂名市高州市）等方面的探索。在中央、省委及省政府重视关怀和当地党委政府的直接领导下，各试验区探索改革的经验和路子，为中央、省和各级党委政府决策提供科学依据，对地方经济社会发展起到积极的推动作用。

二

从参加南海试验区算起到离开改革试验办工作，我有幸参与和见证农村改革试验的15年实践。这是我个人工作和生活中最重要的成长阶段。我深深感到，中央设立改革试验区的决策是英明和正确的。深刻认识到要办好试验区，必须始终坚持群众路线，坚持实践观点，尊重群众，依靠群众，尊重事实，顺应潮流。实践让我深刻理解历史唯物主义的真谛，切身体会到群众是创造历史的主体，中国农村改革是农民的伟大创举。这一通过亲身实践得到和验证的世界观和方法论，深深镌刻在我的脑海里，成为指导我人生和工作的基调。于是乎，我深深感悟了“实践出真知”这一朴素的真理。

工作和生活在这里，让我对南海了解更多一些。最初接触的是南海干部。知道我们工作组成员是省里和地委来的，他们出于礼貌表现出尊敬的样子，但感觉得到他们“骨子”里头未必真正如此。如果你是有能耐的，他对你口服心服，可以把“心”掏出来让你瞧瞧。如果你下车伊始瞎指挥一通，他们会不把你当作“上级”看待，与你争辩没完没了。如果你强压他，他们会笑笑，但肯定会按照他们自己的想法去干。这就是他们的性格，不卑不亢，很有主见。这点开始时觉得有点不自在，但相处下来令我佩服他们。前面提到的水稻规模经营试验，我想即使是我们工作组强行要求推行，他们也未必完全执行。后来我们发现，南海干部的“脾气”为什么这么硬，原因是他们的“底气”来自基层老百姓的支持。他们天天与农民群众打交道，熟知群众的冷暖诉求。而他们的工作方法看来也很简单实用，没有太多的花巧，只要群众愿意干的事情他们就支持鼓励，只要群众不愿意干的他们就不硬来。工作之初，我们感受得到，南海的干部对我们工作组是敬而远之的。但后来，我们处事实事求是，特别是唐启洪同志，从不摆架子，遇事多商量，所作所为让他们放心，赢得了他们内心尊重和积极配合。这是我们感到最为欣慰的。

这种性格铸造了南海人天不怕地不怕的敢闯精神。80年代初期全国还在讨论乡镇企业“姓社姓资”的时候，南海县上下已经静悄悄地干开了，家庭、个体私营、合伙合作、村集体、乡镇集体、“三资”共同办乡镇企业。等到全省全国开始动作的时候，南海的二、三产业发展已经达到相当规模了。他们的口头禅是“你无我先、你有我多、你多我强、你强我优，你优我转”（你没有时候，我已经发展了，等你开始发展时，我比你规模要大，你的规模上来了，我在质量上比你强，你快赶上我了，我又在总体竞争力上胜过你，同时我已经在考虑调整结构和布局了），总之，什么时候什么事情，都要保持领先优势和竞争力。

我长在农村，也到过农村基层，经常接触农民，感觉农民是朴实勤劳的。但地处福地的南海老百姓的勤劳，还是让我为之感慨和赞叹。改革开放初期，许多地方农村农民日出而作日落而息，生活节奏相对缓慢。而1 000平方公里的南海沃土，不管春夏秋冬、白天黑夜，日晒刮风雨淋，人车川流不息，机声隆隆，一派繁荣景象。凌晨三四点钟城镇的夜市才结束，五六十岁的阿伯阿婆借着星光月色，肩上扁担一高一低，挑着满满两桶肥水，已经在田埂上健步如飞，将希望洒撒在田野大地。五六点钟通往广州的公路熙熙攘攘，飘荡着欢声笑语，大大小小的车辆满载果蔬，直奔羊城早菜市场。“莫道君行早，更有早行人”。所以我明白了，南海人的富裕，如其说是优越的位置带来的，还不如说更多是用勤劳和汗水换来的。“一分耕耘一分收获”。其实，无论多么优越的地理位置，离开了奋发图强，同样贫穷和落后。

南海老百姓观念转变快。在80年代全国仍然处于短缺经济阶段，还没有质量和标准的观念，但南海农民已经懂得了质量就是效益。我们在推进出口基地试验工作中深有体会。事情还得从1985年里水镇经济总公司与香港商人携手办起了合资公司（里水宝鲜有限公司）提起。当时这样做，为的是打破长期由国营外贸公司直接垄断外贸出口的格局。我们设立试验区的时候公司刚刚开业，主要业务是收购当地蔬菜、水果、水产品，加工成冷冻食品，出口远洋市场（美加和欧洲）。但这并非易事。按照当时的外贸政策，“三资”企业和地方外贸企业没有出口港澳市场的许可和配额，只能出口远洋市场。把蔬菜出口到欧美市场，这在当时的南海甚至广东还是头一回，且不说加工贸易过程遇到的许多困难和问题，光是让农民接受还需要做许多工作。开始时农民把这形容为“一刁”“二烦”。“一刁”就是欧美人的需求刁钻古怪，欧美市场对出口产品的要求严格，保质、保量、保时是起码的要求，对于具体产品还有许多特殊要求，甚至有点过于苛刻，如青刀豆，规定长度只能是10厘米，长一厘米不要，短一厘米也不要，豆身不能弯曲，要重量划一，色泽一致。可不，我们当时农产品处于短缺经济，供不应求，哪里有质量好不好的观念，能够生产出来就不错了。“二烦”是指农民事先得要与里水宝鲜有限公司签订合同，双方约定好种植品种、施肥下药要求、收获时间、交货数量、产品规格、质量标准、成交价格。农民满头大汗挑来100多斤的豆子，经过好多道工序挑肥拣瘦一番，检验合格后剩下七八成。这些比传统意义上出口港澳，与国营外贸公司做生意复杂多了，要求高了。开初时农民有抵触，但“事实是最好的老师”。虽然付出劳动多，手续也麻烦，但算下来收入比卖到农贸市场上赚钱。到后来，农民主动按照出口企业的要求，生产的时候下什么肥打什么药，收获的时候将农产品分门别类，收拾得整整齐齐。正是这些出口型经济，让南海老百姓接触了市场，心中有了“质量”“标准”“效益”的观念。

之后，亲身参与顺德、中山的试验改革试验，也有相同的感触。先后担任过南海县委试验办领导的黄浩新、何享业、龙文标和顺德县均安镇农办主任陈绍权、李顺林同志，经常陪同我们一起到村委会村民小组去。所到之处，农民不把他们当成什么官员，而他们自己不把农民当外人看，看得出他们与老百姓打成一处，老百姓心底里信赖拥护他们。的确，珠江三角洲的干部，基层工作经验丰富，农村的许多难事急事，他们能够较好应对。更重要的是，他们的确是想为老百姓办事，能为老百姓办事。所以在老百姓心目中，干部的威信是高的。

三

“何仔”是我在广东试验区圈内，流行于珠江三角洲地区的别称。最早是南海的同志给起的，当时二十几岁，在这一班同志中年纪最小，乳臭未干，于是大家就这样称呼我了。后来不知怎么传来传去，连佛山、顺德、中山的同志也这样与我打招呼。广东地方对熟悉的年青人往往这样称呼，习以为常。但我觉得这很亲切，没有隔阂，我也乐于大家这样与我打招呼。

这个“雅号”，不光在我年青时拥有，而且到我有了一官半职当上个处长、年纪也上来之后，珠三角的那些老熟人，在电话里或者见面时，仍然这样称呼我。大家似乎觉得，不这样反而有生疏之感。所以大家叫得自然，我也应得开心。

年轻时不懂人情世故，血气方刚，直着性子，遇事喜欢争论，也不管对方是谁，也不管什么场合。说文雅一点叫做“较真”，说粗俗一点叫做“顶撞”。在试验办、研究部门工作期间，记忆所及我基本上都“顶撞”过领导，与同事都“较真”过。所幸的是，这些领导和同事胸襟广阔，不与我一般见识，不与我计较，更没有给我“穿小鞋”（打击报复）。

思考之中不经意想起试验办和政策研究工作生活岁月。这些部门没有权力，“衙门”氛围不浓。不论是不是正式场合，上至部、厅级大员，下至普通干部，并不很在乎“职务”和“身份”，同事之间、上下之间“较真”是家常便饭，但大家相处融洽。有过在几个部门不同岗位的经历，我似乎理解了“无官一身轻”几个字的含义，经常细细回味起试验办、政策研究工作那种“事忙心闲”的日子。而那些虚怀若谷、淡泊名利的老领导和同事，则更让我铭记在心。

原以为中央试验办的领导尤其是部长级大员一定很严肃、令人敬而远之。但参与中央试验办培训班几次亲历聆听杜润生同志作报告的过程，真实情况与想象完全两回事。有年青人会上与杜老争论，杜老停下发言，虚心倾听，间或用笔记录，样子和蔼可亲，不做作，不掩饰。我担心这位年青人惹祸了。中央试验办的同志笑笑说，放心，没事，杜老厚德载物、海纳百川、知人善任。后来得知杜老在主导酝酿中央重大农村政策过程经常汲取年青人的智慧。在杜老带动下中央试验办形成良好的工作氛围。中央老领导的大家风范，虽然浅浅接触，但印象难忘。

而身边老领导的一言一行，印象则更加直接深刻。记得大学毕业到单位工作，遇到的第一位领导冯平同志，副厅级干部。他直接领导我们几个新来的大学生，平时不苟言笑，给人以不言自威的感觉，我们都有点“怕”他。进入省的大机关工作，我们憧憬着安逸的工作生活，但报到后我们立即被派去基层锻炼。理由很简单，我们这一代20世纪60年代初出生，恢复高考后的大学生，没有实际工作能力，要补上基层锻炼这一课。第一站我们被安排到贫穷的粤北山区乐昌县。县里照顾我们这些上级来的，特地安排在住在条件较好的县委招待所。日常生活有服务员帮助打理，吃住不愁。我们陶醉在这种舒适的生活之中。他知道情况后，坚决要求县委将我们调整到较差的地方去。于是，我们被安排住在离县城两公里外的农村大队经营的旅店。房子简陋，用具有一床一桌一水壶一水桶一电灯，除了不用煮饭，其他事情得自己动手，包括从井里打水烧水、打扫房间等。与原来条件相比落差很大。说实话，当时我们几个人想不通，心里对他有成见，这不是存心整我们吗？很快，下乡时当看到粤北特别是石灰岩地区的许多农民，缺吃缺衣之后，尤其是那些在寒风中瑟瑟发抖，而又充满期待目光的山区孩子，我们的心震撼了。比起他们，我们已经是相当幸运了。于是我们默默接受并适应了所谓“艰苦”的工作和生活。半年后我们转到第二站广东惠来县锻炼。两年后组织又让我到南海县工作。这里是平原、近郊，属于全省经济最发达的地区，工作和生活条件就更加好了。这三个地方自然条件、经济水平、社会环境反差很大，老百姓和干部的生活状况、思想观念、工作作风因此也很不同。这些经历让我对农村情况有了更多的了解，理解了农村的政策为什么要因地制宜，分类指导。在我经历过几次基层工作后，冯平同志语重心长地对我讲，安排到发展水平不同的地方去锻炼，是要让年青人懂得国情省情，培养群众感情；到穷地方过艰苦生活，目的是培育坚强的信念，将来才能经受挫折考验，才能担当重任。交往下来，我发现他是一位“口严心善”的良师益友。物是人古，多年后我才真正体会到老人家的用心良苦，对我们年轻人的培养可谓独具匠心，并打心眼里感激敬佩、永远怀念。另一位长者马恩成，平易近人，对年青人言传身教，有“爱才如命”“唯才是举”之称。工作和生活中，还遇到许多这样的领导和同志，如谭国侃、唐启洪、蒋励、王利文、刘季芸等，他们理论水平高，工作经验多，生活阅历广，以其高尚品格影响了我，还无私地把人生的经验和智慧传授给我。这样一段人生的经历和感悟，对我的成长产生深远的影响。

在浮躁和纷乱的思绪中徘徊和前行，蓦然回首，忽然记起“无丝竹之乱耳，无案牍之劳形”这句话，用来形容试验办和政策研究的那些岁月，最恰当不过了。而那些曾经淡忘了模糊了的平凡形象，渐渐清晰起来，在脑海中萦绕。“心远地自偏”，于是，思绪变得平静了。

（本文作者系广东省农村改革试验区办公室原主任）

2012年

在农村改革试验区的大学校里成长

田晓霞

我无从知道在农村改革试验区这个摇篮里有多少人成长为国家或省、市、县的领导者，有多少人成为研究领域的知名专家，但我知道，我的成长离不开农村改革试验区这个大学校！我参加工作37年，其中32年在做着与农村研究相关的工作。回头看，最难忘、最愉快、最有意义的还是参与了农村改革试验区16年的工作。1984年我从学校调入广东省农村发展研究中心（以下简称“农研中心”），视野的狭窄、知识的老化、基层调研的欠缺让我在调查研究中感到力不从心，捉襟见肘。在农研中心老领导冯平的带领下，我参加了《2000年的广东农村》《广东粮食决策研究》《珠港澳经济一体化》《广东当代农业史》等书的编写工作，还参加了农研中心一批课题的研究和管理，开始对农村问题有了一点了解。1992年广东农村改革试验区成立，让我有机会在试验区这个大学校里学习和提高自己。

一、在试验区的大学校里学知识

参加试验区的工作后，我有机会参加了九次国家农村改革试验办公室（以下简称“国家试验办”）组织的干部培训班，在这个名副其实的名家大讲堂里，我聆听了长期工作在农业战线上的老领导的报告，聆听了那些年活跃在社会科学研究领域的几乎所有的国内知名的专家学者的授课，有理论，有实证，有回顾，有展望，有研判，有对策，内容之丰富，题材之广泛，信息量之大，如醍醐灌顶，让我茅塞顿开。记得授课的内容有国内外经济形势，农业和农村经济形势，农村土地制度和基本经营制度，农村税费制度改革，农村基层组织建设，农村金融，农村劳动力转移，粮食政策与粮食安全，乡镇企业的问题和出路，物权法，加入世贸组织对中国经济的影响，新农村建设，城乡统筹……他们给我打开了一扇窗，从窗里望出去，看到了世界，看到了中国，看到了城市，看到了农村，开阔了视野，增长了知识，充实了自己，学习了方法。

我还参加了国家试验办举办的土地规模经营、农业现代化、乡镇企业产权改革、城乡统筹等研讨会、论证会，那些新鲜的观点、创新的做法让我耳目一新，受益匪浅。还有国家试验办的刊物《改革与试验》《试验区工作交流》《观察研究试验》，里面的权威论坛、专题报告质量都很高，是我学习的好教材。

二、在试验区的大学校里学做人

在学知识的同时，我有幸多次聆听了杜润生、朱厚泽、段应碧、陈锡文、杜鹰、郭书田、吴敬琏、林毅夫、韩俊、周其仁等领导和专家的报告和讲课，虽然他们资格老，知名度高，但都平易近人，和蔼可亲。我能感受到那些德高望重的老领导，他们饱经沧桑而痴心不改，不计较个人得失，有着很强的忧患意识、责任感和对公平正义的追求。他们独立、睿智、平易、谦和，以为国担忧、为民疾呼为己任，让我深受感动。也看到许多年轻的经济学家，学以致用，把学到的西方经济理论和国内的实际情况相结合，在诠释、思考国内各类经济、社会现象的同时，尝试着提出解决办法。

我也了解到，在国家领导人特别注重决策科学化、民主化的时期，农村改革试验区的老领导以自己的人格力量凝聚了一批愿意为中国农业、农村、农民奉献青春和才华的热血青年，奔赴全国各地深入调查研究，为解决“三农”问题出谋划策，使许多试验内容和试验成果进入了国家决策的层面。

三、在试验区的大学校里学做事

有了试验区这个大平台，也就有机会深入做一些调研。印象最深的是在南海的一次调研。南海是第一批国家级试验区，也是广东省的第一个试验区。他们的土地制度试验在制度层面上有很多创新，也积累了丰富的实践经验，吸引了全国许多省市的同行前来学习取经。因为何享业是我们的老朋友，我们参与了南海区组织的以农工部为主的一次调研。这次调研很有意义，体现在：

第一，调研的面很广。覆盖了整个南海区的 16 个乡镇（虽然这 16 个乡镇已经并为 6 个）；调研的对象层次多，从镇干部、村干部、组干部到村民。

第二，调研方法接地气。调研的方式有发放问卷（1 000 份）和座谈会，座谈会又是采用问答式的。因为是“自己人”，干部和群众也敢畅所欲言，实话实说。我看到了在基层做思想工作，解决问题，除了讲道理，还要靠人缘、靠感情，这是基层工作的特色。越到下边，工作越难做，很多问题的解决，用理更要用情。何部长从镇里上来，他了解农民的思维方式和做事风格，边调研边解决问题，而我们这些所谓的知识分子，即使是科长处长，到了下边，对着群众，对着问题，也可能会手足无措，不如一个村长、组长有能耐。

第三，调研内容丰富。有经济问题（股份分红、集体经济管理，）有社会问题，（就业、就学、就医、治安、外嫁女、非转农、环境污染），有政治问题（村委会直选、基层党支部老化）。还有搞大佛山之后与镇村规划的衔接问题，并镇后难以管理的问题，等等。

第四，调研后感触很深。原以为在经济比较发达的地区，问题应该少很多，农民的生活应该好过很多，村干部应该好当很多。其实不然，在南海这样发达的地区，由于地理位置、工业发达程度及集体经济富裕状况的不同，也仍然存在镇村发展不平衡的问题，存在农民收入差异大的问题。更由于这类地区靠近大城市，信息发达，农民维权意识强，对和他们利益相关的法律政策熟悉，表达能力强，他们已经不是原来意义上的传统农民了，面对他们，对干部素质的要求相应地也要高许多。这次调研，让我对基层干部工作的难度多了一点理解，对求真务实、扎实工作的南海农工部的领导及调研组的干部多了一份敬意。我还感觉到要做好工作，不仅需要学习你所必需的知识，更要深入了解你所处的这个社会。

就是这样每年三四个月的基层调研，让我们接地气、长才干。我们对农村的现状，对农民的诉求和期盼，对基层干部的喜怒哀乐有了进一步了解，并由此增进了对国情、对省情的认识。也是在这个过程中，一点一点地培养了我对农村研究工作的兴趣，一年一年地增强了从事这项工作的责任心和信心，加深了对农民的感情。他们的坚毅、忍耐、感恩、知足让我感动，面对他们，似乎没有理由不满足、不快乐。在试验区这个大学校里，我明白了一个道理，只要用心向老师学，向书本学，向实践学，向他人学，用心去感受、去悟，都会有收获，都能让自己成长起来。

四、在试验区的大学校里交朋友

也是在试验区这个大学校里，我才有机会向杜鹰、陈枫、魏唯、张冬科、温铁军、马力、宋洪远、朱守银、王倩、李秀玲、王巨祥、吴玉兰、蒋亚杰等国家试验办的领导和同行及兄弟省市的一些同行学习请教，沟通和交流；我才有机会在郭荣昌副书记、马恩成主任、唐启洪副主任领导下参与广东省农村改革试验区的工作；才有了机缘给亦师亦友亦亲的刘季芸做助手。有了试验区这个共同的事业，我才有机会和何享业、何启环、冼频、庄少伟、陈绍权、李顺林、陈林友、石家荣、洪学尔、梁楚略、陈国庆、冯芳等试验区同志成为朋友，大家一起下乡调研，一起探讨问题，结下深厚友情。正是有这样一批试验区人对试验区工作的热爱和坚持，对试验项目中的创新点的敏锐捕捉，对基层调研的深入细致、吃苦耐劳，才有了省试验区范围的扩展，试验内容的丰富，试验成果的获得。

时光荏苒，16 年光阴弹指而过！很怀念那个充满朝气，求真务实，充满求知和探索精神，富有创新意识，不计报酬的时代，每一个有报国志向、有进取心的人都愿意为党和国家决策的民主化、科学化、法治化献计献策，贡献自己的一份力量。那时候畅所欲言、平等开放的民主氛围，深入细致的基层调研，言之有物、平实简洁的研究报告，现在看来都是难能可贵的精神财富！

中国的改革起步于农村，农村改革试验区应运而生，在很多年里承担了为农村改革“探路”的重任，几代试验区人为此付出了不懈的努力。历史应该记住这样一批试验区人，他们曾为国家、为各省各地的农村农业发展付出了自己的心血，在农村改革的历史上留下了浓墨重彩的一笔。

能成为这个大学校里的一名学员，是我的幸运！

（本文作者系广东省发展研究中心副巡视员、副研究员）

2015 年 4 月

广东省农村改革试验区记事（1987—2010）

1987 年

1 月 22 日　中共中央政治局会议通过《把农村改革引向深入》（中央 1987 年 5 号文件）的决议，提出有计划地建立农村改革试验区。《决议》指出："在改革的深入阶段，可在一个市（地区），一个县的范围内，按照改革方案进行实际试验。"

2 月　中共广东省委召开农村工作会议，在省委书记林若主持的汇报会上，确定了在一个县建立农村改革试验区。

3 月 5 日　中共中央办公厅、国务院办公厅转发中央书记处农村政策研究室（简称中央农研室）、国务院农村发展研究中心（简称国务院农研中心）拟定的《关于农村改革试验区几个问题的意见》通知。《通知》指出："试验区的选定，要经过省、自治区、直辖市党委或政府同意，并将试验方案送中央书记处农村政策研究室商定，报国务院及有关部门备案。"

4 月 1 日　中共广东省委农村工作部向中央书记处农村政策研究室发送《广东省建立农村改革试验区的请示报告》。

4 月 3 日　中央书记处农村政策研究室、国务院农村发展研究中心召开第一次农村改革试验区工作座谈会，研究试验区的布局、项目和组织方式等问题。广东省农村发展研究中心（简称省农研中心）副主任唐启洪参加会议。会后，中央书记处农村政策研究室下发《十省农村改革试验区座谈会纪要》。中央书记处农村政策研究室、国务院农村发展研究中心成立试验区工作小组。

5 月 4 日　经省委省政府研究决定，将南海县定为广东省的农村改革试验区，并成立南海试验区工作组。省农研中心副主任唐启洪任组长，佛山市委副秘书长吕建钧、南海县人大副主任邓妹任副组长。

6 月 4 日　省委副书记郭荣昌、省顾委副主任杜瑞芝听取关于南海试验区进行粮食规模经营和农副产品出口基地建设的工作试验方案汇报，由省委办公厅报国务院农研中心试验办。

7 月 31 日至 8 月 8 日　由佛山市委副书记陈邦贵、省农研中心副主任唐启洪带队，一行 10 人前往北京郊区的顺义、昌平、密云等县对粮食规模经营进行考察。

8 月 6 日　唐启洪、吕建钧、邓妹向主管试验区工作的中央农研室副主任刘堪汇报南海试验区情况。

8 月 17～20 日　佛山市委、市政府在南海县西樵镇召开土地适度规模经营工作会议，省委副书记郭荣昌，省顾委副主任杜瑞芝、省农委副主任马恩成、佛山市委书记叶谷等参加会议。会议讨论了南海县粮食生产规模经营的试验方案，并确定了平州的平东、西樵的爱国、大沥的谢边、盐步的联安、桂城的叠北 5 个村为粮食生产规模经营的试点。

9月2日　中央书记处农村政策研究室召开第二次农村改革试验区座谈会，广东省马恩成、唐启洪、徐敬清（南海县委副书记）等参加。会议研究加强农村改革试验的前期调研、方案实施和试验成果规范化等问题。

9月16日　国务院办公厅转发国务院农村发展研究中心《关于农村改革试验区的请示》通知，广东省南海县成为首批全国农村改革试验区之一。

9月28日　省委正式批准南海县粮食生产规模经营试验方案，并由省委办公厅正式上报中央书记处农村政策研究室。

10月20日　在南海县委会议室召开试验区工作汇报会。省委副书记郭荣昌、省农委副主任马恩成、佛山市委副书记陈邦贵、南海县委书记李景滔、县委副书记徐敬清等参加会议，会议确定从11月开始转上农副产品出口商品基地建设这个试验项目的研究。1987年11月3日向中央农研室试验区办公室作书面报告。

1988年

1月26日　中央书记处农村政策研究室召开第三次全国农村改革试验区工作会议，省农委政研室副主任江惠生代表广东试验区参加。

2月　中央书记处农村政策研究室副主任朱厚泽（曾任贵州省委第一书记、中共中央宣传部部长）、原秘书长黄青禾、原中纪委书记李昌等领导到广东，在广东省委副书记郭荣昌、省顾问委员会副主任杜瑞芝等陪同下，参加省农村发展研究中心举行的珠三角发展趋势研讨会。

3月15日　世界银行专员一行2人在中央农研室试验区办公室负责人陪同下到南海试验区进行考察，参观了官窑镇工业区和里水镇蔬菜出口基地、宝鲜公司。

4月下旬　中央农研室副主任刘堪、局长段应碧到南海试验区检查工作，在大沥镇听取镇委、谢边村党支部负责人的汇报；在平洲镇平东村召开粮食专业户座谈会。

4月20日至5月2日　国务院农研中心农村改革试验区办公室举办第1期干部培训班。全国16个省、市派人参加培训。南海县委副书记徐敬清、省农研中心副处长程拔文、佛山市农委科长张远航参加此次培训。

5月9日　省委副书记郭荣昌、省农委副主任马恩成、佛山市委常委陈佳、南海县委书记李景滔与工作组一起共同研究试验区工作问题。会议确定试验区工作省里由郭荣昌、马恩成、唐启洪负责，佛山市由陈佳、吕建钧负责，南海县由徐敬清、黄浩新（南海县农委副主任）负责。

6月6日　中央书记处农村政策研究室、国务院农村发展研究中心召开第四次农村试验区工作会议。广东省由唐启洪、黄浩新参加会议。

9月13日　国务院农村发展研究中心在贵州省遵义市召开土地制度建设研讨会，就农村改革试验区土地制度建设的理论和实践问题进行研讨，黄浩新代表南海试验区参加。会议期间，国务院农研中心试验区办公室在遵义市举办以土地制度为主题的第3期农村改革试验区干部培训班。

11月22日　省委副书记郭荣昌、省农委副主任马恩成、佛山市委副书记陈荣杰，听取了17个粮食专业户的监测情况和畜禽、水果等规模经营的调查报告。

12月23～28日　唐启洪、黄浩新参加中央农研室、国务院农研中心召开的第五次农村改革试验区工作会议。会议对三年来农村改革试验区的工作进行了总结，研究了在治理经济环境、整顿经济秩序的背景下开展农村改革试验工作的问题。

1989年

3月20日至4月5日　何启环（省农村发展研究中心科长）、劳洪喜（佛山市政策研究室科长）、谭炳华（南海县农委科长）参加国务院农研中心试验区办公室举办的第5期全国农村改革试验区干部培训班。

4月28日　中国农村信托投资公司一行6人到南海试验区视察，在南海县基地办负责同志陪同下，视察了南海狮山芒果生产基地、和顺水果基地、里水宝鲜公司等农副产品出口基地。

5月6日　国务院批准建立广东省汕尾市城区渔业经济体制综合改革试验区，由国务院农研中心试验区办公室和农业部水产司共同负责协调（国函［1989］30号）。汕尾市试验区综合改革总体方案主要内容为：(1) 建立渔业生产联合体，(2) 建立新的投资机制，(3) 发展外向型渔业，(4) 建立水产品批发市场。

8月10日　国务院农研中心试验区办公室、农业部水产司在广东汕尾市联合召开渔业经济体制综合改革试验方案论证会。

9月　全国农村改革试验区粮食购销体制改革研讨会在广西玉林举行。刘季芸（省农村发展研究中心处长）、何享业（南海农村改革试验区办公室主任）等参加研讨会。刘季芸在会上介绍了广东省放开粮食市场的原因、做法和效果，引起较大反响。

10月6日　在南海试验区土地制度建设座谈会上，省委副书记郭荣昌、省顾委副主任杜瑞芝、省国土厅厅长钟基年、以及省农委、省农研中心、佛山市委政研室、市农委负责人、南海县委书记李景滔、副书记徐敬清、常委刘桂衍、副县长林浩坤及县有关部门负责人听取3个组的关于调查情况和拟定土地制度建设总体方案（初稿）的汇报。

1990年

10月20日　在南海试验区工作会议上，佛山市委常委欧广源谈了佛山发展农业的四个问题，省委副书记郭荣昌作了《从实际出发解决农村改革试验中的问题》讲话。

1991年

2月6日　原国务院农村发展研究中心副主任郑重到南海县西樵镇调研，并到农民麦伯康家作客。

4月11日　召开在南海农村改革试验区工作会议，回顾总结4年工作，省委副书记郭荣昌以《搞好南海农村改革试验区》为题讲话。

4月21—23日　农业部农村改革试验区办公室副主任陈枫等到南海县检查试验区工作开展情况，先后到大沥镇联滘管理区、平洲镇粮食规模经营专业户，以及狮山农场等地考察，对南海试验区工作给予较高的评价。

9月25—26日　农业部农村改革试验区办公室主任杜鹰等到南海调研农村改革，深入到了西樵镇爱国管理区、狮山农场的芒果基地等地，提出要很好地总结南海试验区四年来的工作成绩。

12 月 21 日　广东省农村发展研究中心在得到省委副书记郭荣昌、副省长凌伯棠的书面同意意见后，将肇庆市鼎湖区设为农口体制改革试验区，将顺德市均安镇设为社区性合作经济组织建设试验区。

12 月 23～27 日，全国农村改革试验区第七次工作会议在京召开。唐启洪等 6 人参加。

1992 年

2 月 21 日　广东省农村改革试验区工作会议在南海召开，省委副书记郭荣昌、副省长欧广源出席会议。省农研中心领导马恩成、唐启洪及顺德市长冯润胜、各试验区主任参加会议。

6 月 4～7 日　全国农村改革试验区举办平度“两田制”及配套制度建设研讨会。广东省唐启洪、刘季芸、龙文标（南海农村改革试验区办公室副主任）、李源生（南海农委科长）等参加会议。

8 月 全国农村改革试验区第 8 期培训班在广东举行。国务院发展研究中心副主任王郁昭和杜润生、刘堪、吴象（原国务院农研中心副主任）等农口老领导参加培训班活动，与会代表到南海、顺德、珠海、深圳等实地考察快速发展的广东珠三角经济。

11 月 7 日　国务院批准建立清远扶贫开发试验区。

12 月 12 日　省编办同意在省农研中心成立农村改革试验区办公室（粤机编［1992］363 号）。

1993 年

4 月 13 日　广东省农村改革试验区第一次会议在广州召开。郭荣昌、欧广源、冯灼峰（广东省农委主任）、马恩成、谭国侃（广东省农村发展研究中心主任）、唐启洪及有关地区市领导和试验区主任出席。

6 月 23 日　广东省政府（粤府函［1993］312 号）同意建立阳江市渔业经济体制综合改革试验区。

9 月 15～19 日　全国农村改革试验区在河北玉田召开土地制度试验总结会议，广东省刘季芸、龙文标、吴荣赞（南海政研室科长）等参加。会上刘季芸代表南海介绍了南海农村土地制度的试验、探索和创新。

10 月 14～20 日　全国农村改革试验区第 9 期干部培训班在北京怀柔举行，广东省田晓霞（省农村发展研究中心科长）、莫新银（清远市扶贫经济开发区管委会委员）、肖志辉（清远市扶贫经济开发区副主任）、张汉常（阳江市水产局副局长）等参加培训。

1994 年

1 月 省农研中心和南海市政府在南海联合举办了“以土地为中心的股份合作制论证会”，杜润生、王郁昭、朱厚泽、刘堪、张根生（原国务院农研中心副主任）、杜鹰（农业部农村改革试验区办公室主任）、卢迈（原国务院农研中心农村改革试验区办公室主任）、余国耀（原国务院农研中心司长）、王西玉（国务院发展研究中心农村部部长）、郭荣昌、欧广源、杜瑞芝、马恩成、唐启洪同志及南海市领导、南海试验办及基层同志出席。

4 月 15～19 日　农业部于在北京召开全国农村改革试验区第八次工作会议。经国务院批准创办的 26 个试验区和 17 个所在省主管部门的负责同志，以及 15 个省级试验区的特邀代表、中央和国务院有关部委及首都新闻单位的代表，共计 166 人出席了会议。广东省唐启洪、刘季芸、何享业、舒昌文（清远市扶贫经济开发区主任）、余立宪（汕尾市城区区委书记）等参加会议。

4 月　省委书记谢非到南海、中山专题调研农村股份合作制改革，深入到南海罗村镇下柏村与村民座谈。

4 月 18—19 日　省委、省政府在南海市召开了珠江三角洲地区农村股份合作制改革座谈会，省委书记谢非同志主持会议并作重要讲话，副省长欧广源以《土地股份合作制是农村生产关系的重大变革》为题发言，南海市及三个管理区介绍经验。各地级市市委书记，广州、深圳、珠海、东莞、中山、江门、佛山、肇庆市主管农村工作的副市长或农委主任，珠江三角洲地区部分县（市、区）委书记及省直有关单位的主要负责同志参加了座谈会。

7 月 7 日　省政府批准建立中山市高科技外向型农业开发试验区。

9 月 6～10 日　刘季芸、田晓霞、谢智明（南海试验办副主任）、陈喜祟（中山市试验办副主任））参加在江苏苏州召开的“全国农村改革试验区土地适度规模经营研讨会暨苏南农业现代化改革试验论证会”。

12 月 23 日　清远、汕尾试验区接受世界银行专项贷款签字仪式在清远举行。

1995 年

3 月 27 日至 4 月 7 日　全国农村改革试验区举办第 10 期干部培训班，广东省刘季芸、田晓霞、何启环、何享业、丁敬隆（南海市农村改革试验办副主任）、陈林友（中山市农村改革试验办主任）、罗锡金（中山市经济作物局局长）、陈喜祟、黄绍品（汕尾城区试验办干部）、张水莱（汕尾城区试验办干部）等参加培训。

6 月 由国家体改委、国家建设部等 8 个部委正式批准南海市里水镇为《全国小城镇综合改革试点镇》。

6 月 20 日　全国乡镇企业产权制度改革试验研讨论证会在山东淄博市周村区召开，广东省试验办田晓霞、顺德市北滘镇委书记区祥贤参加。

10 月 5～9 日　全国小城镇试点工作经验交流会在江苏昆山召开，广东省试验办主任刘季芸、南海市委副书记邓文初、南海试验办主任何享业、南海市里水镇副书记郑时波参加会议。

1997 年

3 月 全国农村改革试验区举办第 11 期干部培训班，广东省刘季芸、田晓霞、洪学尔（汕尾市城区试验办副主任）、陈林友、陈喜祟、王德强（清远市扶贫经济开发区管委会党政办副主任)、何明新(清远市扶贫经济开发区管委会纪委书记)、王有福(肇庆市鼎湖区试验办干部)、王川(汕尾市城区副区长)等参加培训。培训内容有:中国宏观经济形势分析;中国农村经济形势分析;国家农业财政体制;国家金融形势及农村金融体制改革;中国中长期经济发展及其政策选择;农村土地制度建设;农村基本经营制度;香港经济与大陆经济;调查研究设计及其方法等。

4月8日 广东省农村改革试验区第二次工作会议在广州市珠岛宾馆召开。省府副秘书长游宁丰、省农委、农研中心领导冯灼峰、马恩成、谭国侃、唐启洪及有关市县领导、各试验区主任参加会议。

1998年

3月2~4日 农业部农村改革试验区办公室在北京举办了"全国农村改革试验区计算机网络培训班",广东省田晓霞、丁敬隆参加培训。

6月24~30日 农业部农村改革试验区办公室举办了"全国农村改革试验区第12期干部培训班",广东省刘季芸、陈林友、肖志辉、洪学尔、丁敬隆等参加。

11月3~5日 农业部农村改革试验区办公室在北京召开"农村改革试验区小城镇建设试点经验交流会",广东省刘季芸参加了会议。

12月16~18日 广东省农村改革试验区在清远举行座谈会。清远、南海、汕尾、中山、鼎湖、阳江、里水等试验区的负责人参加了座谈会。广东省农村发展研究中心主任谭国侃、副主任唐启洪参加会议。农村改革试验区办公室主任刘季芸向到会代表传达了11月在北京召开的全国农村改革试验区小城镇建设试点经验交流会的会议精神及中央财经领导小组办公室副主任段应碧、农业部副部长万宝瑞在会上的讲话,进一步明确了试验区工作的重点和作用。

1999年

1月8日~9日 "中山市高科技外向型农业开发试验区研讨会"在中山召开,中央财经领导小组办公室副主任段应碧,国务院发展研究中心农村部部长陈锡文、研究员卢迈,农业部政策法规司司长杜鹰,全国农村改革试验区办公室主任柯炳生、副主任魏唯、陈枫到会,省农研中心领导马恩成、唐启洪,中山市副市长吴章贺以及省、市农口和试验区的同志参加会议。

1月11~13日 联合国开发计划署和中国(海南)改革发展研究院联合举行的"中国实行长期而有保障的农村土地使用权"国际研讨会在海南省海口市召开,广东省刘季芸参加研讨会。

4月17~18日 农业部农村改革试验区办公室与河北省石家庄市郊区农村改革试验区办公室在河北省石家庄市召开了"农业现代化专题座谈会",广东省田晓霞(省试验办副主任)参加座谈会。

6月5~10日 农业部农村改革试验区办公室举办"全国农村改革试验区第13期干部培训班"。各地学员100多人参加了培训。培训内容:宏观经济形势;农业和农村经济形势;农村基本经营制度;农业产业化与农业现代化;乡镇企业发展面临的问题与前景;农村税费制度改革；加入世贸组织对中国的影响。广东省刘季芸、田晓霞、李开鹏（清远市委常委）、贝冰（清远市扶贫开发区管委会副主任）、任海凌（中山市试验办干部）参加了培训。

10月13～15日　“完善和深化南海市农村土地股份合作制会议”在南海市西岸镇召开。省政府副秘书长周炳南，省政府发展研究中心主任董宏、副主任王利文，原农研中心领导谭国侃、马恩成、唐启洪，南海市委常委钟美恃及有关部门领导、专家学者30余人参加会议。

12月24～27日　农业部农村改革试验区办公室在北京召开“部分省农村改革试验区办公室负责人座谈会”。农业部表彰了“全国农村改革试验区先进集体”和“全国农村改革试验区先进工作者”。唐启洪获全国农村改革试验区特别贡献奖。广东省试验区办和南海试验办获“全国农村改革试验区先进集体”，刘季芸、洪学尔、何享业、石芳飞（清远市扶贫开发区管委会主任）等获“全国农村改革试验区先进工作者”。马恩成、唐启洪、刘季芸、田晓霞等提交的“经济发达地区农村土地问题研究”及刘季芸的“适应生产力发展的新变革——论农村土地股份合作制”获“全国农村改革试验区第二届优秀论文”二等奖；何享业的“改革土地制度 建立农村股份合作制”、颜槐（汕尾市城区试验办原副主任）的“汕尾市城区海洋渔业经济体制改革”、清远扶贫试验区管委会的“异地发展 体外造血 加快山区脱贫致富步伐”获第二届优秀论文“三等奖”。

2000 年

9月27日至10月18日　农业部农村改革试验区办公室组织“全国农村改革试验区农村城镇化与小城镇建设赴德培训考察团”。考察期间，团员们听取了有关政府官员、专家学者的专题讲座和情况介绍，学习了德国城镇化建设的发展经验和先进管理方式，重点讨论研究了城镇化发展中的管理体制及制度建设等问题。刘季芸参加培训。

2001 年

2月2日　广东省人民政府（粤府函［2001］38号）同意设立高州市农产品加工流通试验区。

12月8～9日　农业部农村改革试验区办公室和广东省政府发展研究中心在南海市联合召开了“发达地区农村股份合作制改革与发展研讨会”。参加会议的有中央政策研究室、国务院研究室、国务院体改办、国务院发展研究中心、农业部、国土资源部、中国社会科学院等单位有关部门的领导和专家学者，有广东省有关部门的领导和专家，有来自北京、河北、辽宁、山东、浙江、福建和广东省部分地区的代表；国务院体改办副主任邵秉仁出席会议并讲话。

2002 年

6月8日～14日　“全国农村改革试验区第16期干部培训班”在浙江温州举行。丁小伦（广东省政府发展研究中心农村处副处长）参加培训。

2003 年

5月 清远扶贫经济开发区和清远生态工业园整合为清远高新技术产业开发区。

9月21～26日　农业部农村改革试验区办公室在四川省广汉市举办了“全国农村改革试验区第17期干部培训班暨试验区工作座谈会”。王利文、刘季芸、田晓霞等参加会议。

7月15日　农业部农村改革试验区办公室通报表彰“全国农村改革试验区第三届优秀论文获奖作者”。余伟基（南海市农委副主任）、周铭谦（南海市农委）的“农村城市化最终导致农村股权社会化——南海农村股份合作制走势探讨”获三等奖。

2004年

4月24～25日　农业部农村改革试验区办公室在河北省石家庄市召开了“城郊农村城市化进程中城乡综合改革与统筹发展问题研讨会”，广东省冼频参加。

8月21～26日　农业部农村改革试验区办公室举办了“全国农村改革试验区第18期干部培训班”。培训的主要内容：我国农业和农村经济形势；我国国民经济形势；统筹城乡发展中的体制与制度问题；县乡体制改革与农村基层组织建设问题；农村劳动力转移中的政策与问题；粮食购销体制改革种的粮食政策与粮食安全；农村教育事业的改革与发展问题等。田晓霞（广东省政府发展研究中心农村处处长）、丁敬隆（南海区委研究室副主任）、庄少伟（南海区委研究室副主任）、梁楚略（汕尾市城区试验办副主任）、张伟杰（清远市扶贫经济开发区办公室主任）等参加培训。

2005年

12月22～23日　在南海西樵召开全省农村改革试验区座谈会。马恩成、唐启洪、刘季芸、莫结茹（南海区副区长）、何享业、田晓霞、冼频及各试验区负责人参加。

2006年

5月13～15日　农业部农村改革试验区办公室在北京举办“全国农村改革试验区第20期干部培训班暨新农村建设高级研讨班”。这次培训班邀请了有关涉农部委的领导和专家学者，就社会主义新农村建设的若干重大问题及有关工作部署集中授课，并就新农村建设与试验区工作等有关问题进行了工作研讨和经验交流。田晓霞、冼频、唐永驰（汕尾市城区试验办副主任）、张水来、吴雁和（汕尾市城区试验办干部）参加会议。

7月省试验办在茂名高州举行座谈会。高州、南海、汕尾、均安等试验区负责人在会上交流近期工作。

2007年

6月1～8日　农业部农村改革试验区办公室在陕西省延安市举办“全国农村改革试验区第21期干部培训班暨生态建设与现代农业发展研讨会”。主要培训内容：当前我国农业和农村经济形势；《物权法》、《农民专业合作社法》解读；新时期的乡镇机构改革试点；生态建设与现代农业发展；退耕还林还草政策执行效果与问题等。田晓霞、何享业（南海区农工部部长）、唐永驰参加会议。

9月25～27日　农业部农村改革试验区办公室与重庆市人民政府农村工作办公室在

重庆市联合召开“统筹城乡综合改革研讨会”。会议考察了重庆市开展统筹城乡发展与综合改革试验的进展情况，研讨了有关的理论与政策问题，并考察了当地的现代农业发展与新农村建设典型。田晓霞、何享业、冼频参加会议。

2009 年

2 月 26 日　农业部农村改革试验区办公室在北京召开“农村改革试验区工作座谈会”。会议的主要议题：学习党的十七届三中全会《决定》和 2009 年中央 1 号文件精神；交流当前各试验区推进农村改革发展的主要做法与经验；研究下一部农村改革试验试点思路、项目、内容及布局。田晓霞参加座谈会。

5 月 31 至 6 月 1 日　农业部农村改革试验区办公室在北京市举办“全国农村改革试验区第 23 期干部培训班”。培训内容：全球金融危机下的中国宏观经济形势；当前农业农村经济形势、政策及改革发展问题；当前农村劳动力就业问题；农村土地承包经营权流转问题。冼频参加培训。

11 月 8～9 日　冼频参加全国农村改革试验区在合肥举办的“推进农业经营体制机制创新”座谈会。

12 月 18～21 日　农业部农村改革试验区办公室在广西南宁市举办“全国农村改革试验工作干部培训班”。黄日东（广东省政府发展研究中心正厅级副主任）、冼频等参加。培训内容：完善农村土地承包制度；创新现代农业经营组织；创新现代农村投融资体制；创建城乡经济社会发展一体化制度；完善农村改革试验区运行管理制度等。农产品质量安全问题等。

2010 年

12 月 15～16 日　全省农村改革试验区座谈会在南海桂城召开。原省农村发展研究中心主任马恩成、副主任唐启洪，南海区副区长刘涛根，以及从事过试验区工作的同志参加会议。会议内容有：传达国家试验办的有关文件；总结交流近期试验区工作情况；畅谈从事试验区工作的体会感悟；通报省领导有关省试验区主管单位由省府发展研究中心变更为省农业厅的批示。

[第二章]

试验区第一次会议

广东省农村改革试验区第一次工作会议纪要

1993 年 4 月 12～13 日，广东省农村改革试验区第一次工作会议在穗举行。省委副书记郭荣昌、副省长欧广源、省农委、省农研中心、省体改委、省水产局有关领导，南海、汕尾、清远、肇庆、鼎湖、顺德均安、阳江市等试验区的党政领导以及各地试验区办公室负责同志出席了会议，广州天河体改委领导应邀参加了会议。

会议由省农研中心主任谭国侃同志主持。郭荣昌、欧广源、冯灼峰、谭国侃、马恩成等领导同志分别在会上作了讲话；各试验区汇报了各地试验工作的进展、成效以及下一步的打算；省农研中心试验区办公室主任刘季芸同志通报了全国农村改革试验区 1993 年工作计划，并对各试验区监测工作提出了要求；会议由省农研中心副主任唐启洪同志作总结。

一

省委、省政府的领导在讲话中充分肯定了各试验区 6 年来取得的成绩；认为试验区为广东农村改革开放提供了新的经验、新的路子，有了新的突破。主要体现在以下方面：

1. 探索了农村土地制度建设的新路子。南海针对家庭联产承包后，出现土地分散、产权模糊、无偿使用等问题，进行土地有偿承包、有偿转包、租赁、反承包等土地制度建设试验，从而明确土地所有权、搞活使用权，建立了土地投入、保护和流转机制，加强了土地管理制度。该项成果 1990 年形成省农工部关于完善广东土地经营管理体制的意见，由省委批转在全省贯彻执行。

随着经济的发展、改革的深入，适应既要坚持家庭联产承包不变，又要逐步集中土地进行适度规模经营，促进现代化，1992 年他们又试行土地使用权入股把土地统一规划，并组织农业公司或划片承包给专业户。实行粮食生产企业化、规模化，生产过程机械化的试验，探索了珠江三角洲地区粮食生产企业化和农业现代化之路，为将来建立土地要素市场，推行股份合作，促进土地的合理规划、流转、使用以及理顺集体的再分配问题进行新的探索。

郭荣昌副书记认为，从联滘管理区粮食企业化试验用 17 个人耕种 900 亩稻田，2%的人口养活了 1 000 多口人，看到中国农业的希望。欧广源副省长认为南海的试验是一个很大的突破，它的经验对全省有积极作用。

2. 转变职能、转变机制、搞好农村基层组织建设取得新的经验。顺德市均安镇从理顺一社多队的关系入手，按自然村建立经济社，精简人员和机构，提高了干部报酬，同时减少了工资支出。经济社内建立农业服务站、会计服务站，为农业开展产前、产中、产后服务，使基层经济组织加强了服务职能。在完善社区经济组织基础上，运用股份制的形式，由经济社与有关单位、部门、跨社、跨县、市等多种形式进行联营，组织新的股份联营经济实体，发展“三高”农业，为突破社区合作经济的局限性和在完善基层经济组织与农业股份合作制方面作了新的尝试。

3. 农口机制改革试验有新发展。肇庆市鼎湖区坚持农口转变职能，创办实体，从兴办为农业服务的实体入手，到兴办二、三产业，使农口经济实力增强，达到服务社会、致富农村、搞活自己的目的。为农口政企分开创造了有利条件。另外，兴办农村合作保险，为我省开展农村合作、保险探路。郭荣昌副书记、欧广源副省长认为肇庆做法积极稳妥，对我省农业体制改革有普遍指导意义。

4. 为贫困山区脱贫致富探索新路子。清远市针对山区生产条件、投资环境差的情况，在交通方便处开辟扶贫开发试验区。将贫困山区和经济开发区的优惠政策，集中用于扶贫开发试验区，吸引外商投资，在开发区的企业与贫困乡镇挂钩，通过对贫困地税收、利润返还、产值回归计算，劳力、资源的优先使用，使扶贫工作落到实处。目前签订合同 91 项，投资 19.2 亿元。欧广源副省长认为清远市走出了帮助贫困山区发展二、三产业，是山区脱贫致富的新路子。

5. 汕尾市城区渔业改革试验正在股份合体制、渔业合作基金会、水产品流通领域等方面试验，取得新的进展。通过股份合作，发展海水养殖业。目前已有养殖贻贝联合体 105 个，放养面积 200 公顷，投入海水养殖资金 3 572.2 万元。发展渔业合作基金会，探索渔业投资新机制。通过基金会集资 388.7 万元，包括 300 多艘渔船解决生产资金不足的困难。在深化流通领域方面，在建水产品批发交易市场，制定了市场管理暂行规定，成立了水产品批发市场管理委员会。

二

面对农村改革的深层次问题，会议对试验区今后工作提出更新、更高的要求。

会议认为，试验区今后工作，应围绕建立社会主义市场体系的总目标，探索生产关系适应生产力发展水平，上层建筑适应经济基础的发展，为广东在 20 年内赶上亚洲“四小龙”，基本实现现代化，在农业方面探索新路子。欧广源副省长要求试验区勇于实践、敢于探索，要敢于走前人没有走过的路，敢于冲破现行政策中某些不适应新情况的地方。要探索推动生产力发展，向现代化迈进的新的支撑点和动力，试验区责无旁贷地要成为带动整个广东实现现代化的先驱和排头兵。欧广源副省长对试验的方向和内容还提出了以下几个要求：

1. 如何进一步把土地推向市场，发挥土地的经济效益。要在把土地推向市场中，做到既发挥土地经济效益，又解决土地经营管理中的土地纠纷。

2. 搞好农村的社会化服务。实现现代化农业很重要的一条就是服务，即服务社会化，生产集约化，组织规模化，生产手段机械化。而社会化服务是几个化的龙头。

3. 发展农村股份合作制。这是继家庭联产承包制后在生产关系上更深层次的变革。通过股份制可以把资金、土地、劳力、资源等要素组合起来，实现现代化大生产。还可以解决农村很多矛盾：如土地、计划生育、分配不公、财务不公开、干群关系等矛盾，有条件的地方可以先搞，并逐步由发达地区向次发达地区扩展。

4. 依靠科学技术发展农业生产力，应做好推广、示范、应用新技术等工作。由于各个试验区试验的题目不同，会议认为，各个试验区应围绕省委、省政府领导的指示精神，结合本试验区的实际情况，把试验深入进行下去。南海试验区可以考虑根据目前经济发展中出现的土地的新问题，进一步深化土地制度建设、探索完善农村产权和土地市场，解决发展经济与保护耕地的矛盾，协调国家、集体和农户三者在土地问题上的利益关系，促进农业的现代化。汕尾试验区可以考虑试办渔民协会，并在资金、流通等社会化服务上，进一步促进海洋渔业的发展。清远试验区在建设扶贫开发区中，可以考虑进一步落实扶持贫困山区，使他们得到更多的实惠，更快地改变贫困山区面貌。均安试验区可以考虑在完善社区性合作经济、完善社会化服务的基础上、进一步发展和完善各种经济组织，使农村的各种经济组织更适应经济发展的要求。鼎湖试验区可以考虑在农口机构改革中继续探索转变后的职能及如何妥善地实现干部分流，政企分开以及农业合作保险等问题。总之，都要随着市场经济体系的建立适应新的情况，为改革的深化进行超前的探索。

三

会议总结了6年来我省兴办试验区的经验和体会，就如何进一步搞好农村改革试验区，提出了以下几点意见：

1. 解放思想，实事求是，注重理论与实际相结合。要坚持小平同志提出的“三个有利于”的原则，凡符合有利于发展社会主义社会的生产力，有利于提高社会主义国家的综合国力，有利于提高人民生活水平，就去试验，凡是不符合予三个有利或群众不愿意干的事就不要搞，坚持从当地的实际情况出发。但从实际出发，也不能没有理论指导，没有理论就没有方向和目的。在今后工作中要加强理论的指导，要提高到政策、法规的高度去总结。要借助专家、学者等社会力量提高试验区工作的理论水平。

2. 围绕建立社会主义市场体系，实现现代化的目标，抓住体制改革、机制转换、组织、制度创新为重点进行试验。农村改革试验区的任务主要是为解决体制和政策问题探路，要把工作重点放在体制改革、机制转换和组织建设、制度建设上来。通过体制上、机制上、制度上的创新，促进农村经济的发展。

3. 要用活用足政策。同样的政策，是否用活、用足效果大不一样。试验区应在用足用活政策方面狠下功夫，首先要用足用活中央给农村改革试验区的“允许突破某些现行政策和体制”的政策，其次要用足用活各地方已有的各种优惠政策。清远扶贫开发试验区通过异地开发、体外造血的办法，把山区和开放区的优惠政策用活的经验很好，很值得各试验区借鉴。

4. 注意试验区与面上的关系。搞试验区不能孤立地进行，要关心和注意试验区以外的情况、经验和问题，面上一些根据改革需要而进行和带有超前的做法。试验区应加强与之联系，吸收其经验，面上遇到的问题，也可以放在点上来试验。同时，试验出来的结果，也应拿到面上来推广、验证，把点与面有机地结合起来，使试验区办得生气勃勃。

5. 加强对试验区工作的领导。为适应我省农村改革试验区发展的新形势和肩负的新任务，加强对我省试验区的领导和权威性，拟报请省府成立省农村改革试验区领导小组，由省主管农业和农村工作的领导和农口、体改委等有关部门负责同志组成。省农研中心农村改革试验区办公室同时又是省试验区领导小组的办公室。

各地试验区明确依靠当地党委、政府领导。郭荣昌副书记在讲话中要求各地要有领导负责，有专人负责事务。做到有领导、有队伍、有成果。

1993 年 5 月 12 日

肯定成绩　开拓创新

郭荣昌

广东省农村改革试验区，从1987年5月建立南海县农村改革试验区开始，到现在近6年了。在这6年里，我前前后后都参与了这项工作。现在我作个发言，供大家参考。

目前我省经国务院批准和备案的试验区有南海农村改革试验区、汕尾城区渔业综合改革试验区、清远扶贫开发试验区。去年我省自己又批准了鼎湖区农口机构改革试验区、顺德市均安镇农村社区经济组织建设试验区，今年阳江市要求建立渔业综合改革试验区，天河区要求成立股份制的试验区。这样，我省就有7个试验区了。6年来我省农村改革试验区是随着形势的发展逐步铺开的，为探索、解决农村在改革开放中出现的问题作了一些研究，取得了一定的成效，主要表现在以下几方面：

一、探索了一条农村土地制度建设的新路子

南海试验区针对农村实行家庭联产承包责任制后，土地分散、产权模糊、无偿使用所带来的问题，实行明晰土地，以经济合作社为产权主体，通过有偿承包、有偿转包、租赁、反承包等办法，搞活使用权；通过全面规划建立农田保护区，加强农村土地的管理制度。经过历时二、三年的反复试验，逐步在南海全面推广。目前，全市实行有偿承包的社和土地面积，分别达83.5%和77.8%。这些试验成果为我省提供了有价值的决策依据。1990年省委农村工作部就在总结南海试验区经验的基础上，提出了《关于完善广东土地经营管理的意见》，省委批转了这个意见并要求在全省贯彻执行。我认为这些经验到现在还有用，如果落实得好，农村当前的很多纠纷问题就会解决。1992年邓小平同志南方谈话发表后，我省经济建设，出现了前所未有的好势头，各地掀起了一股房地产热，开发区热，发展二，三产业热，但有的地方不讲政策，到处圈地，引起了土地纠纷，造成农民意见很大，我所看到的土地纠纷的材料，许多就是由于在土地问题上简单化，不讲政策，不贯彻党的十一届三中全会以来的农村政策，特别是家庭联产承包责任制的政策所造成。我认为，南海的经验具有启发意义，要理顺土地纠纷的问题，包括管理区、村与农民家庭的土地矛盾，还是要回过头来，按这一政策办事。因为广大农民对三中全会以来的联产承包责任制很拥护，土地是农民的命根子。农民不愿意放弃土地，你硬要他拿出来，那么他当然要反抗了，我接到不少农民的来信，其中有的语气很重，当然有片面的地方，但也有言之有理之处。如他们说只有这几百亩土地，镇和管理区全征去了，子孙后代以后靠什么生活，这是其一；其二，征地补偿费很少，而他们又没有其他的出路；其三，账目不清，怀疑干部挪用或多分多占等。由于这些引起了农村纠纷。而南海试验区在土地的问题上，通过有偿转让，反承包，正确处理各种关系，做到不影响家庭联产承包制基础上的适当集

中，形成粮食生产区，经济作物区，工业开发区。可见，南海试验区在土地制度和土地管理方面的经验很好，我们下一步还要继续去推行，包括南海试验区最早提出的要设立农田保护区的设想。这些保护区，除了几种情况外，即一是建机场，二是修铁路、公路、三是国家非征不可的建设用地，除此一概不准动保护区的土地。这如果能落实下来，很多问题可以解决，就不致于带来许多纠纷。所以我认为南海的试验是有现实意义的。又如三水市在第一批搞社教时，没有搞有偿承包，他们说该市不少土地是边远田、瘦田，农民不愿耕，你要他交承包款，农民更不愿耕了。后来我对他们讲了许多道理，在第二批社教时推行了有偿承包。邓小平同志南巡讲话发表后，土地价值升高了，三水市来了个突变，一下子搞投标，有的管理区或合作社把土地划为三片，一片搞粮食作物，一片种经济作物，一片利用荒山、坡地或靠近路边的低产田，搞开发区。由农民投标，每亩水稻田 40 多元，经济作物田达 400～500 元，有的鱼塘甚至上千元。当时我担心这样搞会不会有漏洞，派了省农研中心的同志去调查，结论是，这样搞法很好，把土地制度建设、完善承包机制推向了一个新阶段。今后我们要进一步跟踪三水的情况，总结他们的经验。南海市罗村镇，后来也是这样搞，通过股份制，把土地分成几大片来投包，听说效果也不错。总之，南海试验区和三水市摸索出来的经验，是可以进一步推广发展的，以此推动产业结构调整，推动土地制度建设。

二、加强了农村基层经济组织建设

顺德市均安镇，从理顺一社多队入手，尊重干部群众意愿，转变职能，转变机制，采取多种形式完善农村经济社组织。在原来的管理区、村子、社里，存在一社多队，这些问题不处理好，经济社是空壳的，实力在队里。均安镇通过多种形式处理好一社多队，完善好经济组织，搞好经济社内部建设，管理人员比原来减少 40%，干部工资总额比原来减少了，但每个人的报酬却提高了；同时建立了农业服务站、会计服务站，加强了产前、产中、产后的社会化服务，在此基础上，又运用股份制形式，经济社与有关部门、单位、农户联合，组成新的股份联合体，到目前该镇已组织起纵向、横向的联合体 35 个。这样，通过股份制形式，突破了原来社区经济组织的封闭界限，有效地调动了农民的积极性。在农村股份合作制方面，宝安的横岗镇、天河区的登峰、杨箕村，也有一些比较好的做法。

三、农口改革有新的发展

1987 年的湛江会议，省委推广了两个经验；一是琼海县（今属海南省）农口机构改革，转变职能的经验，一是高要的经验。1988 年鼎湖区从高要分出来，鼎湖区不但坚持下来，而且有新突破，并摸出了一套较好的经验。鼎湖区农口只有几万元起家，现已发展到八大公司、几十个基地，每年为肇庆市区提供 1/3 的农副产品，改革不断向纵深发展，一是农口从办农业服务实体，发展到兴办二、三产业。增强了集体的经济实力；二是从政府承担风险，到企业自己承担风险，并通过发展农村合作保险，进入了社会分散风险；三是在提高农业经济效益基础上，创造条件政企分开，开始不脱钩，实体办起来后，再创造条件，逐步实现人员、经济慢慢与政府脱钩。鼎湖区的做法，为我们推进农口机构改革提供了好经验，省委也肯定了他们的做法。

四、为贫困山区脱贫致富摸索了路子

清远扶贫试验区针对山区的生产条件、投资环境差的实际情况，实行异地发展、体外造血的战略，在交通方便的107国道旁边，开辟了9.6平方公里的扶贫开发试验区，将贫困山区的扶贫优惠政策，和沿海经济开放的优惠政策，都用于试验区内，引进外资，同时通过对照山区的税收，利润的返还、产值计算的回归、劳力资源的优先使用，使扶贫落到实处。在白手起家的情况下，经多方支持，进展快，现在已开发了3.4平方公里，签定91宗合同，投资额达19.2亿元，得到中央和有关部门的重视，为山区脱贫创出了一条新路。前年我去看了，当时刚平整土地，建了几幢房子，我强调“不要挂羊头卖狗肉”，即不要挂扶贫的牌子，办市、县自己的企业，从一开始就要明确，那些项目是给那些需扶贫的乡镇的，项目上马后，要有一个规定，规定税收、利润返还给乡、镇的比例，劳力安排多少等，应通过市委、市府用文件形式固定下来，不要变成大家来帮你来扶贫，结果办起的企业成了国营的、市里的，这不行的。如在扶贫开发区办合资厂，一定要明确外商占多少，中方占多少，中方有哪几个单位参加，其中需扶贫的哪个乡镇参加，派多少劳力，将来税收、利润多少归它，这些应签好合同，人家才有积极性来办。因为山区许多地方条件差，谁也不想来办企业。连山县原来的书记说，“三来一补”在山区变成了“三补一来”，即来这里要补车胎、补贴吃饭、补贴住宿，现在甚至“三补”也不“来”。所以清远扶贫开发区的“异地发展，体外造血”的发展战略很适合山区。

五、汕尾渔业体制改革试验也取得很大的进展

汕尾市城区推行渔业股份合作方面，发展海水养殖、促进海洋捕捞取得很大成效。比如该市马官镇盐对管理区，发动渔民入股，合作经营，集资开发滩涂，养殖翡翠贻贝。全区有养贝联合体105个，面积200公顷，比1989年增加70倍，投入渔水养殖资金3 572万元，其中群众自筹3 386万元，占95%。在远洋渔业方面，以后勤服务为纽带，以股份形式兴办渔业股份联合公司，目前有5家，入股渔船占总船只的26%。通过股份形式，找到一条依靠群众和社会力量加快渔业开发的路子。这几年水产政策比较优惠，淡水、海水渔产品全部放开，所以渔业增长很快，每年增长10%，十几万吨，现在总产达251万吨。现在，省政府制定的海岛政策更加优惠了。渔民富裕了，我们要通过股份制等形式，把群众的钱引导到扩大再生产上来。

以上的这些试验，都不同程度实行转换机制，组织创新和制度创新，并且初步取得成效，有的为省制定政策提供参考，为我省今后的农村改革打下了好的基础。也为全国改革试验提供经验，仅是南海、清远试验区，接待全国各地参观学习的考察团几十批，达几千人次。过去6年的工作，为今后改革开放摸索了路子和经验，提供了很多有参考价值的依据。因此，今后试验区的工作仍要加强。下面，我谈几点意见。

1. 要解放思想、实事求是。三中全会以来，全党在不断总结历史经验的基础上，明确了解放思想、实事求是的思想路线，党的十四大特别强调了这点。小平同志南巡讲话的精神，实质也是这一条。我们的试验区，以南海来说，在搞土地规模经营的试验时，深深体会到这一条经验的重要性。在1987年，南海虽有50%～60%的劳力转到二、三产业，

但农民不肯放弃土地，他愿当“周末”农民。究其原因，当地的二、三产业不稳定，转出的劳力中60%是临时务工经商，随时会回流农业，真正离土、有稳定工作的人不多，这些离土不离乡的农民就要留下责任田，以作后路。加上当时粮食没有放开，南海的粮食任务又特别重，种粮的比较效益低，某些农业机械又未过关，所以当时推行规模经营进展不大，这和原来的要求有很大差距。我们与南海试验区同志反复研究，认为还是要实事求是。后来我们转向以搞土地制度建设为主，搞有偿承包、有偿转让、明晰产权、所有者与承包者的关系、实行社会化服务。完善农业保护区、农业投入制度，结果很奏效。这些经验后来在全省推广。我们不搞“左”的那一套，不强迫群众干不愿干的事情，我们主张，要善于发现群众的实践经验，将其总结出典型，再回到群众中推广。这不是我们有什么高明，是几十年来正反方面的经验教训告诉我们要这样做的。今后搞试验，要坚持这条经验，一定要从本省、本地方的实际出发。

2. 要坚持“三个有利于”的标准。邓小平同志在南巡讲话中科学地提出了“三个有利于”的标准，即是否有利于发展社会主义社会的生产力，是否有利于增强社会主义国家的综合国力，是否有利于提高人民的生活水平。这三条标准是对当代中国的改革和建设实践进行细致考察和深入思考后得出的结论。从南海、清远、汕尾的效果看，三个试验区的生产力都发展了，综合实力也提高了，群众生活水平也提高了，可以说是符合小平同志的这个提法，我们搞试验区的目的，就是要达到这三条，凡是符合这“三个有利于”的，我们就大胆试验和推广，凡是不符合的，我们就不试验、不推广。

3. 试验的目标是建立社会主义市场经济，实现农业现代化。不论从哪个角度试验，无非是摸索建立社会主义市场经济体系的经验，最终实现现代化。农业要实现现代化，需要适度的规模经营，而实现适度规模经营，搞专业大户是一条途径，但南海联滘管理区的做法也是一条途径，它在原来实行“五统一”服务的基础上，除了给一些农户留下少量口粮田外，将其余的土地交由农业发展公司经营，原来1 200人耕田，现在17人就耕起来了，占人口比重2%左右，耕种1 000亩水稻，除插秧外，其他过程都实现机械化，仅投资几十万元购置各种机械，而且去年有10万元利润，每个劳力有五、六千元收入。当然这要有条件，二、三产业要发达，劳力有出路，管理区有资金。这是三角洲农业的方向，也显示了中国农村的前景。罗村镇下柏管理区实行土地股份制，三水改分包为连片投包、专业户投包的做法都可以作为试验，这些都有现代化农业的端倪，这都是按市场经济规律办事，按现代化农业的目标要求来搞的。

4. 解决农业深层次的问题，在于深化改革、扩大开放。目前遇到的新问题有：第一，粮食生产问题。我赞成要有保护政策，但仅靠此不够，主要还得靠规模经营、现代化来提高规模效益，中国不像美国那么富，必须两条腿走路，一是政府行为，通过补贴收购价格，另一条是搞现代化、规模经营，提高劳动生产率，求得高效益。第二，土地问题。现在不少地方有纠纷，我们不能鼓动农民对抗政府，但政策不解决，他们始终要造反，土地是他们的命根子，你全征了，有的钱不知哪去了，他的生活怎么办？不能轻视这个问题。出路是通过土地制度建设、土地政策的落实，加上做思想教育来解决。靠政策、靠制度、靠改革解决，不这样，你讲一千条道理，他没有实惠，思想始终不通。第三，农民负担问题，农民反应强烈。我到四会县调查，县的同志说我们没有超过5%，农民负担是2%，但据我了解，农民还有其他的摊派，到农户家去调查，结果超过5%，因为在统计农民负担时很多没算在内。这要按中央政策办，超过5%的，一律停止。最近全国人大、政协开会，人大代表、政协委员对农民负担过重的问题反映强烈，对“白条”现象不满，本来价格就低了，你还欠他的钱，把资金用去搞开发区，甚至造楼堂馆所、买小车，这叫农民的气怎么会顺呢？第四，发展三高农业，怎么去搞，也要通过深化改革，靠老办法不行。第五，乡镇企业进一步发展的后劲在哪里，也要靠改革。深层次的问题当然不止这些，但出路都在于深化改革、扩大开放，不能再搞计划经济，应当搞市场经济。年初省委召开了全省农村工作会议，接着又作出了关于进一步加强农村改革开放和农业现代化建设若干问题的决定。这个决定主要提及4个内容，一是稳定粮食生产，发展乡镇企业，增加农业投入；二是农业的社会化服务体系，三是发展农村股份合作经济；四是进一步扩大农业的对外开放。这是当前解决农村深层次问题首先要落实的。这个文件有突破的方面，因为牵涉财政、税收、海关及有关部门，大家要很好研究、认真贯彻落实。

5. 加强领导、分类指导。试验区情况复杂、类型多、项目多，各有侧重点，试验区办公室要从实际出发、分类指导。各试验区也要根据实际，贯彻适合自己的工作要求。省试验区办公室是经过6年的争取才得以成立，以前只有一个试验区，成立办公室有困难，去年全省已发展到有5个试验区了，经过编委同意搞了试验区办公室，这就好办多了。各试验区，要有一个领导分工管，下面要有专人负责日常事务。领导上要强调实践，当然，开始时可以有一个设想，但主要从实践上摸索经验、创造经验、总结经验。这样的试验结果才有生命力。

（本文作者时任中共广东省委副书记，本文为其在广东省农村改革试验区工作会议上的讲话）

1993年4月12日

试验区要成为改革开放的排头兵

欧广源

一

我省农村改革试验区这几年做了大量工作，创造了新的经验，摸索了新的路子，有新的突破。特别是新的突破，对全省有很大的指导与借鉴意义。

一是把土地推向市场，发挥了土地的经济效益。农村的第一次改革是取消了"三级所有""队为基础"，实行了家庭联产承包制，以户为单位核算，但土地分配形式仍采取平均分配，无偿分配。通过改革试验，特别是南海试验区，把无偿分配改为有偿分配，采取租赁、承包、入股等办法，明晰了土地的产权关系．发挥了土地的经济效益，把承包土地推向市场，这是一个很大的突破。土地的平均分配，无偿分配，只能造成农民不积极经营土地或丢荒土地。把无偿变有偿后，情况就不同了。南海的经验在全省都有积极意义，现在全省都逐步在改革，尤其是珠江三角洲对土地改革的步子是比较大的。

二是实行农村股份合作经济，建立新型的生产组织形式。这也是农村改革试验区的一个重大突破。以家庭联产承包制为主要内容的党在农村的基本政策一定要长期坚持下去，但长期以户为单位，不适应社会化大生产、大商品、大流通。在生产组织形式上怎么搞?农村股份合作组织则是一种好的形式，既不会动摇和改变包产到户，又能适应当前农业生产从小生产到大商品生产，从小农经济逐步向现代农业发展，这是农村第二步的重大改革。它适应当前生产力水平，适应小农经济到现代农业的发展。试验区在发达地区要首先突破。发达地区二、三产业较发达，每家每户都经营几种产品已不适应生产力的发展，采取承包土地入股、生产资料入股，就适应了生产力的发展。这种方式，在珠江三角洲已被逐步接受，顺德市有很多管理区都采取这个办法。

三是在新的形势下，农口如何转变职能，如何加强对农村工作的领导。过去搞计划性农业时，农口采取的主要是制订计划，分配物资。在农村生产关系发生变化以后，特别是联产承包到户后，农业的具体问题，农户可以自己解决了。农口怎样转变职能，适应变化的新形势。鼎湖区农委在转变职能方面做得很好，为农民提供产前产后服务，在为农民服务的过程中，也壮大了农委的经济实力，他们的做法很有指导意义。

四是探索了山区扶贫致富的新的路子。清远搞了扶贫开发区，探索了山区脱贫致富的路子，叫作"体外造血，异地扶贫"。山区交通不便，人的素质相对低些，外商很难到那里投资，因此选择一个合适的位置，让山区的农民到那里投资，外引内联，共享利益。这是解决山区发展二、三产业，扶持山区发展的好办法。

试验区为广东农村改革创造了新经验，创造了新路子，有新的突破，都很有指导意义。

二

既然国务院和省委、省政府定了农村改革试验区，那就要求把试验区办成全省农村改革开放，发展生产力的先驱或排头兵。随着农村改革开放的深入，会暴露出许多新的情况、新问题、新矛盾，这些新问题，首先要在试验区探索如何解决。解决了新的矛盾就促进了事业的发展。每一个试验区都要成为改革开放的排头兵。中央要求广东20年赶上亚洲“四小龙”，基本实现现代化。农村不实现现代化，广东就实现不了现代化，广东农村要实现现代化，试验区在农村实现现代化方面要先走一步，责无旁贷地要成为带动整个广东农村实现现代化的先驱、排头兵。要在实现现代化方面积极探索，摸索出新的经验和作法。我们不要受各种思想的束缚、禁锢，符合小平同志讲的“三个有利于”就大胆去干，如果处处受现行政策的束缚，那就不能试验了。什么叫试验，试验就是敢于走前人没走过的路，就是敢于冲破现行政策中某些不适应新情况的地方。农村生产力的发展要适应现代化，根本出路靠改革，不改革要发展生产力，实现现代化是不可能的。广东这十几年为什么发展这么快？第一是实行联产承包责任制；第二是搞市场农业，农民取得经营自主权。下一步我们要探索推动生产力发展，向现代化迈进的新的支撑点和新的动力。在原来工作基础上和今后发展方向上，试验区需要在下面几点进一步探索。

1. 如何进一步把土地推向市场，发挥土地的经济效益。这个问题大有文章可做，土地是农业之母，劳动是土地之父，把土地推向市场，既可以发挥土地效益，又可以解决土地经营管理中的土地纠纷。希望南海在这方面做做文章，创造一些新经验。

2. 搞好农村的社会化服务。试验区要先走一步，必须抓好农村社会化服务体系。农村社会化水平高低反映了生产力水平的高低，也反映了现代农业的水平。国外现代化农业很重要的一条就是服务，即服务社会化，生产集约化，组织规模化，生产手段机械化。而社会化服务是几个化的龙头。各试验区可以根据自己的实际情况有所侧重。顺德北滘社会化服务水平很高，很多农户养几十万只鸡，几十亩鳗鱼，收入几十万元。为什么会出现集约化，规模化生产，这与社会化服务有很大关系。北滘镇搞了若干个服务公司，从种苗、饲料、防疫、收购、销售都管起来，农户只是养，可以带动农户进行适度规模生产。北滘虽不是试验区，但它探索了农村现代化的方向，试验区的同志可以组织去看看。

3. 搞好股份制。农村股份合作经济可以筹集资金，壮大股份经济发展。汕尾就是这样成立渔业股份合作组织，集资买船，这种组织形式较适应搞现代化大生产。一家一户势单力薄，靠股份合作经济把生产要素组合起来，就有能力搞大生产。靠一家一户花十几万元买船到远洋捕捞是不可能的。既然要搞市场经济，就要搞股份制、股份公司。有条件的地方先搞，逐步向次发达地区扩展。股份经济可以解决农村很多矛盾，如土地、计划生育、分配不公、财务不公开、干群等矛盾。这一系列矛盾解决了，农村的改革开放就能顺利进行下去了。

在生产关系变革上，第一次改革是包产到户，第二次改革我认为是引进股份制。当然不要一刀切，条件不具备的地方不要急着搞，还是先搞好承包责任制，加强社会化服务，二、三产业发达地区要积极推广股份合作经济。

4. 依靠科学技术发展农业生产力，试验区也有责任推广、示范、应用新技术。水稻生产，我完全同意郭书记的观点，一定要两条腿走路，一是良种，一是推广先进的技术。有的新品种一使用就可以增加很大效益。依靠科学技术有些可以采取“拿来主义”政策，把发达国家现成的技术引进来为我所用。广东的工业发展这么快，若没有改革开放，这十几年投入100亿～200多亿美元引进先进技术设备，就不可能有今天的水平。农业生产也是如此。发达国家农业在种子、技术、管理等方面都有先进的经验，广东农业要搞现代化，就要积极地引进借鉴。日本是个很成功的例子，它花了近60亿美元，把世界上先进技术差不多都引进来了，经过仿制、加工、创新，为自己所用，我们的农业也要这样。我看适当时候，农委、厅局、主管农口的市长都可以到发达农业国家去考察，开开眼界，不要光是搞工业的可以出国，搞农业的不去，搞闭关农业。既然搞开放农业，下一步还有“入关”问题，农业同样要推向国际市场。所以，我的想法是下半年组织到外面去看看，例如到日本、泰国、荷兰。农委研究一下，可以做个方案，20多个人，出去走一走，有好处。试验区的工作当然各有侧重，我说的这几个方面，大家可以选择自己的目标，有侧重地发展。

（本文作者时任广东省人民政府副省长）

1993年4月

试验区工作　任重而道远

——在全省农村改革试验区工作会议上的讲话

冯灼锋

刚才郭荣昌副书记、欧广源副省长都讲了话，他们讲得很全面，总结了过去的工作，提出了今后工作的意见，希望大家按两位领导的意见去办。我谈点粗浅看法。

试验区做了大量的工作，取得了显著效果，但任重而道远。我不想再谈取得的效果，我只是想谈谈任重而道远方面的意见。郭书记指出；解决农村深层次的问题，要靠改革、扩大开放。这是非常正确的。就事论事，不能从根本上解决问题。深层次的问题是什么，深化改革要解决什么问题，这是试验区要回答的问题。所以我认为试验区工作任重而道远。可以从三个方面去思考：

1. 围绕如何建立农村的市场体系，研究农村深化改革。就农村而言，明确必须建立以农民为主体的市场体系。可以从三方面考虑：第一，市场体系怎么培育、怎样发展。大家都认为农村的市场很不健全、很不发育。为什么不健全、不发育呢，怎样才能健全它、发育它呢？这一个问题要弄清楚。第二，围绕市场体系的建立，对生产关系提出什么要求。我们长期搞计划经济，在计划经济的体制下，生产经营相脱节，这是几十年的最大弊端，农业只搞生产，产品该哪个部门收购就交给哪个部门。生产和经营如何做到衔接，发展到统一，必须从生产关系方面去研究。只有相统一，商品生产才能顺利发展。我们往往是，产品缺的时候大家都在叫重要性和必要性，农民听我们的宣传就去生产，产品多了，结果谁也不理了。流行一句话，产品缺了，商业部门拿鞭子赶，产品多了又拿刀子砍。这是长期以来生产经营脱节的弊端。最近我读到《农村工作通讯》上的一篇文章，介绍加拿大政府的农业政策与调控。加拿大的农业生产与经营是统一的，根据市场需求对农民提出生产要求，但它负责到底，乳制品、小麦、其他农产品的需求是多少，就要求农民生产多少，年初签合同，并依市场状况确定初始价格，向农民预付价款的 80%，农民交产品时结算，若市价超过合同价，超出部分返还给农民，若达不到合同价，政府补够，农民因此无后顾之忧。我们的生产一多，谁也不管，产品一缺，大家都在喊。第三，围绕市场体系建立生产经营相统一的体系，对服务体系提出什么要求，我们提倡几年了，凡是成功的，都是提供全过程服务。生产是多环节的，只解决了前面的环节，后面的解决不了，仍然不行，而且后面的环节往往非常重要，生产出大堆东西，没有销路，造成浪费，对农民积极性挫伤更大。新兴县的温伯英养鸡，是提供全过程服务的，从种苗、防疫到销售，一系列服务都有，带动了 1 200 户农民；化州县的柯华土牵头成立的北运菜股份公司，也是提供全套服务的；新兴的天堂镇一个农民办的北运菜公司，也是提供全过程服务的。社会化服务不能单纯只强调产前、或产中、或产后，而应当全过程。鼎湖区的养殖业为什么发展起来，就是由于围绕提供全过程服务组建了许多公司。

2. 围绕生产关系必须适应生产力发展的原理，揭示、研究农村深化改革问题。改革开放十几年来，农村生产力的确发展了，可以说比改革前上了一个台阶，或二个台阶。生产力发展了，它会要求生产关系不断适应它的发展。包产到户从分包制到投包制，这就是生产关系适应生产力所作的调整。如果在改革初搞投包制，肯定是行不通的，因为当时的生产力水平限制，人们的承受心理限制，所以只能搞分包制，通过分包解决农民温饱问题，既然要温饱，就只能平均分包，否则农民不接受。通过分包后，生产力发展了，如果固守不变，生产关系又不适应生产力发展了。我认为，从分包到投包是一个转折，是一个进步。现在珠江三角洲形成了企业化经营，是因为生产力得到了高速发展，70%的劳力到二、三产业，在此情况下，固守一家一户经营肯定是不行的。郭书记在总结6年的工作经验时，第一条是解放思想、实事求是。研究生产关系的问题也应如此，不同地方有不同条件、特点。我鼓动三角洲应积极推动农业企业化经营，今年元旦前我去东莞市，对东莞管农业的同志提了两点建议，一是农业走企业化道路，因为有80%劳力转移了，有条件，适时适度地把规模经营搞上去；二是怎么利用二、三产业发达、财力足的优势，来保护农业，形成一种保护机制，过去是大粮产区，现在变成了工业区，工业如何反过来保护农业，这也是生产关系怎样适合生产力发展的问题。要在实践中注意观察，找到答案。

3. 上层建筑必须适应经济基础，按此原理研究深化改革。农业要实现现代化、商品化，牵涉到政府行为，其中包括政策和法规。今后农口管理农业主要靠什么，主要靠法规，而不是靠行政命令。根据市场经济发展的要求，应制定什么农业法规，加强哪些政策，才能使政府行为发挥应有作用。这要在试验区里摸索，真正弄清这些问题，不是短期可以办到的。

补充一点，是有关试验区与面上的关系。试验的目的是为了推广，为各级党委、政府决策提供依据、参考，但试验区范围有限。我的设想是，点的经验可以在面上适时适度推广，面上遇到的问题，可以放到点来试验，所以眼界要放开，对试验区外的问题也要观察、研究、积累，这样研究起来才生机勃勃。

（本文作者时任广东省农业委员会主任）

1993年4月

总结经验　深化改革

马恩成

听取各农村改革试验区的经验介绍，很受启发，认为很有深度。这几年广东试验区的工作很有成绩，取得了较好的经验。我认为这些经验有三个特点：

1. 经验比较丰富。全省试验区有所扩大，各试验区的内容不断丰富，突破一点以后，向纵深发展。

2. 经验比较实在。都从本地的实际情况出发，经过群众实践所产生。这些经验实实在在，不图形式，没有水分。这样的经验对全省面上能有所借鉴。

3. 具有一定超前性。和面上相比，都先定了一步。如南海、顺德均安镇的经验，回答了一个问题，即实行家庭承包制之后，农业怎样由小生产走向社会化大生产。一开始是一家一户的平均分包，在当时的条件下只能那样做。那只是一个良好的起点，起点解决后，怎样提高土地产出率、劳动生产率和经济效益，走基地化、规模经营、农工商一体化的路子，这两个试验区摸索出一些新经验。

又如鼎湖区的经验也是走全省前面。1987 年在高要召开了全省县级综合改革试验会议，当时的重点是农口的改革。后来遇上治理整顿，压减公司，许多地方停下来了。鼎湖区从高要分出来以后，却坚持下来了。比较系统地提供了县级政府如何转变职能、政企分开、精简机构，走“小政府、大服务”的路子，提供以公司为龙头，办商品基地，为农户提供服务的经验，并且在办农业风险基金、合作保险、发展旅游业等方面都先行了一步。特别是合作保险，搞大规模商品经济，保险就越来越重要。保险业的主体是保险公司，但它包不下来，也要走多渠道或联合办的路子。

各试验区都不同程度地进行了股份合作试验。从南海、顺德两个点可以看出，股份合作很有生命力。南海过去用行政手段解决一村多队、多社的问题。但以村为单位建的新社，许多是空壳社。因为村内几个队发展不平衡，有的富一些、有的穷一些，又不能“一平二调”刮共产风。把它们组合在一起，很难办。用股份制的办法，把股份拉开，这个问题就解决了。又如把承包土地折成股份，之后按股份进行二次分配，促进了农业劳动力的转移，促进了土地的规模经营。这些做法又不否定家庭承包制，也是解决矛盾的好形式。汕尾的马宫镇利用股份合作开发滩涂，发展翡翠贻贝。过去有资源、无资金，引进股份制就不同了，渔民纷纷集资，还带动了附近的居民和机关干部，发展很快。把股份制机制引入集体企业、合作经济，具体做法可因地制宜，或松散或紧密，或规范些或不规范。用这种灵活的机制组合生产要素，发展生产，合理分配，民主管理，其生命力是很强的。这些经验面上还不多，几个试验区却不谋而合地搞起来了，具有超前性。

清远的扶贫开发区也有超前性。这种扶贫的形式，珠江三角洲的宝安、东莞都实行过，也引进了股份制机制，取得扶贫的好效果，因为富裕地区的发展也不平衡，交通不发达的地方吸引不了外资。但像清远规模越么大，引进企业那么多，联系贫困乡村这么广，在全省是空前的。反映了领导的决心和气魄，因而意义和影响都比较大。

这几年我省试验区的工作有进展，有些试验内容前几年就开始了，在治理整顿中没有停下来，经验来之不易，应给以较高的评价，把改革试验的经验总结好，不仅对本地，而且对全省、全国都有指导和借鉴作用。

我再谈谈对农村深化改革的一些看法。党的十四大明确了全国经济改革的目标，是建立社会主义市场经济体制。广东在这方面应该走在前面。改革开放 14 年来，取得很大成绩，现在回过头来看，改革是按照市场经济的方向去做的，原来思想不那么明确、自觉，因此不能说以市场为导向，只能说符合市场取向。农村改革有三方面的突破，每个突破都建立发育了市场，或者说为市场经济体制的建立创造了条件。

第一，是突破了人民公社“一大二公”的体制，实行了家庭承包制和双层经营体制，使广大农民取得生产自主权，成为参与市场经营的主体。这个主体成为农村发育市场经济体制的重要前提。

第二，突破了农产品统派购体制，放开了价格和流通渠道，使农村形成多成分、多层次、开放性的流通网络，出现了星罗棋布的农贸市场，开始发育了各种专业市场、埠际市场、批发市场等。

第三，突破了城乡经济的二元结构，发展了乡镇企业。过去是城乡分割，城市发展快，农村不准搞二、三产业，发展慢，城乡差距拉大。十一届三中全会后，乡镇企业异军突起，突破了城乡二元结构，越是发达地区，成果越显著。发达地区发展了乡镇企业，可以“以工补农”“以工建农”，可以用部分收入改善投资环境，发展交通、通信、教育、科技、卫生事业，形成了工农之间、城乡之间的良性循环。乡镇企业开拓了城乡市场，甚至国际市场；乡镇企业成为市场经济的充满生机活力的新的主体。

这三个突破，都发育了市场经济，但发育得很不够，只是一个良好的开端。市场经济体制的建立和发育，是一个长期的、复杂的系统工程，涉及方方面面。农村改革，就要按照建立市场经济体制的目标，进行深层次的改革。从市场经济整体来看，有三个层次、或者说有三个领域，既宏观、微观、中观。宏观领域，是各级政府进行宏观调控、宏观管理。发展市场经济不能光靠看不见的手，要与看得见的手结合起来，两手抓：要以市场调节为基础，实行计划与市场相结合。中观领域，是市场体系建设，要在农贸市场基础上，大力发育专业市场、批发市场、期货市场；不仅发育农产品市场，还要发育金融、科技、劳力、土地等生产要素市场。微观领域，则是发育市场主体。农村市场的主体，一个是广大农民，如何提高他们的市场主体地位，发挥其作用；一个是乡镇企业，继续完善其经营机制，发挥其市场主体地位及作用。这些都是改革的深层次问题，搞好这三个领域的改革，对发展农村，乃至城乡经济是十分重要的。

从宏观方面看，农业产业有三大效益，其社会效益、生态效益高，经济效益却没有第二、三产业高。因它受土地资源限制，受自然灾害影响大，生产周期长，投资效益低，在市场经济条件下，农业处于不利地位。因市场经济以利益为导向，财力、物力及领导精力容易向二、三产业倾斜。在加快发展速度，而资源又不足的情况下，很容易发生挤农业、挖农业的偏向。如侵占耕地、转移农用资金、收购打白条、乱摊派等。如果政府不加强宏观调控和协调，就会重复走以牺牲农业、萎缩农业为代价，搞工业化的老路。因此要加强政府对农业的支持和保护。世界上发达国家实现工业化后，都对农业实行支持、保护的政策。

在市场建设方面，广东农贸市场发达，但批发市场建设滞后。沿海水产品有先行一步的条件，因为批量大，加工储运要求急。过去水产品市场多数有批发的内容，但小打小闹，很不规范，许多由渔头家在那里起主要作用。国营水产企业由于铁饭碗、大锅饭，竞争不过人家，地方政府也没有认真管，以至水产品市场处于半自发状态。汕尾改革试验区正在筹建水产品批发市场，从指导思想和制定的规划来看都比较好。建成后，不仅对全省渔区、对全省城乡都有借鉴意义。

如何进一步搞活微观经济、提高市场经营的主体地位，试验区还要继续试验。现在看来，农业的小生产不适应社会化、现代化大生产的要求，而社会化大生产又不能否定家庭联产承包制。既要发展规模经营，又要调动广大农民的生产积极性。这是改革试验的重要环节。我认为要解决好几点：(1) 要继续转移农业剩余劳动力，发展以乡镇企业为载体的小城镇。这是前提，否则就难以实行规模经营及农业的机械化。(2) 要加快土地的流传，搞活承包经营权，通过股份、投标、租赁等办法，使耕地从零星分散到连片集中，向耕田能手或农业企业集中（农业企业集中部分土地后，仍然反包给耕田能手，或叫专业承包），以提高集约经营、规模经营的效益。(3) 搞好社会化服务。没有这一条，基地农业，“三高”农业就很难实现，梅县兴起的14万亩沙田柚基地，就是靠社会化服务，把分散的家庭农场联结起来成为基地，提供良种、科技、防治病虫害、销售，形成系列。重点是科技与流通，解决农户自身不能解决的团难。通过联合、办基地、规模经营，把农民逐步引入社会化大生产、大市场。系列化服务需要“龙头”，农村的集体企业起了骨干作用。我们不要怕集体经济壮大，有人说壮大集体经济，就会削弱家庭经营，把二者对立起来。珠江三角洲的实践回答了这个问题。集体经济壮大了，就会增强社会化服务的实力，就会更好以工补农、建农，体现双层经营的优越性。集体经济的壮大靠开辟生产门路，靠外引内联，不是靠摊派、“一平二调”，这样做没有任何害处。有人说集体经济特别是社区合作经济是封闭性的、局限性太大。珠江三角洲的实践也回答了这个问题。那里镇、村经济的外引内联已经拓展到全国和国外，怎么能说是“封闭性”呢？这里的关键不在“集体”“社区”，而在思想、在政策、在投资环境如何。当然，农村要发展多成分、多层次的经营，把多方面的积极性调动起来、结合起来，就可把农村经济搞得更活。这方面大有文章可做，也是改革试验的重要内容。

发育市场经济体制，把上述三个领域的改革搞好，深层次的问题就可以解决得更好，农业的社会化、现代化步伐就会加快。改革的直接目的是建立社会主义市场经济体制，改革的根本目的是发展社会生产力。生产关系、经济体制的改革，为生产力的发展扫除障碍，把改革与发展二者结合好，就会加快中国特色的社会主义建设，加快农业现代化建设。农村改革试验区是改革开放的排头兵，也会成为本地发展的排头兵，任务光荣而又艰巨，相信在新的一年会做出新的贡献。

（本文作者系广东省农研中心主任，本文为其在全省农村改革试验区工作会议上的讲话）

1993年4月

抓住机制转换，用足用活政策
进一步搞好我省农村改革试验区

唐启洪

这次全省农村改革试验区工作会议，虽然只开了一天多，但由于省委、省政府的重视和同志们的努力，使会议开得很成功。

在这次会议上，省委郭书记，省政府欧省长，省农委冯主任，省农研中心原主任马恩成同志和省体改委秦文同志都作了指示或讲话，这对于开好这次会议是一个有力的保证。

郭书记、欧省长及其他领导的讲话都很重要，他们充分肯定了几年来我省农村改革试验区的工作成绩，郭书记讲了5个方面的发展，欧省长讲了3个方面的突破，马主任讲了3个特点，欧省长还提出了要把试验区办成开放改革的排头兵，这些评价和期望，对于我们进一步搞好试验区是一个很大的鼓舞，同时，也是一个有力的鞭策。

对于试验区今后工作方向，内容以至方法、经验，领导的讲话都作出了很明确的指示，请各个试验区回去向党委或政府领导进行传达，并结合自己的实际情况和试验题目予以具体贯彻。

下面，我就如何贯彻落实好领导的指示，进一步办好试验区，讲几点意见：

1. 必须围绕建立社会主义市场经济体系和实现现代化这个目标，抓住体制改革、机制转换、组织创新、制度创新这些重点，进行试验。昨天几位领导都提出了当前和今后农村工作要解决的若干问题，但如何落实，有多种方法，作为试验区来说，要落实领导提出的问题也要创新，这就是抓住体制改革、机制转换、组织制度创新这个环节去落实，这样效果会更好一些。这样做，既是试验区创办的初衷，也是历次全国农村改革试验区工作会议所强调的。在1991年12月全国农村改革试验区第七次工作会议上，农业部副部长陈耀邦在工作报告中说："农村改革试验区的任务主要是为解决体制问题和政策问题探路，因此要把工作的重点放在体制改革、机制转换和组织建设、制度建设上来"。试验区与其他一般的试点不同，其中重要的一条是要超前、突破。超前什么，突破什么，就是要在体制上、机制上、制度上、组织上创新。试验区工作实践证明，同样是一件事情，机制不一样，效果就大不一样。比如，农村土地使用，平均分包，无偿承包是一种机制，但无偿承包，所有者得不到从经济上体现建设土地的费用，谁都不愿承担，虽然有关领导多次强调要搞好土地建设，但落实仍不够有力。转变为有偿承包，特别是投标承包，引入竞争机制之后，就大大促进了各方的积极性，承包者作出了支付，就更精心去经营，以争取更大的经济效益；所有者通过有偿承包，增加了收入，在一定程度上壮大了集体经济，使集体有力量给土地投入，实现取之于土，用之于土，以土养土，良性循环。这方面效果尤其显著的是鱼塘整治。南海市南庄镇实行鱼塘投包，镇人大又决定在投包款中拿出30%，用于整治鱼塘，结果长期解决不了的基崩塘浅问题，得到有效的解决，有的管理区仅一两年时间，就整治了鱼塘六七成，同样是家庭联产承包，但机制一转换，效果就大不一样。又比如南海试验区搞的土地使用权入股，也体现这个情况。原来，土地平均分包，一家一户小规模经营，不适应大市场和现代化的要求，但要实现规模经营，困难很大，既要维护家庭联产承包责任制的政策不变，更要维护群众的利益，他们就实行把土地使用权入股的办法，通过入股，集体可以把土地统一调整，办农场或成片开发再投给专业户承包，把所得利益的相当部分，按股分红，这样既保持家庭联产承包的政策不变，保护了群众的利益，又能实现适度的规模经营，过去说在土地问题上公平与效益难以统一，通过这个办法解决了。现在不仅南海这样做，中山市及其他一些地方，也都这样做，番禺市这样做的效果不错，所以说，机制不同、效果就不同，我们农村改革试验区，就应着眼于在这方面下功夫，抓住这个重点去落实领导提出的要求。将来，试验区总结经验时，也要从这方面去总结。

2. 必须用活用足政策。在这次会议上，一些同志提到农村改革试验区的优惠政策问题。有什么优惠政策，中央没有具体规定，经中共中央政治局通过的中共中央 1987 年 5 号文件的提法是："对试验区要适当放权，允许突破某些现行政策和体制"。这是总的精神和原则。1991 年 8 月，国务委员陈俊生主持研究农村改革试验区工作会议时也说："改革试验本来就是要有突破，没有突破，就没有必要试验了"。至于突破什么现行政策和体制，由于各个试验区的试验题目与内容不同，中央不可能对每点都讲得那么具体。其实，中央原则上讲也有好处，下边可以灵活运用。比如，中央对广东，开始时只是说给予"特殊政策，灵活措施"，广东就是抓住这个"特殊政策、灵活措施"做文章，引伸出许多具体的政策措施，出现了对下更加放权，对外更加开放、对内更加搞活，经济迅速发展的大好形势。又比如中央对建立几个经济特区，开始时也都是很原则的，特区的党政部门和有关同志就是抓住特区的特字大做文章，引伸出一系列新的做法、措施和政策，出现了一个深圳速度，其成效为国内外所共同肯定。所以说，"允许突破某些现行政策和体制"，其分量是不轻的，关键在于我们如何运用。当然，突破某些现行政策和体制，也不是乱来，自行其是，也要经过一定手续，对这点，国务委员陈俊生 1991 年在全国农村改革试验区第七次工作会议上说："重大政策突破性试验要经过审查批准。各地的试验，属于突破省定的政策，要报请省审定，属于突破国务院定的政策，要报全国试验区办公室，由办公室报请农业部或国务院审定。"

这次会议上，有的试验区提出了一些具体政策，我们将向有关领导请示，帮助与有关部门协商，争取把好事办成。

除了根据改革需要，要求允许突破某些现行政策之外，还有如何用足用活现有政策问题。试验区应在这方面下功夫。同样的政策，是否用足用活，效果大不一样。这方面清远扶贫开发试验区就创了一个好的经验。清远是山区，也列入沿海经济开放区，山区的优惠政策和沿海经济开放区的优惠政策早就有了，但是山区由于投资环境差，如果只局限在本乡本镇内执行，即使有这些优惠政策，客商也不来，也不吸引人。他们就是采取了异地发展的办法，在清远城郊 107 国道边，开辟了 9.6 平方公里的扶贫开发试验区，把山区的、沿海经济开放区的优惠政策都在这里执行，结果这些政策很起作用，投资者欢迎，贫困山区欢迎，仅用两年左右时间，就开发了 3.4 平方公里，引进资金 16 亿多元，办起了几十个项目，已投产的13个。全国扶贫开发办也推广了他们的经验。这就是用足用活政策的事例。同样的政策，放在山里就不起多大作用，地点变一下，威力就无穷，可见政策如何用足用活大有文章可做，潜力不少，包括中央给农村改革试验区允许突破的某些现行政策和体制，也有个如何用足用活问题，我们试验区应在此下功夫。

至于有些试验区的试验题目，不属于开发的试验，例如股份合作试验，完善农村基层经济组织建设试验等，牵涉到需要优惠政策不多，更应着力于搞好体制改革、机制转换上来，通过这样，把事情办得更好。

3. 既要从实际出发，又要注意理论指导，把理论与实践结合起来。这几年试验区的实践证明，试验区的工作必须实事求是，从实际出发，根据经济发展的需要和群众的意愿，引导群众深化改革、转换机制，以求更好发展，特别是尊重群众的首创精神，在群众创造经验的基础上加以引导、提炼，这样的效果更好，改革进展更顺利。当然，重视从实际出发，也不是不要理论指导，试验区要超前，要突破，没有理论指导是不行的，没有理论就没有方向和目的，就很难取得预期的成功。因此，搞试验区工作，特别要注意理论与实践结合起来。要防止两种倾向，一种是纯粹的按理论来设计，不注意研究实际情况，这样的试验，很难取得成功。另一种是只注意实践、工作做了，成效也不错，但成果老出不来，特别是理论成果、政策成果、法规成果。这两者都影响试验区工作的更好发展。

要总结、要学习、要提高、要使实践不仅有经验上的收获、政策法规上的收获、思想理论上的收获，如果我们自己力量不够、应借助社会办量，可以请专家学者进行咨询、论证。一般情况下，在制订试验方案时，除了大量调查研究外，还可以向学者专家咨询；在工作告一段落，特别在总结时，可以请专家学者来论证。今年，南海试验区根据全国农村改革试验区办公室的部署，准备对土地制度建设这个题目进行总结，他们已召开会议讨论，先拿出初稿，然后在五、六月间，请一些专家学者来论证，最后才拿出个正式的总结报告来，这个做法是好的，其他的试验区有需要有条件的，也可这样进行。省农研中心试验区办公室可以帮助大家请一些学者专家。各试验区如果有这样的活动时，请及时告诉试验区办公室。

4. 搞好试验区，主要靠当地党委和政府。这是因为，搞试验区，进行体制改革、机制转换，组织和制度创新的试验，是当地经济发展，深化改革的需要，是为经济发展深化改革探路，搞好了，对当地党政有很大帮助，即使不成功，也可对这件事情做到心中有数，防止盲目进行。因此，应该明确，搞试验区是当地党委和政府的事。同时，由于试验区的工作，牵涉到的方面很多，特别是要超前、突破，和现行政策矛盾不少，有的还牵涉到部门利益，如果没有党委和政府的强有力的领导、支持、协调，工作就很难开展。多年来搞试验区的经验证明，哪个地方党政领导亲自抓，认真管，哪个地方的试验进展就好，例如福建三明市搞的林业股份制，山东淄博市周村区搞的乡镇企业制度建设、四川广汉市搞的粮食购销体制改革，无一不是党委和政府亲自抓的结果。

现在搞试验区的各兄弟省区，他们都成立有党政领导和有关部门领导组成的试验区领导小组，都有试验区办公室，有一定干部和经费。我们请示省的领导，准备也成立省的农村改革试验区领导小组，现正酝酿名单上报。对各个试验区，凡属全国农村改革试验区系列的都争取成立试验区领导小组和试验区办公室，属省自定的试验区，能成立则成立，不成立也要有党政领导分工管、有人负责日常工作，对于出台项目，应有项目主持人。无论是属于国务院备案的还是省定的都要按照国务院办公厅转发的农业部关于农村改革试验区工作几个问题请示的通知中所提出的："已建立的试验区领导机构和工作班子要稳定。""稳定试验区工作机构，保证必要的业务经费和工作条件。"

当前，特别要注意处理好干部下海办经济实体与坚持试验区工作的关系问题。应有所分工，有人办实体，有人坚持试验工作。最好的办法是围绕试验办实体，把办实体与开展试验结合起来，例如办合作保险，就是既是试验，又是办经济实体。当然如何结合，文章还很多，应由各地自己去创造。总之，一个原则是，不能挤掉试验工作。

为了争取党委和政府的重视，请大家回去通过向党委、政府传达郭书记、欧省长在这次会议上的讲话时，争取讨论一次试验区的工作，解决当前试验区需要解决的包括试验内容、方向以及其他一些具体实际困难问题。

5. 明确试验区的工作程序和搞好监测工作。出于新增加了一些试验区，所以在去年12月河南商丘会议上，全国农村改革试验区办公室主任杜鹰同志特别讲了试验区的工作程序问题，他说："试验区要有科学程序：一是做好前期的调查研究。二是制定试验方案。三是选择试验地点和培训干部。四是试验方案出台。五是执行方案的观察和监测。六是总结"。

对于新办的试验区，最重要的是调查研究，制定试验方案。方案做得好否，是否符合实际，最重要是搞好调查研究，做好论证，这方面需要花功夫去办。不是方案要不要做，而是如何实事求是做好方案，并实事求是执行方案。

对于原有的试验区，重要的要搞好监测工作，监测是做好总结，把经验提高到理论、政策、法规的前提，因为试验区的工作，是有试验的预期目标，到底能否达到预期目标，怎样去考察其实践过程的变化并掌握其规律性，这就要建立监测工作，搞好监测，也是试验区与一般的试点的一个不同之处。

目前，我省的农村改革试验区，对监测还是一个薄弱环节，除个别地方有一些监测外，多数还未建立起来、有的连试验前约有关数据、需要监测的指标、监测点和人员，都不很落实，亟须认真抓一下。首先要分工有人去抓这项工作；其次要围绕试验项目和内容，制订若干监测指标；三是确定监测点；四是定期收集有关数据；五是分析研究；六是建立监测档案。这项工作，要求上半年切实建立起来，年终要有一个监测的数据和分析报告。至于已建立起监测的，则要坚持下去，不要终止，否则前功尽弃。

关于监测的经费，主要靠地方党委和政府支持。省农研中心争取给予适当补贴。

（本文作者时任广东省农研中心副主任，本文为其在全省农村改革试验区工作会议上的小结）

1993年4月

进一步开拓思路，办好农村改革试验区

谭国侃

会议就要结束了。唐启洪同志作了会议小结，请与会同志结合实际研究贯彻。这次会议，省里领导同志都来讲了话，对试验区的工作作了充分的肯定和评价，说试验区工作是新的突破，新的尝试，有新的经验。并肯定试验的成果很有现实意义和深远意义，已经发挥了很好的作用，并将继续起作用。我们所做的工作已为各级领导和社会认可，这是非常令人鼓舞的。同时，我们也深感试验区的工作任重道远，十分艰巨，很多事情还在开始，仍需继续努力。在这里，我想就农村改革试验区工作讲几点意见。

一、试验区工作要具有超前性，进一步开拓思想，要有超前的思想意识

既然是试验区，就要体现试验的精神，树立敢为全省先的思想，最好是敢为全国先。要有超前的领先的姿态，否则说不上试验。常规思路，按步就班，怎么能说试验。因此，要善于学习，向全国学习，向全世界学习，想平常人所不敢想的、干平常人所不敢干的事。通过试验，实践检验真理，创造典型经验，我认为实事求是也只有在解放思想、敢作敢为的基础上，才有积极意义的生命力。

二、试验的态度既要积极又要慎重

我们既要敢于突破现行政策，进行超前试验，又要制定积极稳妥的措施，有组织、按步骤、有序地进行。试验区的试验项目要有所侧重，有针对性，不宜过多，面面俱到。要量力而行，有自己的优势和地区特点，选好题目，保证力量，保证条件，做到出成果，有作为。

三、试验目标一定要明确

围绕农业社会主义市场经济体系建设的目标，深化农村改革的各项试验。当前要着重研究发展农村生产力，进一步解决阻碍生产力发展的深层次问题。对于这一问题，“见仁见智”，有各种看法。比如怎样配置农业资源才能得到最好的经济效益？这也是个很现实的问题。要重视研究当前农业和农村问题。一是耕地大量减少，1992 年全省非农占用耕地已超过 40 多万亩，今年不知是多少？二是精壮劳力转移，肇庆同志说现在是“三鬼”务农，即“老、懒、傻”三部分人务农；三是资金流出，由于投入农业不能取得平均利润，不愿投入农业，农业的资金也流出了。这些问题你说是不是深层次的？也可以做些研究提出对策。

中央文件说，试验区允许有所突破，要把突破的政策具体化。昨天几位领导同志讲了，要研究上层建筑与经济基础的关系，研究生产关系如何适应生产力发展，要研究股份

制，到会同志说，农村实行股份制是解决各方面矛盾的最好形式。当然还要讲条件。比如清远扶贫试验区搞体外造血，异地扶贫，广开门路，引进资金。影响也颇大，但还要继续深化、突破。

四、试验区要加强具体领导

试验区工作要明确依靠当地党委、政府领导。这是试验区能否成功的关键。试验区工作要有领导、有队伍、有成果、有影响，我们想法，拟成立省农村改革试验区领导小组，省农研中心试验区办公室同时又是领导小组的办公室。要加强上下联系与协调工作。市、县如何搞，由自己设计。按郭书记意见，有领导管，有班子抓，农研中心加强与下面联络，做到上情下达，下情上达。

我们还要利用各条渠道，做点宣传工作，提高农村改革试验区的知名度，引起各方面的关注，共同支持与帮助试验区工作。与会领导同志讲话整理后，要尽快发出去。农研中心的刊物，《农村研究》将及时发表这方面的文章与经验，欢迎同志们提供信息。

（本文作者时任广东省农研中心主任，本文为其在农村改革试验区工作会议上的讲话）

1993 年 4 月

[第三章]

试验区第二次会议

广东省农村改革试验区召开第二次会议

广东省农村改革试验区第二次工作会议于1995年12月1～5日在广州召开，参加会议的有7个农村改革试验区的党政主管领导、试验区办公室负责人以及省农办、省委政研室、省府研究室、省体改委、省海洋与水产厅、省保险公司、省农业银行以及有关新闻单位共28人。省政府副秘书长游宁丰、省农办主任江东海在会上发表讲话。南海市、鼎湖区、均安镇、中山市、汕尾市城区、清远市、阳江市等改革试验区的领导介绍了他们的经验，引起了与会人员的重视。省农研中心主任谭国侃、副主任唐启洪、原主任马恩成分别作了讲话。

会议总结交流了近年农村改革试验的成果和经验，同时根据党中央提出的国民经济实现两个根本转变及省委、省政府提出的我省2010年的发展目标，对各试验区的工作作了新的要求和布置。

深化改革　促进发展　夺取新成就

游宁丰

今天召开全省农村改革试验区第二次工作会议，会议将总结交流我省农村改革的成果和经验，认真贯彻落实党的十四届五中全会和省委七届四次全省（扩大）会议精神，进一步探讨我省农村如何深化改革和试验的问题。会议内容很好，开得很及时，祝会议取得圆满成功。下面谈谈我对形势的看法，以及对下一步改革的意见，供大家参考。

一、适应新形势，实现新目标

当前我们面临的形势是很好的。经过改革开放16年的伟大实践，我省“八五”期间经济取得很大发展，国内生产总值年平均速度达18.7%，1995年国内生产总值达5 300亿元，人均国民生产总值从1990年的2 356元提高到1995年的5 151元；“八五”期间实际利用外资400多亿美元；1995年出口达500多亿美元，占全国出口总量的40%以上，科技进步对经济增长的贡献率从1990年的19%增长到1995年的39%，为实现“九五”计划和2010年的战略目标，打下了良好的经济基础。

我省农村、农业在“八五”期间也有较大发展，农业总产值年递增速度为6.9%，1994年达1 151.38亿元；农民人均纯收入达2 181.52元，平均年递增16%；乡镇企业总收入达3 558.33亿元，平均年递增41%。粮食生产近两年摆脱了下滑的局面，去年在百年未遇的洪涝灾害面前，夺得粮食丰收，总产达1 662.7万吨，今年粮食产量1 793.2万吨，单产也创历史上的高水平。“三高”农业发展喜人，许多原从事二、三产业的企业和个人转向“三高”农业发展。今年在香港举行的“三高”农业招商会，合同、协议资金41.5亿美元，其中外资33亿美元。扶贫工作也取得大的进展，12万特困人口，通过移民，迅速脱贫，解决了温饱，正在走上小康之路。总的来看，我省农村和农业的形势也是好的。

最近，省委通过我省“九五”计划和2010年的战略目标。我省要比全国先行一步，到本世纪末要实现人均国内生产总值比1980年翻三番，全省消除贫困现象，实现宽裕的小康。

二、办好试验区，继续为改革和发展探路

从党中央批准建立农村改革试验区以来，我省的试验区有了进一步的发展。南海是国务院批准的我省第一个农村改革试验区，现在已有8个年头了，以后相继批准了清远扶贫试验区、汕尾渔业综合改革试验区；经省批准，顺德均安为农村基层组织和社会化服务试验区，鼎湖区为农口综合体制改革和农业互助合作保险试验区，中山市为高科技外向型农业开发试验区，阳江市为渔业综合改革试验区，今年6月南海市里水镇被批准为全国综合

改革试点镇。同时，试验的内容也丰富了。从粮食规模经营到土地制度试验，又从土地股份合作到农村全面的股份合作制；水产品流通体制，投资体制；扶贫和特困人口的迁移；农口体制改革和农业互助合作保险；农村产权制度改革与“三高”农业发展；农业高新技术的产业化、市场化、国际化和现代化；小城镇综合改革等项内容。我们的试验从单项走向综合，并紧紧地将改革与发展相结合，促进了我省农村经济的发展。各试验区起了改革探路的排头兵的作用。为我省领导决策起了参谋作用。

南海试验区经过多年的试验，终于探索出农村土地股份合作制，这是一种解决农村问题的新突破。它既能解决目前土地问题上存在的种种矛盾，又坚持合作制基础，坚持家庭联产承包责任制，对建立农村市场体制，农村经济运行机制，促进生产力的发展，实现新的目标具有深刻的现实意义。南海的经验受到国务院领导同志和中央农村领导小组的重视，列为全国重点试验项目。省委、省政府及时总结南海土地股份合作制的做法和经验，并在珠江三角洲各市县进一步扩大试验和推广应用。目前应进一步深化和完善，为农村产权制度改革和要素市场的形成，做好股权的流动试验。

鼎湖区由保险部门与区政府联合办农业互助合作保险，这是在传统保险体制下的组织和制度创新，由于建立互助合作的风险机制，促进鼎湖区“三高”农业和“菜篮子”工程的健康发展。在目前农业保险很难开展的情况下，这一经验很值得重视，要加以总结，完善提高，在有条件的地方进行推广。

清远扶贫试验区，进行的“异地扶贫”和特困人口的迁移工作，要做好总结工作，特别是异地扶贫的效果分析。对已移民的特困人口要通过发展生产使之稳定下来，同时，要进一步采用科技扶贫和开放性扶贫的办法，让他们尽快走上小康和富裕之路。

汕尾渔业综合改革试验区，通过建立水产品批发市场，提供了较好的水产品交易场所，增加了外来水产品的登场量，控制了走漏税费行为，打击了不法分子欺行霸市行为，增加了渔民的经济收入，取得了好的社会效益。希望继续完善，建成为现代化的水产品批发市场。

对于各地已经建立的农业或渔业合作基金会，要进一步规范，在国家允许的条件下，逐步向专业合作银行过渡，这是资金市场化的发展方向，也是国家改革的方向。

顺德均安镇坚持改革多年，他们从农村基层组织改革着手，通过股份合作制深入农村产权和土地制度改革，建立了农业的社会化服务体系，促进“三高”农业、规模农业、集约化农业的发展。他们的经验对我省各地具有普遍意义。

中山市高科技、外向型农业开发试验区是去年批准的，将农业的高新技术转化为生产力，促进科技产业化、市场化、国际化，从而推动农业的现代化，这个方向是很对的。应抓好总体方案的论证和实施工作，为我省科技兴农，提高科技进步对农业的贡献率走出新的路子来。

对于两个渔业综合改革试验区，请注意海洋渔业的规模经营问题，在体制和机制上探索新的路子。如滩涂的权属如何解决才能吸引更多的投资者发展滩涂和海水养殖。在经营管理体制上如何引入股份合作制，解决海洋渔业的投资和建立社会化服务体系的问题。

当前，我们面临经济体制从传统的计划经济体制向社会主义市场经济体制转变，经济增长方式从粗放型向集约型转变，这是具有全局意义的两个根本性转变。为了实现“九五”目标，我们必须突出“抓改革促发展，靠科技上水平”这两个要点。我们搞农村改革试验的同志们，应该认真学习领会，进一步解放思想，转变观念，深入广大农村实际，从我省农村经济社会发展的需要出发，克服困难，努力进取，促进我省农村改革试验不断深化。

三、加强对试验区的领导

鉴于试验区是为改革探路的工作，难度较大，牵涉的部门较多，各级党委和政府要出面支持和协调，请有试验区的市、县的党委和政府要有一名领导主管试验区的工作。经常了解试验区的情况，及时指导和帮助试验区解决困难。这方面南海、中山、清远、汕尾等市县做得比较好，领导重视，将试验区工作与农村的现实工作结合起来进行，统一布署，检查督促，所以取得比较好的成绩。

要稳定队伍。办好试验区要有一支素质较好的队伍，才能适应试验的要求，要健全试验区办公室，有专门做试验区工作的队伍，以保证试验的连续性和稳定性。同时要搞好试验区干部的培训工作，有条件的可组织试验区干部到国内先进地区学习或到国外学习考察。

还要为试验区工作开展提供必要的条件，如试验的经费等。

此外还要抓好总结工作，及时把试验区的动态向省委、省政府和全国农村改革试验区报告，为省和中央在深化农村改革方面提供决策参考。

（本文作者时任广东省政府副秘书长，本文是其在全省农村改革试验区第二次工作会议上的讲话摘要）

1995 年 12 月

试验区为农村改革探路

江东海

很高兴参加这个会议。会议规模不大、时间不长，但涉及内容很丰富。刚才游副秘书长讲到，我省经济要上新水平，措施很多，其中有两个关键，一是科技，二是改革，抓改革促发展。开好这个会，对农村经济工作将会有促进作用。下面，我谈几点看法。

一是省农研中心集中了一批事业心强、责任心大、专业水平高的农村研究人员，他们克服了种种困难，与省、市、县有关部门的同志一起，做了大量的农村研究和农村改革试验工作，取得了一定的成绩，做出了一定的贡献。我代表农办感谢大家。

二是农村改革试验抓了土地股份合作制、农业保险、高科技外向型农业、小城镇综合改革等一系列工作。我认为抓得准，抓住了难点、重点。这些改革工作的总结和推广，必将大大推进农村各项工作的发展。

三是我国的改革起自农村，目前已向纵深方向推进。农村的改革应该继续深化。我认为，当前农村工作，主要应抓以下几个方面。

（1）要在稳定家庭承包经营基础上，积极、稳妥地推进以搞活土地使用权为主的改革，使土地向种田能手集中，达到适度规模经营，使农业向更高效益方向发展，改变弱质农业的状况。

（2）农业发展除了科技、搞好农田基建以外，关键要增加投入。目前国力有限，单纯要求国家投入是不现实的，必须多途径增加投入。当然，农口部门要积极争取国家增加投入。但很重要的是如何充分利用社、区和农民手中闲散的资金，组建和经营好农村合作基金会，使基金会规范和健康发展起来，向合作银行方向发展。全省通过合作基金会盘活了约50亿元资金，全部投回到农业。其中，大约40%左右用于“三高”农业，40%用于乡镇企业，20%用于农产品流通，对农村经济发展起了很大的作用。农村合作基金会有一个如何加强管理和规范的问题，同时，还有一个如何发展的问题。这要求我们去研究，也值得试验区去摸索。

（3）农业有赖于保险业的支持。农业生产周期长，风险大，利润率相对较低，属于弱质产业。农业，特别是“三高”农业，需要保险业的支撑，但保险业又面临企业化经营的趋势。如何克服这对矛盾，为农业提供保险，又能使保险企业有利，做到农民、保险部门相得益彰？我们农业部门有一个如何探索农业合作保险问题，摸索出一条路子来。我认为，鼎湖区开展农业保险的路子，对全省如何搞农业保险有很好的指导意义，应认真加以总结和推广。

（4）组建好农民专业协会。农民居住分散、经营也分散。要按市场经济的要求，组织农民专业协会。原则是既保护农民利益，又有利于农业的专业化发展。要办成农民自己的组织，由农民自觉参与，不能搞成官办。过去有贫下中农协会，改革人民公社体制后就不存在了。以前一讲农民组织，很大程度上就是官办。官办难以真正代表农民的利益。当然各级政府办的事都是为了农民的根本利益，但不能以此替代农民自己组织的作用。我们对农民专业协会也要予以关注和研究。

（5）乡镇企业在明晰产权的基础上，要上规模、上档次、创名牌。我省的乡镇企业较发达，占了农村经济的大头。目前主要的问题是，如何明晰产权，如何管好企业财产，如何增值。在此基础上还有一个上规模、上水平、创名牌的问题。乡镇企业发展了，农村劳力转移就有载体，农村的小城镇就会发展起来。小城镇发展了，农村的城市化、国民经济的工业化就有一个更好的基础。

（6）随着农村城市化发展，如何搞好小城镇建设，深入开展小城镇综合改革，使小城镇更适合农村的发展。

这些都是农村改革要考虑的、要解决的问题。当然不仅仅就是这些。我希望各试验区能够结合自己的实际情况，选择一、二个问题进行研究，为整个农村改革、发展探路。

（本文作者时任广东省农业办公室主任，本文为其在全省第二次农村改革试验区工作会议上的讲话）

1995 年 12 月

以经济建设为中心　勇于改革实践

谭国侃

一、试验区的工作，要有科学性、超前性、探索性

要把中央、省的政策用足、用好，及时将试验情况向上反映。我认为，既然是试验必然有一定风险。在思想上要“敢为别人先”。同时，上级对下级的试验，要抱热情、支持、指导的态度，不能泼冷水，指手划脚。一切要由实践来检验，用实践论的观点办事。搞试验就不能采取“一票制”。如某某人已表了态，不能这样干了。我不同意这种观点，这对改革不利。据我了解，顺德市地方企业的产权制度改革，调整资产存量结构，起初引起许多议论，有人认为资产流失了。但经过实践、探索，积累了经验，走对了路子，加快了发展速度。现在不是要总结经验在中小企业进行推广吗？我认为主要看实践检验与效益。要勇于实践，敢为天下先。当然这要建立在科学的基础上。

二、试验区工作要重视招揽人才、用活人才

我认为，试验区工作成功与否，与人才有很大关系。一个企业，一个单位如此，一个国家也是如此。古人云：得人才者得天下。一个企业得到人才就活了，最近电视上播《三国演义》，讲刘备得了孔明，如鱼得水，逐渐强盛起来。为了得孔明而三顾茅庐。虽然历史上对刘备这个人物有争议，但他重视人才，放手使用人才，这可古为今鉴，如果其没有孔明相助，恐难成帝业。这是个历史例子。试验区也要招揽人才，盘活人才。有了人才，要想法子留住他们，没有人才，要招进来。清远试验区也很重视并招揽了不少人才。没有人才，搞不好试验区工作，不论大、小试验区，在配备班子、办公室人员时，要注意选配人才。

三、试验区要以发展经济为中心

我们说团结就是力量。更应该说，经济就是力量。国际上也如此，哪个国家富，讲话就大声，就有人听。手中没把米，鸡也叫不来。试验区工作要紧紧抓住经济不放，才有凝聚力。试验区工作要几个结合：一是研究生产关系与研究生产力结合，不能光研究生产关系，也要研究生产力；二是远期研究与短期研究相结合；三是大课题研究与小专题研究结合起来。特别是领导部门、领导同志出的题目，要尽快地完成。从目前看，某一行业、部门离开了领导重视、支持，就很难发展。只有把这几个结合搞好，就容易出成果，办成事情。试验区的工作就会立于不败之地。

四、试验区要依靠新闻媒介的宣传、部门的支持、领导的重视来做好工作

要适当总结经验，及时报道、宣传，或请有关部门、有关领导考察指导，让社会了

解、领导了解、重视，以提高试验区工作的知名度、影响力，扩大外引内联的影响和促进事业发展。试验区的工作涉及许多方面，离不开各部门的支持，要学会社会公关、社会交往，把关系搞好。省试验办人手少、物力缺，但可以为下面的试验区做一些上下沟通、传递信息、总结交流的工作，并争取为大家多办点实事。但大量的、具体的工作，还是靠大家的努力。

（本文作者时任广东省农村发展研究中心主任，本文为其在全省第二次农村改革试验区工作会议上的讲话）

1995年12月

深化改革试验　再创新的光荣

唐启洪

在“八五”结束和“九五”来临之际，在党的十四届五中全会和省委七届四次全体（扩大）会议之后，以中央和省委会议精神为指导，总结和交流我省农村改革试验区的成果和经验，部署进一步深化农村改革试验的工作，是很有意义的。

在这次会议上，游宁丰副秘书长代表省政府对农村改革试验区作的指示，省农办主任江东海提出的6个方面的工作，更具体地指导我们如何进一步深化农村改革试验。我们一定要按中央和省的指示精神，继续深化农村改革试验，努力再创新的光荣。

一、要肯定成绩，树立信心

我省农村改革试验区从1987年建立以来，在中央和省委、省政府领导下，是取得了明显的进展的。农村改革试验区从一个发展到7个。试验项目从土地规模经营发展到各个方面，特别是南海试验区的土地股份制和集约经营的实行、清远试验区的异地开发扶贫，鼎湖试验区的农业合作保险、均安试验区的社会化服务体系和跨社区的专业性股份合作、汕尾试验区的合作基金联合会等，都取得了较大的进展，有的是取得了突破性的进展，具体情况这里不再重复了。

应该看到，我们的努力是有成绩的，不少已为领导关注、重视和取得社会的承认。上述提到的几个方面的试验就属于这种情况。如南海试验区的土地股份制，中共中央政治局委员、广东省委书记谢非同志和副省长欧广源同志就亲自对此进行调查研究，谢非书记还写出报告上送中央政治局。1994年4月还亲自主持召开会议专门研究农村土地股份制工作，除介绍南海的试验情况外，还作了进一步开展试验的部署。目前南海的经济社实行股份制已达96％。广州、佛山、深圳、江门、中山等地也有相当一批管理区和经济社实行了土地股份制。兄弟省来参观后，有的吸收了南海的经验，也开展土地股份制。有消息说，一些兄弟省也按清远的异地开发扶贫办法进行扶贫开发。再如鼎湖区的农业合作保险，《人民日报》不仅作了报道，还加上按语予以肯定。目前这个做法正在肇庆市的一些地方推开。党和政府的关怀、重视、支持，社会的认可，对我们是一个莫大的鼓舞。我们应该把它作为继续推动改革的前进动力。

我们的工作成绩来之不易。许多是经过曲折过程才取得的。因为改革试验的内容，基本上是对现行体制和政策有所突破的、超前的。有的虽然不是对现行政策有突破，但也是当前工作中想解决而又未能解决的难点问题。工作中制约因素很多，有的是客观条件具备与否的问题，有的是认识上的问题，有的是政策上的问题，还有的牵涉到利益分配的问题。总之，都不可能是一帆风顺的，碰到困难阻力是正常的事。正因为有这些困难，才要我们去试验、去探路、去突破。比如农村要实现规模经营问题，这是中央文件提出来的，也是全国农村改革试验区分配南海试验的题目。在20世纪80年代进行这件工作难度很大。在粮食价格未放开，种粮经济效益低下的情况下，农民就没有粮食生产规模经营的积极性；在家庭联产承包责任制的条件下，要把土地集中起来搞规模经营，也有个如何与之相衔接的问题，也就是既要顺应已经确定下来的家庭承包制，又要突破其分散、小规模经营的制约。特别是劳力未充分而又未稳定转移的情况下，农民仍然依赖土地作为主要生活来源，要把土地集中起来，条件显然是未成熟的。虽然在80年代末、90年代初进行这项工作相当困难，但是我们始终没有停止。1992年邓小平同志南方视察后，全国确定了以市场经济为改革目标的模式，放开了粮食价格，在经济迅速发展中农村大批劳力稳定转移，我们才探索出以土地使用权入股的办法，才比较有效地促进了土地规模经营。与之相联的还对土地产权制度、土地使用制度等一系列问题也有所突破。正如去年谢非书记讲的："南海介绍的土地股份合作制，找到了农村土地规模经营的途径，找到了进一步解放生产力的途径，找到了一、二、三产业在农村统一布局，协同发展的途径……我们对这样一种土地股份制，应该看成是一种解决土地问题的新突破，新的飞跃"。

我们回顾搞试验区的一些过程，目的是说明，搞农村改革试验区的工作是一个开创性、超前性的工作，是很有意义的。我们的工作是有成绩的，但困难又是很多的。现在在不同的试验区都遇到了不同的困难。试验就是要面对困难。所谓突破，就是要突破困难。从我们过去的工作看，只要方向明确，坚持不懈地努力，总会是有收获的。

二、继续抓好重点试验项目，同时根据实际情况，逐步向综合改革的方向发展

农村改革试验区从一开始，就是围绕某一方面、某个专题来开展试验的。例如我省的南海试验区主要是试验土地规模经营，清远试验区是试验扶贫开发。即使是综合改革，也是有若干重点项目的。比如汕尾渔业综合改革试验区，也是着重抓住水产品流通、股份合作和合作基金等5个问题。抓住专题，有利于重点突破。从这次会议看，哪个地方抓好了重点，成效就明显，反之。样样都抓，虽然成绩也不少，但相对来说不够突出。看来还要进一步解决重点问题。去年，在全国农村改革试验区第八次工作会议上，对全国备案的农村改革试验区，都重新确定了重点，其中南海重新确定是土地股份合作制，清远继续是扶贫开发，汕尾仍然是渔业综合改革，但侧重于水产品流通和合作基金。根据全国第八次试验区工作会议精神，我省自定的几个农村改革试验区，也应当明确试验的重点。其中，鼎湖试验区是否可以在继续搞好农口体制改革的同时以农业合作保险为重点；均安是否以继续搞好农村社会化服务的同时以跨社区的专业性股份合作进而实现产业化作重点；阳江是渔业综合改革，可否在海水养殖上寻求新的突破；中山则是高科技外向型农业开发试验。

下面着重讲讲省里准备抓的几个重点内容：

1. 土地股份合作制。这个题目虽然有所突破，但仍然是初步搞了折股、配股。土地股份合制还有大量的问题需要研究解决和发展延伸。比如，土地股权如何从虚股（即分配股）转向实股，并从实股通向流转，以及实现流转的条件，政策与组织措施，如何理顺土地股份制与集体经济的关系，与企业集团公司的关系，如何解决农村实行土地规模经营的后续政策和措施等。现在许多都是只有设想而未有实践的东西，需要继续深化试验。此

外，与农村土地制度相关的还有农村宅基地使用制度的改革，如何适应市场经济，实现农村宅基地的有偿、有序、有效的使用，并与农村城镇化联结起来。把股份合作制引入土地制度建设，是南海试验区率先进行的，这个项目要坚持不懈地抓好。

2. 农业合作保险。这是目前一个迫切需要开展而又没有解决的难题。虽然我省从1985年恢复农业保险业务以来，工作有了一定的进展，但远未适应形势的要求，特别是市场经济的实行，"三高"农业的开展，保险显得尤其迫切。现行农业保险的划分，就农业保农业的体制，使农业保险始终摆脱不了亏损的境遇。为了探索解决的办法和路子，省政府领导和农口领导都指示我们在农业保险上搞些点作试验。我们计划与有关试验区一起运用中央（87）5号文件给试验区"允许突破某些现行政策和体制"的待遇，试行农业合作保险。在体制上，可考虑以保险业务部门为主，吸收当地行政和农口有关部门以及农业银行参加，实行股份合作。从内容上，可考虑在一定的区域范围内（例如管理区），允许与农业相关联的项目统一开展保险，从行业、从区域分散风险，或者把农业合作保险发展为农村合作保险等。总之，要寻找出一条可以自我平衡、分散风险、良性循环的农业合作保险的路子。

3. 科技兴农。这是农业进一步发展的依靠。农业增加科技含量，特别是向高科技方向发展仍有很多问题需要研究与探索。在家庭联产承包责任制的条件下，政府如何加强对农业科技的投入和引导扶持，需要建立什么样的机制，如何实现科研、生产、加工、销售一条龙，促进企业办科研，如何发挥农业专业大户发展科技，如何在政府、企业包括专业大户在内的支持下充分发挥科技人员的力量，实现科技、高科技发展、经济发展的良性循环，还有农业科技的引进与产品外销的体系机制等。

以上几项是作为省要协助有关试验区抓好的。当然，在各个试验区，都有自己的重点，例如扶贫开发、合作基金创造条件向合作银行发展、专业性股份合作、海水养殖等，我们也要协同有关试验区抓好。

鉴于农村改革试验区从开始建立到现在，时间长的已有八、九年，多数也有四、五年，都对原定的试验项目有所进展，有的已有所突破。在这种情况下，除了继续重点搞好深化之外，一些围绕重点题目开展的配套改革，亦应当提到议事日程上来。由重点到综合，这也是一般改革发展的规律。因为事物是相互联系的，某一方面突破了，必然牵涉到有关的方方面面。这些方方面面的问题，如果不与之相适应，改革也深入不下去。我们从事改革试验区工作的同志，应树立这方面的观念，当改革出现需要配套解决的问题，或群众已要求解决这方面的问题，千万不要因为不是原来我们承担的题目而予以搁置。如果因为力所难及，也应反映或向党委、政府有关部门建议进行解决或共同进行解决，最近，有的试验区已注意这个问题，例如南海试验区在继续深化土地制度建设的同时，结合进行农村宅基地使用制度的改革，还选择里水镇开展小城镇综合改革的试验，参与农产品期货市场的建设，推进农产品流通体制的改革。鼎湖试验区的农口机构体制改革，从加强社会化服务发展到农业合作保险，并创造了很好的经验。均安试验区在试验完善农村基层组织建设中，拓展到创建专业性的股份合作组织。目前，跨社跨区的专业性养鳗场已有几十个，并向着产加销一条龙和产业化的方向发展。所有这些我们认为都是好的，是及时把改革引向深入的一个表现。

三、要及时总结试验区的经验

及时总结试验区的经验，这是国务院领导同志交给农村改革试验区的一项任务。在去年全国农村改革试验区第八次工作会议上，国务委员陈俊生在讲话中除了充分肯定试验区做了大量工作的同时，也指出了试验区存在两个问题。其中一个是“经验总结不够”。用他的原话叫做“试验多，经验总结少”。因此在他讲话中着重指出“要抓好重点项目的突破，抓好经验总结。这是试验区当前要着重研究解决好的问题。不仅全国农村改革试验区要考虑这个问题，每个试验区在具体工作中也要考虑这个问题”。

总结经验是试验区工作的一个十分重要的内容。搞试验区就是探索改革的路子，就是要创造经验，包括成功的和失败的都要总结，为领导决策提供参考依据。既要耕耘，也要收获，这才是一个完整的过程。

总结经验应包括两个方面：一方面是试验区有题目、有方案、有计划出台的试验总结、经验总结，这是主要的。试验区与其他创造经验不同的地方，在于它的改革试验是有设想、方案和预期的。方案是根据理论和实际制订的，出台是有计划步骤的，还有专人负责去操作的。方案的出台是否达到预期，达到了预期，就证明这个路子行得通，就有经验，就可以提供决策的参考。如果达不到预期又是什么原因，总结起来，也对领导有参考的价值，就可以避免盲目性。因此，无论成功与否，都有个总结的问题，都要有所收获。在这里，对于有计划的试验题目，我们还要再次强调做好数据监测。边试验，边收集数据，最后要总结时，就有一批有用的有说服力的数据去说明问题，让数字说话是最好的。请各试验区重视和抓紧搞好监测工作。上次工作会议后，有关试验区设计了一些表格，定了一些监测点，请在年终时都填报一次。

总结经验的另一方面，就是试验区内在改革过程中，当地自己创造的有关体制和机制方面的改革经验。这些经验，虽然不是我们有设想有方案有步骤出台的，但在我们试验项目内，基层干部和群众根据实际需要自己进行的改革，并且证明是成功的或者方向是对的，又是牵涉到体制上、机制上、组织上创新的经验，我们都应该总结，以丰富我们的试验。有的虽然不够完善，或者仅仅出现了苗头，我们能及时发现，总结起来，加以引导，纳入我们的试验范围或拓展的内容，使之从不完善到完善，对于我们进行的试验，都是有益的。因势利导是最有效、容易取得事半功倍的效果，而且往往是客观事物发展的必然，是符合群众的要求，因而也易于取得成功。

这些总结出来的经过引导发展的经验，算不算试验区的经验？我认为也应该算是试验区的经验。因为它与一般的总结经验有所不同。不同之处在于两点：一是它不是纯粹的群众自发进行的而是经过发现总结和进一步引导提高的。这个进一步引导、完善和提高，就需要我们工作，就有我们进行试验的包含，是从群众中来到群众中去的一个完整的过程。二是它不是一般的工作经验，而是体制改革，机制、制度、组织创新。这些改革与创新，正是我们试验区要试验、要研究、要解决的问题。把它纳进来，充实我们的试验，或者把这些点的经验拿到面上更大一些范围去推广试验，这也是试验区要做的工作。事实上，我们不少试验也是这样走过来的。比如南海市罗村镇下柏管理区原先准备搞“三田制”（口粮田、责任田、经济田），想通过土地入股实行规模经营。省和市的试验区办公室总结他们的经验，帮助他们进一步完善和提高，发展成为土地股份合作制和实行“三区域”规划（农田保护区、经济开发区、商住区）。在点上取得一定经验的基础上，通过当地党委、政府的支持，又在市内铺开9个点进一步试验，再取得经验后，才在党委、政府统一部署下在全市推广，成为我省在全面进行土地股份制试验的一个县级市。

试验区总经经验，一要及时。对于新的东西，如果一时还看不准的，可以先反映个动态，及时向上面报告。二要从体制、制度等方面的总结，不要变成一般的工作方法如开展宣传，召开会议等方面的总结。三要注意上升到一定的理论、政策高度。这样总结出来的东西，就有一定的深度、高度，对领导决策就有帮助。

（本文作者时任广东省农村发展研究中心副主任，本文为其在全省农村改革试验区第二次工作会议的讲话）

1995年12月

[第四章]

试验区其他活动

广东召开农村改革试验区工作会议

郑宏宣

1992年2月21日，省农村发展研究中心在南海县召开广东省农村改革试验区工作会议。这次会议的任务，主要是研究贯彻落实全国第七次农村改革试验区工作会议和粤府(1991) 79号文件精神，部署1992年广东农村改革试验区工作，以及研究决定增加顺德县均安镇，肇庆市鼎湖区作为广东省设的农村改革试验点。中共广东省委副书记郭荣昌，省农研中心、省农委，省水产局、佛山市委政研室、市农委、肇庆市农委、南海县委、顺德县委及几个试验单位的负责同志共30多人参加会议。

省农村发展研究中心副主任唐启洪传达了全国第七次农村改革试验区工作会议的精神和工作部署，并综合传达了在会议上国务委员陈俊生、农业部长刘中一、副部长陈耀邦、国家农村改革试验区办公室主任杜鹰等领导的讲话精神。邓文初、古竹生、吴泽莹、冯润胜、陈绍权、李木财等分别对南海和汕尾城区两个试验区、鼎湖和顺德两个试验点的工作进展情况作了汇报。省农研中心主任马恩成、佛山市委书记欧广源在会议上作了重要发言。

郭荣昌在会议结束时讲话。他首先指出，南海试验区这几年的改革试验工作是成功的，效果是好的，探索创造了一些经验。这些经验从当地实践中来，推动了当地生产力的发展，具有改革创新精神，为广大干部群众所接受。汕尾城区的渔业体制改革以及鼎湖区的农口体制的改革都取得了很大成效。他高度评价了南海大沥镇联滘管理区根据生产力的发展和广大农民群众的要求，大力发展粮食生产的企业化规模经营，认为联滘的实践走出了一条粮食规模经营的新路子。郭荣昌最后对广东农村改革试验区的工作提出了几点要求：一是要思想解放，勇于探索，要防止犯“左”的错误；二是要讲求实效，不图形式，不摆花架子；三是要充分尊重群众的首创精神，从群众中来，到群众中去；四是要纵横试验，循序渐进。

(本文作者时任广东省农研中心科长)

搞好试验区　促进农村改革

郭荣昌

这次会议传达学习了全国试验区第七次工作会议精神，以贯彻八中全会关于农业和农村工作的决定的精神为指导，进一步探讨搞好我们试验区的工作，使我们试验区工作更上一层楼。听了几个点的情况介绍，我有点感想。

一、南海试验区是办得成功的，效果是好的

经过5年的实践，我们所试验的东西，包括粮食的规模经营、农村土地制度的建设、农产品商品基地的建设、农业机械化的试验，都摸索了一些经验。南海试验区是办得成功的，南海试验区的同志，有改革精神，有创新精神。试验区在实践中所取得的经验，是从实际出发的，切合了当地的实际，广大干部群众能够接受，对生产力能起推动作用。试验出来的东西，能在南海逐步推广，有些正在全省逐步推广。比如说，农村土地制度建设，经过南海的试验以后，已经形成了省的文件，并由省委批转下发，现正在全省实施，特别是在社教开展的地方，普遍结合社教工作，进一步完善双层经营体制。又比如粮食生产规模经营，经过几种形式的试验，一种是粮食专业户的试验；另一种是西樵镇爱国管理区，由原来没有实行家庭联产承包直接转到由几个人把全村耕地承包起来的试验；再一种是大沥镇联滘管理区由集体开展几统一服务到企业化规模经营的试验。这几种形式的试验，特别是后一种形式试验，正逐步地摸索出一条新的路子来。建设农产品的商品基地试验，在实践中逐步创造了外向型的、集约型的、现代化的农产品商品基地。现在看来，比较成功的是里水做法，通过兴办宝鲜公司，带动了本县蔬菜基地2万亩，连外县的7万亩，发展优质蔬菜出口。当然，这不是一件容易的事情，往往需要经过一个艰苦的过程。他们开办的时候，没有原料，后来搞到原料，又没有销路，造成了亏损。但是发展到今天．既有原料、商品又有市场，还能盈利，形成了一个现代化的蔬菜鲜活商品基地。顺德县北滘的兴顺食品发展有限公司，从办食品加工厂，发展到办养鸡场、孵化场，到品种的引进，防疫以及产品的出口外销等一连串产供销的问题，中间也碰到一些困难，前年就有400多吨冻鸡肉销不出去，为什么呢？主要是药物残留不合标准。后来从养鸡开始抓，规定什么时间不准下药，保证了鸡的质量。现在发展很快，工厂每天宰割活鸡2万多只，一年有600多万只产量。广州市白云区江高镇养鸡也搞了多年，原来每年有300万只产量，现在还不到600万只，主要是因为缺乏出口加工这个龙头的带动。现在看来，农副产品不搞规模经营，不搞现代化生产，不搞工厂化、企业化的管理，不与国内外的市场结合起来，就不能形成拳头产品，就难以立于不败之地。我们应很好总结经验。

汕尾试验区搞的几个项目也不错。批发市场、资金融通、远洋捕捞和股份制以及渔业怎么样向集约化、商品化、现代化发展，都是很有探讨的必要。

肇庆鼎湖区是农口职能转变的改革。转变职能，提供服务，就是我们前几年在肇庆召开现场会所推广高要的经验。应该说鼎湖是发展了，而且发展到办公司，公司搞企业，企业搞基地，基地搞市场，这叫做一条龙配套，是搞得比较成功的。他们提出的四句话是不错的，“转变职能，服务城市，搞活机关，致富农民”。我希望这个经验很好地总结一下，对农口有指导意义。一个新生事物的成长往往要经过多次的反复，甚至会遭受挫折。我们在农村改革过程中受到一些挫折，也不要消极，要抓住现时改革的时机，继续努力。

顺德县均安这个点，我认为应从完善双层经营，提供社会化服务这个角度来试验，搞的“一把秤”服务，实际上是农副产品的流通销售方面提供社会化服务，至于产前、产中还有些什么服务，在双层经营方面还有哪些需要完善，都要进一步进行探讨。顺德县搞的是一个县级的综合体制改革，改革范围包括农口、财贸口、工业口等方面。对顺德的县级综合体制改革，省委已经明确了，就是继续支持，不干扰，成功的我们总结经验，走弯路的转过来。

我省除了原来的南海、汕尾两个试验区外，还有顺德县级综合改革试验，鼎湖区农口职能的改革试验，均安社会化服务、完善双层经营的试验，一共是 5 个点。希望这几个点，按照全国试验区工作会议的精神搞好试验，使它不断完善发展。

二、联滘试点的启发

联滘进行的粮食生产规模经营的试验，从我了解到的情况和材料看，并不是一步就搞上来的，它经历了家庭联产承包、五统一社会化服务，再到专业队企业化经营三个阶段。这三个阶段的发展也是根据生产力的发展情况，根据群众的要求，逐步推进的。这样做就不会破坏生产，而是推动了生产。从实践的结果看，粮食生产是提高了，推动了生产力的发展，从联产承包到五统一服务，劳动生产率和商品率都提高了，开支和成本都比以前节约了，现在企业化的管理，又比五统一上了一个层次，不但不用补贴，还有 15 万元的盈余。企业化的机耕队和专业队的收入，相当于或高于乡镇企业工人的收入，产量在已达亩产吨粮的情况下每年还有十几斤的增长，这个不容易。这就是说，找到了一条适合珠江三角洲发展粮食生产规模经营的新路子。

规模经营在其他农副产品已经没有问题，最难的是粮食生产，联滘探讨了这条新的路子，对珠江三角洲来说，是一个很有意义的尝试。看了一些材料，唐启洪同志关于联滘试点的材料写得比较深一点，总结的几个观点，我赞成。第一，由于它从实现粮食规模效益到实现规模经营，循序渐进，路子较顺，容易为群众所接受。第二，由于它是实现了机械化和集约化的统一，它能够真正达到提高劳动生产率、土地产出率和农产品商品率的目的。第三，有利于建立自我发展良性循环的生产经营机制。这几条总结得不错。现在联滘成立了农业发展公司，独立核算，自负盈亏，承担风险，公司只用二十几个劳动力，集中耕了 1 000 亩稻田，实行专业队承包、粮食生产实行了机械化，由于实行机械化，招工少，效率更高，经过可行性论证，可盈利 15 万元。粮食生产除完成国家粮食任务以外，还提供了全管理区 2 200 多人的口粮，超产部分还可进入农贸市场，得到更好的收入，另外，还成立了农业服务公司，负责该管理区的生产资料和农副产品的购销，还投保于县保险公司开设的水稻生产保险项目，实行社会保险，这就配套起来了。所以我说它是摸索珠江三角洲粮食规模经营的一条新路子。

这里要注意一个问题，可以学北滘向农民反承包农田的办法，即承认家庭联产承包的存在，由于农户大部分劳力不耕田了，转包给农业发展公司，由公司给农户一定的承包费，不要不清不楚地把土地收回来。应该看到虽然现在农户有收入不很计较，但有什么风吹草动，还是有问题的，应妥善处理农业人口回来又怎么办的问题。公司盈利以后拿出多少来有偿给农户，这样经验就比较完整了，今后开始时就应该做好这一点，没有做的现在应回过头来补一补。我问过北滘，他们的鱼塘、花卉场都是反承包的，实质上就是公司承包了农民承包的土地，土地使用权还是农户的，有了这块土地，农民就有了社会保险。

在面上推广联滘经验时，应循序渐进，比如说五统一搞得好，经济基础比较好，二、三产业比较发达，劳动力转移比较多，群众有要求的地方先搞，千万不要刮风，不要大面积推广，循序渐进才是发展的规律。没有条件的，先搞五统一服务，条件成熟一个搞一个。而且要机械化、现代化、集约化，农田建设逐步适应机械化的操作。不然不能提高效益。

三、办好试验区的意见

第一，必须思想解放，勇于探索。

搞试验区思想不解放，就没有前途，但乱来也不行。我说的解放思想，是按照十一届三中全会的基本路线，即是“一个中心，两个基本点”，以这个作为指导，来进一步探索怎样走具有中国特色的社会主义道路。既要警惕右，特别要防“左”，特别在农村政策方面，更要防“左”。十一届三中全会以来，农村有一套方针政策，十三届八中全会的决定就是总结了这一套方针政策。我们应该坚定不移地按照这一套方针政策来办事，我们改革探索，不能离开三中全会的路线方针政策，不能离开“一个中心，两个基本点”。不能重新走老路，归大堆，搞一平二调，刮共产风。特别是经济发达的地方，更要注意这个问题。不然就会影响群众的积极性，很快就会动摇了整个根基。

第二，坚持实事求是，敢于实践。

试验区搞的几个题目，几年来经过了不少曲折。我们都根据广东的实际情况，正确处理，比如开始搞规模经营，条件不具备，我们就转过来搞土地制度建设，取得了一定成效，同时，继续根据实际情况，探索几种类型的规模经营，终于摸到了联滘这条路子，这说明实事求是，敢于实践的重要性。实事求是的思想路线也是三中全会的思想路线，但是要真正做到实事求是，有时候也要担风险的。

第三，讲求实效，不图形式。

我们一切以是否推动生产力发展为出发点，搞改革的目的在于促进生产力的发展，改革对发展生产力有利，就搞，而且一定要有经济效益，亏本的不干。一时亏本，付出一点代价是必要的，但长期亏本就不能干，没有经济效益不能干，对生产力不起推动作用的不能干。写总结文章，也要讲求实效，是怎么样做我们就怎么总结，不一定套很多形容词，注意不要搞形式主义，不要搞花架子，实实在在来搞，经验千万不能拔高，吹是吹不上去的，有了东西，你不吹也上去。所以我们要踏实地干，注重实效。

第四，尊重群众，尊重实践。

我的意思就是要尊重群众的首创精神。群众创造的经验比我们丰富。联滘的做法，也是他们创造出来的。只要符合实际，就有生命力，我们就总结它，推广它。试验区是这样，试验区外也应同样对待，这一条从理论上讲就是尊重群众的首创精神，就是从群众中来，到群众中去，尊重群众，尊重实践。

第五，纵横试验，循序渐进。

操之过急，往往反而慢，反而会失效。对待一个新生事物，对改革试验要反反复复来比较，纵的比较，横的也比较，前后左右都比较，从比较中总结它的经验，得出一个正确的认识，正确的结论。正确的，要循序渐进地推广，不能操之过急，刚才讲的联滘经验，一方面要加以完善，一方面在面上推广过程中要循序渐进，要先搞好五统一服务，配套好农田基本建设以及机械化的实施，成熟一个搞一个，步子要稳。要因势利导，循序渐进，不要一下子大面积地铺开。

（本文作者时任中共广东省委副书记，本文为其在广东省农村改革试验区工作会议上的讲话）

1992年2月21日

广东筹备全国试验区十周年纪念活动座谈会

广东省农村改革试验区办公室

1997年4月8日，广东省农村发展研究中心在广州召开了省的部分试验区负责同志工作会议。会议由省农研中心副主任唐启洪主持，省农研中心农村改革试验区办公室主任刘季芸传达了全国农村改革试验区有关做好第十次工作会议及十周年纪念活动筹备工作的精神。各试验区负责人作了工作汇报。唐启洪结合广东实际情况布置了试验区工作。省农研中心主任谭国侃与会讲话。

根据全国农村改革试验办的要求，结合广东情况，到会试验区负责人都谈了本单位的工作进展、动态和打算。南海试验区的总结报告拟好了详细的提纲，并已开始写作，还准备出一本书反映土地股份制的试验成果；清远试验区领导已经到位，曾专门开会研究和落实试验区的工作，除搞好总结外，还要开一个小型研讨会以促进试验的深入；均安试验区准备就经济合作社转为股份联合社的做法及经验，提交一份专题总结；中山试验区得到市领导和市农委的大力支持，工作既务虚又务实，准备在近日召开论证会；鼎湖试验区已确定以农业合作保险为试验和总结的题目，并明确了这一工作的负责人和工作人员。

会议经过传达和座谈并学习有关文件，一致认为，全国农村改革试验区提出的要做好全国试验区第十次工作会议和开展试验区十周年纪念活动的筹备工作是一件重要的工作，对于进一步贯彻中央关于建立和办好试验区的精神，认真总结10年来的试验成果；把实践提到理论和政策的高度，为中央和各级党政领导提供决策参考，扩大宣传、争取各方支持试验区工作，以及进一步提高工作人员的思想理论水平，都有现实的意义。大家都表示要认真重视这一工作。

会议商定要做好如下几项工作：

1. 做好总结。不管是为全国试验区第十次工作会议作准备，还是开展十周年纪念活动，都离不开试验区的工作总结。根据全国试验区的要求，已经到期的试验项目要认真总结评估，提交项目总结报告；尚未到期的试验项目，要提交阶段性总结报告。

2. 搞好预案。也就是要提出下阶段1998—2000年的试验设想，包括重点试验项目、配套试验项目、有突破性的试验内容、预期成果、主要措施等。由于全国第十次工作会议将要对试验区的布点和项目布局作调整，实行有进有出。一些进展不大或没有创新的试验区以及已完成试验项目而没有新项目的，将被调整出去，而有新内容、符合改革方向的地区和项目，则会进入全国试验区。因此，必须重视做好预案这项工作。属全国农村改革试验区系列的争取保留，属省试验区的，争取进入全国试验系列，力求把预案做得思路清晰，更符合改革方向，更有创新精神，更具有决策的参考价值。

3. 开展试验区十周年纪念活动。主要有两方面的工作：一方面是全国试验办交办的工作。另一方面是各试验区开展的活动，主要是搞好总结，积极开展宣传。各试验区应主动向地方报刊提供稿件，争取刊登。要积极与电台、电视台和各大报驻当地记者站联系，争取他们发一些试验区经验和动态的稿件。有条件的试验区也可以举行试验区的十周年纪念小型活动，最好是与研讨会结合起来搞，这样既向党政领导汇报了工作，也为更好开展试验创造条件。

会议还提出，今年中共中央 6 号文件再次肯定了农村改革试验区的工作，并明确要继续办下去。我们应该坚定做好试验区工作的信心，发挥其可以先走一步的排头兵作用。要争取党和政府的了解与重视，适时向领导同志汇报工作，反映动态、提供建议，取得领导对试验区工作的支持。

1997 年 4 月 8 日

汕尾清远农村改革试验区的进展和外商投资农业调查

谭国侃　刘季芸　田晓霞

1998年3月初，我们到汕尾和清远试验区了解工作进展，并陪同国务院研究中心研究员、中国城乡发展国际交流协会副会长卢迈同志对外商投资农业的情况进行考察，现将有关情况汇报如下：

一、汕尾渔业综合改革试验区进展

汕尾市城区从1989年至今，已试验了9年，主要试验内容是水产品市场建设和流通体制建设；另外对渔业投资体制和股份制也进行了试验。9年来取得以下进展：建设了水产品批发市场和相应的管理制度。投资1 000万元，建设了水产品批发市场和相应的码头、停车场、包装加工厂、饮食店、旅店等设施。市场运行后，区政府颁发了《汕尾市城区水产品批发市场管理暂行规定》，管理部制定了《市场管理若干规定》和《职工守则》，这些软件保证了市场运行。市场运行以来（1994—1996年）平均年水产品登场量11 734吨，交易额4 989万元，比1993年每吨售价增长554元，公开叫价使渔民收入平均提高15%，相当于渔民增加100万元的年收入。同时使税收增加，促进当地商、饮业的发展。除以上试验外，还进行渔业合作基金会和股份合作制的试验。1996年6家基金会运转资金2 960万元，放出2 086万元，其中扶持海洋捕捞业246家764万元，养殖业26家616万元，渔业后勤37家706万元。基金会支持渔业生产发展起了积极作用，但存在投资方向和放款回收以及加强管理的问题。另外还进行了各类股份制试验。渔船股份制、渔业公司股份制、海水养殖股份制，特别是鲍鱼养殖股份制，均取得较好的效果。下一步的工作是完善市场配套设施如制冰厂建设，整顿和完善基金会，规范行为使其更好地为渔业生产服务，大力发展和完善渔业股份经济。

二、清远扶贫试验区的进展

近年来，该试验区主要抓了两项工作。一是理顺试验区的关系。现在清远扶贫试验区已正式列入市委、市政府的派出机构（副厅级），调整了机构、精成了人员，成立了财政分局、国税局、地税局、国家土地所、公安分局、环保分局、海关等，今年机关人员要从现在50人精简到30人。二是抓发展。1997年上了9个项目，在建8个。1996年的产值6.8亿元，1997年达17.5亿元，收购了乐华电视机厂，印尼商人在区内建纸厂，生产复印纸、卫生纸，使区内税收增加1倍。香港新世界的郑裕彤投入2.5亿美元开发龙潭温泉旅游的资源，计划总的投入40亿美元。三是办了技术学校。每年培训2 500人，对山区劳动力进行上岗培训，有效地提高山区劳动力的素质。下一步计划调整政策，强化服务，改善投资环境，加大招商力度。同时也提出存在地价太高和乱收费的问题。

三、两试验区外商投资农业的情况

从汕尾、清远两地调查，外商投资农业的形势很好，投资农业是热点，这是一个新的动态。接触所及外商大都认为投资环境好，对经济效益和发展前景看好。总的来看，外商投资我省农业有以下特点。

1. 有较广阔的国际、国内市场。我们走访了 8 家外资厂（场），大多都有广阔的国际市场。如汕尾市城区大丰农副产品加工厂和元享食品厂，生产芝麻油。大丰牌麻油已进入香港、日本和韩国，目前在洛杉机打牌子，基本替代了日本、韩国的麻油。统一、康师傅方便面都用大丰牌麻油调和，1997 年增长 22%，今年计划增长 33%。原料大部分从东南亚进口，每月生产 400 吨麻油，一年生产 5 000 吨。该厂董事黄绍麟先生说因为国内的土地、原料、人工费用都较低，因而他可以价廉的优势进入国际市场。在清远市的松德丰食品有限公司，是日本丸松物产，投资 2 000 万元，流动资金 5 000 万元，一年生产 1 000 吨（数字不一定准确）的竹笋半成品，一半去台湾，一半去日本，占了日本市场的六成。另一家山宏清新农产有限公司，台商独资企业，生产 1 000 吨竹笋干，全部出口。

2. 有较雄厚的资金和较先进的技术和管理。在调查的企业中，投资大都在上千万元到上亿元，有较雄厚的资金，而且资金来自于国外或港、台。在技术和管理上较为先进。如汕尾的东海必达珠宝首饰厂是一家集珍珠养殖、收购、加工、出口的一体化企业。该厂董事长港人蔡先生看准汕尾市生猪从湖南、江西、河南调进的现状，租地 9 公顷建了 3 条养猪生产线，目前有一条万头猪生产线已投产。该厂 12 人管理，聘用四川农学院畜牧技术人员管理，选用长白、杜洛克和大约克杂交的瘦肉率达 70%的品种，肉料比 1∶2.9，135 天可达 100 千克上市，每头售价 1 160 元，成本 700 元，每头猪赚 400 元。该厂还计划养殖淡水珍珠，就地加工。清远的松德丰食品有限公司，虽只生产笋干半成品，但其设备是先进的。可以将笋干丝中的杂质，金属，以及不规则的笋干清理，制造环境很卫生，十分注意消毒。

3. 外商对投资广东农业的大环境是满意的。从多数的企业反映看，对在广东投资农业的大环境是满意的。一是享受税收减免的政策，三年免税二年或四年减半；二是基础设施条件较好，通水、通电、通路；三是治安环境总的情况是好的。

四、对于外商投资农业需要注意和改进的问题

虽然外商投资农业的势头很好，但必须注意改进以下问题，才能保护好外商投资的利益。

1. 要加强宏观指导。外商投资“三高”农业有许多担心，主要担心是怕国内看有盈利的项目一哄而上，使原来有经济效益的项目，变为亏本。据汕尾城区新胜水产繁殖有限公司台湾李先生反映。过去他从事珠宝行业，后转为养鲍业，在他考察了泰国、洛杉机、台湾的养鲍环境后，发现汕尾市遮浪镇的水质好，饲料和人工便宜，就从 1995 年动工，1997 年投产养鲍。在 1995—1996 年，由于养鲍厂少，饲料 0.20 元/千克，鲍鱼价格好，300 元/千克，效益很好。由于大家看到养鲍鱼有效益，除了外商以外，政府机关、银行等也兴办养鲍业务，省水电厅、汕尾财政局、银行等都纷纷建鲍鱼场。1997 年全市产量

300吨，城区占250吨，饲料从0.2元/千克涨到1.20元/千克，电费是1.04元/千瓦时，台湾是0.1元/千瓦时，买苗0.6元/粒，养鲍成本达160～180元/千克，而现价为156～160元/千克，低于成本价，因而亏本。在东南亚金融危机后，台币贬值，台湾鲍鱼价格低于大陆价，而从深圳海关每天进口2吨台湾鲍，冲击国内鲍鱼市场，使国内鲍鱼价格上不来。因此李先生呼吁：一是国内养鲍业不要一哄而上；二是要限制台湾鲍鱼进口，以保护国内养鲍业的发展。除李先生外，其他外商也呼吁政府加强对“三高”农业的宏观指导，不要一哄而上，以至影响投资者的利益和信心。

2. 要改善投资的小环境。我们访问了清远常青果场，该场由马来西亚孔先生等人投资2 000多万元建立，有100公顷果园，从1992年注册，1994年开始生产，有20个芒果品种，杨桃、番石榴、火龙果等，但生产效益不好，亏了几千万元。我们分析主要原因：一是投资者对当地的气候土地环境了解不够，在决策上有失误，如在水田种果，地下水位高，树的根系受浸，热带和南亚热带水果在北纬23.5度以北发展是不适宜的。除以上原因以外，孔先生反映是地价太高，每年租金，水田10 500元/公顷，旱地2 700元/公顷，高于浙江的水田5 700元/公顷和旱地450元/公顷；二是果场周围环境差、职工素质差，有人偷果，因而雇了8个保安，而浙江金华没有人偷果；三是电话线被人偷线路，电讯局不查问题，把费用加到果场，孔先生十分气愤；四是从投资到现在没有拿到国家贷款。看来虽然外商对广东大环境是满意的，但是在不同的小环境，外商也反映不同。因此，我们在保证大环境良好的情况下，各级政府要治理好外商设厂、场附近的小环境，保证外商在良好的环境中投资，取得好的经济效益。

3. 要保护好国内的生态环境。印尼造纸厂在清远设厂要求配套生产桉树速生丰产林，要33.33万公顷土地。清远市对此项目有所限制，如果清远都种植桉树，则其他林木、果树都没有土地种植了。另外桉树土质破坏严重、使土地板结、酸化，因此要综合考虑发展其他树种和农业栽培措施，以保护国内的生态环境。

（本文作者谭国侃时任广东省农研中心主任，刘季芸时任广东省农村改革试验办主任、副研究员，田晓霞时任广东省农村改革试验办副主任、副研究员）

1998年3月

广东省农村改革试验区座谈会纪要

田晓霞

广东省农村改革试验区座谈会于1998年12月16～18日在清远举行。清远、南海、汕尾、中山、鼎湖、阳江、里水等试验区的负责同志参加了座谈会。广东省农村发展研究中心主任谭国侃主持会议，并在会议结束时作了总结性发言。省农研中心农村改革试验区办公室主任刘季芸向到会代表传达了11月在北京召开的全国农村改革试验区小城镇建设试点经验交流会的会议精神及中央财经领导小组办公室副主任段应碧、农业部副部长万宝瑞在会上的讲话，进一步明确了试验区工作的重点和作用。

到会同志就稳定土地承包权、完善土地股份合作制、扶贫致富、农业产业化经营、农业合作保险、渔业股份制、小城镇建设，村务财务两分开等内容进行了交流和讨论。

一、南海改革试验区

在土地股份制的试验上，经过1992—1995年的推行和1995—1996年的巩固两个阶段，现全市已有股份合作经济社1 678个，占全市经济社总数的99.8%。从1997年至今，进入了深化改革阶段。新的进展有：

1. 解决因人口变动而引起的频繁的股权调整，在条件成熟的地方试行了土地的“生不增、死不减”的做法，如里水镇邓岗管理区在股份制章程里规定：1996年12月1日后出生或结婚迁入本区农业户口的人，不再分配股权，但可以参加每3年一次的现金购股；已享有配股的股东，迁出或死亡后，仍保留其原有股权。

2. 在土地股份制推行初期，规定农民所配股权不准转让、抵押、继承等，限制了资源的合理配置和生产要素的重组，有其局限性。邓岗管理区规定“分配给股东的股权，属股东个人所有，其股权可部分或全部在本区内转让、赠送、抵押、继承”，为土地股权流转探了路子。

3. 在农村小城镇建设方面，里水镇的农民公寓起到了良好的示范效应，现已在全市有条件的地方推开，对节约土地、改变农民生活环境和生活方式无疑起了积极的作用。

4. 在农业合作保险方面，尽管步履维艰，但南海市还是进行了大胆探索，成立了农业合作保险管理委员会，在简村搞了试点。

到目前为止，实行试点的西樵简村实现了全区水稻、住院治疗、农户安全用电及农民意外伤害保险4个项目的统保，同时，也开展了养鱼、养猪、养鸡鸭等险种的保险业务。南海市委、市政府非常重视这项试验，专门召开会议宣传介绍简村的经验，要求在全市推开。为了推动这项工作，市里规定把买保险和农民信贷挂钩，把开展保险工作的成绩作为考察干部的一项内容。

二、清远改革试验区

清远扶贫经济开发试验区自 1991 年建立以来，着力抓了 3 方面的工作：一是以农业异地开发带动石灰岩山区特困人口和劳动力迁入开发区从事农业生产，现已有 4 个开发区，共有耕地 1 133.33 公顷、山地 533.33 公顷，迁移人口达 14.78 万人；二是办工业开发区，吸引和扶持贫困山区到开发区内引外联办企业，提高自身的造血能力，尽快脱贫，现开发区内已有投产企业 66 家；三是 1995 年建起了占地 6 万平方米的职业培训中心。

经过 7 年的“异地扶贫、体外造血”，效果显著。

1. 扶贫开发区累计实现工业总产值 40.1 亿元，累计上交税收 6 750 万元，返还山区税收 1 300 万元。

2. 吸收劳动力近万人，其中来自贫困山区的劳动力占近 40%。这些劳动力不仅学到了一定的技术和管理知识，有 350 人成为车间、工段的领导，而且平均 500 元的月收入相当于全家人在山里一年的收入，对帮助家庭脱贫也起了一定作用。

3. 职业培训中心 3 年来共培训学员 3 000 多人，部分是试验区内各企业的代培技工。目前，培训中心正在实施贫困山区每户一人免费培训工程。治贫先治愚，提高贫困山区人的素质为加快贫困山区的脱贫致富打下了良好的基础。

4. 已具有小城镇的雏型。市政府已授予试验区管委会行使一级内外资项目审批、土地开发、基建管理等方面的权限，试验区已设立公安、环保、工商、税务、财政、国土、邮电、银行、保税仓、职业培训学校、社会福利中心等服务机构，建成了农贸市场、商店、旅业、饮食、医疗等一批服务设施，已初步具备了一定的聚集人口的能力。

三、中山改革试验区

1994 年经省政府批准，中山成立省一级高科技外向型农业开发试验区。今年又被列入省的现代农业科技产业示范区。其做法主要是：

1. 重视依靠科研机构，充分发挥科学技术在生产中的积极作用。中山市农科中心水产试验基地针对罗氏沼虾单造生产、集中上市的问题，主攻罗氏沼虾的孵化技术和越冬养殖技术，取得成功，使中山罗氏沼虾成为品牌产品，也成为农业的主导产业。中山市农业生物技术研究中心，利用生物工程技术，成功地引进了以色列的樱桃番茄、美国的金银甜玉米、金冠脱毒马铃薯、日本墨绿西兰花、优质香蕉、甘蔗等 20 多个蔬菜花卉新品种，繁育组培苗数百万株，推广种值 1.33 多万公顷。

2. 政府扶持流通队伍，鼓励开拓市场。一是政府拨专款鼓励运销专业户进行罗氏虾的鲜虾保活试验。此项技术已过关，长途贩运保活率达 80%～90%；二是奖励开拓市场的功臣。1997 年市农委拿出 80 万元奖励开拓罗氏沼虾和水产品市场的有功人员；三是扶持建立水产品冷藏保温车队。市农委对 13 位流通专业户购买保温运输车予以补贴；四是建立农产品流通协会，属半官方组织。作用是通过协会把流通专业户组织起来，建立范围较广的流通网络，扩大市场占有率。

3. 抓机制转换。中山市水禽出口生产基地原是市畜牧局下属的畜牧生产基地，由于经营不善造成亏损。近年该基地转让给个人经营，管理水平提高，养鸡、鸭的成本下降了

1/3，并扭亏为盈。农机服务方面也创出新的路子，变官办为民办。南塱镇成立水稻机械化生产专业协会，为农户开展生产资料供应、机械作业、谷物烘干、资金、粮食运输、推广科技成果、科技咨询培训等服务。该镇还办了 4 个私人机收服务队。收割机由个人购买，政府给予适当补贴。

4. 抓三大工程。一是抓高新技术和市场营销、信息网络工程。市政府财政安排 300 万元作为农产品流通专项基金，资助流通协会设立农业信息中心，既与农业部联网，又联通视聆通公众网络。中山市部分镇和流通专业户又与农业信息中心联网，目前已有 130 多户专业户上网。二是抓优良品种引进开发工程。支持原有的 7 间生物场的技术力量引进优良品种，通过繁育，推广应用。三是抓绿色果菜、鱼肉加工标准化工程。从无公害蔬菜起步，进行品质监测。准备筹建中山市农业标准化监测中心。

四、均安镇改革试验区

1. 稳定家庭承包责任制，稳定农民的务农积极性和务农收入。均安根据 1998 年国际、国内农产品市场价格持续下降的新情况，及时调整了土地承包款，如单位面积鱼塘上交款比原来下降了 30%～40%。为了维护合同的严肃性，采取的办法是允许农民退包，由集体收回再发包时，则适当下调上交承包款，减轻了农民负担。据初步测算，农民退出高承包鱼塘 1 533.33 公顷，平均每公顷比过去少上交 9 000 元，得益 22 500 元。

2. 以奖代罚。镇里原规定农民要按比例分季度上交承包款，如有违反，罚款 10%～30%的滞纳金。以前市场价格高，农户都能做到。从 1997 年起，多数农户亏本经营，按时上交有困难，则对按时上交承包款的给予奖励；已发出奖金 450 万元，加上下调承包款，农民二项共多得 1 950 万元，按承包鱼塘的户数计，平均每户得益 470 元。

3. 发展农村农产品市场。以多种形式和方式建立农副产品市场，1997 年交易货款达 25 亿元，有效地促进了农产品的流通和劳动力的转移。

4. 开展“两公开一监督”的工作。这样做，使农村股份合作社的财务制度更加健全和健康，更好地保护了村民的利益。

五、汕尾改革试验区

汕尾城区渔业经济体制改革试验区在近十年来，主要进行了三大改革：一是水产品流通体制改革——建立了水产品批发市场；二是渔业投资机制改革——建立了“三级”渔业合作基金会；三是渔业生产经营体制改革——股份制建设，包括渔船股份制，渔业联合公司股份制和养殖基地股份制。

水产品批发市场 1994 年投入使用，为水产品交易提供了优良场所，推动了渔业经济的发展。1998 年全区渔产量 13.7 万吨，总值 4.98 亿元，分别比 1989 年增长 31%和 1.5 倍。1998 年水产品批发市场经过清理整顿，管理工作走上正常运行轨道。

渔业合作基金会曾为扶持渔民更新渔船、添置设备起了积极作用，但由于管理体制不完善，贷款回收困难，资金运作不理想，需完善规章制度，建立有效的监督机制。继红草、马宫万亩精养对虾和翡翠贻贝两个养殖基地之后，1996 年又成立了“城区鲍鱼养殖协会”，在捷胜半岛建成了跨地区、跨行业的综合性工厂化养鲍场。由于有计划、有组织、有措施，因而起点高、规模大、见效快、效益好。1996 年当年投产、当年受益，总水体近 5 万立方米，1998 年养成商品鲍 400 吨，产值 6 000 万元。目前该基地已成为全国最大的养鲍基地，也是城区发展海洋经济的骨干企业之一。

下一步的工作设想：一是争取建成水产品加工冷藏库；二是建立与全国水产品市场联网的信息中心；三是争取试办城区渔业合作银行；四是建立“汕尾市城区渔业服务公司”，为渔业生产提供周转资金，生产资料补给，渔产品的冷藏代销，船上财会服务等。

六、鼎湖和阳江改革试验区

鼎湖试验区原来搞农业合作保险，对保证莱篮子工程的正常运作发挥了很大作用。近两年因为农业保险风险大，农民投保投机性强，风险大，政府又无财力支持，此项试验暂处于停滞状态。

阳江试验区自成立之始，大胆探索渔业经济体制综合改革路子，有计划地推进试验工作，打下了一定基础。

到会同志在总结、交流各地试验进展、工作成果的基础上，讨论了下一阶段的试验主题和工作设想，同时也提出了在工作中需要解决的一些问题，如有的地方争取领导的重视支持不够，缺少有关部门的配合，机构人员变动导致工作缺乏连续性等。到会同志还就试验需要的政策法规及其他配套措施提出了建议。

（本文作者时任广东省农村发展研究中心副研究员）

1998 年 12 月

全省农村改革试验区工作座谈会纪要

丁小伦

全省农村改革试验区工作座谈会2000年8月8日在广州召开，国家级、省级的7个农村改革试验区的负责人以及有关方面的代表共20多人参加，农业部农村改革试验区办公室副主任魏唯、省政府副秘书长董宏、省政府发展研究中心副主任王利文出席了会议。各试验区表示，在党委、政府领导支持下，继续将农村改革推向深入。土地股份合作制、农业保险等农村改革前沿问题继续引起大家关注。

一、各试验区工作情况和今后打算

南海市农村改革试验区是国务院备案的（简称国家级，下同），1987年设立，近年来抓了三个方面的试验工作。一是进一步推进以土地为中心的股份制的改革。该项目从1992年启动至今，经历了试验摸索阶段、铺开推广阶段，目前处于完善巩固、继续提高阶段。现在里水、松岗两个镇试行“固化股权、出资扩股、合理流动”，取代过去实行“不继承、不转让、不退股、不抵押”的政策，股权可以转让、流动。市委、市府把此项改革作为今年工作的重点内容，要求在试点的基础上探索与股票市场结合的具体形式；并且通过帮股民买养老金、医疗保险等措施，为股权冲破社区局限创造条件。二是小城镇综合改革的试验。近年只是进行观测、调研。今年中央、省很重视小城镇发展，下一步将按照国家、省的政策加快改革。三是农业保险的试验工作，由于受制因素多，进展不大，但市委、市政府希望进一步探索试验。

清远市扶贫开发试验区（国家级）近两年来的主要工作有：一是培训就业指导。1996年以来在省有关单位的支持下，建成一所技工学校，专门招收贫困地区的学生；佛山市挂钩扶贫，也办了一些扶贫培训班，对学员进行技能培训。每年培训800～1 000人，近两年来免费培训了2 000人，并安排他们在区内就业，为山区“治愚脱贫、科技致富”摸出了新路子。二是抓政府管理改革、职能转变试验。在试验区内实行“只收税不收费、区内税利返还”的政策，吸引了三角洲、合资的一些大企业到清远投资办厂。如印度尼西亚的金光集团来此投资办纸品加工业，由集团与农民签定协议，金光集团投资，农民经营管理，在清远种了60万亩速生林，5～6年成材，以此增加了农民的收入，这些改革试验对清远的扶贫开发起了很大的推动作用。

汕尾市城区渔业试验区（国家级）1989年设立，在渔业体制改革、建设水产品市场、开展渔业服务、拓宽远洋渔业领域、发展养殖等方面进行了许多有益的探索。近两年渔产品价格不断走低、渔民收入增长慢，渔区改革工作难度增大，但区委、区政府表示在新形势下更要认真搞好改革试验。

中山市高科技外向型农业试验区是省政府批准设立的（简称省级，下同），1999年召开了专家论证会，近两年工作重点转向农业高科技示范区建设方面。在小榄、横栏、民众、西区等镇（区）按照“六化”要求（即信息网络化、农业生态化、农业标准化、城乡一体化、农业机械化、基塘标准化），建设了6个基地，包括无公害蔬菜、水鱼养殖、香蕉、园艺花木、生态平衡、罗氏沼虾养殖等。市委希望高科技外向型农业试验区能够纳入国家级试验区，并且与省政府十大现代化农业示范区项目结合起来。

阳江市渔业体制改革试验区（省级）1994年建立。目前有几个问题要进行改革探索。一是必须及时改革管理体制。阳江渔业管理区有38个，原来属于集体的船分给了个人，而贷款是由管理区负责贷的，导致负债很重；目前管理区管船，却管不到人，难以适应财产过渡的变革需要，今后应该取消管理区，代之而起的应是渔业协会。二是海洋捕捞必须实行适度规模经营、走联合的路子。全市捕捞船共有4 000艘35万千瓦，而且还在增加，捕捞产量在降，资源破坏加剧，渔业的经济效益下降。曾经组织渔民远洋捕捞，但去一趟亏一趟，利润给中介组织拿走了。渔民必须联合起来，应当摸索联合的路子。三是拓宽渔民的就业门路。引导捕捞渔民搞养殖，退田还海，发展休闲（旅游）渔业，发展渔产品加工，建设集散市场，引导流通。

顺德市均安镇试验区（省级）主要进行了农村基层组织建设试验。近两年抓了撤消管理区建立村民委员会的工作。首先确保了党在农村基层的领导地位。镇委要求各村党的支部委员、支书要主动参加竞选。结果，全镇18个村有17个村的支部书记当选为村主任，证明了党在农村有威信。其次，明确村民委员会虽是自治组织，但应在党组织集体领导下开展村民自治工作。第三，在改革中抓住了两大方面：（1）村务公开、财务公开；（2）民主选举、民主决策、民主监督。真正实现村民自治。经过一年多的实践，村民委员会不断完善民约村规，增加村务透明度。

肇庆市鼎湖区农村改革试验区（省级）主要开展农业合作保险试验。1990年起步，但1994年停办，原因是：（1）地方财政薄弱，难以支撑试验。区政府与保险公司定协议，拿出500万元作准备金，但资金不到位。（2）机构不健全。由于财政不支持，缺乏专门机构、专门人员、专门场地。（3）风险大。每年亏损200万～300万元，保险公司难以支付。有的农民虚报参保数量，保险公司的技术人员跟不上，灾害赔偿的真实数字难以鉴定。（4）政策法规不配套。没有具体的法律、法规保障，谁也不愿意冒这个险。鼎湖试验区希望调整试验内容。

二、广州、高州积极要求参加改革试验

座谈会邀请了广州市、高州市参加。两市均迫切希望纳入省级试验区，以推动农村改革健康、稳步发展。

广州市和番禺区有关方面谈了番禺区推行农业保险试验的设想。1996年起番禺复办了农业保险，近几年农业保险业务开展较好。一是广州市委、市政府，番禺区委、区政府、有关部门以及广大农民对农业保险有强烈要求，表示要办好农业保险。二是成立农业保险领导小组。由副区长任组长，农办、财政局、保险公司等有关单位负责人参加。三是设立农业保险风险准备金。区政府每年拨1 000万元，保险公司每年2 000万元，几年来累计达1.2亿元，依托人保公司开展农业保险，形成了一定规模，截至1999年12月31

日，农业保险总金额达 3 087.6 万元，总保费收入 264.1 万元。但发展农业保险也遇到许多问题：包括农业保险风险准备金制度不健全；农业保险风险高，复办以来赔付率达 156%。经营者人保公司积极性不高；生产者的风险意识不强，高风险的作物愿意投保，低风险的作物不愿意投保；保险业务覆盖面窄；相应的政策法规不配套，政府支持体系未建立。

高州市水果种植面积 166 万亩，为全国水果第一大县，其中投产面积超过 100 万亩，预计 2000 年总产量超过 30 万吨。但水果运销、加工、销售跟不上，果贱价跌，增产不能增收。因此必须通过“体制创新、技术创新”来创造高州荔枝、龙眼品牌，拓展市场，提高农业的综合效益。试验内容有：一是培育、发展专业流通组织。尤其是培育农业合作营销组织，克服目前流通组织规模小，力量弱，经营分散的矛盾。二是创新市场营销。在国内外建立区域销售中心、配送体系、出口代理、连锁经营体系。可依托大型企业或跨国经营企业，建成区域的营销网络。升拓国内市场，开拓我国港澳地区和国外市场。三是发展加工业。重点做好荔枝、龙眼保鲜和加工。四是推行产业化经营。培育、催生一批农业水果“龙头”企业，形成强有力的市场主体，带动广大农户，形成一体化经营。五是规范市场交易。保护经营者权益，打击欺行霸市行为。推行市场规范化，经营标准化，培育品牌。六是建设荔枝、龙眼的批发市场。建立市场和市场信息网等。

三、下一步工作要求

农业部农村改革试验区办公室副主任魏唯在会上讲话。他说，农村改革试验区是根据 1987 年中央 5 号文件精神建立的，目前国务院备案的试验区有 30 个。十几年来，试验区许多成果被采纳，有的被写进中央文件。当前农村形势出现了许多新情况、新问题，如农民收入增长缓慢是这几年困扰中央的问题。而这些问题的解决离不开改革、政策创新。因此中央强调要进一步搞好试验区工作。首先，要稳定机构、人员队伍。最近各省进行机构改革，但农村改革试验区专职机构都保存下来了，说明各省、自治区党政领导对农村改革试验区的认识是到位的。广东省有 3 个是国家备案的试验区（南海、清远、汕尾），占全国的 10%，比例上算多的，各级党委、政府都非常重视试验区工作，机构人员都稳定下来了。其次，各地根据自身发展的需要，适当增加或调整试验区项目。比如说中山的高科技农业，高州的水果营销、标准化生产对深化农村改革有深远的意义，就应该大力推进这些方面的改革。试验选题有进有出，如果下面选出新的项目、新的地点，经省里同意，就可以去做。我们尊重地方的意见。但重大的试验内容，比如牵涉到金融、税费的改革，就要报中央（试验办）确定。我们对广东试验区工作将给予大力支持。

省政府发展研究中心副主任王利文在会上强调，省十分重视农村改革试验区工作。在省政府机构改革中，继续保留机构队伍，负责协调、指导全省农村改革试验区的工作；省政府发展研究中心作为归口管理机构，将竭尽全力支持全省农村改革试验，并且及时总结经验向省委、省政府汇报反映改革的成果和大家关心的热点难点问题，为省委、省府的决策提供科学的依据，同时也希望各地要十分重视农村改革试验，把这项工作做好。

省农村改革试验区办公室主任何启环要求各试验区工作做好“三个”结合：一是上下结合，以下为主。按照中央的改革精神，重点应围绕试验课题结合地方党委、政府的中心工作开展试验区工作。二是改革与发展结合，根据新形势、新情况开展工作。省试验办一定要围绕省委、省政府“十五“规划的近期中心工作开展工作，体制改革为发展生产力、发展经济服务。三是虚实结合，围绕当地党委发展思路设立项目，以项目发展制定改革内容，并且根据新情况不断调整，使试验区保持强的生命力。

（本文作者时任广东省人民政府发展研究中心农村处副处长）

[第五章]

广东参加全国活动

全国农村改革试验区（苏南）土地适度规模经营论证研讨会简述

田晓霞

由农业部农村改革试验区办公室和江苏省农村发展研究中心联合召开的（苏南）土地适度规模经营论证研讨会于1994年9月6～10日在苏州召开，到会代表110余人。农业部副部长万宝瑞，江苏省委副书记曹鸿鸣，江苏省委常委、副省长俞兴德出席会议并讲话。

会议听取江苏对苏南实行土地适度规模经营情况所作的介绍。苏南土地适度规模经营和农业现代化建设试验是经国务院批准，1987年在无锡、吴县、常熟三（县）市的93个乡镇，126个村进行的。1993年实行农业适度规模经营的单位已达2 816个，经营面积占责任田总面积的22.4%，比1988年增长21.3个百分点，有300多个村形成全村责任田的规模经营，20多个村责任田和口粮田全部实行了规模经营。经营形式主要有5种：一是家庭农场（或种田大户），占70.2%；二是村办农场（或专业队），占28%；三是厂办农场，占0.6%；四是站办农场，占0.8%；五是联户办农场，占0.4%。经过10年的试验，苏南土地规模经营基本达到了预期的效果，农业劳动生产率是当地一般农户的10～28倍，产量达1.5万～2.3万千克；边远田的产量已接近高产田水平，粮食商品率一般在95%左右，比一般农户高出两倍多；1993年规模经营者的粮食劳均纯收入7 152.21元，是当地农民人均纯收入的2.9倍，是务工人员劳均收入的2倍。

根据苏南地区的实践，江苏同志提出了实行土地适度规模经营需要具备的条件主要有：(1) 第二、三产业的比重一般应占农村经济总量的80%以上；(2) 一般非农劳动力占总劳动力的60%以上，一般农户的非农收入要达到60%以上；(3) 乡村集体力量较强，能够对土地规模经营进行农田基本建设和农业机械装备；(4) 要有健全的社会化服务组织；(5) 要有一批素质较高的承包经营者；(6) 群众自愿。

与会专家、教授及其他代表肯定了苏南土地规模经营试验的成绩和经验，认为他们的试验为探索在人多地少、工业较发达的地区，如何集中土地，实行适度规模经营和多渠道筹集资金，增加农业投入及推行农业机械化，提高农业劳动生产率、土地产出率和农民收入等方面，走出了一条较好的路子。在下一步试验中，应冲破社区界限，让土地、劳动力、机械等生产要素在更大范围内流动，随着农业走向市场和中国恢复关贸总协定，要重视生产结构的调整，资源优势的发挥，加强生产成本的核算及拓展农产品贸易。领导和专家认为在10年试验基础上，苏南已具备条件转换试验主题，要不失时机地从农业现代化试验转入农村现代化试验，对土地适度规模经营作进一步的探索。

会议期间，代表们还就土地规模经营的含义、意义、规模及注意问题进行了研讨，各省试验区代表也在会上作了交流发言。

顺义是以集体农场为规模经营的主体，在界定村集体与农场的产权关系后，农场成为自主经营、自负盈亏的集体农业企业，在农场内部集体以耕地和固定资产使用权折价入股，农场劳动者以资金入股，以这种股份制的形式巩固和促进了农业适度规模经营。

平度是以推行“两田制“为主，允许农户有偿转让、转包、租赁、跨社区承包土地，推动了土地相对集中，形成适度规模经营，取得了明显的成效。同对，将集体无能力、无条件治理的荒山（丘）使用权卖给农民，一定30或50年不变，有效开发利用了了荒山。

南海的做法主要是实行土地股份制，把所有权，承包权和经营使用权分离开来，理顺了土地的权属关系，调整了农村土地经营机制，稳定了农民的承包关系，使土地较易集中起来实行土地规模经营。

温州在鼓励农村劳动力转移方面，改革了小城镇的户籍制度，实行以居住地、身份证为主的城乡一体化管理制度，促使农村劳动力放弃土地，自由流动、迁移，为集中土地实行粮田适度规模经营创造了宽松的环境。

各地试验区都根据自己的实际情况，采取不同的形式集中土地，为推行土地适度规模经营作了有益的探索。

（本文作者时任广东省农研中心副研究员）

1994年9月

全国乡镇企业产权制度改革研讨会简述

田晓霞

全国乡镇企业产权制度改革试验研讨论证会于1995年6月20日在山东淄博市周村区召开。这次会议的中心议题：一是对周村8年来以乡镇企业股份合作制为主的产权制度改革进行阶段性成果论证；二是围绕全国各地在乡镇企业产权制度改革中引发的产权界定、拍卖、转让、产权交易等问题进行了深入的讨论。

在为期4天的研讨论证会上，代表们听取了周村乡镇企业产权制度改革的动因、过程、做法和效果。周村1988年被列为全国股份合作制改革试验区后，承担了乡镇企业产权制度改革的任务。8年来，周村经历了选点试验、全面推广和规范完善三个阶段，实现了量的扩大和质的突破两次大飞跃，全面完成了阶段性试验任务，95%以上的乡镇企业进行了股份合作制改革，取得了很大的成效和系统的经验。农业部领导和专家小组对周村的乡镇企业产权制度改革给予了高度评价，认为周村的乡镇企业改革是继家庭联产承包责任制后在农村领域内的又一次深刻变革，它明晰了产权，有助于解决企业负盈不负亏的问题，改变了政企不分的现象，为建立现代企业制度奠定了良好的经营基础；有效防止了集体资产的流失，并通过建立证券交易中心，使产权流转成为现实。周村的试验为全国其他地区的改革起到了示范作用，也为中央制订有关政策提供了依据。

在会上，代表们还听取了9个省市关于乡镇企业产权制度改革的做法和经验的介绍，如山东诸城的先售后股；顺德、无锡的产权转让；上海郊区的产权交易；北京二轻系统的退二进三（退出第二产业搞第三产业）；大连的通过兼并组成集团公司等。

应邀参加会议的有原中央农研室副主任刘堪、农业部政策法规司原司长郭书田、农业部农研中心主任缪建平、农业部农村改革试验区办公室主任杜鹰，以及中央、国务院有关部委、研究机构、大专院校的专家、学者，还有山东、上海、辽宁、江苏、河北、广东、浙江、北京、广西等9个省（自治区、直辖市）的代表。广东省农村改革试验办田晓霞和顺德市北滘镇委书记区祥贤参加了研讨会。区祥贤在大会发言中介绍了备受关注的北滘乡镇企业产权改革的情况，对学界“靓女先嫁”的争论也给予了回应。

（本文作者时任广东省农研中心副研究员）

1995年7月

全国小城镇试点工作经验交流会简述

刘季芸

1995年10月5～9日，国家体改委、建设部、公安部、国家计委、国家科委、中编办、财政部、国家土地局、国家统计局11个部委联合在江苏省昆山市召开全国小城镇综合改革试点工作经验交流会。国务院、11个部委、中央财经领导小组有关领导以及参加全国小城镇综合改革试点工作的省、市、县以及试点镇的主要负责人，有关新闻单位出席了会议。国务委员、中共中央政治局委员李铁映代表国务院向大会祝贺，并作了重要讲话。

李铁映在讲话中分析了小城镇建设的形势。改革开放以来，农村的小城镇建设引人注目。1979年，全国建制镇只有2 600个，到1994年已发展到1 64 33个，大约每5.6万农村人口的区域内就有一个建制镇。全国小城镇吸收的乡镇企业劳动力占全国乡镇企业劳力的50%，创造乡镇企业产值占57%。发展小城镇可吸纳更多农村劳动力，促进我国现代化、城市化的进程。小城镇的发展将推动我国农村改革迈上新台阶。当时，我国面临的就是这样一个新形势，必须认真研究小城镇产生的经济、社会原因与条件，高度重视小城镇在我国改革、发展中出现的一些问题。李铁映还说到小城镇改革试点的经验和任务。基本经验有几条：尊重农民群众的伟大创造，尊重他们的选择；试点先行，通过试点，逐步规范和积累经验；领导重视，部门协调，互相支持，协调作战；因地制宜制定改革政策，不搞一刀切；通过抓生长点来建设新体制，实现改革的战略目标；引入市场机制，坚持生产力标准。

下一阶段如何搞好李铁映强调以下几点：(1) 小城镇的改革要加强综合配套；(2) 要抓好两个增长点：一是乡镇企业，一是新体制的增长点；(3) 要在政府职能转变和机构改革等方面取得突破；(4) 要在深化乡镇企业产权制度改革方面创出新的路子；(5) 小城镇社会保险体制要采用新的思路；(6) 积极支持小城镇户籍制度改革。李铁映还谈到小城镇发展中应着重注意的几个问题：要加强规划，防止出现“小城镇热”和“开发区热”；要节约用地，不能导致耕地总面积和粮食总产量下降；因地制宜，量力而行；坚持“小政府，大社会”；防止出现“卖户口”热；要坚持两个文明同时建设。最后，李铁映特别强调要加强试点的领导问题。要求县、市主要领导，特别是第一把手，把它当作大事抓，要落实。抓好重点典型，搞好培训工作和实行目标责任制。中央部分部门的领导和部分省的领导在会议上也讲了话。

会上江苏省昆山市、广东湛江市麻江区、浙江湖州市城区织里镇、安徽霍邱县叶集镇、辽宁海城市介绍了改革和发展小城镇的经验。

这次大会是小城镇改革与发展的一次经验交流会，也是一次动员大会。目的是进一步解放思想，统一认识，协调政策，交流经验，把小城镇综合改革试点工作落到实处。会议要求各试点单位，按照11个部委的指导意见和大会的要求，积极探索，大胆试验。各试点单位的上级党委、政府和有关部门要加强对试点工作的领导和指导，为深化农村改革探索出一条切实可行的路子。

广东省农村改革试验办主任刘季芸、南海市委副书记邓文初、南海试验办主任何享业、里水镇委副书记郑时波参加了会议。

（本文作者时任广东时任广东省农村改革试验办主任、副研究员）

1995年10月

全国农村改革试验区小城镇建设试点经验交流会简述

刘季芸

1998年11月3～5日，农村改革试验区小城镇建设试点经验交流会在北京召开，各有关试点镇所在地的领导，省、市试验办主任出席了会议。国务院研究室、国务院发展研究中心、国家计委、国土资源部、民政部、公安部、农业部、中国小城镇改革发展中心、中国社科院等部门的领导和专家与会做报告。中共中央财经工作领导小组办公室副主任段应碧，农业部常务副部长万宝瑞到会并讲话，小城镇试点镇做了经验介绍，并探讨了发展小城镇面临的问题和所需的政策。

万宝瑞就贯彻党的十五届三中全会的决定精神，进一步明确试验区的工作任务时说，当前要重点研究8个方面的问题：一是长期稳定土地承包关系，并在此基础上实现农业现代化的问题；二是在发展壮大集体经济的同时，促进非公有制经济的发展，完善农村的所有制结构问题；三是进一步加强农业社会化服务体系建设，积极推进农业产业化经营的发展问题；四是改革农产品流通体制，建立健全国家对农业的支持和保护体系问题；五是乡镇企业发展战略调整和小城镇发展战略问题；六是农村税费制度改革问题；七是村民自治与基层民主制度建设问题；八是优化和调整结构，提高农产品质量问题。

万宝瑞指出，要进一步加强和推进农村改革试验区工作，《决定》指出要把农村改革不断引向深入，必须"坚持从群众中来，到群众中去的根本工作线，以'三个有利'为标准，鼓励试验，允许看、不争论，及时总结经验，加强领导，对的就坚持，不对的就改正。"试验区要继续发挥"探路、验证、示范、储备作用"。党中央和国务院以及农业部领导同志一直非常重视农村改革试验区工作，希望有关省、自治区、直辖市今后要继续加强对试验区工作的领导，要健全和稳定试验区工作领导小组和班子，解决工作中存在的问题，保持试验区干部的稳定性和连续性。

中央财经领导小组办公室副主任段应碧要求试验区总结1987年以来的经验，当前要根据跨世纪的目标，对试验的项目重新设计和部署。

农业部政策法规司司长杜鹰分析了当前农村的形势和问题，要求试验区振奋精神，对下一轮的选题要有针对性、可操作性和连续性。

会议对小城镇发展的意义、现状、途径、问题和政策进行了研讨。农业部试验办主任柯炳生作了总结，会议认为，改变农民的身份和生活方式，扩大市场内需，发展小城镇是中国新的经济增长点。会议提出了发展小城镇的7个方面的问题，即土地、户籍、规划、城建费税、管理体制、社会保障、乡镇企业发展等。会后将以上问题归纳、整理、系统化，形成综合报告和出专刊，为明年初中央农村工作会议文件的起草提供参考。

（本文作者时任广东省农村改革试验区办公室主任）

全国农村改革试验区办公室负责人座谈会情况简述

刘季芸

1999 年 12 月 24～27 日，全国农村改革试验区办公室负责人座谈会在北京召开。中央财经领导小组办公室副主任段应碧、农业部副部长刘坚、农业部产业政策与法规司司长杜鹰和部农村改革试验区办公室主任柯炳生等领导，以及部分省市试验办负责人出席了会议。

会议总结已有试验项目的进展情况，取得的成就和存在的问题，座谈讨论试验区工作面临的新情况、新问题，提出工作思路和试验项目的选题和建议。刘坚副部长听取了各地试验办的情况汇报，代表农业部向农村改革试验区先进集体、先进个人和优秀论文获得者颁发奖牌和证书。我省农村改革试验区办公室、南海市农村改革试验区办公室获农业部颁发的先进集体称号，刘季芸等 5 位同志被评为全国农村改革试验区先进个人，全省各试验区共获优秀论文二等奖 2 篇，三等奖 3 篇。

中央财办和农业部的领导在讲话中肯定了试验区为党在农村工作的决策提供了有力的支持，肯定了试验区的作用和贡献，分析了当前农业和农村的形势，提出了今年要做的事情和思考的问题，试验区下一步的选题和工作的重点，以及如何稳定试验区的机构、人员，保障试验区工作的连续性和稳定性的问题。

一、关于当前农业和农村的形势

我国农业和农村经济已发生阶段性的变化。农产品从长期短缺到出现过剩，价格低迷，农业正在进行战略性的结构调整；农民根据市场调整结构，表现了积极性和主动性；农村经济在这一转折时期平稳发展，在亚洲金融危机的影响下未出现大的滑坡来之不易。

据统计，1999 年农村人均纯收入可达 2 200 元，增加 40 元；在自然灾害严重的情况下，粮食（虽比 1998 年减少 200 亿斤）仍获丰收；乡镇企业平稳发展，1～11 月增长 12.45%，利润增长 15.2%；农业结构调整取得积极进展：粮食面积减少 1 500 万亩，糖蔗（甜菜）调减面积 470 万亩，油料增加 1 300 万亩，蔬菜增加 1 500 万亩。

目前我们面临的困难是农产品卖难。农产品卖难以粮为代表，从 1995 年以来 5 年连续丰收，年生产量在 9 000 亿斤以上，粮食国内产量超过需求 900 亿斤。我国粮食综合生产能力稳定在 1 万亿斤左右。目前库存 5 600 亿斤，人均有 662 千克存粮，库存量可供一年开支，粮食补贴数百亿元。如何看当前的困难？一是困难，也是成绩，解决了吃饭问题。二是机遇，可以做过去农产品短缺情况下想干而不能干的事，现在可以转到提高农产品的质量上来。可搞农产品加工转化，延长农业的产业链；过去到处开垦，现在可以退一些田恢复生态，加快小城镇发展的步伐。三是挑战，如果转化不好，也会出问题，过去粮食是“少了少了，多了多了”，粮多是暂时性的，偏紧是常态。我们面临两种前途，一种前途是光明的，抓住了机遇上新台阶；另一种是未抓住机遇，农业萎缩，整个国民经济受影响。克服困难靠什么，靠改革和发展，民气不能挫伤。

二、今年工作的中心任务，是对农业和农村经济结构进行战略性的调整

农产品出现暂时性过剩，调整的目标，不仅是当前，而是着眼于农业效益的提高和现代化。调整种植业的品种、面积、区域布局结构，农林牧副渔结构，农村工业结构，这是全面性、长期性的战略调整，是向农业的深度和广度进军，是从粗放型向效益型提高。农村经济结构调整是一个长期的任务。在调整中坚持的原则是市场导向，农民自愿。在调整中政府做什么？一是促进市场的发育，建设、健全各地农产品批发市场；二是抓科技进步，抓科技的推广，科研体制的改革，推广体系的建立；三是抓产业化，农业上新台阶靠这个，中央筛选龙头企业，国家支持；四是发展小城镇，“小城镇、大战略”是总书记提出来的，要很好地抓。

今年要搞两大试验，一是退耕还林，二是税费改革。

三、关于试验区下一步的选题

根据农业和农村的经济形势，以及中央提出的战略任务，提出了以下选题：

1. 沿海地区率先实现农业和农村现代化。结合战略性的调整，放下自求粮食平衡的包袱，按市场需求发展附加值高的产品，积累资金率先实现现代化，加入 WTO 后参与国际竞争，让出部分粮食市场是对中部地区的支持。

2. 西部开发。抓住粮食多的机遇，退耕还林、还湖、还草，要注意林种不能太单一，要乔、灌木、草结合。要有转换器，25 度以下坡地“低改高”来支持 25 度以上坡地退耕，立足于当地解决问题。

3. 流通问题。发育市场，建立产品质量标准，发展流通队伍。

4. 发展专业合作经济组织。提高农民组织化程度，由能人牵头，民办、民管，多种形式，逐步规范。

5. 乡镇企业。乡镇企业 1997—1998 年净减少 931 万人，矛盾和问题暴露，要作战略调整。乡企产值占全国 GDP 的 20%，工业增加值的 1/3，而在国有银行贷款只有 5.4%，信用渠道没有打开。乡企资金供给不足，布局、产业和产品结构如何调整？

6. 小城镇建设。“十五”计划期间，大力推进小城镇建设，但不要搞人为的造城运动，要以发展小城镇经济来促进小城镇的发展，盘活土地存量，多方筹集发展资金，提高小城镇的管理效率。国家对小城镇很重视，要抓一千个，可以给予重点扶持。

7. 农村金融体制改革。指农村信用社改革而言，存额有 1.2 万亿元，放出 9 000 亿元，成立整顿工作小组。有些已朝商业化方向走，合作制对内，商业化对外。试验区可配合人行作些试验。

8. 税费改革试验。中央要布置进行试点，各省不积极。改革的任务是要把农民负担大大减轻。乡村究竟需要多少干部，多年来，我们干了一些不该干的事，养了一些不该养的人。

9. 充分发挥商品粮基地的作用。要保持商品粮基地的生产能力，赋予新的内涵，如转化为畜产品基地、食品基地。

四、关于试验区的工作

在听取各试验区的汇报发言后，有关领导对试验区的工作谈了以下看法：

13 年来，试验区发挥了不可替代的作用，为国家和所在地区的改革作出了贡献。试验区要继续发挥探路、验证、示范、储备功能。这项工作不仅中央需要，基层各级党委也有需要。试验区是中央发文成立的，中央文件有效，中央财经领导小组办公室对我们的工作很肯定。当前要稳定机构和队伍，保持试验区工作的连续性和稳定性。要求试验区的同志要“不改初衷，锲而不舍”。具体要求是：“把握方向，积极探索，适度超前，综合配套，尊重实践，务实可行”。试验的方向是市场经济和现代化。

希望各试验区积极争取党委和政府的领导和支持，利用各种场合宣传，争取试验的经费、环境和条件，并把新一轮试验选题报农业部。

五、关于广东省选题的思考

根据我省以往试验的主题和中央最近的要求，拟选以下内容进行试验和研究。

1. 珠三角地区农业和农村现代化试验研究。该项研究拟在广东省以往研究的基础上，结合省委、省府部署珠三角率先基本实现现代化工作，着重对珠三角地区农业和农村现代化开展较好的市县进行调查研究，总结经验，寻找阻碍农业和农村现代化的问题，从解决矛盾和问题着手试验，探索实现农业和农村现代化的有效途径和制度创新。

2. 发达地区农村土地股份合作制的完善、深化和发展的试验研究。在继续追踪南海土地股份合作制的基础上，对佛山市、东莞市、中山市等开展土地股份合作制作调查，总结经验，了解问题，以观察这一土地制度创新的推广应用情况和下一步的发展。

3. 专业合作经济组织试验的研究。拟在广东省对各类专业合作经济组织的情况进行了解，总结促进各类专业经济组织发育、发展成长的政策措施，探索专业合作经济组织在农业产业化中的作用，为加入 WTO 后广东省农民参与国际市场竞争寻找最佳的组织形式。

4. 农村基层组织创新和农村费税改革试验研究。农村基层组织创新是农村费改税的基础。农村基层组织通过精简机构、人员，转变职能，并通过建立社会化服务体系，减轻农民的负担，更好地发展农村经济。

5. 农业合作保险试验研究。南海农业合作保险进行了两年多，本来进展顺利，后来因人保公司的本身问题，使试验受到影响。但这是一项十分重要的基础工作，不可以中途放弃，因此需要进一步理顺关系，争取中国保监委的支持，坚持试验，探索农业保险的新路子，为广东农业发展作出贡献。

6. 继续深化和发展清远扶贫试验区的试验。

（本文作者时任广东省农村改革试验区办公室主任、研究员）

2000 年 1 月

城郊农村城市化进程中城乡综合改革与统筹发展问题研讨会简述

冼　频

2004年4月24～25日，由农业部农村改革试验区办公室和石家庄市裕华区主办的“城郊农村城市化进程中城乡综合改革与统筹发展问题研讨会”在石家庄市召开。中央政策研究室、国务院研究室、国家发改委、国土资源部、农业部、教育部、民政部、劳动与社会保障部的领导和专家以及河北、江苏、浙江、辽宁、山东、贵州和广东等试验区的代表出席了会议。

会上，裕华区区长全面介绍了加快城郊农村城市化进程的做法；裕华区的方北村和槐底村作了专题发言；温州市、佛山市南海区、大连市金州区、济南市槐荫区、兴义市的代表对各自开展的“城中村”集体资产产权制度改革、农村股份合作制、“城中村”改制与改造、城郊村（居）综合配套改革和妥善处理失地农民问题等试验内容作了介绍。从各地的经验看，股份合作制是城郊农村城市化进程中解决土地和集体资产产权的共同选择。他们的具体做法虽各有不同，但都是把集体的土地和资产折股量化到人。裕华区槐底村，实行股份“生不增、死不减、进不增、出不减”，彻底地把农村集体经济组织改造为股份公司（怀特集团股份有限公司），经验很值得借鉴。以社会保障解决失地农民问题和统筹城乡发展是各地都在探索实践的课题。

与会的国家部委办和有关单位的领导、专家就改革征地制度、加强农村义务教育和职业教育、完善社会保障制度等统筹城乡发展问题作了发言。国务院研究室社会司司长李荫在发言中提到，国际上有一种观点，说未来几十年带领世界经济发展的火车头有两个，一个是美国的IT产业，一个是中国的城镇化。目前全国有4万多个“城中村”，“城中村”的改革试验很有意义。国土资源部中国土地勘测规划研究院党委书记黄小虎说，在土地制度改革方面已达成共识的有：缩小公共事业征地范围；提高征地补偿（但是提高补偿标准还是按市场价格仍有争议）；妥善安置失地的农民；改革征地的程序。劳动与社会保障部农村司卢海元处长认为，全世界已有120多个国家建立了农村社会保障制度，我国是世界上没有建立农村社保的少数国家之一，从我国的GDP水平看，建立农村社保不是个经济问题，而是个认识问题、决策问题。

与会代表们在讨论中非常关注三个方面的问题：一是城市化进程中农民土地权益的保护问题。焦点是对农民的征地补偿普遍过低，农民失地后缺乏生活和就业保障。二是农民的社会保障问题。目前农村只有最低生活保障，没有失业、医疗和养老保障。特别“城中村”改制，农民转为居民，却难以享受与城市居民同等的城市社会保障。三是“城中村”的社会公共事业的管理体制问题。“城中村”的社会公共事业没有纳入城市体系，其建设和管理仍由社区的经济组织承担。大家认为这三个问题值得继续试验、探索，力争拿出较为成熟的经验。

农业部农村改革试验区办公室柯炳生主任在总结发言中说，这次会议，得出了三个判断：第一个判断，土地在城市化进程中由农用地转为非农建设用地，单位面积的产出率和就业率都提高了，如果农民不能从中得益，就是征地制度有问题；第二个判断，城市化进程中存在的二元结构的差距比原来的城乡二元结构的差距缩小了；第三个判断，土地的问题应该由市场来解决。

这次会议，国家有关单位的领导、专家和各地代表通过互相交流，既帮助各试验区更好把握国家大的政策方向，对促进农村改革试验区的工作起着积极作用；也让国家有关单位的领导和专家进一步了解地方的改革诉求，在制定和修改有关政策法规时更符合实际，更具有可操作性。

（本文作者系广东省农村改革试验区办公室副主任、副研究员）

2004 年 4 月

[附　录]

有关领导对试验区工作的指示

把农村改革引向深入

中共中央 1987 年 5 号文决定，在全国有计划地建立农村改革试验区，主要内容是：

充分相信群众，让亿万农民参加改革，是我国农村改革的一个特点和优点，但这绝不意味着改革可以完全自发和自流地进行，新的体制可以自然地长成。改革愈深入，愈需要领导者加强调查研究，到第一线去熟悉改革，提高指导水平。在改革的深入阶段，可在一个市（地区）、一个县的范围内，按照改革方案进行实际试验，主要目的是，由领导和群众相结合，在试验的基础上制定相应的章程和法规，使党和政府的政策具体、完善化。

试验区不宜过多。在试验区可以进行综合改革试验，也可以进行某一方面的专项试验；不同的试验区可以有不同的改革方案。应在一般条件下选点，保持其典型性。要充分发挥群众、干部的首创精神，中央各有关部门对试验区要适当放权，允许突破某些现行政策和体制，以利试验与探索。试验区的选择和确定，由中央和省的有关部门共同商定。

试验区不是人为地制造样板，要切忌形式主义，不吃偏饭；防止浮夸和不实的宣传报道；也不要大搞参观，铺张浪费。

1987 年 1 月 22 日

为什么办试验区

杜润生

前几年农村改革是排除不利于生产力发展的约束因素，就是放开生产者的手脚，给予自主权。到现在阶段，放了之后，还应该引导群众按照党的政策导向继续前进。党的“从群众中来，到群众中去”的政策，融合了个人和集体、个人和社会、集体和国家的目前利益和将来利益。这些政策必须通过新的制度和法规形式固定下来，借以规范人们的行为。试验区的一个重要任务就是试验立法。试验区不同于一般试点，必须是领导参与进去和群众一道工作。

我们对前段改革的成绩要肯定，缺点要克服，从正反两方面吸取教益。有些问题大家都要认真想一想。

联产承包制取得很好的经济效益，使生产发展和个人利益紧密联系，管理费用比任何时候都节省，群众的自主性、积极性大大提高。这是个大变化，业已发挥出了意想不到的作用。到现在已经搞了 8 年，它的作用是否完结了呢？现在有这么个说法，包产到户的潜力已经枯竭，农业问题主要是投入问题了。这个说法，我不尽赞同。改革就只能管 8 年？未免太短命了。应该说，改革解放了的生产力，正在为本身的发展开辟道路，转为长期效应，不会就此完结的。但是，也要承认，没有新的后续政策，生产发展是会受到限制的。比如只搞承包，不健全和完善双层经营制，那么过去个体经济所遭遇的困难，今天的承包户同样会遇到。可能有个别人发展成大户，取得较好的经济效益和高收入。我们搞社会主义要使大多数人得到利益，独富一家一户，就不是社会主义目标。我们搞联产承包，就是叫农民通过乐意接受的形式联合起来，走共同发展的道路，但又不伤害个人发展的积极性。家庭经营这个基础还要坚持。双层经营就是在这个目标下对包产到户的完善。农户承包与社会服务二者不能割裂开来，否则，承包制只算半拉子工程。承包制应有甲方和乙方的契约关系，甲方是发包方。现在有的发包单位是徒有虚名，群众应交的提留不交，集体也向群众乱摊派，互相侵犯对方利益。双方均不尽义务，双方都无法可依，契约关系没有法制化。这类问题这次要解决，要搞个好的承包条例，作为立法的基础。

包产到户曾带来一个不可避免的缺陷，即在提高经济效益的同时，在土地使用方面存在过分平均化和分散化的倾向。按人头使用土地，善经营者和不善经营者之间没有区别，这和现代化、土地集约经营有矛盾。从增加劳动投入、精耕细作这方面看，现在的承包制比“大锅饭”时期是大大进步了。但是，如果承认规模效益这个理论，还必须鼓励土地的相对集中。我国耕地少、劳动力多，不可能实行规模太大的集中，也并不是越大越好，而是应当找到一个适度的经营规模的界限。而且必须以有新的就业结构为前提，使劳动力能大量在第二、三产业就业。大城市郊区、苏南等地具备了这个条件，可以搞试验区，让农户试办一定规模的家庭农场，试办合作农场；其他地方则主要搞好双层经营，慢慢过渡。

农民把承包当作分田，干部缺乏双层经营的观念，这是一个值得注意的重要问题，日子久了，会引起不好的后果。

我们应确立有力的、鼓励农民对土地投入的政策。否则，七八年后地力将普遍下降。现在，农民有了钱，一是盖房子，二是办婚丧嫁娶，浪费很大。（江苏同志插话：据农调队提供的资料，办婚事一般要3 000～7 000元，高的达11 000元，平均5 000元；办丧事平均1 060元。）我们首先要完善双层经营制，把村一级组织健全起来，使村民委员会执行双重职能，为农户服务，同时作为公有土地管理者，要保持必要的土地调整权。不种田的原则上应放弃承包权；不好好种田的，也要有经济制裁。村要拥有这个权力。因为在中国，土地是一种社会保险，分包土地给农民，等于把一部分地租分给农民。可以考虑某些地方实行土地的有偿转移，能做到无偿转移更好。口粮田是福利田，责任田是经济田。这些要在试验中解决。此外，还要搞土地评价，对种田者的土地投资效益实行补偿，转移的按原值补偿，不转移的算作利润，要有这个机制。农业现代化要大量投资，今年要求国家增加投资，尽了很大努力争取到6个亿。投资的最大来源还是农民群众自己，若一户投入50元，全国就有90多个亿。

现在是社会主义的初级阶段，生产力不发达，必须调动各方面的积极性，允许在以公有制为主的情况下，多种经济成分、多种经营形式并存；按劳分配为主，又存在多种分配形式，允许某些非劳动收入存在。对个体经济、私人企业政策也要具体化、法律化。有的同志听说加强管理，就以为打击这些成分的积极性。其实如果不管才是害了他们。允许存在就得管，对个体经济要管，对雇工怎么能不管？不管是走极端。管就要有法。

除上述以外，还有几项问题均得立法，均得先试验。因此，就要搞试验区。此事今年一定要抓好，做出确实成绩。通过工作，巩固已有成果，培养人才，学会建立法制，调节各方利益关系。

（本文作者时任中共中央书记处农村政策研究室主任，国务院农村研究中心主任，本文为其在八省农村改革试验区座谈会上的讲话）

1987年4月3日

值得重视的土地问题

杜润生

土地制度，包括土地承包制度、土地转移制度、规模经营，要有一套东西。中国农村最重要的是土地，这是个根子。民主革命就是为了取得土地。土地制度，第一要给农民一个稳定感；第二要在稳定的基础上实行效益的原则，就是要生产效益，稳定感不能变成群众细小分割的使用，要有效益，没有效益就要淘汰，有效益的才扶持，既然土地少，如果没有高效益的利益，我们农业从何谈起，稳定和效益是矛盾的。稳定使用权，长期归你使用，先宣布 15 年，如果你愿意使用，可以再来 15 年，但要有各种经济诱导手段。如把土地丢荒了，就应依法调整。有的不是依法，而是给利益，用经济诱导手段。比如对经营能手，现在一个劳动力仅有 5 亩土地，显然太少了，但对兼业户来说，一个劳力经营 5 亩土地，又显得太多了，这个分配方法，对效益原则体现不出来，能不能把显得太多的转移到显得太少的方面来，有没有这个办法，看来土地相对集中，搞规模经营，要有下列几个条件的变化为依据：第一是劳动力的转移，大体上要转移 40％、50％、60％以上，为什么要转移 40％，因为中国要搞开发农业、立体农业、庭院经济，“两水一牧”等等，这些农业能容纳相当大的劳动力。只要有这些，向工业转移 40％的劳动力既可。第二是土地社会职能的变化。土地有两个社会职能，除生产职能以外，还是保险产业，是社会福利事业资金的来源。如修桥补路、兴办教育。第三是城市有吸纳劳动力的机制，吸收农民劳动的环境。我们现在还没有，什么户口制度，儿童上学等，相当难办。这三个条件具备的地方，就可以采取比较大胆的步骤，推动适度规模经营。

我们要把承包政策扩展一下，原来是简单的实行两权分离，现在要扩展为土地制度，一方面给人以稳定感，一方面逐步实现效益的原则，有条件的地方实现规模经营，未有条件的地方创造条件，未有条件之前，也要争取一定的规模效益，这就是搞好服务，搞好双层经营，搞好产前产后的服务体制，使一家一户办不到的事情有一定的社会组织去办，如果没有一定的社会组织，就联合去办。要把村一级的组织村民委员会和合作组织，服务体系，发包承包制度，观察土地利用等，可以纳入法律的东西（纳入经济手段的东西，不要变成法律，应用经济手段解决），用法律来约束，比如你丢荒了土地，我就要收回。上海有的丢荒了土地不敢收回，这种东西，靠农民自己创造不出来，必须要社会出头，因为是社会效益。你从农民个人效益看，他就不种田，它随便干些什么事情，一天就可收入五块钱，而种粮食就值不了几个钱，所以只考虑个人效益，他是不愿种田的。这个情况不可能一下子改变过去。西德等国，提出要保护民族农业，因为你不搞，农业就丢掉了。还有一些西方国家，把土地开始作为自给的工具，不愿搞商品粮，最后变成享受的工具，作为调剂劳动、脑筋和休息的一个条件。我们中国只有这么一点土地，如果不把效益原则慢慢提起来，是很危险的，但要提起来，不是单农研室可以提起来的，国家要解决价格问题，解决投入问题；我们农村战线，解决土地转移和规模问题。这个问题，你们回去要讲得完整，非常之科学，绝不可使农民造成又要变政策的感觉，如果简单地按我的讲活，就有危险，要找到适宜的说法，既给农民有稳定感，又给农民效益观点。为什么要设置试验区来试验，就是这个问题太大，先找几个地方和北京顺义县、江苏、珠江三角洲试验。在中国，你只办乡镇企业，若不把土地办好，将来要吃大亏。大部分老百姓还是靠土地，农村研究中心要搞个土地小组，好好研究土地问题，现在着眼点是大量的兼业户，要从这个情况出发，争取一定的规模效益，有的提出要搞有偿转让，既承认“地租”，作为福利，还有的主张规定土地继承法，这是因为中国土地少，一方面要禁止占用土地，滥用土地，一方面要提高效益，这是靠试验区去试验。

（本文为作者在试验区情况交流会议上的讲话）

1987 年 9 月 7 日

谈农村改革试验区工作

——要足够估计党的领导作用，只要顺应经济规律，发挥作用，威力无穷，用好了起极大的动员作用。这是资源、是传统。动员起来，组织起来搞，培养一支打硬仗的队伍。我们办试验区的目的之一就是为了培养队伍，通过实践，增长才干、丰富经验、发现人才。回想我们的老干部，也是经过土地改革、合作化运动等培养出来的。

我们试验区是为这一步和下一步改革做政策准备的，先走一步，看看有什么风险，有什么好办法。改革没有理想、没有目标，没有政策，就没有生命。

（摘自中央农研室主任杜润生同志讲话）

——我们现在的改革，进入了一个新旧体制交替的阶段。现在这种新旧体制的摩擦和矛盾，是不可能长期僵持的。在这样一种不进不退的状况中，我们既丧失了计划经济稳定的那种好处，同时也丧失了市场经济那种灵活高效率的好处。如何走出僵持阶段，打破这种新旧体制并存的状态，是我们改革的一项重要任务。

总体改革、全局改革，难度如此之大。因此，战略上要相应做调整。就是"中央指导下的分区突破"，通过试验起步，可以根据地域差别，根据各地方自己的情况，制定改革政策，这样可能更符合实际。既能避免一刀切，又可以从一些地方的突破开始，带动其他方面一起进入改革。我们在粮食问题上已经看到了这样的例子。在有些关键问题上，我们强调从试验起步，这是对分区决策的一个重要补充。我们的试验区就是在这样的背景下建立起来的。

试验区是中央、省、地区、县几级干部共同参加的一项科学活动。通过这样的活动，把政策、方针、理论拿到实践中检验一下，把实践过程发生的变化再提出来，对于全局改革和决策提供重要的参考材料。

改革的风险究竟有多大，我们不摸底；许多方面我们不熟悉，所以我们要通过试验区取得参数，有了这些参数，再领导全局的改革心里就更加有数了。

（摘自杜润生同志在第一期全国试验区干部培训班的动员报告，1988 年 4 月 20 日）

——试验区的任务，主要是改革，所以叫经济体制改革试验区。改革就是搞转化工作，就是促进旧体制的消亡，催新体制的发育，为新体制的发育创造条件。我们的试验区不是一般的试验区，如果没有改革的内容，就不叫改革试验区了。一切经过试验，这是我们的传统。但历来试验的内容不一样，这次的试验是体制转化的试验，一定要把这个突出出来。所谓体制转化，可以有不同的表达，例如我们常说的由自给半自给经济向较大规模的商品生产转化，或者更概括地说，是由产品经济模式向商品经济模式转化，或者叫从高度集中统一的计划统制经济向市场经济转化，等等。怎样讲更接近本质，还可以研究。试验区的方案设计，全部的操作过程，都要明确这一点。改革的目的是发展，试验也离不开发展，但直接的工作是搞转化体制。试验区主要是给政策，有资金当然好，尤其是大家都想在世界银行的贷款中多拿一点。但据说资金非常有限，而且单是有钱不一定能转化机制，不一定能买来政策。这个钱一定要用在催化新机制上，起润滑的作用、后备的作用，不能拿来当作单纯的投资项目。

（摘自中央农研室副主任刘堪同志在第四次试验区工作会上的讲话，1988 年 6 月 6 日）

统一认识　加强领导　继续办好农村改革试验区

陈耀邦

一、要充分肯定、认真总结几年来的改革试验工作

农村改革试验区是根据中央1987年5号文件关于“有计划地建立改革试验区”的决定建立起来的。从1987年开始着手建立第一批农村改革试验区，到目前为止，经国务院批准建立的农村改革试验区已经有21个。这些试验区分布在全国16个省、自治区和直辖市，其中包括6个地区、18个县（市），覆盖面积约15万平方公里，人口总数为4 700万左右。各个试验区根据中央深化农村改革的统一部署，结合各地的实际情况，针对农村经济运行中的主要体制问题，选择了一批与近中期决策密切相关的内容展开改革试验。主要内容有：粮食购销体制改革，土地制度建设和土地规模经营，基层合作经济组织建设，乡镇企业制度建设，农村金融体制改革，林区、牧区、渔区、国营农场和贫困地区体制改革，农业综合开发中的组织制度建设等，还有许多配套改革试验项目。这些内容大体上覆盖了深化农村改革的主要领域和环节，形成了一个从布局到内容都比较完整的改革试验体系。建立农村改革试验区符合农村深化改革的阶段性要求，是深化农村改革的一项创举，它同国务院批准设立的改革试点城市、沿海地区的综合改革开放试验区一起，共同承担着为深化经济体制改革探路的任务。

农村改革试验区工作从1987年开始起步，到现在已经进入了第五个年头。5年来，农村改革试验区根据党中央、国务院制定的计划经济与市场调节相结合的社会主义改革原则，在各地党委和政府的领导下，通过全体从事改革试验的同志的辛勤努力，各项试验按照既定改革方案稳步实施，取得了实质性的进展。

几年来，农村改革试验工作，从深入细致的调查研究入手，制定试验方案，建立试验体系，形成操作规范，做了大量的工作。各试验区围绕试验主题有组织、有领导地进行制度建设和改革探索，取得了明显的成效。我们试验区已经积累了包括调查报告、试验方案、监测分析、经验总结等几百万字的第一手资料，制定和颁布了390多个示范章程和地方法规，为深化农村改革创造了新鲜经验。有些试验成果已在省内和全国推广，起到了示范和借鉴作用；有些已被中央和地方制定有关政策和法规所采纳，为指导农村改革提供了实践依据。同时，改革试验还有力地推动了试验区所在地区的经济发展，培养了一批德才兼备的干部。正是因为试验区工作起到了这些作用，取得了这些成效，所以试验区从一开始创办，就受到地方各级党委和政府的重视，受到广大农村基层干部和群众的欢迎，受到社会各方面的关注和支持。同时试验区也引起了国际舆论的关注，被看成是了解中国农村改革的一个窗口，是促成世界银行向中国提供农村部门调整贷款的重要依据。实践证明，创办农村改革试验区，对于积极稳妥地推进农村改革起到了重要的作用。对于农村改革试验区5年来的工作，应予以充分的肯定。

这里还要讲一讲，党中央和国务院的领导同志一直非常关心和重视农村改革试验区的工作。在机构变动过程中，党中央、国务院有关领导同志都多次作过指示和批示，指出试验区工作不能中断，对试验区工作的领导只能加强，不能削弱。

二、要充分认识继续办好农村改革试验区的重要意义

这里我着重讲一讲继续办好农村改革试验区的必要性和重要性。随着农村经济的发展和农村改革的深化，特别是农村改革试验的推进，我们对于继续办好农村改革试验区的重要意义的认识也要逐步深化。

党的十三届八中全会审议通过《中共中央关于进一步加强农业和农村工作的决定》，全面总结了十一届三中全会以来农村改革和建设的成就和基本经验，分析了当前农村的形势，明确了 90 年代深化农村改革和农村经济发展的方向和任务。这是指导今后农业和农村工作的纲领性文件，也是继续办好农村改革试验区的依据。

深化农村改革是发展农村社会主义商品经济，实现农村稳定和全面进步的客观要求。经过 13 年的农村改革，农村面貌已经发生了显著的变化，近两年的农业生产形势也不错，但是农村经济和社会发展还存在着诸多制约因素，农村经济生活中还有许多关系尚未理顺。比如，实行家庭联产承包责任制后，双层经营体制和社会化服务体系到现在还很不健全，工农产品比价不合理和农产品流通不畅的问题十分突出，近几年农民收入增长速度明显减缓，农业的投入不足，抗御自然灾害的能力不强，物质技术基础相当脆弱等，这些问题都同原有经济体制的弊端还没有完全消除有关，同发展进程中出现的新的矛盾有关，都需要通过深化农村改革加以解决。这说明农村改革还没有大功告成，深化农村改革，建立社会主义商品经济新体制的任务还很艰巨。

总结以往的经验，我们对农村改革的复杂性、艰巨性有了更加清醒和深刻的认识。要保证农村改革的顺利进行，必须适应改革新阶段形势变化的要求。主要是两点：一是随着农村改革的深入，改革的任务已经从最初普遍实行以家庭联产承包为主的责任制，扩展到大规模发展社会主义商品经济所必需的组织、制度和法规的全面建设。我们原来熟悉的东西有些已经不那么适用了，许多不熟悉的东西需要我们去熟悉。二是农村改革愈是深入，与城市经济体制改革的联系愈是紧密，愈是涉及国民经济体制改革的方方面面，需要进行城乡综合配套改革。在这种情况下，不仅改革的复杂性增加了，而且调整旧有的利益结构，必然会引出各种各样的矛盾，改革的难度和风险也随之增加了。

中央作出建立农村改革试验区的部署，正是根据并适应深化农村改革的这些要求和特点。通过农村改革试验区的建立，在局部地区首先进行精心领导和精心组织的超前性探索，这样就可以分解困难，分散风险，积极稳妥地推进改革；就可以积累经验，储备政策，用以指导全局，使改革少走弯路。十三届四中全会以来，党中央和国务院的领导同志在多次讲话中指出，改革要先经过试点，已经确定试点的改革和正在进行综合改革试验的地区，要进一步发扬勇于探索、勇于创新的精神，认真总结经验，继续试点和试验。从这里我们可以看到，创办农村改革试验区，不仅是党中央、国务院深化改革的一项重要的战略部署，而且体现了我们党坚定不移地推进改革的决心，也是我们党一贯倡导的实事求是的思想路线和“从群众中来，到群众中去”的工作方法在指导改革工作中的具体体现。

农村改革试验区几年的工作实践说明，它可以起到为农村改革探路的作用。具体讲，它有 4 个功能：一是验证的功能，就是把已有的改革措施和认识拿到实践中去验证，经过试验加以发展、补充和完善；二是探索的功能，就是要在建立农村经济新体制、新机制上率先进行小范围的创新，为全局改革积累经验；三是示范的功能，就是把成熟的成功经验推广到同类地区去开花结果；四是储备的功能，就是为全局改革储备理论、储备政策、储备操作经验、储备干部。这 4 个功能，表明农村改革试验区在深化农村改革中具有不可替代的作用。

农村改革试经区经过几年来的努力，已经有了一个较好的基础，具备了继续办好试验区的思想、组织、物质条件。现在的问题，不是要不要继续办的问题，而是如何才能办得更好的问题。我们从事试验区工作的同志要充分意识到肩负的重任，把改革试验作为一项大有前途的事业坚持办下去。要克服任何松懈畏难的思想情绪和不正确的认识，牢固树立起“坚持办、长期办，努力办好”的思想，使改革试验真正发挥应有的作用。

（本文作者时任农业部副部长，本文为其在全国农村改革试验区第七次工作会议上的讲话摘要）

1991 年 12 月 23 日

农村改革已进入攻坚阶段

杜润生

农村改革试验区的工作成绩是很大的。我们的试验，有一部分已作为决策的依据，有一部分还未转化为具体政策，未有上到国家政策高度，但可以作为科学储备、政策储备，一定时期是有用的。围绕中心进行调查研究固然重要，试验提供一些科学储备更为重要。我们成功的是成功、失败也是成功，社会改革，自古以来都要经过失败的，化学试验也是要经过多少次失败，才能找到客观规律。试验过程中，即使行不通，也告诉我们要避免的东西。我们有许多创新，碰到钉子，从试验区角度看，都是成功。所以对我们的工作，要有足够的估计。

农村改革走到什么地步，要有个估计。现在情况是，微观改革很有突破、方面很多，从东到西，从南到北到处有创新。但宏观政策改变不够。由于宏观政策改变不够，因此，显示最重要的目标上即市场体制还未实现，农村市场化也未实现。但是我们可以积小胜为大胜，进行胜利的积累，这些积累很丰富，正进入最后攻坚阶段。不久的将来，会取得决定性的胜利。同志们问，攻坚，坚是什么东西。难点是调整国家与农民关系、城乡关系、工农关系，把城乡改革综合在一起，进行一体化的改革。过去是二元经济，现在还受二元经济的影响。将来要实现一元化经济，要有一元化的改革，所以涉及范围很广，要城乡互相配套、改革与发展配套。配套的意思，就是相互支持。这是最困难的问题，说来说去，难点就在这里，而且是我们不好把握的事情，自己无主动权，要靠上层来综合。

为什么说是难点，是攻坚的坚呢？这要回溯改革的过程。我们农村改革的起动是改革人民公社体制，改革其产权制度，包产到户就是改革产权制度，把所有制分解为所有权和使用权。过去对所有制解释很简单，不是公有制就是私有制。改革初期，把所有制分解为占有权，使用权，收益分配权，处置权，很多个层次，这是很大的启发。家庭承包，这解决了农民与集体的关系，但仍未解决问题，我们发现，集体所有制，既不是合作制，又不是全民所有制，是半合作、半全民的东西。说它不是合作，合作是农民互相的契约关系，农民是带着私有财产来互相合作的，有加入和退出的自由，但集体经济却不是这样。但也不是全民，全民经济，国家控制非常严，并由国家承担其经营后果，盈了全部归国家，亏了也由国家承担，如国营企业那样。但集体经济，国家只通过指令性计划，要求他生产什么，生产多少，并通过统购统销把产品拿过来，不承担经营后果。实际上，集体经济是国家支配下的经济，集体经济的所有权是很不完全的。任何一个社员，都缺乏选择职业的自由，甚至迁移的自由。集体有什么权呢？集体的权表现在主持内部分配、内部剩余的分配上。集体经济是按国民经济的完整结构纳入进去，成为国民经济的结构、计划经济的组成部分，这个结构刚性很强、很难变。因为这个结构有个特点，农村要向城市工业提供积累，国家建设工业要资本，资本哪里来，我们不象资本主义国家那样搞原始积累。我们是积累来自农民，因为我们是农业国。从农业国变工业化，我们实行"四低"的政策，即工资低、利率低、汇率低、价格低，"四低"一变，全部都变，比如低价格一变，就要提高工资。我们是用低价格来维持低工资的，联系非常紧，很难变。但这种经济制度已到了难以维持的时候，原来为了建设的快速发展，反而变成发展的障碍，走向反面，必须改了，但又不能快刀斩乱麻地来个休克疗法，只能渐进，逐步放开。我们实行包产到户，放开了劳力，解放了劳力，也解放了土地。我们的市场也逐步开放，农村除了主要产品统购外，其余大部放开，我们恢复了农贸市场，允许长途贩运，恢复了多种经营，把社队企业变成乡镇企业，允许多种成分进入。这些东西概括起来，就是给了农民一种自由，而且给了一个活动的余地和空间。于是出现了良好局面：农民温饱问题解决了，并为改革创造了条件。农民从此进一步发展了自己的许多东西，如股份制、公司加农户、农业企业……等等就出来了，你下去看看，各地都有创造，表现出农民解决温饱问题之后求发展，发展就要继续创新。现在中央已提出来，搞金融、财税的改革，逐步实现利率放开，汇率并轨；但困难之点，是处处遇到越是全民的东西，越改不动。我们改了集体与农民的关系，但留下国家与农民的关系。全民的改不动，使我们许多事情受到制约，受到全民所有制、国有经济产权制度的制约。集体受国家支配的东西，这部分留下来不好改，原因是牵涉全局的问题，是城市改革的问题。所以攻坚攻不下去。

我们说，攻坚是困难的，还有一个原因，就是改革是要成本的、支付代价的。比如说，改革很难避免通胀。原来国家规定的价格，其核算方法太简单，服务费就进不了价格、不算买卖，但一旦给予服务部门自主权，价格体系计算方法就变，价格放开应包括核算体系的改变，造成价格的轮番上升，成本推动，需求拉动，还有心理作用，都会引起通胀。1988 年就是心理作用，那时宣布"闯关"，群众抢购 18 天，心理因素关系很大。还有消费需求拉动，投资规模拉动。对于通胀，农民是要承担这个风险的，因为通胀，最怕是食品涨价，于是就要维持低价收购，让农民承担风险。过去是以农补工，现在以工补农，这是我们的愿望，但这个希望今天仍没有完全实现的条件，因为国家还需要发展，而且要加快发展，要抓紧机遇发展，大家都发展，资本从何而来，用发票子来支持是危险的，我们的生产率低，所以国家不能不让你承担一点风险，所以工业不能回补农业。

综上所讲．原因是这几条：(1) 集体经济的特征，不是市场经济下的合作经济，而是计划经济下的半全民经济。这就难于调整。(2) 对市场经济认识上还有许多不正确的东西，因为市场发育未达到那个水平。(3) 国家发展需要资本、改革要成本，所以不断向农民打主意。

今后发展如何，我的看法：第一，农民还会继续向各方面进行突破，不会安于现状，因为任何人解决温饱后，就要求发展，如果停留于温饱，就无希望了，农民有使用权后，要求有转让权，这个权对农民非常重要，没有使用权的市场，农村就不可能改变。而且要求有排他性的权利，收益应是自己的收入，归自己支配。第二，农民要求平等交换，要求相对价格交换，这就要求解决市场价格形成机制，不是由国家定，而且由市场定，这个问题农民又叫唤了，生产资料涨价快于农产品涨价，对他们的叫唤，谁也不能置之不理，包括中央，中央领导说，正在想办法解决，一种办法是都放开，一种是另外想办法补，还有一种是群众要求自由选择经营项目、组织形式、就业机会，在这点上，我们与农民有一点抵触，我们为了取得粮食，要求维持种粮面积，各地自发的都规定种植面积，有的规定是合适的，有的不一定合适。我们开始搞高级社，一年后农民拉牛退社，后来虽然回来了，但出勤不出力，搞平均主义，粮食就少了，搞穷了，农民活不下去，国家财政又无办法，我们不得不让步，放宽控制，核算单位下放到队为基础，允许恢复家庭自留地、家庭副业、畜牧业，这是60年代的事情，农民有了这些就把自留地种好，肥料、劳力都投入自留地、副业上。我们的包产到户，是自留地的延伸、扩大，是农民争得来的，现在农民要求平等交换，自由选择，办法更多，因为有了自己的一块经济，有独立的经济地位，这时候你不同他妥协、谈判，接受他的要求，整个经济也会受到损坏，如自由选择这一条，你不接受，不改变户口制度，就来个民工潮，这是一个突破的行动，结果影响社会秩序，影响交通，影响城市治安等各个方面。要引导。搞小城镇、服务业，通过服务与他们妥协、找到解决办法。堵是不行的。回顾这个历史，他们的行为不是任你摆布的，他受自己利益的驱动。我们要好好研究政府行为、农民行为、基层行为、部门行为。我的看法，他们这个要求，要用加快改革来解决。党中央现在对农民的要求已高度重视，中央领导同志讲，对农业不能掉以轻心，这是好事，因为认识到没有农业、农民奉献，整个国民经济就没有支柱，因为吃饭问题不能不解决。现在是要支持农业的成长，成长才能有贡献，不成长就没有贡献。如何支持农业，有几条：①基本建设投资；②农业前后部门的发展。前是生产资料供应，后是各种服务设施，不投入农业就不可能现代化，并促进产业的变化。③发展城乡要素的交换，改变农业结构，就业结构，吸收大量农民就业，要把农民的数目字压到占40%以下；④制度改革、制度创新。现在来看一下，什么东西比较容易办呢？要国家大量投入，提了多年、增加一点，但不多。发展前后部门服务，也不能一下子解决，就业结构的改变，也不能要求过急，都来城里。成本比较低的是改革、成效慢的也是改革。改革的步伐要加快。改革中的难题是粮食购销制度，金融改革也很重要，农村要把信用社从农业银行脱出来成为合作银行，我们要促进这个。如果争取到合作基金可以存贷最好，估计是不行的，但可以变成投资的基金会，变成信用社性质的合作银行。对这个大动作，我们支持其实现。难处是粮食，将来是什么目标模式，我们还未试验出成果来，我们理论上赞成粮食收购市场化，价格可以引导消费，可以很好配置资源，把稀缺的产品配置好，把有效需求搞清楚。你们要找出一个既适合市场要求，又适合中国国情的东西来。

最后再讲两句，要学会与农民谈判。凡事要与农民谈判，通过谈判，找到合理的政策界限，反映国家与农民，农民与集体的关系。土地问题、合作、购销都要谈判，了解农民利益，引导他们的行为，该教育的教育，该妥协的妥协，各得其所。谈判要把农民组织起来，要发挥经济组织的作用，经济组织发展了，代表了组织的多元化，利益的多元化，找到妥协点。如果试验区能创造谈判的经验就是好经验。这是一句话，最后还有一句话，我们共同勉励，要为农民进入市场经济，从经济上解放自己，提高政治地位，作不懈的艰苦努力。过去很多革命都停止在城市革命上，城市建设起来了，农村很少变化，现在形势比过去好得多，农民要求改革，政府也是支持改革的政府，党是高举改革旗帜的党。因此，我们应该为解除农民痛苦，提高农民地位，引以为荣，奋斗终身。

改革试验区是探路创新的，可以说是创新试验区，是光荣的事情，要坚持到底，坚持到最后就是胜利。现在是胜利在望，希望把攻坚战攻下来。

（本文作者系原中共中央书记处农村政策研究室主任、原国务院农村研究中心主任，本文为其在全国农村改革试验区第八次工作会议上的讲话摘要）

1994 年 4 月 18 日

肯定成绩　坚持办好试验区

陈俊生

农村改革试验区建立已经7年了，现在发展到26个试验区。这是我们推进农村改革的一支重要力量。这些年来，农村改革试验区做了大量的工作，提供了丰富的经验，取得了一定的成果，有所前进，有所创新，这个成绩是应该充分肯定的。但是，同志们也要看到，当前我国正在建立社会主义市场经济新体制，如何按照党的十四大提出的建立社会主义市场经济体制这样一个改革的总目标去深化农村改革，这是摆在我们面前的一个新课题。这里还有大量的理论问题和政策问题亟待研究解决。比如，在农业领域中，政府怎样才能既要承担起对农业的保护作用，又要让价格机制在引导资源分配上更充分地发挥作用？这既是个理论问题，更是一个有待在实践中探索的问题。从一些发达国家和发展中国家的经验来看，解决好这个问题，成功的经验不多，失败的教训不少，而这又是我们必须面对、必须抓紧研究解决的问题。类似的问题还有很多，比如购销体制的改革、土地制度的建设、乡镇企业的发展、小城镇的建设等等。

一、关于加强领导和部门协调问题

关于试验区的领导和指导协调工作，过去国务院有过明确的意见，国办也专门发过文件，试验区的领导责任在省一级，试验区的指导和协调职能由农业部承担，这些都不要变。为了加强对试验区工作的领导，这次中央农村工作领导小组在听取农业部汇报时又明确了两条：一是重大问题可以提请中央农村工作领导小组讨论决定，主要是重点试验选题的确定和重要试验成果的推广。过去这个问题对试验区指导不够。选题确定了，成果能不能拿出来是你们的问题，拿出后如何推广，过去做的不够，要加强；二是要求省一级的农口综合部门，要把抓好试验区工作作为本部门职能明确下来。

试验区工作，涉及各个方面，需要有关部门的支持和配合才能搞好农村改革。农村改革试验区是党中央、国务院批准建立的。办好试验区不仅是农口部门的职责和工作需要，也是有关部门共同的职责。有关部门对农村改革试验区工作要热情支持、积极配合。试验区的机构和队伍要稳定。各级政府和有关部门要加强对试验区的领导，帮助解决试验区办公室的实际问题，为他们创造一个比较好的工作条件。条件无非两方面：一方面在政策制定上，多听取试验区的意见，看试验区的成果材料，并加以指导；另一方面就是为试验工作的开展创造必要的物质条件。

二、关于试验区突破政策问题

办试验区应允许突破某些现行政策和体制，以利试验。不允许突破，也就没有必要办试验区了。试验区在突破政策时，要严格控制范围，要按国家有关规定报批，经过批准后，进行试验。

三、加强试验区干部队伍的建设

试验区的干部队伍是一支很好的队伍。要搞好改革试验，关键还是要把这支队伍建设好。希望在试验区的干部队伍中，创造一个浓厚的学习的空气、研究问题的空气，要培养解放思想，真抓实干的工作作风。当前，特别要认真学习小平同志建立有中国特色的社会主义的理论，学习和掌握建立社会主义市场经济体制必需的新知识；同时要深入实际，调查研究，在实际工作中不仅要善于发现问题，而且要善于找到解决问题的办法，看谁能多学习一点知识，谁能多做出一点工作成绩来。这次农业部准备对试验区的优秀干部和做出突出贡献的同志进行表彰，我认为这很好，希望受表彰的同志不骄不躁，继续努力，也希望大家向他们学习，使试验区不断地涌现出更多的优秀人才来。

（本文作者时任国务院国务委员，本文为其在全国农村改革试验区第八次工作会议上的讲话）

1994年4月19日

试验区对深化农村改革发挥了重要作用

万宝瑞

农村改革试验区从1987年开始建立，到目前为止，经国务院批准创办的农村改革试验区已达26个，分布在全国17个省、自治区、直辖市，其中包括12个地区、21个县，共129个县级单位，覆盖面积约24.1万平方公里，人口约为6 335万。这些试验区的主要试验内容有：粮食购销体制和农村流通体制改革，土地制度建设和土地适度规模经营试验，基层合作经济组织建设，乡镇企业制度建设，农村金融体制改革，以及林、牧、渔业、国营农场和扶贫体制改革等，已经形成了一个比较完整的改革试验体系。

试验区在深化农村改革和促进农村经济发展中发挥了重要作用。这主要体现在以下几个方面：

首先是对提高农村工作指导水平、推动全局工作，发挥了重要作用。几年来，试验区先后出台了200多个试验项目和400多个示范章程及试行条例，积累了上千万字的原始资料和数据。据初步统计，各试验区共有150多个试验项目已在有关地、市、省或全国推广，其试验成果有的已为中央制定政策所采纳，有的为有关部门或地方制定政策所吸收，更多的是为各省区在指导农村工作时所直接利用和借鉴。

其次是推动了农村政策研究，发挥了政策储备功能。几年来，试验区每年都要召开几个专题研讨会，抓几个研究课题，通过这些工作，试验区一般都先于非试验区提出深化农村改革中的重大问题和初始经验，为活跃和加强农村政策研究发挥了积极的作用。

第三是培养和锻炼了一支很有希望的干部队伍。改革试验是一所大学校，通过创造性的改革实践的磨炼，通过举办多层次、多内容、多形式的培训班和研讨会，试验区培养和锻炼了一支既有一定的政策理论水平，又有一定操作能力的干部队伍。几年来，已有一批试验区工作骨干走上各级领导岗位。

第四是促进了试验区当地的经济发展。各级地方党委和政府都把试验区工作作为推动本地区全局工作的有力武器，各试验区的试验项目都是针对阻碍本地区经济发展的主要的体制问题而设置的，从而使改革试验与促进经济发展能够有机地结合起来。凡是建立试验区的地方，其经济发展速度和效益一般都要超过周边地区和其他同类地区。

最后还应提到的是试验区工作在国外也产生很大影响，被世界银行等国际组织视为观察中国农村发展和改革情况的窗口，这也说明了试验区工作的成效和作用。

（本文作者时任农业部副部长，本文为其在全国农村改革试验区第八次工作会议上的讲话摘要）

1994年4月15日

增强做好试验区工作的信心

杜　鹰

我们这次会议取得了很大的收获。

首先，通过这次会议增强了我们进一步搞好试验区工作的信心。从会议的筹备到会议期间，我们都能感到从农业部党组到中央、国务院领导同志对我们试验区工作的关心和重视，会前中央农村工作领导小组专门听取了试验区的工作汇报，专门发了会议的纪要；在加强试验区工作的领导，加强部门之间的协调和允许试验区突破某些现行政策等实际问题上进一步理顺了关系，为下一阶段的改革试验创造了更好更有利的条件。会议期间，家宝、俊生同志这么忙，还亲自到会做了重要的指示，充分肯定了我们试验区以往的工作成绩，充分肯定了试验区工作的重要性。这些，对我们从事实际工作的同志，无论是这次到会的代表，还是仍工作在第一线的试验区全体干部都是一个巨大的鼓舞。

其次，通过这个会，大家进一步明确了形势对我们今后工作的要求，农村发展和改革对我们试验区工作的要求。

总体上看农村改革进入到一个攻坚阶段，确实和以往改革相比，现在的改革难度增加了，改革的综合配套性也增强了。在这种情况下，农村改革能不能取得进展，我觉得其中试验区应该发挥更大的作用，付出更大的努力，应该意识到我们肩上的担子更重了。农村改革中还有大量的问题要研究。

按照中央、国务院领导同志和农业部党组的要求，我们下一阶段的工作首先要认清形势的要求，认清农村改革在新阶段的新特点，要主动地把我们的改革试验置于整个国民经济和农村发展的大环境中来考虑问题；第二，要努力创造条件，争取把城乡改革更好地结合起来；第三，在当前改革中，在步骤和方法上要注意处理好改革、发展和稳定这三者的关系；第四，试验区干部要加强学习，学习小平同志建立有中国特色的社会主义的理论，学习有关的市场经济的知识。这样，我们才能把握改革方向，不至于干违反规律的事。

第三，这个会议明确了下一阶段改革试验的重点任务，就是要围绕这些项目，集中精力，抓住重点，实施突破，多出成果，这是一个总的要求。

第四，明确了下一阶段试验区工作的几个原则。

1. 在项目安排上要长短结合。我们有些试验项目需要较长的周期才能看出结果。比如象土地规模经营问题，“增人不增地，减人不减地”问题，不经过长周期观察很难拿出一个准确的判断。但是某些改革项目可以在短期内拿出成果，比如农村费税改革，就可能在一两年内出成果。即便长周期的项目也要分成几段来做，拿出阶段性的成果来。注意长短结合，以便不断出成果，为决策提供依据。

2. 在试验区设置上，明确了“有进有出”的原则。这个原则经过反反复复的讨论，多方面的权衡，现在确定下来了。明确了这个原则以后，今后每个试验区和试验项目，从立项开始，就要有明确的时间要求，过去在设立第一批试验区时曾提出过这个要求，后来因为机构上体制上不顺的问题，就淡化了，那么从这次会议开始，将来要逐步建立健全规范的项目管理制度。

3. 在推进工作的方法上，明确了一般与重点相结合的原则。 我们今后可能每过一段时间，比如一两年就要重新提出和明确下一步的重点项目。原有项目继续进行，再根据当时农村改革所面临的主要问题确定一些重点课题，这样可以有重点、有针对性地去推动我们试验区的工作。

（本文作者时任农业部农村改革试验区办公室主任，本文为其在全国农村改革试验区第八次工作会议闭幕式上的讲话摘要）

1994 年 4 月 19 日

后　记

春临南粤，草长莺飞，灿烂的木棉映红大地。在这充满春天气息的日子里，《广东农村改革试验区实践》终于要付印了。望着这本 90 万字的著作，有一种如释重负的感觉，终于松了口气。

1987 年 1 月，中共中央政治局会议通过《把农村改革引向深入》的决议，提出有计划地建立农村改革试验区；4 月，中央书记处农村政策研究室（国务院农村发展研究中心）召开第一次农村改革试验区工作座谈会，研究试验区的布局、项目和组织方式等；5 月，中共广东省委和广东省人民政府研究决定，将南海县定为广东省的农村改革试验区；9 月，广东省南海县成为首批全国农村改革试验区之一。1989 年 5 月，国务院批准建立广东省汕尾市城区渔业经济体制综合改革试验区，1992 年 11 月，国务院批准广东建立清远扶贫开发试验区。在全国 16 省、自治区、直辖市先后建立了 21 个农村改革试验区，广东省占全国的 1/7。根据农村改革的发展情况，广东从 1991—2001 年建立了 5 个省级农村改革试验区。

在 20 多年时间里，广东这 8 个国家级和省级农村改革试验区，做了大量工作，取得了丰硕成果。现在回想起来，那时候搞试验，首先是省委、省政府领导很重视，省委副书记郭荣昌亲自抓，常下基层搞调研，听取汇报，讨论分析每一项试验的效果，指导试验开展。成立了领导小组，派省农研中心副主任唐启洪和何启环长驻南海。其次是非常注重调查研究，当年的每一步探索，每一个创新，都是在深入调研的基础上开展的，接地气是最大的特点。第三是敢于创新，尝试新事物，从粮食规模经营到经济作物规模经营，再到土地股份制，都是从基层从实际出发，尊重群众的首创精神。第四是务真求实，工作扎实，调研深入，不急躁，一步步试验，行了就推开，不行就另找途径；分类指导，没有一刀切。第五是当时的领导讲话和调研报告，非常平实，没有套话、空话，充满地方特色和浓浓的乡土气息。这是一段很值得记录的历史，也是一段应该留给后人思考的历史。

为了让更多的人知晓这段农村改革试验的历史，更希望它能为新一轮的广东深化农村改革提供经验和借鉴，在 2010 年 12 月省试验办召开的座谈会上有领导提议编著《广东农村改革试验区实践》一书，得到了大家的支持。原省农村发展研究中心主任马恩成，当年也给予试验区工作很多指导，这次在 87 岁高龄又义不容辞地担起了主编的责任。省农研中心副主任唐启洪积极撰写回忆文章，他保留的 1987—1999 年和试验区相关的所有资料成为此书的基础资料，在那些泛黄的装订整齐的卷宗里，还有不少他的文章手稿和参加国家和省试验区会议整理的领导讲话手稿，其认真负责的工作态度让人感动。原省农村改革试验区办公室主任刘季芸，不仅为本书写稿，还从书的架构到文章的挑选、文章的校对承担了大量的工作。佛山市南海区人大副主任何享业，是南海试验区的开荒牛之一，对南海试验区工作熟悉而且有思考，不仅自己写文章还提供了南海试验办之前编印的小册子，使本书的编写工作能顺利进行。省政府发展研究中心副巡视员田晓霞，长期从事农村改革试验区实践，积极参与编委会的工作。省海洋与渔业局总队副巡视员姚国成，一直关注农村改革，特别是渔业经济体制综合改革试验区，为本书的编辑倾注了大量心血，他的认真负责、专业敬业的奉献精神，让人敬佩。肇庆市鼎湖区石家荣同志积极撰文，回忆那些激情燃烧的岁月，字里行间，可以看到那个年代所有试验区人的理想、信念、工作的热情和敢于创新，能够吃苦的一种奉献精神。汕尾、清远、均安、阳江、中山、高州等试验区也给予积极配合。编委会从 2011 年下半年起就着手准备这项工作，因为时间跨度大，资料繁多，整个搜集和筛选费时很长，从书的框架、文章的选择到篇幅的精简、文字修改都反复商议，多次调整，几番推倒重来，并增加了其他几个试验区的情况。由于篇幅所限，不能将各个试验区提供的试验材料尽收书中，我们只好在众多的资料中选编，好中选优，精益求精，对没有选编进来的，只能表示遗憾。也由于能力所限，本书的编写还是有一些不尽如人意之处，敬请读者谅解！

从 1987 年年初确定将南海县定为农村改革试验区，至今已经历了 30 个年头。各个农村改革试验区在广东农村改革的每个阶段都发挥着积极的引领作用。我们从本书中可以感受到那个年代自下而上、从上到下的改革勇气和实事求是的探索精神；可以看到一批试验区人 10 年、20 多年为广东“三农”事业作出的探索和贡献。这本书，收集了 1987 年以来年广东省 8 个农村改革试验区的试验成果，真实记录了每一个试验区的起步、发展、创新和提高过程。书中非常珍贵的史料，也给亲历者以纪念，给学者以思考，给未来的改革以借鉴。我们谨以此书向指导过广东农村改革试验区工作的国家、省、市、区领导和投身于试验区一线工作的同志及农民兄弟们表示崇高的敬意！

本书的出版，我们要特别感谢佛山市南海区委、区政府及区委城乡统筹办公室和南海农村改革试验办公室的鼎力相助。感谢中国农业出版社及责任编辑贾彬先生，是他们给予的大力支持，付出的辛勤劳动，而且经常加班加点，才使本书能够按计划顺利出版！

编著出版《广东农村改革试验区实践》，犹如春天播种，我们期望，《广东农村改革试验区实践》播下的种子，在秋天能有更丰硕的收获！

2016 年 5 月